JN229099

同盟から決別へ

グローバル資本主義下の台湾企業と中国

呉介民 Wu Jieh-min＝著
日野みどり＝訳

三元社

母・蔡静子氏に本書を捧げます

本叢書は、
蔣經國国際学術交流基金会及び侯氏基金会
の助成金を受けて、刊行されるものである。

「台湾学研究叢書」刊行の辞

王德威（ハーバード大学Edward C.Henderson講座教授・中央研究院院士）

「台湾学研究叢書」は日本、台湾、アメリカの研究者のコラボレーションによる人文学系書籍の出版計画である。これまで我々はすでに「台湾学術文化研究叢書」、「台湾漢学研究叢書」シリーズを刊行し、いずれも好評をいただいた。「台湾学術文化研究叢書」、「台湾漢学研究叢書」は台湾を出発点とした広義での古典や現代漢学の研究成果であり、そのテーマは文学、歴史、社会、思想等をカバーしているが、この新しい「台湾学研究叢書」の重点は、台湾の種々さまざまな文化現象、社会と経済、歴史のダイナミズムに置かれている。我々が「台湾学」と命名するにあたっては、以下の三つの特徴を指摘したい。

このシリーズは台湾に立脚しつつ、特にローカルな要素と帰属意識を強調する。扱われるテーマは豊富で幅広く、例えば、陳玉箴先生の、台湾料理がいかに生まれ、伝承されたかについての研究や、謝仕淵先生の台湾野球の発生と展開についての歴史考察などがある。庶民生活と大衆の運動文化は、台湾における近代性の重要な一部分である。植民統治期の日本経験であれ、東洋と西洋が融合した現代の国際的影響であれ、これらは「台湾」の生活実践と感覚的な枠組みに、多彩な様相を与えるものである。

次に、このシリーズが台湾をテーマとするにあたって強調したいのは、「他者」なる要素との互いに影響し合う過去と未来である。二〇世紀初期の民俗学者である伊能嘉矩は民族誌学の視点から台湾を発見し、また一方で二〇世紀末の台湾と中国大陸は、経済・貿易関係を再開させ、商業活動をもって政治を導いた。これらの現象は台湾と中国大陸、東アジア、また世界が緊密に連動してきたことを我々に気づかせる。「台湾」とは、したがって、常に関係性に満ちたキーポイントであり続けた。

さらに重要なことは、我々はさらに「人」と「研究」が交わる現場を、現代台湾に置いたことである。本シリーズの執筆者たちはみな、台湾で大学教育を修了した後、海外に留学したり、台湾で研究を続けたりして、台湾との深いつながりを保ってきた。そのため、彼らの方法論的訓練や歴史的な視野、人文や地域に対する観察は、他の地域とは異なる特徴を有している。族群や世代の変化から、台湾のグローバル化に伴う経済や貿易の課題まで、種々の側面はすべて、人文学的要因を加味してこそ、「台湾学」研究の発展に独自の活力がもたらされることを示唆している。

刻一刻と変化する現代の東アジアと世界情勢のなかで、台湾は地理的にも資源的にもその独自性ゆえに重要な位置を占めている。台湾研究は、国際関係や政治、経済の変化にとどまらず、より深遠で、ミクロな視点を志向するべきである。今こそ、「台湾学」設立の好機である。

本シリーズの構想からテーマの決定、寄稿の依頼に至るまで、四人の編集委員（王德威、黄進興、洪郁如、黄英哲）は繰り返し議論を重ねてきた。このシリーズに関わる専門家や学者らは、いずれも台湾の学界で確固たる地位を築いている。彼らは選んだテーマについて最新の見解を提供するだけでなく、各テーマに対する彼ら自身のアプローチは、長年にわたる台湾の人文科学教育の成果を証明するものといってよい。本シリーズの出版に際し、蔣経国国際学術交流基金会および侯氏基金会の賛助を得た。また、三元社の多大なるご支援と入念な編集作業に心から感謝申し上げる。

図一覧

表一覧

刊行によせて（2019年初版）

本書が生まれたきっかけを振り返ると、若かりし頃に抱いた映画監督になる夢にさかのぼる。1990年代の初め、友人たちと語らって「路地裏ワークショップ」という集団を結成し、ドキュメンタリー映画を撮った。そのうち『台湾の同胞』（原題『台胞』）という作品は、最も初期に中国大陸に進出した台湾企業とその幹部社員たちの中国での経験を描いたものである。このテーマは当時としてはいささか早いものでまだ機が熟さず、論議を招いた。加えて我々の技術面の未熟さも手伝い、台湾大学で開催した初回の上映会は「砲声鳴り止まぬ」大騒ぎとなった。数々の疑惑に直面した私は、こう豪語したものである。「5年か10年かけて、答えを探しますから」。5年か10年どころか、それよりはるかに長い時間を費やし、さらに遠くまで歩むことになろうとは、当時は思いもよらなかった。両親も映画を観に来てくれたが、母はこう言った。「なんてショックなこと。批判されたんでしょう？」。私は答えた。「あれは学術の討論だよ」。本書の出版は、母のあのときのショックを和らげようと私が払った努力の産物と言えるだろう。

毛沢東時代の終焉後、中国は広東モデルから最初の儲けを手にした。この時の儲けは米ドルであり、米ドルの儲けを得たことは中国が全世界の資本主義とつながりを得たことを意味した。この時の米ドルは「原始的蓄積」として、紆余曲折の末に後年の「中国の台頭」を促すことになる。時代が変わり、広東モデルは次第に忘れられつつあるが、しかし中国が内外の危機に見舞われたとき、その重要性はむしろいっそう顕著になっている。台湾企業もまた、広東と中国の対外経済成長において消えることのない痕跡を残した。台湾企業・広東モデル・中国の発展の三者が互いに連携する関係について系統だった総括を行うには、ほぼ機が熟したころだ。私は25年にわたってこのテーマに取り組み、広東モデルについての総合的な分析を打ち出すとともに、台湾企業が及ぼした作用に対する評価を行った。こんにち、政治的要素ゆえに見過ごされがちな論点、例えば「台湾要因」が中国の現代の経済発展にもたらした推進力の問題などは、数十年後にはさらに明らかにできるものと予測している。

1994年の初夏、私は広州から郷里に帰省する農民工のカップルに同行して列車に乗り込み、河南省に赴いた。駐馬店という駅で下車する際、私の視線は一面の青色をした人々の群れに遮られた。人の波は車両から留まるところを知らず湧き上がり、ホームへとあとからあとから湧き続け、十数分が経ってもなお収まる気配を示さなかった。あたり一面の青色の蠕動が私の視界を埋め尽くし、にわかに、開発経済学者のルイス（Arthur Lewis）が言う「無限の労働力供給」が抽象概念から具体的存在に姿を変えて恐るべき勢いで迫り来たことを実感し、私は息が詰まった。中国の人口の量的実体の圧倒的な存在感をこれほど身に迫って受け止めたことは、まぎれもない現実であり、しかし同時に現実を超えた何かであるようにも思われた。あれから25年が過ぎた今、「中国人の存在感」が世界情勢をかき回し、世界じゅうで熱い議論を呼び起こしている。本書は目下の中国情勢に対して人々が抱く強い関心に応えるものだが、より重要なのは、私が社会科学の中心的議題から出発し、理論の趣旨にしっかりと沿ってこれらの問いに答える選択をしたことだ。「中国人の存在感」が近年の中国人自身により、また他者によりどのように構築されたかについても、本書は政治経済学の面から手がかりを提供する。

私の研究の起点は、台湾・中国間のいざこざを探究することにあったが、私は「文化」ではなく「経済」から、そして「歴史」ではなく「現代」から、この問いに切り込むことを選んだ。つごう25年におよぶ模索の旅は、私を問いの出発点――台湾の前途とは――に連れ戻した。この問いにはもとより簡単な答えはないが、本書は謎を解く道具を提供している。私は「レントシーキング開発国家」という概念を打ち出し、これに依拠して中国の発展をめぐる根本的な問題の解析を行った。広東モデルを読み解き、中国の発展の優位性と弱点をしっかり見通せば、私たちはより自信を持ってバランスよく、台湾経済の現状と前途を評価することができる。中国が「停滞期」に陥っている現在、台湾と中国はそれぞれに世界史の尺度から、自らの活路、世界との連動、そして互いの関係について、冷静に思考を巡らせなければならない。

研究の過程には、多くの関門が待ち受けている。まるで、神話に出て来るスフィンクスに一度ならず通せんぼされ、怖気づくほど恐ろしい謎々を出されるようなものだ。長いながい執筆の過程では、現地調査の思い出が絶えず脳裏に浮かび、心の奥底にある信念に加えて、研究という旅の道中で得た恩師や友人たちの善意こそが、国境を跨いで行き来を繰り返した私の旅路を支えてくれたこと、私がフィールドでの冒険と挫折と喜びを味わえたのもそのおかげに他ならないのだということを、噛みしめるばかりである。最初に感謝を捧げたいのは、聞き取り調査に応じて下さり、貴重な資料や仕事・生活の経験談を提供して下さった数多くの方々である。学術界のルールにより必ず匿名にせねばならず、お名前を挙げることはかなわないが、この皆さんの協力なくして本書は完成しなかった。特に「李社長」と「許先輩」には、研究初期において賜ったお導きに感謝申し上げたい。研究後期には、WSF、駱明凌、黄維哲、鄭志鵬の各氏が貴重な専門知識と研究の知見を共有して下さった。資料収集、図版作成、それに繁雑な校正の過程では、廖卿樺・林政宇の両氏に多大な助力をいただいた。国立清華大学在籍時の同僚・学生・助手の各位からは、さまざまな形で知的刺激や協力を賜った。中でも現地調査の旅程をともにしてくれた仲間たちにはお礼を言いたい。君たちの貢献は行間に余すところなく溶け込んでいる。原稿執筆の段階には、中央研究院社会学研究所の同僚および学術界の仲間たちに多くの批評を頂戴した。特に、林南・謝斐宇・謝国雄の各氏は、草稿に目を通して詳細なコメント・提案を記し、何度も議論に応じてくれた。そのおかげで分析の焦点を絞り込むことができ、心から感謝する。研究から原稿完成までの各段階で、アンドリュー・ネイサン（Andrew Nathan）、ドロシー・ソリンジャー（Dorothy Solinger）、マーク・セルダン（Mark Selden）、孔誥烽、李静君、陳映芳、蔡宏政、陳志柔、胡淑雯、張貴閔の各氏より修正意見をいただいた。拙稿を何度となく掘り下げて整理し、誤りを指摘して下さった廖美氏には、特に感謝したい。台湾大学出版センターの匿名の査読者にもお礼申し上げる。厳しい修正要求を頂戴し、質問に応答する能力を最大限刺激していただいた。また、台湾大学ハーバード燕京学術叢書編集委員会発起人の陳弱水氏、台湾大学出版センター編集者・紀淑玲氏の協力にも感謝申し上げる。最後に、本書は台湾の科学技術部専門書執筆プロジェクトの補助を受けた（2013-2015年、プロジェクト番号102-2410-H-001-051-MY2）。長年、香港中文大学中国研究サービスセンターで資料収集を行い、熊景明氏・高琦氏らの協力を仰いできた。併せて感謝したい。

増訂版の刊行によせて

台湾は、中国の台頭の受益者にして被害者である。この二面性は、現在の世界と中国の関係のもつれを浮き彫りにする。

2018年末に本書の初版を脱稿した時は、米中の貿易戦が火ぶたを切って1年経たず、ハイテク覇権競争[1]ののろしが上がり始めたところだった。この年の12月、中国企業ファーウェイ・テクノロジー社の孟晩舟副董事長（任正非総裁の娘）が、カナダで逮捕された。容疑は、米国の輸出規制に違反してイランと北朝鮮に機密ハイテク技術を輸出したというものである。この5年来、ファーウェイ集団を含む中国ハイテク企業数百社が、国家安全保障と人権侵害を理由に、米国政府のハイテク製品輸出規制対象企業リストに入れられている。トランプとバイデンの両政権はいずれも中国を戦略的競争相手と見なし、米中対立（戦略的競争）が米国の対中姿勢の基調となった。前時代にみられた相互関与という楽観ムードは消え去り、かつて中国の急成長を可能ならしめた地政学的条件は、いまや影も形もない。カナダ政府は2021年9月に孟晩舟を釈放したが、これはハイテク覇権競争の終結を意味しなかった。むしろ逆に、米国政府によるボイコットは続き、2022年10月には対中輸出規制がさらに強化されて、中国の半導体産業は厳寒の冬に直面している。2015年以降、中国の成長モメンタムはすでに著しく低下しており、COVID-19によるロックダウンの影響も追い打ちをかけて、第20回共産党大会を経て3期目に入った習近平政権の中国は、内外で数十年ぶりの苦境と危機に見舞われている。

1970年代以来、米中関係は冷戦時代の低調な様相からポスト冷戦期のパートナーシップへと急転換し、中国は米国の覇権下の平和すなわちパックス・アメリカーナ（Pax Americana）のもとで、発展のボーナスを享受してきた。中国は資本主義世界経済のアジアにおける高度成長圏に加わり、グローバル価値

1　［訳註］日本語訳にあたり、以下を参照した。岡野寿彦2022「第8章　デジタル・イノベーション」丸川知雄・徐一睿・穆尭芊編『高所得時代の中国経済を読み解く』東京大学出版会、pp.137-150.

連鎖に沿って世界の工場を造り出し、さらには世界の市場として自らが牛耳るグローバル価値連鎖を構築する目論みを実行しようとしている。しかし、交流・往来から競争・対抗へと転換した米中の新たな相互作用のダイナミクスは、地域経済の構造配置とは逆行するものである。仮に、米国のボイコットに遭った中国がハイテクのボトルネックを打破できないなら、中国が今後米国の覇権に挑戦し得る確率は下がるであろう。中国の開放により甘い汁を吸った人が世界各地に今なお大勢いて、「古き良き時代」の再来を切望しているとは言え、歴史の時計を逆回転させることはおそらくかなわぬ望みだと思われる。

本書は台湾の立場から中国経済の台頭を説明し、また台商の視点から中国の独特な、しかしながら全世界に影響を及ぼす、公民としての身分をめぐる体制、組織的レントシーキング、それに発展モデルについて分析を行う。世界が中国の政治・経済の先行きに強い関心を寄せる現在、本書は全く新しい視座を提供するものである。中国の改革開放期に、台商は特殊かつ融通のきく立場で中国に進出し、その他の外資とともに中国と世界の連携が始動するのを手助けし、また資本主義制度を中国にもたらす役割をも果たした。だがこの過程で、中国もその体制の強靭さを発揮するとともに、ハイテクの覇権ならびに地政学的優位を争おうとする目論見を露わにしてきた。本書が指摘するように、米国の地域における、そして全世界における支配力を揺るがそうとする中国の試みは、そもそもの道筋として、物質的基盤のレベルにおいて米国の経済およびハイテクの覇権に挑戦することが欠かせない。予測もつかなかったことだが、「中国モデル」はかつてまばゆく光り輝き、爆発的な成果を上げたというのに、今ではなんと自らの持続的発展の足を引っ張るお荷物と化している。本書の全編を貫くこの視点は、5年来の国際政治経済の局面が証明するとおり、なおいっそう明瞭に事柄を見分けることを可能にしている。

本書が明確に指摘したように、2000年代の終わりには、伝統産業業種の台商は中国から撤退し始めた。そして、米中ハイテク覇権競争の火ぶたが切って落とされて以来、台商の中国離れ（拠点の移動）は情報通信（ICT）産業の組み立て工程が主流を占め、十数年来というもの、他国への移転の規模・速度ともに目覚ましく、台湾の海外直接投資に中国が占める割合は大幅に減少した。この傾向は、グローバル価値連鎖の急速な再編成が生じ、台商もその中で重要な役割を演じていることの現れである。目下、中国は依然として台湾の最大の輸出市場であり、投資額が低下したからといって輸出の減少はみられない。それは主として、台湾の半導体関連製品が大量に中国へ輸出されているからである。その一部は三角加工貿易の形を呈しており、すなわち台湾で受注し、中国で組み立てを行い、完成した製品を全世界に販売するというものだ。それ以外の部分は、中国国内で消費される。この点から見れば、台湾の半導体製造業は他の核心国家（米国、日本、ヨーロッパ）が供給する設備・ソフトウエア・原材料に依存しているものの、全世界（中国を含む）もまた、すぐれた水準と高い効率を誇る台湾の半導体製造業に依存しているのである。このことは、1980年代半ば以来、半導体の世界的な水平分業（生産のグローバリゼーション）が生じた結果である。韓国と台湾は、ともにこの時のハイテク工業化の過程で、半周辺の位置から核心に向かって突き進んだ。

近年、世間を賑わせている「ICチップ戦争」は、ハイエンドのチップ生産が集中する台湾の地政学的リスクを際立たせ、また、台湾の工業生産能力が全世界に決定的貢献を成していることを改めて世界に知らしめてもいる。中国がアジア地域に向ける軍事的脅威を増大させたり、台湾に対し「武力統一」の挑発を日ごとに激化させたりしている態度は、台湾の持続的発展に関わる地政学を絶えず浮かび上がらせるのである。いわゆる「逆グローバリゼーション」「チップ・ナショナリズム」「地政学的リスク」なるものは、台湾や韓国といった国にとって巨大な圧力と化している。台湾の政治・経済が再び急速な調整期を経験するとき、その過程は機会と陥穽に満ち、先進国になりたいという台湾の願望があらわになると同時に、戦争の脅威への憂慮もまた日増しに高まっている。

筆者の次なる執筆のテーマは、本書『同盟から決別へ』以降の台湾の政治・経済の発展であり、本書とは全く別個の専門書となる予定である。2018年を分析の起点として、米中対立の局面下における、台湾の世界の中でのポジションと今後の活路を探ろうと考えている。従って、本書のこの増訂版は、初版の議論と資料に手を加えることは控え、そのまま残している。ただし、一部のデータと情報の更新、ならびに誤字や内容の誤りの訂正を行い、増訂版の註を追加した。また、編集者の提案に応えて、現地調査の際に撮影した写真数十点を選び抜き、掲載した。当時の様子の一端を感じていただけることと思う。

筆者の研究助手の林政宇氏には、資料の渉猟・収集から増訂版の校閲まで、大いに苦労をかけた。ここに感謝を表したい。また、台大出版センターの編集者・紀淑玲氏の協力にもお礼を申し上げるものである。2022年12月には、ハーバード大学アジアセンターから本書の英語版*Rival Partners: How Taiwanese Entrepreneurs and Guangdong Officials Forged the China Development Model*が出版された。ステイシー・モーシャー（Stacy Mosher）訳、ハーバード大学出版局発行である。ハーバード燕京研究所のエリザベス・ペリー（Elizabeth J. Perry）所長は英語版に序文を寄せて下さり、本書を精緻に読み解くとともに、バリントン・ムーア（Barrington Moore）の論点の延長として、中国の赤い貴族による工業化という道を提示しており、読者に紹介する価値は大きい（本書8章8.3.も併せて参照されたい）。ペリー所長の許諾をいただき、その序文をこの版に収録した。さらに、本書の日本語版は、黄英哲教授の企画、日野みどり教授の翻訳で、2024年10月に三元社より出版される予定である。この著作が国際的な学術界の注目を賜ったことについて、前述した研究者各位に、そしてお名前を逐一列記することはかなわないが、さらに数多くの学術界の先達の皆様に、心からの感謝を捧げるものである。

2023年1月

呉介民

英語版序文　意外性と、説得力と

エリザベス・J・ペリー

呉介民は、この示唆に富む専門書の中で、現代最大の焦眉の急といえる挑戦を成し遂げている。それは、中国の台頭を説明することである。彼が導き出した答えは、巧みかつ斬新なものである。既存の理論ならびに実証研究を援用し、同時に25年の長きにわたる前人未到の現地調査と精緻な資料分析に依拠して、多くの新たな情報と知見をもたらしてくれた。

エズラ・ヴォーゲルの名著『中国の実験――改革下の広東』と同様に、呉介民による本書も、ポスト毛沢東期の経済改革の実験において広東が果たした役割を取り上げている。これらの実験は、全国の経済成長を図るための新戦略の路線を切り拓くパイオニアとして役割を果たした。だが、ヴォーゲルが主として経済改革を担った中国の省級官僚に聞き取り調査を行ったのに対し、呉介民の中心的なインフォーマント（聞き取りの対象）は台商すなわち台湾企業の経営者と、それら企業の幹部である。この人たちが、必要な資本金と専門性を惜しみなく提供して、広東の経済改革を進展させたのである。大量の台商および技術者たちが、鍵となる資金と製造技術をもたらして、広東モデルが東莞や深圳などの工業の中心地に形成される過程で産婆役を務めた。呉介民自身も台湾人であり、インフォーマントの語りを通じて、海外への投資者と投資先の地元政府との決定的なつながりがどのように生じ、どのように運用され機能したのかという舞台裏を把握し得たのである。

では、利潤の獲得を目指して活動する台商と、レントシーキングを動機とする中国の政府機構の両者が、互いに協力することで共通の利益を得られると考えていたのは、いったいなぜだろうか。呉介民は説明する。この互恵関係は農民工に対する搾取の上に築かれていたのだと。農民工とは農村出身の低賃金の移民労働者であり、国家と資本家とがこれに対して二重の搾取を働いている。こうした搾取のメカニズムは移動の自由を制限する戸籍制度を基盤として作られており、この制度ゆえに農民工は都市住民の権益を享受できず、そこから排除されている。そして低賃金ゆえに、台湾の資本家はグローバルな競争力に直結する低廉な価格で良質な労働力を雇用できるのであり、さらには戸籍制度ゆえに、農民工は都市公民の身分を得ることがかなわず、他方で国は高額な社会福祉の負担をまぬかれる。これら一連のお膳立ては、国家と資本家にとってはこれ以上ないほどに有利なものであったし、また地方政府は、加工費・管理費・架空所有制に基づく契約などの形で、台湾の投資者から高額のレントをせしめることができたのである。

戸籍制度が農民工を二等公民の地位に押しとどめている実情や、地方政府がレントシーキングと農村工業化のエンジンという二重の役割を帯びている実態については、これまでもすでに研究が行われている。だが、呉介民による独創的な調査研究は、台湾人による中国の工業化への参画という視点から課題に切り込み、前述した既知の現象と、より広いグローバル価値連鎖との間にある複数の点を結び合わせることで、台湾人がグローバル価値連鎖においてどのように機能し、またそこからどのように利潤を得たかを浮き彫りにした。呉は、台商が広東をその内部に引き入れたグローバルなネットワークが、レントシーキングに支えられた発展ガバナンス構造の中に埋め込まれるに至ったことを実証している。

中国の国家機構は、中央・地方の各レベルともに、農村の工業化の進展過程で重要な役割を果たしてきたが、国家の役割は、早い時期の東南アジアの発展モデルにおける権威主義国家とは様相を大きく異にする。中華人民共和国は外国の投資をより歓迎したことに加え、公民としての身分に差序を設ける差別的な政策により、民工が労働の対価として公平な報酬を得る道を閉ざしていた。従って、台湾と韓国では工業化の果実として収入の平等や社会福祉などといった印象的な成果が実現したのに対し、中国ではこの同じ過程で、社会的・経済的不平等の加速という事態を伴ったのである。村の幹部や村が指名する（名目上の）工場長からなる集団は特権的なレント収受階級を構成し、工場上屋の家賃・地代・管理費・民工仲介費などの利益を徴収した。

これらのお膳立ては、中国の政府機構に巨額の財政的優位をもたらし、広東モデルの急速な拡散を促すこととなった。呉介民は、広東モデルが珠江デルタから長江デルタの工業中心地である上海と蘇州へと伝播する過程を跡付けている。台商が進出したそれぞれの地域ごとに埋め込みの形には差異があるが、その累積としての効果が目覚ましいものであったことは疑いない。2010年の台湾の海外投資総額のおよそ85%が、中国向けであった。もっとも、中国政府の公式な記録は、台湾の「貢献」を過小に記しているが。呉介民の議論は明快で歯切れ良い。「台湾資本がなかったならば、広東モデルは想像しがたい。そして広東モデルがなかったならば、その後の中国の台頭もなかったであろう」。

もちろん、中国の台頭に必要だったのは地方のレントシーキング活動だけではなかった。呉介民によれば、それは「中国の特色あるレントシーキング行為」である。経済ナショナリズムという発展のアジェンダにつき動かされ、中国は戦略的に外資の誘致・受け入れを行うことで国内産業を保護し、その発展を促進した。呉介民は、中央政府がいかにして新たな工業政策を段階的に採用してローエンドの製造業から新興ハイテク部門へのアップグレードを図り、しかし広東モデルが地方に入る加工費を規定する正規・非正規の諸ルールの均衡に立脚していたがゆえ、最終的にこのモデルの基盤を破壊するに至ったかについて、その過程を追い、跡付けている。30年に及ぶ努力の末、驚くべき成果を上げた世界の工場は、今や中国政府が構築を図る自前のグローバル価値連鎖（21世紀の知識基盤経済への接続を目論むもの）に取って代わられているが、それが成功するか否かは未だ定かでない。そしてその結果、台湾の投資者や顧問が大量に中国から流出している。2018年には、台湾の海外投資に中国向けが占める率は40%と、数年前の半分以下に落ち込んだ。

こんにち、中国はインフラに投資を集中し、国有企業を掌握し、産業政策においては統制色の強い管理・監督を行っており、つまり中国は多くの人が懸念を――脅威とまではいかないにせよ――覚えるような発展の路線を歩んでいる。しかしながら、呉介民の観察のように、中国が将来的にも成功し続けるかどうかはまったく何とも言えないのであり、「中国は発展の減速もしくは停滞に陥る公算が大きい」。習近平の「中国製造2025」計画のもと、中国が自ら牛耳るハイテク供給連鎖を構築してグローバル価値連鎖に取って代わろうとする野心的な企みは、自らに跳ね返り裏目に出る可能性が大きい。今までのところ、中国が歩んできたレントシーキングによる発展という道筋は伝統的な経済発展理論に挑戦するものであり、その将来的な行く末は予測困難である。

未来の情勢がどのように変化しようとも、呉介民が過去40年の中国経済の進展について行った深度を伴う分析は、中国の歴史的な台頭を説明する一つの主要な貢献となるだろう。呉介民は豊富なエスノグラフィーの細部と包括的な理論枠組みを合体し、国際的な連結と地方のガバナンスのネットワークを結合して、私たちのこの時代において最も重要であるが最も予測の難しい物語について、説得力のある説明を提示してくれた。

中国の発展は、西洋の社会科学の最も優れた予測でさえ、的を外してきた対象である。中国は、二世代に満たない期間のうちに、世界の最貧国の一つから最も繁栄する強大な国家群への仲間入りを果たし、同時に根本的な政治改革を回避してきている。この点について理解を深めたい方は、ぜひ呉介民によるこの魅力的な著書を紐解くべきである。ただし、中国の飛躍的な経済成長と同じことをする秘訣を本書に期待したり、中国の成長モデルを転用したいと目論んだりする人は、失望するかもしれない。中国のように台商と台湾籍幹部を惹きつけ、これほど高水準の資本金や製造能力の提供を受けることは、他のほとんどの国にはおいそれとはできない芸当なのである。中国政府がしたように、国民を厳しく管理統制し、国家と資本家が労働者をこれほど犠牲にしてあれほどの繁栄を達成するという所業に至っては、そのようなことをできる国家はさらに限られるであろう。

呉介民はこう総括する。中国の階層化ならびに公民としての身分に差序がある不平等さは、ナチスドイツおよび第二次大戦期の日本以来の、権威主義的公民身分制度の最も重要な事例であると。このような、国家と資本家の共通の利益への奉仕を続けさせる差別的な制度は、農民工の待遇やその子女の教育機会について小幅な改革を行おうとも、その不公正さを根本から是正することはできないのである。

現代中国のウォッチャーたちがしばしば指摘するとおり、中国ではポスト毛沢東時代に商工業階級が急速に成長したものの、近代化理論が予測するようなブルジョア階級の主導による民主化の現象は生じていない。だが、中国が英・

仏・米などの諸国に見られたブルジョア革命による近代化の道を歩まなかったからといってムーア（Barrington Moore）の『独裁と民主政治の社会的起源』を棚上げにするくらいなら、ムーアがこれと別に提示した目の覚めるような貴族革命の路線を一考する価値はあるだろう。それは、ファシズムのドイツや軍国主義の日本が、国家と資本家の抑圧的な盟約により、農民を奴隷扱いして彼らを踏みにじり、急速な工業化を推進したというものである。中国にはプロイセンのユンカーや日本の武士階級のような土地貴族はいなかったものの、いわゆる赤い貴族（共産革命に従事した者の子孫より成る、中国語で「紅二代」や「紅三代」と称される者たち）は、農村労働力を犠牲にしたその対価をもって国家と資本家の結合に参画した。このような結合のあり方は、ドイツおよび日本の事例と、不安を覚えるほど類似している。現在の中国は、台湾資本と地方官僚とが結託する広東モデルをすでに超越したとはいえ、資本家と国家の利益が織り交ざる状況は今も続いているのである。

「中華民族の偉大なる復興」の掛け声が天を揺るがさんばかりに響きわたり、国内の少数民族を残虐に扱い、対外的には日増しに強硬な立場を貫く、経済成長以降の中国のこうしたふるまいに対して世界的な憂慮が生じているのは、無理からぬことである。将来的な情勢がどのように展開するかを問わず、中国の台頭の基礎となった要素についての厳密な学術的分析が欠かせない。呉介民による、中国というレントシーキング開発国家の起源と反復・変遷について論じたこの著書は、思慮に富み、かつ考えさせられる内容の、欠かせない手引きである。

（ハーバード燕京研究所所長、ハーバード大学政治学部講座教授）

日本語版刊行によせて

知識は時間の経過とともに陳腐化してしまう。従って、時間とは知識にとって最大の試練である。中国語で執筆した拙著の原著は2018年に脱稿し、2019年に刊行された。その後に出た英語版と同様に、この日本語版も、原著刊行時の論点と資料を敢えてそのままに保っている。この数年の間に、国際情勢および台湾・中国間関係にはかなり大きな変動が生じた。現在、中国経済は改革開放以来最大の落ち込みにあえいでいる。私は拙著で、中国の持続的発展を待ち受ける罠として、レントシーキング発展モデルのボトルネックの問題、分配の問題、そして権威主義的政治体制の問題を指摘したが、これらに加えて米中ハイテク覇権競争とコロナ禍が、状況をさらに厳しいものにしている。日本の中国研究、台湾企業研究、それに台湾－中国の海峡両岸関係研究は一貫して高い水準にあり、台湾の学術界が参考にすべき重要な対象である。拙著を通じて日本の先達・専門家各位の教えを請い、関連する諸課題についての認識をいっそう深められるよう、心より期待するところである。

拙著日本語版の刊行の実現にあたり、まず誰よりも黄英哲教授に感謝申し上げたい。黄先生は、長きにわたって台湾研究と中国研究の日本語翻訳・刊行事業を提唱し、その実現に尽力してこられた方である。黄先生のひとかたならぬお力添えのおかげで、訳者の日野みどり教授と出版元の三元社のご協力を得ることができた。黄先生のお導きと奔走なくしては、拙著が日本の読者に相まみえることは決してかなわなかっただろう。

日野みどり先生は、私が畏れ敬う翻訳者である。拙著の中国語版と英語版を精読して主要な論点を把握した上で、疑問点を細大漏らさず拾い集め、さまざまな質問・照会事項を寄せて下さった。また、原著の誤りと思われる点を今後の修正の参考にと知らせてくれた上、索引語の整理にご苦労下さり、さらに日本語版向けの訳注を加筆して下さった。そのプロフェッショナリズムは、私の深く尊敬するところである。日野先生と一緒に仕事をして、知的交流という営為の何物にも代えがたい喜びを体験することができた。拙著の日本語訳に4年の月日を投じ、力を尽くして下さったことに、心からお礼を申し上げる。

拙著日本語版の出版に際して、王徳威教授、蔣経国国際学術交流基金会、侯氏基金会に、そして私が所属する中央研究院社会学研究所の支援に感謝する。また、助手の林政宇氏には図表と数値データの校正において助力いただいた。ここに感謝したい。

学術という仕事は、視野と勤勉さとインスピレーションの複合体である。この学びの旅路にあって、本研究計画にご協力下さったすべての方々に、改めて感謝のご挨拶をお送りするものである。

呉介民

2024年6月

序　章

台商、中国、世界

中国の発展モデルは、まず広東から論じ始めねばならず、そして広東から始まった加工貿易の成長モデルを論じるには、まず「台商」[1]つまり台湾企業から論じ始めねばならない[2]。しかし、台商の中国経済への「貢献」は、台湾海峡両岸のそれぞれの歴史的過程ならびにアイデンティティ・ポリティクスに関わるだけでなく、発展と分配をめぐる価値判断にも関わってくるため、長年にわたり「はっきりとは言えない」、さらには「言ってはならない」状況であった。中国政府の側からすると、台商の中国経済への「貢献」を過度に称揚するのは「メンツ」を失うことに他ならない。台湾の立場からすれば、「権威主義的開発主義」を批判する者は、台商の「貢献」には注目せず分配と搾取の問題ばかりを重視しがちでけしからん、ということだ。台湾にとって、台商の政治的効果はさらに分析が難しいが、それは結局、台商という集合名詞に過大な意義がこめられているからだろう。「奇美」「旺旺」「頂新」「TSMC」「UMC」「ホンハイ(鴻海)」[3]などなど、各企業はそれぞれ異なる政治的なイマジネーションを身にまとっているのだが。「西進」[4]した、つまり中国大陸に進出した台商は「伝統産業」あるいは「ハイテク産業」として、他とは異なる価値を持つ工業との評

1　[訳註]「台商」は台湾の企業・商工業者を指す中国語。原著でこの語が書名副題に掲げられていることなどに鑑み、本書では「台商」の語をそのまま用いることとする。

2　本書に言う台商とは、中国に展開する台湾企業に加え、台湾海峡の両岸すなわち中国と台湾の両方に展開する「海峡を跨ぐ企業」をも含む。詳細な定義は第1章1.5を参照。

3　[訳註]「奇美」「旺旺」「頂新」「TSMC」「UMC」「ホンハイ(鴻海)」は、いずれも台湾の大手企業。奇美実業(CHIMEI Corporation)は、化学を中心とするコングロマリット(1960年創立)。旺旺集団(Want Want Holdings Limited)は、食品メーカー・メディア企業(1962年創立)。頂新国際グループ(Ting Hsin International Group)は、「康師傅」「味全」などのブランドを持つ食品企業グループ(1958年創立)。TSMC(台積電)は、世界最大の半導体ファウンドリ(受託製造企業)(1987年創立)。UMC(聯電)は、半導体ファウンドリ(1980年創立)。ホンハイ(鴻海)は、世界最大手の電子機器受託生産(EMS)企業で、グループ内に日本のシャープを抱える(1974年創立)。

4　[訳註]台湾企業が中国大陸に進出することを指して、台湾では「西進」という語が用いられる。

価を得ている。しかし、いわゆる伝統産業は過去30年間に明確なアップグレードを果たし、転換を遂げた。

0.1. 台商の謎

2018年4月10日、にぎにぎしく開催されたボアオ・アジアフォーラムの年次大会の席上、中国の指導者・習近平は得意満面の面持ちでこう宣言した。

> こんにち、中国は世界第二位の経済実体にして世界最大の工業国・貿易国・外貨保有国に成長した。……今や、中国人民は誇りにあふれ胸を張って言ってよい。改革開放という中国の第二次革命は、中国を深く変えたばかりか、世界にも深く影響を与えたのだと！

習近平は多忙な日程のなか10分間を捻出し、台商の代表に接見した。台湾紙『中国時報』の報道によれば、彼は台商の代表に対し、大陸の改革開放以来40年の発展における「功績簿には、我らが台湾同胞・台商の名を記さねばならない」と統一宣伝工作めく言葉をかけ、しかし他方で「台湾の商工界は旗幟を鮮明に『92年コンセンサス』[5]を堅持し、『台湾独立』に反対し、もって両岸関係の平和的発展をしっかりと推進すべし」と求めもしたという[6]。習近平は台商が中国の経済発展に貢献を成したことを認めつつ、同時に台湾の資本家に対し、北京と同じ戦線に加わって「92年コンセンサス堅持、台湾独立反対」の立場に立つようにと警告を発していたのだ。習の言外の意図は、中国が世界の

5　［訳註］「92年コンセンサス」とは、1992年に中国と台湾の窓口機関が交わしたとされる、「一つの中国」原則をめぐる中台双方の解釈上の「合意」である。国民党・馬英九政権はこの「92年コンセンサス」を認めることで中国との関係改善を進めた経緯がある（川上桃子・呉介民2021『中国ファクターの政治社会学』白水社、p.12）。

6　「習近平讃台商，功労簿記一筆」『中時電子報』2018年4月11日（http://www.chinatimes.com/newspapers/20180411000558-260108, 2018年5月1日検索）。

覇権（ヘゲモニー）を握ろうとする過程において、台商にはなお相当な利用価値があるということだ。だが、彼の言葉に隠されたこの意図は、見抜かれることはなかった。

2014年3月、台湾でひまわり運動が勃発し、その矛先は国共合作の産物である「両岸サービス貿易協議」に向いて、北京政府の「対台湾路線図」をかく乱した。同じ月に、米国の国際関係学者ミアシャイマー（John Mearsheimer）は「台湾にさよならを」という文章を発表し、現実主義の立場から次のような予測を示した。つまり、台頭する中国が東アジアの覇権となり、この地域における米国の影響力を排除するだけの実力をつけて、さらには台湾をも併呑するだろう。今日や明日にそうなるわけではなく、来年ないし数年以内にもそうはならないだろうが、しかし今後数十年のうちには最終的に現実となるだろう。中国はなぜこれほど短期間に経済の急成長を遂げたのか？　ミアシャイマーは論じる。一つの重要な要素は、「台湾が対中貿易を発展させ、中国の経済大国化を支援することは、猛烈な勢いで成長する巨人が生まれる際の産婆役を引き受けることに他ならない。この巨人は国際的な現状を変革する目標を抱き、それは台湾の独立状態を終結させてこれを中国の版図に納めることをも含む。要するに、強大な中国というものは台湾にとって難題であるのみならず、悪夢以外の何物でもない」と（Mearsheimer 2014）。

台湾の地位についての習近平とミアシャイマーの見解は、あるいは互いに逆の方向を指しているかもしれない。しかし、こと台湾の経済的機能をめぐる判断については、驚くほどの相似性が認められる。両者とも、中国の経済成長の過程で台湾が重要な役割を果たしたことに同意している。中国の改革開放の過程で、台商は中国の資本主義の発展に協力し、その結果として中国は台湾を併呑しうる国力を大きく増強したことになる。このことは、北京にとっては「中華民族の偉大な復興」に邁進する大きな一歩だが、多くの台湾人にとっては、中国の台頭および台湾を併呑しようというその企ては、彼らの日ごとにいや増す焦りの源泉に他ならない。

結局のところ、台商はいったいどのようにして中国の驚異的な経済成長を促したのだろう。

40年前、対外開放の道筋を模索していた時期の中国共産党は、台湾を学習と模倣の対象と見なし、輸出に依拠して利益を生み出す台商の能力にほれ込んでいた。中国の政策決定者が当初設定した広東の外貨収入創出目標は、こんにち振り返れば何とも「細々(ほそぼそ)とした」ささやかなもので、前倒しで達成してしまっていた。とはいえ、1990年代初頭以前の中国は、輸出入の均衡を何とか達成するのがやっとという、外貨不足に悩む国家であった。しかし、わずか10年で中国の対外貿易は大幅な輸出超過となり、外貨準備高は急増して、台湾のはるか先を進んでいた。だが、真相はこれよりも格段に複雑なものであった。

筆者は本書で、以下の諸点について解析を試みる。すなわち、台商が中国の発展の過程において同国とグローバル資本主義との橋渡し役を務め、中国が世界と軌道を結ぶ手助けをしたこと。また、中国政府がこの機運をしっかりと掌握し、グローバル価値連鎖（バリューチェーン）への参入の機会を活かし、勢いに乗じて中国をして世界の工場たらしめ、潤沢な経済的余剰を手にして外貨準備を蓄積し、経済・軍事の近代化を推進したこと。本書が分析の焦点を合わせるのは、中国が国家社会主義体制から資本主義経済へと転換した歴史的段階、つまり1970年代末から2000年代中盤にかけての発展の経験である。これを基礎としつつ、2000年代後期に始まった中国の産業構造転換戦略についても発展的に論じ、それが外資および台商に与える影響にも言及する。

初期の段階において、伝統産業部門の台商は香港企業に続いて中国に進出した。香港・台湾の企業は資金と技術と市場を中国に持ち込み、中国側は豊富で低廉な労働力を提供した。相対的に良質な労働力は、毛沢東時代の重要な遺産であった。労働集約型の伝統製造業の業種、例えばアパレル・製靴・玩具・バッグなどの日用品類は、現在の中国の発展ぶりからすればいかにもぱっとしないが、かつては極めて重要な役割を担った商品群である。改革開放後の中国に「最初のもうけ」をもたらしたのは他ならぬこれらの商品であり、しかもその額たるや、膨大なものだった。これが本書の語る最初の物語、つまり中国経済の勃興の起点でもある。

台商と香港企業は、広東省珠江デルタで、中でも深圳と東莞の一帯で投資を行い、中国の輸出志向型経済のテイクオフを先導した。製造業の分野では、台湾資本の重要性は香港資本を瞬く間に追い越した。2001年に中国が世界貿易機関（World Trade Organization, WTO）に加入するまでは、台湾資本が仲介役を務めて中国と世界市場とを取り結んだ。台湾資本が力を貸して広東モデルを作り上げると、それはたちまち国内他地域の「ロールモデル」となった。1990年代半ばに急速に形成・発展した長江デルタ地区は、蘇州モデルにせよ昆山モデルにせよ、いずれも広東モデルのアレンジ版である。広東が一歩先を行かなかったなら、他の各地における輸出志向の産業発展はなかった。

1989年の天安門事件以降、中国は西洋民主主義諸国による経済制裁の対象となって困難な状況に陥り、改革開放は停滞した。中国はこの苦境を打開すべく「華僑資本」に熱いラブコールを送り、特恵待遇を付与した。中国のこの難局にあって、数多くの台商が回れ右して「西進」に力を入れ、台湾には「大陸ブーム」が沸き起こった。このブームは、台商の機会主義的な思考回路を体現しているが、同時に当時の台湾自身が持っていた産業構造調整の推進力をも反映している。1990年代後期には、これとは別な「大陸ブーム」が起こった。これは情報通信（ICT）産業が組み立てラインを中国の沿海地区に移転したもので、広東から長江デルタまでの広い範囲に及んだ。台湾資本は中国が加工貿易の基礎を築くうえで大いに手助けし、世界の工場となる準備を万端整えたのだ。

中国がWTOに加盟すると、世界中の外資がどっと流入し、輸出はさらに発展して、中国は外貨準備高を大きく伸ばした。この段階になると、台湾資本の役割は相対的に後景に退いた。ほどなく、中国は産業アップグレードの圧力が生じる段階に移行し、労働コストの上昇や環境保護への要請の高まりも相まって、台商は中国から撤退するか留まるかの判断を迫られるようになる。2008年の世界金融危機は、「台商大逃亡」の潮流を後押しした。その後の10年間、台商の中国におけるありようは急速に変化する。

0.2.　中国式の搾取

広東モデルにしろ中国モデルにしろ、政府当局の宣伝のもとではバラ色に輝いて見えるが、その背後にある搾取は常に隠蔽されているものだ。グローバル価値連鎖なるものは、実のところ、国境を越え階級や性別を貫いてエコシステムを破壊する搾取の連鎖が、幾本となく出来上がっているようなものである。人間もエコシステムも必ず払わねばならない対価は、価値連鎖に沿って下層へ下層へと転嫁されていく。パンプス製造業の産業連鎖（インダストリーチェーン）を描いたあるドキュメンタリー映画の中で、デザイナーがこう語る[7]。「ファッションデザインの業界は魅力的かと思われているけど、華やかなのは5%だけ。あとの95%は泥臭くてしんどい労働だよ」。映画に登場する台商の製造拠点の社長は恨み言を述べる。「国際的バイヤーに這いつくばれと言われれば、這いつくばるのさ。言いなりだ。で、中国の農民工の子たちは雀の涙ほどの薄給よ。この子たちが自分の作った華やかな商品を履いたりできると思うか？」。まばゆい光が、冷酷な搾取の連鎖を覆い隠しているのだ。

搾取とはあらゆる資本主義経済の要素だが、その具体的な形は時と所によりさまざまである。中国モデルの特徴は、国家が農民工という階級を創出し、農民工を搾取する競争に積極的に参加している点にある。台湾資本もまた、あらゆる外資および中国資本と同様に、この中国の特色ある資本主義に参画している。だが、国家も資本も農民工搾取の事実に向き合おうとはしない。中国の研究者・秦暉（2007）が述べるように、中国の競争力は「低賃金・低福利・低人権」に依存し、政治的に抑圧する制度の論理を指向することで「奇形的な効率の良さ」を作り出している。労働者の賃金は過度に低く、福利もあまりに貧しいため、残業して収入を増やさざるを得ない。それがしばしば「労働者は残業を好む」という逆転した言説となって流布し、規定を超える残業を正当化している。フォックスコンの工場労働者の連続自殺事件[8]は、この誤謬に満ちた神

7　賀照緹『我愛高跟鞋（ハイヒール大好き）』（台湾公共電視台製作発行、2010年）。
8　［訳註］フォックスコンの労働者の連続自殺事件については、第5章5.3.3.に詳しい記述がある。

話を暴き出すこととなった。

資本主義の典型的な搾取においては、国家は資本による労働者搾取を放任する。だが中国では、国家は労使関係において放任政策を採らなかったばかりか、逆に当初より農民工の部門に積極的に介入し、その介入は資本による高度な労働者搾取をむしろ確保する方向に働いた。中国式の資本主義的搾取の論理を探究するにあたり、筆者は「公民としての身分における差序」[9]という理論を提案したい。中国の国家制度は、異なる公民集団の間に身分の差異・格差のある関係を創出し、国家はこの公民身分に差序を持たせる体制を取り巻くようにして、二元労働市場や、最低賃金や、等級格差をつけた社会保険制度案などの諸制度を設計してきた。この結果、農民工は「二重の搾取」に直面している。つまり、一方で資本家が労働者階級に対して行う典型的な搾取が存在する。これは古典的な政治経済学の意味合いにおける階級差別である。他方、国家が農民工という身分を創出したことで、企業は農民工を「合法的に」二等公民である労働力として雇用できるようになっている。これは国家による制度的主導のもと、公民としての身分の格差を理由に行われる搾取である。

中国では、グローバリゼーションのパワーと公民としての身分に差序のある体制とが共生関係を形成し、資本側が農民工に対し二重の搾取を行うことを可能にしている。その結果、グローバリゼーションは従来の経済的社会的不平等を緩和する役割を果たさず、逆に別な種類の不平等な体制をいっそう強化し、農民工という新たな階級を創出するに至った。この文脈においては、資本（外

---

9 ［訳註］原文は「公民身分差序」。この理論は第5章5.4.にて詳述される。なお、原文のうち「差序」について補足する。費孝通の著書『郷土中国』を日本語訳した西澤治彦によれば、「差序」は費の造語で、「その内部に等級の差がある序列」を意味するという（西澤治彦 2019「訳者解題」費孝通著・西澤治彦訳『郷土中国』風響社、p.226）。すなわち、この語は「差異・格差を伴う序列」を含意するといえる。同書の訳語選定をめぐり西澤が記す「「差序」としても、日本人には何となく意味が分かること、費自身が、『生育制度』の日本語版への序文の中で、できるだけ自分の造語をそのまま使って欲しい、という希望を書いていることもあり、本書ではそのまま「差序」を使うことにした」（同上:226）という方針に倣い、本書においても「差序」の語を用いることとする。

資・国内資本を問わず）が中国の発展に及ぼした結果を考察する際に余剰価値の収奪とその分配という論点を射程に入れねばならず、同時に、資本主義の搾取の普遍性、並びに中国の特色ある搾取メカニズムの特殊性という二つの点をも検討に含めねばならない。この分析視角によってはじめて、台商（外資）・広東モデル・中国の発展の三者の連帯的関係を透視することが可能になる。

0.3. 新重商主義政策

台商はグローバル資本の最前線として中国と世界市場を取り結び、改革開放政策を実施した中国の最初期における資本蓄積に協力した。外資の助けを借りて輸出経済を発展させたことで、中国は製造業大国へと急成長した。過去の東アジア発展モデルでは、韓国や台湾の場合、外資は特段重要な要素ではなかった。翻って中国では、外資が決定的に重要な役割を演じた。だが、従来の依存理論による予測とは相反し、中国は外資による低位の発展促進の結果として低位の発展に留まることはなかったばかりか、逆に半周辺的地位を短期間に確立し、さらには核心国家に挑戦しようという強い意志さえあらわにしている。

中国はなぜ、「依存的境遇」に抵抗できたのだろう。まず、中国が1970年代末に対外開放に踏み切ったとき、中国共産党はすでに高度に集権的で、強権によって経済・社会を統制し、政策を主導する能力を具えた政権であった。しかも、中国は周辺地域の地政学においてもきわめて大きな影響力を持っていた。この国家機構はすでに高度な自主性とダイナミズムを具備し、ゆえに中国が資本主義世界の軌道に再び乗り入れたとき、中国の在地体制は非常に強力な国家的能力をもってグローバル価値連鎖に切り込み、そのダイナミズムを存分に発揮したのである。さらに、地方政府は価値連鎖と自らを接続する連結節において経済的余剰を収奪することができ、同時に産業アップグレード政策を推進して、価値連鎖の権力の階段をのぼって行った。次に、中国の外資受け入れ戦略には「内外の区別」があった。加工・輸出型の外資に対しては大いに門戸を開いたが、中国国内の消費市場を主戦場とする外資、特に戦略的産業のそれには非常に注意深く対処し、国内市場を保護するべく、外資の出資比率を厳格に定めるとともに、合資合作・技術移転などの要求を突き付けた。

労働集約型の伝統産業業種からスタートして国家の資産を蓄積すると、中国政府はその一部をインフラ建設に投資するとともに、重点的戦略産業の育成に努めた。その結果、わずか数十年で、中国の産業構造および各地の都市のありさまは、別世界のように変貌した。2000年代以来、中国のICT産業は自らのブランドと産業連鎖を擁して急速に成長した。膨大な国内市場の存在、国家による重点的な政策援助、そしてジャンプスタート戦略のいずれもが、重要な要素であった。ICT産業はなぜこうも短期間に勃興を遂げたのだろうか。最も注目に値するのは、ICT産業の新しいエコシステムが広東省珠江デルタに出現した点である。このシステムは広大な国内市場に依拠し、国家政策の重点的な支持を得て、研究開発面では人海戦術と引き抜き戦略（台湾からの引き抜きを含む）を採用し、若干の基幹産業の部分で突破口を開くと、「ジャンプスタート」の手法で短期間に製造能力を向上させ、廉価を武器に世界の低価格市場におけるシェアを独占し、そののちに先進開発国の市場に切り込んできた。「ファーウェイ」や「ZTE」など電信分野を重点的に育成する企業は、みなこれに類する軌跡を残している。その創業過程にあって、中国政府は内需市場の分配ならびに各種の優遇措置・補助金などにより、いわゆる「後発優位」を推し進めてきた。携帯電話の分野においても、ファーウェイ、シャオミ、OPPOの各社とも同様の戦術でグローバル市場のシェアに攻め込んでいる。

中国の電信・ネットワーク通信業が世界のシェアを切り拓いていく道筋を見ていき、国家の行為という観点から評価するなら、「新重商主義」にあたる国家政策であることがわかる。例えば米国の経済学者ロドリックは、中国の経済戦略の分析においてこの視点を取り入れている（Rodrik 2013）。新重商主義は、国家権力に依拠して資本を統合・統制し、経済ナショナリズムをその背後の推進力とする（習近平が「中華民族の偉大なる復興」を絶えず強調する点を想起せよ）。これと別に、中国が「新自由主義」の道に付き従っているとの見方もあるが、これについてはなお検討を要する。中国は実のところ、グローバリゼーションのもとで自由貿易の環境を利用し、いわばヒッチハイクの車にただ乗りしながら、新重商主義戦略のゲームをしているのだ。中国の「国家左派」はかつて中国が「新自由主義」の道を行くことに警鐘を鳴らしたが、それは実は煙幕であり、真意は別のところにあった。彼らが真に懸念していたのは、中国が西洋式の市場民主政治を歩むことであり、つまり「カラー革命」の前兆をこそ恐れていたのだ。

同様に、民族産業保護の論理に基づき、中国政府はユーチューブ、グーグル、アマゾン、フェイスブックなどに相当する動画・インターネット・ソーシャルメディアなどの新興産業を、国内市場で育成している。トゥードウ、ヨウクー、バイドゥ、アリババ、テンセント（ウィーチャット）などがそれである（後三者は「BAT」と称される）[10]。近年、中国のeコマースと「共有経済（シェアリングエコノミー）」の発展が著しいが、これも国家の産業政策と密接な関係にある。この産業政策における戦略マトリックスは、「国家による監視社会」「国内市場の保護主義」「西洋による技術独占からの離脱」などの互いに連関しあう部分を含む。中国政府は、「国家による監視社会」と「企業の利潤追求」という二つの動機を結び付けた。具体的には、eコマースにおいて企業と国家の共生協力関係が作られ、企業は商取引のデータを国家に提供してその社会監視や審査に協力し、対する国家は企業に独占・寡占の特権を与え、これらにより「社会監視・統制の商業化」を達成している。こういった国内社会の監視統制モデルは、必然的に閉鎖的な政治経済システムの形成へと向かいがちである。最近、西洋諸国は中国の監視統制の手法ににわかに驚愕し、まるで夢から覚めて事実を初めて目にしたかのようだ。だが何のことはない、中国のこの大戦略はすでに長年にわたって手がけられ、すでに自在に操って思うままの結果を得られる

10 ［訳註］「トゥードウ（土豆、Tudou）」は、中国の動画共有サイト（2005年創立）。「ヨウクー（優酷、Youku）」は、中国の動画共有サイト（2006年創立）。「バイドゥー（百度、Baidu）」は、中国最大の検索エンジン企業（2000年創立）。「アリババ（阿里巴巴、Alibaba）」は、中国を代表する情報・通信企業（1999年創立）。「テンセント（騰訊、Tencent）」は、インターネット経由の各種サービスを提供する中国のテクノロジー・コングロマリット（1998年創立）。「ウィーチャット（微信、WeChat）」は、テンセント社が提供するチャットアプリ（2011年サービス開始）。

実態に達しているのである。

0.4. 中国の産業戦略に挑戦する米国

中国経済の急成長の物語は、東アジアの発展の歴史的軌跡の中に定置して考察することが欠かせないが、それは既存の東アジアモデルが経験した枠組を突破している。中国の発展過程における東アジアモデル的な要素といえば、グローバル価値連鎖に沿って世界の工場を造り出した点である。他方、中国の発展過程における独自の特徴は何かというと、「レントシーキング」と「発展」の併存する「レントシーキング開発主義」の路線に踏み出したことであろう。しかも、中国は膨大な資本を蓄積したのち、西洋諸国の技術面の覇権に挑戦する野心を表わし、これと並んで一種の「自由主義とは別な価値観」の路線をひっさげて核心国家によるゲームのルールを打破し、自らルールを定め、自らの勢力範囲を画定しようと目論んでいる。

中国の産業アップグレードは、資本・市場・技術の三つの面に関わる。前二者はすでにおおむね解決したが、技術発展がボトルネックであった。中国は半導体製品を核心国家からの輸入に高度に依存していたため、この分野でのブレイクスルーが喫緊の課題であった。そこで、国務院は2014年に「大基金」[11]を設立し、半導体産業への大規模な助成を開始した。2015年には「中国製造2025」という政策を打ち出し、「中国製造2025重点領域技術ロードマップ」という文書を公布したが、その最初の項目が他ならぬ半導体産業である。過去数年、「中国製造2025」政策の実施に伴って中国は外国のハイテク企業を積極的に合併・買収し、技術を獲得しているが、それに対して西洋諸国は警戒を強めており、知的財産権の侵害が発覚すると「盗難」事案として争議が絶えない[12]。

11 ［訳註］正式名称は「国家集積回路産業投資基金」（China National Integrated Circuit Industry Investment Fund）（435頁）。

12 例えば、台湾のICチップメーカーTSMC（台積電）が中国のメーカーSMIC（中芯）を知的財産権侵害で訴えたとき、SMICがTSMCに賠償することで和解西洋諸国は中国のふるまいを憂慮し、「中国は既存の秩序の打破を目論み、果ては世界支配さえ企んでいる」との認識を持っている。現今の世界秩序は「市場資本主義」「自由で民主的な政治体制」の二点を核心として構成されるが、中国の発展の方向性はそれとは異なる独自のあり方からなる。それゆえ、世界の覇権の主である米国はパワーシフト（power shift）を懸念し始め、急速に勢力を伸ばすこの「修正主義者」（revisionist）への警戒を強めている。実のところ、2016年の大統領選挙以前の時点で、米国の体制側の政治陣営ならびに研究者コミュニティは「関与政策」（engagement policy）を徐々に捨て去り、対中国「封じ込め」という新たな政策を採用する方向へと認識を転換しつつあった。2017年にトランプ大統領は「米国国家安全保障戦略」を公表し、中国を戦略的競争相手と位置付けた。2018年3月、米国の貿易報告書は「中国製造2025」計画について、米国の技術的優位に挑戦するものだとの認識を示した。こうした見解は、仮に中国が目下の行動規範をそのまま実施に移したならば、将来的に中国は世界を支配するスーパーパワーとなるかもしれない、その可能性はある、という認識に他ならない。破竹の勢いで成長するこの強権国家は、党国体制なる装置が経済資源を全面的に掌握し（国家資本主義）、産業をアップグレードして西洋諸国を追い越そうとする総がかりの戦略を定め（中国製造2025）、この国家機構はまた最新のハイテクを活用して社会を統制し（デジタル・レーニン主義）、余剰資本を外国に輸出し（一帯一路・アジア投資銀行）、他国の政治・社会的秩序を操作・制御する（シャープパワー）。このような「目新しい代物」は、西側世界にとってまったくなじみのない、得体の知れない存

が成立した。第7章7.4.を参照。最近の有名な事例は、米国のマイクロン・テクノロジ社（Micron Technology）が中国福建省の国有企業晋華集成電路（JHICC）と台湾企業UMCを知財権侵害で告訴した件である。“Inside a Heist of American Chip Designs, as China Bids for Tech Power,” The New York Times, June 22, 2018（https://www.nytimes.com/2018/06/22/technology/china-micron-chips-theft.html, 2018年6月23日検索）. UMCは逆にマイクロン・テクノロジ社を相手取り権利侵害のかどで中国の裁判所に訴えを起こし、一審で勝訴している。『工商時報』2018年7月4日（http://www.chinatimes.com/newspapers/20180704000257-260202, 2018年7月5日検索）。

在である。

一部の人々によると、中国が現在、外国に対して「帝国の構え」をして見せているのは、実は「張り子の虎」に過ぎないという。その心は、心理戦を駆使して相手を屈服させる作戦だというのだ。はかりごとを巧みに用い、戦わずして相手を屈服させられるなら、何よりも効率の良い戦術である。なるほど、北京は「対外大宣伝」に励み、多くの国で「シャープパワー」を展開しているが、これは心理戦の範疇であり、その対外投資の規模と影響もまたしばしば誇張され、実態を反映しない。中国の産業の実力について腰を据えた分析・追究を行うなら、世界の工場を名乗ってはいるがその製造業の基盤はなお脆弱であり、今も産業アップグレードの階段を上ろうと努力を続け、西洋のテクノロジーに大きく依存している中国の実情がわかる。とはいえ、周辺地域の政治でも外交の領域でも、中国が新たな帝国という（自己）イメージを作り出しつつあることは間違いない。中国人民解放軍は長距離着弾能力を着々と構築中であり、海軍・空軍は東シナ海および台湾海峡、中でも南シナ海において集中的な軍事行動を展開して、周辺地域の緊張は高まり続けている。思想面では、「剣を掲げた商行為」なる謂いが中国の経済ナショナリズムに火をつけて煽り、「中国の資本・商品の輸出が日毎に膨大な規模に成長する現在、解放軍は中国が海外で得る利益を支援・護送し、ひいては米国を中心とする世界の覇権システムを打破せねばならない。『拳闘の王を倒し、拳闘界を叩き壊せ』、そして中国を中心とする新たな世界システム・世界秩序を打ち建てるのだ」[13]。中華帝国を復興させようとの野望は、ポピュリズム的言説を通じて高らかに響き渡った。ここからわかるように、中国の統治エリートと知識人階層にくっきりと烙印を押した「富国強兵」の思想は、2世紀近くにわたり連綿と継承されてきた。そして、中国人が西洋の帝国に支配されていると自認するとき、理不尽に対する悲憤慷慨の感情が国じゅうに満ち溢れるのだ。中国人が抱く帝国の自己イメージは、自らの手で実現して見せる予言にも似て、全世界の警戒感を呼び起こしている。

---

13 「汪暉との対話：「一帯一路」は何ゆえ「世界史の道筋の再修正」となるのか」『破土』（香港独立媒体網）2015年4月3日からの引用（https://www.inmediahk.net/node/1033026, 2016年5月5日検索）。

2018年4月、米国商務省は中国企業「ZTE」が規定に違反して米国製ICチップをイランに輸出したとして、同社に対し7年間「禁輸」のペナルティを公表した。この制裁措置により、中国第二の電信設備企業であるZTEはその製品の核であるICチップ製品および技術の入手が不可能になり、それは同社の5G通信の展開にも甚大な打撃を及ぼした。6月に、ZTEは多額の罰金の支払いと上層部管理職の更迭・入れ替えに応じ、これにより制裁の部分的解除を得た。このZTE事件が米中間の貿易戦の勃発直前に起きたのは、偶然ではない。これまで長年にわたり、ファーウェイ（中国最大の電信設備企業）は米国市場の扉を開けられずにいた。どれほど多額の資金を投じてロビー活動に励んでも、ファーウェイと中国の軍（および政府）との関係に対する米国政府の疑念を解消することはまったくできなかった。米国政府の報告書は何年も前から、ファーウェイの製品が米国の国家安全保障に脅威を及ぼす恐れを厳しく指摘していた。7月6日に米中の貿易戦が正式に始まったが、ハイテク覇権競争の前哨戦はその前からすでに展開していた。米国の今回の動きは中国経済の封じ込めを図り、「中国製造2025」を槍玉に挙げるものであった。ZTE事件は、「ICチップ製造技術を持たざる痛み」という中国の弱点を明るみにし、中国の科学技術の実力の断層をもあらわにしたのであり、これにより我々は中国の経済発展の虚と実を観察する機会を得たのである。

いずれにせよ、米中の貿易戦は地域政治経済の枠組内に定置して分析することが不可欠である。帝国の戦略およびその調整は、経済貿易と同時に考慮されるのが通例で、どうかすると貿易の方が先を行きさえする。過去における米国のグローバル戦略の歴史を振り返ると、中国政府はこの種の一大事においておおむね十分な準備を整え、きわめて怜悧な計算を行っていた。例えば、1970年代初頭に米中関係の雪解けが進んだときは、当時のキッシンジャー（Henry Kissinger）ら策士たちは、対中貿易の初歩的な解禁を中国との交渉のターゲットに加えていた[14]。当時、米国が中国と連携してソ連に対抗するという冷戦のゲ

14 "National Security Decision Memorandum 105," Washington, April 13, 1971. Office of the Historian（https://history.state.gov/historicaldocuments/frus1969-76v17/d116#fn:1.5.4.2.16.40.8.2, 2018年3月30日検索）.

ームは、将来的に中国を資本主義世界に取り戻すために打たれた布石であった。

現在、米国は中国の産業アップグレード戦略に挑戦状を突き付けているが、その目的は中国の産業アップグレードを阻止することでもなく、その経済を一敗地に塗れさせることでもない。なぜなら、そのような結果は米国自身の経済的利益にもならないからだ。米国が目指すのは、技術面における自らの主導的地位を保ち、グローバル価値連鎖から巨額の利潤を引き続き確保して、中国の対外的拡張を封じ込めることにこそある。

本書はレントシーキング開発国家という概念を提唱する。この種の国家は、外資との交流を通じてその価値連鎖のガバナンス構造に切り込み、そこから経済的余剰を吸い上げることに長けている。それはつまり、国家の価値収奪者としての働きが高度に突出することに他ならない。だが、レントシーキング開発国家は、ごぼう抜きの産業アップグレードを達成する能力を持ち合わせているだろうか？　中国は毛沢東時代に自力更生の方式で「大躍進」政策（1958-1960年）を実施し、短期間で「英国を追い越し米国に追いつく」ことを目指したが、一敗地に塗れ、大飢饉を引き起こした過去を持つ。いま、国内外の局面は大きく変化しているとはいえ、中国共産党政権はまた同じ轍を踏むことになるのだろうか。あるいは、歴史の呪いを一気に突破するのだろうか。

0.5.　台商の眼

1970年代末期、中国は毛沢東時代の「自力更生」政策から徐々に脱け出し、重苦しい経済の「苦境を打開し活路を開く」べく、珠江デルタに特区を設置して、香港・台湾が加工貿易で外貨収入を創出した経験を学ぼうと試みた。1980年代には香港・台湾の資本が次第に広東に投じられ、労働集約型加工業のグローバル価値連鎖が導入されて、「材料供給加工」方式による輸出志向型の経済成長を後押しする。地方政府は農民工を受け入れ、外国企業から「加工費」[15]を徴収して、外貨を徐々に蓄積していった。この「発展の出発点」は、こんにち振り返るとまったく目を引くものではなく、政府側もほとんど言及することはない。だが、このささやかな「出発点」は、実はバタフライ効果を秘めており、数十年後の中国における資本主義の発展という大きな気圧の変化を呼び起こす効果を発揮したのだ。本書は、この過程で蝶のかすかな羽ばたきがいかなる連鎖反応を引き起こし、他の要素を集めて揃え、現在の暴風圏を呼び起こしたかを論証するものである。

広東モデルなくして中国の台頭はなく、こんにちのいわゆる中国モデルもなかった。この歴史的発展の時系列にあって、台商は初期における決定的な因子だった。台商が広東に足掛かりを築き、その後中国各地に拡散していく足跡を追うことで、広東モデルの発展過程、その拡散と転換、そしてその直面した苦境を概観することができる。台商は何百万という数の農民工を雇用したので、公民としての身分に差序のある体制という、精巧で複雑で暴力的な搾取の装置にも関与していた。また、台商は在地体制に埋め込まれ、在地の地方政府との間に各種の取引が生じ、また中国の非正規的制度のお膳立て（表に出ない暗黙のルール）や架空所有制ならびに偽りの契約関係についても、これを熟知していた。台商とその幹部らは中国の官僚・幹部と密接に接触し、彼らの「気持ち」と「計略」に知悉していた。「台商の視点」を通じて、我々は広東モデルの発展・変遷の過程を、内部にいて観察する角度で記録しうるだろう。「台商の視点」を通じて、我々は現代中国が先進国に追い付け追い越せの勢いで発展を図るその目論見と、焦りと、挫折とを、さらに深く掘り下げうるだろう。

「中国製造2025」のねらいは、グローバル価値連鎖の階段を一気に駆け上がり、さらには核心国家が主導するグローバル価値連鎖を迂回して、自ら牛耳る別な価値連鎖を構築することにある。それはつまり、メディアが大々的に宣伝する「赤いサプライチェーン」の確立に他ならない。中国政府は半導体製品の

---

15 ［訳註］原文は「「工繳費」（加工費）」。著者によると、当時の地方官僚と台湾企業幹部の双方が、「工繳費」と「加工費」の2つの語彙をほぼ同一の意味で用いており、ゆえに原著では全文にわたり「工繳費」「加工費」を混ぜて記述したという。著者と協議し、日本語の訳語を「加工費」に統一した。

内製率を規定しており、その目指すところは高度先端産業における自前の価値連鎖の構築である。基幹材料・部品について西洋諸国の技術への依存から脱却しようとしているのだ。しかし、これについて西洋諸国の専門家の判断は割れている。中国のこの壮大な目標について、過度に膨張主義的であり評価に値しないと捉える専門家も少なくない。その根拠は、中国の科学技術の実力は短期的には西洋の水準にとても届くものではないという判断にある。重要な基幹技術に乏しい中で、中国が現時点でやれることは以下であるという。(1) 潤沢な外貨準備を活用して、全世界で企業の吸収合併を行い、技術を買い入れること。(2) 人材を引き抜くこと。西洋の企業・韓国・台湾などから高給で人材を招く[16]。(3) 知的財産権の工業版諜報戦。有り体に言うなら、グレーゾーンを舞台に「盗用・権利侵害・模倣・海賊版[17]製造」行為の路線を行くこと。

ここで、台湾の発展の過程を振り返り、対比してみよう。1960年代以来、台湾の産業は西洋国家のグローバル価値連鎖につき従って一歩一歩階段を上り、製造技術は不断に向上したものの、西洋の先端ブランドを持つ主導企業(製品のバイヤー側)と事を構えることになるや尻込みして、最後の壁をどうしても越えられなかった[18]。経済のテイクオフから半世紀を数える台湾では、現時点においてグローバル価値連鎖の主導企業の地位を占め、かつ半導体製造のエコシステムを完備するのは、TSMCなどごく少数のメーカーのみにすぎない。しかしこの道程は、基本的に西洋の中心的技術・市場が覇権を握る発展モデルに従

---

16 中国が2018年2月に公布した「恵台31条」のうち1項目の意図も、この点にある。

17 [訳註]「海賊版」の原語は「山寨」。元の語意は「山中の砦(山賊のすみか)」だが、転じて「海賊版の携帯電話などを製造するメーカー」を指す語になった。派生して、海賊版・偽物の製品をも指す。ただし、当初は否定的な意味合いで用いられたこの語は、当該の諸メーカーが世界の低所得層のニーズに応える製品を供給し、独自のイノベーションも果たしたなどの側面が評価されるにつれ、反主流の文化を代表する肯定的な意味でも用いられるようになっている(加藤弘之2013『「曖昧な制度」としての中国型資本主義』NTT出版、pp.4-5、同2016『中国経済学入門』名古屋大学出版会、p.118; 丸川知雄2013『現代中国経済』有斐閣、pp.188-189)。

18 一例は製靴業である。第6章「台鑫」の事例を参照。

属して歩んできたものである。台湾は、地政学的戦略においては米国の支持に依存し、経済的規模は中程度である。ゆえに「同調戦略」を進化させ、背伸びせずこつこつとグローバル価値連鎖の階段を上り、核心国家の市場ニーズに敏感に反応して、産業全体をグローバル価値連鎖に対し高度に整合させてきた。従って、台湾資本の国外移転の方向性は、グローバル価値連鎖における多国籍ブランド企業（バイヤー企業）と緊密に連動している。

1980年代末期から台商が中国に進出して以来、世界経済・台湾経済・中国経済の景況はいずれも大きく変化している。過去30年にわたり、台湾の対外投資先は中国に著しく集中し、いわゆる「グローバリゼーション」とは実は「中国化」である、との皮肉も生まれた。しかし、こうした形態のグローバリゼーションの構造的エネルギーとは、煎じ詰めれば資本主義世界システムにおける構造調整と分業の再配置であり、それはまたグローバル価値連鎖の移動のベクトルをも反映している。台商の西進は多重的効果を持ち、台湾産業のアップグレードを推進する効果をも含むが、反面、「台湾を掘り崩し空洞化する」懸念もはらんでいる。2000年代終盤以来、グローバル価値連鎖の再度の移動に伴い、台商は新たな布陣を形成し、対中投資の集中度はここ数年で目立って低下しているが[19]、その理由として、中国における利益率の低下に加え、一部の台商における対中リスク意識の高まりも挙げることができる。

過去10年間、広東省の台商はグローバル価値連鎖、および中国政府による産業アップグレードという二重の圧力を受け、工場閉鎖、内陸部への移転、外国への移転、移転なき業態転換など、さまざまな方向性の出口戦略を採ってきた（同時に複数の戦略を採用した企業もある）。このことも、珠江デルタ地域、中でも深圳・東莞の台商の情勢に極めて大きな変化をもたらした。現今の過熱する米中貿易戦は、台商の中国離れをより一層加速している。

同時に、中国の輸出志向型経済にも変質の兆しが現れつつある。改革開放期の過去30年間、中国の発展の主たる路線は「世界の工場となる」ことだったが、ここ10年ほど、中国政府は「世界の市場」としての中国を撒き餌として利用し、

19　中国は今もなお、台湾にとって最大の資金輸出先である。2017年には、台湾の対中投資は対外投資総額の45.8%を占めた。

自らが牛耳る自前の価値連鎖体系を構築しようと試みている。だが、それは米国の強力な挑戦に直面している。米国を筆頭に、中国を封じ込めようとする地政学的態勢も形成されつつある。こうした二重の嵐に直面する習近平が「功績簿に名を記さねば」と口にする台商は、北京にとってコントロールする価値がなおもあるのだろうか。筆者は、中国が世界の覇権を追求するその悲願の文脈において、台商はなおも利用価値があるものと考える。それは第一に政治的アイデンティティにおける価値であり、第二に産業アップグレードにおいての価値である。

まず、政治的アイデンティティについて。台湾資本は一貫して、中国の対台湾統一戦線にとっての重要な「媒介者」であった。まずもって、台湾向け宣伝の価値は大きい。ボアオ・フォーラムにおいて、習近平はどれほど多忙であろうと「10分間の時間を捻出して台商の代表に接見した」。数十年来にわたり、中国政府は統一戦線の必要上、台湾資本に「特恵待遇」を与えてきた。こうした特恵待遇は、政治的アイデンティティから派生する「レントの価値」である。よって、一部の台商は一般的な商業活動以外にも、台商の立場に依拠したレントシーキング活動（特に、土地が生む利益の追求）に余念がなかった。北京政府からすれば、台商のネットワークを通じて「台湾海峡をまたいだ政・商関係」を構築し、台湾の「現地協力者」を育成することは、コストのかさむ取引ではまったくない。だが、台商という一種の集団的な「アイデンティティ資本」は、国共両党の協力のピーク期には、過小に評価されてもいた。2011年、中国に長年駐在するある台商はこう述べた。「（双方の）政府は今や自力で談判できるようになり、そうすると我々は頼られもせず、見向きもされない。従って、皆の考えは、（政商としての環境は）むしろ悪化したと見ている。両会（台湾の海峡交流基金会と、中国の海峡両岸関係協会[20]）も互いに直接交渉するから、もはや我々を必要としないのだ」[21]。反対に、中台の政治関係が緊張を増すと、アイデンティティ資本の価値は高騰する。かつて、1995年から96年にかけての台湾

20　［訳註］「海峡交流基金会（海基会）」は、中華民国政府の対中交渉窓口機関。「海峡両岸関係協会（海協会）」は、中華人民共和国の対台湾交渉窓口機関。

21　聞き取り：ZJC201211。

海峡危機の際、ある台商はこう述べていた。「両岸の緊張が増し、戦争の危険がある時は、中国共産党は我々にもっと良くしてくるぞ。必死で取り入ってくるからな」[22]。目下、米中関係と台湾海峡両岸関係（台・中）はともに緊張しており、台湾の与党は民進党であり、中国は統一戦線の働きかけをますます強めた結果、「恵台31条」[23]なるものを打ち出してきた。これは台湾人という属性の資本としての値打ちをつり上げる行為に等しい。台湾人であることという資本が中国において実際のところどれほどの価値を持つかは疑わしいが、それはともかくもシンボリックな記号として台湾のメディアが大きく報じるところとなり、そしてそうなればなるほど、北京にとって有利なイメージ宣伝ができるのだった。過去の経験から見るに、北京政府が最も重要と考える政・商関係とは、中台両岸の党・政上層部のネットワークに食い込み、双方に自在に出入りできる「海峡を跨ぐ企業」である。この種の政・商関係は、台湾の政権与党が交代しても引き続き影響力を保つ。この地域の地政学的関係に緊張が高まるときは、海峡を跨ぐ政・商関係の変遷を観察する好機である。中国が台湾の領土と主権を併呑（統一）するとの目標を持ち続ける限り、台湾に対し「商業モデルで統一戦線を張る」という主旋律は、変わることがないだろう。

次に、産業のアップグレードについて。中国の産業アップグレード戦略が西洋諸国のボイコットや制裁に遭うと、台湾資本の価値が相対的に高まる。ZTEが米国の制裁を受けて間もなく、台湾・メディアテック社はZTEへのICチップ販売を台湾経済省に申請し、経済省はこれを審査はしたものの直ちに認可した。それゆえ、米中間の貿易戦とハイテク覇権競争が風雲急を告げる中、一部の台商は中国を手助けして技術獲得の急場をしのいでやり、その結果、短期間

22　聞き取り：Leegm199508。

23　［訳註］「恵台31条」とは、2018年2月28日に中国の国務院台湾事務弁公室（国台弁）と国家発展改革委員会（発改委）が連名で発表した「両岸経済文化交流協力の促進に関する若干の措置」のこと。「投資と経済協力の領域で台湾企業に大陸企業と同等の待遇を与える」「台湾同胞が大陸で学習・創業・就職・生活をするために大陸同胞と同等の待遇を提供する」など、台湾に対する優遇措置31項目が示される。背景には経済的手段を通じて台湾を政治的に取り込もうとする中国側の意図があり、台湾では中国を利するものだとして警戒がある。

で「機会財」の窓口を手に入れたのだった。しかし、総じて言えば、台湾のICチップ設計メーカーの技術レベルは米国クアルコム（Qualcomm）社に比べると依然劣ったため、長期的にはその役割に疑問符が付いた。「恵台31条」には、台湾の人材を引き抜く意図もある。中国は半導体産業に大いに注力しているが、台湾は半導体製造・検査・組み立ての一貫した産業連鎖を確立し、豊富な経験を蓄積している。中国は2000年に先進的なシリコンウエハー工場の建設を開始して以来、台湾から人材を引き抜く手段を採り続けてきた。目下、大量に作られたウエハーメーカーのうち一部には台商が資本参加し、かつ台湾の上層部マネージャーやエンジニアの姿もあふれている。中国は半導体産業を発展させるべく、大金を投じて台湾の人材（並びにその他先進国の人材）の力を借りている。その結果を予測することは難しいが、技術の習得には時間と経験の蓄積を要する上、技術移転は知的財産権の問題にもかかわり、中国側がこの障壁を回避することは容易ではない。TSMCは中国・南京で高精度シリコンウエハー工場に独資の形で投資を行っている。シリコンウエハーのファウンドリとして世界の巨人たるこの企業は、台湾の工業技術の指標としての意義はもちろん、台湾の産業発展にとっても重要な象徴的意味を持つ。最近引退したTSMC創業者の張忠謀はこう評価する。「中国の半導体企業は勢いがある上に絶えず進歩しているが、TSMCもこの間不断の進歩を遂げると見ている。技術面でも効率性でも、海峡の対岸のライバルより少なくとも5年は先を行くだろう。だが、そのように先を行けるのは今後10年ほどのことではなかろうか。中国は10年後には徐々に追い付いてくるだろうから、油断は禁物だ」[24]。張忠謀が台湾の半導体産業に寄せる楽観的だが同時に慎重な予測は、追いつけ追い越せと全力疾走する中国の必死な様子を存分に映し出している。

半導体は台湾産業の要となる業種だが、それがすべてではない。台湾の産業の全体的な発展は、長期にわたって実力を蓄積してきた。それは、伝統産業の業種で磨き抜かれてきた職人技や、経営管理におけるレジリエンスを含む。こ

24 「張忠謀：台湾半導体領先中国還有10年時間，之後却不能大意」『科技新報』2018年6月11日（https://technews.tw/2018/06/11/taiwansemiconductor-3/, 2018年7月1日検索）。

んにちに至るまで、伝統産業はアップグレードを通じて製造技術を進化させ、「隠れたチャンピオン」にあたる多くの企業が生まれ、中にはグローバル価値連鎖の頂点に迫ろうとしているものさえある。だが、台湾の議論の舞台はしばしば「強国」「帝国」「覇を競う」「一帯一路」「大基金」「赤いサプライチェーン」など中国の覇権に関わるプロパガンダの語彙で占められ、伝統産業や中小企業の重要性は過小評価される傾向にあって、これら企業が実はすでにハイテク活用グループの一員となっていることや、リスク分散を行いながら多角化・多様化の方向に進んでいることなどは無視されがちである[25]。筆者は長期にわたり台商の追跡研究を行い、台商・広東モデル・中国の発展の三者間にそれぞれ生じた双方向関係について検討を続けてきた。その主な目的は、大小さまざまな無数の台商が長期的に集団として蓄積してきた役割を実証し、それが現代中国ならびに台中関係に多大な影響をもたらしてきたことを明らかにすることである。台商が現代的製造業を中国に引き入れ、中国はその発展モデルに台商を巻き込む。我々は今もなお、その旋風のただ中で日々を送っているのである。

0.6. 本書の構成

第1章では、本書の問題意識として以下を挙げる。世界の工場はいかに造り出されたか？　中国が資本主義へと転化する過程で、グローバルなレベルとローカルなレベルはいかにして結びついたか？　そこにおいて台湾資本はいかなる役割を演じたか？　続いて、広東が世界の工場へと邁進した事の次第を取り上げ、そこから理論面の論点を抽出する。先行研究は、中国の発展の推進力について、主に市場論・国家中心論・輸出志向型発展論の三つの角度を入り口に

25　例えば、台湾の自転車製造業界をリードするジャイアント社の責任者は「ジャイアントはハイテク企業であり、普通の伝統産業ではない」と述べている。「杜綉珍成功打造第二品牌催生Liv全球自行車唯一嬌點」『中時電子報』2017年10月2日（www.chinatimes.com/newspapers/20171002000044-260202, 2018年7月2日検索）。

論じている。先行研究を仔細に検討した結果、本書は世界システム論より派生するグローバル商品連鎖（コモディティチェーン）理論、並びにそこからさらに一歩発展したグローバル価値連鎖理論に焦点を当てる。このグローバル価値連鎖理論を批判的に用いるため、筆者は「地方成長同盟」という分析枠組を提案する。この同盟においては、在地体制は自主性とダイナミズムを具え、グローバル価値連鎖のガバナンスに介入する過程で価値の収奪に勤しむ。他方、外資は、国家が提供する低コストの労働力やその他の生産要素、それにパトロンとしての官僚から庇護を得る。この章では最後に、ケーススタディの対象の選択、研究方法、データの出所および構造について述べる。

第2章は、広東モデルの起源とその発展の過程を鳥瞰する。一歩先を進んだ広東は、短期間に「世界の工場」の中心地域となったが、1970年代末期から80年代初頭にかけては、不確実性とチャンスとリスクに満ちていた。この章では、まず広東の対外開放の政策過程において生じたいくつかの重大な争点、つまり中央と広東の関係、および加工貿易モデルの起源について整理する。回顧録と政策史料に基づき、鄧小平・習仲勲・任仲夷・谷牧など中央級・省級指導者の講話、および特区関連の政策・計画を実際に施行した幹部らの記憶をもとに、「一歩先に行く」「特殊な政策、弾力的な措置」「材料供給加工」「香港・台湾の経験に学べ」「外貨収入を創出せよ」「三来一補」などの語句の政策的含意を理解する。続いて、広東の経済面のパフォーマンスを分析する。各種の経済指標と発展の趨勢を分析し、これを全国ならびに重要な他地域と比較する。同時に、広東の「労働力価格競争力」の分析も行う。これは農民工の給与と成長の趨勢、広東の社会保険の状況と他地域との比較分析、そして高い蓄積率の問題を含む。最後に、広東が過去三十数年の間に経験した二度の重大な政策制度の変遷、および変遷を経た広東モデルについて分析する。当時から近年まで、加工貿易は広東の産業構造において依然として重要な役割を担っていることが明らかになる。

第3章と第4章では、台湾資本の皮革製品製造業「台陽公司」をめぐる突っ込んだ記述を展開する。これは、本書が用いる地方成長同盟というマクロな枠組のミクロ的基礎にあたる。台陽の台湾での経営活動、および中国における「ライフヒストリー」は、本書における論証の主要な素材である。台陽が経験した発展は、三つの段階に分けられる。第一段階は台湾の貿易商であった時期（1979-1988年）、第二段階は広東省東莞で上屋を賃借して工場を運営した時期（1989-1994年）、そして第三段階は、自前で工場上屋を建築し、品質と生産効率を向上し、二代目への事業承継を行い、最終的に中国での経営を終了するまでの時期（1995-2010年）である。これら2つの章では、グローバル価値連鎖／商品連鎖の分析枠組を用いて、台陽が香港を通じて中国に進出した決断とその過程、および関連する生産組織と技術面の変動について説明する。台陽は、台湾所在の貿易商であった段階から、アウトソーシングとネットワーク式生産モデルを手がける段階へ、そして東莞に移転して垂直統合型のメーカーとなるまでに、規模も生産能力も大幅な成長を遂げた。

台陽公司の事例は、小さな体にあらゆる機能をひととおり備える雀にも似て、マクロ現象を具体的かつ仔細に示してくれる。台商はどのように生産拠点・資本・技術・市場を中国に持ち込んだか。外資企業としての台商は、在地の構造や制度やアクターとどのように意思疎通を行い、どのようにして在地に埋め込まれたガバナンスの過程を通じて現地政府および官僚との間に（例えば「人頭税」「外貨配当金」「管理費」などの利益分配メカニズムのような）特殊な政・商関係を形成したか。台商はどのようにして中国の移行経済期の「汚職・混乱」にあふれた環境制度に適応し、レントシーキングの問題を克服し、さらには相対的に安定した所有制の関係を獲得するに至ったか。メーカーにとって一種のコストであるところの制度と政策が変化するとき、その変化はメーカーが合作相手を考え直さざるを得ない方向へとどのように導くのか、また投資を継続するか撤退するかの決定にどのように影響を及ぼすのか。2つの章の画期となるのは1994年である。この年、中国中央政府は外貨制度を改革し、人民元の価値が大きく下落し、また税制改革も実施された。これら一連の新政策により、メーカーが使用する生産要素および制度条件の相対的価格が変化し、ゆえに地方政府とメーカー間の価格交渉力にも相対的な変化が生じた。中央の政策の変遷から地方における政策の実施まで、そのすべてがメーカーの行為モデルに影響を及ぼし、つまりそれらは外ならぬ台陽の経営行為にも表れている。台陽は

2010年に中国からの撤退を決定した。そのことは、中国の労働コストの上昇・労働集約型の輸出志向加工貿易の凋落を示すものであり、同時に「人頭税」の退場と「社会保険料」の出現という変化も表われている。この段階では、広東は産業構造転換の分岐点上にあり、それはまた台商と外資が中国からの撤退を開始した時でもあった。

第5章では、中国式搾取の制度的論理を取り上げる。まず、国家がどのようにして農民工という階級を作り出したかを分析し、続いて農民工階級の様相を記述する。農民工階級は相対的に良質で低コストの労働力供給源となり、低廉な労働力を絶えずどん欲に求めるグローバル価値連鎖が中国に伸張する契機となった。中国に伸びてきたグローバル価値連鎖は、沿海地域の地方政府の制度に埋め込まれる構造を短期間のうちに形成し、中国を世界資本主義の生産体系の一環として手の内に収めることに成功した。二元労働市場が農民工に対して行った経済的社会的収奪は、他でもない中国自身が資本蓄積を行う上での重要な動力であった。農民工階級は公民としての身分に差序のある体制の中に身を置き、国家と資本の両者から二重の搾取を受けている。最後に、中国の農民工を取り巻く労働体制の性質を考察する。先行研究にみえる「専制体制」と「覇権体制」の議論を分析した上で、筆者は国家の役割という角度からこの論争に立ち返った。ブラウォイ（Michael Burawoy）の理論においては、その命題は「市場資本主義国家」の前提条件を出発点としている。しかし中国においては、立脚点となるのは「党国資本主義国家」であり、国家が労使関係に絶えず強力な介入を行うが、その介入は財政収入の獲得を最も主要な目的とする。国家は「地位についている」にもかかわらず、こと労働者保護に関しては、しばしば「欠席」の状態なのだ。中国では、まさに国家が公民としての身分に差序のある体制を支えているがゆえに、労働者に対する資本家の搾取がより一層苛烈なものになっている。中国沿海地区の加工輸出製造業に見られる、納期を死守するために残業する現象の背後では、「偽りの契約関係」が支配力を振るっているのだ。表面上は進歩的な勤務時間関連の政策や、低位抑制された最低賃金、それに地方レベルの弾力的な法執行、これらが手を組んで、労・使・政の三者間の「暗黙の了解」を創出している。この暗黙の了解のもとでは、「残業手当」

は勤労意欲を刺激するとともに労働生産力を搾り取る主要なインセンティブとなり、さらにそれはなし崩しに日常的行為と化している。

第6章は、広東モデルの転換を議論する。2007年から2008年にかけて、世界金融危機のあおりを受け、広東省東莞にはいわゆる「台商大逃亡」の嵐が吹き荒れた。この時の衝撃は台商以外の外資にも及び、多くの香港企業も「逃亡」という退場の形を採った。世界金融危機は外部からの衝撃であるが、より深層の原因となったのは、中国経済における長期的な転換の圧力である。これは、生産要素価格の上昇、労働者の集団争議行動の増加、政策制度環境および政・商関係の変化、産業アップグレード政策からの圧力の増大など、多くの要素を含む。これら内外の要素が一体となって巨大なエネルギーが生まれ、グローバル価値連鎖／商品連鎖の次なる移動を促し、それが広東の成長モデルに構造転換を求める大きな圧力として働いた。この章では、まず国家の政策、広東の産業アップグレード、そして政・商関係の変化について分析を行う。広東の労働集約型の成長エネルギーが弱まれば、台商は必ず対応を迫られ、利潤追求モデルに改革を施さねばならない。珠江デルタ地域の台商が転換圧力に対応する上で、選択肢としては工場閉鎖のほか、内陸部への移転、国外移転、移転せずアップグレードを図るという三種に大別される。また、一社の企業がこれら三種の選択肢を同時並行的に採ることもありうる。筆者は「スマイル製靴公司」を中小の台商における「移転せずアップグレード」の代表的事例として取り上げる。同社の「中核工場戦略」に焦点を当て、同時に中国大陸資本の競争力の伸びにも注意を払う。また、「台鑫製靴集団」を大規模OEMメーカーの転換の代表的事例として挙げる。同社の戦略は、海外生産基地の再配置（国外移転）、中国国内の生産拠点の再配置（内陸部への移転）、国内販売事業部の展開と、多角的な対応を採るものであった。同時に、台鑫では二代目への事業承継も、企業集団の制度改革・危機管理・構造改革など多重的なプロセスをもたらしていた。台鑫は高度な製造技術を持つ多国籍企業として、グローバル価値連鎖の階段を一目散に駆け上がってきた。価値連鎖の頂点に近づこうと試みるものの、グローバル価値連鎖の支配の論理から脱却できず、「キャッチアップの限界」に突き当たってしまう。この章では最後に「中国資本エコシステム」の出現を分析する。広東モデルは転換を経て、現時点では若干のアップグレードの様相を呈している。その一つは伝統製造業種における中国資本メーカーの勃興であり、例えば製靴業では地場の供給連鎖（サプライチェーン）が形成されている。これら中国資本メーカーは、台湾資本メーカーの「遺伝子コード」を保持しているのだ。もう一つは中国資本が主導する情報通信産業連鎖の出現であり、その一部においては台湾資本との間に競合関係が生じている。

広東モデルの転換は、次のような発展の結果を示している。加工貿易の勢いは、グローバル市場の飽和と後進国家の追い上げに遭いつつも、なお相当に強い持続力を保つ。というのも、珠江デルタ地域の輸出志向経済はグローバル価値連鎖に深く浸透しており、多国籍ブランドのバイヤー企業は珠江デルタを高品質製品の生産基地として依然必要としているからだ。それゆえ、供給連鎖の調整統合役を果たす台商もまた必要な存在である。その台商が撤退すると、大陸資本メーカーが時宜を得て供給連鎖に参入し、そのことで珠江デルタ地域の輸出システムは完成度をある程度維持している。この他に、地方政府が長年にわたり加工貿易部門より財政収入を得てきており、経路依存性が構築されていることも指摘できる。

第7章は、広東モデルを中国モデルの原型と見なして、本書の理論的意義を論述する。本書はグローバル価値連鎖／商品連鎖という理論的視野を採り、在地に埋め込まれたガバナンスという概念を加えて、中国が価値連鎖の拡張発展という歴史的契機をいかに利用して輸出志向の工業化政策を採用し、三十数年にわたり巨額の外貨を蓄積するとともに生産技術および産業組織能力を獲得し、製造業分野で一定の実力を蓄積したのち、強大な国家としての能力をもって価値連鎖のガバナンス構造における権力支配関係を突破しようと試みているかを分析する。台商は、中国の発展の過程において「半周辺の肘」（鄭陸霖 1999）を任じ、グローバル価値連鎖の覇者に成り代わって支配を行う役回りを演じた。また、中国に技術の拡散や産業アップグレードをもたらすなどして、中国がグローバル価値連鎖の覇権に対抗する際の協力者となった。

本書は在地に埋め込まれたガバナンスという概念を主張するが、その趣旨は、中国の地方政府が価値連鎖内における利益分配の結節点に介入する様相を定義し、経済成長と組織的レントシーキングとが併存する現象の説明を試みることである。筆者は広東の発展の経験と、組織的レントシーキングと、地方政府が価値連鎖の内部で行う価値収奪行為について総括し、さらにレントシーキング開発国家という概念を提示する 。中国は東アジアひいては世界経済の中でも特殊性を持つ。自ら一家を成す独自の（sui generis）[26]存在ではあるが、しかしその規模および影響力ゆえ、この特殊な一類型は一般的な国家の突出性や理論的重要性をはるかに凌駕すると言わねばならない。中国におけるレントシーキング開発国家というありようを分析することは、東アジアにおける開発国家の理論的命題を回顧しつつ歴史的比較を行う助けとなる。中国は、目下のレントシーキング発展モデルの限界を突破する必要に迫られて、「中国製造2025」を打ち出した。この章の最後では、この発展の青写真のもとで進められる中国の半導体産業のアップグレードの見通しについて初歩的な評価を行う。

第8章　結論では、三つの問いについて総括と応答を行う。中国は発展の罠に陥るのか。米国をはじめとする西洋諸国はなぜ「中国の脅威」を警戒し、その産業アップグレード計画である「中国製造2025」を抑え込もうとするのか。そして、中国が資本主義世界に復帰すると、どのような理論的挑戦がもたらされるか。本書の議論を総合してこれらの問いに答えるとともに、理論面での可能な貢献を提示したい。

26 ［訳註］「sui generis」は、「独自の、独特の」を意味するラテン語。

第 1 章　世界の工場を造り出せ

中国は1980年代から輸出志向型工業化（export-oriented industrialization, EOI）を目指して動き出し、十数年で「世界の工場」となると、その後30年以上にわたって急成長を続け、外貨不足の国家から世界最大の外貨準備高を誇る国家に変貌を遂げた。中国はまた、閉鎖的な国家社会主義経済システムから、外部と結びついた資本主義経済システムへの転換をも果たした。「中国の奇跡」を説明しようと試みる研究は多いが、その急成長の構造的特質と制度の運動エネルギーについては、なおも未解明の一連の疑問が残る。世界の工場はいかにして造り出されたのか。中国が資本主義へと転換する過程で、グローバルのレベルとローカルのレベルはいかにして結びついたか。その間、台湾資本はいかなる役割を演じたか。広東モデルはなぜ決定的機能を果たしたのか。政・商間の関係とは、共謀と闘争とがいかなる形で両立する関係であったのだろうか。

既存の文献は、中国の急速な経済成長について互いに衝突し合う三種類の解釈を示す。まず、**市場論**は、中国が従来の公有制経済を改革したことで経済成長のエネルギーを解き放ったと強調し、個人の自発性、所有制構造の変化、それに私有化の過程を重視する。だが、この「下からの資本主義」という観点は、膨大な規模にのぼる資本のグレーゾーンや政・商間の取引関係を見過ごしており、中国における資本主義の発展について部分的な説明しか成し得ていない。次に**国家中心論**は、経済成長の推進にあたり政府が主導的役割を果たしたことに着目する議論である。「上からの資本主義」というその観点は前述した市場論を補完するもので、国家の能力・政策・制度を重視するが、中国とグローバル資本を連結するエネルギーについては、また外部連関と国内の地域間格差とがどのような関係にあるかについては、説明し得ていない。三つ目の**輸出志向型発展論**は、外資と輸出が中国の経済成長を推進したとし、中国が東アジア発展モデルの成長エネルギーを継承していると説明する。だが、この「外からの資本主義」という論点はしばしばマクロ的に過ぎ、中国経済がグローバル資本との間でいかに相互作用および埋め込みを行ったかについて制度や企業のレベルから説明する視点に欠ける。また、この理論の方向性では、レントシーキングと成長が両立したことの謎を説明できない。本書は、中国とグローバル資本主義の連結の問題を入り口とし、グローバル価値連鎖／商品連鎖理論に修正を加えることで、中国が1980年代以降の伝統産業の価値連鎖の伸張・移動――東アジア四小龍から中国東南部沿海地区への移入――という契機をいかに利用し、またその勢いに乗っていかに世界の工場を造り出したかについて、分析を行うものである。台湾資本は、広東に伸張したグローバル価値連鎖の最前線であった。台湾資本なくして広東のEOIモデル確立はなく、広東モデルなくしては中国経済の急成長もなかった。広東モデルは中国の発展の経験のすべてではないが、発展の第一段階（2000年代に入る前）において最も重要な構成要素であり、その後に続く発展モデル（例えば蘇州モデル）が参考とする手本でもあった。今に至るも、広東モデルの要素とその影響力は中国の発展の軌跡に深く埋め込まれている。

改革開放初期の中国において、資本主義システムとの接続を行う具体的な過程ではグローバル価値連鎖が推進力となり、その先駆けとなったのは製造業の外資であった。1980年代から今世紀初めまで、中国は潤沢な労働力を活用して資本主義の世界経済に切り込み、労働集約型の伝統製造業の領域に進出して、加工費を獲得し、外貨と資本を蓄積した。21世紀初頭以降、中国は次の段階に歩みを進めた。巨大な国内市場の潜在力をよりどころに国内市場の発展に努め、製造業の技術を深化させ、中国独自の商品ブランドを育成し、グローバル市場への進出を図っている。一般的に、中国は「世界の工場」から「世界の市場」に転換中であると考えられている。だが、たとえ「世界の市場」に転換中であれ、その前段階のEOI戦略における経路依存効果は依然として鮮明である。つまり、中国は海外市場と外貨の獲得と労働集約型伝統産業に、現在もなお、かなりの程度依存している。

中国が世界の工場となった「奇跡」の背後には、考えさせられる疑問が潜む。それは、官僚によるレントシーキング活動の蔓延と急速な経済成長とが両立する現象である。この現象は、新古典主義経済学の標準的な解釈と相反するものであり、ゆえに多くの研究者の頭を悩ませてきた。本書は、**組織的レントシーキング**（institutional rent seeking）という概念を用いて、この理論的難題を説明しようとするものである。本書で実証するのは、地方政府とその官僚が組織的・集団的なレントシーキング活動により、中国の資本主義下の過程でいかにして経済的余剰を獲得してきたかという点である。既存の文献は、レントシーキングを経済の低成長ないし停滞をもたらす現象だと捉え、大半が輸出代替工業化の部門を研究対象としてきた。だが、中国の謎の興味深い点は、レントシーキングが輸出志向の工業化部門にも発生していることである。中国経済がグローバリゼーションに巻き込まれていく過程で、地方官僚もグローバル価値連鎖のガバナンス構造の中に巻き込まれていった。中国経済がグローバル価値連鎖の主導のもとで急成長を遂げるにつれ、組織的レントシーキング活動もそれに伴って蔓延していった。地方政府の官僚が価値連鎖のガバナンス構造に介入していった主な動機は経済的余剰の獲得であり、この経済的動機を背後で牽引した誘因は地方財政のニーズおよび官僚の集団的・個人的利益であった。ゆえに、中国がグローバル価値連鎖に巻き込まれた結果とは、経済成長とレントシーキング活動が同時に進展したことなのである。歴史的に言うなら、中国の移行経済の構造そのものがレントシーキング活動を誘発しやすいのだが、大規模なグローバリゼーションの動きのもとで、地方政府のレントシーキング活動は制度化・組織化・日常化されていった。

経済的余剰の獲得・掌握・分配は、資本主義経済モデルの主たる動力である。中国経済の奇跡の物語には、半ば公然の秘密があり、それは膨大な数の農民工に対して行われた経済的余剰の搾取であった。搾取の主な形式は賃金の低位抑制であり、これによって国内外の資本に低廉な労働コストを提供し、これに引き付けられた労働集約型の外資が大量に中国へと流入し、メイド・イン・チャイナの製品がグローバル市場で競争力を勝ち得たのである。この過程で外資は莫大な利潤を手にし、中央政府は巨額の外貨準備ならびに税収を獲得し、さらに地方政府およびその官僚は膨大な「レント」(rent) を得た[1]。グローバル化した生産の現場に身を置く農民工の労働力は、重要な経済的余剰を創出しているが、その大部分は資本家および各級政府が山分けしてしまっている。その一部は、レントの形で収奪され、分配されているのだ。中国におけるレントの獲得と分配の形態には、すぐれて中国の制度ならではの特徴がある。グローバル化

1 レント(経済的レント)とは、一般に、独占・統制などの手段を通じて得られる「超過所得」を指す。レントおよびレントシーキング概念の中国の事例における経験的適用ならびに理論的含意については、第7章7.2.を参照。

した生産体制のもとでは、価値収奪（value capture）の能力が発展の主要な成果を決定する。それゆえ、我々は**国家を価値収奪アクターとして見る**必要がある。グローバル価値連鎖を分析する視角から言えば、中国政府の価値収奪の方式とは、価値連鎖の構造内に参加して価値収奪を行うものに他ならない。経済的余剰はいかにして収奪され分配されるのだろうか。言い換えると、三十数年にわたる中国の経済成長の過程において、労働集約的な輸出志向の部門では、その経済的余剰の分配メカニズムは具体的にいかなるオペレーションにより回されてきたのだろうか。それはいかなる社会的歴史的過程のもとで発展してきたのだろうか。そして、いかなる制度的構造を通じて具体的な姿を呈しているのだろうか。本書は、歴史的制度論の観点からこれらの問いに対する説明を行うものである。

中国の輸出志向型経済発展は、その初期段階においては、主として製造業の外資がグローバル価値連鎖を中国に引き入れることに依拠していた。グローバル価値連鎖は、ある特定国家の環境のもとで動作する際、必ず現地の制度構造との間に相互作用が生じるものであり、根拠なく動くものではない。そこで、本書の一つの重要なテーマは、グローバル価値連鎖と中国の特色あるレントシーキング行為との間にいかなる埋め込みの関係が生じているかを分析することとなる。筆者は、グローバル価値連鎖理論を基礎とし、在地に埋め込まれたガバナンス（locally embedded governance）という概念を提案し、この分析視角から地方成長同盟という枠組を提示して、中国の急成長のエネルギーと分配の構造についての説明を試みる。そして、実証的知見に基づき、第7章でレントシーキング開発国家の理論を提示し、中国と他の東アジア国家との比較を行う。

1.1. 分析の焦点

本書の分析の核心は、グローバル資本と在地体制とのダイナミックな連結・連関である。歴史的制度論の方法を採り、中国の輸出志向型工業化のプロトタイプ――広東モデル――を入り口に、初期の製造業外資――特に台商――がこの経済成長の過程で果たした役割を説明する。つまり、台商はいかにして「半周辺」の役割（鄭陸霖 1999）をもって、グローバル価値連鎖の伸張という歴史的契機に乗り、資本主義の生産モデル・資金・技術・国際市場を中国沿海地区にもたらし、広東をして短期間のうちに世界クラスの製造基地とならしめたか、という問いを解明したい。台商は、（香港企業よりわずかに遅れて）早い時期に中国沿海部に進出した主要な外資であり、それゆえ、台商と地方政府は、この経済的余剰の分配メカニズムにおいて中枢を占める存在であった。広東の発展モデルにおいて、経済的余剰の収奪と分配は、生産過程を通じて行われるほか、レントの形で各級政府に分配される余剰もあり、これが政府官僚にとっては企業・資本誘致の動機づけとなる経済的インセンティブでもあった。そして、**地方成長同盟**（local growth alliance）とは、この分配メカニズムの政治的お膳立ての産物に他ならない。地方成長同盟において、主なアクターは外資・地方政府・地方官僚（幹部）である。では、中央政府ならびにグローバル価値連鎖の主導企業はどうかというと、これらは同盟の隠れたメンバーであり、経済的余剰の獲得者でもある。図1.1は、それぞれのアクターがグローバルとローカルの二つの空間的レベルにおいてどのようにダイナミックに連結し、グローバル化した生産、労働力の組織と動員、流通、剰余の獲得という一連の動きを生み出しているかを示す。ここでのローカル（在地体制）のレベルには、ナショナル・ステート（中央政府）とサブナショナル・ステート（地方政府）の2つのレベルを含む。中国は国土が広く、行政機構の階層も多く複雑であるが、簡単に言うと、中央政府の下の地方政府には省（および直轄市[2]）・地級市・県級市・郷鎮がある[3]。本書の分析において、地方政府とはこれら各級の地方政府を指し、これらの政府機構はいずれも地方成長同盟の構成員である可能性がある。本書の現地調査における事例について言うなら、例えば台陽公司が属する同盟関係は、省級・市級・郷鎮から村級までの政府機構とそれらの官僚・幹部を含む

2　［訳註］直轄市は、中央政府が直接管轄する市。省と同等の階層にある。北京・天津・上海・重慶の4市。

3　最も基層の「村」（行政村）は「自治機構」であり、厳密に言えば政府機構ではない。だが、「村幹部」は一般的にはやはり「地方幹部」に属する。

図 1.1　グローバル資本と在地体制のダイナミックな連結

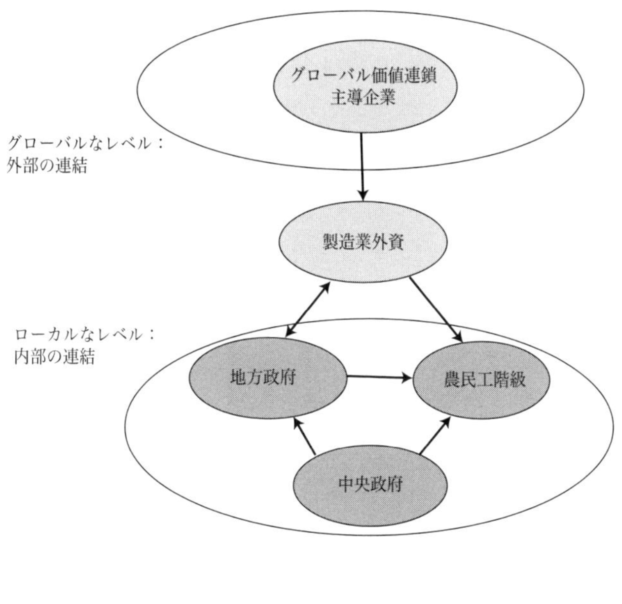

出所：筆者作成

(第3章・第4章を参照)。その他の事例についても、状況は同様である。

経済活動のオーガナイザーとしての外資企業は、現地社会との結びつきを持つことが不可欠である。そうしてはじめて現地の資源を動員し、それらを生産システムに組み入れることができる。ゆえに、外資と地方の制度構造との間の埋め込み関係というものが、本研究における分析の重点なのである。中国の輸出志向型工業化の発展過程における制度的お膳立てを検討するにあたり、製造業外資（manufacturing FDI）を分析の軸とし、三組の相互作用関係について記述を行う。これら三組の関係を以下に順次述べるが、これらは制度分析の観点から見ると、いずれもすぐれて中国的な特徴を有する。

まず、外資とグローバル価値連鎖における主導企業との関係について述べる。グローバル価値連鎖が中国に入ってきた当初、それはおもに新興工業国

（Newly Industrialized Countries, NICs）の製造業者を通じて導入され、中核国家の主導企業が直接投資してきたわけではなかった。つまり、グローバルな生産モデルのリンクは、台湾・香港・韓国・シンガポールといった「半周辺の肘」（鄭陸霖 1999）を通じて中国沿海地区に導入された。これらの製造業外資はネットワーク式生産組織という特徴を持つ（謝國雄 1989, Shieh 1992, 陳介玄 1994, Sabel 1994, Scott and Davis 2007）ため、中国に進出するとその立地は特定の地理的位置に著しく集中し、ある種の「飛び地経済」（enclave economy）の様相を呈した。外資とそれらが立地する地方政府・現地社会との間には特殊な埋め込み関係が形成され、製造業外資はグローバルなレベル（グローバル資本）とローカルなレベル（在地体制）とを結び付ける結節点（ノード、node）となった。

第二に外資と地方政府の関係があり、これはガバナンス（governance）の問題に関わる。グローバル価値連鎖／商品連鎖の理論はガバナンスを重要な研究対象とするが、しかし既存の文献が行うガバナンス分析の大半は商品連鎖内部のガバナンスを扱い、かつ主導企業の権力の作用を強調するものである（Gereffi and Korzeniewics 1994, Gereffi and Lee 2012）。これが重要な論点であることは間違いないが、もう一つの重要な論点がしばしば置き去りにされがちである。それは、商品連鎖が在地社会に埋め込まれることによって生じるガバナンスの問題である。あるグローバルな生産システムがある特定の地点に「着地」すると、現地のネットワークには必ず埋め込みの関係が生じる。さもないと商品連鎖のオペレーションを「起動」することができないからだ。従って、この部分のガバナンスの問題については、精緻な研究によって解を導くことが強く求められる。中国の政治構造の特殊性ゆえ、外資は必ず地方政府に依存して「保護」と「サービス」の提供を受けねばならず、そのために多くの制度的お膳立てが形成される。こうした制度のマトリックス（institutional matrix）は、正規の制度と非正規の制度を結び付ける。前者は国家の法律・政策を含み、後者は人間関係・暗黙のルール・現地の文化や習俗などを含む。在地の国家が外資による生産・流通の過程で財政収入を獲得する場合、正規の税収以外のほかに、非正規ルートでの収入に注意を要する。地方政府と外資や私人資本との間には「クライエンテリズム的ネットワーク」（clientelist networks）が形成され（Wank 1996, Wu 1997）、この交換関係において、地方政府と地方官僚は見返りとして枠外の「レント」収益を手にする。こうしたレントの支払いの一部は「外貨収入創出」「外貨の分配」「管理費」といったメカニズムを通じて行われ、その他は各種名目の「費用」や「謝礼」などの形を取る。

第三に、外資と労働者の関係を挙げる。中国内陸部の各省から出てきた膨大な数の農民工（略して民工）が、製造業外資の求める廉価な労働力を提供してきた。労働力の供給ならびにその賃金の低位抑制が、外資による巨額の経済的余剰の享受を担保しているのだが、この制度を提供することで保証されたのは、中国特有の身分的搾取のメカニズムにほかならず、労働市場が二元構造を持つという特徴も、これのしからしむるところである。中国の戸籍制度ゆえ、民工は滞在する工業都市の戸籍を持たず、国家の制度が定める「職工」という正規の身分に位置付けられることはない。この結果、彼らは低賃金に甘んじる上に、社会保障・福祉の面でも排除され、あるいはごく低水準のサービスしか受けられないことがある（Solinger 1999, Wu 2010）。この他、民工は就業する村落が提供する集団福利サービスも受けることができない（呉介民 2000）。その二等公民的な身分ゆえ、彼ら民工階級は資本家の搾取に加え、身分制度を理由とする搾取という二重の搾取に遭っているのだ（呉介民 2011）。従って、中国の労使関係の分析に当たっては、国家政策と制度が担う役割を無視してはならず、また資本—国家—労働者の三者間関係を同時に分析することが欠かせない。

以上に述べた三組の相互作用が、本書の分析の焦点である。次節では、中国・広東省が世界の工場への道を駆け抜けてきた歴史を簡単に振り返り、そこから理論面の論点を抽出したい。

1.2. 世界の工場への道を邁進せよ

歴史を振り返れば、中国の輸出志向型発展モデルを推進した動力の所在は次のとおりである。外部条件については、中国を取り囲む地政学的関係と資本主義分業体系の二者がともに変革期にあったことを起源とみなしうる。また内部条件については、ポスト毛沢東期の改革開放政策の発動が起点だと言えよう。1970年代は、この資本主義の歴史的運動のスタート地点であった。70年代初期から、米国は中国との政治的関係の改善を決定し、中国を抱き込んで冷戦の敵・ソ連に対抗しようとした。米中関係の雪解けは、中国の政治・経済に変化の可能性をもたらしたが、「過激な毛沢東路線派」が政権を掌握していたため、経済政策の変化は、毛沢東の死後、四人組が逮捕され、鄧小平ら改革派が政権を握るまで待たねばならなかった。そこまで待って、「改革開放」の契機がようやく出現したのである。1978年以降、中国は農業部門の厳格な統制を徐々に緩和し、農地の請負耕作を許容して、最終的には人民公社制度の解体に至った（1984年）。個体戸や一部の私営企業も発展の機会を得て、また工業部門に対する統制も徐々に緩和された。

国際間の経済関係の変動（ここでは貿易政策やグローバル価値連鎖の伸張・移動を含む）は、往々にして周辺地域の地政学的関係の変動と緊密に結び付いている。地政学的関係の変動は、工業化を推進する重要な動力であった。例えば、第二次大戦後の米国の外交・安全保障政策を絵に描いた立役者は、1949年末にトルーマン大統領の許可を得た「国家安全会議48号文書」（NSC48）であり、安全保障の議題と経済発展の目標を総合的に勘案したものであった。Bruce Cumingsの研究によれば、米国は当初、東アジア地域経済の計画として同地域全体を「総合的全体」と位置付けていたが、冷戦により東アジア地域内部に亀裂が生まれ、さらに朝鮮戦争を経てこの亀裂はさらに広がった。朝鮮戦争の勃発により、米国の対東アジア政治の計画は変更を迫られ、また米日間の政治的関係にも修正が加わった。関連して、日本経済に対する米国の役割の位置付けにも影響があり、日本は米国の支持のもとで「エコノミック・アニマル」と化した。また、韓国と台湾は米国の主導のもとで膨大な軍備を整えるとともに、経済成長の機運を得た。このような東アジア地域の政治・経済の配置は1970年代のベトナム戦争終結まで維持された。その後にようやく、中国は世界経済の中へと徐々に統合されていく（Cumings 1999a, 1999b）。

米台関係もまた、周辺地域情勢の変動の影響を受けていた。朝鮮戦争を契機として、蔣介石率いる国民党政権に対する米国の態度は変化した。台湾海峡情勢への「不関与」から国民党政府との同盟関係締結へと変わり、かつ大量の軍事援助・経済援助が与えられるようになった。1950年代末期に米国は対台援助の段階的停止を予告し、国民党政府はこの政治的圧力を受けて「財政経済改革措置19項目」(1960)を実施した。これは、単一外貨交換レートの確立、貿易の規制緩和、輸出と民営企業の奨励などからなる(文現深 1984、李國鼎・陳木在 1987、李國鼎・劉素芬 2005、王作榮 2014)。1966年からは複数の「加工輸出区」を次々と設立し(李國鼎 1999)、台湾経済は「輸入代替」型から「輸出牽引」型の工業化へと転換を図った。そこで鍵となったのは、米国が国内市場を台湾製品に開放したことであった。これにより、台湾は「(米国市場の)需要に応える経済実体」に変貌したのである(Hamilton and Kao 2018)。同様に、米国が対中国政策を転換したことの重要な経済的結果として、中国に同国製品の市場を開放したことが挙げられる。例えば、関税最恵国待遇の付与(第1回は1979年のカーター政権時)は、当時米国が主導する世界政治経済の覇権のもと、中国に輸出志向型工業化を発展させる条件を与えたに等しい。

1985年、米国と日本が「プラザ合意」に調印すると、大幅な円高が生じ、これによりアジア新興工業国の通貨も値上がりした。生産要素(貨幣ないし資本、労働コスト、環境保護など)の相対的な価格変動により、アジア太平洋地域の国際経済分業構造にも再編の動きがもたらされ始めた[4]。それ以前に東アジア

4　本書の初稿完成後、HamiltonとKaoの共著*Making Money: How Taiwanese Industrialists Embraced the Global Economy*を読み、プラザ合意の歴史的影響をめぐる視点が本書のそれに近いことに気づいた。台商の中国での経営規模拡大については、彼らの視点は本書にとって示唆に富む。しかしながら、歴史的経緯の記述において彼らは、プラザ合意は直接だが意図的にではなく台湾政府をして国境を開放せしめ、台湾の人々の海外旅行をより容易にし、さらには元兵士の中国大陸への親族訪問旅行までも認めたという認識を持っている(Hamilton and Kao 2018:147)。後者のこの論点は、元兵士の親族訪問旅行解禁が台湾の政治の自由化の一環であった点を軽視しているきらいがある。政治の自由化は、台湾の民主化運動の進展と切っても切り離せない。ところが、彼らは蔣経国の政治・経済改革にのみ着目し、民主化運動が台湾の政治・経済改革に成した貢献には触れず(例えば、同書133頁)、また台湾で1970年代から民主化運動が始まり、1990年代初めの重要な段階になると多くの中小企業経営者が

四小龍の急成長の主役であった「伝統産業」(労働集約型の加工輸出製造業。紡織・アパレル・製靴・鞄類・玩具など)は、マクロ条件の変化とともに「斜陽産業」となった。より低廉な製造コストを求め、これらの産業は1980年代中葉から後期にかけて大挙して海外移転し、中国沿海部および東南アジア諸国に流入していった。この産業移転は、グローバル価値連鎖の地理的空間移動でもあり、またプッシュとプルの両方の力が合わさった流れでもあった。プッシュ要因は四小龍の生産要素価格の上昇より生じ、プル要因は中国の廉価かつ規律ある労働力による。これと同時に、中国は改革開放政策を強力に推し進め、製造業外資の移転を歓迎し、初期には香港資本と台湾資本がその先駆けとなった。こうした歴史的な動きを背景として、台湾資本などの外資はグローバル市場のバイヤーの求めに応じて中国広東省に移転し、資本・技術・市場を中国に持ち込むとともに、グローバル価値連鎖を中国沿海部へと伸張した。台商の立場から言うなら、バイヤー企業の歩みに付き従って、製造工程を中国沿海地区に移転し、これにより大量生産能力を獲得するに至った(Hamilton and Kao 2018)。外資は広東に価値連鎖をもたらし、同時に広東の経済を「需要に応える経済」へと急速に改造したのである。

グローバル価値連鎖が移動したこの過程において、中国沿海部には加工輸出生産ネットワークのクラスター(集団、clusters)が形成された。これらクラスターの生産ネットワークは、当初は内発的な(endogenous)ものではなく外発的な(exogenous)ものであり、グローバル価値連鎖の伸張・移動に伴い、台湾資本など外資の手で中国の在地社会・経済に導入されたため、初期には「外資の飛び地」の性格が濃厚であった。こうした飛び地の内部における企業間ネットワーク(inter-firm networks)は、多数の中小規模の外資の工場で構成されていた。台湾資本を例に取ると、これら企業クラスターおよび生産ネットワークの内部は、当初は社会的信頼関係に基づいて成り立っていた。これは、台商という社会的集団が誇る高い効率とすぐれた生産能力を可能にする社会的基

この運動を支持したことにも言及しない。これらの論点は本書の守備範囲を超えているが、とはいえ、政治の転換と経済発展の関係を論じるなら、民主化運動と中小企業の二点は決して忘れてはならない。

盤である。台湾資本が台湾から中国沿海部に移転を始めた初期のころには、組織レベルでの変化とは生産規模の拡大と低廉な民工労働力の大規模な雇用であり、また、台湾にいた時はアウトソーシングに出していた工程を自社内に取り込んで、一貫工程システムを持つ工場となることであった。しかし、我々の調査を通じて得た知見では、いわゆる「外資の飛び地」なるものは表層的な現象にすぎず、外資メーカーのクラスター（あるいは工業区）は、実のところ現地社会に深い埋め込みの関係を徐々に築いていたのであり、文献が謂うような所与の飛び地経済ではなかった。

ここにおいて、「グローバル」がいかに「ローカル」と結びつくかという問いは、理論的な意義を持つ問題意識である。BairとGereffi（2001）は、メキシコのTorreonの有名な事例を研究する中で次のように強調している。Torreonにすでに存在していた地場産業のクラスターは、必ずグローバル価値連鎖とつながりを持つ、この種のつながりの性質は外部連関（external linkage）であり、かつこの連関はバイヤーである多国籍企業が主導している（buyer-driven）、と。しかし、広東のグローバル－ローカルの連関の過程を比較対照して気づいたのは、ともにバイヤーの主導でありながら、広東の新興工業クラスターとグローバル市場のつながりはそれ自身問題意識となりにくいということであった。というのも、このつながりは製造業外資の移入に伴って同時進行的に生じており、外資は多国籍バイヤーとメーカーの間にもとからあったネットワーク関係を空間的に再配置（redeployment）したにすぎないからである。このように考えると、BairとGereffiがメキシコの事例をもとに提示した問題意識は示唆に富むものの、中国の事例の理論的意義を深く検討する上では参考になりにくいようである。

中国の事例について説明すべきは、以下の点である。グローバル価値連鎖が伸張する状況のもと、製造業外資が中国に流入して形成したいわゆる「飛び地」が、もともと工業的基盤を持たない農業地域であった広東を、いかにして短期間で世界の工場へと「たたき上げた」のだろうか？　この問いに答えるためには、まず次の一連の問いの答えを導かねばならない。グローバルのレベルにおける資本の移動は、ローカルのレベルにおける工業化の要求といかにして結びつくのか。製造業外資のもたらす作用とは何か。「廉価で規律ある労働力」である民工は、いかにして動員されたのか。これらの労働力はいかにして外資部門に組み込まれたのか。土地やその他の資源はいかにして動員されたのか。地方政府は、その中でいかなる役割を演じたのか。地方政府および地方官僚が外資と合作を行う中で、いかなる利益を獲得し、あるいは享受したのか。両者の間にはいかなる利益分配の「公式」が存在したのか。

地方政府と外資の合作における「公式」は、本書の第2・3・4章で現地調査により得た資料を示して実証を行う。ここで先に説明すると、利益分配の公式の存在があったからこそ、レントシーキング活動が「組織化」し得て、不確実性を低下せしめるとともに、ある程度の予測を可能にしていたと言える。経済的余剰の分配の一部は、まさに「賃貸料（レント）」の形で徴収されていた。また、徴収の方法は、一連の制度化された規定、および制度外のインフォーマルな暗黙のルールによっていた。前者には「加工費」「外貨留保」などの仕組みがあり、後者には謝礼や賄賂などがある。本書が実証するのは、経済的レントの運用メカニズムは地方政府の官僚が積極的に企業誘致を図る経済的インセンティブを発動したこと、また彼らにとって外資との合作は、双方の合意あるいは暗黙の了解のもとで展開するものとなったことである。

地方成長同盟の日々のオペレーションにおいて、地方政府と幹部は外資企業に「保護」と「サービス」を提供し、土地を賃貸し、外地の民工を当地の労働市場に導入してそこから「コミッション（手数料）」を手にし、同時に強制力を伴う社会統制の手段をもって民工階級を支配・管理した。外資企業は、賃貸料や贈答や賄賂などでこれに報いた。この種の交換関係の本質とは、政・商関係を基盤とするクライエンテリズム的ネットワークであった。ゆえに、この同盟の政治的基盤は、権威主義的な在地のコネクションのネットワークであり、中国的な特徴を色濃く持つ政・商関係であった。しかし、輸出志向型の地方成長同盟では、メーカーは必ず世界市場の軌道に乗り入れねばならず、その末端の製品はグローバルな競争にさらされ、その価格は価格連鎖の主導企業が定めるそれに制約される。従って、その構造のもとでは、地方政府によるレントシーキング行為の限界が、おのずと画定される（天井効果）。もし地方政府のレントシーキング行為が度を越して暴走すれば、メーカーは経営を維持できず、閉鎖するかどこかへ逃げ出すかになるだろう。それゆえ、そのレントシーキング行為はある程度までで自制されなければならない。

注意すべきは、地方成長同盟においては外資と地方政府が日常的な相互作用の主たるアクターであり、中央政府およびグローバル価値連鎖の主導企業は、この支配集団の隠れたメンバーであるという点だ。後二者は、姿こそ見えないが、この生産体制から同様に利益を獲得しており、中でも主導企業は特に高額の利潤を吸い上げる。また、中央政府は地方成長同盟の隠れたメンバーとして利益を享受しているが、そのことは中央政府と地方政府の利害が常に一致していることを必ずしも意味しない。実際、中央と地方の間には、投資への優遇措置や減免措置、社会保険、土地開発、地方債務の問題など各種の案件において、しばしば矛盾が生じている。だが全体としては、経済発展の促進と外資企業など資本の誘致という大目標において、中央と地方は基本的に一致している[5]。

中国の輸出志向型工業化は、三十数年の間に、いくつかの重要な効用ならびに発展の成果をもたらした。第一に、中国経済はグローバル資本主義生産システムに急速な融合を果たした。全体として言えば、広東の経験の真髄とは、グローバル価値連鎖に沿って世界の工場を造り出したことである。中国沿海部はこの歴史的好機を逃さずつかみ取り、迅速に中国をして高度成長の軌道へと乗せしめた。この、外資に動力を与えられた輸出志向型・労働集約的工業化の路線は、2000年代中葉以降になると飽和の傾向を示した。広東に移転してきた伝統産業のほか、1990年代半ばからはIT産業の台商や各国外資も、続々と産業連鎖を華東地域の長江デルタ一体に持ち込んできた。台湾資本は、主に蘇州・昆山地区に集中的に立地した。この価値連鎖を伸張してきた業種は、そ

5　実証的分析においては、「国家」あるいは「政府」を同質な実体と見なしてはならない。同様に、異なる階層の「地方政府」やあるいは同一階層の「地方政府」もまた、同質な実体と見なすことができない。さらに、中央と地方の間には軋轢が生じ得るし、地方政府間（異なる階層・異なる部門の）にも軋轢が生じ得る。分析に際しては、実際の事例に依拠して、それぞれの政府機関の間に生じる利益の整理再編ならびに衝突を具体的に腑分けして整理することが欠かせない。

れ以前の広東に流入した伝統産業業種と異なり、資本集約の度合いが高い情報通信製品の加工を手掛けた。だが、資本投下率が高いとは言え、組み立てラインにやはり大量の労働者を必要としたので、外国企業を引き付ける主な動機は、依然として労働力と工場のコストが低廉という点であった。このICT産業連鎖の中国への流入は、長江デルタに集中していたが、一部は珠江デルタ地域にも流入してきた。最も有名なのは、フォックスコン社が深圳に工場を設立し、アップル社製品の最も重要な委託メーカーとなった事例だろう。この他、MTKが提供した携帯電話用チップのモジュールは、珠江デルタ地域の「ゲリラ携帯」シリーズが勃興するきっかけをもたらした。

第二に、輸出志向型発展により、中国は瞬く間に輸出超過国となった。1990年代半ば以降、中国は多額の外貨準備を蓄積し、それまでの外貨不足の苦境を脱した。巨額の外貨準備のおかげで、中国政府は迅速に近代化を遂げうる財政能力を打ち立て、また中国が勃興する基礎を整えた。外貨の他にも、輸出志向型工業は中国政府に税収増をもたらし、資本の蓄積が急速に進んだ。国家は潤沢な財政能力を掌握し、国内においては大規模なインフラ建設を進めた。高速道路・高速鉄道網・都市の近代化などがその例である。また、外国に対しては原材料と技術の購入が可能になり、また資本主義先進国での投資・企業買収を行って、ハイテク技術および市場を獲得することもできるようになった。こうした輸出志向型の発展モデルは、中国が2001年末に世界貿易機関（WTO）に加盟して以降、いっそう飛躍的な発展を遂げた。WTOの「チャンス」が訪れる前から、中国沿海部の加工貿易工業はすでに基礎を固め、グローバル価値連鎖を通じてグローバル経済との間に安定した結びつきを確立していたが、WTO加盟後は、すでに成熟を遂げつつあった製造能力がさらに大幅な成長の機会を獲得した。そして、すでに「一歩先を行って」いた広東は、これにより外貨収入創出のリーダーとなったのだ。

第三に、伝統産業の外資製造業が属する価値連鎖の領域では、広東省珠江デルタ地域の中国大陸資本による供給連鎖が徐々に形成されていた。2000年代初頭以来、台商が当初広東に設置した飛び地式生産空間および産業ネットワーク関係に、「質」的な変化が生じたのである。中国の管理職幹部の技術水準が向上し、人材の流動も進むにつれ、台湾資本の生産技術と管理のモデルにはスピルオーバー効果（spillover effect）が生じた。台湾資本の工場で幹部を務めていた中国大陸の労働者が独立して工場を設立し、中低級製品で外資と注文を奪い合う競争相手となって、中低級製品を扱う外資の地位を次第に脅かし始めた。またそれと別に、外資の協力工場となってOEM（相手先ブランド名製造）を担う大陸資本メーカーも登場し、このため伝統産業において「台湾資本系企業」（台湾資本系大陸資本メーカー）という概念が生まれた。こうした大陸資本メーカーの文化モデルと行動様式は、台商の影響を深く受けている（Cheng 2014, 鄭志鵬 2016）。言い換えると、台湾資本の供給連鎖が広東に持ち込んだアウトソーシング制度は、当初は台湾資本のネットワークの内部のみで運用されていたが、現在までに珠江デルタの現地の経済構造に徐々に組み込まれて、地場の大陸資本によるOEM工場の勃興を導くこととなった。つまり、当初の飛び地経済と現地社会の間との埋め込み関係に質的な変化が生じたと言えるだろう。

第四に、グローバル価値連鎖の再度の移動に着目する必要がある。2000年代半ば以降、輸出志向の労働集約的工業化は飽和へと向かい、世界市場の購買力は足踏みした。中国の現地における生産要素の相対的価格の変動は目まぐるしく、主に労働コストが著しく上昇し、労働者による集団争議行動が増加した。加えて、産業アップグレードへの圧力も増大し、広東では政府が「かごを空け、鳥を入れ替える」[6]政策を推進して、ハイテク産業の外資の誘致を図ってい

6　［訳註］「かごを空け、鳥を入れ替える（原文は“騰籠換鳥”）」とは、計画経済派の重鎮・陳雲が改革開放初期の1982年12月に提唱した「鳥籠理論」をもじったものと思われる。「鳥籠理論」とは、鳥を経済活動に、鳥かごを国家主導の計画に例え、経済活動あるいは市場調節は計画の認める範囲でのみ作用を発揮でき、計画の指導を離脱することはできないとする理論である。「鳥はずっとつかまれていれば死んでしまう。鳥籠のなかでのみ、鳥を飛ばせられる。籠がなければ、鳥は飛んで逃げていってしまう。従って、鳥を籠に入れなければならない。鳥は籠の中では飛べるし、逃げていく心配もない」という喩えが用いられたことから、この名がついた（福光寛2016「鳥籠理論そして陳雲（チェン・ユン1905-1995）について」『成城・経済研究』第214号、pp.37-72）。なお、陳雲については第2章註2を参照。

た。これら一連の新たな政策は、当初の地方成長同盟に極めて大きな衝撃を与え、その解体・再構築が迫られていた。そこで、伝統産業のグローバル価値連鎖が再び移動するに際し、一つの方向性は中国の内陸部への移動であった。より低廉な労働・土地・工場コストを求めてのことである。もう一つの方向性は、東南アジア諸国への移動であった。同じく労働コストへの考慮が動機となった。IT産業連鎖にも同様の傾向が現われ、中国内陸部および国外への移転が生じた。だが同時に、一部の外資は珠江デルタ地域で移転なき業態転換ないしアップグレードを遂げることで、生き延びる道を模索した。

第五に、「赤いサプライチェーン」の発展の趨勢を指摘したい。赤いサプライチェーンとは、中国が自主的に育成し牛耳る本土型供給連鎖システムを指し、外資が主導する既存のグローバル価値連鎖システムとは異なる。中国政府は資本を投じ、特定のIT産業を選択的に育成して、これを外資主導の価値連鎖と並行する形で発展させてきた。長年の経営ののち、中国本土資本の一部は次第に成熟し、世界市場で一定の地位を占めるものも出ている。例えば電信設備（ファーウェイ、ZTEなどの企業）、携帯電話（ファーウェイ、シャオミ、OPPOなどのブランド）がそれにあたる。これらの製品は、国内の巨大な消費市場を主戦場として、まずは中低位価格製品の市場でシェアを獲得し、その後国際市場の競争に参入していった。中国のメーカーは、鍵となる技術の一部を徐々に掌握するとともに、自前のR&D（研究開発）能力を具えて、産業連鎖とエコシステムを次第に構築していった。深圳のIT産業集積地の発展はその代表例である。この種の産業の一部製品では、中国資本の技術力および市場シェアは台湾資本をとうの昔に追い越し、世界市場において資本主義の中核国との競争を虎視眈々と狙う状況である。

さらに、中国国務院は2015年に発表した「中国製造2025」でこう強調している。「基幹的核心技術の掌握に注力し、産業供給連鎖を整備完成し…基幹的革新技術の活用による攻勢を強め、科学技術の成果の産業化を加速し、基幹工程ならびに重点領域におけるイノベーション能力を向上させる」[7]。従って、

7　中華人民共和国国務院、国発（2015）28号文件、2015年5月8日。2015年10月に、国家製造強国建設戦略諮問委員会は「「中国製造2025」重点領域技術ロー

いわゆる赤いサプライチェーンの構築とは、まさに「第12次五か年計画」(2011-2015年)[8]以来の、内需市場を強調し、これを基礎に対外市場を開拓しようとする路線の延長だと言える。「中国製造2025」は、国家発展戦略の意味から言えば、核心国家の主導企業が全権を掌握するグローバル価値連鎖の覇権から離脱しようとする試みである。習近平政権が推進する「一帯一路」は、国内の過剰な生産能力・製品を輸出し、地域経済に対する影響力を創出しようとするもので、インフラ建設を主たる投資プロジェクトとするものの、これもまた中国が西洋の核心国家の技術力に基づく支配から脱却しようとするものと捉えることができる。だが、ここで特に留意が必要なのは、「中国製造2025」は中国の工業戦略における主観的な願望による展望であり、やみくもに「事実」と見なしてよいものではないという点である。なぜなら、中国がこの戦略的目標を達成できるかどうかは現時点で未知数だからである。西洋の核心国家(特に米国・ドイツなど)は近年、中国の野心の拡張に不安を抱いている。これらの国々は、中国が自国の工業的能力を向上させるべく多大なエネルギーを注いで西洋の技術を買収し、他国への技術的依存を脱却しようと謀っていることに対して警戒を強め始め、政策的にこれを拒否しようとしている。この角度から見ると、中国の急速な成長とその経済の勃興がもたらす「覇権争い」という論点は、引き続き世界の注目を集めることだろう。

1.3. 既存理論の命題の検証

既存の文献が中国の急成長の原動力について行っている説明には、大別して三種類の考え方がある。市場転換論ならびに私有化理論、国家中心論(地方国

ドマップ」を公布した。ここには、半導体・AI製造およびロボット・航空宇宙・新エネ自動車・バイオメディカルなど10業種が盛り込まれている。

8　中国は1953年から、次の5年間の経済・社会の発展計画を5年ごとに打ち出してきた。「第12次五か年計画」とは12回目の5か年計画のことで、2011年から2015年における中国の発展を指導する原則である。

家コーポラティズムおよび開発国家論を含む)、それに輸出志向型発展論の三種である。これらはいずれも、ある特定の時期における中国の発展の状況を説明し得るか、あるいは中国の発展の原動力を局地的に説明し得るものである。

1.3.1. 市場転換論

市場転換論は、中国経済の成長のエネルギーは社会主義公有経済の外部において発展してきたとの認識を持つ(Nee 1989, Sachs and Woo 1994, Naughton 1995)。この理論の枠組は、特に中国の農村で人民公社の解体後に私有化が進んだ過程や、非公営部門が社会主義計画経済の外部においてどのように発展してきたかを、うまく説明できる。この、下から上へと資本主義が発展したとする観点は、私有経済のインセンティブと自発性を特に強調する。しかし、1990年代半ば以降、中国の農村には「再集団化」の潮流が生じており、郷村幹部と地方官僚が集団所有の財産権と公有財産を掌握して(劉雅靈 2003, 2009)、それにより各種の所有権の混淆、それらの弾力的な扱い、あるいは架空所有制(fictive ownership)などの状況が見られる(Nee 1992, Yusuf 1994, 呉介民 1998)。広東モデルにおいて、架空所有制の制度的お膳立ては地方政府と外資との協力関係の中で重要な役割を演じ、特殊な制度としての形を具えている。架空所有制のお膳立ては、非正規の制度と密接な関係にある。民主・法治の欠如した国家では、こうした非正規の制度が、私有セクターに保護用の傘を提供する(Wu 1997, Tsai 2007)。共産党が政権を掌握し続けつつ私有経済部門の開放を徐々に行う趨勢のもと、中国には共産党と密接な関係を持つ「赤い資本家」の一群が出現している(Dickson 2003)。これら一連の架空所有制に関する事柄は、市場転換論の論点に挑戦するものといえる。

NeeとOpper(2012)は「下から上へ発展する資本主義」という論を提示し、中国の私有部門が国家社会主義のマクロ的環境にあっていかなる成長の機会を獲得したかを説明する。彼らは新制度主義の立場を採り、非正規の規範および制度がいかに中国の私営企業家を助け、正規の制度環境のもとで彼らが不利な状況を脱するのに貢献したかを強調する。これは、市場転換論がより精緻さを増した議論であると言えよう。だが、私有の部門の他にも、中国にはあいまいなグレーゾーンと言うべき資本の空間が存在する。これらの資本のうちには半官半私の特徴を持つものもあり、国家官僚の特殊な関係に依拠して発展してきたものもある。これらとは別に、中国政府は国営企業という巨大なセクターを今なお掌握しており、それらは国家がしっかりと手綱を握って制御し、あるいは業界の優位性を独占する戦略的産業である。ゆえに、この点から考えると、中国経済全体がまさに一種の国家主導のもとで資本主義を形成する途上にあるといえよう（Naughton and Tsai 2015）。市場改革ならびに私有化の論点は、個人部門の資本主義の成長に対して限定的な説明を行い得るにすぎない。

1.3.2. 国家中心論

国家中心論は、経済成長において政府が主導的な役割を果たし、上から下へ資本主義体制が形作られると強調する。国家中心論は膨大な理論の系譜であり（Johnson 1982, 1999, Evans et al. 1985, Öniş 1991）、東アジア地域の発展を説明する上で重要な地位を占めてきた（Gold 1986, Deyo 1987, Johnson 1987, Woo-Cumings 1999, Amsden 1989, Wade 1990, So and Chiu 1995, Amsden and Chu 2003, Weiss 2003, 王振寰 2010）。中国経済の急成長以降、国家中心論の論点が中国に援用されることはなかった（So 2003）。中国の発展を説明する際に主として用いられたのは、地方国家論および開発国家論（developmental state）である。

まず、地方国家論について述べる。最も早い時期に、Oi（1992, 1996, 1999）は「地方国家コーポラティズム」（local state corporatism）を提唱し、林南（Lin 1995）は「地方市場社会主義」（local market socialism）を打ち出して、ともに地方官僚が経済発展において積極的な役割を担ったことを強調した。ただ、Oiはハンガリーの経済学者Kornai（1986, 1992）の言う「ソフトな予算制約」という難題を地方政府がいかに克服したかに重点を置く[9]。それに対し林南は、地

9　国有企業が損失を出すと、政府がしばしば価格補助や資金投入など各種の方法で救済を行い、そのため企業の財政規律が欠落する。これがKornaiの言うソフトな予算制約である。資本主義の市場経済において一般的な企業が厳格でハードな予算制約を受けるのとは対照的に、ソフトな予算制約は、社会主義下の国有企業に効率性が欠落する主要な要素と考えられている。

方の水平的ネットワークによる協調の重要性を強調し、市場の協調と官僚の協調は異なるとして両者を区別する議論を行った。林は特に、地方官僚が経済活動を行う上で示す協調の役割を重視し、これが市場の協調の不足を補うと論じた。Oiと林の議論は、いずれも当時の郷鎮企業の成長を説明し得る。UngerとChan（1995）も、統合主義の概念を用いて東アジアと中国の発展モデルを分析した。その後、Walder（1995）はOiの命題をさらに発展させて、新制度派経済学の財産権の視点を加え、所有制の線引きさえ明らかであれば、公営企業は私営企業と同様に効率的でありうると論じた。彼が地方公有制を強調する背景には、強力な理論的仮説がある。それは、政府・企業の不分明ないし政府・企業の結合は、移行経済期においては必ずしも企業の効率を減じるとは限らず、鍵を握るのは地方政府が企業を監督するコストをいかに低減し、所属する企業の財産権をいかに効率的に実施するかである、というものだ。筆者はこの理論の系譜を「地方国家論」と総称する。

地方国家論は1990年代にきわめて隆盛であった。それは、この理論が当時の中国の政治・経済の情勢によく符合したからである。しかしながら、地方国家論にはいくつかの限界がある。第一に、OiとWalderの命題は、幹部の個人的利益こそが地方の工業化を進める重要なインセンティブであるという点を見過ごしている。幹部はこの市場経済改革の動きの中で、自分自身と親族、それに部下たちのために個人的利益の収奪を図る。こうした個人的インセンティブが経済発展という公共的利益と一致するときには、官僚の行為は積極的かつ正当であり、称賛されるべきものと見なされる。だが、私的なインセンティブがひとたび公共の利益に抵触すると、官僚の行為には腐敗・汚職・略奪といったマイナス面が突出して現れるようになった。だが、Oiはその枠組みの中で地方官僚は「腐敗しない」（non-corrupt）という仮説を立てており（1992:113, note44)、官僚個人の経済的動機を無視している。実際には、中国中央政府はまさしく地方官僚の物質的利益という動機を利用し、彼らが企業誘致に懸命に励むよう誘発しているのだが。官僚の経済行為は、同じようなものであっても、経済発展の段階が異なれば、その正当性について異なる受け止め方や評価が出て来るものである。このことは、特定の制度を用いることによる相対価格の変化などといった要素と関連する。本書の中核となる命題は、官僚による組織的レントシーキング行為が地方経済に及ぼした作用を説明し、またレントシーキング行為の「正当性についての受け止め方」の変遷を創出した要素を説明することである。

第二に、地方官僚の役割には、地域により大きな差異がある。地方国家論は、蘇南や山東などの地域についてはきわめて強力な説明を行いうる。だが、浙江の個体（個人経営）・私営企業や広東の輸出志向型発展に対しては、あまり有効な説明をなしえない。というのは、これら地方企業は実際の所有権を掌握しており、官僚のコントロール下にはないからだ。地方国家論では、官僚の役割は「企業家」に見立てられ、企業の生産活動に関与していることになっているので、1970年代以来の蘇南地区における社隊企業（人民公社制度下）から郷鎮企業（人民公社解体後）への発展を容易に連想させる。これと比較すると、前述した市場転換論では、地方官僚の役割は「保護者」に近い。企業内部の意思決定には関与しないが、例えば「赤い帽子をかぶる」と呼ばれる形式的な身柄預かり[10]など各種の制度の保護用傘を提供し、その見返りに「保護費」を徴収する。官僚のこうした役割は、温州モデルにおける政・商関係にしばしば見られた。広東省珠江デルタ地域および1990年代以降の長江デルタ地域では、外資が牽引するその成長モデルゆえ、地方官僚はグローバルとローカルを接合するインターフェイスであった。その役割は「ブローカー」に近く、安価な労働力や土地などの生産コストを外資に提供したのである。

---

10 ［訳註］「赤い帽子をかぶる」とは、私企業が公営企業を装い、存在の正当性や社会的信頼を得ようとする行為のこと。私営企業の一大集積地・温州で出てきた。私営のビジネスが許されなかった社会主義計画経済の時代以来、企業が地方政府部門や公的機関の下部に自社の名義を置かせてもらい、すなわち書類上の身柄を預けることで政府の付属組織という体裁を整え、お墨付きを得ることが行われた。この方法で地方政府の下部のどこかに名義を置く企業があれば、地方政府はその見返りにレントシーキングを行う理由が生じる。なお、このように政府機関に身柄を預ける行為ないし状態を、中国語で「掛靠（グワカオ）」と言う。「掛」は「掛ける・掛かる、ぶら下げる・ぶら下がる」の意、「靠」は「寄りかかる、頼みにする」の意である。

第三に、経済環境全体の変化に伴い、郷鎮企業は1990年代半ば以降に続々と閉鎖・解体の憂き目にあった。中国はポスト社会主義の移行経済から、国家資本が主導し外資と私有資本も歩みを同じくして発展する局面へと徐々に落ち着いていった。地方国家論は、郷鎮企業の勃興は説明できたが、その衰退を説明できない。同時に、1994年の税制改革以降、中央政府は収税の権限を徐々に掌握していった。農村の土地の所有権には「再集権化」の傾向が現れ、郷鎮企業の衰微や幾多の「モデル村」の瓦解なども相まって、地方国家論は鳴りを潜めたのである。

最近、地方政府が発展に果たした役割への関心が、若干戻ってきつつある。Wangら（2014）は「新関係主義」（neo-guanxilism）という概念を打ち出して、Oiの地方国家コーポラティズム論に取って代わっている。彼らは、地方政治・経済のエリートが資源を手中にしたため利益の交換に従事しえたという点を強調する。SchubertとHeberer（2015）は地方国家発展主義を回顧して、地方政府は私有経済セクターの発展と「企業のエージェンシー（能動性）」を依然コントロールしていたものの、その役割はパトロンとしての官僚・企業家としての幹部・会社の代理人といった身分から、私企業と「利害を共にするファシリテイター」へと変容したと論じる。

国家中心論のうち二つ目の理論類型は、「開発国家論」である。一般に、開発国家は国家の資源を利用して産業発展を主導し、また産業アップグレードを促す能力を持つと考えられる。産業政策の選択においては、「輸入代替型工業化」（import-substitution industrialization, ISI）と「輸出志向型工業化」（EOI）の二大工業化戦略がある。中国は毛沢東時代にソ連式の工業化モデルを採用し、「自力更生」を強調したが、これはある種の非常に極端な輸入代替戦略であったと言える。これに対し、1970年代末に始動した「改革開放」は、輸出志向戦略の典型である。しかし、中国の産業政策を細かく分析すると、実際には輸出志向と輸入代替とが混合し、しかも異なる領域に異なる政策のマトリックスが存在していたことに気づく。国内市場向けおよび戦略的業種に対しては輸入代替と市場保護の政策が採られ、輸出部門については輸出志向の奨励措置が採られていた。輸入代替政策の一般的なものには、関税障壁の設定・輸入制限・

補助金・銀行ローン・合資・国内自給率などの手段があった。輸出志向の政策には、自国通貨の切り下げ・輸出税の還付・租税の優遇・国有および集団所有地の廉価でのリース・安価な労働力の提供への協力（賃金抑制・労組活動圧迫などの手段を通じて）・インフラ提供などがあった。これらの一般的な政策の選択肢は、いずれも中国で目にするものであった。比べて言うなら、いくつかの東アジア型開発国家には、それぞれ強調すべき特徴がある。日本には優秀で効率的な経済官僚がおり、経済発展戦略を推進する能力を持つ（Johnson 1982）。韓国はスケールメリットを発揮し、政府と財閥の緊密な関係を形成した（Amsden 1989）。台湾は、政府がハイテク産業政策の面で主導性を示した（Wade 1990, 王振寰 2010, Hsieh 2015）。

では、仮に中国をポスト社会主義の開発国家と見なすなら、中国はいかなる特質を具えているのだろうか。まず、Marc Blecherは、ポスト社会主義転換期の中国については「発展」をめぐる国家の役割についていっそう深い精査が必要だと説く。国家官僚が莫大な資源を掌握し、経済活動においてしばしば「企業家のアイデンティティ」を持つため、中国では「開発国家」と「企業型国家」の併存状態が生じている。前者は国家政策の発展を旨とし、後者は「利益追求」の動機をも併せ持つ。従って、企業型国家では企業に対する制御の程度が開発国家よりさらに増大し、計画的協調もより広範になるという（Blecher 1991: 267-268）。また、企業型国家においては官僚が個人的利益を動機として経済発展を推進しがちになり、この点は、前述した地方官僚の動機をめぐるOiの仮説の誤りに対する批判と一致する。Jane Duckett（2001）は「国家企業化」（state entrepreneurialism）という概念を挙げ、国家官僚がなぜ市場改革を快く受け入れたかについて説明を試みる。つまり、これらの官僚は企業経営者となったため、個人的利益をも同時に実現しえたことが理由だとする。この他、呉国光と鄭永年（1995）は「政権企業化」という用語を打ち出し、同様の理路を示している。TsaiとNaughtonは、中国の国家資本主義の発展と東アジアの開発国家との異同を検討している。それによると、中国の発展の軌跡と東アジア開発国家（日本・韓国・台湾）との相似点は「成長の奇跡」であり、発展の段階と速度がよく似ている。しかし、中国とその他の東アジア開発国家との間には、根本的な差異が二点ある。一つは、規模の要因である。中国という国の圧倒的な大きさゆえ、中央の指令に依拠する度合いが増し、逆に相当広い範囲の経済が政府の制御から離脱することもしばしば起こる。もう一つは、中国は外資（foreign direct investment, FDI）に対してより開放的な態度を採ったことである（第2章で、外資が中国の工業化に及ぼした影響を分析する）。東アジア各国が外資に対し一定の制限を設けて、国内私有資本の成長を奨励したのとは対照的である（Tsai and Naughton 2015）。

中国の特質として二点目に挙げられるのは、地域差のはなはだしさである。中国は広大な国土を有し、天然資源の保有状況や構造・制度面の条件などが地域により大きく異なる。全体としては開発国家であるものの、単一のシステムにおける概念・語彙をもって各地の異なる状況を描写することはきわめて困難である。1978年以降については、中国の発展の地域間格差の一部分は、グローバル資本主義とのつながりのありように起因するとも言える。Eric Thun（2006）は中国の自動車製造業における外資の役割を研究する中で、地域ごとにパターンの明確な差異があることを発見した。地域ごとの差異は、前述した地方国家論の理論的潜在力を際立たせることとなった。つまり、地方国家を制度比較の枠組内に定置することで、中国各地の発展の差異を説明できるのである。

開発国家としての中国の特質の第三点は、香港・台湾資本が中国の政治・経済構造に重要な消し難い痕跡を残したことである。改革開放政策初期、中国政府は「華僑資本」あるいは「海外華人資本」（Chinese diaspora capital）――主に台湾資本・香港資本――に対し、中国に「帰郷」して投資するよう意識的な動員を行った（So and Chiu 1995, So 2003, Hsiao 2003）。邢幼田も、エスニシティと文化的連帯の観点から、初期の台湾資本と地方官僚の合作が国際資本ネットワークの誕生を促し、ひいては中国の資本主義の発展を発動したと分析している（Hsing 1998）。中国の開発国家は台湾の開発国家の特徴を数多く保っていると考える論者もいる（Baek 2005）。台商の行為モデルは、中国沿海地区の中国資本の私営工場の一部に対し、その行為・文化において抜きがたい影響を与えた（鄭志鵬 2015）。また、次のような主張もある。広東では、香港・台湾企業による低賃金・低労働権のオペレーションが中国地元資本企業の行為に影響を及ぼし、それゆえ、台商の影響力が低下しても、経路依存効果により在地資本は台商に類似した低賃金での運用を採用したというのだ[11]。別な研究者によれば、広東の産業は近年アップグレードを遂げたものの、労働条件と雇用形態には大きな改善が見られないという（Butollo 2014）。ただ、この判断については詳細な議論が必要であろう（第6章6.5.を参照）。とはいえ、一つの事実をなおざりにするわけにはいかない。すなわち、中国式の労働搾取においては、階級関係および民工という身分体制の両者がともに労働条件に作用を及ぼしていること、そして民工という身分体制の特徴は、現地戸籍と社会福祉などの権利が奪われて、それをもって企業のコストを圧縮していることだ。この身分体制においては、中国の国家機構および地方制度が決定的に重要な役割を果たしている。それゆえ、台商と国家はまさに共謀もしくは同盟の関係にあると言ってよい。実際、四小龍から中国および東南アジアに至るまで、抑圧的な労働体制は東アジア開発国家に共通する特徴であるが、その制度の形態には国ごとの特殊性が存在する（Deyo 1987, Lee 1998, 2007, Selden and Wu 2011, 呉介民 2011, Chan 2011, 2015）。

香港・台湾資本が中国の発展に与えた影響は、外部連関の重要性を指し示し、ゆえに国家中心論の観点の限界を浮き彫りにする。地方国家論にせよ開発国家論にせよ、国家を分析の焦点とし、「内発的変数」を強調する傾向があり、グローバリゼーションのダイナミクスを相対的に見落としがちである。1978年以降の中国の改革開放と急成長の問題は、東アジア地域というより広い歴史的空間に定置して分析を加えることが欠かせない。

1.3.3. 輸出志向型発展論：世界システム、グローバリゼーション、商品／価値連鎖

輸出志向型発展論の主な命題は、「外からの資本主義」（capitalism from outside）という観点である。これは、中国の改革開放における発展は外部の資

11　聞き取り：BL201506。

本主義の動力がけん引したものだとする考えである（Lardy 1992, Huang 2003, 劉雅靈 2003, Hung 2016）。外資の導入、およびグローバル経済とのつながりもまた、制度改革において「伝染」効果をもたらした（Gallagher 2005）。中国の改革開放の推進力について、グローバリゼーションから分析するにせよ、あるいは資本主義世界経済の角度から分析するにせよ、説明すべき要点は以下の諸点を含む。中国経済はいかにしてグローバル経済とつながりを持ったか。中国はいかなる競争優位の要素を提供してグローバル経済とつながりを持ったのか。中国と世界経済が繋がりを持った時点はいつであり、そのモデルはいかなるものであったのか。世界システム論および商品連鎖分析が、これらに切り込む有力な入り口となる。

Giovanni Arrighiは日本の速水融と杉原薫による「勤勉革命」（industrious revolution）の論点を借用し、世界システム論と整合する歴史記述の枠組において、東アジアと中国の第二次世界大戦後における急速な発展を説明する。つまり、東アジアでは1880年代以降に西洋モデルとは異なる「労働集約型の工業化」が発展し、労働力に代えて機械と資本に頼る度合いが西洋に比して低かった。1950年代以降、東アジアは既存の労働集約モデルと西洋的な資本集約モデルの融合を開始し、一人当たり平均所得の水準が西洋諸国を急迫するようになった（Arrighi 2007, Chapter 1）。中国の1980年代からの急成長も、この東アジア発展モデルに属するものであり、その特徴は以下のとおりである。(1) 膨大な数の教育水準が高く健康で素養のある労働力を活用し、また労働力を生産に投入するための動員を急速に拡張し（このうち一部は毛沢東時代の遺産である）、かつ資本集約的・知識集約的な産業を発展させる過程で労働集約型産業をも放棄しなかったこと。(2) この工業化の初期段階において大量の海外華僑資本を導入し、なかでも香港・台湾資本に依拠したこと。(3) 市場を基礎とする発展の概念に依拠しつつも、新自由主義のドグマに従うことはせず、国家による銀行システム・産業戦略・国有企業の制御を保持したこと（Arrighi 2007, Chapter 12）。

Arrighiの理論の系譜は世界システム論であるが、その実質的な議論は東アジア開発国家の「成長の奇跡」にあたる論法に非常に近く、それは主として素養の高い人的資源ならびに国家政策に依拠するものである。彼の理論は、中国が1980年代から90年代にかけて安価で良質な労働力に依拠し、資本主義世界システムの再分業という歴史的契機を掌握して急成長を遂げたことを説明しうる。

だが、Arrighiの論法には若干の重大な欠陥がある。第一に、この工業化の過程で生じた農村の土地ならびに農民集団に対する搾取と破壊を軽視しており、また「フォーマル・セクター」（formal sector）の外にいる膨大な民工階級が搾取に遭っている事実をも見落としている（Huang 2017）。Arrighiは発展が社会の矛盾と抗争をもたらしたことを認めてはいるが、しかし中国の発展モデルを「（農民の土地の）搾取なき蓄積」（accumulation without dispossession）と定義している（Arrighi 2007:361-367）。第二に、彼の分析には過度な図式化のきらいがあり、人間の具体的なエージェンシーを見て取ることができない。彼の枠組では、中国の民工階級が「国家—資本—労働者」の関係の中に置かれている位置を説明しえないし、また、世界資本主義システムの内部に取り込まれた中国の国家政策と地方制度がいかにして労資関係と搾取メカニズムを形成したかという問題を解き明かすこともできない。総じて、Arrighiの議論はマクロ的に過ぎ、つまりあらゆる世界システム論と同様に、制度のレベルにおける変化や、企業の行為や、中国の現代の工業化とグローバル経済との具体的な連結モデルといった論点の説明が難しい。その点、商品連鎖／価値連鎖のアプローチは、分析枠組を構築するための理論的材料を提供してくれる。

「商品連鎖」（commodity chains）という理論的概念は、世界システム論の理論家であるHopkinsとWallersteinによるものだ。彼らによる定義はこうである。最終消費物品目を一点選び、その品目の生産に投じられたものをさかのぼって集約する。それらは以下のものを含む。「品目が完成するまでの加工、原材料、輸送過程、加工の一過程ごとに投じられた労働力、および労働力への食物の投入（すなわち、労働者が消費する食物）。この一連の過程を、商品連鎖と称する」（Hopkins and Wallerstein 1977:128）。この概念・定義が含意するのは、グローバル規模での労働分業、労働力の世界経済ならびに不平等取引への統合、そして商品連鎖の空間的社会的構成が世界経済の周期的な入れ替わりと連動しているという点である（Bair 2009:7-8）。この概念に啓発を受け、Gary Gereffiは「グローバル商品連鎖」（global commodity chains, GCC）という造語を誕生させた。

> 一本の商品連鎖は、多くの組織の間を結ぶネットワークの集合により構成され、これらの組織間ネットワークは一点の商品あるいは製品のもとに集結すると同時に世界経済システムの中にあり、家庭・企業・国家を一つに結んでいる。これらのネットワークは制度により特定される性質、社会により形作られる性質、および地方を統合する性質を有し、かつ経済組織が社会に埋め込まれることを強調する。（Gereffi, Korzeniewicz and Korzeniewicz 1994:2）

Gereffiはまた、商品連鎖の分析は三つの次元を含むと指摘する。それらは、インプット―アウトプットの構造、領域性（企業の生産・流通ネットワーク内での空間的分散ないし集中の度合い）、それにガバナンス構造（権威と権力関係）である（Gereffi 1994）。グローバル商品連鎖（GCC）理論は、実証的分析にいくつかの新たな方向性をもたらす。

（1）グローバリゼーションの概念を導入したことで、世界システム論の世界経済に対する観点とは異なる視点がもたらされた。世界システム論の分析の単位は一つだけであり、それはシステムのレベルに存在する。だが、グローバリゼーションの視点は、世界経済に対する比較的多元的な理解を許容するものである。

（2）世界システム論のもとでの商品連鎖分析は、一次産品（primary commodities）の分析を重視するが、それに対しグローバル商品連鎖理論は、製造（manufacture）、特に工場間のネットワークに分析の重点を置く。つまり、発展途上国の輸出業者をいかにして世界市場と結びつけるかに着目する。

（3）グローバル商品連鎖理論は、分析の重点をメゾレベルのチェーン・ガバナンス（連鎖のガバナンス）（chain governance）に置くことで、ミクロレベルの企業・メーカーの行為を説明でき（Bair 2009参照）、商品連鎖の伸張がマクロレベルで国家経済に与える影響をも分析しうる（Hamilton and Gereffi 2009）。

グローバル商品連鎖理論は、斬新な理論的視野と実証分析の地平を開拓した。特に、Gereffiが発展させた「バイヤー駆動型商品連鎖」（buyer-driven commodity chain, BDCC）と「メーカー駆動型商品連鎖」（producer-driven commodity chain, PDCC）という概念の区分は大きなブレイクスルーである。これにより、多くの実地調査による事例研究が活発化する道が開かれた。これを基礎とし、2000年代初期には、社会学・経済学・地理学・地域計画・政治学・マネジメント研究などを含む諸領域の研究者が、国境を越えた生産活動の現場に赴いて行った観察・調査に基づき、一連の学際的な議論を行って、グローバル価値連鎖（global value chains, GVC）の概念を打ち出した。というのも、Gereffiが当初挙げたバイヤー駆動型とメーカー駆動型という二分法は、静態的に過ぎたからである。よって、この新たな概念においては、より洗練されたガバナンス理論（theory of governance）を発展させることが目指された。なお、「商品」の語に代えて「価値」の語を用いるのは、二つの理由による。(1)「商品」は、その語意が原材料を連想させやすい（例えば、原油や大規模生産の農産物など）。(2)「価値」は「付加価値」の概念を捉えやすく、焦点を経済発展の主要な出どころに置くことを容易にする。それは人的資源の投入や資本投下により得る収益を指す（Sturgeon 2009:112, 117）。よって、グローバル価値連鎖の概念は、より広い範囲での「連鎖活動」（chain activities）と「最終製品」（Bair 2009:12）を説明しうるし、また連鎖活動の「価値」創出過程および「価値分配」の問題を分析する上で、より大きな潜在力を持つ。

グローバル価値連鎖の概念を打ち出した後、Gereffiらはさらにダイナミックな五分類の形で、ガバナンスの枠組を以下のとおり類型化した。

（1）市場型。主に価格（要素の相対的価格）により決定される。

（2）モジュラー型（modular value chains）。これによる生産デザインのモジュラー化は、生産メーカー間における知識・技術の拡散に有益である。

（3）関係型（relational value chains）。メーカー間の相互作用が主としてお互いの依存と信頼に立脚し、かつ空間的な集積地（クラスター）やネットワークが形成される。

（4）鹵獲型（captive value chains）。主導企業が中小サプライヤーを高度に統治し、両者の権力関係は著しく非対称である。

（5）階層型（hierarchy）。単一メーカーの垂直統合（Gereffi, Humphrey, and Sturgeon 2005）。

これらの区分のうち、（1）・（5）はRonald Coaseの交易コストと市場／メーカー理論に依拠し（Coase 1988）、（2）（3）（4）は、経済社会学の理論より発展してきたネットワーク構造分析に属することがわかる。

世界システム論から発展してきたGCC理論は、グローバル供給連鎖（global supply chains, GSC）の分析へと発展し、GVC分析を徐々に確立した。この系譜になる理論は、分析の階層をメゾレベルにあたる制度の層およびミクロレベルにあたる企業の層にまで降ろし、輸出志向型発展の過程にあるアクター、および複数のアクター間の相互作用を、具体的に一通り網羅して詳細に分析することを可能にする。従って、当初のHopkinsとWallersteinによる骨格的観点から、さらに詳細で精緻な分析を行いうる。

GCC/GVC理論の登場以来、これに触発されて数多くの実証研究が行われ、アジア太平洋地域・東アジア地域および中国を対象とする研究がにわかに勃興した。これらの研究は、東アジア国家の輸出志向型工業化・地域の経済的連帯・個別の産業の商品連鎖・産業アップグレード・個別のブランド企業といったそれぞれのイシューについて、価値連鎖がいかなる役割を果たしたかを扱っている。輸出志向戦略の領域では、価値連鎖における主導企業の決定的な役割に焦点を当てた研究がいくつかある。これら主導企業は、商品を発注し、契約を交わし、連携関係を構築し、時には商品の設計を東アジアの現地企業に外注して、これら現地企業が限定的な専門性を脱却してより多くの役割を担えるよう仕向ける。それにより、グローバル価値連鎖は多数のプレイヤーが参加し、国境も地域の垣根をも越える生産ネットワークとなり、より高い付加価値を生む活動になるという（Borrus et al. 2000, Ernst and Guerrieri 1998, Sturgeon and Lester 2004, Yeung et al. 2006）。地域経済の領域では、アパレル製品の貿易と製造について、太平洋沿岸国家における商品連鎖が主導する産業構造調整が取り上げられた（Applebaum et al. 1994）。また、華南地域・香港・

台湾の間では、社会・文化面の近似性、親族関係のネットワーク、地理的な距離の近さゆえ、グローバル商品連鎖が華南地域へと流入し（Chen 1994)、また価値連鎖は地方が学習し産業アップグレードを達成しようとする推進力ともなった（Kawakami and Sturgeon 2011)。個別の産業分野における商品連鎖の領域では、製靴とアパレルの両業種を扱った研究が非常に多い（Gereffi and Korzeniewicz 1990, Taplin 1994, Korzeniewicz 1994, Gereffi and Pan 1994)。製靴業におけるブランド企業の研究では、ナイキ（Nike）の事例研究が突出している（Korzeniewicz 1994, 鄭陸霖 1999)。中国の携帯電話製造業の勃興に伴い、中国大陸立地企業がいかにして国内の価値連鎖を創造し、外資企業が導入した技術を活用して変革を進め、巨大にして多様な現地の市場を運用して商機を確立したかについても、研究が行われている（Imai and Shiu 2011)。

HamiltonとGereffi（2009）は、グローバル商品連鎖が東アジアの経済発展にいかなる主導的な役割を果たしたかを検討することで、国家中心論が強調する開発国家の役割という論点に挑戦した。彼らが強調したのは、マクロのレベルに着目する構造制度分析と組織のレベルに焦点を当てるグローバル商品連鎖分析との間に理論的連結を見出さねばならず、それをできてこそグローバリゼーションの歴史的エネルギーを有効に説明しうるという点であった。彼らの論証によれば、米国の小売業が規模の面で革命的な発展を遂げ、加えてブランド企業と小売業とが支配する商品連鎖が海外に進出してサプライヤーを探し求めた。これにより国際的バイヤー企業とサプライヤーの間で絶えずマッチングが繰り返され（iterative matching)、東アジア国家に「需要―反応型経済」（demand-responsive economies）が形成発展したという（Feenstra and Hamilton 2006)。これはグローバル商品連鎖の拡張が招いたマクロレベルの結果である。彼らは、既存の研究は商品連鎖における企業間の連携関係を重視しすぎだと批判する（Hamilton and Gereffi 2009:143)。また、国家による産業政策の主導という論点についても、何らの作用も及ぼさないとは言わないが、そこには限界があるとして批判的な態度を取る。注意すべきは、彼らの想定する国家と官僚の活動は主として産業政策および法令・規範を制定し施行する行為であり（同上書:159-161)、国家財政を取り込む行為や「企業行為」は分析の範囲に含めていない点である。本書の論点に基づくなら、先行研究の根本的な問題は、グローバル商品連鎖／価値連鎖に対する分析において政治面の要素が足りない点にある。つまり、価値連鎖に対して埋め込みを生じる在地体制に焦点を合わせた政治的分析が欠落しており、政治の観点が不足した分析枠組では、価値連鎖と在地の政治社会が相互に働きかけ合う特質を把握することはできない。しかも、彼らは国家の役割を軽視しており、特に国家が価値を収奪する行為を軽視している。

この他、Gereffiは初期の著作で、GCC分析は「地方の統合」と「社会的埋め込み」などの要素を強調すると述べているが、GCC理論にせよGVC理論にせよ、地方の統合あるいは社会的埋め込みについての深い考察を欠いており、在地社会における埋め込みと政・商関係を分析する道具たり得てもいない。先行研究の大部分は「連鎖活動」の境界を狭く取りすぎており、空間的組織の分析においても「産業クラスター」に焦点を当てたものが多い。連鎖活動の生み出す価値の分配にも関心が向けられてはいるものの、分配のメカニズムにおいて在地政府が果たす作用については研究が欠落している。本書の事例が示すように、在地政府は連鎖活動にインフラや法律などの制度を提供するだけではなく、「価値分配」の活動にも関与している。ゆえに、問題意識の上で、我々は世界システム論の商品連鎖分析が当初強調していた経済的余剰（余剰価値）の分配と労働力の投入の面に立ち返る必要がある（Hopkins and Wallerstein 1977）。また、ArrighiとDrangelはさらに、世界システムの分業関係において「各種活動の間に生じる不均等な報酬の分配」の側面を深く掘り下げることが欠かせないとも主張している（Bair 2009:8）。

ここまで議論してきた三種類の理論的系譜の観点（市場論、国家中心論、グローバル価値連鎖理論）は、いずれも中国の発展過程にあって特定の時空における特定の局面を把握しうるものである。特に、グローバル商品連鎖／価値連鎖の枠組は、グローバルな資本移動の経路図を明晰な形で提示し、グローバルなレベルとローカルなレベルとが結びつく過程を解明する助けとなる。だが、なおいっそう詳細な分析が求められる。中国が輸出志向型工業化を進める過程における世界経済との連結モデル、およびメーカー企業の戦略的選択・行為、これらを把握してはじめて、開発国家における国家の役割についてより踏み込んだ修正を施し、発展戦略ないし産業アップグレードの選択について理解を深めうる。同時に、市場転換論において経済アクターと世界経済との連携に関与することも、より精緻な説明のために重要である。以上をまとめると、本書は総合的な論点として、中国の輸出志向型経済転換の過程に焦点を合わせ、比較的整った画像を描き出し、グローバルなレベルとローカルなレベルが連結した状態における政治プロセスと制度的お膳立てを腑分けし整理して、また外資と在地政治経済社会体制との間に生じる相互作用のモデルの説明を試みる。前述した各理論に対する批判的修正に基づき、次節で本書の核心となる理論を徐々に示し構築したい。

筆者は「商品連鎖」と「価値連鎖」という二つの語彙を用いる際、基本的にはこの両者を同一の理論的系譜における概念が二段階に分かれて発展したものと見なしている。実証的分析の大部分の範囲で、二つの語彙は、時として重点の置きどころに若干の差異を生じるものの、おおむね入れ替え可能である。連鎖活動の範囲について見るなら、価値連鎖は比較的広範囲の分析の範疇をカバーするが、しかしなお両者の間には相当程度の互換性がある（Bair 2009:12-13）。そこで、概念構築の上で、本書においてはグローバル価値連鎖をグローバル商品連鎖の上位概念と見なす。

1.4.　グローバル価値連鎖と地方成長同盟

本書の命題は、グローバル価値連鎖／商品連鎖を出発点として、中国が価値連鎖の伸張・移動という歴史的過程においていかにして発展の機会をつかみ取り、地方成長同盟を形成し、価値の分配というゲームへの介入を試みたかを説明することである。この分析で主に説明するのは、グローバル資本の外的な力がいかにしてローカルな在地体制の内部の力と結びつき、埋め込み関係を作り出したかという点である。

1.4.1. 価値連鎖と在地の連結

経済的価値の創出と収奪は、グローバル価値連鎖分析の重点事項である。価値連鎖の中にあるそれぞれのアクターは、生産・流通の各セグメントにおいていかにして価値を創造し、また価値（利益）を獲得するのだろうか。Gereffi（1994, 1995）は、グローバル商品連鎖内の三つのセグメントの分析からガバナンス構造（governance structure）を提唱し、商品連鎖の駆動者（chain drivers）が価値の分配をいかにコントロールするかに焦点を当てた。だが、価値連鎖のガバナンス構造にのみ着目して商品連鎖の各セグメントに位置する企業の利益分配を見ていくのは、話を単純化し過ぎ、はなはだしくは狭く捉え過ぎと言わざるを得ない。というのは、価値連鎖ないし供給連鎖のオペレーションにおいては、企業のほかに在地の政府機関の役割も存在するからである。在地政府機関は供給連鎖の構成要素として、価値の創造と利益の分配に関与する可能性がある。「バイヤー駆動型商品連鎖」における相互作用では、バイヤーは中小零細サプライヤー企業に対して支配的な力を持つが、比較的大手のメーカー（および販売企業）は、バイヤーとの関係において何がしかの交渉の余地を持っている。さらに言えば、バイヤーとメーカーの双方の交渉が対応する政治地理空間——この概念は、Gereffiの言う領域性とは若干の重複があるものの、別なものである——を考慮に入れる際、サプライヤーが工場を設置する政治地理空間における在地政府およびその官僚の役割を、必ず考慮に入れなければならない。経済社会学者が常に注意を促すように、国家と経済は、互いが互いの構成要素となる活動領域なのだから（Block and Evans 2005）。理論において、在地政府はこの利益分配のゲームにおいて何の役割も持たないとの先入観を持つべきではない。実際には、在地政府の役割は重要であり、単に「ゲームのルールの制定者」のみにとどまらず、しばしば「ゲームの参加者」でもある。そして中国においては、地方政府は「企業型国家」の実施主体として、製造業外資が中国に流入してきた時機を活用し、この歴史的機会を「奪取」して、中国の国家政策と制度的特質を頼みに、外資メーカーとの折衝を行う領域へと足を踏み入れたのだ。この点から言うなら、地方政府と官僚もまた、この商品連鎖の関係内部におけるアクターに他ならない。国際的バイヤーは価格設定と利益分配の上で圧倒的な影響力を持つが、それにもかかわらず、地方政府も価格交渉の過程で一定の利益を獲得し得るし、そればかりか、業種によっては少なからぬ利益を獲得することさえある。地方政府はゲームに参加する過程で、外資との間に同盟を結ぶこともあるのだ。

従って、厳密に言えば、Gereffiらが発展させたガバナンス構造分析は、在地（現地国家・社会を含む）の観点が欠落した説明枠組である。そこで我々は、以下の問いについてさらなる解析を行う必要がある。資本移動を受容する側、すなわち地方政府および在地のアクターは、外資メーカーとの間にいかなる埋め込みの関係を創出するか。地方政府は制度上いかなる調整を行うか。これらの制度的構造は、外資にいかなる影響を及ぼすか。

グローバル商品連鎖理論による実証研究が強調するグローバル―ローカルの連結は、その指し示すところはグローバル商品連鎖と**産業クラスター／地区**（industrial cluster/district）との連携であり、ゆえにそれはグローバル―工業地区の連結（global-district linkage）である。グローバル商品連鎖内部のガバナンス構造を対象とする分析、例えば前述したBairとGereffi（2001）によるメキシコの工業区の事例分析や、De Proprisら（2008）によるイタリアの工業区が多国籍企業のアウトソーシングを請け負った事例の分析があるが、これらは依然、生産のグローバリゼーションと在地工業区の関係に分析の焦点を置いている。BairとGereffi（2001）はGCCの連携が地方の発展を形成し産業アップグレードの機会をもたらすと指摘するものの、これらの分析はグローバル商品連鎖と地方政治社会の埋め込みの問題を等閑視している。Dickenら（1994）は、多国籍企業による在地社会への埋め込みの重要性を強調する。Hess（2004）は、社会的埋め込み・領域的埋め込み・ネットワーク埋め込みの三種の環が相互に絡まり合う方向性と、同時にこれらが併存して「社会経済活動の時間的空間的コンテクスト」を構成する状況とを、区分して論じた（Hess 2004:178）。こうした論点は、グローバル価値連鎖の枠組に修正を加える上で示唆に富む。Lee（2010）はGCCとGVCの文献をレビューする中で、バイヤーとサプライヤーの戦略は供給側の現地の制度に埋め込まれ形作られること、そこには国家の政策・統制・社会的習俗と言説が含まれることを指摘している。だが、これらの論点は多くが提示・提唱に留まり、具体的な事例研究が欠落している。

GVC/GCC理論を道標にすると、外資の中国進出のダイナミズムを示す地図を描くきっかけは得られる。だが、この理論は、価値連鎖と在地体制が互いに埋め込みを行い合うメカニズムをじゅうぶんに説明し得ない。そのため、地方成長同盟に属する各アクターのインセンティブをめぐる相互作用や、この種の協力モデルを促す制度的基礎や、行為の結果といった点を軽視することになる。

ゆえに、筆者は**在地体制**（local polity）というセグメントを当初の「グローバル—ローカルの連結」という枠組に加え、分析の次元を拡張して、「**グローバル資本（G）—地場［ドメスティック］産業クラスター（D）—在地［ローカル］体制（L）の連結**」（**G-D-L分析枠組と略称**）としたい。在地体制とは、空間概念であると同時に権力概念でもある。それは主権国家（sovereign nation-state）の管轄領域下にある社会的構造体であり、政府・制度・文化を包含する。修正版のG-D-L連結は、グローバル商品連鎖、ドメスティックな地場産業クラスター、それにローカルな在地体制の間に生じる埋め込み関係を、同時に分析する。この分析枠組は、**多重的な埋め込み関係**を指向する。すなわち、グローバル資本とドメスティックな地場産業クラスターの関係、グローバル資本とローカルな在地体制の関係、それにドメスティックな地方産業クラスターとローカルな在地体制の関係である。この分析視点が示す最も重要な命題は、グローバル資本はドメスティックな地場産業クラスターのネットワーク空間にのみ埋め込まれるのではなく、ローカルな在地体制の中にも埋め込まれる、というものである。ローカルな在地体制は、その属する国家の歴史的制度的構造・規則・政策・アクションプラン、領土内の人口規模とその素養、および市場の潜在力に関わりを持つ。この分析視点は、ローカルな在地体制のダイナミズムと限界や、それがグローバル資本に及ぼす拘束力や、グローバル価値連鎖の支配的なパワーに対し相互作用や競争を展開する様子を、浮き彫りにする。

1.4.2. グローバル—ローカル（G-L）分析からグローバル—ドメスティック—ローカル（G-D-L）分析へ

前述の議論に基づき、筆者は修正した枠組みを提示し、この理論の補強を試みる。図1.2は、この枠組の簡略化したモデルを示す。この修正版のグローバル―ローカル分析枠組では、三つのアクターのブロックを想定している。それぞれ、グローバルな資本、ドメスティックな地場産業クラスター、ローカルな在地体制である。三つのアクターは、三組の二者間相互作用の領域を生み出す。一組目は、グローバル資本とドメスティックな地場産業クラスターの間に生じる「**価値連鎖ガバナンスの領域**」であり、既存の先行研究文献において重視されたチェーン・ガバナンス分析である。二組目は、ローカルな在地体制とドメスティックな地場産業クラスターの間の「**在地に埋め込まれたガバナンスの領域**」である。これは先行研究において分析の欠落している部分であり、本書が重点的に分析し、理論的貢献を成しうる主要な部分である。三組目は、グローバル資本とローカルな在地体制との相互作用の領域であり、グローバル資本の

図 1.2　G-D-L 連結：修正版グローバル－ローカル分析枠組における 3 領域

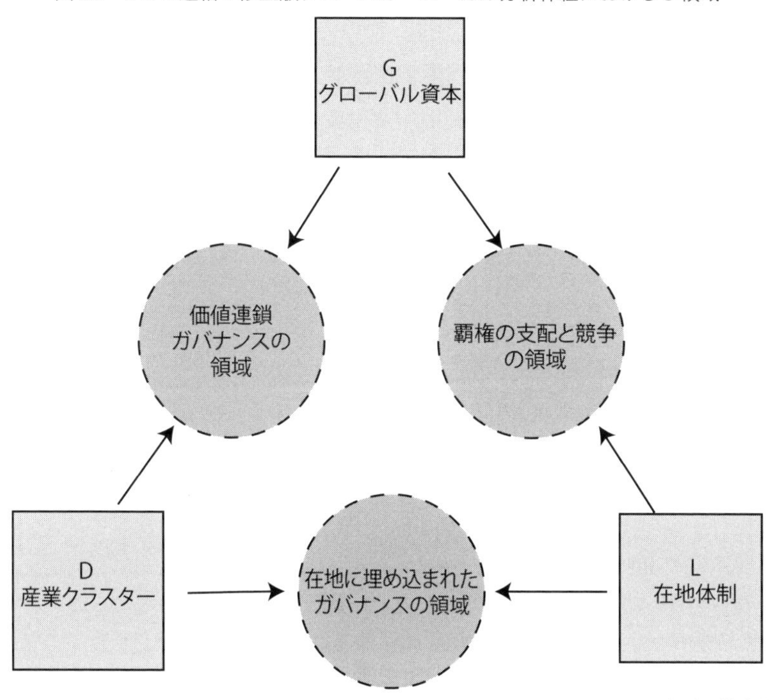

出所：筆者作成

力は価値連鎖システムを通じて在地体制に対して支配と余剰価値の収奪を行い、そして在地体制の側はグローバル資本との間に競争関係を創出する。在地体制は自身の利益についてそろばんを弾いた上で、ある特定の時点および産業政策においてグローバル資本との合作に踏み切り、先方に対し従順にふるまうかもしれない。だが、その次の時点になるとグローバル資本との間に競争関係が生じることもありうる。例えば、中国による近年の産業アップグレードや本土型供給連鎖の育成などが、グローバル資本の覇者との間で軋轢となっている件が想起される。この領域を**「覇権の支配と競争の領域」**と名付けたい。本書は連鎖分析の基礎的姿勢として、在地体制と地場産業クラスター間における「在地に埋め込まれたガバナンス」の領域に焦点を当てる。在地体制とグローバル資本の間での支配と競争の領域については、その先に伸張する命題として扱う。

1.4.3. 価値収奪者としての国家

グローバル化した生産のもとでは、地場の経済実体が価値収奪の能力を実現しうるか否かが、経済発展の成果を評価する上で重要な指標である。だが、先行研究は、GVC理論にせよグローバル生産ネットワーク（Global Production Network, GPN）（Coe and Yeung 2015）にせよ、価値の収奪については依然として製造業者を中心とする分析（firm-specific analysis）にとどまり、価値連鎖内部のガバナンスに焦点を絞っているため、結果的に国家というアクターによる価値収奪の作用を見落としている[12]。本書は「在地に埋め込まれたガバナンス」

---

12 増訂版註：本書初版を2019年に出版して以降、筆者はPonte, Gereffi, Raj-Reicherによる編著書（2019）に内容の関連する複数の章が収録されていることを知った。政策的レントに関する議論（Kaplinsky 2019）、レントの再分配についての議論（Havice and Pickles 2019）、国家が国有企業をコントロールすることを通じて生産者の役割を帯びるが、それが軽視されている点をめぐる議論（Horner and Alford 2019）がそれである。しかしながら、これらの研究は、国家がグローバル価値連鎖に関わる中で価値収奪者の役割を帯びることには言及していない。また、国家が地場供給連鎖の育成を促しグローバル資本と競争を行う過程で示すエージェンシーにも触れていない。本書はこれら一連の問題に焦点を当てている。

図 1.3　G-D-L 分析：価値連鎖ガバナンスの領域、および在地に埋め込まれたガバナンスの領域

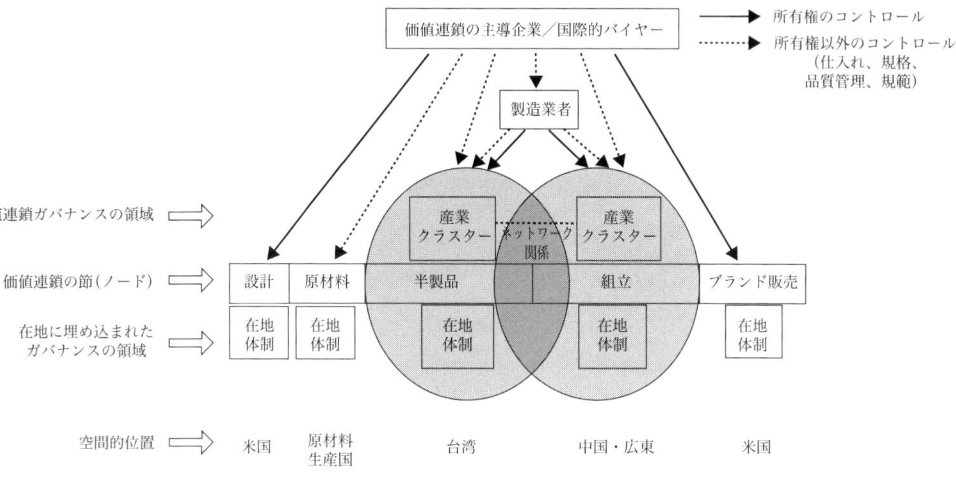

出所：筆者作成

の概念を提示することで、この理論に修正を加えたい。GVCあるいはGPNの分析に際しては国家を持ち込まねばならないし、そればかりか、国家を価値収奪アクター（actor in value capture）と見なさねばならないのだ。

図1.3は、図1.2の簡略モデルをより複雑にした応用版である。バイヤー駆動型の価値連鎖を例に説明する。この価値連鎖を、設計・原材料・半製品・組み立て・ブランドとしての商品販売という五段階の連結節（link/box）に簡略化して表わした。いま仮に、この国際的バイヤーの本部が米国に置かれ、原材料の生産は多くの国家に分散し、半製品の生産は台湾で、組み立ては中国広東省で行われ、ブランド商品販売は米国で展開されるとしよう。もちろん、この図は分析の必要上、価値連鎖の各部分や空間的位置取りにおいて高度な簡略化を施した概念モデルである点に十分留意されたい。

価値連鎖ガバナンスの領域では、国際的バイヤーがこの価値連鎖の主導企業であり、設計とブランド販売という二つの重要な部分を監督している。この二つは、一般的に最も多くの付加価値を創出し獲得すると見なされる部分でもあ

る。国際的バイヤーは、企業の所有権の掌握（ownership control）もしくは資本提携（equity tie）の方式によって、この二つの部分をコントロールする。また、原材料・半製品・組み立てなどの部分では、所有権によらない方法でコントロールを行っており、それは仕入れ・規格・品質管理・製造過程における規範などを含む。こうして、国際的バイヤーはメーカーへの委託製造（もしくは、いわゆるアウトソーシング［outsourcing］）、つまり「発注」を通じて、半製品ならびに組み立て工程に対するコントロールを達成している。同様に、国際的バイヤーから発注を受けるメーカーは、台湾や中国・広東省に設立した工場で半製品の製造や組み立てを行うことを通じて、つまりアウトソーシングの一部工程を通じて、受注により生じる任務を完了する。このような分析においては、生産の国際化・グローバル化、空間の再形成、メーカー間のネットワーク関係により、産業クラスターが容易に形成される。こうした産業クラスターは、台湾にも中国にも存在する。さらに言えば、企業どうしの関係や企業集団内部の関係ゆえに、台湾と広東の両地域に立地する産業クラスター間にも綿密な相互作用とネットワーク関係が生じているのを確認できる。商品連鎖と産業クラスターに関する分析は、概してこの点に焦点を当てるが、この点にとどまってしまっている。この点にとどまってしまうと、一つの大きくかつ重要な実証的現象を見逃がしてしまう。それは、他ならぬ産業クラスターと在地体制の埋め込み関係である。例えば広東では、グローバル商品連鎖が産業クラスターにまで拡張・発展している。では、グローバル資本と在地が結びつく過程で、地方政府とその官僚はいかなる役割を演じるだろうか。一般的な商品連鎖分析においては、国家政策の分析は在地への埋め込みという説明には触れず、一般的・形式的な法規と制度、もしくは現地社会の経済的構造の特徴を記述するのみである（例えばGereffi 1994, Bair and Gereffi 2001）。また、このタイプの研究は往々にして現地の政府をゲームのルールの部分的な制定者（主に法令・規定の）に過ぎないと仮定し、ゲームの参加者とは想定しない。だが、このような仮説は、中国については正確さを欠く。従って、我々は、在地に埋め込まれたガバナンス領域の分析を導入しなければならない。

Peter Evansは、「埋め込まれた自主性」という概念に依拠して、いかなる種類の開発国家が産業アップグレード政策を達成する助けとなるかを説明する（Evans 1995）。本書の提示する「在地に埋め込まれたガバナンス」の概念は、Evansの理論と平行する点もあるが、筆者としては、開発国家とグローバル価値連鎖の間の埋め込み関係、並びにそこで演じる価値収奪者としての役割を、特に強調するものである。ゆえに、筆者の挙げる問いは、以下により近い。いかなる種類の開発国家が、国家による経済的余剰収奪の助けとなるのだろうか？　中国の国家（地方政府を含む）は強大な国家能力と自主性を有するゆえ、価値連鎖のガバナンス領域にまで埋め込みを行い、経済的余剰を獲得することができる。従って、国家を価値収奪者とみなすことは、国家の自主性がもたらす作用についてより深い理解を得ることになる。

在地への埋め込みをめぐるガバナンスの関係において、特に注意を払うべきは、現地の地方政府が経済活動に関する奨励・統制・規範・仲裁において演じる役回りである。中でも、政府が価値連鎖の各節において行う財政収益の吸い上げ（financial extraction）、および、財政収益の吸い上げを行うにあたっていかなる制度的メカニズムを採用するかという点は重要である。これはグローバル価値連鎖理論のうち価値収奪が生じる領域の一つであり、すなわち在地の国家パワーがこの相互作用の領域にあって、価値連鎖の経済的余剰の分配に介入しているのである。中国の地方政府と官僚の行為は、それゆえ、連鎖活動および連鎖のガバナンスとの間に相互作用を生ぜしめ、結果としてG-D-Lの連結関係を構成している。ある台商または香港企業が国際的バイヤーから発注を受けると、広東で組み立てを行うが、その際、現地に直営工場を設立して企業の所有権を掌握する形を採ることもできるし、あるいは半製品の提供を行って完成品組み立ての工程は外注（アウトソーシング）する、すなわち所有権の掌握によらない形を採ることもできる。前述のGereffiらの価値連鎖理論が記述するガバナンス構造の類型によると、もし所有権を掌握する製造方式を採るならば、それは企業集団内部の階層式ガバナンス、つまり単一企業の垂直統合の関係に相当する。また、外注の方式を採るなら、それはネットワーク構造のガバナンス構造に近接する（Gereffiらが定義した三類型のうち任意の一種または複数種を組み合わせた形を採りうる）。

だが、中国が社会主義から市場経済へと転換した過程には、特殊な制度の残滓、国家の政策、地方政府の介入などの要素があるため、こうした分析は焦点を見失い、実情とかけ離れてしまう。筆者の研究によれば、地方政府はしばしば外資メーカーとの間に架空所有制（fictive ownership）を設けることで連鎖活動に「参画」し、そこからレントと利益を獲得している。例えば、広東では「材料供給加工」の契約とは、こうした所有制の設定を行う制度的お膳立てに他ならない。つまり、外国企業と地方政府または郷鎮企業との間で「加工契約」を締結し、現地の加工工場が組み立てを行って加工費を得ると、地方政府はこれと別に（加工費・管理費などの方式で）レント収益を獲得するのである。契約の形式を見ると、現地の加工工場の所有権こそ現地の企業または政府が持つが、実際には外資企業が工場を掌握し、しかも工員の募集から生産・組み立て・輸出までのあらゆる工程を単独で回しており、外資の独資企業の資本保有コントロール（equity control）のモデルと何ら変わるところがない。ならば、手間暇かけて架空所有制のお膳立てを整えていることを、我々はどう理解すればよいのだろう。G-D-L連結の観点によってのみ、グローバル価値連鎖の中国の地方政治体制内部における真の、そして具体的なオペレーションのありさまを、くっきりと視覚化しうる。地方政府は財政的動機に基づき、価値連鎖のガバナンス構造への介入を通じて、国の二元為替レート政策のもと、架空所有制に依拠した契約のお膳立てによってレント収入を吸い上げ、価値の収奪を達成する。これは本質的に生産過程における経済的余剰（価値）の吸い上げであるが、架空所有制というラッピングのもと、地方政府機関は疑似的企業（fictive firm）に擬態して合法的な利潤を得るとともに、この過程における財政収入吸い上げの役割を覆い隠しもする。というわけで、以下のことを見いだせる。つまり、地方政府とその官僚は「加工契約」といった類の特殊な契約締結のお膳立て（contractual arrangements）を行い、その政治・財政面の多重的機能を達成する。そこには、GDP成長率、企業誘致の指標、外貨収入創出、簿外の税収などが含まれる。他方、中国に進出した外国企業は、当時の低廉な生産要素（主に労働力と地代）を活用するためには、必ず現地の地方政府と協議・調整を行うとともにこの類の特殊な形態の契約を受け入れ、これにより在地体制との埋め込み関係を実現しなければならなかった。こうした特定の時空的配置（temporal-spatial configuration）のもと、グローバリゼーションと在地体制がともに地場産業クラスターの形成を促し、同時に在地に埋め込まれたガバナンス領域を創出したのである。

G-D-L分析の枠組みを通じると、価値連鎖の一つのセグメント、例えば半製品製造や組み立ての過程で、在地体制と産業クラスターとの相互作用によってより大きなオペレーションの領域が形成される模様を見て取れる。半製品製造や組み立てはそれぞれ特定の空間にオペレーション領域を構成し、それらの間ではネットワーク関係と行動モデルの拡散と影響を通じて、互いに重なり合う関係が生じる。これらの複雑な相互作用や重なり合う現象の解析に注力すると、価値連鎖の移動と産業アップグレードの観察について新たな見方を生み出しうる。例えば鄭志鵬（2016）が発見した「台湾資本系企業」の現象も、この分析枠組みのもとに置くことで、理論面の理解をより深めることが可能であろう。同様に、2010年代初期以来の台湾資本に頻発したストライキのブーム（陳志柔2015）も、実のところグローバル商品連鎖の移動と密接に関係する。さらに、このストライキ・ブームにおいて地方政府と在地体制が果たした役割については、G-D-L分析の視点によってこそ、より妥当な解釈を得られる。

1.4.4. 在地の政・商関係、利益分配、価値連鎖の伸張

在地に埋め込まれたガバナンスの領域にあって、政・商関係は、深く研究する価値が特に大きい。というのも、在地の政・商関係は、グローバル価値連鎖において経済的余剰を吸い上げる上で極めて重要な役割を担うからである。中国沿海地域の労働集約型加工輸出産業では、労働力が、連鎖活動における価値創出の鍵を握る節（ノード）となる。従って、地方政府が価値連鎖の生産活動に介入する際、主要な動機は財政的収益の獲得であり、つまり価値連鎖の経済的余剰の分配に介入し、価値連鎖の生産に関わる節（ノード）で役割を果たすことを通じて、自身の財政的動機を遂行するのである。そして、価値連鎖内の国際的バイヤーと外資メーカーが中国人労働者の生み出す「余剰価値」を搾取するとき、中国政府もこの搾取の同盟に加わる。あたかも、国際的バイヤーと

外資企業が構成する成長同盟において地方政府も重要な役回りを演じ、中央政府はというと、その陰に隠れた政策決定者であるかのようである。本書は、以下の諸点を詳論していく。

（1）この成長同盟が生存を託するところの搾取の体制は、中国の特徴的な政治体制により構成される。つまり、中国の二元化した労働体制が、民工を雇用する労働コストを故意に低位に抑制しているのである。この二元労働市場を支えているのは、一連の制度的お膳立てに他ならない。筆者はこの体制を公民としての身分に差序のある体制と称するが、この体制は全国共通の特徴を持つと同時に、地方ごとの色濃い色彩も併せ持つ。民工の集団は、この階層化した公民身分体制の底辺に位置する。

（2）地方政府とその官僚のほかに、中国の中央政府もまた、この経済的余剰を収奪する過程でレント収入および外貨収入を吸い上げている。そして余剰の分配は、政・商双方の協商の結果に他ならない。いかなる形の契約を採用するか、そのうち分配の条項はいかなるものかなどは、いずれも個別主義的な契約（particularistic contracting）の性質を帯び、それは政・商間、および各級政府間の契約のお膳立てにあっても同様である。ゆえに、このレントシーキング行為を「組織的レントシーキング」とみなしうる。本書はレントシーキング行為について類型ごとに区分を行うが、このうち組織的レントシーキングとは、政府および官僚・幹部が経済領域において広範囲の行政権・裁量権を有し、ゲームのルールの「制定者」（regulator）であると同時にゲームの「参加者」（player）ともなって、レントシーキング活動に踏み込むことを指す。

（3）中国の事例については、「官僚による保護」（bureaucratic protection）を一種の「生産要素」と見なさねばならない。それを数量化することは困難であるが、にもかかわらず、そうする必要がある。中国の政・商関係はクライエンテリズム的関係を体現している。官僚は企業に「身柄預かり元」と「保護」を与え、それにより利益を得るわけで、それはつまりある種の「保護費」である。「保護」と「搾取」の線引きは、保護費をどの程度正当だと思えるか、その度合いによる。正当と感じる度合いの変動は、「官僚による保護」なる要素の相対価格の変動と切っても切れない関係にある。

（4）価値連鎖／商品連鎖が空間上を伸張し外部へ移動することは、経済的余剰の収奪の減少・停滞・損耗と相関する。そして、経済的余剰の収奪率の変動は、グローバル市場、生産要素価格、国家政策とそれに対する地方の調整・適応、労働者階級の賃金価格交渉力などといった諸要素の変化と連動している。広東で2000年代後期より始まった産業アップグレードは、新たな価値連鎖の伸張（GVC extention）と表裏一体を成す。そしてまた、価値連鎖の伸張・移動は、成長同盟内に存在していた政・商関係にも衝撃をもたらす。

1.4.5. 地方成長同盟

中国の改革開放前期（1980年代から2000年代初期まで）における対外経済発展のモデルは、グローバル価値連鎖の伸張・移動とともにその契機がもたらされた。この歴史的な契機を逃さずつかみ取って、加工貿易の工業化を推し進めたのである。この「中国発展モデル」の主たる運用メカニズムは、グローバル価値連鎖を主軸とする地方成長同盟を構築することであった。

図1.4は、グローバル価値連鎖／商品連鎖の主導による地方成長同盟の分析枠組を示す。この同盟の主要なアクターは、外資メーカーと地方政府（地方官僚・郷村幹部を含む）である。地方政府および官僚・幹部は外資に保護的関係を与え、外資は国家の定めた税金を納付する以外に、地方政府および官僚に対し別途レントや費用を納める。地方成長同盟には、このほかにも一組のアクターが存在し、姿を隠して表向きには見えない形で同盟を結んでいる。それは、グローバル価値連鎖を牽引する主導企業、および中国中央政府である。主導企業は、外資メーカーへの委託製造の発注を通じて価値連鎖の伸張・移動のエンジンを始動し、この成長同盟に間接的に参画する。主導企業はまた、所有権によらない統制を通じて商品の製造過程ならびに規範を定めるとともに、経済的余剰の収奪を行う。中央政府は、マクロ経済の管理統制を行うほか、地方政府に対して弾力的な政策を認める。また、租税という手段を通じて経済的余剰を吸い上げ、こうして同盟の隠れたメンバーとなる。言い換えると、この両者の姿は「在地の現場」では目につかないにもかかわらず、実際には決定的な役割を演じているのである。外資メーカーは、グローバル資本パワーと在地

図 1.4　グローバル価値連鎖／商品連鎖に導かれる地方成長同盟の分析枠組

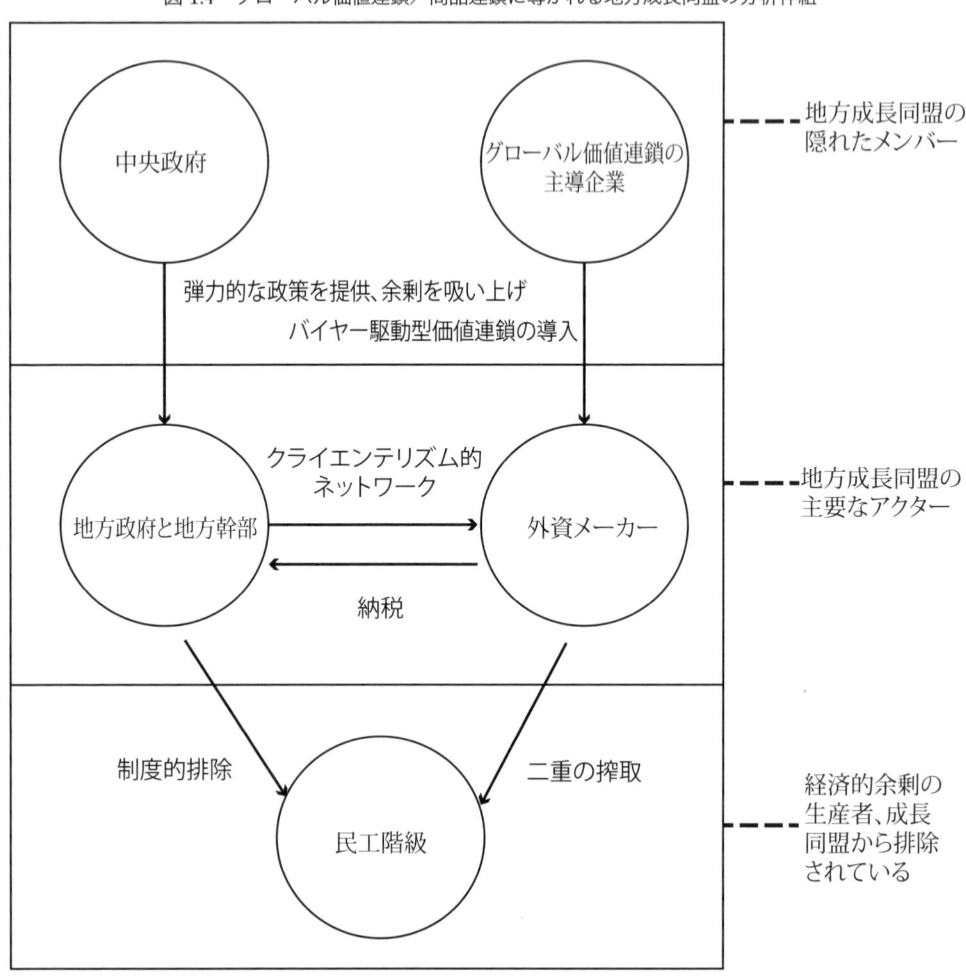

出所：筆者作成

体制という二層の空間の中間に陣取り、価値連鎖の内部で主導企業と地方政府とを結びつける重要な連結節（ノード）となっている（前述の図1.1を参照）。ゆえに、外資はこの経済的余剰の分配の中枢に位置し、価値連鎖ガバナンスと在地埋め込みガバナンスとの交点に身を置くともいえる（前述の図1.2を参照）。第3章・第4章では、台陽という企業の事例を通じて、この複雑に入り組んだ社会・経済的関係について具体的な説明を行う。

図1.4の最下部に位置する民工階級は、労働集約的工業化の最も主要な経済的余剰の生産者であるが、この成長同盟の分配システムからは排除されている。中国の労働市場は、二元的な市場である。正規部門に所属する「職工（正規労働者）」は、比較的手厚く恵まれた給与・労働条件・福利を享受する。だが、もう一つの「民工」の部門では、労働条件は一般に劣悪で、勤務時間は長く残業が多く、給与も福利も低水準である。国営企業以外の企業、ならびに外資企業が雇用する労働者の大多数が､民工階級に属する[13]。二元労働市場は公民としての身分に差序のある体制に組み込まれており、民工の公民としての身分は出稼ぎ先都市の公民身分体制からはじき出されている。彼らは滞在する都市の戸籍を持たないため、移動と居住の自由、就業権、子女が教育を受ける権利、社会保障・福祉を受ける権利などが奪われ、または制約を受けているのである。制度的建て付けを根拠とするこうした排除を通じて、民工（ならびにその家族）がその公民たる身分において持つはずの諸権利を、国家が剥奪していることになる。民工は二重の搾取に見舞われていると言ってもよい。一つには資本階級が労働者階級に対してはたらく典型的な搾取があり、加えて、国家が民工という身分を定義したがゆえ、企業が民工を「合法的に」二等公民扱いで雇用することが許されているのだ。

また、グローバル生産ネットワーク理論の研究者は、工場内部における労働者の役割への注目に加え、労働地理学の視点から労働者の空間的戦略にも注意を払う必要があり、それは移民労働者とその主体性などの課題を含む、と主張する（Coe et al. 2008）。第5章では、外資メーカーをグローバル価値連鎖の一

13　多くの国営部門も、大量の民工を雇用している。

環と捉え、在地社会と民工体制との間にいかなる相互作用と埋め込み関係が生じたかを説明する。第6章では地方成長同盟から排除された民工を取り上げ、成長同盟が構造転換を迫られた時期に、彼らのストライキ行動が価値連鎖ガバナンスにどのような影響を及ぼしたかを論じる。

国家の介入と、グローバル価値連鎖における主導企業の支配的地位とは、しばしば協力しつつ競合する関係にある。中国は国家の強大な力――マクロコントロール、財政的能力、広大な市場の潜在力など――に依拠して、産業アップグレードを推し進めてきた。つまり、三十数年間にわたり培ってきた製造業の実力をもって、グローバル市場およびグローバル価値連鎖の既存の支配的勢力を相手に、力比べを試みようとしているのだ。第6章では、広東モデルの構造転換の過程で中国資本のエコシステムが台頭してきたことについても分析を行うが、この現象は、グローバル価値連鎖からの回避を試みる、あるいはこれへの挑戦を試みる兆候に他ならない。

1.5. 事例・方法・資料

本書の分析の戦略は、マクロ・メゾ・ミクロの三つの層を結合して系統的な分析を行うこと、そして構造・制度・企業のそれぞれの立場を総合することである。以下、本書における実証的事例の選択、研究方法、資料の構造を述べる。

1.5.1. 事例の選択：広東モデルと台湾資本

本書は広東の発展の経験を事例とし、扱う時期は1970年代末期から2010年代中期までとする。広東はポスト毛時代の改革開放において、グローバル資本主義と最初に軌道を接した地域である。中国の1980年代から2000年代までの30年間の発展は、広東モデルに基づく発展モデルであり、それゆえ広東モデルは「中国モデル」のプロトタイプ（原型）に他ならない[14]。広東モデルにおい

14　本書は「中国モデル」を「広東モデル」と同様に用いるが、それは実証分析においての言及であり、規範的な意味を含むものではない。つまり、実際的な規

ては、政府は外資を活用して製造業の資本・技術・国際市場を導入し、このとき台商の役割はきわめて重要であった。

ここで、「台商」の語について定義をしておくべきであろう。「台商」とは、一般に次の意味を持つ。もともと台湾で設立された、もしくは責任者が台湾国民（中華民国籍）である企業で、その後運営拠点を中国もしくは台湾と中国にまたがる地域に集中させた企業を指す（だが、運営拠点は中・台二か国に限定されるものではなく、アジア太平洋地域あるいは全世界に拠点を網羅する企業もあり得る）。この定義に基づくと、「台商」は主に次の二種類に分類できる。

（1）狭義の台商とは、「中国の台商」を指す。つまり、経営活動を中国に集中させた企業で、責任者と上層部幹部が台湾人で占められるが、台湾ではほとんど営業していないか、営業売り上げ比率が非常に低い。

（2）広義の台商は、「海峡を跨ぐ企業」を含む。つまり、台湾海峡両岸あるいは世界全体で経営活動を展開する「台湾資本の国際的企業」を指す。この類型の資本の運営環境はグローバリゼーションの文脈内に位置するが、ただこれら「国際的企業」を仔細に観察すると、その大多数は台湾と中国の両国にまたがるのみであり、生産拠点は主に中国と台湾に分布する。しかし、同時に複数の持ち株会社がその財務を操り、これら持ち株会社の大多数がバミューダ諸島・バージン諸島・ケイマン諸島などの租税回避地に設立されている。つまり、この種の「グローバリゼーション」は、実際には台湾海峡両岸に釘付けに

範としての「中国モデル」の望ましさを証明したり反論したりすることが目的ではなく、中国の発展経験を分析する一モデルの構成要素として、その特徴を記述し説明することを目的とする。中国モデルについては、多くの議論の蓄積がある。興味のある読者は丁学良（2014）を参照されたい。秦暉（2007）は中国モデルを「低賃金、低福祉、低人権」と概括しており、本書の論点と共通点を持つ。しかし、中国モデルに焦点を当てた中国国内の数多くの論考のうち、経済成長の状況やプロセス、さらには、中国の経済発展の条件やプロセスを詳細に扱ったものは少ない。いわんや、マクロ（構造）・メゾ（制度）・ミクロ（企業）の各層を組み合わせて体系的に分析しているものはほとんどない。英語の文献には、本書に近接するテーマを扱う著書や論文が数多く見られるが、それらにはなお足りない点がある。これらのうち重要なものについては、本章前述の理論の項で論じたとおりである。

されており、いわば「グレーター・チャイナ地域」のグローバリゼーションということになる。発展の時系列を見ると、前者（中国の台商）は後者（海峡を跨ぐ企業）より早く出現した。他方、日常の文脈では、「台商」の語は上述した企業と資本に加え、それら企業のオーナー・責任者・経営者などの人物をも指す。なお、「台幹」という語は、台湾資本企業で働く台湾籍の幹部、つまりマネージャーや管理職を指す[15]。

1970年末期に始まった改革開放以来、「一歩先を行く」広東は、中国が発展モデルを手探りで模索するその最前線に立ってきた。中国の台頭を語るには、1980年代以来の広東の急成長から話を始めることが欠かせない。それは、国際的分業構造の再編、グローバル資本の移動と地域経済の統合に関わりつつ、ある特定の時空において同時並行的に発展した一連の歴史的事件であった。理論面から見るなら、中国はグローバル価値連鎖の移動が起こる歴史的契機を的確に掌握し、外資による仲介を経由して――ここで台湾資本が顕著な役割を果たした――急成長という列車に乗り込み、それにより中国は短期間で世界の工場に成長し、かつ多額の資本と外貨の蓄積をも成し遂げて、「中国の勃興」という世紀の見ものと言いうる景観を創出したのだ。

広東省の珠江デルタ地域は、1970年末期より「加工貿易」という代理製造モデル（中国では「材料供給加工」という）を請け負うことで、世界経済の軌道に乗り入れ始めた。この段階では、香港の製造業資本が両者の懸け橋となった。だが、これが大きな発展を遂げるのは、プラザ合意後に東アジア新興工業国の貨幣価値が急上昇して以降、すなわち1980年代中後期以降である。これと同時に、中国沿海地区もまた、グローバル価値連鎖における労働集約型の主導企業の眼鏡にかない、低賃金を追求するこれら企業の新天地となった。

広東の発展過程を分析することは、グローバル価値連鎖理論に対して二重の意義を持つ。第一に、広東モデルの決定的な出発点とは、グローバル価値連鎖の空間的伸張・再構成に他ならなかった。価値連鎖理論を用いて広東の事例を説明することは1980年代に始まり、それは低賃金という特色がブランド企

15　この段落の記述は、呉介民（2017:684）をもとに加筆修正した。

業の眼鏡にかない、選ばれて代理製造（組み立て）拠点となったからであった。鄭陸霖によるナイキ社の研究（1999）は、商品連鎖の主導者・駆動者としてのナイキの選択や決定が、台湾資本の製靴業者をして中国へと移動せしめたことを明らかにする。加工貿易工業化モデルのプロトタイプとしての広東のありようは、Gereffiによるバイヤー駆動型商品連鎖（BDCC）の定義と符合する。特に、製靴・アパレル・玩具・鞄類・自転車・小売向け電子機器などの業種がその主なものである。第二に、広東の政・商関係と在地埋め込みガバナンスの研究を行う上で、既存のグローバル価値連鎖理論に足りない点を観察することができ、そのことで理論面の補足や更新が可能になる。

本書は広東を入り口に、中国が輸出志向型工業化モデルのもとで急成長を遂げるに至った具体的なメカニズムを詳細に分析する。この発展のプロトタイプたる広東モデルは、1990年代中国の発展モデルおよびその後の発展の経験に、大きな影響を与えた。それはまた、中国に莫大な貿易黒字をもたらし、これにより中国は1990年代に外貨不足の苦境を脱し、巨額の外貨準備の蓄積が始まった。中国の台頭に欠かせない財政・金融面の基礎を、こうして築いたのである。広東の加工貿易モデルの外貨収入創出機能がなかったならば、中国の勃興を可能にした経済的基盤もあり得ず、いわゆる中国モデルというものも当然ながらあり得なかった。従って、広東モデルとは、中国の高度成長の起源、エネルギー、そして昨今の苦境を理解する鍵に他ならない。

中国の発展を総体として捉え、これを比較のパースペクティブに置いてみるなら、広東は成長と外貨収入創出において突出していたのみならず、制度構築（institutional figuration）の面においても実験的で斬新な色彩が濃厚であった。一連の制度構築の特徴は、のちの各地方の発展モデルに大なり小なり影響を与えた。従って、広東モデルを出発点とすることは、中国の各種発展モデルを比較する上で有益な視角をもたらしてくれる。同時に、広東モデルは基準としての典型的性質を具備するため、制度の比較分析においてベンチマークとなるし、その後の段階における中国の発展にとっても重要な構成要素であり、比較の際の基準ともなる。例えば温州モデル、蘇州（昆山）モデル、鄭州モデル、成都モデル、重慶モデルなどとの比較参照に有用である[16]。

方法について、本書は、中国の発展モデルの各種サブタイプ（subtypes）を帰納的に整理したのちに類型学（typologies）を当てはめ、その後中国モデル総体と対照するといった方式を採らない。筆者が採用する方法は、歴史的起源をさかのぼることであり、それにより広東モデルが数多くの後続モデルのプロトタイプ（例えば蘇州モデル）、または参照基準（例えば温州モデル）であったことを明らかにし、またその後二十数年間の発展を経て、中国全体の発展の経験という概念、つまりいわゆる「中国モデル」が徐々に出現したことを明らかにしたい。従って、時系列に沿って考えるなら、「中国モデル」とは中国のWTO加盟後、輸出が急増して外貨準備高が急速に積み上がり、経済が勃興したのちに出現した、ラベルとしての概念である。中国モデルという語彙は、その登場時から強い「規範」の意味合いを帯びていた。例えば、いわゆる「北京コンセンサス」対「ワシントン・コンセンサス」のようなものである（Ramo 2004, Halper 2010）。本書は歴史の真実を出発点とし、広東モデルの起源を掘り起こすことで、まず広東モデル（およびその他各地の発展モデル）があり、その後総体的概念としての中国モデルというものが徐々に浮上してきたことを確認したい。従って、第7章で中国モデルとその他の東アジア開発国家の特徴について比較を行う際も、やはり歴史的経験の比較という点に投錨し、ここを立ち位置とする。

要するに、広東モデルとは二重の意味を持つ。それは中国モデルの「プロトタイプ」であると同時に、中国の主要各地域の発展モデルの「典型」でもある。そして、広東モデルという概念のもとでも、地域によってさまざまな度合いの

---

16 温州モデルは1980年代末から1990年代初頭に提示され、主として私有経済の発展モデルであった（Liu 1992, Parris 1993）。蘇州（昆山）モデルは1990年代に台頭し、主に長江デルタ地区の外資が推進する形の加工輸出工業化モデルであった（柏蘭芝・潘毅 2003, 劉雅靈 2003）。鄭州モデル・成都モデル・重慶モデルはいずれも2000年代以降に出現したもので、輸出型外資企業が内陸地区に移転したことで、グローバル価値連鎖・供給連鎖の移動により生じた新たなモデルである。このうち、重慶モデルと広東モデルの対比は注目を集め、数多くの議論を巻き起こした（Mulvad 2015, Lim and Horesh 2017）。

差異がある。例えば、同じ広東省内の深圳と東莞は、2010年代に産業アップグレードにおいて明らかな違いを呈した。深圳では、ICT製造業の目覚ましいアップグレードに伴って新たなエコシステムが形成されたが、東莞では伝統産業においてアップグレードをめぐる難題とこれに対応する戦略の選択という課題に直面した。Fang と Hung（2019）は、地方開発国家としての東莞の勃興と衰退をこう説明する。つまり、東莞は過去10年において産業アップグレードを果たし得なかったが、その原因は、在地の既得権益集団が既存モデルから脱却できない抵抗勢力と化して、産業アップグレードを阻むに至ったからだという。その点、深圳はハイテク企業にイノベーションのインセンティブをより多く提供した結果、目覚ましい産業アップグレードのパフォーマンスを得られたとする。だが、深圳にしても発展の障壁が全くなかったわけではなく、不動産価格の高騰により、多くの企業が深圳を離れる選択をしたとも指摘する。ファーウェイが2014年から2015年にかけて製造拠点の一部を東莞に移転して東莞市最大の納税企業となったことは、その一例だという。本書は、深圳ほど目覚ましくはなかったものの、東莞にも過去10年間に一定の産業アップグレードが生じたことを論証する。例えば、伝統産業業種における大陸資本供給連鎖の勃興がこれにあたる（第6章を参照）。

総じて、広東モデルのもとにある各地域（都市）は、それぞれに独自の発展の特徴を持つものの、鍵となる共通の特徴をも持つ（詳しくは第2章を参照）。広東の輸出志向型発展モデルは1990年代に模倣と修正を経て、地域ごとの特徴に応じて他の沿海地区に拡散し、さらに2000年代には内陸部の省へと拡散した。この過程で新世紀の世界の工場が誕生し、安価な工業製品が中国で加工され、グローバル市場で販売されるようになった。しかしながら、グローバル市場、特に西洋の市場は、購買力が飽和するタイミングに近づいており、中国の輸出成長モデルは厳しい試練に直面した。30年の長きにわたり二ケタの数字を誇っていた経済成長率が、2015年には7%にまで落ち込んだのである。同時に、中国の急成長のプロトタイプというべき広東のEOIモデルにも、2010年代半ば以降には衰えが目立ち、果ては枯渇（exhaustion）という難局に見舞われた。中国モデルもまた構造転換への巨大な圧力にさらされており、これと酷似した状況である。この「世界の工場」は、衰退の危機にあるのだろうか。あるいは、首尾よく産業アップグレードを遂げて「世界の市場」への転換を果たすのだろうか。いずれにしても、広東の労働集約型EOI発展モデルは、歩むべき過程をひととおり歩んできた。立ち上がりからテイクオフ、急成長、そして成長スピードの鈍化、産業アップグレードの追求を経験しており、完璧な発展サイクルを備えた事例なのである。

資本主義世界システムの調整という重要な時期にあって、東アジアの新興工業国・地域（アジア四小龍）は低廉な生産コスト（主に労働コスト）を求めて、グローバル価値連鎖を中国東南部沿海地区に伸張し、これにより中国を資本主義世界経済に組み入れて、三角製造関係（triangle manufacturing）の形成を促した。こうした構造調整の過程で、台湾資本は最も重要な懸け橋としての役割を果たした。広東省の珠江デルタ地域は、台湾資本の製造業が中国進出にあたって最初の足がかりとした地域であり、また台湾資本の初期の投資規模が最も大きい地域でもあった[17]。台商は、この新たに配置されたグローバル価値連鎖の連結節（ノード）に陣取り、いわゆる「半周辺の肘」あるいは「身を隠す龍」（Fuller 2016）としての役割を果たしたのである。

本書は台湾資本の角度から広東の発展の歴史的経緯について調査を進め、以下の三つの面より分析を行う。(1) 経済構造変動および総合的統計資料の分析、(2) 制度的お膳立ての分析、(3) インデプス・インタビュー（深く掘り下げた聞き取り調査）による民族誌的事例調査。台陽公司という台湾資本企業の「ライフヒストリー」を通じて、広東モデルにおける価値連鎖のオペレーションや在地埋め込みガバナンスと政・商関係を浮かび上がらせたい。筆者は、1990年代初めから台陽公司の研究を手掛け、この台商と在地地方政府官僚との間に生じていた、協力もあれば衝突もある「同床異夢」の関係に気づいていた。1990年代以降、筆者は台陽公司の発展を引き続き追い、それは同社が2010年に中国での企業活動を終了するまで続いた。その後、筆者は引き続き広東モデ

17　中国が外国企業の投資を最初に受け入れた地域は広東と福建を含むが、福建に投資した外資の規模は、広東に遠く及ばなかった。台商のうち一部は福建に進出したが、その数は広東より少なかった。

ルに関する資料の渉猟を続けた。20年以上にわたる研究の道程で、その他の台湾資本・中国資本・外資の企業についても現地調査を行った。そのうち「台鑫製靴集団」・「スマイル製靴公司」の2社の台湾企業（第6章）からは、メーカーのアップグレード・構造転換・多角化をめぐる豊富なデータを得ることができた。

1.5.2. 研究の方法、データの構造

本書はマクロな歴史的視野から制度分析ならびにミクロレベルの行為にアプローチし、広東モデルについて総合的な分析を行う。同時に理論面においては、グローバル商品連鎖の伸張・移動と、経済成長・レントシーキング・レントの分配がどのように複雑な関係にあるかについて説明を行う。既存の文献には、広東に立地する製造業の台商（ないしは外資）を対象とし、本書と同様に歴史的経緯を掘り下げつつ制度を分析した研究は、今のところ見当たらない。

本書の研究方法は、中国の政府文書の分析ならびに改革開放関連制度の文献の整理、現地での観察と聞き取り調査、そして統計資料の分析よりなる。使用した文献資料類は、大別して以下の通りである。

（1）対外開放初期の広東で輸出奨励政策が形成される過程での議論を明らかにし整理するもの。筆者が渉猟した資料は、中国中央および広東の政府文書ならびに関連する回顧録、およびその他の関連文献である。これらより、「外貨分配」「加工貿易」「三来一補」「材料供給加工」「加工費」などといった制度の起源およびそれぞれをめぐる論争を分析した。

（2）中国における都市・農村二元体制の変遷、公民としての身分における差序の制度的起源、民工という公民身分の体制、およびいくつにも分岐した特殊な社会保険制度に関する資料。これらの資料は、先行研究論文に加え、大部分を各地方政府の関連政策文書より得た。

（3）事例研究の中で挙げた村レベルの関連資料。これらは、各基層単位において収集したものである。

現地調査ならびに聞き取り調査に関しては、筆者は1994年から2015年まで中国に赴いてこれに従事した。広東のほかに、長江デルタ地区（上海・江蘇省

南部・浙江省北部など）・浙江省南部の温州地域・河南省鄭州市・北京市・四川省などを訪れた。多年にわたる調査を通じて、各地区の発展の変化は、広東モデルが中国全体の発展に及ぼした重要性と影響力を裏付けていることが実証された。うち、上海や蘇南地区（蘇州・昆山・無錫）などで収集した賃金・社会保障関連のデータは、広東と他地域の発展を比較する上で重要な資料であり、実証の論拠となるものである。

広東省珠江デルタ地域で筆者が聞き取り調査を行った対象は、台商・台商幹部・大陸資本メーカー社長・大陸籍幹部（台湾資本企業または中国大陸所有の工場に勤務する中国大陸籍の幹部）・民工・民工の家族・政府官僚・労働運動NGO（非政府組織）・研究者と多岐にわたる。香港と台湾も、重要なデータ収集地であった。本書が分析する事例のデータ、つまり台陽・スマイル・台鑫など企業のデータは、いずれも現地での聞き取り調査を通じて得たものである。聞き取り調査の期間は1993年から2018年までに及び、実施した場所は主に中国・香港・台湾である。本書が引用する聞き取り調査対象者（インフォーマント）の符号（コード）と属性データについては、巻末の「聞き取り調査対象者コード対照表」を参照されたい。

統計資料に関しては、全国・省・地級市・県級市の総合的経済・人口・輸出入・投資・外国資本・財政収入・外貨などのデータを用いた。これらの大部分は、公刊済みの年鑑・統計年鑑および人口センサスデータより渉猟したものであり、台湾の大学・研究機関にはこれらのうち一部が収蔵されている。一部の特殊なものや早い時期のものについては、香港中文大学の中国研究サービスセンターで調査するか、もしくは中国の現地で渉猟した。その他の一部はインターネット上で収集した。

第 2 章　広東モデルの起源・パフォーマンス・変遷

広東は、ポスト毛時代中国の「改革開放」の尖兵であった。広東・福建の両省は、1978年末に中央政府により対外開放地区に指定され、「経済特区」が設置された。広東は香港と隣接する地理的特性ゆえ、特に珠江デルタ地域の深圳と東莞は「一歩先を行く」機運をいち早く手中にした（Vogel 1989）。だが、「一歩先を行く」なるものは、完全な合理性・理性のもとにあらかじめ策定された計画というより、むしろ中央の政策決定と、制度経路と、地方にもとから備わる構造的性質とが合わさった結果と言うべきものであった。広東の地方政府は、「石を探りながら川を渡る」隊伍の中で、真っ先に水に入り水温をチェックするチャンスを得た存在だ。だが、チャンスというものは、リスクに満ちてもいる。本書の議論において最も重要なのは、初期の成長モデルはいかに萌芽したか、またそれはいかなる阻害要因に直面したか、という点である。つまり、初期の改革者は、改革開放を阻害する要素を何としても排除せねばならなかった。計画経済を奉じる中央官僚からの圧力がこれにあたる。しかし地方のレベルでは、主たる阻害要因は「社会主義か、資本主義か」の路線闘争に由来するものではなく、地方官僚の社会主義的な行為の習性をいかに変えさせるかにあった。つまり、鍵となったのは、いかにインセンティブを創出し、地方官僚が商行為・資本誘致行為の競争にこぞって参加するよう仕向けるかだったのである。

1970年代後期に改革開放が始まると、広東は直ちに輸出加工の路線を歩み出し、40年来にわたりこの道を一心不乱に邁進して、輝かしい経済的成果を手にしたが、同時に深刻な社会的代償をも背負った。本章では、まず広東が特殊な政策を獲得した初期における政策決定過程について記し、次に広東の労働集約的工業化モデルの起源をさかのぼる。さらに、広東モデルが展開して以降に生じた経済的条件の変化を分析し、広東モデルが外資誘致競争において、地方政府と資本にとっていかなる「有利な条件」を形成したかを考察する。この「有利な条件」とは、具体的には賃金や社会保障費比率の低位圧縮・削減などを指す。こうした政策的変化が、グローバル価値連鎖の広東への伸張・移動に有利な条件を提供したのである。最後に、二度の重要な政策変遷（1994年、2000年代後期以降）の意義、ならびに広東の加工貿易の近年のパフォーマンスを分析する。広東の経済的条件とパフォーマンスを分析する過程で、広東を中国全土の中に定置して他の重要な地域と比較し、これを通じて中国の発展の全体像をも浮き彫りにする。

2.1. 一歩先へ：チャンスとリスク

改革開放初期には、広東は国家社会主義の政治ならびに制度の中で、市場経済への道を模索していた。より有り体に言うなら、広東はある種の「資本主義」を試験していた、あるいは「資本主義グローバル市場」に自らを接合する方法を模索していたのであり、従って、粛清のリスクに常にさらされてもいた。

2.1.1.「社会主義か、資本主義か」の論争

改革開放初期の広東省共産党委員会第一書記であった任仲夷は、こう回顧する。

> 両省での特殊政策の実施に対して不安でたまらない人は、常にいた。一つには、資本主義の道へと滑り落ちてしまうという恐れ。第二に、国民経済全体に混乱をもたらすことへの恐れ。第三に、過ちを犯すのではないかという恐れ……国務院各部局の少なからぬ文書に、「広東・福建も例外としない」という文言が加えられた……これら中央の部局は自らの権限を手放すことを嫌い、その結果、両省の特殊な政策は特殊でなくなり、融通の利く措置は融通が利かなくなり、一歩先を行くはずが先に行かなくなったのだ。（中共広東省委党史研究室編著［以下、中共広東省委と略称］2008:20）

当時、対外開放は中国共産党内部に「社会主義か、資本主義か」をめぐる論争をもたらしていた。地方の幹部は、「資本主義という罪状の帽子」をかぶせられることを警戒していた。「私有化」で知られる温州は、かつて文化大革命期に数回の粛清を経験している。「資本主義のしっぽを切って捨てる」こと

が断行されたのだ（Liu 1992, Parris 1993）。そのため、広東で開放政策の実施に当たった官僚たちは、明確な「政策」と「文書」を確実に手にすることを求め、また中央指導者層による「保証」（reassurance）を絶えず要望した。たとえそれらの保証が口頭の談話や指示に過ぎなくとも、である。1981年8月、当時の趙紫陽総理が広東を視察した際、任仲夷に尋ねた。「北京にいると、経済特区とはつまるところ『社の字』なのか『資の字』なのかと問うてくる人がひっきりなしにいてだね、私も常にこの件について考えている……君の考えを言ってみてくれ」。そこで、任仲夷はこう答えた。

> （私は）「ご先祖様たち」の古典的著作を山ほど読み込み、答えを探しました。私の見るところ、個別の企業については、合営企業であれ外資の独資経営の企業であれ、国家資本主義という語を用いて差し支えないと考えます。しかし、特区全体について言うなら、これを国家資本主義と呼ぶことはできません。なぜなら、特区は社会主義国家が指導して、特殊な政策と弾力的な措置を実施しているものであり、したがって社会主義の経済特区であるからです。（中共広東省委 2008:22）

任仲夷によると、趙紫陽はこのときうなずいて、この見解への賛意を示したという。この談話において、任仲夷は「資本主義」という敏感極まる語彙を直接用いているが、しかしこの語彙の前に「国家」の二文字を冠している。彼はまた、このような性質の判定は個別の企業のレベルにのみ当てはまり、特区全体のレベルについては依然「社会主義」なのだとも述べた。最も重要なのは、彼が社会主義国家の指導する経済特区に言及する際、「特殊な政策・弾力的な措置」とは中央政府が授けた政策である旨を再度忘れずに強調したことであり、それは上層指導者のお墨付きを得るべくなされたことであった。

広東が中央政府から勝ち取った特殊な政策には、財政請負権、対外貿易権、外貨留保、物価の管理、プロジェクトの許認可権、人事権などがあった。1979年4月という早い時期に、習仲勲（当時の中国共産党広東省委員会第一書記。任仲夷の前任）が中国共産党中央主催により北京で開かれた経済工作会議に出席した際にも、次のように発言している。「中央より若干の権限の委譲を賜り、広東がその有利な条件を存分に活用して四つの現代化において一歩先を進むことができるよう、よろしくお願いしたい」。その年の7月、中央は「50号文件」[1]を下達し、広東に相当程度の優遇を含む特殊な政策を与えた。「外貨収入と財政運営制度について、中央への上納は定額かつ5年間不変とする。1980年より、外貨収入については1978年の額を基準とし、それを上回る部分は中央と（広東）省で各3対7の比率にて分配する。財政収入については1979年の額を基準として毎年12億（のちに10億に改正）を国家に上納し、余剰分は（広東）省が留保して自由に用いることとする」（中共広東省委 2008:101）。広東はその後も「中央（1980）41号文」・『中央書記処会議紀要』（1980年9月）・「中発（1981）27号文」などの文書を獲得し、改革開放政策は不変であるとの確約を得た。

1982年初め（1月20日-2月7日）、鄧小平が「新年を迎える」と称して広東にやってきた。任仲夷が鄧小平に、広東が特殊な政策・弾力的措置を実施した成果について報告を行った。それを聞き終えると、鄧はこう述べた。「つまり、中央の定めた政策はやはり正しかったということだ。君たちがよいと考えるなら、しっかりと継続するがよい」。鄧小平が「上層部がよいと考えるなら」とは言わず、「君たちがよいと考えるなら」と発言したことについて任仲夷は、鄧はこういう婉曲な言い方で広東省委員会への信任と支持を表明したものと理解した。そこで、広東はその1年後に（農漁産物の）物価統制の全面的廃止に踏み切った。これはつまり「統一買い付け・統一販売」制度の廃止に等しい措置である（中共広東省委 2008:24）。この一歩は、きわめて大きなものだった。

2.1.2.「一定の人数を殺せ、そうするしかない」

この時期、開放政策には大きなリスクが伴った。広東省沿海地区の密輸の問題が1980年から1981年にかけて深刻化したが、多くの地方幹部がこれに関与

1　「中央（1979）50号文件」の正式名称は「中共中央・国務院より中共広東省委員会・同福建省委員会に対し批准・転送する、両省の対外経済活動の実施に関する特殊政策および弾力的措置についての報告2件」。

しており、このため改革開放を継続できるか否かは、1982年から1983年にかけて重大な試練に直面した。前述した、鄧小平が南下すなわち広東省訪問時に任仲夷に対して談話を行ったのと同じころ、計画経済派の重鎮・陳雲（当時、中央紀律委員会第一書記[2]）が次の指示を下した。「重大な経済犯罪分子に対しては、数名を厳しく処罰し、数名は実刑とし、最も極悪な数名の息の根を止めるまで手を休めないよう、私は主張する。また、新聞にも掲載すべきである。さもないと、党風の整頓などとてもではないがおぼつかない」（1982年1月5日）。

1982年1月11日、党中央は全国各地に対し、経済犯罪撲滅の「緊急通知」を発出した。そこでは問題の重大性を「わが党の生死存亡にかかわる」ものと位置づけた上で、矛先を特区政策実施中の広東・福建両省に向け、密輸・外貨ヤミ購入・転売・汚職収賄および「経済自由化傾向」などの問題を指摘した。2月中旬、中央書記処は広東・福建両省の指導者層幹部を北京に招集して座談会を開催した。党総書記・胡耀邦が自ら司会を務めた。席上、胡耀邦・趙紫陽・谷牧などの開放派は広東の側に立ったが、反対派の特区批判は激しく、広東について「やり過ぎだ」「放し飼いのほったらかしだ」とし、また省委員会が下部の県委員会と基層幹部を抑え込めない、さらには省級幹部の中にも犯罪案件に関与する者がいるとの声が挙がった。この「両省座談会」では、ある出席者は次のように主張した。「開放すればするほど、幹部に対し、また党内に対しては、より一層厳しくすべきである。汚職や収賄を処罰する条例が必要だ。毎年、一定の人数を除名し、一定の人数を殺さねばならない。広東・福建は、ともかく一定の人数を殺さねばならず、そうするしかないのだ」（中共広東省委2008:25-30）。

両省座談会から数日を措かず、胡耀邦は任仲夷（劉田夫が同道した。劉は当時の広東省副省長）を再び北京に呼びつけ（広東省の政策決定者たちは、これをふざ

2　［訳註］陳雲（1905-1995）は中国共産党指導者の一人で、周恩来（1898-1976）とともに第一次5か年計画を指導した。中国共産党中央紀律検査委員会（中央紀委）は、中国共産党の路線の実行や党紀の整頓、党員の腐敗などを監督する機関。陳雲は1978年から1987年まで最高責任者である第一書記を務めた。

けて京劇の演目になぞらえ、「二度の宮入」[3]と呼んだ)、自分と中国共産党政治局常務委員会の内部は広東に対して依然として安心できないと伝えた。胡耀邦は、自分も自己批判を行ったと述べ、任仲夷に対し、広東に戻ったら自ら陣頭指揮を執って整頓工作を「確実に成し遂げる」よう求めた。胡はさらに、任仲夷自身も「自己批判書」を作成し、「先に進みすぎ、制御が利かなすぎ」の責任を取るよう要求した。これは、胡耀邦自身が中央指導部内部に向けて、胡はするべきことをしていると示すためのものだった。任仲夷は広東に戻ると、直ちに地方幹部を集めて「民主生活会」という会議を主宰した。任仲夷はこの席上、講話を行った。

> 広東に存在する資本主義の腐敗とブルジョア自由化の傾向は、何としても真剣に解決せねばならない。経済領域の犯罪活動はこれを厳しく処分せねばならず、自由化傾向は糺さねばならない。重大案件の捜査と処分にしっかりと取り組み、決して手を緩めたり甘やかしたりしてはならない。経済工作においては、活性化と厳格な管理を両立させねばならず、活性化しつつ乱れのないように、管理されつつ息の根を止められないようにしなければならない。(中共広東省委 2008:36)

整頓の結果、1982-1983年の間、広東では経済犯罪8000件余りが摘発・処分され、国家幹部1万人近くの関与が明るみに出て、1000名以上が有罪判決を受けた。だが、任仲夷はこう振り返る。彼は「大規模な弁論」を行わないことに決めた。というのは、この種の会議が政治運動に変質して「むやみに捕まえ、罪状をなすりつける」結果になることを懸念したからだ。彼は胡耀邦の許可を得て、中央の一部の人々による広東への厳しい批判の言論を地方幹部に伝達しないようにした。例えば前述の「一定の人数を殺せ、そうするしかない」といった発言がそれに当たる。開放政策に異変が生じたとの印象を与えるのを

---

3 ［訳註］原文は「二進宮」。京劇ほか中国各地の地方劇の演目で、明代の権力闘争を題材とする。ここでは、二度失策を犯して二度呼びつけられた事態について、諧謔をこめて喩えている。

恐れたのだ（中共広東省委 2008:36-37）[4]。中央による摘発・処分の圧力に対処すべく、広東が懸命に打ったこの政治の芝居であったが、実際には、これは単なる芝居にとどまるものではなかった。というのも、これにより生身の人間が払う代償（human costs）たるや、べらぼうなものだったからだ。この種の整頓・粛清の局面においては、「犯罪者」と「無実の罪を着せられた者」との境界はあいまいであり、政治的な判断により決定が下されることが多かった。数多くの逮捕や判決、それに件数も定かでない処分は、これらの地方政治リーダーらの回想の中では単に若干の数字として出てくるに過ぎないが、そのうちどれほどが謂れのない冤罪であったかは、知るすべもない。

前述した両省座談会ののち、中国共産党規律委員会の章蘊曾副書記が広東を訪れ、経済犯罪の実態調査を行った。鄧小平は章の「調査報告」を読むと、政治局常務委員会に回覧させるよう指示した。1983年2月、胡耀邦は深圳を視察し、現状にお墨付きを与えた。6月25日、谷牧（当時、国務院副総理・対外経済貿易担当）が鄧小平の指示を伝達した。それは、経済特区は「現在はよくやっていて、国内外に認められており、抹消し取りやめにすべき問題など存在しない」というものであった（中共広東省委 2008:41）。こうして広東は、騒ぎ立てられた危機を脱し、「関門を通過した」。中央と地方の改革開放派が手を結んだことで、反対派の「抹消し、取りやめよ」との圧力をはねのけることができたのだ。しかし、「自由化」に対する批判は、1980年代を通じて繰り返し巻き起こった。「社の字か、資の字か」（社会主義か、資本主義か）の論争は、1992年の年初に鄧小平が広東を歴訪して、のちに「南巡講話」と呼ばれる談話を発表し、沿海地区の開放戦略の継続を確定したことで、ようやく徐々に沈静化したのである。

4　「一定の人数を殺せ」という類の謂いは、中国共産党の官僚にとっては、毛時代の政治キャンペーンにおける粛清の手段を思い起こさせるものだったかもしれない。例えば1950年代初期の「反革命鎮圧運動」において、「人口比率に応じて犯罪者を処罰すべし」といった手法が見られた（陳永發 2001、楊奎松 2006、Dikötter 2013）。

2.1.3. 特殊な政策、弾力的な措置

前述の歴史的事例は、改革開放初期においては政策が不確実性をはらみ、開放政策の実施には政治的リスクが伴ったこと、ゆえに絶えず中央の指導層に確認を求める必要があったことを示している。「特殊な政策、弾力的な措置」という文言は、陳腐な政治スローガンのように見えるが、実は決して軽視できない内実をはらんでいた。いわゆる「特殊な政策」とは、中央が地方に「権限を放出し、利益を委譲する」政策であった。「弾力的な措置」とは、地方がいかにして中央の政策を自地域に適用するか、かつ政策を「とことん活用する」よう試みるかを意味した。これは、中国人がよく言う「上に政策あらば、下に対策あり」[5]という文句と、ある種の絶妙な対称関係を形成している。「上に政策あらば、下に対策あり」の語が含むのは、地方幹部が国家の政策からいかにのらくらと身をかわし、おざなりにお茶を濁すかということであった。これに対し「特殊な政策、弾力的な措置」は、国家が政策面の空間を供給すると、地方幹部はこの政策空間を積極的かつ巧妙に解釈して活用するという様子を示す。任仲夷が政策を状況に応じて弾力的に解釈し、「臨機応変に」活用したのは、次の方法によっていた。まず、政策の規定は多数あるのだから、この規定がだめなら別な規定を用いてみる、という手法。次に、政策規定には一定の幅があるのだから、経済を極力活性化させる方向で「弾力的に実施」する態度。第三に、既存の文書に根拠を見つけられない場合は、パイロット地点を設けての「試行」方式で既存の規定を突破すればよい、との姿勢である（中共広東省委 2008:125）。弾力的な措置が当たり前のように施行されだすと、慣例や暗黙のルール（正規ではない規定［informal rules］）が作られ、中央が「抹消・取りやめ」したくともそのコストが上昇し、果てはとても受け入れられなくなる。広東が一歩先を行ったことでもたらした利益が、中央により認められ受け入れられていくにつれ――その中で最も重要だったのは、外貨収入創出機能であった

5 ［訳註］「上に政策あらば、下に対策あり（原文は“上有政策，下有対策”）」の語は、権力側が政策を実施すると、被統治側ではそれをかいくぐる「対策」が編み出され、政策が骨抜きになる現象を表わす。政府と民衆の関係にも、中央政府と地方政府の関係にも用いられる。

——、広東の成長モデルは地位を確立していった。

1982年2月の両省座談会の会期中には、「裏金」をめぐる論争も起きた。ある人は次のように批判した。

> 伝え聞くところでは、ある組織が密輸や非公式の取引でカネをこしらえたが、個人の懐には何ら入っていないと、組織のためを思ってそういう挙に出たという。しかし実のところ、こうした行為は危険きわまりない。しかも、組織のためと称してのかかる行為は、個人が密輸などに手を染めていくばくかの暴利を得ることより、その害たるやはるかに大きい。(中共広東省委 2008:29)

任仲夷と劉田夫は、両種の行為は異なるものとして別々に取り扱うべきだと考えており、趙紫陽や谷牧の支持も取り付けていた。この論争が示すのは、開放派は組織ぐるみのレントシーキング行為を許可ないし黙認する傾向にあったということである。本書は、組織的レントシーキング行為が地方幹部の産業・資本誘致のエネルギーとなったことを実証するものであるが、この論争は、中国の指導者層もまたこの現象を明確に認識していたことを、間接的に傍証している。

2.2. 広東モデルの起源

1978年における広東省のGDPは184.7億人民元、財政収入は39.5億元、対外輸出総額は13.9億元、職工(正規労働者)1人当たり平均年収は615元であった。1979年の広東省の一人当たり農業生産額は526元で、全国平均の636元を下回っていた。広東は「改革開放」の第一波のリストに名を連ね、珠江デルタから海への出口に位置する深圳と珠海には1980年に「経済特区」が設立された。当時の珠江デルタはなお農業地帯で、工業の基礎は弱いものであった。地方政府は資金難・技術難に苦しむ状況から、いかにして「自らの有利な条件を活用し、一歩先に進む」ことができたのか。広東は低廉な生産要素という好条件（低賃金、工場の低廉な家賃）を武器に外資の加工組立業の誘致に努め、それが中国の特色を帯びた一種の輸出加工（export-processing）工業化というモデルになった。広東の外資は珠江デルタ[6]、中でも深圳・東莞・広州一帯に集中した。よって、本書に言う「広東モデル」とは、「珠江デルタモデル」の語と互換可能である。

このモデルは、開放初期以来、主に「三来一補」（材料供給加工、サンプル供給加工、ノックダウン、補償貿易）方式で成り立っており、中でも「材料供給加工」が突出していた[7]。地方政府は土地と工場上屋を賃貸するとともに労働力を供給し、その対価として「加工費（processing fees）」ないし「管理費（management fees）」を徴収する運営方式である。急速な成長に対し、現地の労働力はすぐに払底したため、内陸の省から大量の農民工を導入して、低廉な労働力の供給を続けた。1980年代初期には、珠江デルタに進出して加工貿易を手掛けた外資企業は主に香港企業であったが、後期になると台商およびその他の外国企業が徐々に参入を始めた。この工業化モデルは現地の商工業にたちまち繁栄をもたらしたばかりか、国家も少なからぬ外貨収入を得ることになった。外貨は当時の中国に著しく不足しており、広東モデルの「経済効果」は、瞬く間に国内にその名を響きわたらせ、海外の学術界の注目をも集めるようになった（Vogel 1989）。

2.2.1. 香港・台湾の経験に学べ

複数の歴史的証言・根拠のいずれもが、中国が特区や開放政策の青写真を描く際に東アジア四小龍を参考にし、中でも香港・台湾の経験が重要だったと

6　珠江デルタ地域の範囲は広く、2つの副省級市（広州市・深圳市）および7つの地級市（珠海市・仏山市・惠州市・肇慶市・江門市・中山市・東莞市）を含む。

7　［訳註］「三来一補」とは、材料供給加工・サンプル供給加工・ノックダウン・補償貿易の4方式の中国語（来料加工、来様加工、来件組装、補償貿易）の頭文字をまとめた略称。このうち補償貿易は、外資側が製造設備を提供し、中国側はそれを用いて製品を製造し、設備の代金を製品で相殺する方式。

指摘する。第一の根拠は、1978年11月に中央工作会議が開かれた際に4点の資料が配布され、うち1点は『香港・シンガポール・韓国・台湾の経済はいかにして急発展したのか？』であった、という点である（中共広東省委 2008:240-242）。第二の根拠は、当時の広東省経済特区管理委員会主任兼中国共産党深圳市委員会第一書記であった呉南生の回想である。彼は1979年の特区計画策定の過程をこう回顧する。

> ある友人が私にこう言った。きみ、台湾のような輸出加工区をやってみる度胸はあるかね？　自由港みたいなものを動かしてみる気はあるかね？　もしその度胸があるなら、話は早い。そして、彼はこう言ったわけだ。シンガポールや香港を見てみろ、あそこの経済はどうやって発展してきたのかね。そう言われて、私はなるほどと悟ったのだ。（中共広東省委 2008:214）

呉南生は、香港・台湾モデルの模倣という点にずばりと触れている。そして、彼は自らの海外（香港）との関係を通じて、世界各地の輸出加工区・自由貿易区の情報を収集した。

三点目の根拠は、谷牧が1979年5月に広州で省レベルの幹部に対して行った講話である。「広東が香港から技術を導入して材料供給加工を手掛け、われわれの安価な労働力を活用することには、前途洋々の可能性がある。ともかく、思想をいささか解放し、道を切り開きとことん闘って、経験を積むことが重要だ」。谷牧は三つの目標を挙げた。「一に、外貨収入50億米ドル。できればこの目標額を上回るよう努力せよ。二に、日本と台湾に奪われた香港市場の奪回。三に、香港を追い越すこと」（中共広東省委 2008:14）。

この講話は、特に注目に値する。まず、技術と外国資本を呼び込む仲介点として香港を明示したこと。次に、中国の安価な労働力を利用して材料供給加工に従事するよう明言したこと。第三に、外貨収入創出を目標としたこと。当時の中国は外貨を切実に必要としており、谷牧は広東の外貨収入の目標額を明示している。1978年の中国の外貨準備高は1.67億米ドルに過ぎなかった。1979

年の数字は8.4億米ドルである。劉田夫へのインタビューによると、1979年の「中央50号文書」には、広東は1990年までに外貨収入100億米ドルを達成すべしとの規定があったという。この目標は、当時としては極めて困難なものであった。そこで、地方政府官僚のインセンティブを喚起すべく、広東省は外貨分配制度の改革を決定し、地方に外貨の内部留保を許した（中共広東省委2008:102)。1981年から1983年まで、広東は毎年実質10億米ドルの外貨を中央に上納している（中共広東省委2008:117)。第四に、追い越すターゲットを香港、ライバルを台湾と日本としていること。当時、中国の指導者の「心意気」はまださささやかなもので、40年後の中国台頭論と同列に見なせるようなものではなかった。こんにちの見方で当時を振り返るなら、中国の開放の範囲も幅もまだたいへんに限られたものであった。しかしながらこの種の改革の試みにおいて、中央の指導者は広東の官僚に「思想をいささか解放し、道を切り開きとことん闘」うよう求めねばならなかったのだ。こうして見ると、計画経済体制を脱して資本主義世界の経済と「軌道を乗り入れ合う」ことが、いかに難度の高いことであったかが窺い知れる。かつ、改革の初期に開放派が絶えず計画派の攻撃に見舞われていたことを思えば、これら改革者たちが改革にあたって戦々恐々としていた理由も明らかであろう。1980年9月に中国共産党中央書記処が会議を招集し、広東に対する施策を討議した。席上、劉田夫が発言し、中央が広東に「外国とアジア『四小龍』の成功経験を参照し、輸出特区の試験的設置」を認可するよう求めると、反対派は言下にこう述べた。「広東がそういう挙に出るなら、境界線上に全長7000キロの鉄条網を張って、広東と隣接各省とを分かたねばならない」（中共広東省委2008:123)。

中国政治は、伝統的に「名義・地位・立場」を重んじる。広東は、自らが一歩先を行く制度を何と「命名」すべきだろうか。改革開放が敏感な政治問題である以上、広東専用の適切な名称を創出する必要があった。台湾と同じ「輸出加工区」というわけにはいかず[8]、資本主義に手を染めるのかと誤認されうる「自由貿易区」も論外だった。そこで、1979年4月、中国共産党広東省

8　実際には、台湾では「加工輸出区」と称していた。

委員会は暫定的名称として「貿易合作区」を党中央に報告した（中共広東省委 2008:215-216）。ほどなく、鄧小平が「特区」の名称にゴーサインを出すと、「輸出特区」と称するようになり、1980年初めに「経済特区」の名称が定まった。それとともに、特区の土地使用期間が50年と定められた。土地を外資に賃貸する対価については、「地代（地租）」と呼ばず「土地使用費」と称することになったが、実際のところは同じ意味である。初期の政策決定者たちは、腹のうちではそんなことは十分に承知していた（中共広東省委 2008:220-222）。

2.2.2. 材料供給加工と外貨収入創出

では、材料供給加工という道筋は、いかにして開かれたのだろうか。具体的にいかなるオペレーションが行われたのだろうか。

東莞市虎門鎮の太平ハンドバッグ製造所と順徳市容奇鎮[9]の大進アパレル製造所は、長年にわたり、我こそは全国最初の「三来一補」企業なりと競って謳ってきた。両者の創業はともに1978年7月から8月にかけてである（呉哲 2008、李祖成ほか 2011）。以下に挙げる物語は、東莞市虎門における生き生きとした描写である。

> 7月30日のこと、破産に瀕した香港の商人・張子弥が、ハンドバッグ数点と若干の材料サンプルを手に、連綿たる緑の原野を乗り合いバスで移動して、虎門にやってきた。張と太平ハンドバッグ製造所[10]が合意した合作協議は、以下の内容を含む。張子弥は原材料と設備を提供し、東莞側は工場建屋と労働者を提供して加工費を徴収するが、毎月、加工費の20%を張に償還して設備費に充当する。1ダース平均20元前後のハンドバッグについて、太平製造所は12元の加工費を得た。こうして、中国工商総局が「三来一補」企業に発給した最初の免許証「粤字001号」が正式に誕生したのである。（呉哲 2008）

9　順徳市容奇鎮は、現在は仏山市順徳区容桂街道の一部である。

10　原文は「アパレル工場」となっており、誤植と思われる。

図 2.1　1978 年の深圳最初の材料供給加工に関する協定書

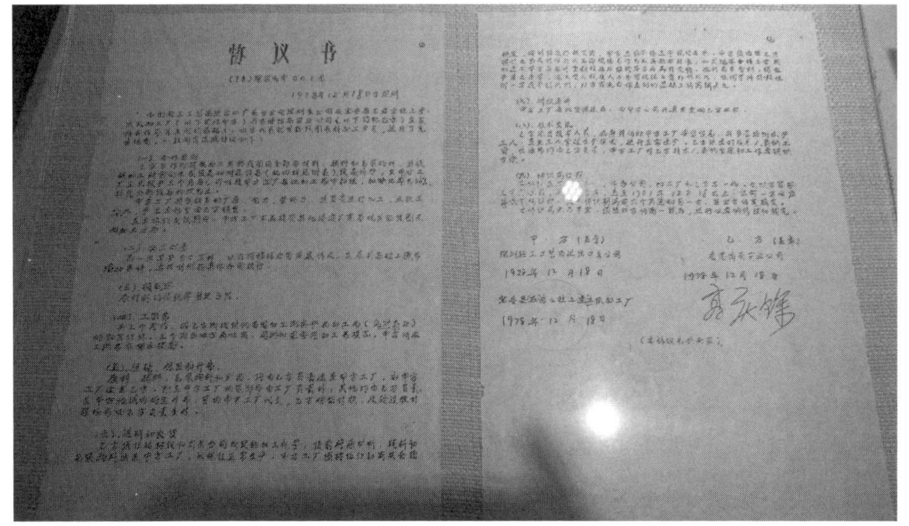

协议书

出所：廖卿樺氏撮影・提供

東莞と順徳のほか、深圳にもドラマチックなご当地の物語が伝わっており、その内容はより微に入り細を穿つ。1978年12月18日、中国共産党が歴史的な十一期三中全会を招集したその同じ日に、深圳とある香港資本の企業との間で、当地第一号となる材料供給加工の協定書が締結された。現存する書類の文面は、この協定書に調印したのは「深圳軽工工芸品輸出入支公司」「宝安県石岩公社上屋大隊加工工場」「香港怡高実業有限公司」の三者であり、この三者が「上屋大隊熱線圏工場」を設立したことを明確に示す。前二者の組織は中国側、第三のそれは香港側であり、第四の組織は香港側が実質的に経営・管理を行う加工工場である。上屋大隊加工工場は法人組織ではなく、輸出入の権限も持たない。そのため、深圳軽工工芸品輸出入支公司が間に入って仲介することが不可欠であった。協定書はまた、双方それぞれの権利と責任、「歩留まり」および「加工費」についても定めている。加工費の条項は次のとおりである。

最初の3か月間は、乙の提供する香港で加工された同種製品の加工費

> （附表2参照）の90%を基準とし、3か月後に双方で再度協議を行う。また、もし香港の加工費が上昇していれば、甲の収受する加工費は応分に上昇するものとする。（図2.1参照）

この条文は興味深い。この協議によれば、中国側は香港における同等の加工製品の加工費の9割に相当する額を収受するというが、当時の香港の賃金水準は中国内地よりはるかに高く、従って常識的に見て、本当に9割を「基準とする」とは考えにくい。だが、この協定書にいう「附表2」が紛失しており、香港側が提供したという加工費のデータを確認できない。この他、3か月後に加工費の料率を再度協議するとの文言からは、この合作関係が実験的なものであったことがわかる。最初から費用の料率を確定してしまうことを避けたのだ。さらに、協定書の内容には、中国側の二者の間で外貨留保をどのように分配するかに関する文言が見られない。別途何らかの内規類が作成され、分配の方法を定めたものと考えられる。

前述した東莞・順徳・深圳の三社は、材料供給加工のパイオニアと喧伝されるが、当時にあっては実は氷山の一角だったのかもしれない。劉田夫の回顧によれば、広東は1978年の時点ですでに数多くの三来一補企業を誘致していたという（中共広東省委 2008:90）。早くも1978年7月15日に、国務院は「対外加工組立業務展開の試行的弁法」を公布しているが、この時点で珠江デルタにおける材料供給加工が勃興したことが中央の関心を集め、国務院がこのような規定を定めて管理に乗り出したのである。

香港の中国資本企業「華潤集団」の公式刊行物『華潤雑誌』が2009年に掲載した同社発展史の記事によると、三来一補は華潤では1975年に始まったという。

> 中国製商品の外国向け販売における供給不安定・品質確保困難という問題を解決するため、1975年より華潤は深圳一帯で材料供給加工業務を開始し、香港企業を組織してこれに関与させた。1977年になると、この貿易の方式は徐々に成長する。この期間に展開した業務として、五

豊行がタイの緑豆を輸入し、それを国内で龍口はるさめを加工して香港市場に再輸出した事例、華遠が内地で革靴・ラジカセ・電子腕時計・電卓・電熱ポット・ステンレスカトラリーなどの軽工業製品を生産した事例がある。橋梁の建設、道路整備、コネクションの開拓などを通じて、華潤の材料供給加工業務は中国・香港の両地において日ごとに拡大した。[11]

この記述は、精査を要する。1975年といえば、毛沢東が存命で、十年に及んだ文革はいまだ収束前であり、「四人組」が依然権力を握っていた時期である。華潤は1938年に香港で設立され、「八路軍香港弁事処」と密接な関係を持ち、一貫して中国内地と香港の間の重要な窓口であった[12]。主管する政府機関が許可すれば、特殊な権力を賦与され新規事業を取り扱うことも可能であった。従って、1970年代半ばという早い時期に華潤が香港企業という体裁で深圳一帯に材料供給加工業務を展開したというのは、決してあり得ない話ではない。だが注意すべきは、ここで材料供給加工の本来の趣旨を「中国製商品の外国向け販売における供給不安定・品質確保困難という問題を解決するため」と自ら述べていることだ。つまり中国国内の輸出向け製品の品質および供給の課題解決が目的だったとしており、これはその後の外資誘致・材料供給加工の動機とは異なるものだ。さらに、華潤が組織したという「香港企業」とは、例えば五豊行・華潤紡織・華遠などであるが、これらはいずれも華潤の下部に属し、中国政府の監督を受ける存在である。五豊行は1951年設立で、華潤と五豊行は「行政的上級・下級関係」にあり、1961年には「中国糧油食品輸出入総公司香港総代理」となり、1983年に華潤が「集団公司」に改組すると、「下部機構は株式保有を紐帯とする企業に変容し」、五豊行は正式に華潤集団の一部となった。華遠も華潤集団の旗下にある公司であり、中国対外経済貿易部よりトイレットペーパーの香港輸出業務の独占代理権を与えられている[13]。

11 『華潤雑誌』2009年9月号（第138号）（http://crchat.crc.com.cn/2009/200909/06.htm, 2015年3月12日検索）。

12 1938年の設立当時は「聯合行」といい、1947年に「華潤」に改称した。

13 「対外経済貿易部・香港マカオ地区向けトイレットペーパー輸出管理の強化に関

『華潤雑誌』は、このようにも述べる。「1978年に国家計画委員会・段雲副主任率いる視察団が香港を訪れ、材料供給加工組立業務の調査研究を行った際、華潤は自らの加工組立業務の方法を視察団に紹介し、国家がこの方式を推進するよう希望を表明した。国家計画委員会は華潤が紹介した実情を高度に重視し、華潤に対し、これに関する政策文書の草案作成を求めた。華潤が起草した文案をもとに、国家計画委員会は「対外加工組立業務展開の試行的弁法」(22条とも呼ぶ)を発表するとともに国務院に報告を上げ、7月に国務院はこれを批准し公布した。これにより、「三来一補」は内地においてうなりを上げるがごとく展開し、内地の改革開放初期の重要なあり方となったのである」。

この説によると、華潤という香港の中国資本の機構は、三来一補のけん引役であったのみならず、加工貿易制度全体の設計者でもあったことになる。三来一補の全面展開より前に、その数年前にまず華潤がこの加工モデルを創出し、その後1978年にこの業務を国家計画委員会に売り込むとともに政策文書の起草を肩代わりし、しかる後に国家が正式に「施行弁法」を発布したというわけだ。ここで述べられていることは、さきに見た珠江デルタで自発的に下から上への展開で三来一補が発展してきたとの物語とは一致しない。また、谷牧が1979年に広東で「道を切り開きとことん闘って、経験を積む」べしとぶち上げたとの物語とも、異なるものである。華潤集団の叙事は、一種の国家中心的で理性的な計画の叙事に当たるだろう。国家機構と域外中国資本とが内に外に共鳴し合い、一歩ずつ着実に加工貿易の発展モデルの青写真を描いてきたとするものだ。

あるいは、中国国家計画委員会と香港駐在中国資本は、確かにあらかじめ思うところの発展の道筋を構想しており、しかし実際に歩んだ道のりは計画段階のそれとは異なるようになったのかもしれない。本書が実証するように、広州の成長モデルにおいては、会議の卓上にあって目に見える同盟主体は外資・地方政府・郷村幹部・地方国営資本であり、中央政府は影に隠れた同盟メンバーであった。中央政府の政策は、ある特定の時点・機会において制度を提供する

する通知」(1991) 外経貿進出発第190号。

ことで、地方のアクターにインセンティブや転換への圧力を与える。これに対し、地方国営資本は輸出入業務の権限を持つ対外貿易企業を掌握して、レントシーキングやレント分配のゲームに加わる。香港の大型中国資本集団については、それがこの成長同盟において演じた役割が決定的なものであったか否かは、さらに多くの史料や実証的エビデンスを発掘して初めて検証が可能となるであろう。

1979年9月、中央政府は国務院名義で「対外加工組立・中小補償貿易展開の弁法」[14]を公布し、前年に公布した「対外加工組立業務展開の試行的弁法」をこれに差し替えた。新たな文書は「新22条」と称され、重要な規定として以下を含む。

一.「加工組立業」の定義を明記。定義は三種に分けられる。(一)外資企業側が一定の原材料・部品・ユニットを提供し、必要な場合は一部の設備も提供する。わが国の工場側は先方の要求に沿って加工あるいは組み立てを行い、完成品を先方に引き渡して販売に供するほか、わが方は加工費を徴収する。外資企業側の提供する設備の代金については、中国側は加工費を充当してこれを償還する。(二)中国に持ち込まれる原材料および運び出される完成品について、それぞれ個別に価格を設定し、個別に契約を締結して、わが方はその差額を取得するとともに、差額すなわち加工費を充当して設備価格の償還を行う。(三)外国貿易を主管する部門が外資企業側と契約を締結し、加工組立業務を請け負ったのち、工場を手配して生産業務を行わせる。外国貿易部門と工場の間では、売買関係があったものとして処理する。

二. 主たる目的は「外貨収入創出」であることの明記。対外的な加工組立業務および中小規模の補償貿易の展開は、輸出商品の生産を発展させ、外貨収入を増加することを主目的とする。

三.「外貨分配」の手法の明記。加工組立の収入である加工費の外貨は、外資企業側の提供した設備に対する償還に充てたのち、残額の15%を企業に留保する。これと別に15%を企業の所在地に留保し、省・市・自治区が地・県

14 国発(1979)220号(1979年9月3日)。

に適宜一部を分配する（政府部門所属の企業については、地方と主管部門とで折半する）。

四.「税収の減免」の手法の明記。加工組立業務を請け負う企業が、その加工組立により得た純収入について、三年間、国営企業は工商税を免ずるとともに利潤の上納を免ずる。集団企業については工商税と所得税を免ずる。

これらの規定は、加工組立（材料供給加工）についてその活動の大まかな輪郭を定めるものであった。中国側が関与する業務単位、これに含まれるのは加工に当たる工場および対外貿易部門であるが、それぞれ加工組立業務および工場の手配・段取り業務に従事する。とはいえ、実務の大部分において、工場の実際の生産・管理は外資企業が行った。こうして、「加工の名のもとに、実情は外資が事を運ぶ」という現象が形成されたのである（Wu 1997, 鄭陸霖 1999）。こうした状況は、ほぼ当たり前のことのように行われており、筆者は1990年代半ばの現地調査の時点ですでにそれに気づいていた。深圳・龍崗の経済発展局のある職員は、こう証言している。「わが区の実情といえば、外資企業が材料供給加工企業の経営活動の一切を引き受けています。企業も独立法人に類似する経済組織として市場経済活動に関与していますので、中国側は企業の経済活動には終始まったく関わりを持ちません。従って、民間の責任と民間の権益を区別し線引きすることは非常に困難なのです」（張旭光 2001:47）。外資企業はなぜ、中国の加工貿易の発展初期に、材料供給加工の形で中国に投資する傾向が強かったのだろう。それは、中央政府が加工組立業務に対して税の減免を行ったからだ。政策文書の規定によれば、名目上、減免の恩恵を受けるのは加工組立業務を請け負う国営企業・集団企業になっているが、実際に経営を行うのは外資企業だったのだから、すなわち外資企業の税収を減免することに他ならなかったのである。

政府が加工組立を推進した目的は、外貨収入創出であった。従って、加工費は外貨で中国に支払われるよう規定された。地方政府および農村の幹部による企業誘致を奨励すべく、中央は外貨の分配率をも定め、企業が15%を取れるようにした。企業の所在地の政府も、15%を取れた（地方各級政府で分け合う）。

ここでの企業とは、加工組立業務を名義上請け負う中国側の企業を指し、国営企業・集団企業を含む。外貨の分配ならびに外貨留保の規定は、中国の改革開放期に政府単位が集団として組織的レントシーキングに従事することの制度的根源であった。1979年のこの政策文書は、材料供給加工がまだ始まったばかりの段階にあったため、加工費の算出法・徴収法について具体的な規定を行っておらず、それゆえ地方政府に弾力的運用の余地を与える結果となった。

ゲームのルールがひととおり制定されると、次は地方政府がそれぞれに得意技を発揮する番だった[15]。広東の労働集約型工業発展モデルの起源について、決定的だったのは材料供給加工の制度的出現をおいて他にない。中央政府が特区政策をまだ定めていなかった1970年代末から1980年代初頭にかけて、地方幹部と香港企業との合作はすでにざわざわとどよめくが如く動き出していた。現存する政府の統計年鑑を見ると、東莞などの地域の三来一補に関するデータは、1979年から統計に計上されている。図2.2-Aと図2.2-Bに挙げた統計数値が示すとおり、東莞の地方政府は「三来一補の輸出額」と「材料供給加工にかかる加工費の外貨決済額」を正式に統計に列記している。『東莞統計年鑑1995』によると、1979年の東莞の三来一補企業による輸出額は234万米ドルで、同年の対外貿易輸出総額の4.6%であった。1980年には、輸出額は1,815万米ドルとなり23.5%を占めた。以下、1981年には28.9%、1982年には30.7%、1983年には38.6%、1984年には輸出額6,111万米ドルで輸出総額の47.1%を占めるに至った。三資企業[16]の輸出額を対照させてみると、1984年時点ではわずか200万米ドルで輸出総額に占める割合は1.6%にとどまり、1992年にようやく、三資企業の輸出額4億533万米ドルに対し三来一補の輸出額3億5,937万米ドル、輸出総額に対する比率は前者41.2%・後者36.6%となり、三資企業が三来

15　1981年7月18日、国家輸出入委員会は「「対外加工組立・中小補償貿易展開の弁法」実施に関する規定数項目」を別途公布した。

16　［訳註］「三資企業」とは、中国が改革開放以来導入した外資系企業の主要な類型の総称。合資（中外双方が資本金を出し合い合弁企業を設立・経営。双方の利益や損失・責任などの割合は出資比率に従って決まる）、合作（中外双方の契約に基づく合弁企業の設立・経営。利益や損失・責任などは契約に従う）、独資（100%外資）の3類型よりなる。

図 2.2-A　東莞市の三来一補の輸出額（1978-1994年）

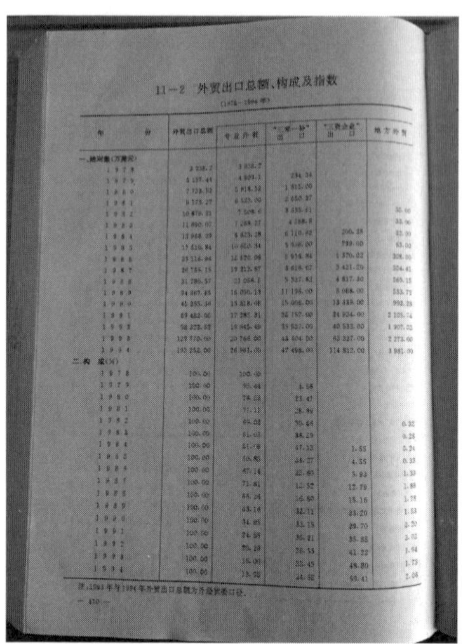

11－2　外贸出口总额、构成及指数

出所：『東莞統計年鑑』1995年（p.410）

図 2.2-B　東莞市各区・鎮の材料供給加工にかかる加工費の外貨決済額（1994年）

11－20　各镇（区）来料加工装配数、工缴费及引进设备价值

（1994年）

出所：『東莞統計年鑑』1995年（p.435）

一補を初めて上回った（『東莞統計年鑑1995』:410）。ここからも、材料供給加工という貿易モデルが改革開放初期の広東において重要な地位を占めていたことがわかる。

実は、三来一補に従事していた地域は広東だけではなく、沿海地区の別な省でも行われていた。だが、その規模は相対的に小さかった。例えば上海は、正式な対外開放こそ1992年と遅かったものの、1980年代には日本・韓国・香港の企業との間で合作を行っており、労働集約型産業の加工組立業務を行って加工費を得ていた。1978年から1990年までの上海における加工費収入の累計額は2.6億米ドルであった（上海金融誌編纂委員会2003:619-620）。広東と比べると、1980年から87年までの三来一補による外貨収入は15億米ドルにのぼった（広東省地方史誌編纂委員会1999:525）。別な統計によると、広東省全体の郷鎮・外資企業の外貨収入創出額は、1982年から87年までの累計で12億米ドルに迫り、

1982年から2000年までで累計220億米ドルに達したという（広東省地方史誌編纂委員会 2006:185)。上海の数値は明らかに広東より小さい。1992年以降、上海と長江デルタ地区が外資に開放されたが、「後発組」であったため、当時の中国政府は外資の三資企業設立を奨励するべく「材料供給加工」に替えて「材料輸入加工」の方式を推進した。よって、「大上海ー長江デルタ地区」の加工組立業は、基本的に広東モデルの材料供給加工の段階を飛び越え、独資（100%外資）が外資の主たる投資形態となっていた。

2.3. 広東の経済パフォーマンス

改革開放が始まった1978年から2017年までの間に、中国の一人当たり国民総生産の平均成長率は8.5%を記録したが、広東省の同時期の数字は10.4%と、全国平均を上回る好成績を収めた。2007-2008年には、中国経済は世界金融危機の影響を受けて輸出が落ち込み、広東の被った衝撃は特に深刻であった。その後、中国の経済成長は2012年から減速に転じる。2011年を区切りとし、1978-2011年の一人あたり国民総生産を算出すると、この期間の平均成長率は8.8%で、同じ時期の広東省では11.0%であった。2012-2017年については、同じく一人あたり国民総生産の平均成長率は中国全体が6.8%、同じ時期の広東は7.1%と、全国をわずかに上回るのみであった[17]。全体として、広東の経済活動のパフォーマンスは継続して全国平均を上回っている。本節では最初に、EOIが起動した当初段階の広東の経済的条件、ならびに起動以降のパフォーマンスを分析する。産業構造、都市と農村における収入・外資の占める比重・外国貿易への依存度・外国貿易のパフォーマンスと外貨収入創出能力・給与水準などについて分析を行い、また全国ならびに重要他地域との比較を行う。

---

17 ミシガン大学中国データセンター（China Data Center, University of Michigan)・オンラインデータベースをもとに算出（https://goo.gl/xedjzD, 2018年6月23日検索)。

表2.1　広東・江蘇・浙江・中国全国の産業構造比率の変遷　（単位：%）

	広東省			江蘇省			浙江省			全国		
	第一次	第二次	第三次	第一次	第二次	第三次	第一次	第二次	第三次	第一次	第二次	第三次
1978	29.8	46.6	23.6	27.6	52.6	19.8	38.1	43.3	18.7	27.9	47.6	24.5
1990	24.7	39.5	35.8	25.1	48.9	26.0	24.9	45.1	30.0	26.7	40.9	32.4
2000	9.2	46.5	44.3	12.3	51.9	35.9	10.3	53.3	36.4	14.7	45.4	39.8
2009	5.1	49.2	45.7	6.6	53.9	39.6	5.1	51.8	43.1	9.9	45.7	44.4
2010	5.0	50.0	45.0	6.1	52.5	41.4	4.9	51.6	43.5	9.6	46.2	44.2
2011	5.0	49.7	45.3	6.2	51.3	42.4	4.9	51.2	43.9	9.5	46.1	44.3
2012	5.0	48.5	46.5	6.3	50.2	43.5	4.8	50.0	45.2	9.5	45.0	45.5
2013	4.8	46.4	48.8	5.8	48.7	45.5	4.7	47.8	47.5	9.4	43.7	46.9
2014	4.7	46.2	49.1	5.6	47.7	46.7	4.4	47.7	47.9	9.2	42.6	48.2

出所：China Data Center, University of Michigan, chinadataonline.org

2.3.1. 産業構造比率と都市部・農村部における収入

表2.1は、広東・浙江・江蘇および全国の産業構造比率を比較したものである。1978年の改革開放始動の前夜には、広東の産業構造比率は全国平均に極めて近接していた。全体として、当時の中国では工業化が相当程度進展しており、農業は27.9%という比率を維持していたが、第三次産業（サービス業）は発達とはほど遠い状況であった。

江蘇省の構造は若干異なる。第一次産業（農林水産業）の比率は全国平均に近接し、第三次産業（サービス業）は全国平均より5%近く低く、第二次産業（鉱工業）が52.6%を占めて全国平均より5%近く高い。1970年代末には、珠江デルタ地域では農業地区が大半を占め、工業の基礎は弱かった。これに対し、江蘇省南部（蘇南）の農村地帯には比較的発達した郷村工業の基礎があり（当時「社隊企業」と呼ばれた）、工業関係の人材も相対的に豊富であった。蘇南地区の郷村農業は文革期にはすでに発展の機会を得ており、上海の製造業もこれを外注生産（アウトソーシング）の奥地としていた。江蘇省は、開放された時期は広東より遅かったものの、開放以前の段階における工業の基礎が同時期の広東に比べ充実していたため、1992年の長江デルタ地区開放以降、蘇南地区はある種の「後発優位」を享受して、テクノロジー水準の高い外資、例えば電子通信産業（ICT）を直接誘致することができた。浙江省は、1978年時点で農

表2.2-A　中国各省（一部）の都市住民一人あたり収入額　（単位：人民元、名目値）

年	広東省	福建省	江蘇省	浙江省	山東省	全国平均
1978	412	371	288	332	392	343
1990	2,303	1,749	1,464	1,932	1,466	1,510
2000	9,762	7,432	6,800	9,279	6,490	6,280
2010	23,898	21,781	22,944	27,359	19,946	19,109
2011	26,898	24.907	26,341	30,971	22,792	21,810
2012	30,227	28,055	29,677	34,550	25,755	24,565
2013	33,090	30,816	32,538	37,851	28,264	26,955

注：都市住民一人あたり収入は、都市住民の可処分収入の額面値
出所：China Data Center, University of Michigan, chinadataonline.org

業の比率が全国平均より約10%高く、反面、サービス業の比率は全国平均より低いばかりか江蘇省をも下回っており、また工業化の比率も全国平均を下回った。

2000年になると、広東省の農業の比率は9.2%にまで下がった。全国平均は14.7%である。江蘇省では12.3%にまで下がり、浙江省では10.3%となり、最大の下降幅を記録した。いずれも、農村における商工業化の速度の速さを示す。工業については、広東省46.5%、江蘇省51.9%、浙江省53.3%、全国45.4%である。広東の加工貿易が大きく発展した1990年代には、江蘇省では郷鎮企業が勢いを持ち、浙江省では個体戸と私営企業の伸張が著しかった。サービス業に関しては、広東省で著しく成長したが、江蘇省の成長率は相対的に小さいものであった。2000年から現在までの産業構造比率の変化は、農業の持続的減少、サービス業の急成長、工業の緩やかな下降という趨勢である。

改革開放以来、広東・江蘇・浙江、あるいは全国平均値のいずれにおいても、工業が国民生産に占める比率そのものは大きく変わってはいない。変わったのは工業化の中身であり、中でも成長の主たる原動力は、国内向けの工業化戦略（毛沢東時代の「自力更生」）から輸出志向の工業化戦略への転換であった。これについて、その他の統計から比べてみよう。

表2.2-Aと表2.2-Bは、広東省および沿海省における改革開放以来の一人あたり収入の変化を比較したものである。都市住民の収入については、表2.2-Aが示すように、広東省の金額は当初の段階において全国平均を上回り、また

表2.2-B　中国各省（一部）の農村住民一人あたり収入額　（単位：人民元、名目値）

年	広東省	福建省	江蘇省	浙江省	山東省	全国平均
1978	182	135	152	165	101	134
1990	1,043	764	959	1,099	680	686
2000	3,654	3,230	3,595	4,254	2,659	2,253
2010	7,890	7,427	9,118	11,303	6,990	5,919
2011	9,372	8,779	10,805	13,071	8,342	6,977
2012	10,543	9,967	12,202	14,552	9,447	7,917
2013	11,669	11,184	13,598	16,106	10,620	8,896

注：農村一人あたり収入は、農村住民純収入の絶対額
出所：China Data Center, University of Michigan, chinadataonline.org

山東・福建・浙江・江蘇（金額順）の各省をも上回っている。1990年の時点で、広東と他の各省との差は大きく広がった。これが広東の三来一補加工貿易の黄金時代である。2000年には、広東の都市住民一人あたり収入は全国平均を3分の1ほど上回ったが、浙江がだいぶ追い上げてきた。21世紀に入ると、東南部の沿海各省もそれぞれ急追を始め、2010年時点には、個体戸と私営企業で名を馳せた浙江省の一人あたり収入はすでに広東を追い越していた。2013年には、浙江は引き続きトップを走り、江蘇省が広東の背中を一気に急追している。

広東省の農村地区の収入は、さらに劇的な変遷を示した（表2.2-B）。1978年の時点で、広東の農村部の一人あたり平均収入は全国平均より高く、浙江・江蘇・福建・山東（金額順）をも上回っていた。1990年には、浙江が広東に追いつき、江蘇も距離を縮めてきていた。その後、他の沿海各省も急成長を遂げ、2000年時点には浙江省がすでに広東をある程度リードする状況であった。2013年には、広東の農村部一人あたり収入は福建と山東をわずかに上回るのみで、浙江と江蘇には追い越されていた。これらのデータからわかるのは、農村地区、特に珠江デルタ以外の農村においては、広東モデルの経済効果は他の急成長した沿海地区の省と比べてさほど突出したものではなかったという点である。省間比較を行うと、広東の都市・農村間の格差が浙江・江蘇両省より大きいこともわかる。外資を主力とする加工貿易は、省外の農民工を大量に雇用し、省内の農村人口の収入には特段の貢献をもたらさない。この数年来、広

東の成長モデルはボトルネックに遭遇し、多くのマイナス評価を受けているが、農村部の収入が都市部に遠く及ばない点も重要な要因である。

2.3.2 外資と加工輸出

外資に対する開放の第一波のアドバンテージにより、広東は発展の契機を逃さずつかみ取り、「権限の放出・利益の委譲」により外資を導入した。初期には香港企業が主な対象で、徐々に台湾資本およびその他の外資にも対象を拡げた結果、珠江デルタの郷村地区は綺羅星のごとき工業地域へと急速な変貌を遂げた。加工組立は瞬く間に全国に知られる「モデル」となった。このモデルは、外国の資本、技術と管理、それに輸出市場に依存するものだったが、中国自身も発展の機会を得ることとなった。ゆえに、広東モデルを一種の「依存的発展」モデルと称することもできる。以下、データを分析してその特徴を見ていこう。

(A) 国内固定資本の形成

1978年以来、中国の輸出工業化の原初的推進力は外資によりもたらされた。外資は国内固定資本の形成の過程で、改革開放の第一段階において重要な位置を占めた。図2.3は、外資が中国国内の固定資本形成に占めた割合の年毎の推移を示す[18]。広東の外資への依存度は、一貫して全国平均を上回った。三来一補が広東で発展を始めた1990年には、省全体の固定資本形成に外資が占める比率は14.9%で、同年の全国の数字は6.3%であった。その後、外資が中国の資本形成に占める比率は1990年代中期に頂点に達した。広東では1994年に21.6%を、江蘇省では1997年に17.7%をそれぞれ記録し、全国平均も1996年の11.8%が最高であった。だが、その後数字は徐々に小さくなり、2000年には広東10.5%、江蘇9.4%、全国5.1%、世界金融危機後の2009年には広東

18 ここでの「国内固定資本の形成」とは、中国統計年鑑の定義に謂う「全社会固定資産投資」のことで、国家予算・国内貸付金・外資の利用・自己資金調達・その他資金を含む。なお、ここに出てくる外資とは広義のもので、外国からの借款・外資企業の直接投資・外資によるその他投資といった項目を含む。

図 2.3　地域の資本形成に外資の占める比率：広東省・江蘇省・全国（1981-2013 年）

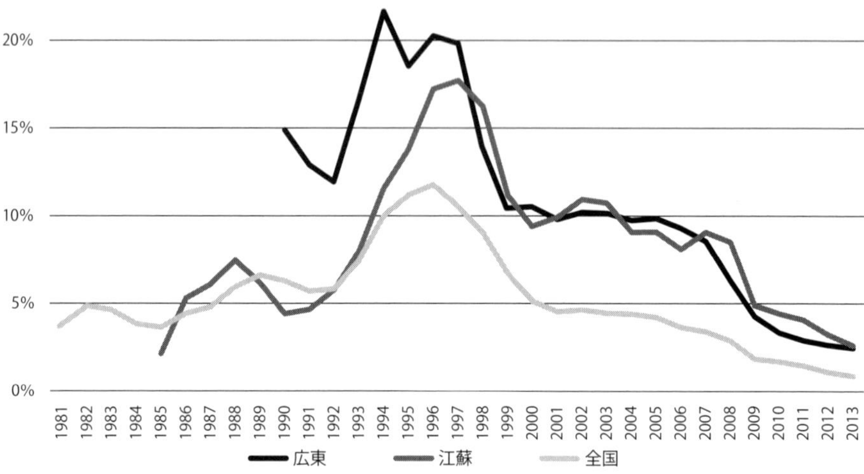

出所 :『中国統計年鑑』2014 年、『広東統計年鑑』2014 年、『江蘇統計年鑑』2014 年より算出

4.3%、江蘇4.9%、全国わずか1.8%という退潮ぶりであった。2013年には、広東2.5%、江蘇2.6%、全国0.9%にそれぞれ減少している。1997年以降、江蘇・広東両省の外資依存率の傾向は非常に近接していた。

図2.3が示すように、外資が広東の資本形成に占める比率の変遷は、およそ3つの時期に区分できる。第一段階はアジア金融危機（1997-1998）前の高水準維持期であり、平均して16.7%に達していた。その後、階段を一段降りた形となり、1999-2007年の間は中程度の平均9.9%であった。世界金融危機（2007-2008）を経てさらに下降が続き、2008-2013年の平均は3.7%に下落した。全国の傾向もこれと同様で、1981-1992年の平均は5.0%であったが、1992年に中国政府が沿海発展戦略を決定して広東・福建以外の沿海各省をも外資に開放したことで、1993-1998年の平均は10.0%に上昇した。だが、アジア金融危機以降は下降を続けて今に至り、1999-2013年の平均は3.4%である。この趨勢からわかるように、今世紀に入って以降、中国の外資依存度は下降を続けているが、それはつまり国内資金の潤沢さと自前の投資能力の向上ぶりのあらわれで

図 2.4　広東省への外国直接投資額（名目値）および対全国比（1983-2013 年）

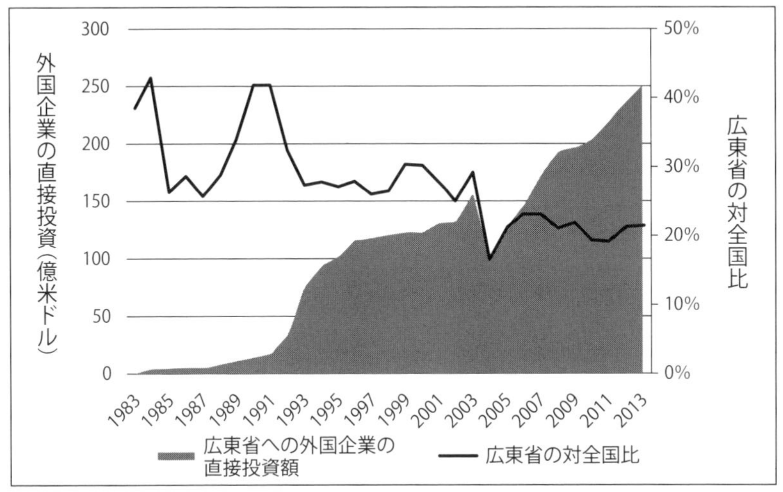

出所：『中国統計年鑑』1999 年・2017 年、『広東統計年鑑』2014 年より算出
なお、2005 年の広東の数値は『広東統計信息網』（https://goo.gl/hXtGuf）による。

もある。自己資本と技術の蓄積に加え、外貨準備にも巨額の蓄積があり、生産能力の過剰という状況が生じているため、中国は資本輸出国へと変貌しているのである。

(B) 外国直接投資

次に、外国直接投資（foreign direct investment, FDI）の推移に目を転じよう。図2.4は、広東省が誘致した外国直接投資の全国に占める比率を示す[19]。広東は一貫して外資誘致の一大省であった。1990 年の外資誘致額は 14.6 億米ドルで、全国の 41.9% を占め、1991 年には 18.2 億元で全国の 41.8% を占めた。パーセンテージではこの時期が最大値を示したが、金額ベースで見ると当時の外資導入総額はなお小さなものであった。この後、広東の外資導入額は毎年増加傾向を持続したが、増加率は全国平均を下回り、それゆえ比率ベースでは緩やかな

19　ここでの外国直接投資とは、外資企業の直接投資のうち実際に活用された額を指す。

下降の趨勢を呈した。

広東省の2003年の外資誘致額は155.8億米ドルで、全国総額に占める割合は29.1%であった。2004年に減衰したのち、再び上昇に転じ、2007年には171.3億米ドルに戻ったが、全国に占める割合は22.9%に過ぎなかった。絶対額については、近年の広東への外国投資は増加を維持しており、2013年には史上最高となる249.5億米ドル、全国の22.3%を記録した。しかし、同じ時期に長江デルタや他の沿海地域への外資導入が広東を急追したため、広東の占める比率は相対的に低下した。江蘇省が2007年から2012年の間に誘致した外資は、比率にして全国の4分の1を超えていたのである。

総合すると、広東は改革開放の初期からずっと外資の投資先として人気の場所であったが、その「後光」は徐々に他地域に分散していった。例えば、1990年代初期以来の江蘇・上海・山東などの省・市や、近年では河南・四川・重慶など内陸部の製造業の新興生産拠点となった省・市がそれである。だが、外資にとって、広東は依然として重要な生産拠点であった。近年、新たに投じられる外資は、伝統産業である製造業から徐々にICTなどハイテク産業へと転換しつつある。困惑させられるのは、近年、外資のうちどれほどの割合が、中国の資金がいったん国外に迂回したのち再び国内に戻って投資されたものであるのか、という点である。データに限りがあり、現時点ではこの問いに正確に答えることはできないが、とはいえ、香港から中国への投資が占める比率を通じて、その一端を窺い知れるかもしれない。

(C) 外資の国別分布

中国は初期においては、統計の「実際に利用した外資（利用実績外資）」という項目に「対外借款」「外国直接投資」「その他の投資」という三つのカテゴリーを含んでいた。2000年以降は、対外借款のデータの公表を行わなくなり、主に外国直接投資を掲げている。中国側の統計によれば、1986-1996年における利用実績外資の累計総額は2,622億米ドル、1997-2007年には6,259億米ドル、2008-2013年には6,456億米ドルである。

図2.5-Aは、1986-1996年に各国の外資が中国への外資累計総額に占める比

図 2.5-A　中国への外資：国別分布（1986-1996 年累計）

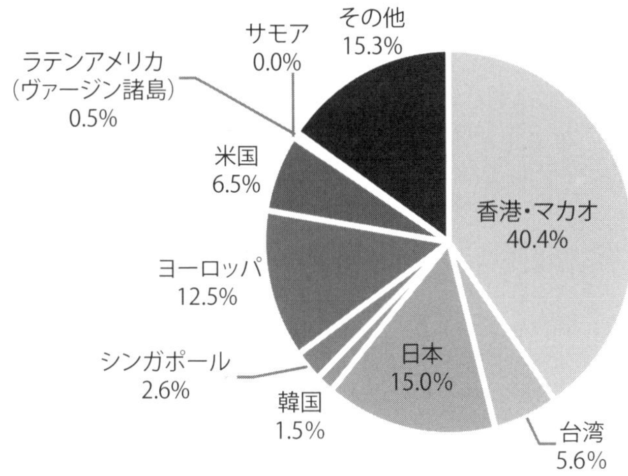

出所：『中国統計年鑑』1991 年・1992 年・1993 年・1997 年より算出

図 2.5-B　中国への外資：国別分布（1997-2007 年累計）

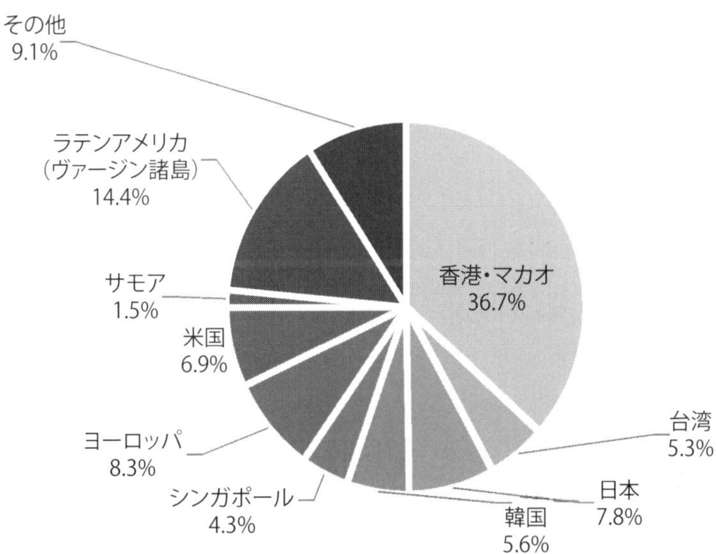

出所：『中国統計年鑑』1999 年・2001 年・2003 年・2005 年・2007 年・2009 年より算出

図 2.5-C　中国への外資：国別分布（2008-2013 年累計）

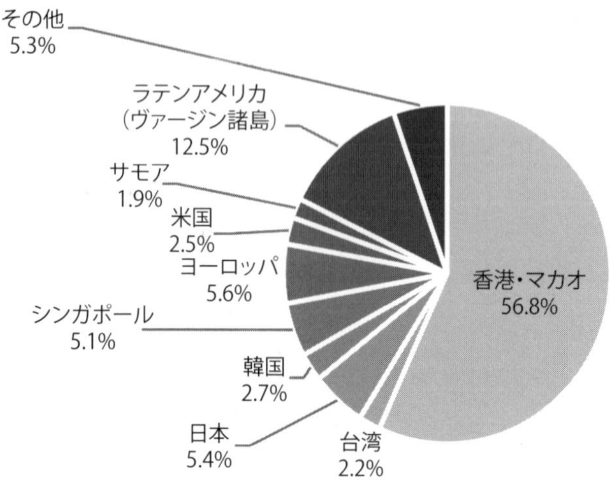

出所：『中国統計年鑑』2009 年・2011 年・2014 年より算出

率を示す。香港・マカオ地区（香港が大部分を占める）が40.4%を占め、次いで日本15.0%、ヨーロッパ12.5%、米国6.5%、台湾5.6%、シンガポール2.6%、韓国1.5%と続く。

図2.5-Bは、1997-2007年、つまりおおよそ2回の金融危機の間の時期における各国の直接投資の累計総額を示す。香港・マカオ36.7%、ヨーロッパ8.3%、日本7.8%、米国6.9%、シンガポール4.3%、韓国5.6%、台湾5.3%であるが、この他にラテンアメリカが14.4%を占め、そのうちヴァージン諸島が90%を占める。これは前の時期と比べて最も著しい増加ぶりである。

図2.5-Cは、2008-2013年、世界金融危機以降の各国の直接投資の累計総額を示す。香港・マカオ56.8%、ヨーロッパ5.6%、日本5.4%、米国2.5%、シンガポール5.1%、韓国2.7%、台湾2.2%であるが、ラテンアメリカが12.5%を占め、ヴァージン諸島がその90%を占める。前の時期と比べ、香港の占める割合が大幅に回復し、対照的に台湾は2.2%にとどまるが、ヴァージン諸島が依然として小さくない比率を占めている。

図 2.6-A　広東省への外資：国別分布（1986-1996 年累計）

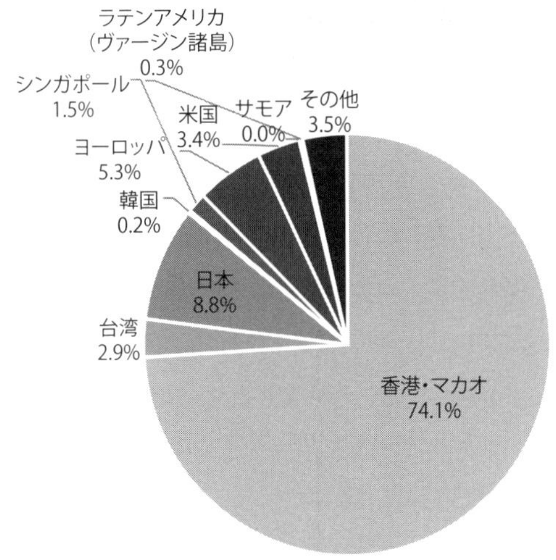

出所：『広東統計年鑑』1993 年・1995 年・1997 年より算出

この中国側の統計については、香港（1986-2013年の第1位）・ヴァージン諸島（1986-2013年の第2位）・台湾（1986-2013年の第6位）の割合に特に注意を要する。若干の要因ゆえ、台湾の投資が中国の外資に占める比率は、一貫して過小に見積もられてきたのだが、実際には、多くの台湾資本が第三の地点に登記する方式を通じて中国に入ってきており、中でもヴァージン諸島は重要な資金転進地である[20]。ただ、ヴァージン諸島から中国への投資額のうち台湾資本がどのくらいの比重を占めるかについては、正確な推計は困難である。

次に広東を見てみよう。図2.6-Aを参照願いたい。1986-1996年の累計で、広東省は外資活用実績640億米ドルで、同時期の中国全体の外資総額の24.4%を占めた。うち、香港・マカオだけで475億米ドルに達し、74.1%を占める。全国の趨勢と比べ、香港の地理的な近さと資金面の実力が広東にもたらす影響の大きさは、一目瞭然であろう。この時点で台湾はわずか2.9%に過ぎず、こ

20　額の小さいところとして他にサモアがあり、近年はケイマン諸島も資金転進地になっている。

図 2.6-B　広東省への外資：国別分布（1997-2007 年累計）

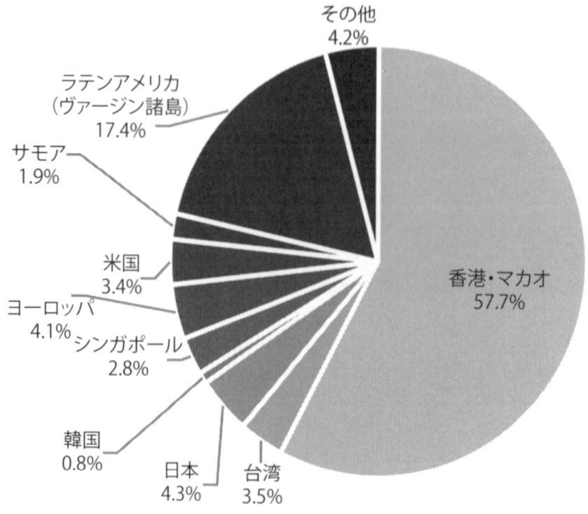

出所：『広東統計年鑑』1999 年・2001 年・2002 年・2004 年・2006 年・2008 年より算出

図 2.6-C　広東省への外資：国別分布（2008-2013 年累計）

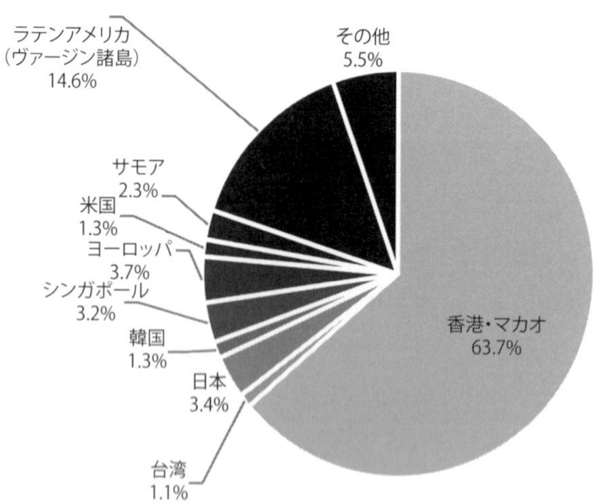

出所：『広東統計年鑑』2010 年・2012 年・2014 年より算出

図 2.7　台湾の対中直接投資額（1992-2013 年）（単位：10 億米ドル、名目値）

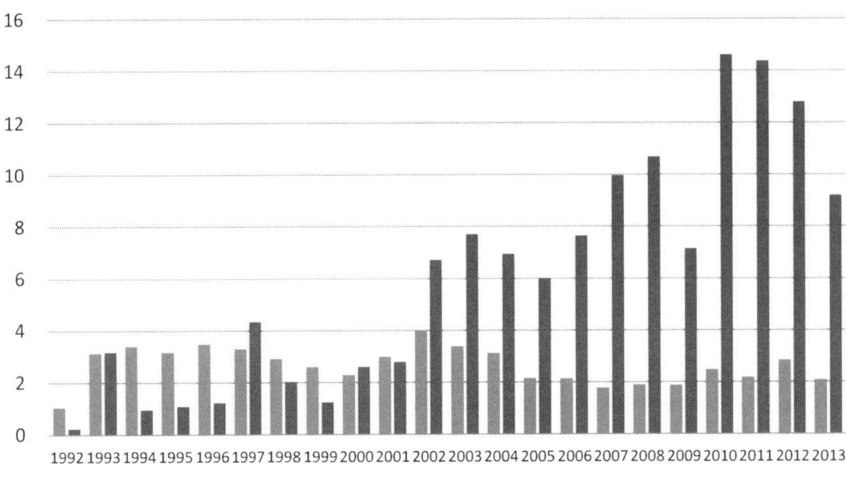

出所：中国側資料は『中国統計年鑑』各年版（商務部統計のうち、外商による直接投資金額より）。台湾側資料は経済省投資審議委員会。

の数字は明らかに過小評価されている。特に注意に値するのは、1997-2007 年について、ラテンアメリカ（主にヴァージン諸島）とサモアがそれぞれ 17.4% と 1.9% を占める点である（図 2.6-B）。また、2008-2013 年については、ラテンアメリカ（主にヴァージン諸島）とサモアがそれぞれ 14.6% と 2.3% を占める（図 2.6-C）。1997-2013 年の広東への外資の累計では、ヴァージン諸島は第 2 位に位置する。

（D）中国側統計に過小評価される台湾資本の比重

ここで、台湾から中国への直接投資に焦点を当て、かつ、台湾側の資料も参照することにしよう。現存する資料によると、台湾から中国への直接投資は、1990 年代に入ってから比較的明確なデータがある。中国側の統計では（図 2.7 を参照）、台商の中国への直接投資は 1993 年に大幅に増加した。2000 年代初期にピークを迎え、2002 年には 40 億米ドル近くに達している。近年は落ち着いてきており、2011年には21.8億米ドルであった。ここ数年の投資の水準は、1990年代を下回っている[21]。台湾の政府統計は、「経済省が大陸投資に対して与えた認可」のデータによる。累計総額については、中国側のデータよりも正確であると言えよう。これによると、1992年から2013年にかけての累計額は1,372億米ドルに達し、同じ時期の中国側の累計額である582億米ドルの2倍以上にのぼる[22]。双方の推計値の差異は著しい。もちろん、認可した額は、実際に投じられ用いられた資金の額よりも小さい[23]。前述した中国への投資国の分析と対照すると、ヴァージン諸島など租税回避地（リスクヘッジ作用も持つ）が中国に投じられる外資のうち相当に大きな比率を占めるのだが、そのうち少なからぬ部分が台湾の資金なのである。この他、台湾経済研究院の報告は次のように指摘する。台商の対中国原初的投資の累計総額は1,337億米ドルから2,979億米ドルの間であり、前者の数字は増資分をまったく計算に入れない推計額、後者は台商が現地での利潤を持続的に増資した場合の推計額である（龔明鑫ほか 2014）。これらの数値をもとに総合的に判断すると、台湾資本の対中直接投資の「貢献度」ははなはだしく過少に見積もられている可能性がきわめて高い。

広東省珠江デルタ地域は台商が中国に最初に進出した地域であるため、ここには相当な規模の投資額が累積している。1988年から2013年までの間に台湾から広東省に行われた直接投資は、中国政府の数字でおよそ82億米ドルであ

21　だが、2010年6月に双方がECFAに署名して以降、台商の対中直接投資は再び増加傾向にある。

22　中国大陸への投資に対しては、台湾政府経済省が許認可を行う。1993年に追加登録の受け付けを実施した。この年の台湾側の数値が大幅に増加したのは、これが理由である。

23　増訂版註：2010年に台湾が全世界に向けて行った直接投資の総額は174億米ドルで、うち中国向けが85.2%（149億米ドル）を占めた。この年以降、中国向け投資の比率は下降を続け、2021年には33.2%（61億米ドル）にまで縮小している。この傾向は、供給連鎖が中国からその他地域（例えばASEAN諸国）に移動したこと、および一部の台商が投資を引き揚げて台湾に戻したこと（第6章を参照）の表れである。

る[24]。だが、台湾資本の工場が東莞・深圳などの地で活躍する程度や実際の影響力を現地で調査すると、この数値は台湾資本の比重を明らかに過小評価していると言わざるを得ない。

1994年に、深圳市台湾事務弁公室の主任はこう書いている。「深圳に来て投資する台商の大多数は、第三国・地域を経由して間接的に投資を行っている。数年来、深圳市台湾事務弁公室は確認を経て、台湾資本企業について逐一登記を行い、広東省台湾同胞投資企業確認証書を発給し、国務院の台湾同胞投資奨励に関する優遇政策を実施し、またビザ審査・発給業務に当たっては公安部門と連携し、台商に対し数次ビザを発給して、その出入国に便宜を図っているところである」(黄耀南 1994:213)。この歴史的証言は、本書の論点を傍証するものと言えよう。

台湾経済省投資審議委員会の統計によると、1991年から2013年までの台湾資本から広東への累積投資額は登記承認ベースで270億米ドルであり、中国側の推計額の3.3倍になる（図2.8を参照)。以上の諸点を総合すると、多くの台湾資本はリスク回避・納税回避などの理由により、第三地の名義で中国に進出しているとの推論が成り立つだろう。再び台湾側統計の対中投資額と比較すると、この推論には一定の信憑性があると思われる。この推計によるなら、台湾資本の対広東投資のプレゼンスは香港に次いで大きいのである。

台湾の対中投資は両岸間貿易を成長させ、また多角的貿易構造の関係の拡大を促した。中国に進出した台湾資本の多くが、台湾から原材料や半製品を中国に輸入し、中国で加工・組み立て後、米・日・欧などに向けて販売するモデルを採用した。長期間にわたり、台湾にとって最大の貿易相手国は米国であった。しかし、台湾経済省国際貿易局の統計によれば、2005年に台湾の対中国貿易額が608億米ドルに達して、米国（495億米ドル）・日本（604億米ドル）を初めて追い越した[25]。中国が、台湾にとって最大の貿易相手国になったのである。中

24 中国側データの「統計の口径」（測定対象項目）に変更があったため、1988年から96年までは台湾の対中投資総額（対外借款・直接投資・その他投資を含む)、1997年から2012年までは台湾の対中「直接投資」の総額である。

25 経済省国際貿易局の統計に基づくが、このデータは税関の統計によっている。

図 2.8　台湾の対広東直接投資額：台湾側と中国側の推計（1991-2013 年）（単位：10 億米ドル、名目値）

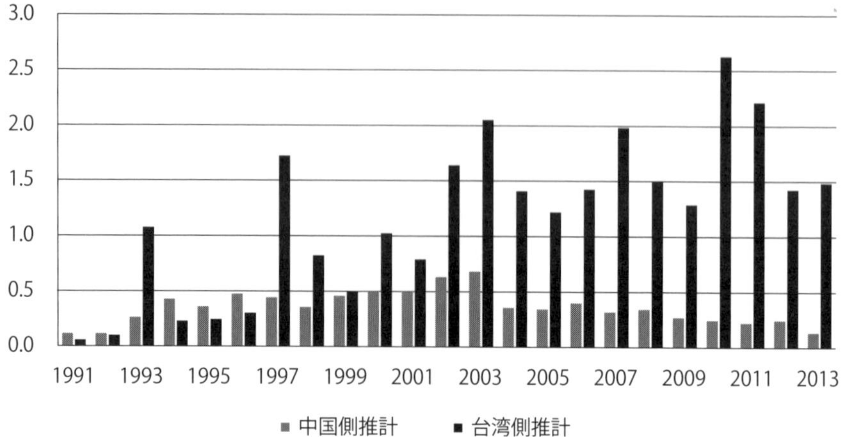

出所：台湾経済省投資審議委員会 2014 年 12 月月報「中国大陸への投資認可・地域別統計表」、『広東統計年鑑』各年版

国側の統計によると、2008年の中国の貿易総額は25,633億米ドル、中台両岸貿易の総額は1,292億米ドルで、台湾は中国の5番目の貿易相手国であった[26]。

（E）対外貿易依存度

加工・輸出が広東の強みである以上、対外貿易への依存度はいきおい高くなる[27]。図2.9は、改革開放前夜の1978年における広東省の対外貿易依存度が

そのため、対中貿易の推計値は前出の投資審議委員会による推計値と一致しない。基本的に、台湾の対中直接貿易に関する税関の統計は、香港を経由して中国に渡る中継貿易の額を計上していない。このため、国際貿易局の推計値は対中貿易の量を低く見積もる結果となる。特に、2003年以前の数値についてはそうである。しかし、このことは全体的な傾向を読み取る上で支障とはならない。2011年以降、台湾の統計は大陸委員会が用いる両岸貿易推計値を廃止し、税関のデータのみを採用している。

26　台湾の前にいたのは、米国・日本・香港・韓国であった。『中国統計年鑑』2009年・表17-1、表17-8より。

27　ここでの対外貿易依存度の定義は、輸出入総額に1/2を乗じた値と、一国または

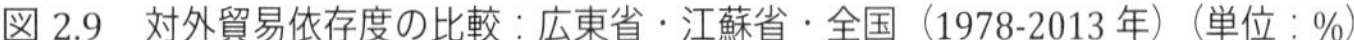

図 2.9　対外貿易依存度の比較：広東省・江蘇省・全国（1978-2013 年）（単位：%）

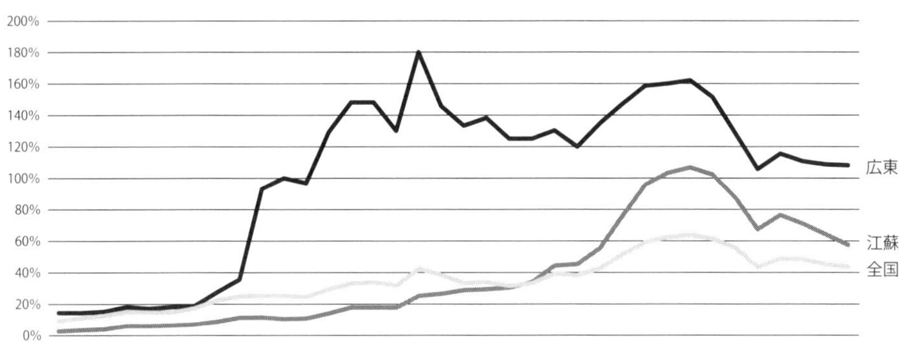

出所：『広東統計年鑑』2014 年、『江蘇統計年鑑』2014 年、『中国統計年鑑』1996 年・2014 年より算出

14.4%であったことを示す。この年、中国全体の数値はわずか9.4%であった。広東が外資に門戸を開いて以来、対外貿易依存度は1980年代を通じて上昇を続け、1988年には99.9%を記録した。この時点で全国の数値は25.2%にすぎない。この時期の広東モデルは、対外貿易のパフォーマンスにおいてひとり抜きんでていた。1994年には、広東の外国貿易依存度は180.4%に達し（この年、人民元の対米ドルレートは50%下落した）、全国の数値は41.9%であった。この年に広東が記録した180.4%という貿易依存度は、改革開放期を通じてピークの数値となった。同じ時期、沿海開放地区を擁するその他の各省・市の対外貿易能力も徐々に高まっていく。この後の数年ほど、広東の対外貿易依存度は下降傾向を示すが、2006年に再び急増して161.9%を記録した。同年の全国の数値も、最高となる64.0%に達している。2009年には、世界金融危機の影響を受け、広東の数値は105.8%にまで下降する。これは1988年時点の水準とほぼ同じである。全国では43.3%となり、1994年当時の水準に相当する数値であった。2010年には、広東では115.7%と多少の回復の兆しが見られたが、翌2011年以降はまたも緩やかに下降を始め、2013年の数値は108.2%であった。

一地域の同時期のGDPとの比率である。

この年の全国の数値は43.4%である。

次に、江蘇省の対外貿易依存度の推移を見よう。江蘇省は、1990年代初頭に外国からの投資に門戸を開放した。開放初期には対外貿易依存度は全国平均を下回り、1999年にようやく33.6%に上昇して全国平均（33.0%）を初めて上回った。江蘇省のEOI（輸出志向型工業化）推進の成功が形として現れた瞬間である。江蘇の対外貿易依存度は21世紀初頭に大幅な上昇を呈し、2006年には最高値の106.6%を記録した。その後は下降を続け、2013年には57.5%と、全国平均値に近接している。図2.9からわかるように、江蘇の2002年以降のグラフ曲線は、広東および全国の輪郭に近く、広東の下、全国の上に位置して両者にほぼ沿った形で推移してきた。江蘇と広東の対外貿易依存度の増減は、その方向性については一致しており、ただ比率においてのみ差異が見られる。このことは、江蘇のEOI発展モデルが広東のそれに近似していることを示す。

全体的動向から見ると、広東モデルは今まさに質的な変化のさなかにある。それは主として、対外貿易の牽引の勢いが減速し、対外貿易依存度が1990年代中期から後期の水準に戻ったことにある。この10年来、中国政府は地域間の均衡と内需市場産業の発展を提唱しているが、それは明らかに相当程度の作用を及ぼしていると言える。とは言え、全体としては、広東経済における対外貿易依存の傾向は、全国と比べるとなお非常に突出している。広東は依然として、中国経済の中で対外指向の最も強い省である。

2.3.3. 外貨収入創出機能

外貨収入を創出することは、中国が対外開放政策を制定した当初の主要な動機であった。広東は製造業の輸出が盛んであったため巨額の外貨を手にし、これが広東モデルの大きな特徴となった。中国は、1980年代には依然として外貨不足の国家であり、対外貿易においては輸入超過で赤字を被るのが常態であった。1989年の時点でも、なお244億人民元の貿易赤字にあえいでおり、1990年にようやく貿易黒字に転じた。1993年の赤字を例外として、二十数年間にわたり大幅黒字をほぼ毎年享受したことで、中国は外貨準備を急速に蓄積し、政府の国内外における金融財政オペレーションの能力が強化された。国家

図 2.10　広東省の貿易黒字の対全国比（1990-2013 年）

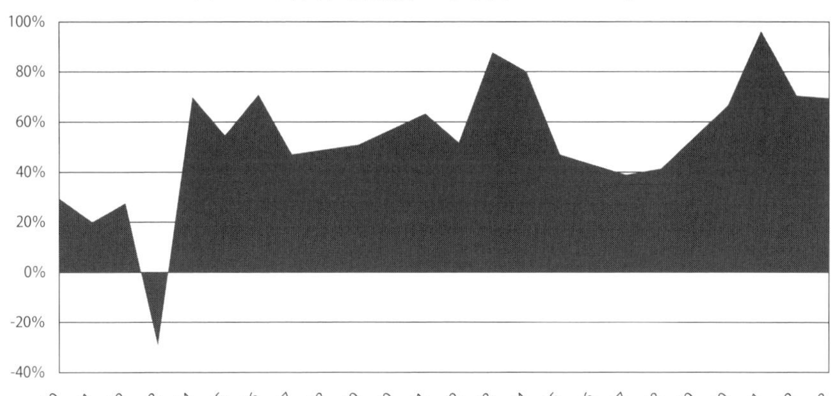

出所 :『広東統計年鑑』2010 年・2014 年、『中国統計年鑑』1996 年・2010 年・2014 年より算出

による外貨準備蓄積というこの過程において、広東は最も決定的な役割を果たしたことになる。

広東省の対外貿易は、1987年・88年にはなお小幅な赤字となったが、1989年になると24億人民元の黒字を享受した。1993年には205億元の貿易赤字を記録し、全国では701億元の赤字であったが、これは主に機械設備の輸入が多かったためである。1994年以降、広東は安定して出超ベースを保つとともに、急成長を遂げた。2003年の貿易黒字は1,835億元となり、全国の貿易黒字総額の87.7%を占めるに至る（図2.10を参照）。その後、他の沿海各省・市における加工貿易工業化の進展に伴い、外貨収入創出において広東の占める比率は若干下降したものの、額自体は依然として大きなものであった。2008年には8,673億元に達し、全国の貿易黒字額の41.6%に相当した。2009年には世界金融危機の影響を受け、貿易黒字は7,295億元に縮小したが、同年の全国の対前年比黒字総額が激減したため、広東の黒字は全国の54.4%を占めた。2011年には、広東の貿易黒字は9,706億元に達し、全国の96.3%を占めるに至った。以下、2012年には1兆359億元で全国の71.2%を占め、2013年には引き続き増加して1兆1,204億元となり、全国の69.6%を占めた。

図 2.11　中国の対外貿易バランスと外貨準備高の推移（1981-2013 年）（単位：10 億米ドル、名目値）

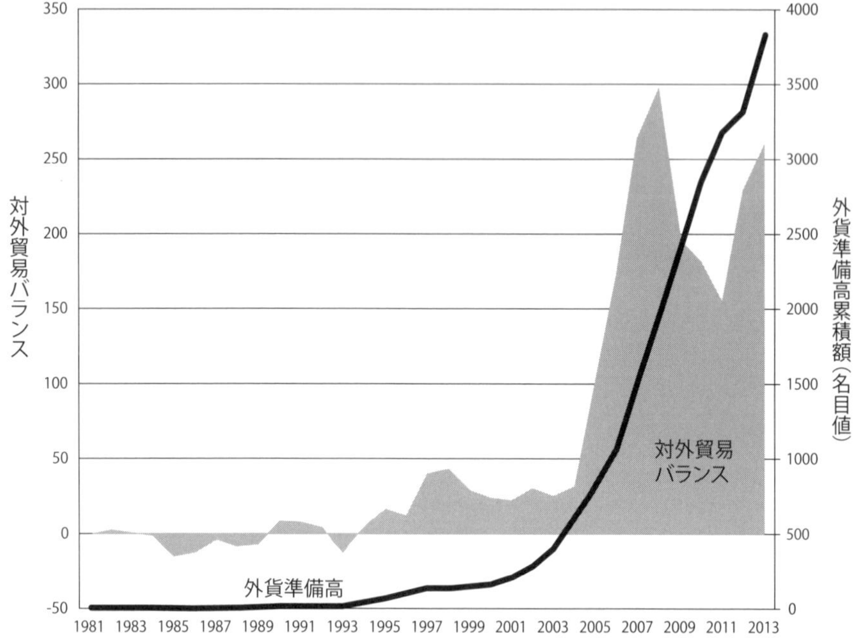

出所：中国国家外貨管理局、中国国家統計局
http://data.stats.gov.cn/workspace/index?m=hgnd

以上が示すように、1990 年代初期以来、外資は長江デルタ地域に徐々に進出し、広東モデルは相対的に魅力を失ったかのように見える。しかし、外貨収入創出の点から言えば、広東モデルは中国にとって今もなお重要な地位を保っている。図 2.11 は、中国の対外貿易バランスと外貨準備高増加の動向を示す。ここから読み取れるのは、広東の加工貿易モデルが持つ外貨収入創出機能がなかったなら、中国は今世紀においてこれほど巨額の外貨準備を蓄積し、経済的台頭のための財政基盤を築くことは決してできなかったということである。広東の各級政府は、非常な速さで外貨を蓄積したこの二十数年間、外貨留保や加工費の差益（管理費）などといったメカニズムを通じて、潤沢な資金と財源を獲得したのである。

2.3.4. 加工費の収益

三来一補企業から得る加工費は、地方政府にとって一大収入源である。三来一補企業は、広東では「二点在外」とも呼ばれていた。原材料が国外から来ること、完成品の売り先の市場が国外であること、この二点を意味するものである。これに対し、台商は「三点在外」と呼ばれた。前述の二点に、信用状荷為替が国外で処理される点が加わったものだ。原材料の輸入から加工組立てを経て輸出されるまでのすべての過程が、基本的に外資企業の手で行われ、利益も損失も外資企業自身が引き受けた。中国側は、そこで何らかの額の「加工費」を得るのみであった。

加工費に関する統計は、中国当局の統計年鑑においてはしばしば混沌としており、不明瞭である。一つには、前述した各種の弾力的措置や特恵待遇が発動され、地方政府が企業に対して「値引き」を行うことがあった。このほか、加工費とは加工貿易のもたらす「血と汗を搾取したカネ」を象徴しており、つまり一種の汚名に変容しうるという事情もあった。広東モデルがしばしば批判を浴びる理由は、加工費を稼ぎ出さんがためだけに加工貿易という方式を採る点である。しかし、加工費が地方政府の財政に果たす機能は、決して侮れない。東莞市の統計資料を例に取ると（表2.3を参照）、同市の1979年の財政収入は6,600万人民元、加工費は400万元で、ごくわずかな規模に過ぎなかった。1980年の財政収入は6,700万元、加工費は2,700万元に増加した。1985年には、財政収入1.11億元、加工費1.76億元。1994年は財政収入7.69億元、加工費40.94億元。1995年は財政収入11.56億元、加工費43.19億元。1997年は財政収入11.41億元、加工費62.12億元。2003年には、財政収入67.54億元、加工費は実に154.95億元に達した。

この莫大な加工費は、東莞が外国向け加工組立を通じて稼ぎ出した外貨の額である。その兌換レート差（実勢レートから公定レートを差し引いた数字）の一部は、各級地方政府の予算外収入の財源となった。加工費を30%として試算すると、1992年に地方政府が加工費のレート差から得た収益は、正規の財政収入の額を超過していた。1997年には、レート差による収益は推計で18億元を超え、税収の163.4%に相当した。1997年は、加工費収入が対財政収入比で

表2.3　東莞の財政収入と加工費収益の比較：一部の年を抽出（単位：億人民元、名目値）

年	財政収入*	三来一補の加工費	加工費の30%	加工費の30%が財政収入に占める%	加工費の20%	加工費の20%が財政収入に占める%
1979	0.66	0.04	0.0	1.6%	0.0	1.1%
1980	0.67	0.27	0.1	12.2%	0.1	8.1%
1985	1.11	1.76	0.5	47.5%	0.4	31.7%
1990	3.57	7.18	2.2	60.3%	1.4	40.2%
1994	7.69	40.94	12.3	159.6%	8.2	106.4%
1995	11.56	43.19	13.0	112.1%	8.6	74.7%
1996	9.65	51.22	15.4	159.2%	10.2	106.1%
1997	11.41	62.12	18.6	163.4%	12.4	108.9%
2000	30.47	118.57	35.6	116.7%	23.7	77.8%
2003	67.45	154.95	46.5	68.9%	31.0	45.9%

*財政収入は、1979-1994年は旧制度で、1995-2003年は新制度で算出。旧制度：東莞の財政総収入（関税を含まない）。新制度：地方予算のうち一般財政収入（予算外収入を含まない）。
出所：財政収入は『東莞統計年鑑』2008年・表10-3（p.313）、加工費は『東莞統計年鑑』1993・1995・1997・1998・2000-2004年

最高となった年であり、その後比率は年ごとに下がっていく。しかし2003年の時点で、この比率はなおも税収の68.9%を占めた。より保守的な比率（20%）で加工費が生むレート差を試算しても、その額は依然として驚くべき大きさである。

表2.3の数字からは、加工費およびその内部留保が地方財政構造に占める割合の大きさがわかる。それは地方財政収入に補填され、一種の非公式な、あるいは隠れた税収と化した。また、それは同時に、地方幹部と当地住民の収入と消費能力を増強する作用を果たした。それゆえ、珠江デルタ地域ではなぜ1980年代という早い時期に地域経済が繁栄し始め、飲食・旅行・金融などのサービス業も発達し、加工貿易関連産業に従事する各種の「非正規部門」も大いに栄えたのか、という問いの答えをここから推論できるだろう。だが、注意すべきは、今世紀以来、加工費の収益が地方財政に占める割合は年ごとに低下していることである。一つには、政府の税収制度改革の結果、工商税収が大幅に増加したことが関係する。この他、政府が産業組織の構造転換を徐々に進め、材料供給加工メーカーを三資企業（うち、主に100%外資）に改造したことも要因である。材料供給加工メーカーは手厚い税の減免を享け、地方政府に支払う

費用は主に加工費の為替差益または管理費であった。これに対し、三資企業には比較的正規の運用がなされ、本来の比較的高額な税負担を課された。つまり、これは加工費から正式な税収への制度的転換に他ならない。しかしなお、この過程で加工費が重要な役割を占めたことは、無視できない点である。

2.3.5. 低位抑制された賃金・社会保険料率

地方成長同盟の関係内において、中国側は加工費を得て経済的レントを創出するが、では、この交換は何を外資に提供することで実現するのだろうか。地方政府と地方の協力企業は、主として「低廉でおとなしく従順な」労働力や、安価な工場建屋と土地や、「関連のサービス」を提供している。珠江デルタ地域は、ごく早い時期から内陸各省の農民工（以下、「民工」）を導入していた。改革開放前夜の中国では、内陸の農村部に大量の余剰労働力が存在した。これらの労働力は、国内移民として沿海各省に流動した。広東省の深圳・東莞など沿海部の都市は、内陸部の民工の第一波がやって来た目的地である。加工組立の労働力は民工が主力であった。彼ら彼女らの大多数が、生産ラインの非熟練工（普通工）となった。他方、地元の住民（都市部住民、工業化した農村部在住の当地農業戸籍住民）の大多数は、事務職員・会計・通関・運転手などの職種に就いた。

民工の賃金水準は、長期にわたって政府の手で意図的に低く抑えられ、工業化による資本蓄積の歩みを速める助けとなった。一般的に、民工の基本給は最低賃金の額であった。最低賃金とは中国政府が定める賃金の基準で、本来の趣旨は労働者の収入の最低限度を保証するためのものであったが、実務の運用においては民工の初任給の天井と化していた。通常、民工を雇用する企業はどこも最低賃金額を初任給の額とし、これを日給・時給計算の基準としていた。中国の各省・市はそれぞれ最低賃金を制定する権限を持っており、外地からの民工の最低賃金および職工（正規労働者）の平均賃金に適用していた。そのため、各地で数倍の差異が生じることがよくあった。表2.4は広東省の状況を示す。1992年時点で、深圳特区の最低賃金（月額245元）と広東省都市部事業所の職工の平均賃金（月額336元）を比べると、差異は相対的に小さい。しかし、

表2.4　広東省における都市部職工平均賃金と最低賃金の比較（1992-2014年）
（単位：人民元/月、名目値）

年	都市部職工平均賃金*	広東省最低賃金	深圳特区：管内最低賃金	深圳特区：管外最低賃金
1992	336	入手不能	245	245
1993	444	入手不能	286	286
1994	593	入手不能	338	300
1995	688	入手不能	380	300
1996	761	入手不能	380	300
1997	808	入手不能	420	320
1998	853	入手不能	430	330
1999	942	250-450	547	419
2000	1,152	250-450	547	419
2001	1,307	270-480	574	440
2002	1,485	280-510	595	460
2003	1,666	280-510	600	465
2004	1,843	352-684	610	480
2005	1,997	352-684	690	580
2006	2,182	450-780	810	700
2007	2,454	450-780	850	750
2008	2,759	530-860	1,000	900
2009	3,030	530-860	1,000	900
2010	3,363	660-1,030	1,100	
2011	3,763	850-1,300	1,320	
2012	4,215	850-1,300	1,500	
2013	4,468	1,010-1,550	1,600	
2014	4,986	1,010-1,550	1,808	

*2000年以降、統計の対象は在職労働者

出所：『広東統計年鑑』2015年

その後、都市部職工の賃金は年々上昇し、最低賃金を大幅に上回った。1999年には、都市部職工の平均賃金は942元、これに対し深圳特区管内の最低賃金は547元、特区以外では419元であった。なお、広東省のその他の地区では、250元から450元と幅があった。2009年には、都市部職工の平均賃金は3,030元に達したが、深圳特区管内は1,000元、特区以外900元、その他地域は530-860元にすぎない。都市部職工と民工との賃金の格差は拡大を続けた。2010年以降、深圳は特区管内とそれ以外の最低賃金の区分を撤廃した。2012年に深圳の最低賃金は1,500元に引き上げられ、同年のその他の地区は850-1,300元、都市部職工の平均は4,215元であった。2014年には、深圳の最低賃金は

表2.5　最低賃金と都市部事業所職工平均賃金の比較：上海・蘇州・深圳
（単位：元、1990年の消費者物価指数を100とする）

	上海			蘇州			深圳特区		
年	都市部賃金	最低賃金	左二者の比率	都市部賃金	最低賃金	左二者の比率	都市部賃金	最低賃金	左二者の比率
1993	322	144	2.2	241	入手不能	入手不能	511	215	2.4
1999	482	151	3.2	376	入手不能	入手不能	892	283	3.2
2000	512	170	2.9	419	166	2.5	965	275	3.5
2004	789	246	3.2	757	250	3.0	1,325	304	4.4
2009	1,245	335	3.7	1,188	301	3.9	1,716	441	3.9
2010	1,320	379	3.5	1,301	329	4.0	1,791	469	3.8
2011	1,395	412	3.4	1,403	372	3.8	1,857	533	3.5
2012	1,470	454	3.2	1,524	419	3.6	1,933	590	3.3
2013	1,542	496	3.1	1,591	460	3.5	1,986	612	3.3
2000-2013年の平均実質成長率	**8.7%**	**8.9%**		**10.9%**	**8.3%**		**5.9%**	**5.8%**	

出所：『上海統計年鑑』2014年、『蘇州統計年鑑』2014年、『深圳統計年鑑』2014年より算出

1,808元に上昇し、その他地区は1,010-1,550元、これに対し都市部職工の平均は4,986元であった。都市部職工と民工の賃金格差は、拡大を続けている。

表2.5は、深圳と上海・蘇州の実質賃金水準を比較したものである。1990年の消費者物価指数を基準として調整を施している。これを見ると、全体として深圳の最低賃金は蘇州・上海の両都市より若干高いことが確認できる。とはいえ、3都市のいずれにも、最低賃金と都市部の平均賃金との間にかなり大きな差異が見られる。

上海では、1993年の都市部平均賃金は最低賃金の2.2倍であり、1999年には3.2倍に、さらに2009年には3.7倍にまで拡大した。2013年には若干縮小して3.1倍であった。2000年から2013年の職工平均賃金の実質成長率は8.7%、これに対し最低賃金の成長率は8.9%であった。

蘇州では、2000年の時点で都市部平均賃金は最低賃金の2.5倍であり、2010年には最大となる4.0倍まで拡大し、2013年には3.5倍へと若干縮小した。

図2.12　深圳・上海・蘇州各市の実質最低賃金比較（1992-2013年）

（単位：元、1990年の消費者物価指数を100とする）

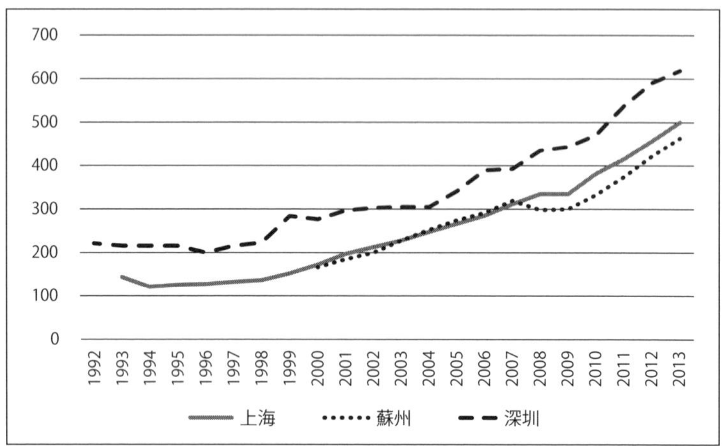

出所：『上海統計年鑑』2014年、『蘇州統計年鑑』2014年、『深圳統計年鑑』2014年より算出

この期間の職工平均賃金の実質成長率は10.9%、これに対し最低賃金の成長率は8.3%にとどまった。

深圳では、1993年の時点で都市部平均賃金は最低賃金の2.4倍、2004年には4.4倍に拡大した。その後、最低賃金の増加が若干速度を上げ、2013年には3.3倍に縮小した。2000年から2013年までの期間中、職工平均賃金の実質成長率は5.9%、最低賃金の平均成長率は5.8%であった。全体として言えるのは、上海と蘇州では2009年から2010年にかけて、都市部職工と民工の賃金水準の格差が最大となったということである。これに対し深圳では、両者の賃金格差は2000年代後半から改善の傾向を示している。だが、注意すべきは、3都市とも賃金格差の比率こそ縮小したものの、実額ベースでの賃金格差は拡大を続けている点である。

図2.12は、深圳・上海・蘇州の3都市の1992年から2013年における実質最低賃金（1990年の消費者物価指数を基準として調整）を比較したものである。全体として、深圳の実質最低賃金は上海・蘇州に比べ一貫して心持ち高い。個別に観察すると、深圳の最低賃金の趨勢は以下の3つの段階に分けられる。(1)

1992-1998年には賃金は停滞し、平均わずか215元であった。(2) 1999年に最低賃金は28%上昇したが、その後再び停滞する。1999年から2004年までの平均は294元にとどまった。(3) 2005年から最低賃金は数年連続して上昇している。2008年前後には世界金融危機が起き、2007年・2009年には実質的上昇に至らなかったものの、その後再び毎年上昇傾向となり、2013年には612元となった。他の2都市と比べてみよう。上海の実質最低賃金は1990年代には停滞状態にあり、2000年から徐々に上昇し始め、同年の170元から2013年の496元に変化した。蘇州では、2000年の166元から2007年の316元まで一貫して上昇を続けた(2007年の上海は309元。この年までの蘇州の状況は上海に近似していた)。金融危機による2年間の停滞を経て、2010年から再び上昇し、2013年には460元となるが、3都市の中では最も低い額であった。このように比較すると、深圳は3都市中で民工の賃金が最も高いことになる。しかしながら、留意すべき点がある。深圳こそ、珠江デルタ地域で民工の賃金が最も高い都市である(そして、全国で最高でもある)が、珠江デルタ地域の他の地区、例えば東莞は、賃金水準はむしろ蘇州に近く、上海より低いのが実情である。

全体的に言えるのは、中国の民工の実質賃金水準は、2000年代中期以降にようやく徐々に改善を見たということである。さらに検討を進めたい。この二十年間、基層労働者の賃金が国民所得全体に占める割合には、どのような変化があったのだろうか。

図2.13は、1994年から2012年までの全国の労働者の平均実質報酬額(月収)、およびそれがGDPに対して占める割合を示す。ここからわかるように、1994年時点では、労働者の報酬額はGDPの51.2%を占め、1996年には若干上昇して53.6%であった。その後、数値は下降を続け、2003年には49.6%にまで落ち込んだ。この期間の平均は51.8%である。2005年から2007年には落ち込みが著しく、平均40.6%となった。2009年以降になると若干回復し、2009年から2012年までの平均は45.5%となったが[28]、1994年から2003年までの平均値より6.3%小さい。注意を要するのは、ここでの「全国の労働者の報酬額」に

28 2014年には2013年の報酬額の対GDP比率が公表されなかったため、2013年の数値が欠落している。

図2.13　全国の労働者の報酬額、および対GDP比率（1994-2012年）

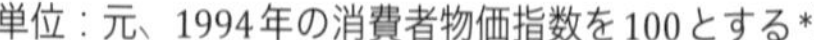
（単位：元、1994年の消費者物価指数を100とする*）

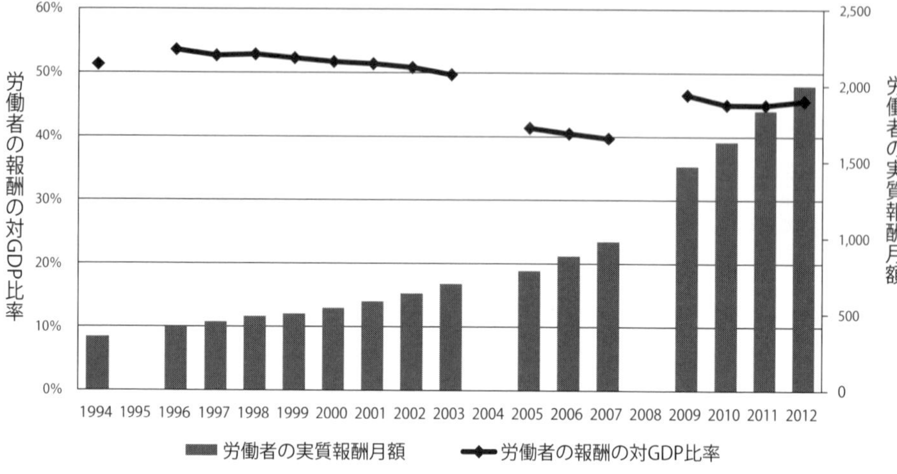

*就業人員総数の平均をもとに算出。

出所：『中国統計年鑑』1995-2014年より算出

は「職工」と「民工」の両者がともに含まれることである。さきの分析が明らかにしたように、民工の実質所得は職工のそれに遠く及ばないのであり、そうであるならば、底辺労働者としての民工階級の人々が手にする報酬の割合は、さらに低いと言わざるをえない。

全体として、賃金がGDPに占める割合は依然として低い。賃金の低位抑制は、大衆階級の購買力の伸び悩みにつながり、ひいては消費型内需産業の発展にも制約要因となる。さらに深刻な問題は、改革開放以来の急速な経済成長の果実が、主に国営部門ならびに都市戸籍を持つ人口に分配され、農村地区および民工は、それと同等の賃金や社会福祉サービスを享受できないという状況である。

低位抑制された民工の賃金は、労働集約型の外資企業が沿海地区に惹きつけられた最大の理由であった。ことに広東はその典型にほかならない。低賃金に加え、広東の政府は企業に社会保険加入を求める面でも弾力的措置を許容した。江蘇省や上海市などの政府と比べると、それは緩やかなものであった。広東の政府は外資に対し、従業員の人数に対してある程度の比率で社会保険に加入すればよしとするのが一般的で、より高い比率を、あるいは全員分をカバーすることを求めなかった。こうしたオペレーションは水面下の交渉によるものであり、ゆえに確実なデータを得ることはきわめて難しい。しかし、一部の調査報告が「数を買う」という現象を指摘している。例えば労災保険について、企業は一定の人数分のみ加入していればよく、従業員全員分を加入する必要はないという（劉開明 2004:56, 214）。筆者の長年にわたる現地調査においても、その他の各種保険（老齢年金、医療保険、出産など）について「数を買う」現象の蔓延が見られた。2007年に筆者が珠江デルタ地域に立地する外資企業の工場7社の社会保険加入率を調査したところ、保険料が最も高い老齢年金保険については0%から35%であり、その他の保険も同様の状況であった。こうした「数を買う」運用には、地方官僚の黙認あるいは協力が不可欠である。社保加入率を大幅に引き下げれば、企業は労働コストを大きく節減できるわけで、こうした状況も、地方政府が組織的レントシーキング活動に勤しむ環境条件の形成に一役買っている。第5章ではこの点をさらに掘り下げ、社保加入状況の地域間比較を行う。

地方政府の官僚は企業の労働コスト節減に協力するほか、企業が負うべき各種の「社会コスト」（例えば環境汚染対策など）の外部化にも手を貸す。その対価として、政府は企業から表に出ない非公式な税や費用を徴収し、官僚は裏の各種利益（接待・贈答品・金銭など）を懐に入れる。この種の政・商関係において、地方官僚（中でも外国貿易関連の事業所や郷・鎮・村の幹部）の職能は、ブローカー（broker）の役割に極めて近い。加工費の差益や土地・工場建屋の「地代・家賃」、その他の各種経済的レントを獲得する様子は、あたかも「レント収受階級」（rentier class）のようである（呉介民 2000、劉雅靈 2009を参照）。

2.4. 広東のマクロ環境はどのように変遷してきたか

以上の各種データ分析に基づくと、広東の成長モデルの黄金時代は1990年代から2000年代半ばであった。広東は1978年以来、加工輸出工業化の初期段階（primary EOI）を始動した。広東モデルの制度的構造は、過去に二度の大きな転換を経験している。一度目の転換は1994年に始まり、二度目は2000年代後期に起こった。第一次転換の主たる動力は、中国政府が沿海地区の全面開放戦略を推進したこと、および為替レート改革（外貨一本化、輸出促進を図るための人民元の大幅切り下げ）・税制改革（国税と地方税の分割、輸出税の還付）である。次に、第二次転換を招いたのは、主として国際・国内の産業構造調整圧力および世界金融危機であった（表2.6を参照）。

加工貿易によるEOIの推進は、広東モデルのプロトタイプである。1970年代末期から1990年代初期にかけては、三来一補（主に材料供給加工）の全盛期であった。台陽公司が立地した東莞を例に取ると、1978年6月に「対外加工組立弁公室」を設立しており、当時、同県[29]全域に立地する三来一補企業は140社を超え、234万米ドルの加工費収入を得ていた（楊明 1994:76-77）。1979年には184件の三来一補の契約に調印し、1981年に初めて三資企業の契約2件を締結した。三来一補の契約数は1988年には1,839件に急増したが、三資企業の契約はわずか209件であった（『東莞統計年鑑』2003:337）。当時、東莞に進出した企業は主に香港と台湾であり、最初の台商企業は1985年に東莞で旗揚げしている。2006-2007年の時期には、東莞の台湾資本企業は5,000社近くに上り、対中投資する台商のおよそ10分の1を占めた。また契約ベースの累計投資額は48.5億米ドルに達し、広東に進出した台湾資本のおよそ3分の1に相当する。東莞の台湾資本企業は主として中小であり、伝統業種に従事するものが多い。IT産業を除き、現地では製靴・プラスチック・家具・照明器具などの業種が相当な規模で展開し、申し分なく整備された産業連鎖が形成されている（呉介民、陳志柔、劉清耿ほか 2007）。

1970年代末期から1990年代中期にかけ、国家は労働集約型加工輸出工業化戦略を奨励すべく、内地の農民工の沿海地区への移動を許したが、それは同時

29 ［訳註］1978年当時の東莞は「県」であった。1985年9月に東莞市（恵陽地区管轄下の県級市）になり、1988年1月7日に広東省管轄下の地級市に昇格した。著者の教示による。

表2.6　広東モデル：始動・第一次転換・第二次転換の比較

	始動	第一次転換	第二次転換
始まり	1978年	1994年	2000年代後期
推進力	改革開放政策により広東・福建がモデル地域となる。中央政府が「特殊な政策・弾力的な措置」を与え、「外貨調整センター」を設立。	為替レート改革、二元為替レートの廃止、人民元の大幅切り下げ、税制改革、輸出税還付	国内外の産業構造の調整。世界金融危機。人民元の漸進的上昇。輸出税還付の減少。生産能力過剰問題の顕在化
国の産業政策の基調	外貨収入創出を奨励。安価な労働力を活用し労働集約的な初期段階の輸出志向型工業化（primary EOI）に従事。	中央・地方政府ともに第二段階の加工輸出工業化（secondary EOI）を奨励。ハイテクノロジーの導入開始。	中央政府は内需向け産業と国内の購買力向上を推進。広東省政府は「かごを空け、鳥を入れ替える」産業アップグレード政策を打ち出す。中央政府、「中国製造2025」を推進。
加工貿易の形態の変化	「三来一補」（主に材料供給加工）の発動による加工組立。	「材料供給加工」から「材料輸入加工」への転換。	「一般貿易」の比重が漸増するも、加工貿易はなお重要な位置を占める。
企業組織の変化	三来一補企業が中心。地方の国営対外貿易公司や工貿公司がブローカーの役割を果たす。	「三来一補企業」から「三資企業」への転換。	労働集約型外資メーカーの一部が国内移転・国外移転・閉鎖へ。一部は移転なき業態転換。
国の社会政策	内地民工による沿海地区での労働を認めたが、その賃金を低位抑制し、人身の自由を厳しく管理・制限。	民工の賃金の低位抑制を継続。民工の社会保障は手薄。	最低賃金の漸進的上昇。労働保障立法の漸進的強化：「労働契約法」（2008年施行）、「社会保険法」（2011年施行）など。

出所：筆者整理・分析

に、彼らの賃金を低位抑制し、人身の自由に厳しい管理・制限を課すこととなった。民工は最低賃金と残業手当を得るのみで、一切の社会保障システムの加入対象から除外された。

広東モデルは1990年代初期から一度目の大きな転換の圧力に直面した。まず、中央政府が1992年にその他の沿海地区を大幅に開放すると、江蘇と上海が外資を続々と誘致して輸出工業が急成長し、広東にとって手ごわい競争相手となった。政府は輸出工業化戦略に大きく注力し、1994年に人民元の約50%切り下げを実施した。1米ドルに対する人民元の価値を5.76元（1993年の平均価格）から8.62元（1994年平均価格）に下げるとともに長期の対米ドルペッグ制（固定相場制）を実施し、中国の輸出競争力を長期的に維持する狙いであった[30]。同時に為替レートの改革にも乗り出し、外貨と人民元の二本立て制度を廃止して、単一価格を採用し、また同時に外貨留保制度も廃止した。

同じ年に、中国は税制改革も断行した。1980年代に、中央政府は地方政府に対して「権限の放出・利益の委譲」の措置をとり、各種の「財政請負」（税収の責任請負制）を採用したが、それにより国家全体の税収の構造が地方に傾斜し、中央政府の得る税収額が地方政府のそれを下回る逆転現象が生じて、中央に「統治の危機感」をもたらした。それにより、税制改革が実施された。その主な内容は、国税と地方税を区分する分税制の導入、付加価値税の徴収、輸出奨励を目論んでの輸出税の還付などである。税制改革により、全国の税収の分配構造はほどなく逆転し、その後は中央政府が税収において優勢に立つこととなった。

この段階では、加工貿易の形態の転換が見て取れる。つまり、材料供給加工から「材料輸入加工」への変化である[31]。また、企業の所有制のあり方には、三来一補企業から外資企業への転換が生じた。三来一補企業は税の減免の点で手厚い優遇を享けたが、三資企業は政府が得る税収の増大に寄与する。この段階では、中国が推進した産業政策は、第二段階の加工輸出工業化（secondary EOI）と称しうる。それは、ハイテク産業の外資を誘致し、輸出製品の付加価値を高めることを強調するものであった。この段階における国家の社会政策の基調は、依然として民工の賃金を低位に固定することであった。1998年から、地方政府は外資企業に対して労働者の社会保険加入を求めるようになった。だが、前述したように、企業は地方政府の黙認や見逃しのもと、往々にして「数を買う」だけでやり過ごしていた。民工が得られる実質的な社会保障は、依然としてきわめて心許ないものだった。

企業の立場から言うと、この転換において最も重要な変化は、輸出企業の組

30　この政策は2005年まで続けられ、その後、対米ドルレートは次第に上昇に転じた。

31　［訳註］「材料供給加工」は、材料を外資側が無償で提供する方式。「材料輸入加工」は、材料が有償で提供され、中国側は材料の代金を支払う方式であり、すなわち両者間が材料の輸出入を行うことになる。第4章註9も参照。

織形態の転換、つまり三来一補企業から三資企業（独資と呼ばれる100%外資を中心とする）への転換に他ならない。この転換は、加工費の支払い方法および額に関わるからである。三来一補の材料供給加工拠点としての工場は、法制上は独立した法人に該当せず、輸出企業と外資企業は、名目上は「委託加工関係」にある。それゆえ、加工費の支払いでは一定額の外貨を振り込む形が採られていた。この額は、前述したとおり相談の余地があり、しばしば労働者の人数をもとに計算されていた（外資企業は「人頭税」と呼んでいた）。他方、材料供給加工が三資企業に転換すると企業法人になり、その運営モデルも材料輸入加工へと転換した。この方式での輸出加工においては、加工費の図式は外貨の差額の入金方式となる。すなわち、外貨の払い込みの際に「収入をもって支出を相殺する」手続きを取り、輸入の通関手続申請書と輸出のそれとの差額を納入することができる。理論上は、こうして納入された外貨は、企業の各種生産費用の支払いに充てられる。この新しい運用は、理論的には「人頭税」をめぐるもめごとを制度的に脱却しうるはずであり、事実、1994年の外貨・人民元一本化の実施以降は、為替差益はそもそも存在しなくなっていた。しかしながら、実際の実務においては、中国側の協力機関はなおも各種の名目で「隠れた地方税収」を徴収していた。たとえば管理費などがそれにあたる。だが相対的には、人頭税の徴収圧力や金額は大幅に減少した（第3章・第4章で、台陽公司におけるパートナーシップの変動をめぐり、この転換の推移を詳述する）。

広東モデルは2000年代半ば以降、第二次構造転換の圧力に徐々に直面した。中国の資本蓄積と外貨準備はすでに相当大きなものになっており、また外貨の巨額の出超により人民元の価値は次第に上昇し、政府の輸出税還付も減少傾向にあった。つまり、中国経済全体において生産能力過剰の問題が徐々に顕在化し、それゆえ産業構造転換を迫られたのである。これに対し広東省政府は、産業アップグレードという方策を打ち出そうとしていた。折しも、2007年から2008年にかけての世界金融危機により欧米からの発注が激減し、広東は甚大な外部からの衝撃（external shock）に見舞われた。

中国では長期的に賃金の低位抑制を行ったため、一般大衆の購買力は伸び悩んでいた。かつ、沿海部の発展戦略を採ったことで、東部と西部の経済発展に深刻な格差が生じていた。国家は西部大開発なる政策を打ち出して、経済発展の地域間不均衡を是正しようと図り、内需産業を奨励するとともに国内の購買力を引き上げようと努め、同時にいっそう厳しい環境保護基準を設けた。こうして、この段階では労働コストが増大し、沿海地区では「民工大凶作」と呼ばれる労働力不足が生じて、民工の賃金も徐々に上昇した。同時に、中央政府は2008年に「労働契約法」を施行し、企業に対し労働契約の締結を厳格に求めたが、労働契約を締結するということは必ず社会保険加入が求められるということであり、企業にとっては労働コストの大幅な増大を意味した。2011年には、中央政府は「社会保険法」を施行し、すべての労働者の社会保険加入を企業に義務付けた。これらの政策法規は、広東モデルにとっては変化へのさらなる圧力となった。

これにより、一部の労働集約型産業は、国外移転あるいは内陸部の省への移転を選択し始めた。世界金融危機のショックのあおりで、広東に立地する一部の外国企業の間には工場閉鎖のブームが起きた。この時期には、広東の加工貿易の比率は縮小した。ピークであった2001年の加工貿易は輸出総額の80.2%を占めていたが、2009年には62.2%に落ち込んでいる。同時期の一般の貿易は、対照的に18%から31%に増加していた。国家の産業構造調整政策は、人民元の価値の上昇ならびに貿易額の対GDP比率の減少にも表れている。人民元の対米ドルレートは、2005年から徐々に上昇し、1米ドルあたり8.19人民元（2005年の平均）から6.77人民元（2010年の平均）になり、17.4%の上昇率を記録した。単年の最大上昇率は、2008年の8.7%である。これらのマクロ政策と構造転換という圧力のもと、広東省政府は2007年から2008年にかけて産業アップグレード政策を打ち出し、これを「かごを空け、鳥を入れ替える」と称した[32]。2010年代初頭から、中国政府は本土型供給連鎖の構築、部品自給率の向上、ハイテク産業領域における垂直統合の供給連鎖システム構築の試みを強調し始め、また国外での企業や技術の買収を通じてその発展の加速を図っている。これを背景に、中国政府は2015年に「中国製造2025」政策を打ち出し

32　珠江デルタモデルが遭遇した苦境については、朱衛平（2008）を参照。

表2.7　広東省の輸出貿易額と構成比

	輸出貿易額（億米ドル、名目値）					輸出貿易構成比（%）			
	輸出総額	一般貿易	材料供給加工	材料輸入加工	その他	一般貿易	材料供給加工	材料輸入加工	その他
1990	222.2	59.5	91.7	68.4	2.6	26.8%	41.2%	30.8%	1.2%
1995	565.9	136.0	159.4	263.4	7.1	24.0%	28.2%	46.5%	1.3%
2000	919.2	174.4	265.8	452.0	27.0	19.0%	28.9%	49.2%	2.9%
2005	2,381.7	533.2	402.7	1,348.0	97.8	22.4%	16.9%	56.6%	4.1%
2008	4,041.9	1,163.0	577.8	2,035.8	265.3	28.8%	14.3%	50.4%	6.6%
2009	3,589.6	1,098.2	475.5	1,755.8	260.1	30.6%	13.2%	48.9%	7.2%
2010	4,531.9	1,492.2	513.9	2,241.8	284.0	32.9%	11.3%	49.5%	6.3%
2011	5,317.9	1,836.9	499.2	2,616.0	365.9	34.5%	9.4%	49.2%	6.9%
2012	5,740.6	1,903.3	417.2	2,831.6	588.5	33.2%	7.3%	49.3%	10.3%
2013	6,363.6	2,145.7	358.8	2,875.4	983.7	33.7%	5.6%	45.2%	15.5%

出所：『広東統計年鑑』2001・2006・2010・2014年より整理

た。自前の工業品製造能力を高め、技術面で西洋の核心国家に依存する度合いを減じようとするものだ。

以下、貿易統計の数値の変化から、広東の輸出志向経済における数回の変遷・転換の過程を概観する。

2.4.1. 加工貿易の比率は縮小するも、依然重要

加工貿易（材料供給加工・材料輸入加工の両者を含む）は広東の貿易構造において、比率の低下はあれ、依然重要な位置を占める。1990年から2005年までの間、加工貿易は常に輸出額の7割から8割を占めていた。しかし、加工貿易という形態の内実に転換が生じた。1990年の時点で、材料供給加工（三来一補企業）が41.2%を占め、同年の材料輸入加工は30.8%であった。材料供給加工は1990年代初期に急減し、2005年にはわずか16.9%となり、さらに2013年には5.6%を残すのみであった。これに対し、材料輸入加工（三資企業）の比率は増加した。2005年の56.6%が最高であり、2009年には48.9%に縮小したが、2010年にはやや拡大に転じ、2012年には49.3%に戻った。2013年には45.2%に縮小している（表2.7を参照）。一般貿易が輸出総額に対して占める比率は、2000年代中期には19%から30%の範囲を行ったり来たりしていたが、その後

安定して拡大し、2009年に30%の壁を突破すると、2013年には33.7%になった。

世界金融危機の影響で、2009年の広東の輸出額は対前年比で11.2%減少したが、これはそれまでの20年来で初めての減少であった。この年の材料輸入加工の減少幅は一般貿易のそれより大きく、つまり加工貿易の占める割合が縮小し、一般貿易は上昇を続けたことを示している。

広東の加工貿易の比率を全体的に観察すると、1990年代には平均75.6%という高い値を示し、2001年に最高の80.2%に達した。その後は下降基調となり、2005年には73.5%、2009年には62.2%に落ち込んだ。この年には金融危機の影響もあり、加工貿易の輸出額は14.6%もの減少を記録した。2010年には、加工貿易の輸出額は2008年の水準に戻ったものの、加工貿易の輸出に占める比率は下降を続けた。2013年には、加工貿易の輸出額は3,234億米ドルで、対前年比マイナス0.4%であり、加工貿易の対輸出比率は50.8%であった。加工貿易の相対的な低迷と同時に、広東の輸出全体のパフォーマンスもかつての勢いを失い、金融危機を境に、広東の輸出成長率は以前よりだいぶ低下した。このことは、広東モデルのもう一つの転換の形跡を示していると言えよう。いずれにせよ、加工貿易は今のところ依然として広東の対外貿易の半分を支える存在だが、将来の動向については引き続き注視を要する。

2.4.2. 加工貿易の外貨収入創出の貢献度は落ち着くも、なお顕著

広東は中国きっての外貨収入創出省だが、中でも加工貿易による外貨収入創出能力が際立っている。1993年から1994年までの2年間は、加工貿易の外貨収入創出貢献率はマイナスであった。その主な理由は、1993年から1997年にかけて企業誘致に大いに注力し、進出外資企業の加工設備輸入額が加工貿易による輸出額を上回ったことであり、そのため貿易赤字が生じた。だが、1995年（外貨改革政策実施の翌年）から加工貿易は黒字を記録し始め、その後急成長を遂げる。広東一省の加工貿易がこのように巨額の外貨収益を生み出すのだから、広東にとって、ひいては全国にとっても、加工貿易が貿易構造において占

図2.14　広東の加工貿易の利益額、および貿易全体の利益額に占める貢献率（1995-2013年）
（単位：億米ドル、名目値）

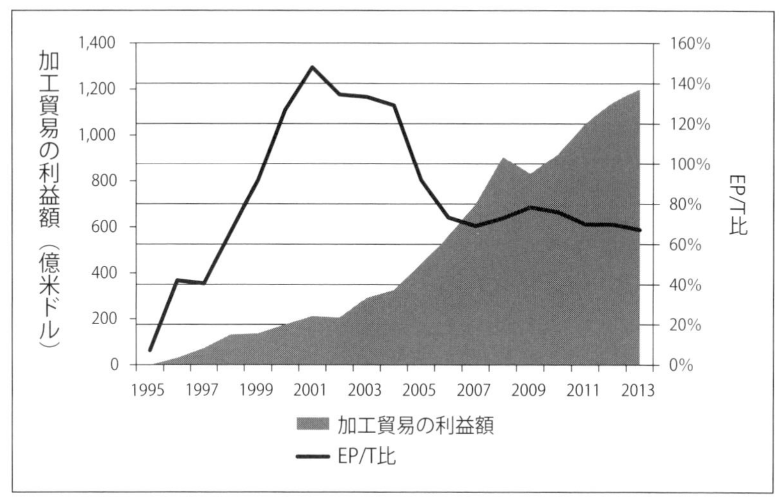

出所：『広東統計年鑑』2001・2006・2010・2013・2014年より算出

める重要性は明らかである。

図2.14は、20年来の「輸出加工貿易の利益が貿易全体の利益に占める貢献率」（ratio of export-processing trade surplus's contribution to total trade surplus）、略称EP/T比と呼ばれる指標の推移を示す[33]。1995年には、広東の加工貿易の利益は7.3億米ドル、EP/T比は8%であったが、1997年には77.1億米ドル、EP/T比は41%に達した。2001年から2004年にかけては、EP/T比が100%を超え、ピーク期を迎える。これはつまり、加工貿易がなければ広東の貿易全体が赤字になることを意味した。EP/T比は2001年に148%に達し（利益額213億米ドル）、その後は徐々に縮小傾向となるが、それでも2009年の時点で（この年の輸出は、1年前からの世界金融危機の影響で衰退状況にあった）EP/T比は依然78%の高率

33　EP/T比の計算式は次の通り。（加工貿易輸出額－加工貿易輸入額）／（対外貿易輸出総額－対外貿易輸入総額）。ここで「加工貿易」が指すのは、貿易総額から一般貿易・寄贈・その他を減じた額であり、以下の各種を含む。材料供給加工・材料輸入加工・補償貿易・加工設備・外資設備・バーター貿易・保税倉庫。

であった（834.4億米ドル）。外貨収入創出の実績額ベースでは、2013年に最も高い1,204.5億米ドルを記録したが、EP/T比はブレーキがかかり、67%となった。

長期的なトレンドからは、2005年から2006年にかけてEP/T比が急激に縮小しており、広東モデルがこの時期に大きな転換に直面したことがわかる。その後、数字は70%前後に落ち着いた。全体として言えるのは、広東モデルは国家から与えられた「外貨収入創出というミッション（任務）」においてきわめて優秀な成績をたたき出したということである。その最も「輝いた」一ページはすでにめくられて過去となり、現在はなだらかな落ち着きを示すが、それでもなおかなりの貢献度を保つ。過去十数年、広東以外の地区も加工貿易に参入してきたし、中国政府も巨額の外貨準備を蓄積してきており、それゆえ広東の外貨収入創出の役割が相対的に色褪せたかに見えることは否めない。しかしなお、中国が外貨を必要とする限り、広東の役割は決して軽視できないのである。

2.4.3. 外資は依然、輸出経済の要

所有制別に見ると、外資企業は広東での外貨収入創出において先頭を走る牽引車の役割を担い続けてきた。2000年以来、外資企業が外貨収入創出に果たした貢献度は一貫して50%以上の高率を維持し、近年は広東モデルが危機に直面し転換期にあるものの、外資企業の役割は衰えるどころかむしろ勢いを増している（表2.8-A、表2.8-Bを参照）。2013年には、外資企業による外貨収入創出の実績額は1,225億米ドルに達し、総額の68%を占めた。

対照的に、国営部門の外貨収入創出における貢献度は近年急速に落ち込んでいる。1990年代には主たる貢献者であったが、2005年には10%に、2013年に至ってはわずか6%にまで縮小した。また、集団経済は今世紀において若干のパフォーマンスを示したものの、長続きせず、重要性において外資企業と私営経済に遠く及ばない。私営経済は、2012年に史上最高となる40%の貢献度を記録し、2013年にも39%と比率を維持している。広東の私営（民営）企業の製造・輸出能力は、長足の進歩を遂げたと言ってよい。輸出志向型経済セク

表2.8-A　広東省の所有制別外貨収入創出額（1990-2013年、一部年度）

（単位：億米ドル、名目値）

年	国有経済	集団経済	私営経済	外国企業投資	その他	対外貿易利益
1990	42.3	-	-	-16.1	-0.8	25.4
1995	115.6	1.0	-0.0	-16.9	-7.6	92.1
2000	72.1	-0.3	0.6	69.8	-4.9	137.3
2005	49.2	41.0	90.1	306.7	-3.6	483.4
2006	60.3	53.2	214.3	426.0	13.1	766.9
2007	70.0	80.2	327.1	559.9	7.3	1,044.4
2008	103.4	92.4	332.8	724.7	-4.5	1,248.8
2009	80.0	78.6	274.3	651.9	-16.8	1,067.9
2010	73.9	95.0	312.7	792.0	-58.8	1,214.9
2011	96.8	115.6	471.9	996.7	-178.5	1,502.5
2012	102.9	103.3	652.6	1,098.8	-315.9	1,641.7
2013	103.2	106.0	711.2	1,225.1	-336.5	1,809.1

出所：『広東統計年鑑』2001・2006・2010・2014年より整理・算出

表2.8-B　広東省の所有制別外貨収入創出貢献度（1990-2013年、一部年度）

（単位：%）

年	国有経済	集団経済	私営経済	外国企業投資	その他	対外貿易利益
1990	166%	0%	0%	-63%	-3%	100%
1995	126%	1%	0%	-18%	-8%	100%
2000	53%	0%	0%	51%	-4%	100%
2005	10%	8%	19%	63%	-1%	100%
2006	8%	7%	28%	56%	2%	100%
2007	7%	8%	31%	54%	1%	100%
2008	8%	7%	27%	58%	0%	100%
2009	7%	7%	26%	61%	-2%	100%
2010	6%	8%	26%	65%	-5%	100%
2011	6%	8%	31%	66%	-12%	100%
2012	6%	6%	40%	67%	-19%	100%
2013	6%	6%	39%	68%	-19%	100%

出所：同上

ターの観点から見るなら、広東に見られるのは「国退民進」の現象であり、近年の全国的な趨勢である「国進民退」現象と全く逆のことが起きているのである。外資および民営企業は、広東のEOIの発展において依然として決定的な役割を担っている。

過去40年間、広東は経済面の激変を経験してきた。当初の段階においては「材料供給加工」という道を模索し、廉価な民工の賃金を利用してEOIを推進し、同時に国家から「外貨収入創出」という使命を与えられた。開放政策実施後まもなく政治的危機に遭遇し、「社会主義か、資本主義か」の論争が吹き荒れると、それはあたかも政治的な粛清の嵐が襲ってきたかのようであった。だが、中央政府の改革開放派による庇護のもと、広東は引き続き「市場経済」の道を歩み、同時にグローバル資本主義生産システムに急速に溶け込んで、中国をして「世界の工場」たらしめた。歴史を振り返ると、まるで「軽舟已に過ぐ万重の山」といった趣である[34]。とは言え、広東モデルはそれぞれの発展段階において小さくない代償を払ってきた。例えば、1980年代初期における「密輸」取り締まり、労働者に対する搾取、環境破壊などが挙げられる。2000年代後期からは産業アップグレードが始まったが、その政策目標の中には、労働条件の改善や環境汚染の減少を目指すものがある。近年、民工の賃金水準は大幅に上昇したものの、その額は、民工とその家族が十分な生活を営むにはなおもほど遠い。賃金の上昇と社会保険料の実質額の徴収により企業の労働コストが上昇し、これにより、安価な労働力に長期的に依存してきた企業は数回の閉鎖・倒産の波にさらされている。産業構造の転換という大状況にあって、外資は閉鎖・国外移転・中国内陸部への移転・移転なき業態転換からいずれかの選択を迫られているのだ。

過去十年、広東の発展モデルが激しい転換の荒波にもまれる中で、それまでの成長同盟内部の協力および相互作用の関係には、どのような変化が生じただろうか。労働条件や賃金水準が近年になり改善された民工は、どのような集団

34 ［訳註］「輕舟已過萬重山」は李白の詩『早発白帝城』の一節。「舟足の軽快な小舟は、すでに幾重にも重なる山々の間を通り過ぎてしまった」の意。軽快で速度が速く、躍動感あふれる様子を表現している。

行動を採っただろうか。台商はその行為モデルをどのように調整してきただろうか。産業アップグレードは、どのような姿を現しただろうか。これらの問いについては、第6章でさらに検討したい。

筆者は1994年から95年にかけて中国内陸部で現地調査を実施し、急速に進みつつあるポスト社会主義期の市場の転換ぶりを観察した。訪問先は、河南省の鄭州市・駐馬店市遂平県・済源市、四川省の成都市・重慶市（当時はまだ直轄市でなかった）・巴中地区などである。当時、内陸部の農村の景観は、急速な工業化の進む沿海地区の都市部とは際立った対比を示していた。1994年の済源、1995年の巴中への調査行には、当時コロンビア大学で筆者の指導教員だったアンドリュー・ネイサン（Andrew Nathan）教授および中国の友人とともに赴いた（本書の写真は、撮影者名を記したもの以外は筆者撮影。一部の写真には個人情報を伏せる加工を施した）。

写真2.1：四川省巴中市内（現在の巴州区）で、労働者が毛沢東の「最高指示」の標語を塗りつぶしている。1995年。巴中は以前から貧困な地区で、四川省と陝西省の省境に位置する。中国共産党による革命の時期には、紅四方面軍がここに「川陝革命根拠地」を設立した。2000年に巴中は地級市となり、管轄する巴州・通江・南江・平昌などの国家級貧困県は近年になってようやく貧困状態からの脱却を宣言した。

写真2.2：巴中地区の村では、建物の外壁にペンキで書かれた社会主義の宣伝スローガンが至る所に見られた。1995年。

写真2.3：巴中の新しい市街地区では高層ビルが建築され、竹かごを背負った建設労働者（農民工）が新たに整備された広い車道を歩いている。微々たる収入の農民工と、彼らが建設に関わり急成長する新たな都市は、強烈な対比を成す。1995年。

写真2.4：巴中市内の市場。豚肉売り場は商売の手が休まらない繁盛ぶり。この地の市街地区住民の食生活の消費水準がいかに高いかが窺える。1995年。

写真2.5：河南省済源市内の台北大酒店。ここのレストランの店主は台湾に行ったことがないという。1994年。

写真2.6：済源市内のある幹部の自宅。テレビは台湾の時代劇「包青天」を放映中。1994年。

写真2.7：済源市内の斬新なショッピングモール「湯帝商廈」で展示販売される「豪華木蘭」ブランドのオートバイ。「台湾マシン」を標榜するが、産地は「済南」である。価格は12,500人民元。37,500台湾ドルに相当し（[訳注］当時の換算レートでおよそ145,000円前後）、現地の労働者の月給およそ40か月分にあたる。

写真2.8：済源の幹部講習の席で講話。右から3人目はアンドリュー・ネイサン教授。右から4人目は筆者（柯洛伊氏撮影）。

写真2.9、2.10（次頁）：改革開放後の珠江デルタ地域の地方政府は財政に余裕があった。落成間もない東莞市の新しい市政センター、広場のオブジェ。

写真 2.10

写真 2.11：東莞台商協会の「すぐやるセンター」。

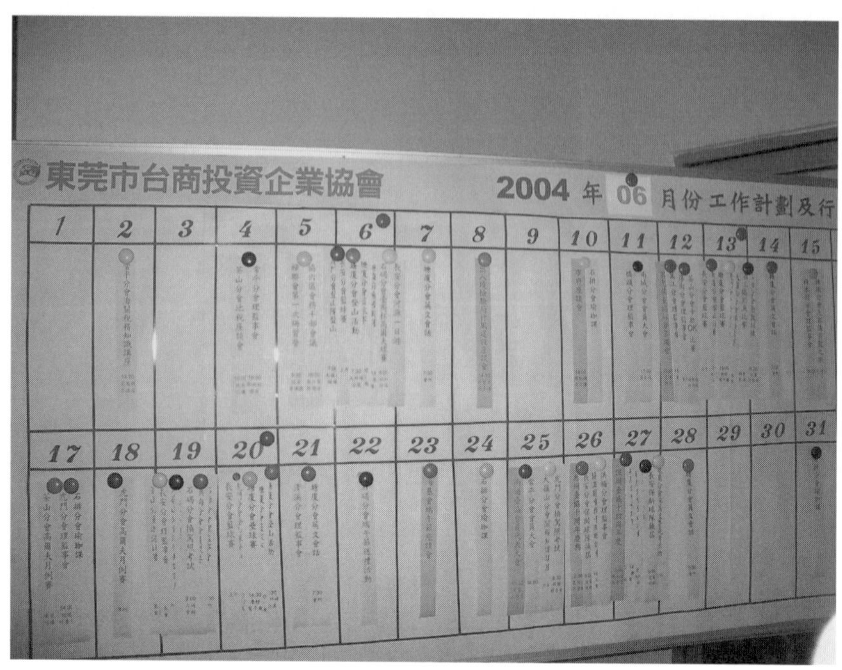

写真 2.12：東莞台商協会総会と各地分会の活動の掲示。

（写真 2.9 〜 2.12 は、国立清華大学中国研究課程の学生・教員訪中団による撮影。2004 年。）

第 3 章　台陽公司　1979-1994年

台陽公司[1]が台湾から中国に進出した「ライフヒストリー」は、本書のマクロ的議論の基礎となるミクロ的視点を提供する。台陽公司はその発展において三つの段階を経験した。第一段階は台湾の貿易商としての時期（1979-1988）、第二段階は中国において賃借方式で工場を運営した時期（1989-1994）、第三段階は自社工場を建設し、品質・生産能力の向上を進めた時期（1995-2010）である。

本章と次章では、台陽公司を例に、グローバル価値連鎖／商品連鎖の移動について説明を行う。それは以下の内容を含む。台商はどのようにして、生産拠点・資本・技術・市場を中国に持ち込んだか。外資企業としての台商は、現地の構造・制度・アクターとの間でどのような相互作用を行い、特殊な埋め込み関係を構築したか。台商は、中国が「汚職で混乱」した環境・制度を排斥するとともにレントシーキングの問題を克服しようと図った移行期の経済にどのように適応し、相対的に安定した所有制関係のお膳立てを得たか。さらに、制度・政策の変化はメーカーにとってコストとなるが、その場合にメーカーは合作の相手をどのように調整したか、またそうした変化は、投資継続か撤退かをめぐる企業の決定にどのような影響を及ぼしたか。

二つの章の分岐点は1994年である。第2章で述べたように、この年には中国中央政府が外貨制度改革・人民元の大幅切り下げ・税制改革を実施した。その結果、メーカーが使用する生産要素ならびに制度的条件の相対的価格が変動し、またそれにより地方政府のメーカーに対する価格交渉力も相対的に変動した。中央の政策が地方に降りてきて実施されると、メーカーの行動にも影響が及び、台陽公司の経営にもその影響が表れた。そういうわけで、鍵を握る1994年を境に、台陽の広東における歴史は二つの発展段階に分かれることとなったのである。

1　「台陽」は仮名。

3.1. 台陽公司の歴史

台陽東莞工場の親会社は、1979年に台北に設立された輸出入業務を手がける貿易会社であった。当時は台湾経済の「テイクオフ」の時期にあたり、輸出志向型工業化が猛烈な勢いで進行していた。台陽の主な業務は革製品の輸出販売で、貿易業者として、国際的バイヤーから受注後、商品の製造を台湾のメーカーに発注しており、これらのメーカーは主に台湾の中南部に分布していた。台陽の初代の上級マネージャーは、台湾の幹線道路である「縦貫公路（台1線）」沿いに立地するメーカーの工場に頻繁に足を運び、検品などの作業に当たっていた。このため、台陽が中国に工場を設立する前の時点で、同社の社長および幹部社員は、製品の製造工程・品質管理・コスト計算にきわめて精通していた。

1980年代半ばには、台湾の第一段階の輸出志向型工業化は「飽和」ないし「枯渇」の状態になりつつあった。当時、国際分業構造の再編成の圧力が襲いかかる前兆があり、国内の労働コストの増大、環境保護に対する要求の高まり、土地・工場建屋コストの止まらない上昇など、難題が増える一方であった。加えて、1985年のプラザ合意を機に日本円が大幅に上昇すると、台湾ドルもこれに伴って大きく値上がりし、国際競争力が弱体化した。これらの要素により、外国貿易に従事する台湾の中小メーカーの間で、国外に新たな生産拠点を求める動きが続々と出てきた。当時は、中国（広東・福建）または東南アジアが、これら中小の台商が第一に検討する選択肢であった。台陽は、こうした産業構造転換の大状況の中で、1988年、広東に投資する決定を下した。これにより、台陽は貿易業者から製造業者を兼ねる業態へと転換を遂げたのである。

台陽の西進つまり中国大陸への進出は、香港を経由して行われた。まず香港で貿易会社を登記し、香港企業の仲介を得て、東莞の近辺でOEMを任せられる工場を探した。試験的に現地のOEM工場（材料供給加工工場）に少量の発注を行ったものの、品質の問題や品質管理の困難などがあったため、自前の工場を開設することに決めた。台陽はまず、東莞市の「西水鎮」で有り物の工場建屋と従業員宿舎を賃借し、並行して中国側の協力機関（すなわち「身柄預かり機関」）――東莞市区にある国営「莞強輸出入公司」――を見つけて、合資企業「台陽東莞公司」（以下、台陽と略称する）を設立した[2]。工場設立のスピードは速く、1989年には生産を開始した。台陽は台北の本社から人手を調達して、東莞の工場に常駐派遣した。こうした台湾人幹部は常に6名前後おり、財務・サンプル・金型製作・生産ライン管理などを担当した。これに加え、総経理1名（李氏）は2か所を絶えず行き来していた。この段階では、大陸に進出した多くの台商と同様、台陽はサンプル部門をなお台湾に置いていた。大陸出身の幹部が増え、現地化の度合いが高まった2000年代初期には、常駐する台湾人幹部社員は3-4名に減っていた。2001年には台北本社のサンプル部門を廃止し、東莞工場内に開設した。

1994年、中国政府が一連のマクロ改革を実施したことで、台陽は莞強公司との合作関係を中止する決定を下した。西水鎮内の納福村と新たに合作を行い、同村に土地を購入して自前の工場上屋を建設し、独資の会社を設立した。工場移転の主な理由は、納福村が莞強より安価な「身柄預かりの費用」を提示したためであった。新工場は、1995年に操業を始めた。

今世紀に入り、台陽公司には内部マネジメントの重大な変化が訪れた。台陽公司の第一世代の社長と幹部・マネージャー級社員らが徐々に定年退職を迎え、会社は後継者を立てる必要に迫られた。理事長の息子が2000年代初頭に外国から帰国して経営を承継し、それ以降、台陽は経営管理の「近代化」を経験する。1990年代半ば以降から2006-2007年ごろまでにかけ、台陽は絶えず製品の品質向上に努め、欧米の著名ブランドから少なからぬ発注を獲得し、それと並行して中国国内への販売業務も試行的に進めた。この時期、台陽の収益は最高潮に達した。2008年から2009年にかけて、広東の台商は経営上、多くの苦境に見舞われる。一つは中国政府が新たな労働法規を公布し、民工の保護や社会福祉面の改善を実施したことが理由で、これにより労働コストが大幅に増加した。また、広東省政府もこの時期に産業アップグレードを図り、「かごを空け、鳥を入れ替える」政策を実施した。この他、世界金融危機の勃発により、輸出

2　「西水鎮」、「莞強輸出入公司」（略称：莞強）はいずれも仮名。

業務を手がけるメーカーへの発注が大幅に縮小した。台陽の2009年の受注は、対前年比で7割も落ち込んだ。2008年、台陽は従業員のストライキに見舞われる。従業員が「中抜きされた賃金」の支払いを求めるものだった。甚大な圧力にさらされた台陽は、従業員側の要求のほとんどに応じた。この段階には、少なからぬ外資企業（多くは香港・台湾の企業）が「夜逃げ」を選択し、つまり適切な後始末をせず工場を閉鎖する事例が見られた。

不景気の衝撃に加えてストライキにも見舞われ、台陽は工場閉鎖の決定に追い込まれる。2010年末、台陽東莞工場は生産活動を終了したが、工場閉鎖に伴う実務関連の処理にはその後も数年を要した。従業員への解雇手当支給、および工場の土地の譲渡の問題が難航したのである。

3.2.　台湾時代の経営モデル

台陽の中国における工場経営の歴史を分析する前に、まず時間をさかのぼり、台陽が台湾で貿易会社として展開していた時期の経営状況を概説したい。それにより、同社のその後の発展について理解をより深め得るだろう。台湾の大多数の中小企業と同じく、台陽も家族経営の企業であり、上層部の幹部はすべて同一世帯の家族であった。会社設立以来、一貫して輸出向けの皮革製品の製造を手がけ、1979年から1988年までの主要な売り先は米国（シェア90%）で、他は日本・ヨーロッパ・その他（シェア10%）であった。李総経理の記憶によると、当時、輸出額（売上額）が最高潮だった時期には、毎年平均して10億台湾ドルほどに達したという。製品は庶民向けの低価格帯のものであったため、商品単価は低く、FOB（free on board）の平均単価は3-4米ドルに過ぎず、さらに低価格なショッピングバッグに至っては単価1.5米ドルと、「ひどく薄利だった」。当時の台湾には、台陽と同等の規模を具える皮革製品専門の貿易業者は2-3社あり、規模を問わずすべての業者を含めると、台湾全土に20-30社ほどの同業企業があったという[3]。

3.2.1. オペレーションの方式

台陽が国際的バイヤーから受注する方式は、二種類あった。一つは、バイヤーが台陽に自社発のサンプル図や時にはサンプル実物を提供し、台陽がそれをもとに試作品を製作して提出後、バイヤーが承認すれば発注される方式である（OEM方式）。もう一つは、台陽側が新たなサンプルを開発してバイヤーに提供し、発注の参考に供する方式である（ODM方式）。このため、台陽は貿易業者でありながら、相対的にかなり大きな規模のサンプル部門を擁していた。当時、台陽の台北公司の従業員数は約100名であったが、その半数がサンプル部門の配属であった。

さて、台陽が海外から商品を受注すると、製造の方式は二種類あった。

（1）受注伝票を製造業者に回し、そこに製造してもらう方式。当時、約7-8社のメーカーが台陽の発注を引き受けていた。それらの大部分は専ら台陽の注文のみを受け、少数は台陽以外の貿易会社からの発注も受けていた。これらメーカーの規模は、従業員数300-500名程度であった。メーカーは原材料の買い付けを自社で行い、一部の工程は他の企業に外注（アウトソーシング）していた。この方式により台陽が得る粗利は、およそ4%ほどであった。

（2）台陽が主な原材料（皮革・裏地・金属部品など）を調達し、契約を交わした下請け企業に製造を委託する方式。下請け企業は、副次的な材料（糸など）を調達するほか、ミシンなど設備を自前で揃える。当時、約3-4社が台陽の下請けとして受注し、それら企業の規模は従業員約100名前後であった。これら下請けは台陽の専属としてもっぱら台陽の仕事のみを受け、他社への部分外注（アウトソーシング）もしない。この方式では、台陽の粗利は8%あったが、前述した（1）の方式との違いは原材料の調達コストにある。（1）の方式では、台陽の注文を受けるメーカーは原材料の価格差から利ザヤを得られるが、反面、自前の運営資金を多く持たなければこの種の発注に応えられない。

3　聞き取り：Leegm201510。

原材料のうち、最も主要なものは皮革材料（人工皮革）だった。当時はそのほとんどすべてを台湾で買い付け、ドイツや日本から買い付けたものも少数あった。このころの台湾の皮革製品生産は、完全な供給連鎖とアウトソーシングシステムを備えていた。(1)・(2) の過程で最も重要な工程は品質の確保であったため、台陽は品質管理部を設置した。品質管理部門のスタッフはしばしば中・南部各地の工場に足を運んで実際の生産状況を確かめ、品質管理の監督に当たった。

3.2.2. 国際的バイヤーとの関係

台陽に発注するバイヤー（buyers）には二種類あった。一つは李総経理が「ストアー」（つまり小売チェーン）と呼ぶ、Kマート（K-Mart）・シアーズ（Sears）・JCペニー（JCPenney）などのチェーン店である。これらは小売業者なので、米国市場では顧客と直接相対する業態である。もう一つは、李総経理が「インポーター」（つまり輸入貿易商）と呼ぶもので、規模はストアーより小さかった。これらの輸入業者は、台陽の製品を買い付け、ストアーに卸していた。こうした小規模な輸入業者は、多くが台北に事務所を持ち、台湾側の貿易商や工場との連絡は至便であった。

これら二種のバイヤーは、いずれも人員を派遣して品質管理を行っており、台陽と一緒に台陽が注文を回した工場あるいは委託した下請け工場に出向き、検査に当たっていた。こうしたアメリカの客先の人に、食事や酒の接待をすべきものだろうか。李総経理は言う。「しなくていいんだ。というのは、こういうバイヤーは、たいがい自分自身が社長（importers）だから、我々の供応を受ける必要がない。それに、アメリカ人はそういうのを嫌うし。日本人は接待好きだがね」[4]。

サンプルのデザインについては、台陽は頻繁に自社でサンプルを開発し、Kマートなどの小売チェーンに提案していた。他方、輸入業者は、自前のデザインによる新製品の図面を持ち込み、台陽にサンプル製作を依頼する傾向にあっ

4　聞き取り：Leegm201510。

図 3.1　台陽公司の供給連鎖構造（1979-1988 年）

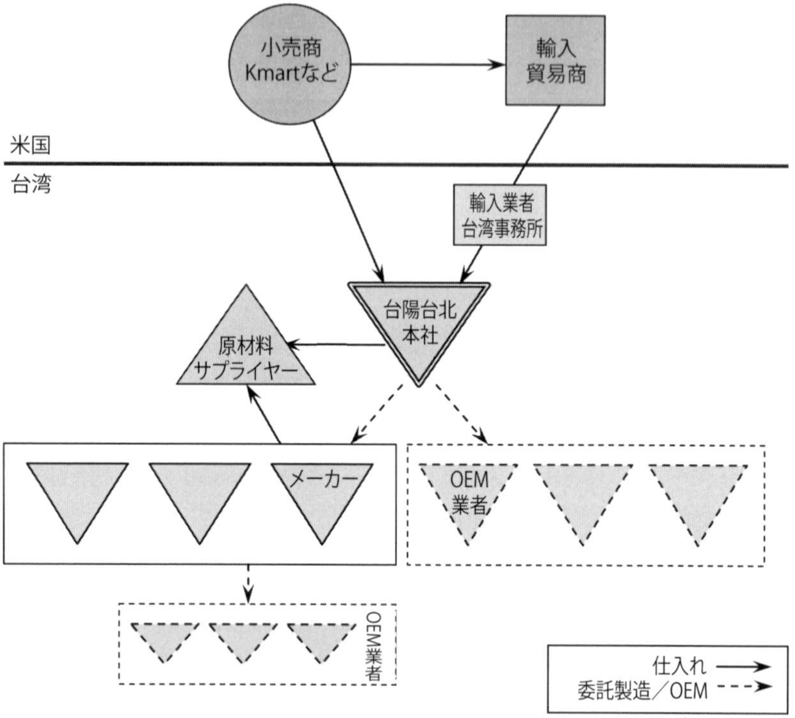

出所：筆者作成

た。発注から納品までの期間はどれほどか。輸入業者は2か月ほどが多く、小売チェーンは3-4か月である。この違いはどこから来るのか。それは、輸入業者はファッションの流行に敏感で、加えて小売店に卸す工程も要するので、それゆえ納期が短くなるのだった。

バイヤー（ストアー・インポーターとも）は、商品の運賃（価格がFOB建てなので）・バッグの内側に詰める梱包用紙・商品発送などのコストを負担しなければならない。台湾の輸出業者の低い利潤と比べ、国際的バイヤーの利潤はどれほどになるのだろう。李総経理の推計では、35%ほどだという。ただし、そこから関税を差し引かなければならない。

この段階では、台陽は新製品を自社設計する能力をすでに具えていた。従って、台陽は相手先ブランド名製造（OEM）を行う貿易業者から、設計ならびに相手先ブランド名製造（ODM）のできるメーカーへと成長していたと言える。グローバル価値連鎖の分析により、この段階における台陽とバイヤーならびに委託製造業者との生産協力ネットワーク、および原材料供給業者の関係を、図3.1に示す。

3.3. 広東へ進め：グローバル価値連鎖の移動

台陽は1988年に中国進出・工場開設を決定した。この時点で、台湾の他の皮革製品メーカーも続々と西進しており、グローバル価値連鎖を広東へと伸張しつつあった。

当初、台陽は受注した仕事を香港のメーカーに回していた。当時、香港の一部の企業は生産拠点を広東に移しつつあり、つまり台陽が受けた注文は、実際には広東で生産されていた。そういう関係であったため、台陽の李総経理は広東で現地の人が経営する工場に赴いて生産の実情を把握する必要があり、こうして大陸の環境に詳しくなっていったのである。続いて、台陽は工場3社に直接発注するようになった（1社は恵州、2社が東莞にあり、すべて大陸の人が経営）。これらの工場は、いずれも「香港の友人」の紹介によるもので、李総経理言うところの香港の友人とは、台陽が受注した仕事を最初に受けてくれた香港の企業主に他ならない。台陽から仕事を受注した大陸の工場は、従業員数500-800人の規模で、もっぱら外国の発注するOEM業務を引き受けていた。これらの大陸の工場は、なぜ皮革製品の製造技術を擁するのだろう。「それは、香港人が先に持ち込んだんだよ」。広東が1970年代末期に材料供給加工を始めたときから、中国の工場に生産を委託する香港人がいて、これにより最初期の現地工場が育成されたのである。皮革製品は決して高い技術が求められるものではないが、にもかかわらず、これらの工場での品質管理にはしばしば問題が生じていた。

ところで、台陽が大陸の工場に発注する方式には、前述した台湾での運用モデルとは重要な違いが1つあった。それは、台陽が大陸の工場に対し、同社からの原材料購入を求めていた点である。つまり、台陽は台湾で原材料を買い付け、香港支社経由で大陸の工場に販売し、台陽の回した発注分の生産にもっぱらこの原材料を使用させた。この方式により、台陽は原材料の転売の部分でより多くの利潤を上げ、粗利は15-20%になった。

当時の台湾政府は中国との「三通」（航空輸送・郵便・貿易）をなおも禁じていたが、この種のOEMを行うには、オペレーションの必要上、香港に台陽の支社を置くことが不可欠であった。これは、台商が中国で行った第一世代の三角貿易モデルである。台陽が受注伝票を回すこの生産方式は、1990年まで続けた後、中止された。理由は二点あり、一つは1989年に東莞に自社工場を設立したことで、二点目としては中国の工場の製品に品質面の問題が絶えず生じ、賠償などのトラブルや国際的バイヤーからの発注停止などを恐れたためであった。

3.3.1. 東莞での工場設立

1988年、台陽は広東での上記の生産と並行して、自社工場を開設する準備を始めた。立地を東莞に定め、香港の友人の紹介で国営メーカーの工場にたどり着き、賃借方式で経営を行うことにし、さらに「合資のパートナー」として莞強公司と組むことになった。李総経理は語る。「自前の工場を開設した最大の動機は、品質管理ですよ」。台陽東莞工場は1989年に操業を開始し、これによって台陽は貿易業者から製造業者をも兼ねる業態への転換を果たした。当時、台陽は1000名以上の従業員を雇用し、食事と宿舎を提供した。三食の食費は経営側が半額を負担し、宿舎は無料とした。李総経理はこう語る。

> 宿舎は会社が全額を持たないと絶対にダメだった。工員はみな外地から来た民工だろう。外部の賃貸物件なんかは高すぎるんだよ。……当時は、働き手の募集は本当に楽だった。必要なだけ、すぐに集まったよ。あのころ、大陸では月額150人民元の工賃で、台湾と比べると5千台湾ドルほどの差だったが、この工賃の差だけでも相当においしかったわけだ。考えても見てくれ、東莞の「とある大工場」が工員を5万人雇うと

したら、年間の工賃の差額は30億台湾ドルにもなるんだぞ。[5]

1989年から1994年までの間、台陽の生産額（売上高）は台湾で貿易業者だった時代の7-8割ほどだったが、粗利は20%と、台湾時代をはるかに上回った。利潤の最大の出所は、低廉な労働コストに他ならなかった。

台陽が東莞に工場を開設した際、台湾から派遣した幹部は6名で、うち台湾のOEM工場から何名か（総経理助手、マネージャー、金型職人など）を呼び、あとは台北本社から幹部若干名を異動させていた。彼らの給与は倍増し、総経理助手はそれまでの6万台湾ドルから12万に、金型職人は4万から8万に上がった。台陽は、台湾では自社工場での生産の経験がなかったが、台陽東莞工場では一貫生産体制が採られ、ごくわずかの工程のみアウトソーシングを行った。中国大陸で直接製造を行うことには必然的に困難が伴い、それは主に製造工程や技術や品質管理などであったが、皮革製品の製造は高度な技術を要するものではなく、しかも台陽の上級幹部クラスはもとより製造工程や品質管理にきわめて知悉していたので、1-2年のうちには困難を克服していた。

この当時、米国のバイヤーが大陸の工場に直接発注することはなかったのだろうか。台陽の米国の顧客について言うなら、李総経理の知る限り、そうしたことはなかったという。この状況は、早い時期にナイキが中国のOEM工場を開拓しようと試みたものの品質面の問題のためあきらめ、台湾の製靴工場に対し中国への移転を求めたのとは異なる（鄭陸霖1999を参照）。とは言え全体的に見れば、当時の皮革製品・スニーカー・アパレル・自転車などにおける価値連鎖の移動のタイミング・移動の方式・オペレーションモデルなどは、基本的には非常に類似していた。

1995年、台陽が自前で土地を入手し工場を建設して、生産能力を拡充すると、製品の品質も向上し、単価が上がったことで、粗利はさらに高くなった。広東の台商はみな、いかにして税を回避ないし節減するか、その術を知っている。当時の台陽は、莞強とともに合資会社を設立していたが、所得税は基本的に

5　聞き取り：Leegm201510。

すべて免れていた（もしくは、納税額が極めて小さかった。実情は後述）。それは、当時流行していた材料供給加工工場の運営方式とほぼ同様であった。「稼いだカネは香港に置いておく」ということで、中国の地方政府は外資企業に対して税の減免という優遇措置を実施していたことになる。さらに重要なオペレーションは、三角貿易の形の記帳方式であった。台湾で受注し、原材料を香港の支社に輸出する際、その価格をつり上げると、台湾本社はより多くの利益を得られる。輸出荷為替は香港支社に置かれ、香港支社は帳簿上では利益を上げていない。というのも、大陸の工場の賃金を高く計上したからだ。こうした証言は、国際政治経済学においてよく見られる多国籍企業（multinational corporation）による「企業内貿易」の手法と合致する。ただ、台陽は小規模な多国籍企業であり、典型的な大手の多国籍企業ではなかった。

3.3.2. 原材料買い付けの変化

当時、台陽東莞工場が必要とする主な材料や付属部品は、ほとんどすべて台湾から輸入しており、ごく一部分のみ、例えば梱包材（製品を入れる紙箱、製品を包むポリ袋など）は、広東で買い付けていた。だが1995年ごろから、台湾の原材料の製造工場も徐々に大陸に工場を開設し、合皮（PU・PVC）・金属製パーツ類・ファスナーなどが揃うようになると、台陽は他の台湾資本メーカーの多数と同様、現地での調達に切り替えた。合皮メーカーの大陸進出には、主要メーカーである南亜プラスチックや三芳化学も加わった。1995年から96年にかけて、南亜は南通（江蘇省）に工場を設立し、2000年には広州・恵州にも工場を開設した。これら合皮メーカーは、皮革製品・スニーカー・家具・自動車などのメーカーに材料を供給した。1990年代半ば以降、広東の地場供給連鎖が徐々に形成されたことが見てとれるが、しかしこの段階の原材料供給業者は依然として台湾資本メーカーが中心であった。製造業界では、合成皮革の生産を「二次加工」と呼び、皮革製品・スニーカー・家具などの製造を「三次加工」と呼ぶ。三次加工業の西進つまり中国大陸進出が、二次加工業の大陸進出を促したわけだが、両者の時間的な差異はわずか数年である。

他の台湾資本企業と同じく、台陽が広東で原材料を現地調達する際は、主に

「業者間移動」方式を採り、代金の支払いを中国の現地でではなく、香港で行った[6]。そのため、中国国内での付加価値税納付や税還付といった事柄に関わらずに済み、また利益額にも影響が及ばなかった。台陽が使用する「裏地皮革」・金属製パーツ・ファスナーは大陸で買い付けたが、「表面皮革」（技術レベルの比較的高い材料）については台湾での調達を続けた。のちに、台陽は本革の製品を製造するようになるが、その材料である天然皮革は韓国・台湾・中国大陸の台商より買い付けた。

さて、ブランド企業と原材料供給業者とは、「共同企画開発」を行う協力関係に発展することがある。原材料供給業者の開発部門とブランド企業（新製品開発部門・デザイナー）とが組んで、「トレンドの先を見通す製品」を開発し、メーカーが製造できるよう研究開発にも関わるのである。こうした作業モデルは、現在の台湾のOEM産業ではごく一般的な形である（伝統産業からICT産業まで、あまねく見られる）。例えば、南亜プラスチックの「開発推進」担当者は、ナイキやアディダス（Adidas）などのブランド企業と共同で製靴用素材を開発している。新素材の開発期間はしばしば1年にもおよび、過程の後半では宝成や豊泰など主要製靴メーカーとも情報共有を行う。新素材の開発が成功すると、ブランド企業はこれら製靴メーカーに対し、南亜から素材を購入するよう求めるのである[7]。台陽の李総経理によれば、この種の協力モデルは、皮革製品やバッグ・スーツケース類などの製造業にも登場しているという[8]。

6　［訳註］「業者間移動」とは、中国国内にある合資または外資の企業が生産・加工する輸出向け製品を、同じく中国国内の別な合資または外資の企業に送り、そこで組み立て・加工を行うこと。この方式では、商品の流通形態は国内交易になるが、生産・加工される最終製品は輸出向けであり、しかも交易の当事者双方の大多数が合資または外資企業であるため、精算は国外において外貨で行われる。このため、「業者間移動」は加工貿易の一環と見なされる。つまり「業者間移動」の運用実態は、商品のやり取りは中国国内で生じ、商品代金の支払いは国外で行われるというものである。この方式の眼目は、加工輸出の国外販売を奨励し、加工輸出業者の税負担を減免することにある（支払いを国内で行うと、付加価値税の納付や税の還付などが生じる）。著者の教示による。

7　聞き取り：LTM201510。

8　聞き取り：Leegm201511。

3.3.3. 高価格帯製品の開発

台陽は1995年以降、製品の多様化と品質のアップグレードを果たし、欧米のトップブランドのOEM案件を勝ち取る力をつけた。台陽のバイヤーは、以前は米国に集中していたが、現在はヨーロッパ・日本市場向けが半分近くを占める。バイヤーには、ヨーロッパのルコックスポルティフ、ビクトリノックススイスアーミー、米国のサムソナイト、グルカ（Ghurka）などといったブランドを含む。これらの製品は単価が高く、40-50米ドル程度になり、粗利も35%ほどにのぼった。だが、発注1件ごとの数量が少なかったため、現場ではより繊細かつ弾力的な生産管理が求められた。当時、広東省の東莞とその近隣地区では、台陽と同等な品質の生産能力を持つ工場として、台湾（10社前後）・香港・韓国のOEMメーカーがあった。韓国の某工場は、規模が台陽よりさらに大きかった。この段階で、台陽は欧・米・日のブランド企業をバイヤーに加えたが、台湾時代からの取引先である小売チェーンと輸入業者が依然として重要なバイヤーであった。

3.3.4. グローバルな皮革製品価値連鎖の伸張

台陽が生産する皮革製品については、主導企業（lead firms）は米国の小売チェーンおよびブランド企業であり、状況はアパレル市場やスニーカー市場と類似していて、最初は主に米国本国で生産されていた。1965年ごろに皮革製品の供給連鎖が日本に移動したが、日本ではほどなく斜陽産業となった。1970年代に、日本から台湾・韓国・香港への移動が生じた。1980年代半ばから後半以降にかけて、この供給連鎖はさらに中国沿海地区に伸張してきた。この供給連鎖の移動過程において、核心国家が主導するグローバル価値連鎖の階層化した権力関係を明確に見て取れる。いずれも、低廉な労働コストの追求や、その他要素の相対的な価格変動（為替レート・環境保護・社会保険のコストなど）が、価値連鎖の移動を促すエンジンとなっていた。

1970年代半ばから1980年代後期にかけての時期は台湾の皮革製品生産の全盛期で、台陽はまさしくこの時期に発展を遂げた。この時期、供給連鎖が日本から台湾に移動し、台陽は貿易業者として注文を受け、製造業者に製造を委託

図 3.2　台陽公司の供給連鎖構造（1989-2010 年）

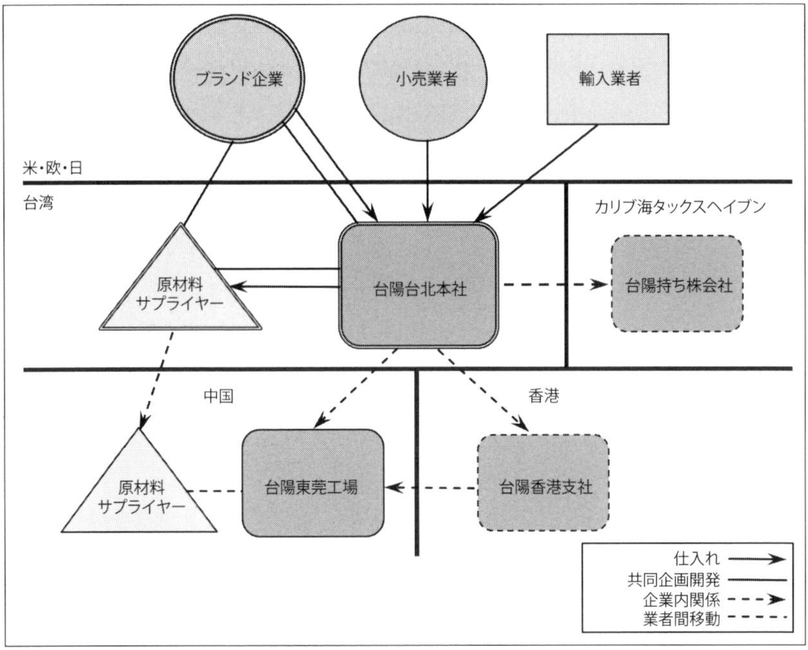

出所：筆者作成

した。皮革製品生産は台湾において、生産ネットワークならびに完備した供給連鎖を形成した（図3.1を参照）。台陽は1988年に香港経由で中国大陸に進出し、1989年には自社工場を設立して直接生産を開始し、運営方式を転換するに至った。台陽が海峡を跨いで展開した経営は、グローバル価値連鎖の移動・伸張のありようを具体的に示す。同社は、資本、製造・管理技術、それに市場を、珠江デルタ地域に導入したのである。台陽自身も産業アップグレードを経験したが、これもまた、台湾資本の持ち込んだ供給連鎖システムが広東に徐々に構築された過程を傍証する。大陸進出の過程で、台陽もカリブ海の租税回避地に持ち株子会社を設立して、財務操作に当たった。これは、新興の台商多国籍企業にとってはほぼ「平常運転」であり、規模の大小を問わず行われたことであった。組織の観点から言うなら、この変更は大きくかつ全面的な改変であり、台陽はこの歴史の流れにおいて決して特殊な例ではなく、むしろ典型的な事例であった（図3.2を参照）。

3.3.5. 価値連鎖の伸張の結果と台湾資本中小企業の国際化

上述した皮革製品の価値連鎖の移動は、決して特殊な事例ではない。同一の歴史的段階（1980年代末から1990年代にかけて）において、価値連鎖が東アジアの新興工業国・地域（台湾・韓国・香港・シンガポール）から中国へと移動する趨勢は、続々と生じていた。それはまず伝統産業において起こり、情報通信（ICT）産業がそれに続いた。台湾資本は中国沿海部に迅速な再配置を完了し、大量生産体制を確実にした上、生産拠点の高度な集中も生じたが、それを導いた重要なエネルギーは「米国の小売業革命」（Hamiltonほか 2011）であった。HamiltonとKaoは、小売業革命がグローバルな製造拠点の集中を促し、そのプロセス全体は「需要主導の資本主義の合理化」であったと考える。1990年代以降、グローバル商品連鎖の主導企業としての小売業者とブランド企業は、スリムで無駄のない在庫管理技術の使用を開始してグローバル供給連鎖をシステム化し、超巨大グローバル企業となった。例えば、米国小売業の巨人・ウォルマート（Walmart）は、2001年にグローバルな買付けの拠点を深圳に移転した。2004年には、ウォルマートは中国から180億米ドルの商品を買い付けたが、これは全米の輸入総額の10%を占める（Hamilton and Kao 2018:42-52, 184-185）。ここからも、このタイプの主導企業の威力が見て取れる。グローバルレベルの生産空間の再配置が生じたことで、台商は学習し、ひいては大量生産のチャンスを得たのである。

台湾について言うと、グローバル価値連鎖の移動が輸出業者に多大な影響をもたらしたことを観察しうる。それは以下の各方面に及ぶ。

まず、貿易業者からメーカーへの転換、あるいは中小メーカーから大手メーカーへの転換が生じた。前者は業態の変更であり、台陽はその例である。後者は組織規模の拡大および組織の技術面における学習・更新であり、例として宝成製靴[9]（裕元）やホンハイ（鴻海）集団（フォックスコン）を挙げられる。

9　［訳註］「宝成製靴」は台湾の製靴メーカーで、スポーツシューズ受託生産の世界最大手（1969年創立）。

次に、生産組織の変化があった。早い時期に中国に工場を設立し、あるいは中国に進出した台商の多くは、台湾での生産モデルとして主にネットワーク化生産を手がけていた。だが、中国での操業の初期には、特に珠江デルタ地域においては、協力メーカーの体制が欠落していたため、多くのメーカーは従来アウトソーシングしていた工程を内部化して一貫生産体制を構築し、同時に生産能力を拡充した。台陽を例に取ると、同社の東莞工場1か所のみの生産量が、台湾で委託製造を行っていた時の全下請け先の総生産量に迫る数字を上げていた。新制度派経済学の立場から言えば、こうした内部化は新たな生産環境および制度的条件において取引コストを軽減し、また品質管理において有利に働くということになろう。しかし、こうした一貫生産組織の形態にも変動要因はあり、つまり台商の協力ネットワークが現地に出現するにつれ、中心的メーカーは工程の一部を徐々にアウトソーシングに転換するというようなことがある。また、こういった組織の変化は製造する製品の特徴とも関連を持つ。例えば、台湾のコンピュータ組立業が1990年代半ばから蘇州や昆山に工場を設立した際、協力企業にも現地工場設立を求めた。この結果、コンピュータ製造業全体が大陸に進出し、つまり台湾の生産連鎖（プロダクションチェーン）ならびに協力ネットワークがそっくりコピーされた形で現地に移動したのである。

第三に、大量生産が挙げられる。グローバルな生産空間の再配置のもとでは、生産量は二つの要素と強い相関を持つ。一つは前述した組織の変化と生産能力の拡充、もう一つは雇用する労働力の大幅増であり、後者は中国の潤沢かつ低廉な労働力供給によるところが大きい。1990年代初頭の時点で、台商の製靴業者のうち東莞で労働者の雇用数が最大のメーカーは、3万人前後を擁していた。2000年以降には、10万人に達するメーカーも出現した（例えば裕元）。その後、深圳に進出してきたフォックスコン（富士康）は、1工場あたり10万人規模で労働者を雇用していた。このような生産規模は、台湾では想像もできない。台陽の東莞工場の雇用人数は最大2,400人で、これは当時の台湾においては大手企業の規模にあたるが、珠江デルタ地域では中規模企業に過ぎなかった。

第四に、利益率の変化がある。生産能力の拡大と労働コストの低廉化により、台商にとってはより高利潤体質となる条件があまねく訪れた。例えば、台陽が生産する製品は技術力がさほど問われない伝統産業であったが、東莞工場の設立後は利益が大幅に増加した。その最大の要因は低廉な賃金であったが、そのほかに台陽は産業アップグレードに注力した結果、中国進出後ほどなくブランド企業からの発注獲得に成功し、単価も粗利も向上をみた。もっとも、利益率の変化は業種や個別の製品の性質にもよるので、その点には注意が必要である。ICT産業のうちコンピュータ・携帯電話組立業（例えばフォックスコンがこれにあたる）は生産量の大きさに依拠して売上高が急増したが、粗利率は実はかなり低く、伝統産業の多くに遠く及ばない。

第五に、三角貿易と中小企業の国際化がある。台商の大陸進出により、輸出製造業において「台湾で受注、海外（中国）で生産」というモデルが確立した。同時に、地理的な距離の近さや政治的要因を考慮して、初期における台商の中国進出は香港を仲介地点とすることが多く、さらには海外での資金管理や租税回避地に持ち株会社を設立するモデルなども次第に発達していった。既存の国際政治経済学分野の文献が注目した多国籍企業といえば、もっぱら巨大な企業であった。だが、このグローバル価値連鎖の移動は、ホンハイ（鴻海）や宝成などのような大企業も生みはしたものの、それ以上に、無数の中小の台湾資本多国籍企業を創出したのである。これら中小企業の多国籍化の経験は、大手多国籍企業と比べると、実は東アジア地域内での分業体制の再構築が主たる内容であり、一種の広域化と言える。もしくは、いわゆる「グレーター・チャイナ」域内の多国籍経験とも、甚だしくは「中国化」とも言いうる。仮に台湾の大企業集団を観察の対象としたなら、その多国籍化は、中国との加工貿易関係で形成した三角製造貿易に依存する構造に、高度に集中したであろう。2012年を例に取ると、「台湾大企業トップ300」の収益合計額の約30%が中国で得たものであった（中華徵信所「集團大陸投資貢獻度排名（300大）採全部加總法」2013-2014年資料）。台湾の大企業集団の上位32社（全世界の売上合計額順、ただし持ち株会社と銀行業を除く）につき、それぞれの台湾および中国における売上が全世界の合計額に占めるパーセンテージを計算したところ、18社において中国での売上が30%を上回った。このうち9社は中国での売上が台湾でのそれを上回り、9社中6社はICT産業のホンハイ（鴻海）・広達・金仁宝・英業達・光宝・台達電、1社は製靴業の宝成、1社は製品の多様化を進めた華新麗華であった[10]（呉介民 2016）[11]。大手の輸出メーカーでさえ、国際化の経験はかくも如実である。中小規模の台商が中国（労働力供給）にどれほど大きく依存していたかは、言うまでもないだろう。

3.3.6. グローバル価値連鎖の伸張における香港の位置

台陽公司とその他多くの台湾資本は中国進出に際し、いずれも香港を足がかりにした。ある種の製品の価値連鎖が移動する過程で香港が仲介役として重要な働きをしたことが見て取れる。

まず、情報と社会的信用について述べたい。当時、中国社会は外部に対して門戸を閉ざして久しかったが、香港は中国との接点を持ち続けていたので、香港の人は他の国の人と比べて中国（中でも広東）について非常に明るく、人脈や社会的関係も豊富であった。その上、中国が改革開放を実施すると、香港人は誰よりも早く中国に、特に広東に入っていった。それゆえ、台湾資本が1980年代後期から中国進出を開始したとき、香港の業者の関係を通じて行動すれば、交易に伴う多額のコストを大幅に節減することができたのである。

加えて、当時の中台両岸関係は雪解けが始まったばかりで、台湾政府はまだ台商の対中投資を許可しなかったため、近接する香港に支社を設立する迂回策を採り、中国の域外で三角貿易を行ったのである。1990年代初期になると、台湾政府は中国に投資する台商に対して後追いでの登記を認め、同時に対中

---

10 ［訳註］「広達（Quanta Computer）」は台湾のパソコンメーカー（1988年創立）。「金仁宝（KIMPO Group）」は台湾のパソコンメーカー（1973年創立）。「英業達（Inventec）」は台湾のパソコン・サーバなどメーカー（1975年創立）。「光宝科技（Lite-On）」は台湾の半導体・電子機器類メーカー（1975年創立）。「台達電子（Delta Electronics）」は台湾の電子機器メーカー（1971年創立）。「華新麗華（Walsin Lihwa Corporation）」は台湾のケーブル類・ステンレス製品などメーカー（1966年創立）。

11 残る1社は流通業の潤泰。同社の中国営業比率は51.1%に達し、中国の国内市場に高度に依存している。同社は業種の類型からみて本書の分析の対象に含まれない。

投資を徐々に開放する方向に舵を切った（1990年代中後期の時点にも、中国への進出・投資に制限を設ける「鳴くまで待とうホトトギス」政策がなお存在はしたが）。2000年以降、民進党の陳水扁政権は「積極的開放」政策を採用し、台湾の対中投資は急成長して、「台湾で受注・中国で生産」モデルも拡大を見た。とはいえ、広東に投資する台商にとって、仲介者としての香港の価値はなおも非常に高かった。というのも、広東で盛んだった加工貿易モデルには、「域外」としての香港による輸出入や財務のオペレーションが依然として欠かせなかったからである。また、香港での財務オペレーションは、台商にとっては巨額の利潤の海外留保を可能にしてくれる仕組みであった。のちに台湾資本の中国投資が認められて以降も、香港を域外オペレーションの中継点として活用することは盛んに行われた[12]。

台湾資本の中国進出が香港を重要な仲介地点とすることは、香港が地域間分業体制の再編成過程の結節点に位置することを示し、また、中国がグローバル資本主義システムに接続する過程においての香港それ自体の重要性を際立たせてもいる（Chiu and Lui 2009）。ごく最近も、香港資本は依然として中国の外資のうち最大の比率を占め、中国による対外投資もまた香港に集中している。香港は、中国が「グローバル市場」に持続的にかつ深く乗り入れるに当たり、かけがえのない存在であると言えよう。

3.4. 名ばかり合資企業、人頭税

台陽公司が発展を遂げてきたいくつかの段階から、グローバル価値連鎖の移

---

12 台陽公司の事例が示すように、早い時期の台商が中国投資に際し香港を中継地点として選択したことには、政治的要素（台湾資本の対中投資を台湾の政府が正式に承認・開放する1990年代初めまでの時期において）や地理的要素（広東と隣接する香港の位置に加え、当時多くの香港企業がすでに珠江デルタにOEMのネットワークを築いていた点）などの考慮があったが、これらの要素はいずれも、台商が資金の兌換操作や法的問題の回避などを行う上で有利に働いたのだった。Hamilton and Kao（2018:144）も参照。

動と伸張がもたらした資本移動と技術の拡散の結果を観察しうる。では、価値連鎖が中国沿海地区に伸張してきたとき、グローバル―ローカルの連結はどのように生じたのだろうか。外資はどのようにして、現地の制度的環境や構造との間に相互作用の関係を持ち得たのだろうか。具体的には、台陽はどのようにして現地の地方政府と相互作用を及ぼし合ったのか。工場の所有権関係をどのようにお膳立てしたのか。レントシーキングや汚職・賄賂などの問題をどのようにして克服したのか。台陽はどの企業・機構に声をかけて合作したのか。この種の合作の組織の特色とは何か。合作の制度的基礎は何だったのか。どのような制度的結果を招いたのか。

台陽東莞工場は、典型的な労働集約型の加工輸出工場である。工場の事務室の壁には公司の登記証明書が掲げられ、そこには「中外合資企業」と書かれている。合作の相手は莞強輸出入公司のプラスチック製品部である。従って、法的な名義としては、同工場は合資企業である。

だが、実は、台陽は100パーセント外資、つまり独資企業である。そのことを示す重要なエビデンスはいくつかある。まず、双方が交わした合作契約書によると、台陽は資本金のうち70%を、莞強は30%を、それぞれ投ずると記されているが、実際には、莞強はまったく出資を行っていない。次に、台陽の理事長と副総経理は中国側から出され、副理事長と総経理は台湾側から出されている。しかし、莞強は台陽公司の現場で実際に生産管理業務を統括する人員を何ら送り込んでいない。第三に、莞強は経営にあたってリスクを負わず、また公司の利潤を得ることもない。台陽の経営がうまくいってもいかなくても、そのすべては台湾側のみが引き受けることになっている。台陽の経営状況がどのようであれ、莞強が合作関係において獲得する利益（以下に詳述）には何らの影響もない。はっきり言えば、台陽は「名ばかり合資企業」に他ならないのである。このような関係は、合作の双方とも暗黙の了解事項としてわかっており、それぞれがするべきことをして、内幕を暴くようなことをしなければ、万事うまく回るのだった。

当時、台陽と莞強の「名ばかり合資関係」は、中国においては特に異例なものではなく、むしろ常態であった。中国の国家社会主義体制の残存物としての法令や実務の方式、中でも広く存在した経済統制や、行政機構がほしいままにした許認可権、それに私有財産権に対する保障の欠如などを背景に、実にさまざまな架空所有制（fictive ownership）をお膳立てすることがきわめて盛んに行われていた。そこには、私企業による「赤い帽子かぶり」や「名ばかり集団企業」が含まれた（呉介民 1998）。この種の弾力的で融通の利く財産権のあり方（flexible property rights）は、1980年代から90年代にかけての中国における政・商関係の大きな特徴であり、私企業と外資企業が臨機応変に物事を行えるよう便宜を図ったものであったが、逆にビジネスにおける紛争の種ともなった。それは具体的には、制度の進化における経路依存として現れたが、こうした制度の残存はのちの政・商関係に影響を及ぼすこととなった。

1986年から1987年にかけて、台湾ドルの対米ドルレートが1ドルあたり38元から26元へと急上昇し、台湾の労働コストやその他の経費も日ごとにかさんだ結果、労働集約型の加工輸出メーカーが次々に台湾脱出を始めた。地理的な近さと言語の障壁のなさを理由に、中国が台商にとって最もよい選択肢の一つとなったが、加えて労働力の低廉さも魅力となり、多くの台商は、中国は投資先として他の東南アジア諸国より効率的だと考えた。中国政府はというと、1980年代半ばには一連の「香港・マカオ・台湾同胞」および「華僑」の対中投資への優遇措置を続々と繰り出し、投資の促進に余念がなかった。

従って、台陽がこの時の「大陸ブーム」の波に乗って中国に進出したのは、何も特別なことではなかった。だが興味深いのは、なぜ莞強を合作相手に選んだのだろうか。前述したとおり、その主な理由は、台陽ともう一社の香港企業——港星としよう——の関係にあった[13]。港星は1988年当時、台陽の受注した仕事を回され、珠江デルタ地域で製造を行っていた。この港星が台陽を東莞市に紹介し、さらに最初の数件の交渉をお膳立てしてやった。この過程で鍵となったのは、台陽の港星に対する信頼である。中には、こんな関心を持つ人もいるかもしれない。台陽はなぜ、あの当時インフラなど各方面の水準が高かった深圳に行かなかったのか、と。「もちろん、深圳は一見した

13 「港星」は仮名。

ところ、全般的に条件が良かったよ。だが、深圳は特区だった分、制約も多かった。労働関連の政策は厳しく、賃金も高ければ地価も高い。その点、東莞は、どれを取ってもわりと弾力的だったんだ」。台陽の李総経理はこのように述べ、こう続けた。「特区、特別にあらず！」[14]。

莞強が官僚による保護用傘を提供してくれたおかげで、台陽の工場建設から操業まで、事はスムーズに進展した。莞強は台陽に多くの「サービス」を提供し、それは例えば税の手厚い減免や、煩雑な事務文書手続き作業の代行、他の政府部門との調整などであった。さらには、ある種の特別な利益の「お届け」まであり、例えば輸出割り当て分の一部を無料で提供すること（当時、台陽の米国向け輸出製品の中には、上限額規制の対象があった）がそれである。何よりも大きかったのは、中国の「三乱」（地方政府による、やみくもな費用徴収・やみくもな罰金徴収・やみくもな負担金割り当てなどの行為）という悪名高いものがあったが、他の政府部門が台陽に対しあれやこれやの名目の費用を請求すると、莞強が出てきて「話を付けて」くれることだった。台湾から来たアシスタントマネージャーの蘇氏はこう語る。

> あの連中の部門というのは無数にあって、もれなくカネをよこせと言ってくるんだよ！　何だかんだと嘘っぱちを並べてはむしり取りに来る回数の多さときたら、まったく耐えがたいひどさだったよ。……連中はしょっちゅう、何々の法律だとか言って紙を持ってきたけど、ただのペライチのコピーで、読んでもよくわからない。とてもじゃないが、安心して工場の管理に当たるどころではなかった。……どうしたかって？　そりゃ莞強に電話して、何とかしてもらうのさ。ほとんど毎回、あっという間に片を付けてくれたよ。あのね、うちはかなりのおカネを先方に払ってたのよ。こういう時に助けを求めないなら、何のためのカネだい？[15]

14　聞き取り：Leegm199404。

15　聞き取り：Su199405。

蘇マネージャーは得意満面で、笑顔を見せた。彼の話は示唆に富み、数多くの情報をもたらしてくれる。つまり、現地の官僚による金銭の要求やレントシーキング活動はきわめて頻繁で、台陽が莞強と合作した最大のメリットとは、業務の妨げとなるこれらの行為を莞強に排除してもらうことだったのだ。この段階では、台陽と莞強の関係はとても良好であるように思われる。莞強は「三乱」を排除して台陽を守り、外界の良からぬ環境を遮断し、相対的に安定した生産の条件を創出していたわけで、これを一種の「隔離効果」と呼ぶことができるだろう。「中国の特色を持つ社会主義」という環境下でビジネスを行うには、政府系の保護者という存在が欠かせないようだ。中国のことわざに「しゅうとめがいないとしゅうとめが恋しくなる」という言葉があるが、莞強は台陽にとって、中国の官僚主義から同社を守ってくれる「しゅうとめ」に他ならない。莞強と台陽の関係は、すなわち一種のクライエンテリズム的な政・商間取引関係である。

こんな疑問を持つ人もいるだろう。莞強が台陽から多額の費用を得ていたなら、莞強自身も「三乱」の震源地なのではないか？　この点は、台陽にとっては「相対的な問題」であり、しかも中国の改革の進行過程と深く関係していた。この段階では、莞強はある程度の「合理的な価格」で、外資企業の現地市場（労働力・工場建屋などの生産要素市場）進出を支援する政・商ネットワークを提供していた。こうした政・商ネットワークには実用的な性質があったため、「金銭を払って問題を解決する」ことには、外資企業の感覚では一定の「正当性」があった。以下に分析するように、莞強が求めた費用はいわゆる「三乱」や「汚職腐敗」行為とはいくぶん異なり、むしろかなりの程度において予測可能な、相対的に安定したレントシーキング行為であった。

莞強は、こうした合作関係から何を得たのだろうか。台陽の李総経理は言う。「先方は、ウチから毎年100万人民元以上の『人頭税』を稼いでいたよ」[16]。

「人頭税」とは何か。1990年代初期には、李総経理の口をついて出た「人頭税」なる語彙は、学術文献には見当たらず、あまつさえ報道でも目にしないも

16　聞き取り：Leegm199401。

図3.3　中国の地方外国貿易公司の外貨収入創出メカニズム：台陽を例に

台陽は毎月香港から香港ドルの振込を受け、莞強の東莞にある中国銀行口座に入金する。

→銀行は、香港ドルを公定レートで人民元に兌換する。

→台陽はこの人民元を手にする。

→莞強は、この金銭の外貨留保限度（20%）分の使用権を得る。

→広東省広強公司は、莞強が上納した外貨限度の一部分の使用権を得る。

→莞強と広東省広強公司は、獲得した使用権分の外貨を公定レートで購入するか、または使用権を外貨調整センターにおいて調整レートで売却する。

出所：筆者収集・整理

のだった。筆者はかなりの時間を費やし、関係者への聞き取り調査や中国の外貨管理制度に関する文献渉猟を重ねて、ようやく徐々にその概要を把握した次第である。煩瑣な研究の過程はここでは省略し、調査結果を先に述べる。

いわゆる「人頭税」とは、当時の広東の対外貿易関係における「加工費の外貨兌換レート差益」のことである。加工費の性質と納付の方法については、第2章でおおむね記述した。そして、外貨兌換レート差益とは、振り込まれる外貨について「公定レート」と「市場レート」の間に生じる差額を指す。従って、人頭税とは実のところ「税」では全くない。これが人頭税というふざけた呼び方をされることには、反語としての風刺が込められている。この皮肉った語彙について深く掘り下げると、当時の広東における加工貿易オペレーションの制度メカニズムについて理解を深める一助となる。

この加工費の外貨レート差益は、財政面の性質としては「管理費」に似ている。だが、これは合作当事者の中国側が外資側から直接収受するものではなく、一連の煩雑な過程を経ている。この過程は「外貨収入創出過程」と呼ばれ、外資企業側は間接的・迂回的な方式を通じて、中国側の身柄預かり機関と現地地方政府に支払いを行う。外貨レート差益はどのように創出され、徴収されるのだろうか。そのメカニズムを、図3.3に簡略化して示す。

このルールに従い、台陽は毎月27万香港ドルを東莞の中国銀行に振り込んでいた。この金額は、合作協議の際に双方が調印した額である。台陽自身の算定法によると、同社は香港ドルの「ブラックマーケット」（市場価格）と「公定価格」とのレートの差額分を「損失」として被る[17]。この差額が、李総経理謂うところの「人頭税」である。1993年第4四半期において、香港ドルと人民元の公定レートはおよそ1：0.76、ブラックマーケットのレートは1：1.15前後であったから、2つのレートの差は0.39元であった。

では、人頭税の「人頭（頭数）」とは、どのように計算したのだろうか。李総経理は語る。「台陽が『頭数』（労働者）を全部で何人雇用していたか、その数だ」。これこそ、「人頭税」という語の出どころであった。双方が交わした加工契約によると、台陽は労働者600名を雇用する計画で、一人あたりの賃金月額は340人民元、香港ドル換算では450ドルに相当した（当時の公定レートで算出）。台陽は基本的に「加工組立」に従事する企業であるため、中国国内で人民元の収益を得ることはなく、代わりにその人民元を「加工費」の支払いに充てた。協議に従い、労働者一人あたり毎月の加工費は450香港ドルであり、したがって毎月27万香港ドルを莞強の中国銀行の口座に振り込んだというわけだ。ならば、以上の公式およびレートに基づくと、台陽は毎年どれほどの金額を莞強に支払っていたのだろうか。およそ126万人民元ということになる。

0.39（レート差）× 450（香港ドル建て賃金月額）× 600（人）× 12（月）
=1,263,600元（人民元）

外資企業はなぜ、この加工費の外貨レート差額を「損失」あるいは「帳簿外負担」と見なすのだろう。李総経理の説明はこうである。「我々が人民元を必要なときは、いつでもブラックマーケットで買えるんだ。東莞でも香港でも買える。何だってお上から公定レートで買わにゃならんのよ？」[18]。中国側と合作するには、外資企業は郷に入っては郷に従えとばかり、現地のゲームのルールに従って動くことが絶対条件であり、ゆえに公定レートで人民元を購入しなければならないのだった。それゆえ、李総経理が断固主張するのは、交換レート

17　ここに言う外貨の市場価格とは、外貨調整センターの「調整レート」に近接している。

18　聞き取り：Leegm199401。

で損失を被るこの部分は一種の「税」であり、中国政府に支払う「政治的保険料」に他ならないのだという点である。この文脈では、「税」の語はマイナスの意味を帯びている。実際は、人頭税は経営上のコストの一項目であり、台陽はこれによって莞強から「サービス」の提供を受けている。人頭税とは一種の特定の交換関係という含みを持ち、有り体に言えばメーカーが官僚の保護を購入する価格ということになる。要するに、中国側との取引として支払うこの金額はかなり高額であり、とはいえ外資企業が手にする利潤を考えれば、なおも相当に「お値打ち」であった。というのも、当時の民工の賃金やその他の生産コストはきわめて低く抑えられていたからである。

3.5. 莞強公司、頭数を数えるゲーム

莞強輸出入公司は、改革開放初期の1979年に誕生した。同社は広東省「広強輸出入公司」[19]の支社組織として、省の下部の行政組織である地級市・東莞市に開設された。制度上は、省級の企業である広強輸出入公司が市級企業の莞強輸出入公司に対して指導・監督を行う関係にある。後者は、行政・財政上において前者に対し責任を負う。莞強は、分野ごとの数多くの部門からなる分業体制を採り、プラスチック製品部はその一部門である。1994年の時点で、莞強はおよそ400名の従業員を擁した。

公司の設立時から、莞強は一般外国貿易業務を手がけるほかに、「材料供給貿易」や「加工組立」に投資する外資企業の誘致にも力を入れ、外資企業との合作の機会を積極的に模索してきた。プラスチック製品部は1985年から86年にかけて、港星公司との最初の合資の業務案件を開発した。港星の本部は香港にあり、同社は当時、大量の労働力を要する組立工場を賃金の低廉な東莞市に移転した。のちに、この港星が間を取り持つ形で台陽を東莞に紹介し、台陽は同市に工場を設立したのであった。

19 「広強輸出入公司」は仮名。

莞強は、この地にやってきて材料供給加工を行う外資企業と100件を超える加工契約を締結し、10社近くにのぼる外資企業（いずれも香港・台湾の企業）と組んで合資企業を設立したが、その大多数は莞強が身柄を預かる形を取る「名ばかり合資企業」である。主な運営モデルはこうだ。これらの合資会社は中国側の「材料供給加工工場」（法人格を持たない）との間で委託加工契約を交わすが、この加工工場は名目上の請負の主体に過ぎない。中国側は工場の賃貸料を収受し、「工場長」「会計」などの人員を派遣して工場に常駐させるが、実際には工場の経営管理権は外資企業側が全面的に握る。これらの企業は台陽と同じく、労働者一人あたり300-500香港ドルで積算した額を毎月振り込み、人頭税の頭数についていては、個別の投資協議書に基づいて定める。まさしく、プラスチック製品部のアシスタントマネージャー・鄭氏が述べるように、「我々と外資企業との交渉は､融通が利くんですよ」[20]というわけである｡「融通が利く」という語は、中央政府が広東に与えた優遇措置や権限移譲政策を彷彿とさせる。それらも特殊で弾力的なものだったが、今や広東省政府が下部の地方政府に優遇措置を与え、権限を委譲しているのだ。

外資企業が振り込む加工費は、莞強が自社に課せられた二種類の財政的任務を達成する助けとなる。第一に、前述した振り込みの公式によれば、莞強が台陽から1年間に受け取る外貨の額はおよそ336万香港ドルになる。莞強がその上級にあたる広東省級の輸出入公司との間で交わした協定によると、同社が1993年度（会計年度）に請け負った外貨収入創出額は2,000万米ドルであった。従って、莞強は台陽と同等規模の外資企業約50社と同等の合作を行うと、当該年度の外貨収入創出ノルマを達成できる計算になる。というわけで、外資企業からの外貨の振り込みは、莞強にとってはノルマ達成の支援となるというのだ。万一、莞強がある年度のノルマを達成できない場合は、どうするのだろうか。鄭アシスタントマネージャー曰く、「その時は、ブラックマーケットで外貨を買うかもしれませんね」。だが、そうしたことはこれまでほとんど起きたことがないという。

20　聞き取り：GQ_Cheng199405。

次に、莞強の支出の大半は、外貨レートの差益から支払いを行っている。莞強の外貨収入創出に対する報酬は、外貨収益額の20%分の外貨使用権（通称「外貨留保」）と、それに加えて若干の特別な補償である。残り80%の外貨使用権は、省級つまり上級部門である広強公司に帰属する。莞強も広強も、外貨使用権を持つ他の中国企業と同様、外貨が必要なら限度額までは公定レートで購入できるし、外貨使用権を「外貨調整センター」に持ち込み「調整レート」で売却してもよい[21]。外貨収益の分配には、各級政府機関の間に複雑な計算式が存在する。仮に、東莞で創出された外貨収益を人民元に兌換する場合、計算式は推計でおおむね次のようであろう。

1香港ドル＝（0.8×官製レート＋0.2×調整レート＋0.8×1/2［調整レート－官製レート］）人民元

前述した1993年第4四半期を例に取ると、香港ドルの官製レートは0.76、ブラックマーケットのレートは1.15、調整レートはブラックマーケットのそれに近い約1.05であった。これらの数字を代入して換算すると、莞強が得た1香

21　中国銀行は1980年10月に、北京ほか12都市の支店で外貨調整業務を開始した。1981年から、中国は人民元レート（1米ドルを約1.5人民元と兌換）のほかに貿易内部決算用の価格を実施し、1米ドルを2.8人民元とした。その計算根拠は、実際の兌換レートのコストに「合理的な利潤」を加味したというものである。これは1984年まで維持された。従って、この時期には三種の外貨レート（官製レート、内部決算レート、ブラックマーケットのレート）が併存したことになる。1985年に内部決算レートが廃止され、「単一レート」が回復したが、実情は官製レートと調整レートの「二本立て制」であった。中国は官製レートと調整レートの差額を「割当て価格」と称していた（尹豔林1993を参照）。1985年、李灝が広東省副省長・深圳市長（のちに深圳市共産党委員会書記を兼任）に任命されたが、その任務の一つは「外貨調節センター」の設立であった。彼の後年の聞き書きにも、当時の外貨に官製レート・内部決算レート・ブラックマーケットレートが併存したことへの言及があるほか、「外貨をもてあそぶ」「外貨を売って値をつり上げる」などの投機的現象が避けがたい必然であったことが語られている（広東省委2008:347-348）。

表3.1　台陽公司が支払った各種税・関連経費一覧（1993年）　（名目値）

項目	支払い先	計算方法
(1)労働管理費	労働局	8元/月×1000人
(2)暫住証申請料	公安局	30元×1000人
(3)暫住証延長料	公安局	4元/月×1000人
(4)従業員宿舎賃借料	Aプラスチック工場	30元/月×900人
(5)安全警備	地方海防部隊*	700元/月×15人
(6)企業所得税	税務局	200,000(元)×12%
(7)人頭税（加工費の外貨レート差額）	莞強公司	0.39×450×600×12=1,263,600元

*海防部隊は軍の組織で、当時は省軍区の管轄下にあった。

出所：筆者収集・整理

港ドルの外貨収入は、約0.934人民元に相当し、官製レートによるより0.174人民元高くなる。この0.174人民元という差額が、莞強が外資企業から振り込まれる1香港ドルごとに得る「粗利」である。だが、外資側の立場からは、台陽は1香港ドルを振り込むごとに0.39人民元の「損失」を被ることになる。というのも、同社は官製レートの0.76元しか手にすることができないからだ。では、この差額はどこへ行ったのか。これ以上明白な答えはなかろう。莞強に渡り、さらに省級やその他の政府部門の金庫に収まったのだ。こうしたインセンティブの構造に突き動かされる形で、莞強は外資企業に身柄預かりサービス（「合資」などの名目で）を提供する。同社は台陽が毎月きちんと外貨を振り込むかどうかにのみ強い関心を寄せ、台陽の経営状況には毛ほども興味を示さない。実際のところ、経営に口を出すことなどできないし、それはまさに外資側の望むところであった。

人頭税は、台陽が中国側に支払う主な経費の1つにすぎず、払わなければならない経費は他にも多々あった。その主なものを表3.1に列挙する。この表は多くの重要な情報を含み、「頭数を数えるゲーム」の細部のメカニズムや、非正規の制度によって回っている運用モデルを解読する一助となる。

第一に、「頭数を数える」ことは、中国側が各種費用の徴収にあたって普遍的に用いる方法である。だが面白いことに、台陽は異なる相手先ごとに異なる計算方法で対応していたのだ。この工場は、いったい何人の労働者を雇用していたのだろう。600人（台陽と莞強の協議書による）か、900人（Aプラスチック工場に支払う賃借料）か、それとも1,000人だろうか。工場総務部の張マネージャー曰く、実際には1,500人を雇用していたという。ということは、台陽は莞強に対しては900人を、従業員宿舎の貸し手であるプラスチック工場には600人を、労働局には500人を、それぞれ「隠して」いたことになる。一見すると、外資企業が現地政府を欺いた物語のようだが、実のところ、事情はそう単純ではない。鍵を握るのはこういうことだ。「頭数を何人と勘定するかは、誰にカネを払うかによるし、先方との談判によって最終的に決まるんだ。先方との関係が良ければ、少なめの数を申告できるのよ」と、張マネージャーは述べる。「あちらさんも、本当に工場の中に入ってきてきっちり数え上げたりはしないのよ！　双方で話がつくと、形だけ視察に来てちょっとうろうろしたら、頭数はこれこれだと報告を上げるだけのこと」[22]。つまり、いわゆる「頭数を数える」とは、はったりを利かせてもいいし、規定どおり正直に対応してもいい、というわけだ。

頭数の算定に協議や「おまけ」がまかり通り、あまつさえ別々の政府部門について個別の協議がなされるというのは、各政府部門がそれぞれ王者の風格で地盤と権限を持ち割拠する行為が氾濫しているわけで、いわゆる「特殊主義的協商」（particularistic bargaining）（Shirk 1993）に近い。ここで、地方官僚機構が関心を寄せるのは自身の利益の確保であり、かつ、個別の企業との関係がどの程度良いか悪いかによって、頭数のおまけの度合いが決まるのである。従って、頭数が少ないのはごまかしの結果というより、むしろ政・商双方の共謀ないし結託（collusion）の結果だと言える。中国では、特にこの段階の広東では、各種の税金や費用についておまけ・値引きがあり得たのであり、台陽の事例は特殊なものではなく、きわめて一般的な現象であった。当時の深圳に関して行われたある研究は、次のように指摘する。政府の規定によると、加工費の額は深圳市宝安県では労働者1名あたり600元、深圳特区内では700-800元であった。しかし、外資企業はこれらの地域で一般に20%を「おまけ」する優遇を受けていたという（邵明均 1992:550）。

22　聞き取り：Chang199405。

第二に、台陽が異なる部門に対し異なる雇用者数を申告していたことは、外資企業の経営実態に関して部門間の連携・協力が欠けていたこと、あるいはこれら各部門は横の連携にそもそもまったく関心がなかったことを示唆する。仮に、各政府部門間で情報共有のネットワークを持ち、企業の会計実務を監督していたなら、本当のところを簡単に把握できただろう。上級政府、特に中央政府は、外資企業の経営実態が本当のところはどうであるのか、強い興味を持っていたはずだが、ただこの段階では、中国政府が手にする監督・監視の道具は不十分であり、制度構築も途上で、つまり基層に浸透する基盤的権力（infrastructural power）に欠けていた。加えて、当時の中国政府は外資企業のもたらす資金・技術・輸出製品市場を喉から手が出るほど必要としており、ここに挙げたような地方の共謀行為に対しては、見て見ぬふりか、果ては黙認する態度を採るのが実態だった。

第三に、台陽が中国政府に支払う正規の税（表3.1の（6））は、きわめて少額であった。それは労働管理費と暫住証関連費用（同表の（1）から（3）まで）を合わせた額の14%に過ぎず、人頭税と比べるとさらに極端なことに、わずか1.9%にしかならないのだ。台陽の1993年の総売上額は約2,000万米ドル、およそ1億1,660万人民元（官製レート換算）であった。仮に利潤率を10%とすると、課税対象額は1,166万人民元となる。台陽は莞強の協力のもと、所得税の「三免四減」の優遇措置を受けていた[23]。東莞市は沿海経済開放区に含まれているため、所得税率は24%であり、これが半減されると12%である。1993年は台陽が正式操業して5年目であり、実際に利益を上げた5年目でもあった。これを正規の規定にあてはめれば、台陽はおよそ140万人民元の所得税を納付すべきだったという計算になる。

台陽は標準的な「三点在外」型の外資企業（原材料供給拠点・製品の売り先市場・信用状荷為替がいずれも中国国外にある企業）であったため、会計事務の操作がたいへん容易で、中国側にとっては財務諸表の監査が難しかった。台陽はこの年、中国側に対して利益を過小に申告し、少額の所得税を納付していた。

23　いわゆる「三免四減」とは、企業が利潤を上げた年度から起算して、その前3年間は所得税を免除し、その後4年間は半額に減ずる措置。

合作パートナーである莞強は、台陽が同社に報告した経営状況をすべて額面通りに受け入れた。というのも、莞強はこの合作関係において最大の受益者であったからに他ならない。当然ながら、莞強の協力を得て、台陽は税務関連では何の問題にも遭遇しなかった。

第四に、人頭税（加工費のレート差益）は、台陽が中国側に支払う費用のうち金額が最大の項目であった（126万）。面白いことに、この額は、中国政府が「損失」を被った所得税の額（140万）に近い。何であれ、この金銭は、受け取った部門は違うが、また徴収の方式にも違いはあれど、結局は中国側のポケットに収まっている。人頭税は固定し変動のない、契約で定めた額であり、唯一の変動は外貨レート差益によるのみで、企業の業績の良し悪しが反映されることもない。人頭税とは、財政上の機能としては外貨収入創出プロセスの方式で地方の国営企業に支払われるものであり、これに対し企業の所得税は国の税収機関に直接納付される。前者は正規でない予算外の収入であり、これに対し後者は正規の税収である。

この違いが意味するところはこうである。中国側は、外資企業から得た租税を、政府財政から地方政府または地方の国営企業に移転する。この財政移転から見て取れるのは、中国が対外開放のうち市場改革において実施した、いわゆる「権限の放出・利益の委譲」の運用モデルである。こうした権限の放出・利益の委譲という方式は、地方官僚の経済的インセンティブを効果的に発動し、外資誘致の競争へと自ら熱烈に飛び込んでいくように作用した。表面上は、莞強は外資企業と税務部門の間に入り込み、この部分の金銭を持ち去ったように見える。だが実際には、これは政府が工夫をこらして編み出した、地方官僚と国営企業をレント山分けのゲームに参加させる仕組みなのであった。

第五に、現地に駐留する海防部隊も台陽に乗りこんできて同社に食い込んだことを、我々は発見した。海防部隊の長官が兵士15名を台陽に派遣し、工場に常駐する形で警備の任務に就かせたのだ。兵士らは軍服を着用するが銃器は身に着けず、台陽の準職員となった。工場に寝泊まりし、タイムカードを打って出勤し、工場側の指示に従って動いた。台陽は彼らを給与面で（一般従業員と比べて）厚遇した。だが、給与は台陽からまず海防部隊の長官に支払われ、兵士は部隊から通常の俸給として受け取った。台陽のマネージャー陣にとっては、この金銭は必ず払わねばならないものであり、また払う価値のある「PR経費」でもあった。当時、珠江デルタ地域の治安は相当に悪く、マネージャー陣は「工場に駐留兵がいると、だいぶ安心できますよ」と評価していた。「軍隊が工場で門番をする」という景観は、この地では特に驚くようなことでもなかった。広東では、各種の地方組織が外資企業に対してレントシーキングを行っており、「負担金割り当て」や「募金」などの名目でのそうした行為は、現地調査でもしばしば目撃したところである。

最後に、この表には「社会保険」に関する項目が見当たらない。1990年代中期に台陽は労働局から社会保険費用の負担を求められたが、当時その金額はまだ小さく、政府の側も真剣に徴収しなかった。1990年代後期になり、関連法令が徐々に出てくると、政府は徴収に力を入れ始め、社会保険費用がようやく重要な議題となった。この点は第4章で詳論する。

明らかに、労働者（民工）は、この政・商間取引のゲームにおいては排除され、取引きされる対象となっており、彼ら彼女らは、個としてのありようを消し去られ抽象的な数値としてのみ扱われてきた。その後、2000年代中期以降になって、労働集約型産業の飽和・民工の最低賃金の漸次上昇・社会保険関連法令の強化などに伴い、集団として並びに個人としての労働者の姿がようやく徐々にくっきりと表れ始める。集団での陳情・通報・訴訟・ストライキといった行動を通じて、労働者たちはようやく、この高度に排他的な成長同盟に挑み始めたのである。第6章でこの点を詳述する。

3.6. 1994年の外貨体制改革

ここまで述べてきたレントの創出（rent-creating）とレントの山分け（rent-sharing）をめぐる複雑なメカニズムは、大元に立ち返ると「外貨レートの二本立て制」や「外貨留保」などの制度に起因する。そして、これらの制度は中央政府が工夫の末に編み出した仕組みである。実のところ、この仕組みは中国の独創的発明ではなく、過去に多くの新興工業国が「二元為替レート」などの政策を実施してきた。台湾もその一例である。従って、「模倣」と呼ぶのがより正確かもしれない。「人頭税のゲーム」とは、地方政府が中央の政策を弾力的に応用し、中央の「政策」の主導下にありつつも地方の条件に即して融通を利かせ、時運に乗って出現したものといえる。広東での現地調査において、地方幹部の口から、いかに「政策を活用するか」「政策を十全に用いるか」という趣旨の発言が出る場面にしばしば遭遇した。中央政府がゲームのルールを定める際、地方政府が政策をどのように活用するだろうかという具体的な点をあらかじめ予見することはできないが、さりとて、地方官僚にとってのインセンティブの構造が間違いなく形成され、彼らが企業誘致に懸命に励むような仕組みが作られていることは確かだ。改革の第一段階で、中央が地方のために組織的レントシーキングの機会を創出したと言えよう。ならば、仮に中央が既存のゲームのルールを変更したなら、地方政府はどのように対応するだろうか。また、外資企業はどのように対応するだろうか。

この日がついにやってきた。鄧小平による1992年の南方視察を機に、中国の改革開放の布陣には構造的変動が訪れる。上海・浦東地区の開発計画が登場し、長江流域の開発をもって中国東部地区の経済発展を推し進める戦略が徐々に形となり始めた。内陸の多くの都市も、対外開放のリストに列挙された。その後、1994年初頭に中央政府は新たな体制改革を発動し、地方政府に大きな衝撃をもたらした。中でも、人民元の大幅切り下げと為替レートの一本化、および地方レベルの対外貿易公司を行政から切り離す措置などの改革は、地方の政府機関・事業所と外資企業の間で行われていた制度外の非公式な財政運用を根底から揺さぶるものであった。

「為替レートの一本化」とは、外貨における二本立ての価格体系を廃止することであり、それとともに人民元価格の小幅な変動も容認された。1994年、レートの一本化と同時に、人民元の兌換レートを切り下げて市場価格に近付けることも実施され、それまで1米ドルあたり人民元5.76元であった兌換レートが8.62元に切り下げられた。これに伴い実施された政策には、外貨留保制度の廃止と、外貨統制の小幅な解除がある。次に「行政からの切り離し」とは、市級の対外貿易公司と上級部門にあたる省級対外貿易公司との間にあった行政隷属関係を廃止し、市政府に帰属させることを指す。これにより、莞強は東莞市政府の配下に改編された。このことは、中央政府が対外貿易権をより下部レベルの政府機関にまで開放し、対外貿易管理体制の規制緩和をさらに進めたことを意味する。

外資企業にしてみれば、為替レートの一本化以降は、外貨を振り込む形で加工費を支払い、かつその過程で割高な費用を取られる従前の取り決めには、正当性が見当たらなくなる。今や、外資企業は市場価格に近接した官製レートで必要な人民元を手軽に入手できるわけで、従来のようにさんざん骨を折って煩雑な外貨兌換のプロセスを用いる必要など、どこにあるだろう。

しかし、問題は現地の政府機関・事業所側の収益面にあった。それまでの二本立て時代の仕組みでは、莞強は1993年には加工費1香港ドル分を請け負うごとに約0.17人民元の粗利を得ていた。為替レート差が廃止されれば、彼らは差益に由来する巨額の財源を失ってしまう。レート一本化後は「レート差」というもの自体がすでに消失しており、これこそ、中国政府が「為替レートの一本化は、それ自体が外資企業への新たな優遇措置である」と宣言した理由であった。

しかしながら、莞強は次のように宣言した。為替レート一本化のもたらす損失を補填するため、同社に身柄を預ける企業（合資企業を含む）は人民元に兌換した加工費を月々振り込まねばならず、莞強はその25%を管理費として収受すると。この行為は当然ながら外資企業の反発を招いたが、ただ莞強のこのやり方は、珠江デルタでは極めて一般的な現象であった[24]。当時、珠江デルタの

24　以下に挙げる観察も、筆者の現地調査の知見と符合する。「広東の多くの地方の鎮は、加工費が銀行に振り込まれたのち、その約二十数パーセントを市政府の協力費などの名目で収受した。これは主に、官製レートと調整レートが統一されていなかった（19）93年末までの時期においては、材料供給加工の賃金は現地政府を通じて人民元に兌換せねばならず、その際に現地政府がこの差額を得ていたものである。（19）94年に二種のレートが統一されてからも、地方政府は既得権益を手放そうとせず、従来と同様に納付を課したが、別の名称を用いて費用徴収を行うようになった。外資企業が加工費を過小に申告するのを嫌い、地

現地調査で観察し得た状況は、多くの外資企業は振り込みをしばらく見合わせ、様子見を選んだというものであった。台陽はこの問題について莞強と何度も交渉を重ね、1995年になってようやく解決に至った。

同時に、行政機関の切り離しにより、莞強の上司にあたる存在が省級の輸出入公司から東莞市政府に変わった。市政府は今や、地方に隷属するこれら国営対外貿易公司の収益に介入し分け前を得る合法的な理由を手にしたのである。この点もまた、経済的レントを分け合うゲームにとっては、新たな改革の始まりとともにより複雑さを増すこととなった。1994年3月、市政府は「赤字レターヘッドの公文書」[25]を公布し、振込金の分配に関する新たな公式を定めた。振り込まれた金額の5.5%を市政府が手続料として取得し、身柄預かりサービスを提供する機関が24.5-29.5%を取り、外資企業は残りの65-70%を受け取るという内容である。つまり、外資企業が支払うべき費用は、従来の二本立てレートだった時より減るわけではなく、さほど変わらないということになる。東莞市政府がこれを宣言するや、外資企業の間では直ちに大騒ぎになったことは言うまでもない。この件はまた、莞強とその「顧客」との間の摩擦をより深刻にもした。振り込みを取りやめる外資企業はどんどん増えた。現地で製靴工場を営むマネージャーの顔氏はこう述べた。「まだまだゲームオーバーにゃならん。

方によっては輸出する製品の重量に基づいて加工費を計算した。しかし、広東のすべての地区がこうだったわけではない。例えば恵州では「加工費の中抜き」を課さず、さらに加工費の過小申告も気にしなかった。……外貨に関しては、材料供給加工に対して特に加工費の中抜きを行う地区もあったが、独資（100%外資）に対して敵視する傾向がしばしば見られ、これら企業に割高な管理費（人頭税）を課すことがあった」。（王泰允 2001）

25 ［訳註］「赤字レターヘッドの公文書」とは、1999年に公布された「中華人民共和国行政再議法」の大まかな定義によると、法律・行政法規・地方法規・行政規則以外の「郷・鎮人民政府の規定、県級以上の各級人民政府及びその部門の規定、国務院の部門の規定」を排除する文書。各級共産党委員会・人民代表大会・政府・政治協商委員会が打ち出した各種政策文書・決定・意見等を含む。その特徴は「不特定の対象に向けて発出され、長期にわたり反復的に適用される行政規範的文書」であることで、文書のヘッダー部分に発出部門の名称が赤字で大書されていることからこの名がある。

こっちは当分動かんよ。あちらがどう出るか、お手並み拝見だ」[26]。

3.7. 納福村に工場を新設

実のところ、台陽が「しゅうとめ（パトロン）」をすげ換えようとする行動は、早くからひそかに始まっていた。1994年の初め、台陽は莞強に対し、同年末をもって莞強との合作関係を解消する旨を通知していた。この時、台陽の新しい工場が「納福村」という場所において鳴り物入りで建設中であった。

納福村は仮名である。当時の広東には「村」という行政単位はすでになく、正確な名称は「納福管理区」といったが、人々は依然として「村」と呼んでいた。管理区とは、広東における最も基層の行政単位で、広東省に特有の名称である。通常は複数の自然村を包括し、他省の行政村に相当する位置づけであった。しかし、広東の管理区の広さは、平均して他省の行政村よりはるかに大きく、それは主に人民公社時代の制度の名残である。人民公社の時代には、公社は一般の省では郷に相当する規模であったが、広東の公社は規模がたいへん大きく、地域によっては県に匹敵する規模のものさえあった。このため、広東の生産大隊の規模もまたたいへん大きかった。人民公社の解散後、大隊は管理区に改組された。納福管理区は西水鎮に属し、鎮の中心地区からおよそ10キロあまりのところに位置して、7つの自然村を包括していた。1994年1月の時点で、およそ4,000名の村民（戸籍人口）と、約3,000名の民工とその家族（外来人口）が居住し、民工は大多数が他省から来ていた。管理区弁公室は集団企業5社を擁し、そのすべてが請負を行っていた。管理区にはおよそ15社の外資企業（いずれも小規模な工場）があり、全社が管理区弁公室に人頭税を納付していた。1993会計年度には、区弁公室の可処分収入は300万元以上あり、うち請負による収入が125万元にのぼった。区弁公室には約15名の職員がいた（正規の幹部・臨時雇用者の合計）。幹部によれば、職員は同年度に5,000元のボ

26 聞き取り：Yen199405。

表3.2　台陽の新工場が納福村に毎年支払う費用

項目	金額（単位：人民元）
人頭税（管理費）	10元×1,700人×12か月=204,000元
特別費	200,000元
計	404,000元

出所：筆者収集・整理

ーナスを受け取ったという。

台陽の李総経理は、中国中央の政策変動をめぐる情報に極めて精通していた。台陽が新工場に移転する決定は、当時の中国国務院副総理・朱鎔基が一連のマクロ改革を発動した時期と一致しており、驚くにはまったくあたらない。外資企業が新たな合作相手を探し求める動きと中央の新たな改革のプランとが同時に生じたことには、意味があるのだ。前述したとおり、為替レート一本化とその他の規制緩和措置によって、地方幹部と外資企業との間の相互作用の環境に変動が生じ、またそれぞれにとってのインセンティブの構造にも変動をもたらした。加えて、台陽の「三免四減」にも期限が近づいていた。李総経理にとっては、今の最重要課題は、さらにコストが低く、より信頼のおける新たなパートナーを見つけだすことだった。心理面の要素も作用した。李総経理は、自身謂うところの「混乱した社会」で、7年もの間ビジネスに従事してきた。今や、ゲームのルールに精通したという自信があり、自身の情報ネットワークも持ち、莞強以外の人間関係も営んでいる。この新たな局面において、彼は「二度と再び、大陸の連中とデタラメな真似やニセモノの合資なんぞに現(うつつ)を抜かす気は失せたのよ」。つまり、彼は現地の人との間に透明でシンプルな合作関係を持ちたかったのだ。彼は、台陽の運営モデルのリニューアルを図っていた。台陽は、新しいマージャン卓に新しいマージャン仲間、そう、一切がまったく新しい関係を必要としていたのである。

台陽は、さらに多額の資金を中国に投じた。納福の新工場には総額900万米ドルが費やされた。この計画は1993年から徐々に進められ、新工場の立地と合作相手の模索から、機器類の追加購入まで、諸々の事柄を含んでいた。最終的に納福を選び、現地の幹部との間に掛け値なしの独資企業としての契約を交わした。新工場は1,700名から2,500名の従業員を雇用し、予定する年間生産高は最高で4,000万米ドルであった。

台陽は、1平米あたり140人民元で、納福管理区弁公室から3万平米の土地を「購入」した。1995年1月、台陽の新工場は納福での操業を開始した。同工場は毎年、管理区弁公室に対して約20万元の「管理費」を支払った。今回もまた、管理費の金額は「頭数を数える」方式で算出された。工員一人あたり毎月10元、工員の人数は1,700人に固定して計算した（表3.2を参照）。地方の合作パートナーに支払うこの費用の名称は、現在は「管理費」というが、李総経理は習慣的に「人頭税」と呼んでいた。この人頭税のほかに、双方の交渉の過程で、台陽は村に対し毎年20万元の「特別費」を支払うことに同意していた。

台陽が納福村に移転するに際して獲得した条件は、以前の莞強が提供した条件に比べると格段に手厚いものだった。「三免四減」の優遇税率は、これまでと同様に得られた。輸出割当のほか、納福は台陽が東莞で享受していたのとほぼ同じ各種サービスを提供したが、支払うべき料金の額は莞強の三分の一だった。その上、新たな台陽の生産能力は、以前の台陽をはるかに上回った。毎人月の労働力について生じる「人頭税」の実額を試算すると、莞強では64元だったのに対し、納福ではわずか16元で済んだ。また、管理費の支払いの方式も、煩瑣な外貨収入創出のプロセスを必要とせず、人民元を納福管理区弁公室に直接納付すればよくなった。このようにざっと見るだけで、納福村の求める料金は莞強よりはるかに低かった。ただし、台陽は土地賃借料として400万元以上を前払いしていた。

納福村が選ばれた理由は簡単だった。近隣の多くの管理区が、競い合って手厚い条件を提示してきたのだ。台陽は比較考量の末、納福村の条件が他の村よりさらに競争力を具えていることに気づいた。決め手となったのは、この新たなパートナーは、あれやこれやの費用をせびってくることが他の競争相手よりも群を抜いて少なかった点であった。実のところ、納福村は近隣の村に比べ交通が不便で地の利が悪く、開発の遅れた管理区であった。そのため、よりよい条件を提示して投資誘致に努めていたのだ。台陽が新工場の建設準備に追われていた時期、工場移転の計画はすでに撤回困難な段階であったが、にもかかわらず莞強のマネージャーは何度も李総経理に接触し、莞強を台陽の新体制に組み込み資本参加させるよう求めた。しかし、李総経理はこれを拒否した。「しゅうとめが一人増えてみろ、いいことなぞ何一つあるものか！」という理由だった。台陽としては、莞強が今後も合作に絡んでくれれば、簿外支出がかさむだけで、実質的な利益はさして得られなかろうという懸念があった。

政策が大きく変動したこの時期に、莞強はこうして実入りの良いビジネスを失うこととなり、両者の関係にすきま風が吹き始めた。聞くところでは、莞強のマネージャーは説得しても効果なしとわかると、台陽が不利になるような脅しをかけ始めたという。どのように不利だったのか。李総経理は具体的なことを話そうとせず、ただ当該のマネージャーについて「手段が卑劣」だったと何度も愚痴った。規定によると、台陽が享受してきた所得税減免の条件の一つに、企業の経営期間が10年以上必要という項目がある。仮に台陽が莞強との「合資関係」を打ち切り、つまり経営を終了すると、これまでに減免を享けた税額を追加納付しなければならない。ここから判断するに、莞強側に交渉の手駒が全くないわけではなかった。そのほか、加工費の未納分および手続料（市政府が要求する費用）の計算方法をめぐる確執も解決に至っていなかった。台陽が「新たな相手と新たなご縁を結ぶ」ことは、それまでの、お互いに熱が冷め徐々に悪化した「同床異夢」の関係を終わらせることでもあった。李総経理の心のうちで、莞強はすでにかつての保護者から略奪者へと姿を変えていたのだ。「下手な芝居は、だらだら長い」という台湾の慣用句さながら、時間のかかる撤退作業は1995年にようやく幕引きとなる。台陽は莞強との合作を段階的に停止し、最終的には「協商」の方式で、このすっかり饐えきったパートナー関係を終了した。

制度的環境が転換を遂げたこの期間には、国家（中央政府）が新たな政策を推進したことで、地方政府と外資企業の間で取引きされていた「相対価格」に変化が生じ、ひいては両者の相互作用のモデルにも変更をもたらす様子を確認できる。政・商関係ネットワークはある特定の政策的構造の環境内に埋め込まれており、外部の制度環境にひとたび変化が生じれば、政・商双方の間の合作または「共謀」関係は、必ずやその影響を受け、調整を迫られることになる。

3.8. 人頭税の制度的出現

台陽の物語が示すように、人頭税というものの運用は、広東の成長モデルにおける一つの構成要素である。人頭税という現象を起点とし、繭から生糸を取り出すように、広東モデルの制度的構造の起源をさかのぼってみたい。この制度的構造は、正規のルールとそうではない非正規のルールを併せ持ち、また官僚集団のレントシーキング行為をも内包する。人頭税は、地方の政・商間取引の媒介項として、広東の労働集約的工業化を、外資の主導のもと、猛烈な勢いで展開せしめた。新制度派経済学の立場からは、人頭税は広東成長モデルを体現した「制度的均衡」（institutional equilibrium）であると言えよう。

広東において、人頭税はなぜ出現したのか。それはどのように出現したのだろう。図3.4に人頭税制度の起源を示す。まず（図中の（1））、国家政策の中に外貨レート二本立て制が存在し、輸出を通じての外貨収入創出を奨励した。また外貨留保制度を実施して、地方官僚を投資誘致活動に注力するよう促した。忘れてならないのは、1990年代初期以前の中国は、なお外貨を切実に欲していたという点である。外貨不足は、外貨収入創出メカニズムを活性化する構造的な力であった。当時は、対外貿易に従事することと外貨を使用することは、ともに行政上のある種の特権であった。広東では、対外貿易権は上から下へ、最終的には基層の政府機関にまで委譲され、すべての政府機関が一定額の外貨収入創出の責任を担っていた。それゆえ、すべての機関は目標の額を創出せんがためにあらゆる方法を講じて努力を尽くした。だが、地方幹部が外貨収益のノルマ額を負担するとき、彼らにはどのような実際の利益があったのだろう。その答えが外貨留保であり、これが幹部にとって外貨収益を得ようと努力するインセンティブとなったのである。

起源の二点目は加工費であり、これは外貨収入創出メカニズムと緊密に結びついている。加工費の振り込みのプロセスを具体的に突き詰めていくと、とりもなおさず一種の予算外経費の創出・収受メカニズムであることがわかる。この外貨収入創出を実行するプログラムとは、官僚が集団となって行う組織的レントシーキングのメカニズムに他ならない。莞強と、同社に身柄を預けて世話

図 3.4　人頭税の制度的起源

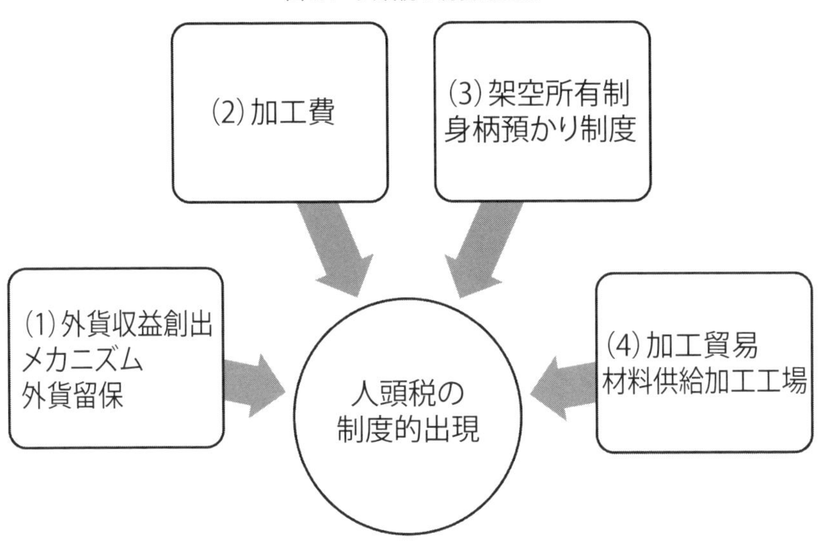

出所：筆者作成

になる外資企業の間で行われる交換の関係は、この性質を余すところなく示す。こうして、事は第三の起源とも関わりあう。つまり、政府機関または国営の企業・事業部門が架空所有制のお膳立てならびに保護を提供してくれることである。当時の中国に一般的であった多種多様な「弾力的で融通の利く」所有制の関係は、政府機関による身柄預かり制度をあまねく指向していた。つまり、一種の新たな形態のローカルな政・商関係がここに誕生し、身柄預かり機関が身柄を預ける企業から「身柄預かり料」ないし「管理費」を徴収するようになったのだ。

さて、これら互いに関わり合う制度的因子は、第四の起源を指向するようになる。それが加工貿易であった。これらの一見複雑に絡み合う制度構造は、「材料供給加工工場」という当時の主流となった企業組織モデルをスムーズに運用せしめる方向に働いた。台陽公司は、表面上は合資企業であったものの、その生産方式といい企業の運用といい身柄預けのモデルといい、外資企業が独資で経営する材料供給加工工場全般と何ら変わるところはなかった。

図 3.5 「人頭税」の名称の流動性

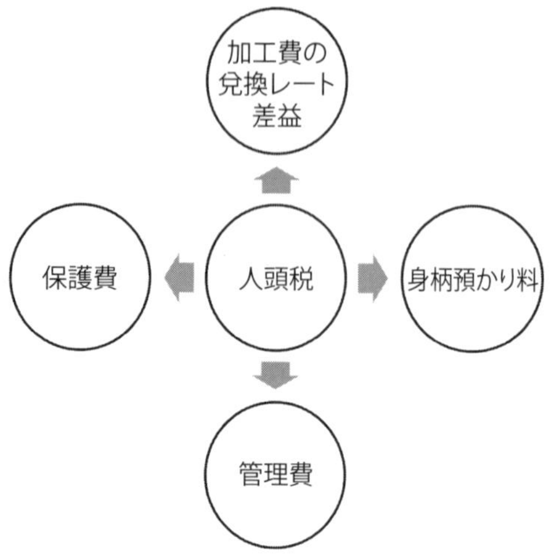

出所：筆者作成

地方幹部は架空所有制を与える身柄預かりサービスを通じて、そのサービスを提供する相手に対し、排他的なレントシーキングの権利を獲得する。サービスを受ける相手はその「勢力範囲」となり、その保護に預かると同時に、保護の対価としての費用を支払わねばならない。歴史上のある段階において、身柄を預けてサービスを享受する企業が「管理費」の支払いを理にかなうと考えていた時期には、当該企業にとってこの経費は「正当な」ものであったろう。だが、政策的環境の要素が変動し、当該企業がこのような経費の支出を不合理と考えるようになると、正当性は失われ、身柄預かりを行う政府機関はあたかも「みかじめ料」をゆすり取るやくざのごとき「略奪者」に変貌する。このように、同一の経費であっても、行動主体の違いや時期の違い、制度的構造の違いによって、異なる名称が冠されることがあり、またずいぶん異なる主観的印象を伴うこともある（図3.5を参照）。色とりどりの語彙があるが――人頭税、加工費の兌換レート差益、身柄預かり料、管理費、保護費――、いずれも「政・商間取引のコスト」に他ならない。本書では、この「政・商間取引コスト」を、組織的レントシーキングと解釈している。異なる名称は、絶えず流動し変容するシンボルのように、主体が切り替わったり時間が推移したり環境が変化したりするのに伴い、正反対のイメージや価値判断を呼び起こす。流動という現象は、法則が見当たらずつかみどころがないことを意味するものではない。研究者の仕事は、その流動が歴史上どの時点にあるかを捕捉し、ある制度が構造の隙間からどのように浮上し、その後どのように消滅したか、それを観察することである。

1994年の春、筆者は広東省台陽公司で働く若い民工のカップル（琴さんと董さん）が河南省の実家に帰省する際、ふたりに同行した。帰省先は駐馬店市遂平県の田舎の村である。遂平県は当時、生活維持の最低ラインをようやく上回る貧困県であり、若者は村で仕事が見つからないため、人口流出が著しかった。村には若年世代が不在の世帯に暮らす「留守老人」や「留守児童」が多く、近親婚も珍しくなかった。一人っ子政策の基準を超えたため出生届を出さない「闇っ子」も多かった。地元の政府は財政難にあえぎ、農産物の仮受取証の発行（打白条（ダーバイティアオ）。農産物の買い取りを掛けで行い、つまり代金をすぐに払わず、品物の受取証のみ発行すること）が当たり前に行われ、農民にむやみに費用を割り当てて徴収すること（強制貯蓄の名目を含む）も珍しくなかった。

写真3.1：筆者は琴さん・董さんとともに広州から列車に乗り、駐馬店駅に到着すると、ふたりの記念写真を撮った。

写真 3.2：駐馬店駅前でお茶などを売る店。

写真 3.3：遂平県の田舎にある琴さんの実家に到着。農家の居間に貼られたのは毛主席などのポスター、その両側には現代の美人モデルのカレンダー。小さなテレビは娘が買って帰ってきた。

写真3.4：琴さん一家が勢ぞろいして記念撮影。背景の新居は、出稼ぎに行った娘たちの送金で建てたもの。前列左から、琴さんの母、同父、近所の人々。後列左から、琴さんの妹、琴さん、董さん、琴さんの兄嫁、同兄。兄と兄嫁は沿海地区に出稼ぎに行っていない。

写真3.5：一家の生産手段である牛とロバ。背景には新旧の農家の建物が並ぶ。

写真3.6：麦畑の景観。遠くにレンガ工場の煙突が見える。土を掘り出してレンガを焼くレンガ工場は、当地唯一の企業であった。

写真3.7：留守老人と留守児童が主体の村。背景には「貯金は光栄」なる標語。

写真3.8：壁の標語は、当地の近親結婚は禁止しがたいことを図らずも示す。

写真3.9、3.10（次頁）：遂平の村で農家にお邪魔した。いずれも子女が沿海地区に出稼ぎに行っている家庭。当地出身の多くの同郷者が同じ沿海地区で働き、はなはだしくは同じ工場を紹介し合って一緒に働いている。典型的な労働移民の国内連鎖現象である。この2点の写真と写真3.4を見ると、服装や背格好・たたずまいや表情から「工業の身体」と「農業の身体」の対比が見て取れる。

写真3.10：左から2人目は筆者（台陽従業員の董さん撮影）。

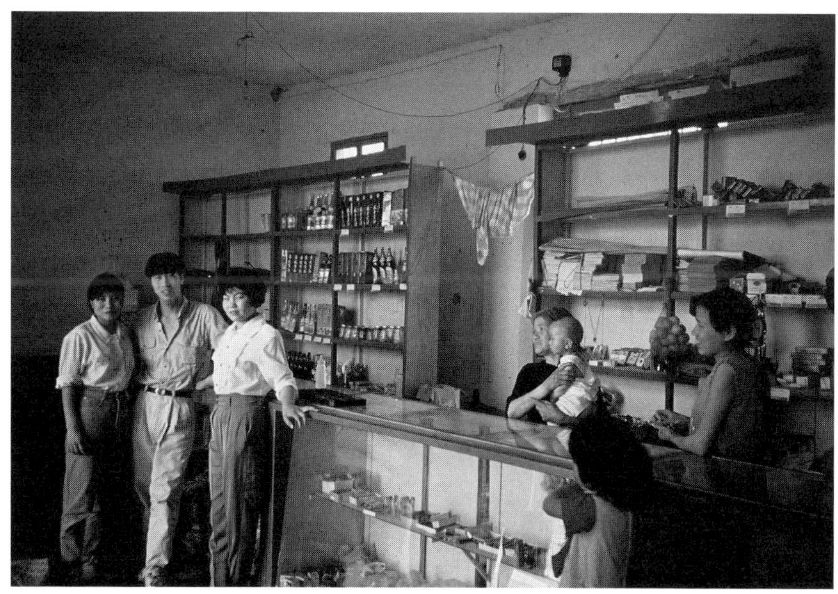

写真3.11：村で唯一の売店。最も基本的な生活用品を売っている。

写真3.12：村に残る若者。ビリヤードが彼らの日常生活。

第 4 章

台陽公司　1995-2010年

1994年は、鍵となる改革の年であった。制度の変遷の面から言うと、この一年は、中国政府が一連のマクロ改革を断行し、地方政府とメーカーのインセンティブ構造ならびに両者間の相互作用のモデルが改革された年であり、従って、地方の政・商関係にもひとかたならぬ変化がもたらされた。

税制改革について。中央政府は地方に国税局を設立して自ら徴税を行うようになった。地方政府に上級政府への上納を義務付けた従来の方式が改められたことになる。現在、地方政府がメーカーに対し税の減免の権限を持つ項目は、当該地方政府に税収が帰属する部分のみである。企業所得税がその一例である。これに対し、中央に帰属する税は、例えば付加価値税の大部分がこれに当たり、地方政府が減免を行うことはできない。税制改革は、税収の分配率を中央が掌握することに貢献した。従来、中央と地方の分配比率は4：6であったが、これが短期間に6：4に逆転した。中央政府の財政能力は大幅に向上し、これにより、中央は税収面において優位を保つこととなった。

為替レート改革について。人民元の大幅な下落は、加工輸出企業の価格競争力を大きく引き上げた。為替レートの二本立て制を廃止したことで、地方政府が外貨振込みに際して交換レートの差益を獲得する行為は法的基盤を失い、地方の制度を活用した外資の「相対価格」にも変化がもたらされ、また外資の地方政府に対する価格交渉力も相対的に増大した。全体として、これらの改革は、沿海地区を全面的に開放しようとする中国の戦略に付帯する一連の措置であった。これ以降、広東は独走を続けることができなくなった。長江デルタ地区（上海・蘇州南部・浙江北部など）が広東を猛追し、大量の外国直接投資を呼び込む局面が作られていく。

国家の政策の変化は、台陽と莞強の合作関係にも波及した。前章で述べたとおり、外貨レートの一本化以降、莞強は為替レートの差益を狙ってレントシーキングを行う余地を失ったが、しかしこうなると、莞強は無償で台陽にサービスを提供するようにはならなかったのだろうか？　そのようなことはあり得ない。莞強は台陽に対し、(「管理費」などの名目の) 別な形で引き続き費用を支払うよう求めた。だが、台陽はその額が高すぎると感じ、そのため両者の関係は初期の愉快な合作から、確執の末、袂を分かつものへと変貌してしまったのであった。

4.1. 納福村：EOI成長モデルの基層単位

台陽が自前の工場建屋建設を決断すると、まず実行したのは「土地の購入」であった。台陽は納福村の農地に目を付けた。村の幹部が積極的に動いた結果、台陽はこの「村集団所有」という所有形態の土地を順調に取得し、「国有土地使用証」を得る手続きを段階的に行った。まず「郷鎮企業土地使用証」を申請・取得し、次に国有土地使用証の申請手続きに進み、土地収用費を追納したことで、土地収用のコストを大きく圧縮することができた[1]。簡単に言うと、納福村は土地を外資に安く売り渡し、それによって安定した管理費収入を手中にしたのである。

納福村は基層行政組織であり、中国の労働集約型加工貿易という発展モデルを支える基本となる単位でもあって、新興工業化が進んだ村落の典型的な縮図と言える。ここではまず、この行政村の概要を見ていこう。2006年から2007年にかけて、納福管理区の現地戸籍住民は1,000戸余りで、総人口は5,000人余り。外来者の人口は主として民工で、4万人余りを数えた。1994年に台陽が納福に新工場を建設した時点の外来人口は3,000人であったから、外来人口の増加の速さが窺い知れる。

4.1.1. 身分による権力のピラミッド

2006年から2007年にかけ、納福管理区には幹部8名が配属されており、そのいずれも村委員会[2]の委員を兼職し、給与月額は5,000元から1万元の間で、

1　中国の法規に基づき「一度にすべてを片付ける」正規の手続きを行って農地を収用し、「国有土地使用証」を取得すると、多額の費用が生じる。だが、村の幹部が土地の使用権を事実上掌握していたので、手続きを分割し段階的に行うことで、企業の土地取得にかかる費用負担を低減することができた。

2　［訳註］「村委員会」は、村政府に相当する行政機関。

例えば加工弁公室主任の月給は8,000元余りであった。ただこれは帳簿上の収入に過ぎず、この他に少なからぬ福利が伴った上、仕事で豪勢な消費にあずかる機会も多かった。「集団」つまり村が富裕であったため、一般の村民の福利も手厚いものであった。村には幼稚園が設置され、村内の児童は無料で通えた。中学生が鎮[3]の学校に通う際は、村の無料送迎バスが毎日出た。村民は、女性は満50歳、男性は満60歳になると年金を申請でき、管理区から毎月200元が、「社保基金」から150元が支給された。村民全員が農民保険（「新農合」）に加入し、毎月20元の保険料を負担するが、その他の部分は管理区が補填した（政府からも一定額の補助があった）。この他、村民には年1回のボーナスもあり、主として企業が上納した管理費の額により、毎年1人当たりおよそ3,000元から5,000元が支給された。

納福は富裕な新興工業化村落であり、地代と管理費という収入があったため、「村営集団福利」を実施する財政的体力に恵まれていた。しかし、これらの福利は同村の住民のみを対象としており、外地から来た4万人余りの民工は同村の戸籍を持たず、つまり村民の身分を持たないため、これらの福利システムから排除されていた。村委員会委員は住民の選挙により選出されるが、民工たちにはこの村落基層選挙の投票権もなかった。これは、民族集団の違いを理由とする線引きにも似た、公民としての身分に差序のある体制に他ならない（図4.1を参照）。外地から来た人間は二等公民とされ、この村落政治体において生活を維持するのみであり、社会のピラミッド構造を上方移動する術はない。外地の民工と地元住民との間には、身分の違いという越えられない境界線があったのである。

勤労所得の面では、民工が受け取っていたのは最低賃金と残業手当であった。2006-2007年の規定によると、広東省の最低賃金は780元・690元・600元・500元・450元の5つの級別に分かれ、東莞は690元の級別と定められていた。当時の労働の実情に照らすと、一般労働者（生産ライン担当者）は毎月100時間余りの残業をしており、1か月の賃金額は最高でも1,400元前後に過ぎなか

3　［訳註］「鎮」は、村の上位の行政区分。第5章註14も参照。

図 4.1　納福村における、公民としての身分に差序のある構造

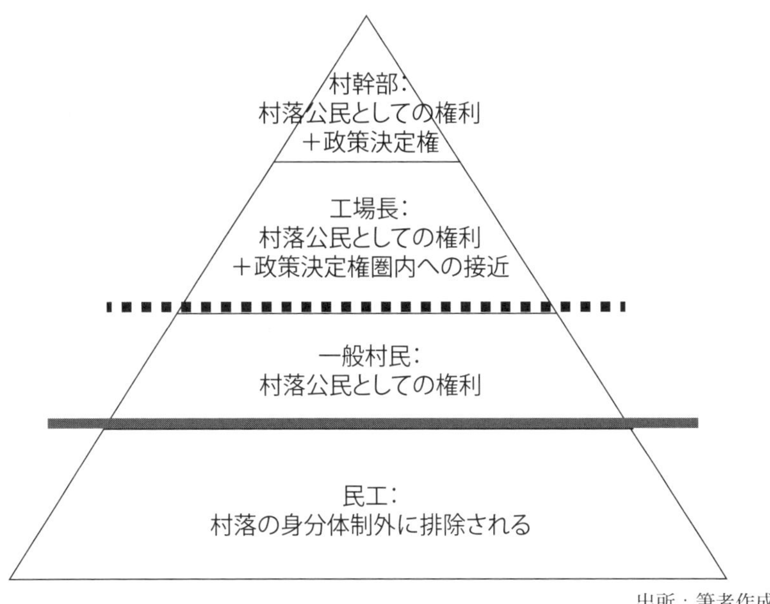

出所：筆者作成

った。仮に企業が社会保険料を実情通りに申告していたなら、労働者1人あたりのコストは1,800元前後になる。村の幹部の給与額が5,000元から1万元の間であることと比べれば、その差は大きい。

地元と外地の間の身分格差のほかに、地元住民の間にも権力の不均衡という現象はあった。村の幹部が最も多くの特殊な権力や経済的利益を享受していたが、管理区から各企業に派遣された「工場長」も相対的に多くの経済的利益を得ており、2007年の時点でこれら工場長の給与は3,000元ほどであった。同じ時期の台陽の民工の賃金と比べると、例えば生産ラインの班長の場合、基本給と残業手当を合わせて約1,700-1,800元であった。現地に住む一般の村民の収入源と言えば、民工向け賃貸アパートの大家、雑貨店経営、「バイクタクシー」などだった[4]。村の幹部は土地を賃貸する権力を手にし、「グレーな収入」を得る

4　経済状態が改善すると、村民はバイクタクシーの商売をしなくなり、外来の民工がこの業界を引き継ぐ格好となった。東莞では2008年からオートバイの乗車

機会が激増した。台陽は納福に毎年20万元の「特別費」の支払いを承諾したが、それが結局どの人たちの懐に入るのかは、永遠に謎であった。1990年代初頭以来、広東の経済が発展した地区では、農村幹部が勝手に土地を賃貸に出したり村の集団の収益を付け替えたりする行為に村民が抗議する事件が後を絶たなかった（呉介民 2000）。2011年には広東省陸豊で村民が激烈な抗争を行った「烏坎事件」が勃発したが、これもまさに村が集団所有する土地が生む利益の分配をめぐる揉め事に端を発していた（張潔平 2016）。ただ、納福村ではこの種の抗争が起きたことはかつてなかった。筆者は1995年に納福管理区事務所ビルのロビーで「財務公開」の掲示板を見たことがあるが、そこには毎月の財務状況が掲示されていた。

図4.1の実線は、外地の人間と地元住民の間の境界線を示す。それは絶対的で、構造的で、越えられないへだたりであった。他方、点線が示すのは、地元住民のうち幹部と非幹部（一般の村民）の間の距離であるが、これは相対的なものであり、両者の間には権力が不均等に配置された関係が存在する。しかし、一般村民が幹部に対して告発や反抗の挙に出ることはあり得た。

4.1.2. 架空の工場長制度

管理区と管理区内企業との連携や日常の意思疎通の懸け橋となるのは、企業に派遣され常駐する「工場長」である。2006年から2007年にかけて、納福には100社余りの企業があり、うち60社以上が外資で、その他は民営企業であった。管理区はどの企業にも工場長を派遣しており、村委員会書記または加工弁公室主任が委嘱・派遣していた。村民が創業した企業の場合は、その村民の親戚を工場長に委嘱することができた。村が台陽に派遣した工場長は「秀ちゃん」という女性で、2007年当時40代だった。彼女は1992年から村内の企業で工場長を務め、1999年に台陽に派遣されてきた。台陽は村内では大手の工場で（台陽に並ぶ規模の企業は数社のみ）、給与も福利も手厚かったので、秀ち

が禁止されたが、興味深いことに、村民は村内では依然としてバイク通勤を続けていた。これは、村の公民権を持つ地元村民がささやかな特権を享受していたことの表れである。

ゃんにとっては栄転と言えた。台陽は秀ちゃんにどんな業務を任せたのだろうか。答えは、村で「PRをする」ことであった。では、このような役回りがなぜ「工場長」と呼ばれるのだろう。それは、「三来一補」制度のうち「材料供給加工工場」の仕組みをそのまま用いたものであった。材料供給加工の本来の意味は、外資企業が原材料を中国に送り、中国側がOEM製造を行ってできた完成品を輸出することであり、中国側は「OEM製造費」(加工費)のみを受け取る。従って、中国側は加工工場の責任者1名を置かねばならず、これが「工場長」である。しかし、実務上は、いわゆる材料供給加工では外資企業がすべて自前で生産管理を行うので、工場長なる存在は中国側が派遣してきて工場にいるだけの、いわば誰でもいい人であり、建前は「工場長」でも、ほとんどの人は生産管理に明るいはずもない。いきおい、工場長の機能はPRや情報発信・交流へと変質していった。理論上は、台陽は外資の独資企業であり材料供給加工工場ではないので、管理区は工場長を派遣する権限を持たないはずであった。しかし、現地にある1000社を超える外資企業の工場と同様に、台陽は郷に入っては郷に従えというわけで、この制度を受け入れた。どのみち、人事コストもたかが知れていた。

この他、政府の政策に従って、台陽は工会(労働組合)を設立する義務があった。だが、とりあえずそれらしい体裁を整えたのみであり、果ては秀ちゃんが工会主席に就任したので、集団的協商(団体交渉)や労働者の権益保護などといった役割は影も形もなかった。ある経験豊富な課長級の民工は、これを裏付けてこう述べる。

> 台陽は工会を作りはしましたが、集会は不定期で、開かれないこともしょっちゅうでした。工会の主席は工場長で……三資企業の工場は労働法に沿ってやっているところは少ししかなくて、ただ、これ(工会)がなくてはいけない決まりだというので、うちにもできましたけど、活動をしっかりやってはいませんでしたね、定期的に会議を開くとかはね。[5]

5　聞き取り:ZJY200603。

4.1.3. レント収受階級と、多重搾取

納福村のような単位は、広東省には星の数ほどあり、村落全体の経済活動が外資を中心に展開していた。村落経済は外資に依存し、外資を通じてグローバル資本主義経済に接続している。村幹部と工場長のチームは、この政治経済体の中にあって外資と結びつき、地方成長同盟の構成要素となった。彼らの役回りが帯びる機能は、直接生産に従事する性質のものではない。そうではなく、土地ブローカーや労働力あっせん業者やPR会社に類似して、「レント」を徴収するのだった。加えて、村幹部の重要な仕事として、村落内の社会統制がある。一般的に、彼らはメーカー内部の社会統制に介入することはできない。例外は国家が達成を求める任務であり、例えば女子工員を対象とする出産規制や妊娠検査実施などがこれにあたる。経済が急速に成長し、外来人口の比率ならびに人口密度がこれほど高い社会システムにおいては、高圧的な政治的規制は必然的に生じるものであり、対象が外来の民工であるか、村幹部に不満を持つ一般の村民であるかを問わない。村幹部は民兵組織を擁し、これが「治安維持の請負」を担った。それは村落という行政階層において国家による抑圧装置となっていた。一言で言うと、村幹部に加えて彼らを取り巻く工場長たちは、「レント収受階級」（rentier class）を構成していたのである。ここで言う「レント」には、企業が納付する管理費、工場建屋の賃借料、地代、それに「民工労働力」の仲介手数料が含まれる。村全体が、「ミニチュア版レント収受国家」（mini-rentier state）のようなものであった。

この種の村落政治経済構造は、中国式資本主義体制の制度的特殊性を体現しており、それはまた民工に対する二重の搾取（double exploitation）でもあった。第一の搾取は、一般によく知られるマルクス主義の分析における階級搾取であり、第二の搾取は、民工という身分を理由とする身分搾取である。民工は外来人口と位置付けられ、地元の村の社会的経済的権利を享受することができない。具体的には、村の集団福利・社会保険および社会福祉・就業の機会・子女が教育を受ける権利など各方面に及ぶ。メーカー（外資企業に限らず）にとっては、民工の賃金が故意に低位に抑えられ、またその社会保障コストが減免されることは、ともに労働コストの大幅な削減を意味する。中国では、このような二重

の搾取の関係は、公民としての身分に差序のある体制と強力に絡み合っている。中国政府は今世紀始めより、民工の待遇について徐々に改善措置を講じ、また新たな法令（『労働契約法』、『社会保険法』など）を公布しているが、それでも依然、公民としての身分における差序という構造的問題の根本的解決には至っていない。

納福村は、中国の労働集約型EOI成長モデルの基本的な政治・経済面の単位として、台陽新工場が身を置いた社会空間であった。実のところ、台陽の李総経理はじめ台湾の幹部たちには、このような環境は決してなじみのないものではなく、あとは新たな村の人間関係に適応するだけでよかった。工場の移転に際し、既存の従業員全員を引き続き雇用し、移転後は事業拡大により、さらに多くの従業員を募集した。以下では、同社が新たなマクロ環境の変遷にどのように適応してきたか、および社内の人事と戦略はどのように変化したかを、引き続き観察する。焦点を当てるのは、会社の指導権力の継承と製品のアップグレード、政・商関係の変化、社会保障の厳格化がもたらしたコスト増大とストライキ、そして最終的に経営活動を終了するまでの過程である。

4.2.　二代目への事業承継

台陽は典型的なファミリー企業である。初代は台湾で貿易商として創業し、1970年代末には代理店となって、受注した仕事を中南部のOEM工場に回した。当時、初代社長はまだ30歳前後の若さであった。1980年代後半には東莞に工場を開設して、製造業に参入する。今世紀初めになると、この世代はそろそろ定年退職が近づいてきた。2000年には、初代はなおも工場の現場にしばしば出入りして仕事に励み、約10名の台湾の幹部が雇用されており、台湾にはサンプル部門が存続していた。この段階では、台陽への発注元の半分が米国、残り半分は日本とヨーロッパで、製品は中価格帯のものが中心であった。

2000年代初頭に、台陽公司は事業承継を開始し、リーダーシップを創業者である初代から若手世代に移転した。二代目の総経理はベン（Ben）（仮名）といい、米国で企業管理の正規の訓練を受けて修士号を持ち、欧米での実務経験も豊富な人物である。引き続き国外でキャリアを積もうと考えていたベンだが、ファミリー企業を承継することにした理由は「使命感」であったという。どのような使命感だったのか。簡単に言うと、ファミリー企業を「近代化」したい、製品のアップグレードを果たし、自らのブランドを生み出したい、という思いだという。ベンのような経歴を持つ台商の二代目は、中国では稀ではなかった。過去十数年にわたり、我々は中国沿海部の台商が集中する地区で、同様のバックグラウンドを持つ数多くの二代目経営者に聞き取り調査を行ってきた。ベンが工場を引き継いでからしばらくの間は、公司の古参幹部を相手に慣らし運転の期間だった。李総経理は、引き継ぎ期間中は工場に残って協力してくれたが、じきに引退したので、その後はベン一人の責任でやっていかねばならなかった。当時、彼は30歳を過ぎたばかりであった。

4.2.1. たたき上げ台湾幹部の文化

台陽の古参幹部のうち一部は、第一世代の典型的な「たたき上げ職人が幹部に成り上がった」人たちであった。金型職人や生産ラインマネージャーなど、技術にはめっぽう強いが、「近代的」なマネジメントには疎いタイプである。例えば、筆者が東莞のとある台湾資本のかばん類メーカーで聞き取り調査を行った際、生産現場を統括する陳アシスタントマネージャーは、もといた台湾工場では課長で、彼の特別助手は生産ラインの班長であった。彼ら彼女らが台湾にいた時は、労働集約型の工場で数百人を雇用するところは大手と言えたが、広東に来てからは、工場の生産規模といい生産ラインの本数といい従業員数といい、台湾の規模をはるかに上回っていた。そして、彼らの職階と給与もまた、しばしば「三段跳び」よろしく跳ね上がった。彼らは台湾から中国の労働の現場に入って中国の労働者を管理した先遣隊の面々であり、これら台湾幹部が向き合った労働者の大部分は、内地の農村から沿海地区に出てきたばかりの第一世代の民工であった。この両者の間にあった認知の隔たりや衝突の種がいかに大きいものだったか、想像がつこうというものだ。第一世代の台湾幹部が幼少時に台湾で受けたのは反共かつ権威主義的な教育であったから、自分は今や「匪賊の地」に来たのだということをしばしば強調し、「阿六仔」(中国大陸の人)を信用せず、また彼らへの優越感を隠そうともしなかった。

これら旧世代の台湾幹部は、労働者に対しては厳しく型にはめる管理、いわゆる「軍隊式管理」を行った。軍隊式管理というやり方は、日本企業が1960年代から70年代にかけて台湾で行った管理(規則が厳しく、指揮に服従し、秩序を重んじ、身体の鍛錬に熱心など)の経験と、台湾に特有の兵隊文化を融合したものであり、男性的でマッチョな特質が強調されていた。1995年のこと、筆者はこの工場で、台湾幹部が生産ライン労働者の作業上のミス1件に対し、声を荒らげて10分間にわたり叱責するのを目撃したことがある。この幹部は、事後に筆者に対しこのように語った。「ああしてガツンと言わないと、覚えやしないんですよ」[6]。初期のころは、東莞の治安は極めて悪く、列車・長距離バス車内の強盗や窃盗などの事件が後を絶たなかった。陳アシスタントマネージャーは筆者にこう言った。「来て最初の数年というものは、毎月の給料日にはもう緊張したなんてものではありませんよ。そりゃ、強盗が怖くて。給料日を毎月同じ日になんかできませんでした。知らせが漏れたらえらいことですから。我々は、万一に備えて、ピストルを手元に置いていたんですよ」。もちろん、陳アシスタントマネージャーの言うピストルには、実弾はこめられていず、威嚇用に過ぎなかったが。「それと別に、一度、厨房の食事の用意が遅すぎて、工員たちが奪い合いで飯を盛り始め、暴動になる一歩手前にまでなりました」[7]。初期の現地調査の際、筆者は夜になると台湾幹部らとお茶や酒を酌み交わして雑談したが、彼らがしばしば口にした話題は、大陸の人との接触をめぐるマイナスの経験であった。

酒の付き合いも、第一世代の台湾幹部の日常生活の一部分であった。筆者は、1989年にいち早く中国に駐在した台湾籍幹部である邱総経理に聞き取り調査を行ったが、彼は2004年にこのように回顧している。

あのころはね、週に7日カラオケに行っていた。一週間のうち7日。

6　聞き取り:CY199506。

7　聞き取り:Chen199506。

毎日、飯を食い終わればカラオケに行って歌ったよ。前に東莞でね、統計を取ったら、早死にした人というのが、そう俺のころにね、初期のころに来たエリートで、そうなった人の割合が高いそうだよ、40代から50代で他界したのが。ぜんぶ酒のせい。酒の飲みすぎだわ。俺は当時まだ若かったから、何とか今も生きてるけど。あのころはね、誘いの電話が来れば、行かないなんてことはあり得なかったし、行けば必ずハシゴだ。それに、あの時期に来ていた人たちはほとんどが年配の世代で、台湾でもずっと飲んでばかりの人たちだもの。付き合いが欠かせないというのはね、大陸に来ようが同じことで、こういう文化というのは変わりようがないのさ。ここ2-3年はね、俺もずいぶん飲まなくなったよ、友だちが来た時に飲むくらいで、今はだいぶ飲まなくなった。[8]

この聞き取りは、旧世代台湾幹部の飲酒文化というものの普遍性を描き出している。大陸の官僚との付き合いに必要だというだけでなく、彼ら自身もこの習慣にどっぷりとつかっていた。多くの旧世代台湾幹部曰く、酒食を共にしなければ商談は成功しないしトラブルも解決できないとのことで、万やむを得ないように聞こえる。しかし実のところ、酒の付き合いは多少なりとも回避できるのだ。邱総経理による15年来の変化の比較は、いわゆる飲酒文化も変わりつつあることを示している。

4.2.2. 新旧世代のマネジメントスタイルの差異

ベンは台陽を引き継いでしばらく経つと、新たな布陣を積極的に展開した。それは、高学歴の財務専門スタッフの導入、生産管理情報のコンピュータ管理、投資の拡大などを含む。台陽が新たに投資した生産ラインはもっぱら高価格帯製品を生産するもので、この高価格帯部門をもって日本から米国のブランド市場へのシフトを図った。有名ブランド市場に攻め込む戦略の一つは、国際的ブランドの株式を所有することであった。これにより、2006年から2008年まで

8　聞き取り：Chiu200404。

の間、台陽の生産規模と売上高は最高を記録した。この間、台陽は中国国内市場の開拓も試みたが、こちらはほどなく手を引いた。台陽は中国では一貫してOEMを手がけてきたため、中国国内市場で戦うことは全く新たなゼロからの挑戦であり、長期にわたり「授業料」を払わねばならず、かつ、かなりの期間は赤字を覚悟せねばならないことが予想されたからである。

ベンのこうした経営スタイルや志向性が旧世代の古参幹部との間に摩擦を生んだかもしれないことは、想像に難くない。摩擦の出どころは、両者の経営理念およびマネジメント哲学に見られた差異であったろう。古参の世代は台湾から中国に乗り込んできて、さまざまな荒波の中を生き延びてきた経験の持ち主であり、そこで得た「腕」や「道理」にはひとかどの自信を持っている。ベンが鋭意変革に勤しむことは、旧世代幹部の目には、筋が通らず見込みのない行為と映ることがしばしばであった。ある年の旧暦新年を控えた歳末のこと、筆者と研究仲間たちは台陽が納福村の幹部のために開いたカラオケ大会に参加した。村の若年層の幹部たちはこぞって参加していた。ベンは出席していなかったが、マネージャーのジェリー（Jerry）が来ていた。彼は酒嫌いで下戸である。皆にしこたま酒が入ったころ、一人の古参台湾幹部が、離れたところに座っているジェリーを指さしてこう言った。「あいつみたいななあ……あんな仕事のやり方があるか……酒の飲み方ひとつ知らんとは」。この古参幹部に言わせると、中国で地元の幹部と「酒を酌み交わし、交誼を結ぶ」ことは極めて重要であり、酒を飲むことこそ関係をはぐくむ道筋なのである。旧世代幹部の目には、これら「若造」は、荒波に揉まれたことのないひよっこに見えるのであった。

4.3.　政・商関係の変化

台陽と現地の官僚・幹部との間にあった政・商関係の変化は、マクロ的条件の変遷と合作相手の転換、および中国側官僚の資質・素養の向上という点に主に表れた。

1995年以降、台陽は独資の会社を設立して、納福村に移転し、土地を購入して工場を建設し、さらに二段階の手続きを経て「国有土地使用証」(略称「国土証」)を取得した。国土証を擁することの利点は、使用期限内(50年)には使用権を自由に売却できることである。また、公司の組織の面では、台陽は「材料供給加工工場との間に加工の契約を締結する」手続きを行う必要がなくなった。この形式上の手続きは、独資企業であるゆえに免除されるのである。しかも、当時はすでに外貨の一本化が始まっており、中国側の合作相手は加工費の外貨レート差益を徴収する法的根拠を失っていた。だが、地方政府は長期にわたってこの巨額の加工費レート差益に依存してきたため、今なおあれこれ策を講じては、外資から合作をめぐる何らかの名目で簿外費用を徴収していた。こういった背景のもと、台陽は納福村との協議の中で、小さくない額の「管理費」を支払うことを承諾していた。

4.3.1. 材料供給加工から材料輸入加工へ

新たな合作関係においては、加工モデルおよび加工費の取り扱いは、従来の「材料供給加工」から「材料輸入加工」[9]に転換した。台陽はなおも香港から広東に加工費を振り込まねばならなかったが、振込みに当たっては「差額の入金」という方式を採った。差額の入金とは、どのような操作であろうか。台陽のマネージャーのジェリーは、こう説明してくれた。

> 差額の入金というのは、外国企業が「輸入額から輸出額を差し引いた差額」を振り込むというもので、この差額は必ず外貨で振り込まないといけません。これは広東の特殊な方法で、他の地域にはないやり方です。三来一補から続く特殊なオペレーションですね。[10]

9　[訳註]「材料輸入加工」とは、これまで無償で提供を受けていた材料を輸入し、その代金を支払って行う加工貿易のこと(第2章註31参照)。これは中国側から述べた語であるが、同じ方式を外資の立場から記述するなら、従来は無償で提供していた材料を輸出し代金を受け取る「材料輸出加工」あるいは「材料有償提供加工」ということになろう。

10　聞き取り:Jerry200909。

この処理方式について専門の研究者が与えた定義を見てみよう。

> 加工費の計算は、独資企業については、材料輸入加工のモデルで行われる。材料輸入加工にかかる外貨の送金は、収入をもって支出を相殺する形で処理してよく、輸入通関申告書と輸出通関申告書の額面の差額を振り込めばよい。従って、送金すべき額は毎月の固定支出額におおむね合致する。(張聰德 2004)

両者の説明は互いに辻褄が合い、前述の分析を実証している。広東の加工貿易モデルには一貫した外貨収入創出・収受のロジックが存在し、たとえマクロ的制度面で改革や変更があろうとも、その実務の手法には経路依存の痕跡が明らかである。注意したいのは、材料輸入加工のオペレーションにおいては、加工費の計算根拠から「頭数を数える」概念が脱落している点である。さらに、入金した外貨を人民元に兌換する際に為替レートの差分を天引きされることもなくなった。

しかし、中央の政策の変遷が地方のマクロ的経済条件に変動をもたらしたにもかかわらず、広東の地方幹部のレントシーキング行為は依然として幅を利かせていた。管理費や社会保険料などの件をめぐり、外国企業と現地政府の間には、なおも大きな交渉の余地が広がっていた。加工費の他にも、外国企業はさまざまな別名目の費用の支払いを求められた。例えば、1990年代半ばに台陽の古参幹部が言うには、現地に「食糧供給難」という言説が広がった時に、同社への食糧の供給を確約するという名目で、「食糧確保費」の納付を求められたという[11]。2000年代の初頭から半ばにかけては中国沿海地区の電力供給が不足したが、この時には企業が「電力確保費」を徴収されたと聞く。筆者が2007年に現地での聞き取り調査で把握したところでは、東莞市公安局だけで、企業に対して以下の名目の費用を徴収したという。消防施設関連費、治安連絡防犯費、工商治安管理費、治安巡邏費、保安管理費、保安訓練費、暫住

11 聞き取り：Su199508。

証費（以上のうち、村委員会を通じて徴収された費目もある)。このうち「暫住証費」は、外来人口管理制度の改革が進行するにつれて廃止された。近年、外国企業の管理の厳格化が進むと、奇妙な名目の費用は少なくなったが、制度として確立し、納付せねばならない数々の「レント」はなおも存在する。

台陽がこの時期に地方政府との間で行ってきた相互作用を観察すると、制度の変化が「コネクション」の運用のあり方に転換をもたらしたことがわかる。そこにはいくつかの特徴がある。第一に、付き合いで行う飲食が減り、話題にも変化が生じた。第二に、地方官僚が公然と「甘い汁を吸う」（賄賂をせびる）ことが減ったが、しかし組織的レントシーキングやレント山分けゲームは依然として行われていた。第三に、台陽が納福村に納める管理費は年ごとに額が減っていった。第四に、「工場長」の制度について透明度が高まった。

4.3.2. 台商協会は「酒を飲むところ」

旧世代の台商幹部にとっては、中国側の人たちとの付き合いに励むのは避けようもないことであった。だが、新世代のマネージャーたちにはこれが常に重荷であり、避けられるならなるべく避けていた。付き合いについて、ベンはこう言う。

> あちらさんも、進歩してるんですよ。大陸の若手幹部を見てごらんなさい、高学歴で、酒やカラオケが好きな人ばかりってわけでもない。食事の時の話題もレベルが高いですよ……納福村の今の書記は、鎮政府で副局長を務めた人で、まだ30代ですよ。お互い若くて年齢が近いから、話題も一致するし、親しみが持てますよね。それに、若い書記さん自身も、ああいう年寄り連中と酒を飲みたいとも思ってなくて、お互いに軽蔑し合っています。その上、書記や幹部は子どもを外国に留学させている人が多いから、僕自身の英米滞在の経験が、いくらでも話題になるんですよ。[12]

12　聞き取り：Ben200504。

話題が社会保障局との関係に至ると、ベンはこう述べた。

> この点はね、「関係」つまり「コネクション」というものは、つくづくきりがない。だから、そうですね……彼らと深く交流する方向に踏み込むのもありでしょうし、いくぶん距離を置くのもありでしょう。これの匙加減というものは、ちょうどいい頃合いにしたくても、これが正解という基準はないんですよね。当社の工場は、近くに山があって、今いる大陸側のいわゆる工場長ね、工場長は管理区が指名して送り込んでくる人ですけど、この人の家に果樹園があって、ライチの樹が500本あると。で、そのうち4本をうちの工場が借り切って、それがライチ400斤分[13]ほどになるんだけど、社会保障局の人をそこにお招きしてライチ狩りを楽しんでもらうんですよ。これも「コネクション」ですね。ライチ狩りの後は、これは昨日のことだね、昨日はこの人たちを納福のレストランにお招きして接待しましたよ、まあそういう感じです。こういう場合、僕は顔だけ出して5分で失礼して帰ってきますよ、こういう催しは大人数だから。本当に僕が出て行くべきなのは、個人的に約束してコーヒーショップで会うような場合が多いですね。[14]

東莞の台商協会の話になると、ベンの反応はストレートだった。曰く、台商協会は「酒を飲むところ」であり、企業経営に何のメリットもないと。実のところ、中国の各地に数多くの台商協会があり、やはり一定の経済・社会的機能を有し、情報の発信・共有や政・商関係の育成といった社会空間を提供してはいる。ベンのコメントには、彼自身の好み、台商の仲間うちの飲酒文化への嫌悪が現れている。しかし何であれ、彼の主観的な評価から、「コネクション」のありようがゆっくりと微妙に変化しつつあることは確かだろう。さまざまな変化の現れの一つは、官僚の「しぐさが優雅になり」、がさつでむき出しな賄

---

13 ［訳註］「斤」は中国の重量の単位で、1斤は500グラム。従って、400斤は200キログラムに相当する。

14 聞き取り：Ben200406。

賂の要求といった行為は少なくなった点である。

だが、コネクションと付き合いは、今も重要である。ベンは言う。「でも実のところ、どんな費用や税金も逃れられるんですよ。こちらがコネクションを使いたいか、そのリスクを負うつもりか、それは引き合うのかどうか、考え方ひとつです」。コネクションを活用するなら、リスクを引き受ける覚悟が要る。ここでの公式は、「税や費用を逃れる利益」が「コネクション維持のコストとリスクのコスト」を上回るかどうかである。コネクションをめぐるポリティクスのそろばん次第で効用についての論理が決まるのであり、人情といった要素に主導されるわけではない。十数年来、「企業の社会的責任」（corporate social responsibility）の実施は厳しさを増し、発注元であるブランド企業は人を送り込んで「工場の点検」を行う。だが、これに対処するコツがあるという。「（工場の点検の際）外国の企業はたいがい2つの別な地域の代表を派遣してきて、共同で点検させるんです。不正や汚職を防ぐためですね。それでも、やはり赤いポチ袋に入れた袖の下をつかませる者はいますよ。……点検では、現地の法令に沿ってさえいればいいんです。だから、コネクションを使って『当工場は社会保険何名分に加入し、労働局の規定に合致している』云々のペライチの書類を作ってもらい……それに大きなハンコを押してもらえば、それでOKというわけです」[15]。

4.3.3. レントシーキングのゲームは続く

中国政府は、企業は障碍者を一定の割合で雇用しなければならないと定めている。これについて、納福村の幹部は台陽にある「方法」を伝授した。

> 従業員総数の1.5%にあたる人数を雇用しなければならない規定ですが、社会保険加入者数をベースにすればよく、従ってうちの工場は12人ほどがノルマの人数でした。けれど、村の書記と協議した結果、一つの方法を思いつきました。この経費に相当する額を管理区に渡し、対

15　聞き取り：Ben200406。

外PRに充てるというのです。こうすれば、食費、光熱水費などの名目で控除が可能だし、最低賃金の適用も不要で、一人当たり400元ほどの申告で済むんですよ。政府の規定では、雇用しなかったら、このお金は労働局に納付させられます。[16]

この「方法」(合意)からは、いくつかのことがわかる。まず、政府が障碍者雇用促進のために行う政策規定が、地方に降りてくるとレントシーキングのチャネルになっている。次に、正規の政策が非正規のレントシーキング活動と化し、地方の複数の政府部門がこの「レントの奪い合い」「レント山分け」のゲームに参加している。第三に、レント山分けゲームであるゆえ、納付する額には交渉の余地があり、相談のうえ値引きが可能である。頭数も減らせるし(きわめてお得な割引だ)、最低賃金も安くなるし、また支出実態のないいくつかの費目(食費、光熱水費)での控除もできる。第四に、金銭を工場所在地の村に渡し、労働局には納付しない。

以上の事例を見るに、外国企業が地方幹部との間に良好な関係を維持することは、なおも必要である。コネクションの重要性たるや、実のところ、ベンが認める以上に大きい。しかし、何であれ、ベンは新世代としてのやり方でこの政・商関係を維持しようと試みていたのだった。

4.3.4. 管理費の漸減

前述したとおり、台陽が納福村との間に結んだ合作の主な条項に、毎月高額の管理費を支払うというものがあった。当初の協定では、台陽が村に払う額は月4万元であったが、この額は十数年の間に徐々に減っていき、2008年には1万5000元ほどと、当初の半額以下になっていた。台陽の立場からすると、「人頭税」の減額は地方の制度が「軌道に乗った」ことの現れであり、一種の「進歩」であった。管理費の減額は、労働集約型の加工貿易という地方経済にとって欠かせない産業において、中国側の「価格交渉力」が喪失しつつあることの

16 聞き取り:Ben200406。

表れである。その原因は複雑で、珠江デルタの村落間の外資誘致をめぐる競争が激化したこと、珠江デルタ地域の優位性が減退し、メーカーの国外移転や内陸部への移転が生じたほか、新規進出企業も必ずしも広東を最優先に考えなくなったこと、中国の経済制度が整備されて正規化が進み、透明性も高まったことなど、要因はさまざまである。管理費の減額はまた、広東において加工貿易従事企業の平均収益が下降し、そのため地方幹部に対し徴収額の減額を求める実態があることをも示す。第2章の分析と並べてみると、今世紀に入ってから加工費の差額の利ざやが地方財政に占める割合が徐々に低下している点は、ここでの論点と互いに支持しあうと言えよう。

納福村について言うと、個別のメーカーの管理費は減少したとはいえ、多年にわたって進出してくる企業の数が大幅に増加したため、全体としての収益はなおも目を見張るものであった。

4.3.5. 秀ちゃん工場長の気まずい役回り

納福村にいる100名余りの工場長の任務は、生産に直接介入するものではなく、管理区が工場に派遣した広報担当者もしくは連絡員というものであった。同時に、この制度は村人に高収入の就職の機会をもたらしていた。管理区とメーカーの間に立つ工場長の役割は、分析に値する。ある時、5-6名だけでの会食の場で、我々は台陽の工場長・秀ちゃんと台湾の幹部・ジェリーとのやり取りを耳にしたが、それをここに記したい。筆者が秀ちゃんに、工場長はどのように選ばれたのかを質問した。秀ちゃんはうまく説明できず、ジェリーが待ってましたとばかりに割って入り、答えてくれた。

> 工場長は、外経弁（加工弁とも）の主任が選んで、工場側はその人選を承諾するかどうか決めることができます。派遣される村の人は、大きな工場に行きたいですよ、大手は給料も福利もいいですから。村側は、企業に工場長を派遣するときは、まず社長（企業）に通知します。……村から通知が来て、これこれこういう人が来るという情報が判明したら、その人（工場長候補者）と面接します。その結果、合意すれば、その人

の赴任が決まります。……秀ちゃん工場長が来てから、台陽はいろんな仕事を用意しましたよ。「外部とけんかする時」とかね。……村の人にとっては、自分が工場長を務める工場がダメだったら、自分もメンツが立ちませんから、自分の工場のメンツをかけて戦ってくれるわけです。……秀ちゃん工場長と我々と、お互いに助け合う関係ですよね。例えば、管理区で何かの活動があるときは、彼女が情報を持ってきてくれ、われわれはすぐにその支援に動きます。

秀ちゃんが、タイミングを見て話に加わってきた。「工場長は、地元と企業が助け合うよう、互いを結ぶ働きがあります……」。ジェリーがすかさず突っ込んだ。「監視もあるよねえ！」。秀ちゃんはこれを聞くと、笑いながら釈明した。「そんなこと、あったためしがないよ……あたしは、あたしたちの工場を守ることのほうがずっと多いよ」。ジェリーはこれに同意した。秀ちゃんは続けて言った。「中国側の工場長は、納福管理区のイメージを代表する存在でもあり、企業の発展を助ける存在でもあります。この結びつきは、工場の利益も守りますし納福管理区のイメージも守りますので、切り離すことができません」。筆者は尋ねた。「工場長は加工弁としょっちゅう会議をするのですか？」。秀ちゃんは言った。「そうでもありません、村民小組[17]会議とか工場長会議には出ますけど」。彼女は会議の一例を挙げた。それは安全面の宣伝に関する会議で、工場の生活環境や生産の安全を含むという[18]。

このやり取り（口をはさむ、話の主導権を奪う、反駁するなどを含む）が示すの

17 ［訳註］「村民小組」は、中国の行政機構のうち、農村の住民自治組織である行政村の下部に置かれる補助組織。行政村の範囲が広い場合や土地の集団所有権の関係がある場合など（後者は、2010年の法改正により追加された）必要に応じて設置され、村民小組が所有する土地や財産の管理を行う。行政村と村民小組を合わせて「村」と称する。村民小組会議は、村民小組の意思決定機関である（宮尾恵美2011「中国村民委員会組織法の改正」『外国の立法―立法情報・翻訳・解説』No.247, pp.111-131；山田七絵2013「中国の「村」を理解する――共有資源管理を手掛かりに」『アジ研ワールド・トレンド』217, pp.20-24.）。

18 聞き取り：Ah-Xiu200701。

は、以下の事柄である。まず、「工場長」が珠江デルタでは一種の制度化した役割となっていて、彼女は村が派遣して工場に駐在するいわば村の代表であり、工場のため対外的交流の一部分を担うが、工場の内部運営に口出しすることはできない。次に、工場長は村と企業の間に立つ広報担当者である。第三に、工場長は工場の動態を「監視」する機能をも兼ね、村（村民会議・村委員会・加工弁）に対し情報提供を行う。例えば工場の環境衛生・安全などがそれにあたる。第四に、地元の村民にとっては、工場長になるのは悪くない仕事であり、特に規模の大きい外資の工場に送り込まれるのは、役得の多いおいしいポストである。

この会食の間、台商幹部のジェリーが終始強気の態度で、秀ちゃん工場長は「守勢」に回っているという印象を強く抱いた。一つには、秀ちゃんの慎重で控え目な人柄によって説明がつくだろうが、その他にも、工場長の立ち位置を明らかにすることへの気まずさ、ばつの悪さもあったと思われる。工場長の秀ちゃんが受け取っていたのは外資・台陽の給料で、それにもかかわらず、彼女は台陽と管理区の仕事を二つながら担当していた。台陽と管理区は合作パートナーの関係にあるが、工場長は管理区の意に沿って工場を「監視」する任務をも帯びていた。外国企業と地方政府との関係は、合作相手でもあり、互いに警戒する対象でもある。工場長とは、まさにその両者、企業と地元との利益の交換ならびに監視（反監視）の中間に位置する紐帯に外ならない。外資と中国側との「同床異夢」の関係が、ここにありありと露見していた。

4.4.　幹部の現地化と経営コストの増大

外国企業が中国駐在を始めた当初の段階には、マネジメントや技術を担える現地の人材が不足していたため、メーカーは一般に本社の管理職スタッフを多数送り込んでいた。台商について言うと、1990年代後期まで、台湾の幹部を駐在員として派遣するコストは依然としてかなり大きかった。その当時すでに比較的軌道に乗っていた台商の場合、大陸に派遣する人員の給与は台湾勤務の場合と比べて2:1、つまり倍額であり、加えて住居や往復航空券（平均して2-3か月に1回の頻度で台湾との間を行き来していた）などの福利も企業が負担した。しかし、中国の管理職人材の増加、中国側が資本主義式オペレーションモデルに習熟したことや、台湾幹部の供給過剰や、企業のコストダウン圧力が絶えず増大したことなどにより、台湾と大陸の給与水準比は、2000年代後期には1:1にまで下がっていた。同様に、台商も中国の経営環境および人材市場についてより通暁した結果、「幹部の現地化」が大勢を占める趨勢となり、台陽もその例外ではなかった。台陽は、1990年代半ばには台湾にあるサンプル部門（常時数十人を雇用していた）を徐々に東莞工場内に移転し、そこでは主に中国の従業員を雇用した。最終的に、台湾のサンプル部門を廃止し、そこに数名だけ残っていたベテラン職人たちも東莞に派遣した。これにより、台陽は多額の人件費の削減に成功したのである。

4.4.1. 幹部の現地化

工場でマネジメントにあたる幹部の現地化も、同時に進行していた。1990年に筆者が観察し得たところでは、台陽の生産ラインに配置された大陸籍の幹部は最高位でも課長止まりだった。だが2000年代の半ばには、大陸籍の従業員で幹部を務める者の最高位は所長にまでなっていた。所長の上はアシスタントマネージャーで、それは台陽公司の工場（製造現場）における最高位のポストである。言い換えると、大陸籍幹部は現場生産ラインにおいて最も上級の管理職を務めるまでになっていたのだ。台陽の大陸籍所長2名はそれぞれ品質管理と生産を担当し、2006年から2007年の時点で、月収は4,000元近かった。ベンはこう言う。「彼ら（大陸籍従業員）がどのくらいまでできるかは、やはり本人しだいです。当社は、大陸籍だから昇進の機会がないという設計にはしていません。そうではなく、彼らがこれまでに受けた教育のバックグラウンドが、管理職に就くには足りないんです。ですから私はこの数年ほど、彼らを研修に送り込み続けてきました」。注目に値するのは、筆者らが大陸と台湾の労働力全般の資質の比較について質問した際の、ベンの反応だ。

台湾から来る幹部には、とてもがっかりしています。やる気がまったくありませんから。（台湾の）大卒者も採用する勇気はありませんね。採用するのはやはり大陸での実務経験がある人です。（台湾の大卒者は）台湾籍の幹部ならこちらに来れば責任者になるだろうというつもりでいますが、しかし実はまったくの新米ですよ。わが社の大陸籍幹部には20年選手が1名いますが、台湾籍幹部で勤続20年の人なんかひとりもいません。あまつさえ、経験ゼロの身で責任者を務めようだなんて。責任者になるなら、ていねいに一所懸命に仕事に取り組まなければなりません。台湾籍だというだけで、マネージャーだのアシスタントマネージャーだのの椅子を用意してもらえるもんですか。台湾でも、大企業に勤めたら、課長になるのに十数年かかりますよ。大陸に来れば、台湾人だからポストをもらえるとでも？[19]

この当時、台陽が東莞に工場を開設してちょうど満20年になろうとしており、確かに一部の古参の大陸籍従業員は創設時から今まで勤め続けていた。だが、台湾から東莞に派遣された駐在幹部にも、開設時から今までずっと続けてきた人は何人かいたのである。ベンのこのコメントは、彼の主観による台湾の若手同僚に対する失望を現しており、同様の発言は、中国の台商たちの雑談からもしばしば聞かれるものであった。彼らの共通認識は、台湾の若年層の競争力は低下の一途をたどっており、大陸の若者世代の闘志やハングリー精神にはとてもかなわないというものであった。実際のところ、中台双方の若者世代の仕事に取り組む態度についてのベンの評価は、中台両岸の産業発展構造の段階的差異を反映しているのだが、ベンの比較にはこの発展段階の差異の要素は組み込まれていず、主として人事コストに着眼している。

幹部の現地化と同時に、台商の経営コストも上昇しており、それは特に労働コストの面で顕著であった。こうした状況はあらゆる外国企業に当てはまったが、とりわけ労働集約型産業への衝撃が大きかった。広東モデルによる加工輸

19　聞き取り：Ben200701。

出産業は、一貫して民工の低廉な賃金を売り物にしていた。だが、2000年代初頭から半ばに「民工大凶作」の現象が起き（陳慧榮2006)、民工の最低賃金も徐々に上昇した（国内の職工つまり正規労働者との比較や国際比較では、なお相対的に低賃金であったが)。2008年の時点で、東莞の最低賃金（台陽の経理は「基本給」と称した）は770元であり、台陽が従業員に支払う初任給はまさにこの770元という「基本給」の額であった。残業手当を加えると、従業員（ライン工）全体の平均給与額は約1,450元であった。比較のため、同時期の当地の紡織業の実態を見ると、残業時間がさらに長いため、手取りの平均は1,800元に達していた。労働コストの上昇は、労働集約型産業にとって、絶えず「利益を食いつぶす」以外の何物でもなかった。

4.4.2. 社会保険費用の増大

社会保険料の料率に関する中国政府の規定は、労働集約型輸出メーカーにとって、給与水準に対してかなり割高なものであった。だがそれは、メーカーが法規を完璧に順守して社会保険料を納付し、かつ地方政府も法を順守して執行するならば、という仮定に基づく話だ。しかし、中国各地の社会保険関連の規定は一律ではなく、それぞれに異なる政策が存在していた。上海・蘇州・深圳・東莞という沿海工業地域4都市における社会保険料を比較すると、民工を対象とする社会保険の保障水準は東莞と深圳が最も低いことがわかる（呉介民2011:80-81)。つまり、東莞の企業が負担する社会保険料の額は相対的に低い。そればかりか、東莞市の政府も社会保険の加入率について緩やかな政策を採用しており、メーカーは従業員数のうち一定比率の社会保険加入を満たせばお咎めなしの状況であった。筆者が2007年に東莞の外資製造業5社を対象に調査を行ったところ、老齢年金保険の加入率はわずか10-30%であった。しかも、東莞市の政府は老齢年金保険とその他3種の保険（「三金」）を別に納付することも認めていた[20]。老齢年金保険は保険料が最も高額の保険種別であるた

20　一般に、社会保障には老齢年金・医療・労災・失業・出産の五種の保険が含まれる。東莞市は、出産保険を取り扱っていなかったので、台商は社会保障を「四金」と称していた。老齢年金を除いた残り三種が「三金」である。

表4.1　台陽公司の社会保険加入項目と拠出すべき額（2006-2007年）　（名目値）

項目（社会保険「四金」のうち）	従業員1人当たりの拠出すべき額
老齢年金保険	140.4元／月
医療保険	15.6元／月
失業保険	11.8元／月
労災保険	7.8元／月
計	175.6元／月

出所：筆者収集・整理

め、大部分の企業ではこれに加入・拠出する意欲は低い（表4.1を参照）。台陽の2006年から2007年における社会保険料支出額を例に取ると、従業員1人当たりの社会保険料は175.6元で、うち年金保険料が140.4元と全体の80%を占める。また従業員の側も、離職後に東莞で老齢年金を受給できないなどの理由で、保険料を払いたくない傾向にあった。従業員に老齢年金保険料を納める気がないとなると、資本側にとっても、これに加入する必要はないだろうという口実ができる。従って、いくつもの要素が合わさり、老齢年金保険の加入率は低迷していた。

中国政府は2011年に「社会保険法」を施行し、併せて社会保険口座の「他地域移転」（地域をまたいで口座を移動できる制度）をも施行した。新しい政策は社会保険加入率の上昇に明らかに貢献し、また他地域移転も実施の途上にある。

表4.1に挙げた費用の額は、台陽が実際に拠出した額ではない。これは「拠出すべき社会保険料」の額であり、実績額とは異なる。さて、表4.2は台陽が1994年から2009年までに雇用した従業員数と社会保険加入率の記録である。1994年当時、台陽が雇用した従業員の数は平均1,500人で、この年に納付した「人頭税」の人数は600人であったので、加入率は約4割に相当する（つまり、約6割の減額を享受していたことになる）。これは当時当たり前に行われていた手法であった。過去に現地調査の現場で「社保金」という言葉を聞いたことはあるが、加入人数は極めて少なく、申し訳程度にお茶を濁しただけという実態であった。中国政府は1990年代末ごろから、外資に対し社会保険料の厳格な徴収を実施した。台陽より得た明確な資料によると、それは2005年に始

表4.2　台陽公司の従業員数と社会保険加入率（1994-2009年）

	従業員数	社会保険加入者数		加入率	
		老齢年金	その他三金	老齢年金	その他三金
1994年平均	1,500	N/A	N/A	N/A	N/A
2005年4月	2,000	320	660	16%	33%
2007年1月	2,300	530	1,060	23%	46%
2008年平均	2,400	720	2,400	30%	100%
2009年初頭	1,200	360	1,200	30%	100%
2009年平均	900	270	900	30%	100%

出所：筆者収集・整理

まっている。2005年4月の時点で台陽は従業員2,000人を雇用していたが、老齢年金保険の加入率は16%にとどまり、その他の「三金」（医療・労災・失業）の加入率は33%であった。その後の数年、中央政府は外資企業に対し保険加入率をめぐる圧力を強め、東莞市政府はいきおい検査に力を入れることとなった。2007年1月時点で台陽の従業員数は2,300人、老齢年金保険加入率は23%に上昇し、その他「三金」の加入率は46%にまで上がった。その後の2年間で、老齢年金保険の加入率は30%に達し、「三金」は完全加入を達成している。ここからわかることは、老齢年金保険の加入率は30%に届けば「上限に達した」のであり、つまりこの数字はおそらく地方政府が容認しうる最低線だったと思われる。また、社会保険料の値引きは台陽にとって労働コストの大幅な削減を意味したことも確認できる。社会保険料の実績ベースの納付率は年々上昇しており、これに伴い経営コストは増加していた。表4.2からは、もう1つの興味深いデータを見いだせる。2008年（「労働契約法」施行の年）より前の数回の調査では、老齢年金保険とその他「三金」の加入率は、1:2の比率を示していた[21]。これは明らかに、東莞地区での社会保険加入率における一つの暗黙のルールであった。そして「労働契約法」施行後には、「三金」の完全加入の実現は必須となった。

「三金」のうち、労災保険は特筆に値する。広東地区に来ている外来の民工の社会保険加入率が一貫して低いことは、公然の秘密であった。そして、労働

21　朱胤慈（2011）も、これと一致する知見を示す。

者の安全にかかわる労災保険については、長きにわたり「頭数を買う」現象が続いており（劉開明 2004)、従って保険未加入の従業員の身にひとたび労災事故が起きれば、途方もないリスクとなりうる。台陽はこのリスクを回避すべく、従業員総数の一定割合について労災保険（「三金」の中に組み込まれているもの）に加入し、この他に民間保険会社の団体労災保険に加入することで、万一に備えていた。

4.5. 工場閉鎖

2008年に国際金融危機が起きると、翌年には中国の輸出向け発注が激減した。2009年の輸出衰退のなか、台陽は他の多くの台商と同様に、工場の閉鎖を選択した。表4.2が示すように、台陽の従業員数は2007年から2008年にかけてピークに達したのち、急速に減少している。2009年の初めには1,200人いた従業員が、同年末にはわずか数百人になり、この年の平均従業員数は900人と、最盛期（2007-2008年）の半数に落ち込んでいた。台陽の2009年の受注量は、2008年に対して7割の減少となった。ベンは2009年上半期に訪米して市場の状況を視察したが、そこで感じたのは「死んだような静寂さ」であり、それゆえ工場閉鎖を決断したという。

4.5.1. ストライキ

前述したように、台陽は十数年来コスト削減を図り、台湾本社の規模の縮小や香港支社の支出削減などを含むさまざまな措置を講じてきた。金融危機に加え、2008年の「労働契約法」施行も非常に大きな圧力となった。台陽では同じ年にストライキも起こったが、そのきっかけは給与額の調整であった。2008年に東莞の最低賃金が690元から770元に上昇した。台陽の給与明細には、表向きはこれを反映する調整があったものの、いくつかの費目が源泉徴収された結果、実際の給与額は上がらなかった。これが従業員の不満を呼び起こした。ストライキが起こると、台陽は速やかに譲歩し、従業員側の要求の大部分に応じた。ジェリーの回想によれば、ストライキは突然勃発したという。従業員が国道を占拠して交通を遮断し、地方政府はあわてて会社側に圧力をかけてきた。この時は折しも製品出荷のピーク期で、進退窮まる厳しい状況となり、「譲歩する以外の選択はありませんでした」。この時、「数人の古株の台湾幹部は隠れてしまい、出て来ようとせずに、高みの見物を決め込んでいました」[22]。この言い方からは、二代目の事業承継組と古参台湾幹部との間の摩擦が再び想い起こされる。この当時、東莞・深圳の一帯では、類似したストライキの事案が非常に多かった。それらの発火点は、いずれも最低賃金や残業手当の値上げをめぐる争議と関連していた。

ストライキもまた、台陽が工場閉鎖を決断する理由であった。しかし、「合法的な工場閉鎖」（若干の他社が行ったような悪質な倒産や夜逃げではなく）を成すには、数々の煩瑣な「幕引きの仕事」が待ち受けていた。最大の問題は、巨額の退職金の支払いである。法令の定めでは、勤続年数が12年に達すると「頭打ち」になり、つまり最長12年として計算する。これは従前の方法であった。新たな「労働契約法」が2008年1月に施行されると、その後の計算式は新法の定めによることになった。給与月額の計算方式は、従業員一人当たりの手取り平均給与額および残業手当額に基づく。例えば、ある従業員は台陽で18年勤続しており、うち16年は旧制度に当たるので勤続年数は12年の頭打ちとなる。残る2年は新制度での計算となり、この従業員は14か月分の退職金を受け取ることになる。しかし、台陽が支給を考える退職金の額は法令の定めより低く、「この点については従業員との協議が必要でした。協議の方式は団体交渉ではなく、個別に行いました。従業員が会社側の計算方法を受諾すれば、同意書にサインしてもらい、今後の紛争が起きないようにしました」[23]。表4.3は台陽による退職金の計算方式である。

台陽は、巨額の退職金の支出を何とかして抑えようと、知恵を絞りぬいた。一つには、2008年末以来受注量が減ったため従業員数の削減（downsize）を進行中だったので、この流れに乗じて事を運んだ。次に、残業の減少や「二勤

22　聞き取り：Jerry200902。
23　聞き取り：Jerry200909。

表4.3　台陽の退職金計算方式

勤続年数（4年区切りとする）	4年未満	4-8年	8年以上
退職金	2か月分	4か月分	6か月分

出所：筆者収集・整理

三休」を進めた結果、給与額が下がったことで、自分から退職する従業員が出てきた。退職時には、「退職書」にサインさせた。第三に、工場が長期休暇を実施し、休暇後に戻ってこなかった従業員については自動的に退職扱いとした。以下の証言は、会社側が工場閉鎖を行う前の「テクニック」を赤裸々に描いている。

> こちらは（今この時点で）退職金を払って辞めてもらうことなどできませんから、自然といなくなってもらうようにしました。休暇を取らせたり、夜の残業をなくしたりすれば、給料は自然と減りますから、大方の従業員は、ここにはうま味はない、よそへ行って稼ごう、という気になりますよ。（その他に）当社の就業規則も、以前よりさらに厳しくしました。前は、喧嘩をしたら罰金90元でしたが、今は喧嘩には……罰金をもう少し重くしましたし、当事者以外に関わった者がいればそれも一緒に（処罰するようにしました）。[24]

従業員の多くは、会社が工場を閉鎖する予定であるとは知らずに退職した。そのため、台陽が2010年に工場を閉鎖した時点で、支払った退職金の総額は数百万元ほどにとどまり、当初予測の1,000万元以上には至らなかった。

4.5.2. 消灯ラッパ

当時、香港・台湾の企業が工場を閉鎖する事例は非常に多く、その大半が「夜逃げ」であった。台湾の雑誌はこれを「台商大逃亡」と称したものだ。な

24　聞き取り：Jerry200909。

ぜ逃げるのか？　ジェリー曰く、「立つ鳥跡を濁さず、とばかりに一切の後始末をきちんとするのは、とてつもなく難しいから」で、「すべてをほったらかして高跳びする方が、よほど楽なんです」と。工場の閉鎖に当たっては、従業員への退職金の支払い以外にも、税務処理（国税・地方税・関税）、ならびに「未払金」を帳簿から抹消する処理が必要であった。広東では、三来一補という歴史的経緯ゆえ、未払金の抹消には「差額抹消」方式が採用されていた（長江デルタ地区の「全額抹消」方式とは異なる）。通常は、差額抹消の幅は20%前後であり、すなわち加工費の部分ほどに相当する。しかし、メーカーはしばしば中国国内で物品を購入したので、実際には帳簿上の均衡は失われ、壊れている。つまり「在庫一覧」は実態を反映しない虚構であり、帳簿の辻褄が合わない。こうした問題を、工場閉鎖時には逐一処理せねばならないのだった[25]。この類の問題は広東に特有の状況であり、経路依存的な制度がたどった末路の典型と言える。

台陽は、注意深く慎重に工場閉鎖関連業務を進めた。夜逃げして後始末を顧みないということはしなかった。その根本的な理由は、台陽が独資企業であり三来一補企業ではなかった点にある。台陽の工場の土地と建屋については、国土証・不動産証を取得済みであった。これは莫大な資産であり、長い期間をかけてようやく処理が完了する性質のものであった。数年ののち、台陽の土地と工場建屋にはついに買い手がつき、東莞における経営活動はようやく完全に終結したのである。

台陽の工場閉鎖という決定は、唐突だと感じられるかもしれない。だが、実はその兆しは顕われていた。大きな環境全体が思わしくなかったという状況面の圧力に加え、第二世代の経営者は産業アップグレード（国内市場の開拓、自社ブランド構築）を目指して努力したものの、内外の圧力により終了を余儀なくされたのである。台陽が20年余りに及ぶ中国での経営から手を引くことは、同社にとっては、家族経営企業を二代目が「近代化」しようと試みた改革の挫折を意味した。また、台商の産業界にとっては、従来型の労働集約的な産業構

25　聞き取り：Jerry200902。

造が転換を図る上での一つの警鐘に他ならなかった。さらに、中国と外国企業の関係について言えば、加工貿易に依拠した広東の成長モデルが危機に瀕したことを象徴していた。中国側と外資側の双方が「同床異夢」の状態にあった政・商関係もまた、重大な転換期にあった。この段階で、広東省政府が推進する「かごを空け、鳥を入れ替える」産業アップグレード政策に大きな障害物が立ちふさがったことは、決して偶然ではなかった。

台陽公司のライフヒストリーは、広東における外資主導の労働集約的なEOI成長モデルの盛衰史と見事に重なり合うが、それも偶然の産物ではない。香港・台湾資本の撤収は、過去30年来続いてきた地方成長同盟が構造転換し生まれ変わろうとする過程を体現していたのである。

4.6.　人頭税の消滅と社会保険料の出現

2000年代半ば以降、労働集約型の成長同盟の構造に徐々に緩みが生じ解体へと向かう過程で、我々はある明確な脈絡の制度変遷のプロセスを目にした。それは、人頭税が姿を消し、代わって社会保険料が出現したことである。

4.6.1. 消えゆく人頭税

人頭税は、加工貿易業務における加工費を起源とする。加工費は、かつて広東（特に珠江デルタ地域の深圳・東莞など）において地方財政を構成する重要な財源であった。だが、制度の変遷に伴ってその重要性は日増しに低下し、社会保険料がこれに取って代わった。人頭税を誕生せしめた当初の制度的構造・条件は今や消失し、または廃止され、あるいはフェイドアウトしていった。例えば、外貨の二本立て制度が1994年に廃止されたことや、広東の加工貿易において材料供給加工が材料輸入加工に取って代わられたこと、名ばかり合資など架空所有制のお膳立てを可能にする身柄預かり制度が目下急速に姿を変えつつあることなどにより、加工費が地方財政に占める重要性も大きく後退した。しかしながら、経路依存の作用により、人頭税の消えゆく過程はゆっくりとした漸進的なものであった。人頭税の財政的な性質は地方政府の予算外収入であり、その徴収過程で政府機構間によるレントの山分け・享受という姿を体現した。人頭税の消滅は、地方政府の組織的レントシーキング行為がある程度抑制されたことの表れであるが、同時にそれが形を変えて引き続き存在する現象も生じている。

これと別に、中国の社会保障制度は、1990年代末期になってようやく徐々に整備され始めた。1998年に、地方政府は中央の政策的圧力のもと、社会保険料の徴収を開始した。2000年代中ごろから徴収に力を入れ始め、「労働契約法」(2008年施行)・「社会保険法」(2011年施行)と足並みをそろえて、沿海部の対外加工貿易が発達した地区における外国企業では、ようやく加入率100%を徐々に達成するようになった。この緩慢な制度化の過程に、社会保険料の出現を見ることができる。広東では、社会保険料が人頭税に取って代わったことは、メーカーにとっては「労働力」を購入する上で最大の付加的経費であった。

台陽を例に、これら二種の経費が過去20年間でどのように増減したかを比べてみると、この趨勢を実証し得る(図4.2を参照)。ここでの計算方法は実質的な平均支出額を採用しており、1988年に台陽が東莞に工場を開設した当初は、労働者1名を雇用するごとに、合作相手(莞強輸出入公司)に平均64.2元を支払っていた。1995年に合作相手を納福村に変えて以降は、15.8元の支払いで済むようになり、その後減少の一途をたどって、2008年には6元にまで下がった。相対的に、社会保険料は2005年の時点で1名あたり平均34.4元と、すでに人頭税を上回っていた。2007年には48.6元、2008年には77.3元となっている。この金額はすでに相当低く抑えられており、というのも台陽は老齢年金保険について今もなお7割引という優遇を受けているのだ。仮に法令の定めるとおりの運用を行うと、労働者1名あたり175.6元を支払わねばならない。また、ここで採用しているのは物価水準を考慮しない各年度の名目ベースの額であり、仮に物価指数を考慮に入れると、台陽が2008年に支払った社会保険料(に加えて若干額の人頭税)の額は1998年に支払った人頭税の額よりはるかに低い計算になる。

広東では2014年以降、中央政府の圧力、民工の法律意識の向上、ストライ

図 4.2　台陽における人頭税の減少と社会保険料の増加（名目値）（1988-2008 年）

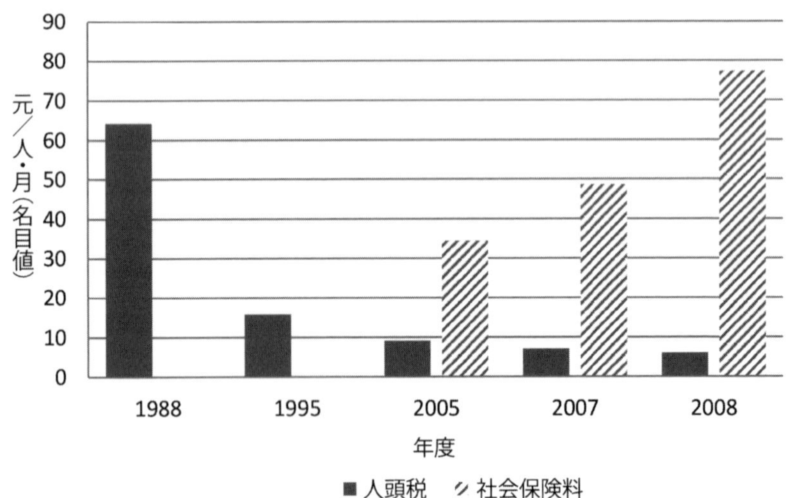

出所：筆者作成

キの頻発などが生じた結果、地方政府としては「住宅共同積立金」（以下、住宅積立金）の徴収に力を入れざるを得なくなった。法令によれば、この経費は社会保険料と比べて決して小さい額ではない。2014年から15年にかけて何度か起きたストライキのブームにおいて労働者が求めた目標は、企業による社会保険料（老齢年金を主とする）と住宅積立金の補填であった。この費目は莫大な金額にのぼり、そのため多くのメーカーが国外に移転したり工場をたたんだりすることになった。住宅積立金の納付率は賃金の5%から20%で、労使双方が負担する。一般に、使用者側は最低賃金を基準とし、5%の納付を希望した。老齢年金の部分は、企業側の負担率は約12%、従業員側のそれは8%であった。勤続10年の従業員1名のために、企業は住宅積立金および老齢年金として数千元から1万元を超える額を負担せねばならない計算になる。この莫大な金銭負担は、かつては地方成長同盟の協力（共謀）という枠組みのもと、免除されていた。しかし、中央の政策がひとたび変わり、また労働者が団体で行動を起こすようになると、地方政府はこれらの圧力を受け、企業に対し社会保険料と住宅積立金の「満額補填」を求め出した。かつて表向きは和やかだった「同床異夢」の関係は、こうして破局に向かったのである。台陽は2010年の段階で工場を閉鎖したが、仮にここ数年間もなお経営を続けていたなら、やはりこの社会保険料と住宅積立金の補填という衝撃に見舞われていたであろう。

4.6.2. 社会保険料制度の出現

社会保険料（住宅積立金を含む）の制度が出現したことの意味は大きい。まず、中央政府が労働者の賃金引上げや労働者保護のために投じる力が強まった。労働関連と社会保険関連の立法が実現したことで、地方政府は、たとえいい加減に事を運んで値引きを行うにせよ、法を施行しないわけにはいかなくなった。次に、産業アップグレードの政策圧力が中央から地方に下りてきた結果、多くの地方政府は、環境汚染が深刻な産業やエネルギー消費の大きい産業や労働集約度の高い産業を「駆逐」する方向に動き始めた。この時、企業が社会保険料の納付を法令通りに行っているかどうか厳しく検査することも、政府の採る手段のひとつであった。第三に、労働者の権利意識・法律意識が徐々に強まった。このことは、政府の労働立法とも関連する。近年、労働者たちがストライキの形で未払い分の賃金・残業手当・社会保険料・住宅積立金の支払いを求める団体行動は増加の一途をたどり、またその有効性も増大している。このことは、地方政府が労働争議についてある程度黙認していることとも関係があり、例えば東莞で2014年に発生した裕元製靴工場のストライキの事案にはそれが明らかであった（陳志柔2015）。第四に、我々が観察し得たのは、労働集約型産業を急成長の原動力とする地方成長同盟が今まさに解体されつつある状況である。1980年代から2000年代までの間、この成長同盟の最も重要な機能は賃金の抑制に外ならず、低賃金を武器に国際競争力を増強し、そうして得た成長の果実を山分けしたのである。だが、低廉な労働力に依存するEOIが徐々に消耗するにつれ、この同盟は解体の危機に直面している。そして、社会保険料ならびに住宅積立金の制度的出現は、この同盟が再構築へと向かう歴史的過程に他ならない（図4.3を参照）。

注意すべきは、制度の変遷は永遠に経路依存を伴うという特質である。民工

図 4.3　社会保険料・住宅共同積立金制度の出現

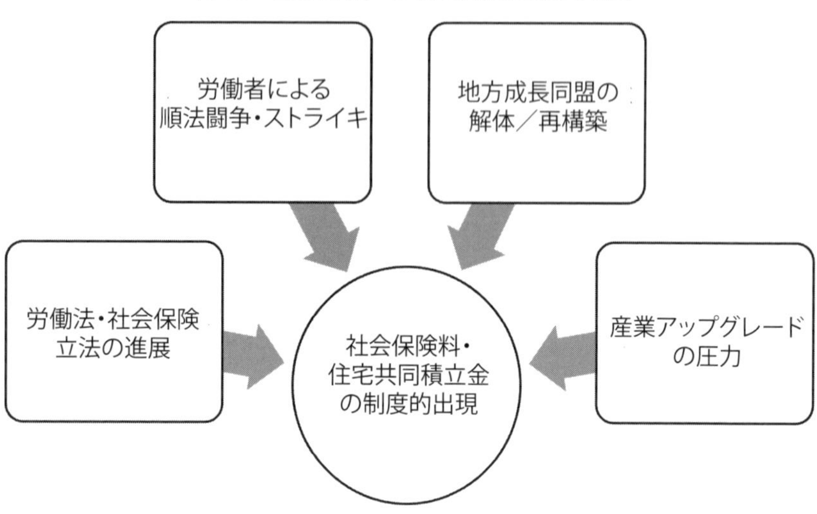

出所：筆者作成

の社会保険の制度的出現は、中国各地においてもゆっくりとした形成の過程をたどった。企業が社会保険料を納付する運用モデルは、当初は政府と企業の間での価格交渉を含む協議に沿って展開し、排他的かつ特殊な政・商間取引がそこで大きな役割を果たしてきた。しかし、地域ごとに運用メカニズムはそれぞれ異なる。広東においては、ずっと「頭数を数え、値引きし、数（一定の人数分）を買う」という経路依存の軌跡に沿って進んできており、この過程で地方政府は資本家と共謀し、企業が巨額の社会保険料・住宅積立金の支払いを滞らせてもよいように計らってきた。この歴史的な債務は、今なお清算の途上にある。

筆者は1994年から「台陽」の東莞工場で聞き取り調査を始め、2010年の工場閉鎖まで続けた。その後も、台陽のマネージャーに聞き取りを行った。台陽は、本書にとって最も重要なフィールドの事例である。筆者はまた、複数回にわたり国立清華大学社会学研究所の研究チームを伴って台陽の東莞工場を訪れ、聞き取り調査を行った。

写真4.1：台陽の社員寮内。民工のポット置き場（張貴閔氏撮影。2005年。貴閔は当時、清華大学社会学研究所修士課程所属で、筆者の指導する学生）。

写真4.2：台陽の工場の入り口に祀られた土地神様の小さな祠（張貴閔氏撮影。2005年）。

写真4.3、4.4（次頁）：台陽の工場内（張貴閔氏撮影。2005年）。

写真 4.4

写真 4.5：台陽の従業員に聞き取り調査を行う筆者の研究チーム（左から 1 人目は張貴閔氏、2 人目は邱銘哲氏。ともに筆者の指導する学生）。

写真4.6：聞き取りを行った民工と（張貴閔氏撮影。2005年）。

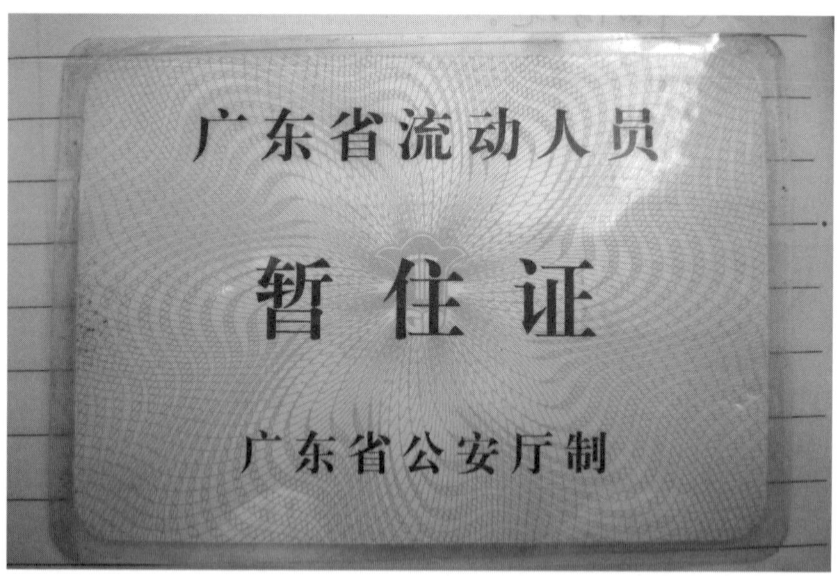

写真4.7、4.8（次頁）：台陽の従業員の大部分は地元の戸籍を持たない民工であり、「暫住証」の発行を受けることが義務付けられていた。

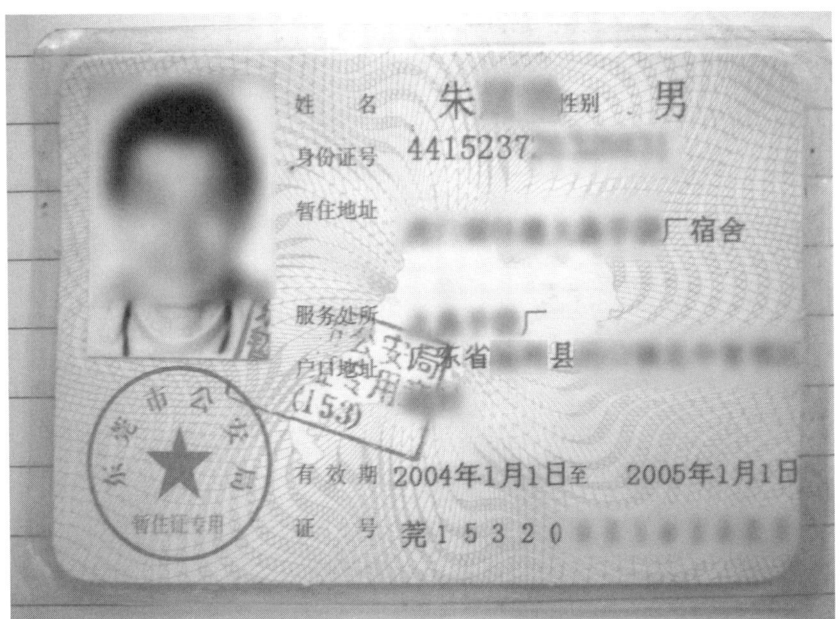

写真 4.8：「暫住証」

写真 4.9：筆者の研究チーム。台陽の医務室にて（張貴閔氏撮影。2005 年）。

写真4.10：台陽の厨房（張貴閔氏撮影。2005年）。

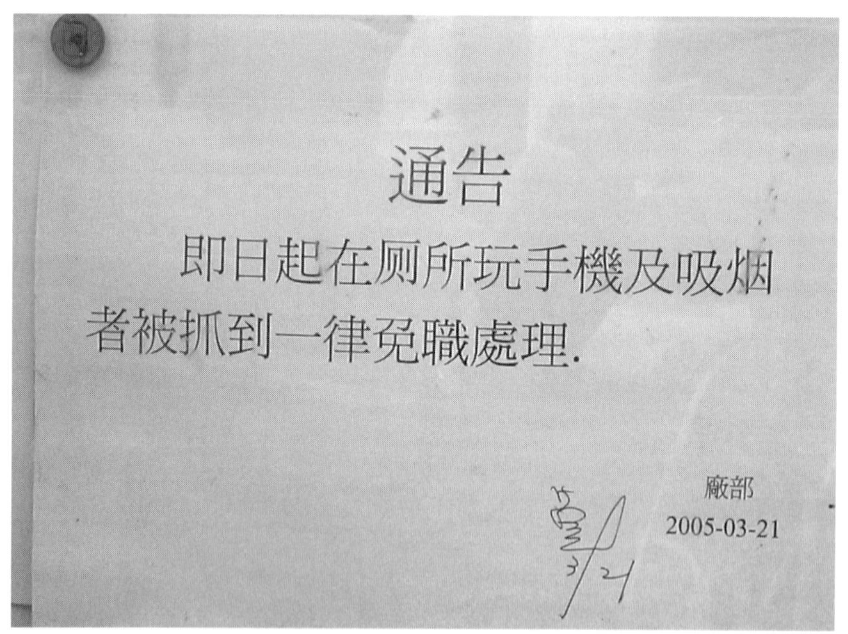

写真4.11：「本日より、トイレで携帯電話の使用または喫煙を行って捕まった者は、一律に免職処分とする。」との厳しい罰則規定（張貴閔氏撮影。2005年）。

写真4.12：夕刻、退勤後に食堂へ向かう台陽の従業員（国立清華大学中国研究課程の学生・教員訪中団による撮影。2004年）。

写真4.13：退勤後の従業員。寮エリアにて（国立清華大学中国研究課程の学生・教員訪中団による撮影。2004年）。

写真4.14：夕刻、退勤してお湯を取りに来る従業員（国立清華大学中国研究課程の学生・教員訪中団による撮影。2004年）。

写真4.15、4.16（次頁）：台陽の従業員と村の幹部による年忘れカラオケ大会に参加した研究チーム（張貴閔氏撮影。2007年）。

写真 4.16

写真 4.17：深圳の台湾資本メーカーの従業員に聞き取り調査を行う研究チーム。

写真 4.18：工場内の監視モニター。

2004年車一課品質目標達成情況

月份	生產目標達成率 目標値 94% 實際	差異	制程品質合格率 目標値 97% 實際	差異	成品品質合格率 目標値 實際	差異	異常發生件數 目標値 3件 實際	差異
01	101.9%	7.9%	96.5%	-0.5%	/	/	0	
02	102.4%	8.4%	96.3%	-0.7%	/	/	0	
03	100.8%	6.8%	97.4%	+0.4%	—	—	1件	
04	100.3%	6.3%	97.3%	+0.3%	—	—	0件	
05	100%	6.0%	97.7%	+0.7%	—	—	0件	
06	85.6%	-8.4%	97.6%	+0.6%	—	—	0件	
07	96.0%	2.0%	97.6%	+0.6%	—	—	0.5件	
08	94%	0	97.5%	+0.5%	—	—	3件	
09	94%	0	97.8%	+0.8%	—	—	1件	
10								

写真 4.19：現場の生産量と品質管理の状況を知らせる掲示。

写真4.20：広州の新聞『南方都市報』に掲載された、深圳戸籍取得代理業務の分類広告（廖卿樺氏撮影。2009年）。

蛇尾村は広東省東莞市に位置し、筆者の現地調査のフィールドであった。写真4.21～4.23、4.27～4.30は1994年に撮影。

写真4.21：蛇尾村を鳥瞰すると、新旧の建物が併存し、遠くには削り取られた山肌が見える。こういった景観は、当時の珠江デルタ地域の至る所で目にした。

写真4.22：村が投資して建設した賃貸用の工場上屋。

写真4.23：新築中の高級分譲住宅。

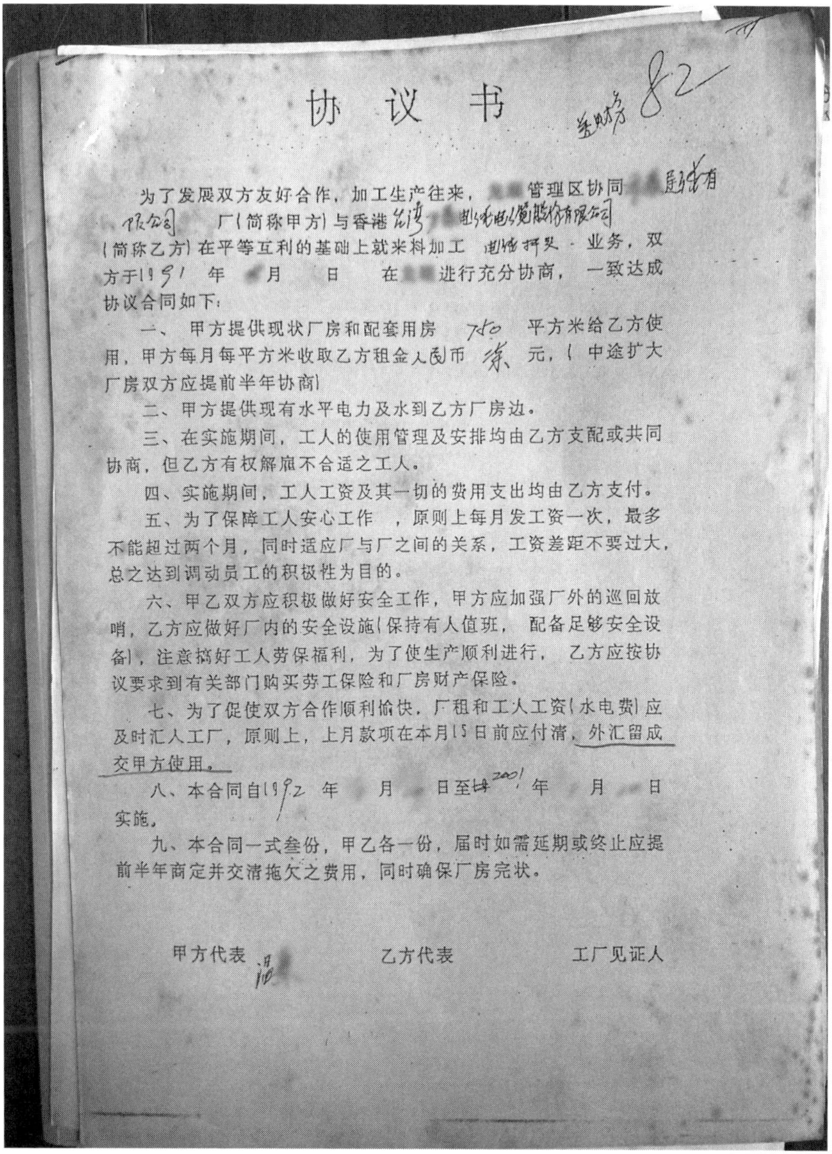

协议书

为了发展双方友好合作，加工生产往来，管理区协同 厂（简称甲方）与香港 有限公司（简称乙方）在平等互利的基础上就来料加工 业务，双方于1991 年 月 日 在进行充分协商，一致达成协议合同如下：

一、甲方提供现状厂房和配套用房 750 平方米给乙方使用，甲方每月每平方米收取乙方租金人民币 元，（中途扩大厂房双方应提前半年协商）

二、甲方提供现有水平电力及水到乙方厂房边。

三、在实施期间，工人的使用管理及安排均由乙方支配或共同协商，但乙方有权解雇不合适之工人。

四、实施期间，工人工资及其一切的费用支出均由乙方支付。

五、为了保障工人安心工作 ，原则上每月发工资一次，最多不能超过两个月，同时适应厂与厂之间的关系，工资差距不要过大，总之达到调动员工的积极性为目的。

六、甲乙双方应积极做好安全工作，甲方应加强厂外的巡回放哨，乙方应做好厂内的安全设施（保持有人值班， 配备足够安全设备），注意搞好工人劳保福利，为了使生产顺利进行， 乙方应按协议要求到有关部门购买劳工保险和厂房财产保险。

七、为了促使双方合作顺利愉快，厂租和工人工资（水电费）应及时汇人工厂，原则上，上月款项在本月15日前应付清，外汇留成交甲方使用。

八、本合同自1992 年 月 日至2001 年 月 日实施。

九、本合同一式叁份，甲乙各一份，届时如需延期或终止应提前半年商定并交清拖欠之费用，同时确保厂房完状。

甲方代表　　　　乙方代表　　　　工厂见证人

写真4.24：蛇尾村と某香港企業との間で締結された「材料供給加工協議書」。1991年。

住宅地分配管理规定（草案）

为了稳定群众对住宅地耽忧的思想，在上级政策允许下，结合我区情况，实行当合理调节、尽力相对平衡的做法，明确收费标准及管理办法，尽可能满足群众实际合理的要求，为此订立如下规则。

一、用地标准。

一般住宅地每间面积１２０平方米；高级住宅区２００至２５０平方米；特殊情况地形另行处理。

二、分配方式。

根据申请用地要求和上级审批情况，一年或二年分配一次，用抽签形式分到户，特殊情况例外处理。

三、用地申请。

合符条件和实际需要的群众，首先到区填报用地申请表，集中到镇府审批后，在适当时间划分到户。

四、用地条件。

１、持有身份证的男孩子。

２、没有批出地而又未有房屋的。

３、没有出租或闲置无用已定型的房屋。

４、人均住宅面积特别小的。

５、纯女户可分配一间（只能自用）。

五、土地转让使用费。

主要用于填土、道路、排水、供水、供电等设施，根据各类用地性质，分别以每平方米计算一次性收取。

１、正式[illegible]户口的基本价，在九六年底之内５０元，以后原则上每两年调整增加１０元。

２、原籍是[illegible]的男性，需要自用的２００元。

３、原籍是[illegible]的华侨、港澳同胞４００元。

４、其他外人原则上控制，对于特殊的，要经区干部研究同意按６００元。

５、单价以后每年根据市场价格调整一次（正式[illegible]户口的例外）。

６、用地者先交款后给地。

写真4.25、4.26（次頁）：蛇尾村の「住宅用地」分配規定。1994年ごろ。

六、批地后的要求。

两年内至少要建好第一层，违者每年罚款１０００元。

七、报建要求。

１、提供平、立面图纸到城建办审批，合符规定才发给准建证。

２、施工基础和主楼时，要由城建办负责人员到现场放线和监督。

３、屋内地台接外面行人道高３０厘米左右，门口所建的步级不得超出路面３０厘米。

４、化粪池不得建在屋地以外。

５、违反规定者，视其情节，取用罚款或拆除处理。

八、土地使用费。

根据上级精神，以每平方米计算收取住户，高级住宅区根据需要而定，每二年调整一次。

九、使用权规定。

１、分配的住宅地使用者无权转让，违者收回土地，按基本价罚款１０倍。

２、高级住宅区部份可转让使用权，按有关规定收取转让费。

十、使用年限。

五十年，二００一年开始计至二０五０年止，房产权归使用者所有（与工商业用地不同），到期前根据当时政策，从稳定和相互有利为前提协商处理。

附：根据形势发展，这规定在实践逐步修改完善。

党支部
管委会

6

写真4.26

写真4.27、4.28：昼どき、戸外に集う民工。

写真4.28

写真 4.29：民工の建築チーム。

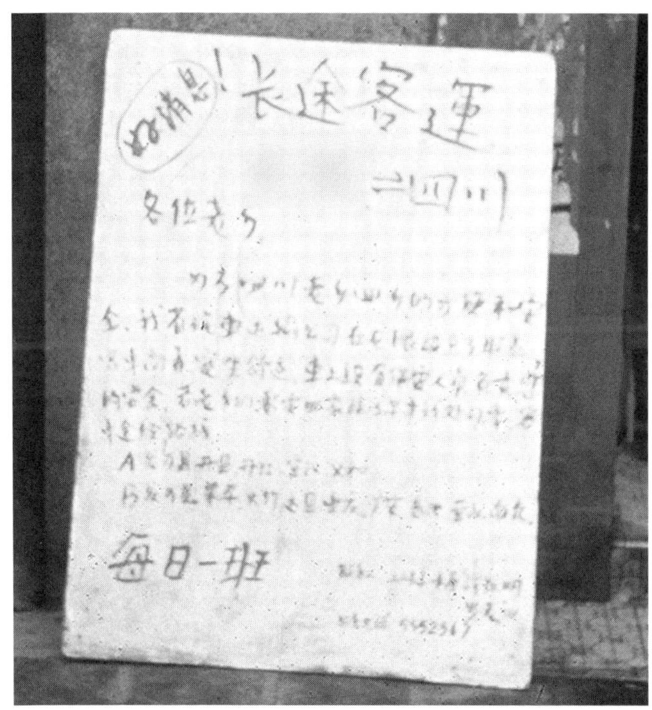

写真 4.30：蛇尾村から四川省の村への直通バス路線の看板。連鎖移民現象を傍証する。

第 5 章

民工階級：身分における差序・二重の搾取・労働体制

中国の輸出志向の成長モデルは、主として農民工への搾取に依拠して高度な蓄積を達成し、さらに農民工の購買力を抑制することで、国家が莫大な資金を獲得し、それをインフラ建設に投入することを可能にした。しかし、こうした成長および搾取のモデルは、制度としていったいどのように運用されていたのだろうか。本章は、これについて十分な説明を行うものである。

中国では、農村から都市に移動する移民——農民工（略して民工）——の提供する労働力は、「改革開放」後の資本蓄積の主たる拠りどころであった。農民工は、国家の定める戸籍の身分上は「農民」だが、職業は「労働者」である。民工は、出稼ぎ先では現地の主流社会集団から身を遠ざけ、内陸の出身省から遠く離れた沿海地区にはるばる出てきている。従って、彼ら彼女らは、根無し草の状態で暮らしている。「根無し草」とは、移動・流転・浮遊を意味し、どこかに根を下ろして定住することのかなわない状態を指す。彼らは出稼ぎ先の異郷では社会構造の底辺に置かれ、故郷の社会集団の社会的連帯からは抜け落ちた上、現地政府による保護も欠落している。民工集団をめぐる制度・組織・労働体制のいずれもが、こうした根無し草の状態を生み出しているのだ。多くの民工は、都市での出稼ぎ生活がすでに数十年に及び、そこで次の世代が生まれているのに、依然として「異郷の人」の生活を送っている。民工は、労働集約型産業における余剰を生む最も重要な生産者でありながら、長きにわたり地方成長同盟の埒外に排除され、搾取されてきた。

本章の第1節では、国家が民工という新たな階級をどのように創出したかを論述し、第2節では中国の民工階級の構造を分析する。続く第3節では、二元労働市場のもとでの低賃金と規定を超える残業の問題について述べ、第4節では公民としての身分における差序の理論を提示するとともに二重の搾取の論理について説明を行う。第5節では、公民としての身分における差序のもとでの民工に対する差別的待遇について分析し、第6節で中国における民工の労働体制の問題についてまとめを行う[1]。

1　本章の内容の一部は、呉介民（2011）に加筆修正したものである。

5.1. 国家が作り出した民工階級

四十年来というもの、中国の「市場経済」は目覚ましい発展を遂げたが、仮に膨大な数の民工集団が「安価」かつ「従順」な労働力を提供していなかったら、中国が世界の工場になることはあり得なかった。民工は、すでにブルーカラーの労働者階級のうち最も重要な構成要素になっており、中国経済に巨大な貢献を成している。しかし、民工階級は長きにわたって地方成長同盟の外にはじき出されており、経済の急成長の果実を公平に享受することができない。中国の輸出志向の労働集約的工業化という「奇跡」は、有り体に言えば、民工を搾取して築かれたものである。広東の成長モデル――中国の成長モデルのプロトタイプとしての――が成立し得たのは、地方成長同盟が「大量で、効率的で、従順で、低廉な労働力の供給」を確保し得たかどうかによっていた。それゆえ、外来の民工を導入し、民工を組織し管理し、その賃金を低位抑制するとともに実質賃金水準を押し下げ、民工の生産力を促進することが、この成長同盟にとって利益の核心となったのである。中国の民工階級の特質ゆえに、低廉な労働力を常に探し求めるグローバル価値連鎖が中国に移動してきて、自らを中国沿海地区の構造と制度の中に組み込み、そして中国をグローバル資本主義の生産システム内に統合することになった。

5.1.1.「農民工」、政府の正式な範疇になる

では、国家はどのようにして民工階級というものを作り出したのだろう。民工は、人口および社会現象として、1950年代にはすでに出現していた。だが、民工が中国の特色を持つ資本主義のもとで一つの階級区分となったのは、1970年代末期の改革開放以降の産物といえる。

目下の中国の政治経済体制において、「民工」の概念は、社会主義体制の典型的な定義のもとでの「労働者」とは異なる。民工は「職工(正規労働者)」の身分を具備しないため、都市戸籍を持つ職工が享受する福祉を得ることができない。民工は特殊な階級の範疇として、ポスト毛沢東時代の中国が国内の人口流動を開放し、さらに中国がグローバル化した生産体制に取り込まれて以降

に生まれたものである。民工は一種の身分的特徴として、当初は毛沢東時代の都市・農村二元体制（rural-urban dualism）下での戸籍に基づく厳格な区分にその起源をさかのぼることができる。この戸籍制度のもとでは、農村の住民は「農業戸籍」の身分と規定され、土地に束縛され、国家が「食糧を綱となす」と定めたもとで農民は農業生産に専念することとされ、ある時期には農業関連の副業（手工業）すら厳格な制限を受け、もしくはこれを禁止されていた（費孝通 1957）。他方、工業生産はもっぱら都市に属するとされ、都市住民（「非農業戸籍」）の大多数は「職工」すなわち正式な労働者の身分であった。こうした「都市＝労働者／農村＝農民」という空間および身分の区分は、中国の国家社会主義の最盛期における制度的記号であった[2]。

従って、農民工とは矛盾をはらんだ概念だと言わざるを得ない。ひとりの農民工は、農民でもあり労働者でもあるわけで、また農民でなく労働者でもない存在でもあるからだ。改革開放以降、農村から来た民工は、移住して暮らす都市（または新たに工業化した村落）にあって、そこの戸籍を持たないがために、戸籍上の身分に起因する実にさまざまな搾取と支配の対象となっている。それは、転居・就業の権利、社会福祉、子女の就学、公共財（公共の物品）の使用などなど多岐にわたる。資本家側の立場から言うなら、民工の特殊な身分的位置づけは労働コストの低位抑制につながる。賃金・残業手当・社会保険料などにわたってそのことが言える。

民工は、身分としてはもとよりあいまいな存在であり、初期には政府の公式文書に登場することは少なかった。しかし1990年代以降、「農民工」「民工」などの語彙は、徐々に政府による正式な官製カテゴリー（official category）となり、政府文書に数多く出現するようになった。民工という身分と関連する用語──「流動児童」「留守児童」「留守老人」[3]──も続々と登場した。こうして、

2　都市・農村二元体制は、大躍進運動（1958-1960）期には大きく揺らいだ。農村地区を工業化する試みはその後も絶えず行われ、例えば文化大革命期の温州地区に見られた「地下工場」、1960年代末から70年代の蘇南地区（江蘇省南部）における「社隊企業」、1980年代に急成長した「郷鎮企業」などがそれにあたる。

3　［訳註］「流動児童」とは、農民工が出稼ぎ先に帯同した子どものこと。「留守児

民工に関する語りのシステムが、政治・社会の領域で絶えず再生産を続けた。民工の子女は「農民」のラベルを貼られ、あたかも「身分制度の世襲効果」(陳映芳 2005:131) を生み出すかのようであった。こうした正式な官製カテゴリーは、国家と資本が民工を差別的に取り扱う政策を合理化することとなった。それゆえ、社会的経済的不平等が、官製カテゴリーを通じて絶え間なく再生産されたのである (Tilly 1998)。

「農民工」というそれ自身相矛盾した語彙・概念を、国家はどのように「定義し位置付けた」のだろうか。2006年に、国務院の関連研究機関が組織した調査の報告書は次のように指摘する。

> 「農民工」は中国の経済・社会の転換期における特殊な概念で、戸籍上の身分は農民であり土地を請け負うものの、主として農業でない産業に従事し、賃金を主たる収入源とする人員を指す。(中国農民工問題研究総報告起草班 2006)

同年、国務院の重要文書「農民工問題を解決することに関する若干の意見」は、以下のように述べている。

> 農民工は、我が国の改革開放と工業化・都市化が進行する過程において勢いよく出現した新たな形の労働者の大軍である。彼らの戸籍は依然として農村にあるが、主として農業でない産業に従事し……すでに産業労働者の重要な構成要素となっている。大量の農民が都市に来て工業や郷鎮企業で就労することは、我が国の現代化建設に大きな貢献を成し

童」とは、両親または片親の出稼ぎ労働者が故郷に残した子どものこと。1990年代には海外に出た親が中国に残した子どもを指したが、2000年代以降、中国国内で出稼ぎする親が故郷に残した子どもを指す語として定着した。流動児童に関する研究調査が進む過程で、それまで知られていなかった留守児童の存在が浮上してきた (武小燕2023「第8章　留守児童の現状と課題」兪敏浩［編著］『中国のリアル』晃洋書房、pp.114-130)。「留守老人」とは、子女の全員が出稼ぎに行き、高齢者だけで暮らす人のこと。

ている。……大量の農民工が都市と農村の間を流動して就労する現象は、我が国に長らく存在していた。……徐々に、条件をふまえて、都市で長期間就労・居住する農民工の戸籍問題を解決していく。……農民工の土地請負の権利を保護する。土地は農民の生産手段であるだけでなく、彼らの生活保障でもあるのだ。[4]

これら二件の政府文書は、いずれも国家政策の深刻な矛盾を示している。一方で、国家は経済発展への民工の貢献を認めており、民工は社会転換期における「新たな形の労働者の大軍」であり「すでに産業労働者の重要な構成要素となっている」としている。言い換えると、彼らは現代的な意味合いでの労働者階級に他ならない。しかし他方で、国家には彼らに労働者の身分を与えるつもりはさらさらなく、その身分を依然として農村戸籍だとし、故郷の実家には彼らが請負った土地があり、都市と農村の間を、あるいは都市間を流れ歩いて就労する現象が長らく存在するとしている。こうした国の政策のもと、民工は「労働者でもあり農民でもあり、労働者でもなく農民でもない」という複雑にこじれた状態の身分にされているのである。

国家が民工の土地請負の権利を守ると重ねて述べていることは、本来の意味合いとしては民工の保護にあり、彼らが「プロレタリア化」する（無産階級化する）苦境に陥ることを防ごうというものである。しかし、その背後にある仮説は、彼ら故郷を離れた民工は退職後には戸籍所在地に帰郷するのだから、土地が彼らの生活の最終的な保障になるという論理だ。この国家政策は、中国の市場経済の発展の初期における資本蓄積を大いに助けることは疑いなく、つまり民工への搾取に依拠して、急速に資本蓄積を達成したことになる。国家と資本が結託して、労働力再生産のコストを民工の戸籍所在地と彼らの出身家庭に転嫁している。数多くの調査報告が示すように、民工の多くはすでに「土地を失った農民」であるか、もしくはそもそも農業従事経験のない二代目、はなはだしくは三代目の民工なのである。わずかばかりの請負の農地（あるいは、す

4　国務院「農民工問題を解決することに関する若干の意見」。2006年1月18日，国務院常務会議で審議され、原則として通過。

でに存在しない請負農地）が、いったいどうして彼らの退職後の生活を保障するというのだろう。不景気になり彼らが失業の憂き目に遭ったとき、農地がいったいどのようにしてセーフティーネットたりうるのだろうか。労働者でも農民でもなく、労働者でもあり農民でもあるという民工の身分的状態は、彼らを「半プロレタリア」という宙ぶらりんな位置にとどめおき、それゆえ資本側からの搾取にいっそう有利なのである（黄徳北 2006、Pun and Lu 2010、呉介民 2011, Selden and Wu 2011）。

民工に対する搾取は、資本側にとって有利というだけでなく、中国の急発展の戦略および経済成長の目標にも合致している。中でも、戸籍制度は鍵となる役割を担う。従って、上海のある社会発展研究者は以下の論点を提示した。

> 過去20年、戸籍制度は中国の経済発展に最大の貢献を成した。次のように考えられよう。過去20年にわたり、中国は製造業を稼ぎ頭として高度経済成長を実現したが、中国の製造業が世界の工場となった事実の最大の根幹たる前提は、中国が安価な労働力を大量に有することである。そして中国の安価な労働力とは、農民工に他ならない。もし中国に戸籍制度がなかったら、そしてもし農民工が都市の労働者と同等の一切の待遇を享受していたら、中国は20年にもわたってかくも低廉な労働コストを保持しえなかっただろうし、過去20年のあいだ中国がこのように世界の工場たりうることも不可能だったろう。もちろん、この成果の前提となるのは、犠牲を払ったのは中国の農民工だという点であり、一定の意味において、中国の農民工はその血と汗と低賃金をもって中国のこの20年、30年の経済改革を推し進めてきたのである。そして、農民工の血と汗にまみれたこのような賃金制度を創出した重要な前提は、とりもなおさず戸籍制度により形成された都市・農村二元体制に尽きるのである。（魏城 2007:112-113）

この見解は、中国の資本主義発展の道程における「絶対的な道理」を赤裸々に喝破している。急速な経済成長は、民工に対する無情な搾取に依拠したものである、と。この搾取の基礎となったのは、相応して存在する公民としての身分に差序のある体制であり、さらにこの体制の軸となるのは戸籍制度である。この戸籍制度のもと、民工は「流動人口」として統計に記録され、就業地では地元政府に「外来人口」と見なされるのである。

5.1.2. 民工の権利の規制緩和から、新型都市保護主義へ

1970年代末期以来、都市・農村二元体制にゆるみが生じ、膨大な農村人口のうちの少なからぬ割合が故郷を離れ、経済の比較的発達した地域に出てきて就業の機会を模索したが、彼らは都市の戸籍を持たず、現地に仮住まいの身であった。そのため、「外来人口」は移住先の公民を対象とする権利や福祉制度の埒外に追いやられた（Solinger 1999, Wang 2005）。農民工が不平等な扱いを受ける問題は、1990年代末期から多くの関心を集めるようになり、とりわけ2003年に広東省で大卒者――孫志剛――が虐待を受け死に至った事件が起きて、全国を震撼せしめた。この後、中国政府は積極的に改善措置を採り始め、例えば「収容移送弁法」[5]という法規が廃止されたほか、暫住証と暫住制度をめぐる改革の機運が起きた（Wu 2010）。

1990年代後期以降、都市・農村二元体制はゆらぎ続け、民工の社会的経済的地位をめぐる国家の規定は、苛烈な「盲流の統治」から「秩序ある流動」へと調整された。譚深はこう指摘する。

> 90年代後期には、政府の事業の重点は依然「管理」に置かれていた。流入先の地方政府は、地方経済の発展と社会の安定に重点を置き、公安部門は社会の治安維持と犯罪への対処に集中し、労働部門は政府のコントロール下での「秩序ある流動」に注力した。外来人口の社会保障は、流入地の社会保障システムの中に徐々に組み入れられ始めた。（譚深 2004）

5　正式名称は『都市部流浪・物乞い者の収容と送り返しに関する弁法』。1982年公布。

国は流動人口の流入地の政府にその福祉の供給の一部負担を要求し始めたが、実際には、大部分の地方政府は依然として「下に対策あり」[6]であった。社会保険料を例に取ると、多くの大都市は二系統もしくは多系統の社会保険制度を設計しており、農民工に対しては低保障の総合保険を提供していた。例えば上海と成都の民工社会保険制度（胡務 2006）がそうで、また昆山と温州の地方政府は老齢年金保険の実施時に割引を行っていた（銘哲 2007、呉介民 2018a）。これらは実のところ、一種の「包摂して、差別する」という都市の保護主義戦略にあたる。多くの大都市が民工の学校を「整頓」の名のもとに取り潰す、あるいは民工の子女を公立の学校に受け入れたものの、不十分なリソースあるいはお粗末な待遇しか供給しないといった実態は、この種の政策が具体的に形を現したものである（李尚林 2008）。

この段階では、都市の住宅・医療・教育の商品化がいずれも大きく進み、その結果、都市住民の福祉に打撃となっただけでなく、市民の身分を持たない民工にとっては生存にかかわるほどの深刻な影響を及ぼした。2000年代初期には、一部の大都市が一定程度の居住権を認めるようになった。例えば「青印制度」（劉婺楓 2008）や「居住証制度」などがそれにあたる[7]。だが、一般的な民工にとっては、大都市や大都会（いわゆる一線都市・二線都市）でこの種の居住権を取得するのはきわめて難しいことだった。とりわけ、青印制度が廃止された都市においてはそうだった。そのため、無数の民工は依然として「外来人口」として異郷での仮住まいを続けていた。

2000年代後期以来、一部の都市は「暫住証」を廃止し、「居住証」制度をこれに代えた。深圳は2008年にこれを実施した[8]。深圳の措置は、それまでと比べて先進的な政策であった。新たな制度は、「仕事の権益」を中心に据えた

6　第2章註5参照。

7　青印戸籍の「青印」という名称の語源は、公安機関が捺す公印の色が、一般的な政府公文書の赤色とは異なり青色であることが由来だと言われる。青印戸籍を有する者の身分は、暫定的居住者でもなく、正式な戸籍と同等でもない。居住証を有する者の身分と青印戸籍所持者のそれは、ある程度似通っている。中国の青印戸籍の起源と変遷については、劉婺楓（2008）を参照。

8　「深圳市居住証暫定実施弁法」に基づき、2008年8月1日より施行。

居住制度で、外来者が固定した仕事に就いてさえいれば、その在籍する企業が「居住証」を申請できる。この証明は10年間有効で、利便性の高いものと言えた。しかし、新制度は依然として強い経路依存性を伴っていた。すなわち、居住証は2段階の等級に分かれ、1つは「臨時居住証」と呼ばれる有効期間6か月のもので、これが保障する権利は従来の暫住証とさほど違いがなかった。核心となるのは、「居住証」と「臨時居住証」との切り替えである。外来者が失業し、60日以内に次の仕事を見つけられず、居住証を申請できるその他の要件も満たさない場合、居住証は「臨時居住証」に切り替わり、その有効期間は6か月で、半年ごとに更新しなければならない[9]。居住証制度は、すなわち流動人口に対してより全面的な管理統治を行うものにほかならず、政府は先進的なコンピュータ化技術を導入して、居住証の機能に労働・社会保険・出産・治安などを紐づけた。こうして、労働力ではなく経済力も持たない人口の都市居住を効率的に排除しようとしたのである。全体として、この制度が設計した「居住の身分」とは、一見すると国際移民理論に謂う「準公民身分」（denizenship）に近いが、実際にはかなり大きく乖離している[10]。深圳では、居住証があれば長期在留の権利が保証されるものの、それでもやはり本物の深圳市民ではなく、市民になるには「戸籍を移して定住する」ことが必要になる。深圳は上海などの大都市と同様、戸籍転入の審査は極めて厳しく、「ポイント制」を採用して敷居を高くしている。審査の対象項目は学歴・各種免許や資格・住宅資産・社会保険料の納付実績年数など多岐にわたり、一般的なブルーカラーの民工階級にとって、これらの資格を満たすことはきわめて難しい。要するに、居住証は相対的に先進的な外来人口居住制度の改革ではあるが、実際には都市に住む市民としての民工の権利を相も変わらず排除しており、二元的な身分の格差が巧妙に隠蔽されたものであった。それは、新たな都市公民権体制の内部になおも深く埋め込まれていたのである。民工が深圳のような都市で生活すれば、「二等市民」でいることしかできないのであった。

9　規定によると、外来人員の離職後15日以内に、当該人員が在籍した事業所は規定に基づき政府機関に申告する義務があり、これを怠ると処罰を受ける。

10　「denizenship」については、Hammar（1989）を参照。

深圳の試行的措置は、次第に拡散した。2010年1月、広東全省で居住証制度が実施に移され、3,000万人の流動人口の権益に影響が及ぶこととなった[11]。新制度の規定では、外来人口は社会保険料を5年間納付すれば、子女の就学にあたって現地戸籍者と同等の待遇を享受でき、7年間居住すれば現地戸籍転入を申請できることとなった。だが実際には、外来人口が「戸籍転入・定住」を申請する際には、依然として「ポイント制」と「年間総量規制」というハードルが立ちふさがった。北京・上海などの大都市も、それぞれ独自の居住証制度を施行した。2014年、北京市は「工作居住証」を実施した。従来の暫住証を居住証に代え、外来人口に提供する公共サービスを、居住・就業期間の長さに応じて「アップグレード」するものである[12]。上海市は、居住証取得から満7年が経つと戸籍転入・定住の申請資格を得られる規定を設けたが、その条件は非常に厳しく、「中級またはそれ以上の専門技術資格」を有すること、という条項がある[13]。この要件は、一般的な民工にはおよそ手の届かないものであった。

中国国務院は2014年12月に「居住証管理弁法（意見募集用原稿）」を公表した。その第6条は次のとおりである。

> 県級以上の人民政府は居住証を保有する人口に基本的な公共サービスおよび便益を提供する業務を国民経済・社会発展計画に組み入れ、財政移転支出制度を整備するべきであり、基本的公共サービスおよび便益の提供に要する経費を財政予算に組み入れるべきである。

第14条は以下のように定める。

11 「廣東全省今啟用居住證，7年後可申請常住戶口」『廣州日報』2010年1月1日。

12 《北京工作居住證》辦理條件及待遇」『網易』2014年1月15日（http://news.163.com/14/0115/09/9IKCEV0O00001124J.html）。「北京嚴控人口規模 居住證制度將替代暫住證」『北京晨報』2014年1月15日。

13 「「上海市居住証」所持者の本市常住戸籍申請手続きにかかる弁法」第5条第4項は、次の通り定める。「本市で中級またはそれ以上の専業技術職務の職称を認定され、もしくは技師資格（国家二級以上の職業資格証書）を有し、かつ、その専門分野・職種が在職するポストに合致していること」。

国務院の関連部門・地方各級人民政府およびその関連部門は、積極的に条件を切り開き、居住証保有者をして現地戸籍人口と同等の中等職業教育助成金、就業支援、住宅の保障、高齢者ケア、社会福祉、社会援護、居民委員会選挙、人民調停員選出、子女の居住地における高校入試・大学入試への参加資格などの権利や、居住地で居民身分証の書き換え・再発行、婚姻手続などを行えるなどの便益を、享受せしめるべきである。

これらの規定は、「戸籍の属地管理」の垣根を打破することを目指しており、地方政府に対してしかるべく予算編成を行い、国内の移民が実居住地において社会権・教育権・参政権（居民委員会選挙への参加）を獲得しうるよう態勢を整えよと要求している。しかし、この文書にみられる比較的開放的な改革の提言は、まだ「意見聴取」の段階にあった。

国務院は2014年3月に「国家新型都市化計画」を公布し、2020年までに農業戸籍人口および流動人口1億人を現在住む都市の常住戸籍に編入する方針を打ち出した。また、「戸籍制度改革のさらなる推進に関する意見」では、鎮[14]ならびに小都市への戸籍転入・定住における制限を全面的に撤廃し、中都市への戸籍転入・定住を段階的に開放し、併せて特大都市の人口規模を厳しく制限する方針を示した（陳金永 2014）。これらの計画は農民工の権益に関わることであるが、詳細に分析してわかるのは、これらの着眼点は中小都市への戸籍転入・定住問題の解決にあり、それにより内需市場の成長を目論むものだということであり、大量の民工が集結する沿海部大都市についてはなおも解決の見通しは立たないのであった。新型都市化と同時に、多くの省・市ではその管轄範囲内で「都市・農村一体化」政策を推進したが、これはつまりその行政管轄範囲の中で都市・農村二元体制を徐々に打破しようとするものであり、都市化を推進するとともに、戸籍の都市・農村区分の撤廃に向かうことを最終目標としていた（陳金永 2010）。

しかし、目下の中国における都市・農村間移民の趨勢は、省を跨いで長距離

14 ［訳註］「鎮」は、農村地域の中心的集落。政府機関が置かれ、商工業など非農業部門が比較的発達し、非農業人口が集住する傾向にある。

の移動を行う移民がなおも大きな比率を占める。従って、中国の戸籍改革において最も重要な一歩は、省や市を跨ぐ外来人口がいま居住する都市の戸籍を取得できるかどうかにある。この一点については、改革は遅々として進まず、むしろ更に苛烈さを増していった。国務院は2015年に行政命令の形で「居住証暫定実施条例」を公布し[15]、外来常住人口が居住都市の公共サービスを享受できる条件・種別を規定した。この新しい条例は、新型都市化の考え方による改革実施の延長線にあり、中小都市が外来人口の定住を認められるよう規制を緩和したが、他方で大都市（人口300万以上）については「定住ポイント制度」を設立し、「合法な安定した就業」「合法な安定した住所」「社会都市保険への加入年数」「連続して居住した年数」などのハードルを設けた。これにより、外来人口の定住は——特に非熟練工や低学歴者にとって——達成困難な目標となってしまった。

5.2. 民工階級の様相

民工階級は人口構造上、どのような様相を呈するのだろうか。全体として、1980年代以来、民工の移動の趨勢は、短期間かつ同一省内の流動が多数を占めた段階から、長期間かつ遠距離（省を跨ぐ）移動へと切り替わってきた。また、東南部の沿海地区EOI工業地帯が内陸省の民工を大規模に惹きつけ、受け入れてきた。

5.2.1. 民工の流動・分布・性別比

中国のセンサスデータによると、1982年時点の流動人口は657.5万人で、全国総人口の0.6%に過ぎなかった。また、沿海地区の流動人口が全国の流動人口の34.1%を占めた[16]。1990年には、流動人口は2,135.4万人に増加して総人口

15　中華人民共和国国務院令第663号、2016年1月1日施行。

16　増訂版註：ここでの流動人口とは、「居住地と戸籍所在地の所在する郷鎮ないし街道とが一致せず、かつ戸籍所在地を離れて半年以上」の人口を指す。この定

の1.8%を占め、沿海地区の流動人口が全国の42.5%を占めた。2000年になると流動人口は1億4,439.1万人へと大幅に増加し、総人口の11.6%となった。省間の流動が流動人口全体の29.4%を占め、沿海地区の流動人口が全国の流動人口の51.6%を占めるに至った。2005年の人口サンプル調査（人口の1.31%を抽出）によると、流動人口は総人口の11.5%を占め、省間流動が流動人口全体の34.0%を占め、沿海地区の流動人口が全国の流動人口の57.1%を占めた。2010年の第6回センサスでは、中国の流動人口の総数は2億6,903.8万人に達し、総人口の19.6%を占める。うち、省間流動人口の比率は32.9%であり、省間流動人口の52.9%は東部沿海地区に流動していた（表5.1-Aを参照）。

民工の地域分布と就業部門は、政府による別な調査から概要がわかる。それによると、2005年の省間流動人口の比率は51%に達しており、このデータは同年の人口サンプル調査のデータとは異なっているが、それでもなお参考にする価値はある。省間流動人口全体のうち82%が東部沿海地区（4省ならびに3直轄市）に集中し、そのうち60%以上が大都市に流入している。民工の就業する主な業種は製造業（30.3%）、建設業（22.9%）、サービス業（10.4%）、飲食・ホテル業（6.7%）、卸・小売業（4.6%）であり（中國農民工問題研究總報告起草組 2006）、製造業が3分の1近くを占める。民工が中国の工業の急成長に貢献したことは、ここからも見て取れる。

これらのデータからは、いくつかのことがわかる。まず、1990年までは流

義（測定方法）は「人戸分離」とも呼ばれる。2020年の第7回人口センサスでは、さらに厳格な流動人口の定義が用いられた。すなわち、人戸分離方式の総数から、戸籍が戸籍所在県（または市轄区）から転出していない人口を減じた数値である。この第7回センサスによれば、中国の総人口は14億1,200万人、人戸分離人口は4億9,276万人、流動人口は3億7,582万人、省間流動人口は1億2,484万人であった。この最新の統計規格を用いると、流動人口の比率は表5.1-A、5.1-B、5.1-Cの数字より若干小さくなるが、基本的にはここでの分析に影響を及ぼすものではない。国家統計局「第7回全国人口センサス公報［第2号、第7号］」2021年5月11日（http://www.stats.gov.cn/tjsj/zxfb/202105/t20210510_1817178.html; http://www.stats.gov.cn/tjsj/zxfb/202105/t20210510_1817183.html, 2021年8月1日検索）を参照。

表5.1-A　中国の流動人口（人口センサス・人口サンプル抽出調査より、1982-2010年）

（A）流動人口（単位：千人）
（B）全国総人口（単位：千人）
（A/B）流動人口の全国総人口に対する比率（単位：%）
（C）省間流動人口（単位：千人）
（C/A）省間流動人口の流動人口に対する比率（単位：%）
（D）省間流動人口のうち沿海地区に流入した人数（単位：千人）
（D/C）省間流動人口のうち沿海地区に流入した人の比率（単位：%）
（E）沿海地区の流動人口（単位：千人）
（E/A）沿海地区流動人口の全国流動人口に対する比率（単位：%）

	（A） 千人	（B） 千人	（A/B） %	（C） 千人	（C/A） %	（D） 千人	（D/C） %	（E） 千人	（E/A） %
1982	6,575	1,031,883	0.6	N/A	N/A	N/A	N/A	2,245	34.1
1990	21,354	1,160,017	1.8	N/A	N/A	N/A	N/A	9,083	42.5
2000	144,391	1,242,612	11.6	42,419	29.4	32,114	75.7	74,446	51.6
2005	N/A	N/A	11.5	N/A	34.0	N/A	82.4	N/A	57.1
2010	260,938	1,332,811	19.6	85,876	32.9	68,136	79.3	137,983	52.9

出所：1982年第3回人口センサスデータ（「常住人口の戸籍登録状況」）より計算；『1990年中国人口統計年鑑』p.45, p.65；1990年第4回人口センサスデータ（「常住人口の戸籍登録状況」）；国務院2000年第5回人口センサスデータ（http://www.stats.gov.cn/tjsj/ndsj/renkoupucha/2000pucha/html/t0104.htm）；国務院2005年全国人口1.31%サンプル調査データ（http://www.stats.gov.cn/tjsj/ndsj/renkou/2005/html/05.htm）；国務院2010年第6回人口センサスデータ（http://www.stats.gov.cn/tjsj/pcsj/rkpc/6rp/indexch.htm）をもとに算出

動人口の全体的な規模は小さく、省間流動の比率も大きくはなかったが、それでも沿海地区はすでに高い比率で民工を吸収していた。次に、1990年代以来、内陸から沿海へと大量の民工が省間流入する趨勢が増加を続け、比率でみると2005年前後にピークを記録した（Fan 2005）。第三に、2010年のセンサスが示すように、流動人口は10年前から大幅な増加を持続し、省間流動人口の数は2000年の2倍、対全体比は32.9%になったが、2005年サンプル調査の比率よりは低い。このことは、流動人口の多くが同一省内で流動したことを示唆する。従って、2010年に沿海地区に流入した流動人口は1.38億人に達し、2000年の1.85倍であったものの、沿海の流動人口は対全体比で52.9%と、比率では2005年より4.2%減少している。これらのデータが示すように、比率に着目するなら、2000年代末には内陸省から沿海地区への流動人口が逆に内陸に還流する現象が現れている。

表5.1-B　中国の流動人口の性別比　（人口センサスより、2000年・2010年）

		2000年センサス		2010年センサス	
		人数（千人）	性別比（%）	人数（千人）	性別比（%）
全国		144,391	100.0	260,938	100.0
	男性	75,920	52.6	136,975	52.5
	女性	68,471	47.4	123,963	47.5
北京		4,638	100.0	10,499	100.0
	男性	2,552	55.0	55,32	52.7
	女性	2,085	45.0	4,966	47.3
上海		5,385	100.0	12,685	100.0
	男性	2,888	53.6	6,684	52.7
	女性	2,496	46.4	6,001	47.3
江蘇		9,100	100.0	18,277	100.0
	男性	4,721	51.9	9,581	52.6
	女性	4,379	48.1	8,646	47.4
浙江		8,599	100.0	19,901	100.0
	男性	4,564	53.1	10,631	53.4
	女性	4,034	46.9	9,270	46.6
福建		5,911	100.0	11,075	100.0
	男性	3,177	53.7	5,909	53.4
	女性	2,735	46.3	5,166	46.6
広東		25,304	100.0	36,807	100.0
	男性	12,683	50.1	19,940	54.2
	女性	12,622	49.9	16,867	45.8

出所：国務院2000年第5回人口センサスデータ（http://www.stats.gov.cn/tjsj/ndsj/renkoupucha/2000pucha/html/t0104.htm）；国務院2010年第6回人口センサスデータ（http://www.stats.gov.cn/tjsj/pcsj/rkpc/6rp/indexch.htm）をもとに算出

中国の流動人口は、性別比の面ではどのような状況だろうか。2000年センサスによると、全国の流動人口（外来人口）の総数は1.44億人、うち男性は7,592万人で52.6%、女性は6,847万人で47.4%であった。2010年センサスでは、流動人口の数は2.61億人に増加し、うち男性は1.37億人で52.5%を、女性は1.24億人で47.5%をそれぞれ占めた（表5.1-Bを参照）。10年間で流動人口の人数は80%の増加をみたが、性別比はほぼ変わっていない。以上から、流動人口の半分近くを女性が占めており、労働力構成において重要な存在であることがわかる。さらに、沿海地区の工業化が進む6省・市に目を向けると、広東以外の5省・市の性別比は全国のそれに近似していることが見てとれる。

表5.1-C　中国の流動人口における省内流動・省間流動と性別比：全国と広東省の比較
（人口センサスより、2000年・2010年）

	2000年センサス		2010年センサス	
	人数（千人）	性別比（%）	人数（千人）	性別比（%）
全国の流動人口	144,391	100.0	260,938	100.0
男性	75,920	52.6	136,975	52.5
女性	68,471	47.4	123,963	47.5
省間流動	42,419	100.0	85,876	100.0
男性	23,175	54.6	48,357	56.3
女性	19,244	45.4	37,519	43.7
省内流動	101,972	100.0	175,062	100.0
男性	52,745	51.7	88,617	50.6
女性	49,227	48.3	86,444	49.4
広東省の流動人口	25,304	100.0	36,807	100.0
男性	12,683	50.1	19,940	54.2
女性	12,622	49.9	16,867	45.8
省間流動	15,065	100.0	21,498	100.0
男性	7,362	48.9	11,964	55.7
女性	7,703	51.1	9,534	44.3
省内流動	10,239	100.0	15,309	100.0
男性	5,320	52.0	7,976	52.1
女性	4,919	48.0	7,333	47.9

出所：国務院2000年第5回人口センサスデータ（http://www.stats.gov.cn/tjsj/ndsj/renkoupucha/2000pucha/html/t0104.htm）；国務院2010年第6回人口センサスデータ（http://www.stats.gov.cn/tjsj/pcsj/rkpc/6rp/indexch.htm）をもとに算出

広東では、2000年の流動人口のうち男性の比率は50.1%で、全国平均より2.5%低い。女性は49.9%で、全国平均を2.5%上回る。興味深いのは、2010年センサスでは広東の流動人口のうち男性は54.2%と全国平均より1.7%高くなり、逆に女性は45.8%で全国平均を1.7%下回っている。男女比の逆転現象により、広東の流動人口の状況は、沿海地区の平均的状況により近づいたことになる。

表5.1-Cは省間流動の実情をさらに詳しく分析したものである。2000年センサスは、省間流動人口が全国の流動人口全体の29.4%を占めたことを示す。広東省一省で2,530万人の流動人口を吸収し、全国の流動人口の17.5%を占める。そして、広東省一省に省間流動人口1,506万人がおり、全国の省間流動人口全体の35.5%を占めている。これらのデータは、労働集約型の加工貿易産業の

全盛期にあっては広東省が全国最多の流動人口を吸収し、輸出部門と外資企業に潤沢な労働力を供給していたことを証明する。広東省の省間流動人口のうち女性は770万人で51.1%を占め、男性の比率を上回る。この年のセンサスでは、全国の省間流動人口総数に占める女性の割合は45.4%であった。広東省の女性省間流動人口の比率は全国より5.7%も大きく、広東モデルにとって女性民工労働力がいかに重要であったかがここにも示されている。

2010年センサスでは、全国の省間流動人口は流動人口総数の32.9%を占めるまでになる。広東省は3,681万人の流動人口を吸収し、これは10年前より1,150万人の増加であるが、全体に占める比率は17.5%から14.1%に低下している。省間流動人口について見ると、広東省は2,149万人を擁し、10年前に比べ643万人の増加となったが、比率は25.0%に下がった。ここからわかるように、広東省は依然として省間流動移民を吸収する省であるものの、その他の沿海地区も移民受け入れの力を大きく伸長したのである。

最後に、再び性別比の変遷を見ておこう。2010年の広東省の省間流動人口のうち女性は953万人であり、10年前より183万人増加したが、比率は44.3%と10年前より6.8%下がり、全国平均に近づいた。このことは、広東では産業構造の転換により労働集約型の伝統産業の比重が低下し、女性作業員の需要が減少した可能性を示唆する。

5.2.2. 東南部沿海地区への高度な集中

東南部沿海地区は中国の加工輸出基地であり、台商が最も多く集中する地区でもある。従って、この地域に流動して来る民工が中国の工業発展にとって、また台湾資本にとっての労働力供給源としていかに重要であるかは、言を俟たない。表5.2-Aが示すように、2008年には外来人口の東南部沿海地区常住人口に対する比率がきわめて大きくなり、この地域の労働力としても重要な地位を占めた。北京の「外来人口の対総人口比」（C/A）は41%、上海のそれは31%を記録した。また、「外来人口と現地都市部事業所就業者数」の比率（C/B）は、北京と上海でそれぞれ1.21と1.55であった。この比率は、主として外来人口が現地の労働力に占める量について省・市間比較を行うのに用いるものである。

表5.2-A　外来人口の占める比率：対総人口、対都市部事業所就業者数（2008年）

	(A) 年末総人口 (千人)	(B) 都市部事業所 就業者数 (千人)	(C) 外来人口推計 (千人)	(C)/(A) 現地総人口の うち外来人口 (%)	(C)/(B) 外来人口と現地 都市部事業所就 業者数の比率
北京	16,950	5,703	6,883	41%	1.21
上海	18,800	3,772	5,844	31%	1.55
江蘇	76,770	7,076	8,267	11%	1.17
浙江	51,200	7,412	8,437	16%	1.14
福建	35,350	4,587	5,643	16%	1.23
広東	95,440	10,079	23,833	25%	2.36

出所：『中国統計年鑑』2009年をもとに算出

表5.2-B　外来人口の占める比率：対総人口、対都市部事業所就業者数（2013年）

	(A) 年末総人口 (千人)	(B) 都市部事業所 就業者数 (千人)	(C) 外来人口推計 (千人)	(C)/(A) 現地総人口のう ち外来人口の率 (%)	(C)/(B) 外来人口と現地 都市部事業所就 業者数の比率
北京	21,148	7,423	11,154	53%	1.50
上海	24,152	6,188	14,523	60%	2.35
江蘇	79,395	15,033	14,305	18%	0.95
浙江	54,980	10,716	22,173	40%	2.07
福建	37,710	6,440	13,794	37%	2.14
広東	106,440	19,670	36,428	34%	1.85

出所：『中国統計年鑑』2014年をもとに算出

広東省では、外来人口が総人口の25%を占め、外来人口と都市部事業所の就業者数の比率は2.36にのぼる。江蘇・浙江・福建各省のC/Bの数値は比較的小さいが、この3省は北京・上海と比べて広大な農村地帯と農業人口を擁する（この点は広東省も同様だが）。その結果、江蘇・浙江両省のC/B値は北京・上海を下回るが、福建は北京よりなお少し高い。他方、外来人口は都市化の進む工業地帯に集中しており、例えば広東省の深圳・東莞・広州などでは外来人口の占める比率がきわめて大きい（表5.3参照）。従って、広東のC/B値は際立って大きい。表5.2-Bが示すように、2013年には各都市の外来人口は絶対数においても比率においても大幅に増加している。「外来人口と現地都市部事業所就業者数の比率」（C/B）を見ると、突出している上海・浙江・福建では大幅に増加

表5.3　深圳と東莞の非戸籍常住人口の比率

年	深圳 年末常住人口（万人）	深圳 非戸籍常住人口比率（%）	東莞 年末常住人口（万人）	東莞 非戸籍常住人口比率（%）
2005	827.8	78.0	656.1	74.8
2006	871.1	77.4	674.9	75.1
2007	912.4	76.7	694.7	75.3
2008	954.3	76.1	695.0	74.8
2009	995.0	75.7	786.1	77.3
2010	1,037.2	75.8	822.5	77.9
2011	1,046.7	74.4	825.5	77.6
2012	1,054.7	72.7	829.2	77.4
2013	1,062.9	70.8	831.7	77.3

出所：『深圳統計年鑑』2014年、『東莞統計年鑑』2014年

し、逆に江蘇と広東では減少している。

民工の流動する方向は沿海地区に高度に集中し、中でも広東の珠江デルタ地域は、民工の移入が最も早くから生じ、密度も最も高い地域であった。表5.3は、珠江デルタ地域最大の加工貿易都市である深圳と東莞における外来人口の比率を示す。中国政府が公表する統計データはしばしば「統計の口径（対象範囲）」の調整を行うため、近年の統計年鑑の多くに「外来人口」の項目が見当たらなくなっている。しかも、地方ごとにも統計の対象範囲や項目に差異があり、比較が難しい。深圳と東莞を例に取ると、継時的かつ連続した「暫住人口」あるいは「外来人口」のデータを得ることは不可能であり、従って、「非戸籍常住人口の比率」（居住6か月以上）をもって外来人口の大まかな規模を推計するしか方法がない。そして、系統的な比較を行い得る資料は、2005年以降の分しか揃わない。ともあれ、以下のことがわかる。両市とも非戸籍人口の比率は非常に大きく、深圳では2005年には78.0%であった。その後、多少は減少するが、その幅は極めて小さく、2013年の時点でもなお70.8%という値を示す。東莞では、2005年に74.8%、その後徐々に増大して2010年に最大値の77.9%を記録し、2013年にはいくぶん減少して77.3%であった。ただ注意を要することに、このデータをもとに外来人口の規模を推計しても、なお過小評価の傾向がある。というのも、この統計は居住期間6か月未満の外来人口を

含まないからだ。これらのデータが示すように、ここ数年の外来人口の規模が減少したことは、珠江デルタの産業構造調整と関連があり、労働集約的な製造業が産業アップグレードの圧力のもとで国外移転や国内移転を余儀なくされた結果、外来民工の減少が起こったのである。とはいうものの、外来人口は依然として現地の人口の主たる構成要素なのだが、現地の政府は彼らに戸籍上の身分を付与することには二の足を踏み、地方保護主義的な姿勢が色濃い（以下に詳述する）。

5.2.3. 外資企業による民工の大量雇用

続いて、中国の雇用に外資が占める比重を分析する。表5.4-Aと5.4-Bは、異なる所有制の部門（公営・私営・外資）が都市工業労働力に占める比率を示す。全国では、2006年には私営企業が都市工業労働力の26.8%を、外資企業が28.8%を占め、両者を合わせて半数を超えた。ところが、加工輸出の重要都市である沿海部の工業省・市では、北京を除き、私営および外資企業が大多数を占める。そして、私営および外資企業は民工の雇用を主とする。特に広東では、外資が781万人もの労働力を雇用し、これは都市の工業被雇用人口の64.9%を占める。台湾資本について言うなら、さらに重要なのは、台商の製造業が外資のうち大きな比重を占めるため、なおのこと高い比率かつ膨大な人数の民工を雇用してきた点であろう。例えば、広東省では台湾・香港・マカオ資本が外資の労働力雇用の68.5%を占め、福建では60.2%、浙江では47.7%、江蘇では36.1%である。民工は製造業の労働力供給において高い比率を占めるため、台商企業への民工の供給は、また台商の輸出競争力に影響するその給与水準は、台商の利潤と大きく関係する。例えば2004年から2005年にかけて、沿海地区で「民工大凶作」と呼ばれた労働力不足が生じた際、台商のコミュニティはこの問題にきわめて高い関心を寄せた。2010年の旧正月以降、沿海地区を民工大凶作の第二波が襲った。この2度の民工大凶作は、中国政府の新たな農村政策や、中西部地域の省で給与水準の上昇が起きたことと関連する（陳慧榮 2006、李波平・田艷平 2011）。第二波の民工大凶作についての分析は、中国における労働力の供給がいわゆる「ルイス転換点」に到達したのか否かという

表5.4-A　中国の都市工業部門が雇用した労働者数：所有制別（2006年）

	公営及び混合所有企業		私営企業		外資企業		台湾・香港・マカオ企業の対外資比	雇用総数	
	万人	（%）	万人	（%）	万人	（%）	（%）	万人	（%）
全国	3,269.3	（44.4）	1,971.0	（26.8）	2,118.1	（28.8）	48.7	7,358.4	（100.0）
北京	68.4	（58.3）	14.9	（12.7）	34.1	（29.0）	25.8	117.4	（100.0）
上海	65.1	（24.4）	55.4	（20.8）	146.4	（54.8）	27.8	266.8	（100.0）
江蘇	205.5	（26.5）	276.8	（35.7）	292.2	（37.7）	36.1	774.5	（100.0）
浙江	190.8	（26.2）	347.0	（47.7）	189.2	（26.0）	47.7	726.9	（100.0）
福建	61.2	（18.8）	75.5	（23.3）	188.2	（57.9）	60.2	324.9	（100.0）
広東	206.9	（17.2）	215.7	（17.9）	781.0	（64.9）	68.5	1,203.6	（100.0）

出所：『中国工業経済統計年鑑』2007年版をもとに算出

表5.4-B　中国の都市工業部門が雇用した労働者数：所有制別（2011年）

	公営及び混合所有企業		私営企業		外資企業		台湾・香港・マカオ企業の対外資比	雇用総数	
	万人	（%）	万人	（%）	万人	（%）	（%）	万人	（%）
全国	3,636.8	（39.7）	2,956.4	（32.2）	2,574.1	（28.1）	46.8	9,167.3	（100.0）
北京	64.2	（54.8）	13.8	（11.8）	39.3	（33.5）	24.8	117.3	（100.0）
上海	53.2	（19.7）	55.1	（20.5）	161.0	（59.8）	27.7	269.3	（100.0）
江蘇	202.9	（18.6）	433.9	（39.7）	455.1	（41.7）	35.7	1,091.9	（100.0）
浙江	157.5	（21.9）	359.5	（50.0）	202.4	（28.1）	48.9	719.4	（100.0）
福建	81.9	（20.3）	127.0	（31.5）	194.9	（48.3）	61.7	403.8	（100.0）
広東	313.5	（21.6）	286.4	（19.7）	851.2	（58.7）	61.8	1,451.1	（100.0）

出所：『中国工業経済統計年鑑』2012年版をもとに算出

論争を招いた（Hamlin 2010, Zhang et al. 2010）。Chanは、周期的な労働力不足の問題について、ルイスの転換点以外に、戸籍制度が国内移民の障壁となっている点、労働集約型工業が若年層労働力を選好する点、国際的な景気の周期的変動などもまた、民工不足をもたらすさらに重要な要素である可能性を指摘した（Chan 2010）。

表5.4-Bは、2011年における各都市の所有制別労働力分布状況を示す。これを2006年（表5.4-A）と比較して、変化を把握できる。全体を通じて、中国の

都市における工業部門の雇用者総数は、7,358万人から9,167万人余りに増加した。全国の公営企業による雇用比率は44.4%から39.7%へと下降した。他方、私営企業による雇用の比率は26.8%から32.2%へと上昇した。外資についてはほぼ現状維持で、28.8%から28.1%へという数字である。だが、台湾・香港・マカオ企業が外資企業の雇用に占める割合は小幅の減少を示し、48.7%から46.8%に後退した。地域別にみると、広東の下降の幅が最も大きく、68.5%から61.8%へと下がっている。この下降傾向は、世界金融危機が広東の加工輸出部門に与えた衝撃の大きさを物語るとともに、かごを空けて鳥を入れ替える産業アップグレード政策が部分的に成果を上げたことをも示唆する。これと対照的に、広東の公営企業の雇用が占める比率はこの5年間に上昇傾向を示し、17.2%から21.6%に増加したが、このことは広東の国営企業が工業部門において拡張した現象を一定程度反映している。

5.3. 二元労働市場：低賃金と残業をめぐる神話

賃金と労働時間は、民工の日常的な労働の経験の核心である。改革開放以降の中国における資本主義の発展モデルは、二元労働市場（dual labor market）を生んだ。「職工（正規労働者）」と「民工」という2つの労働部門間の不均等な待遇は著しく突出し、両者の賃金格差もきわめて大きかった。

5.3.1. 賃金と労働時間

最低賃金制度は、実際問題として、民工労働市場の要石（keystone）とも呼ぶべき最も重要なものとなった。企業経営の上で、最低賃金はすなわち民工の「基本給」である。中国政府による最低賃金の制定は賃金額の基準として、もとの趣旨は労働者の収入の最低水準を保証するものであったが、実務の運営においては反対に民工の初任給の「天井」と化してしまった。通常、民工を雇用する企業はどこも最低賃金額を初任給の額とし、これをもとに日給や時給の額を算出する。従って、民工の月あたりの所得は、残業手当を算入しない場合、人力資源・社会保障部[17]が定める1か月の出勤日数21.75日を基準に算出される[18]。

第2章でも論じたように、「都市部事業所職工平均賃金」と民工が手にする最低賃金との間には、一般に2-3倍の格差がある（第2章、表2.5を参照）。仮に「都市部事業所就業者平均賃金」と民工の最低賃金を比較すると、その差はさらに大きい。表5.5-Aが示すように、2008年の沿海地区6省・市の最低賃金は480元（福建省）から1,000元（広東省深圳特区）であったが、同年の都市部事業所就業者の賃金は2,130元（福建省）から4,654元（北京市）であった。これら二種の労働市場間の賃金格差は、2.8倍（福建省）から5.8倍（北京市）にのぼる。そして、表5.5-Bは2012年の状況を示す。各地の賃金格差の比率には大きな変化は見られず、浙江省で格差がいくぶん拡大し、深圳では縮小している。深圳については、もとあった「管内」と「管外」という二段階の最低賃金水準が統合され、北京や上海と同様の状況になっている。

民工の最低賃金はきわめて低額であるため、家族を養わねばならない場合は基本的な最低限の生活さえもままならないと思われ、ゆえに長時間の残業により収入を上げなければならない。ところが、中国の労働時間に関する政策には、かなり厳格な規定がある。1日あたりの法定労働時間は8時間とされ、1週間あたりの平均労働時間は44時間を超えてはならない。また残業は1日あたり上限3時間、1か月あたり上限36時間と定められている。残業手当の計算方法

17　［訳註］「人力資源・社会保障部」は、中国国務院の構成部門で、日本の省にあたる。政府機関・事業所の人事と社会保障を所管する。

18　月当たりの勤務日数については、2008年までは二種類の計算方法があった。(a) 政府の公布する月当たり勤務日数である20.92日を用いる。(b) 筆者が行った現地調査では、どの企業も月当たり勤務日数を26日としていた。企業が依拠したのは、『労働法』第四章第38条の規定「使用者側は、労働者に対して毎週少なくとも1日の休日を保障すること」である。ここから算出して、月当たり勤務日数を26日としていた。2008年以後は、人力資源・社会保障部が月給の算定基礎となる勤務日数を21.75日とするよう公布した。その算出法は次の通り。(365-104［休日］)/12=21.75。

表5.5-A　各地の最低賃金と都市部就業者平均賃金の差異（2008年）

（単位：元/月、名目値）

	都市部就業者平均賃金（A）	最低賃金（B）*	賃金額の差（A）-（B）	最低賃金を1とした時の都市部賃金（A）/（B）
北京	4,654	800	3,854	5.8
上海	4,344	960	3,384	4.5
江蘇	2,608	590-850	1,758-2,018	3.1-4.4
浙江	2,802	690-960	1,842-2,112	2.9-4.1
福建	2,130	480-750	1,380-1,650	2.8-4.4
広東	2,774	530-860	1,914-2,244	3.2-5.2
深圳	3,700	900-1,000	2,700-2,800	3.7-4.1
全国平均	2,408	N/A	N/A	N/A

*最低賃金のデータは、各地の政府公報および各地の人力資源・社会保障部発表のデータによる。江蘇と福建は2008年の時点で最低賃金が未調整であったため、2007年の公表データによった。

出所：『中国人口・就業統計年鑑』2013年・表1-28および『深圳統計年鑑』2009年版・表13-5より算出

表5.5-B　各地の最低賃金と都市部就業者平均賃金の差異（2012年）

（単位：元/月、名目値）

	都市部就業者平均賃金（A）	最低賃金（B）*	賃金額の差（A）-（B）	最低賃金を1とした時の都市部賃金（A）/（B）
北京	7,062	1,260	5,802	5.6
上海	6,556	1,450	5,106	4.5
江蘇	4,220	950-1,320	2,900-3,270	3.2-4.4
浙江	4,183	950-1,310	2,873-3,233	3.2-4.4
福建	3,710	830-1,200	2,510-2,880	3.1-4.5
広東	4,190	850-1,300	2,890-3,340	3.2-4.9
深圳	4,963	1,500	3,463	3.3
全国平均	3,897	N/A	N/A	N/A

*最低賃金のデータは、各地の政府公報および各地の人力資源・社会保障部発表のデータによる。浙江と広東は2012年の時点で最低賃金が未調整であったため、2011年の公表データによった。

出所：『中国人口・就業統計年鑑』2013年・表1-28および『深圳統計年鑑』2013年版・表14-6より算出

は、平日は最低賃金の1.5倍、週末（土・日）は2倍、祝祭日は3倍となっている。

明らかに、労働者が仮に法定労働時間のみ働いて最低賃金を得るとすれば、その所得額は微々たるものである。残業して稼ぐことは、やむを得ず自らを搾取する行為なのである。ところが、現地調査中に資本側がしばしば「労働者たちは残業を志願する、競って残業したがる」と口にすることに、我々は気づいた。このおかしな現象があるのは、労働者は残業しなければ所得を増やせないからである。つまり、中国の一見極めて進歩的な労働時間の政策が、かえって搾取の真相を巧みに隠蔽してしまっている。実際のところは、最低賃金が故意に低位に抑えられ、それゆえ規定を超える残業をせざるを得ない状況なのだ。

5.3.2. 規定を超える残業：資本側と政府の共謀

中国の加工貿易産業では、規定を超える残業は常態だが、それは資本側と政府による「共謀」でもある。労働者も、規定を超える残業というこのゲームのルールをある程度は「黙認」している。2004年に東莞のある台湾資本の木製品メーカーの副社長に聞き取りを行った際、国際的バイヤーから工場にCSR（企業の社会的責任）の要求が出され、直ちに敏感な残業問題に話が及んだことが話題に上った。インタビューの記録は次の通りである。

問い：あちら（国際的バイヤー）と御社（台湾資本メーカー）はどういう関係なんですか。

答え：うちに発注しようとするんですよ。うちに製造させたいと。あちら（バイヤー）が先に見に来て、その他の大企業も来ましたがね……先方が並べてきた課題のうちいくつかは、うちは当時先方の基準に達していなかったんです……例えば、残業、残業の時間数ですよね、先方の要求は、中国の労働法の規定を必ず守らなければならんというわけです……。

問い：それでは、守っていないと、御社は先方に正直にそう言ったんですか？

答え：そうですよ、これもうちが極力改善しないといけない部分ですから、うちはもちろん、あらゆる部分ですべて中国の労働法規を順守できるようにしたいですよ。

問い：もしコカ・コーラ社（国際的バイヤー）がそう要求しなかったら、御社は現地の労働法規を守らないかもしれないということですか？

答え：実際のところ、現地の労働局はですね、見て見ぬふりをしているんですが、しかしわが社の発展という立場から言うなら、私どもは当然そんなふうにやっていきたいわけではなく、労働条件がこの労働法規に沿うようにできる限りの調整を行います。ですが、時によっては、繁忙期と閑散期の違いがありまして、繁忙期ですと、東莞地区では今年は10万人の人手不足ということで、納期に間に合うように出荷するために残業が増えることもあるわけです。その時も、従業員と協議しています。

問い：従業員との協議はどんなふうに行うのですか。

答え：法に定められた残業は、月あたり44時間を超えてはならない規定ですから（筆者注：正しくは36時間のはず）、残業をさせる前に、我々から従業員に通知します、そういう感じですね。中国の労働法の規定では、7日間のうち1日は休日を取らねばなりませんので、当社も輪番での休日制度を採用しています。

問い：賃金の部分について、少しお話しいただけますか。

答え：当社では今のところ、給与制度は日給方式で計算しています。給与の部分は労働者の平均給与にほぼ相当し、新人の場合ですとおおむね18元前後ですね。ここには諸手当を含まず、直接の給与のみです。

問い：その他の手当類にはどんなものがありますか。

答え：例えば、寮費は無料、例えば食費は会社が40%を援助、ほかにも会社としてさまざまな福利厚生の活動や制度を設けています。制服の支給とか。従業員は費用負担の義務がありません。

問い：日給が18元でしたら、1か月で500元にしかなりませんねえ。

答え：残業手当を足せば、例えば現状ですと毎月、従業員によってはかなり長時間やっていますから、平均すれば月額で1,050元ほどになりますよ。

問い：木製品メーカーという業種は、東莞の中では、賃金水準は低い方でしょうか、それとも高い方に当たるのでしょうか。

答え：中から下というところでしょうかね。残業に頼る部分が大きいです。

問い：一般的に、木製品や家具のメーカーは、東莞の台商はどこも日給制を採っているものでしょうか。

答え：それは、大部分がそうですね。

問い：先ほどのお話の中で、政府の規定では「毎月の残業が44時間を超えてはならない」とのことでしたが、実際には納期に合わせるなどの事情でそれを超えてしまったりしませんか？

答え：ありえます、ありえます。でもその時は必ず従業員と協議しなければなりません。しかし、労働者はおしなべて残業手当をなるべく多くほしいですから、進んで協力してくれるんですよ。

（同席していた別な台湾資本家具メーカーのマネージャー・許氏が話に割って入る）もうひとつあってですね、大陸の法規は台湾とよく似ていて、「弾力的総合労働時間制」というんですが、閑散期と繁忙期とで調節がきくんですよ……弾力的労働時間制というのはつまり、例えば（法規によれば）1か月の残業が36時間を超えてはならない、あるいは先ほどサブマネージャーが言ったように44時間と申請するとしましょう、だが今月はこれを超えてしまいそうだという場合、労働者と話して同意を得れば、大丈夫なんですよ、市政府に行って弾力的労働時間制を申請するんです。つまりね、繁忙期はどんな状況になるか算出するわけです、例えば9月は繁忙期で、この月に25時間分超過するとしましょう、で、閑散期には1か月を通じてまったく残業がない、なぜなら発注がないから、休みを与える、こういう具合に年間を通じて平均させれば、36時間を超えないんですよ。

問い：外国のバイヤーからCSRの要求が来るうち、最も頭の痛む面倒なものはどういったものでしょう。

答え：一番の問題は、中国の労働法の規定を完全に順守するよう求められることですね。この点は、この地の企業にとって、完璧に実現するのは極めて難しいことです。なぜなら、そんなことをすればコストがとんでもなく上昇してしまいますから。

問い：どれくらい上昇するか計算したことはありますか。

答え：詳しく計算したことはありませんが、仮に労働法の規定に完全に準拠して残業手当を支給すると、給与の面で60%増になるか、あるいはそれを超えるかもしれませんね。

問い：先ほど残業手当のお話がありましたが、他にも厳しいと感じるものはありますか？

答え：残業時間、残業手当、これが最も主なものですね。その他、福利厚生ですとか、職場の安全や消防や人権などの面ですね、これらの解決は容易だと考えています。ただ、コストの増大に直接かかわる事柄だけは、当社として軽々に妥協できるものではないのだろうと、個人的には思います。[19]

以上の聞き取りから、いくつかの要点をまとめ得る。まず、賃金が労働集約型製造業における直接コストの最大部分を占めている。従って、低廉な賃金を維持することはメーカーの最大の関心事であり、妥協や譲歩のできない点である。低廉な賃金と比べれば、メーカーが支給する「福利厚生」「手当」などは、はした金に過ぎない。

次に、国際的バイヤーはメーカーに「中国の労働法規の順守」を求めるが、これらの要求は主としてバイヤーの保身（国際的消費者運動の圧力に対処するた

19　聞き取り：XFL200410。

め）である。メーカー側が規定を順守しているという旨の文書を提出できさえすれば、つまりメーカーが現地地方政府のお墨付きを得ることさえできれば、バイヤーの関門は通過できるのだ。

第三に、地方政府は労働法規の施行について「片目をつぶって（黙認して）」おり、実際には規定を超える残業を許し、「弾力的労働時間制」（詳しくは後述）を認可することでメーカーに協力し、政策の実施において融通が利く状況を与えている。だが、地方政府がこうした融通の利く政策を永遠に保障できるわけもなく、中央政府がひとたび政策の変動やマクロ的条件の改変を行えば、「弾力的な優遇」は打ち切りとなって、未払いの残業代の支給を求められることもあるだろう。従って、一時的においしい思いを味わってきた台商であるが、弾力的労働時間制が習慣と化していることはすなわち莫大な「歴史的債務」を積み上げていることに他ならず、ひとたび通報などされて、地方政府が調査に乗り出せば、直ちに危機に直面するのである。

ここに、地方官僚による自己保身の方策が存在する。木製品メーカーの副社長は「もちろん、あらゆる部分で中国の労働法規を順守できるようにしたい」と述べるが、「もちろん、したい」との文言には奥深い意味合いがにじみ出ている。法規を完全に順守することなど実際には不可能で、中国側の官僚もそれをわかっているが、しかし彼らは何が何でも墨守せよというわけでもなく、かといって本当のところを明るみに出しもせず、グレーゾーンの存在を容認した。このことは資本側による労働力の搾取に有利となり、同時に自らのレントシーキング（グレーな収入）の余地の確保にも有利であった。前掲した聞き取りの中で、話に割って入った許マネージャーは、あとで改めて説明してくれた。

実のところ、労働局はね……あなた、（木製品メーカーの）この事例を見れば、大陸の役人の心理がよくわかるでしょう、どうやって保身を図ろうかという点は、我々の考え方とたいして変わらんのですよ。たとえばね、あの人らは労働時間の順守なんてまず無理だと重々承知していて、どこもみな時間をオーバーしているし残業も規定を超えていると知っているわけですよ、でもこんなふうに言うわけです。「法令を順守すべきですし、規定を超えてはまずいです。誰からも通報がなければ、お宅の会社は問題ないと認定しますよ、でも仮にお宅に関して通報があれば、こちらはきっちりやりますよ、お宅の工場の閉鎖までやるかもしれません」。……税金の減免も、必ずそうしてあげるなんて約束できるはずないでしょう、憲法の規定があるんですから、たかだか一介の局長の身で、そんな図太い真似をできるもんですか。温家宝であろうが、そんなことを言う勇気はありませんよ。お宅の税金は6割納めればいいんですよ、100パーセントなんて納めなくていいんです、以前は3割で、今は6割、100のうち60だけ納めればいいよー、なんて誰も言いませんよ。けどね、先方は「お宅の申告はごまかしがないと信じていますよ」と、こう言ってくるわけですよ。この一言、これは芸術的なまでに奥が深いわけです。でも「仮にお宅の会社について通報する者がいたり、内部の誰かが通報したりすれば、その時はお宅の問題であってこちらの問題ではありませんよ、お宅が誠実にやらず法令を順守しなかったんです」と。……だからね、どう思います？　わかってないなんてことがまさかありますか？ 東莞には台商が5,000社から6,000社もありますがね、労働時間を守ってるところなんてほんのわずかですよ……告発されなければそれでよし、でももし誰かが告発すれば、息の根を止めに来ます……しかたなく、時には良心に背いて虚偽の数字を書いて出すこともありますよ、残業があったかなかったか自分で調査するわけよ、自己点検です。大陸では自己点検が流行っているじゃありませんか、自分で自分の身体検査をするわけです、自分は納税申告漏れしてない？　脱税してない？　とね。申告漏れの額を自分で記入しろというわけですよ、これ、何とも奥深いですよね。[20]

地方官僚とメーカーとが規定を超える残業をめぐって行う「共謀」は、明文化されてはいない。そうではなく、「阿吽の呼吸」であり、運用における奥深

20　聞き取り：XZS200410。

い「芸術」なのである。両者とも、規定を超える残業およびそれに伴う高額の手当が労働者のインセンティブになることを熟知している。そして、資本側はこの分の手当をあらかじめコストに算入している。こうしたコストの方程式は、中国沿海地区の台湾資本メーカーの管理職階層の間にごく当たり前に存在するのだ[21]。

民工への聞き取りも、規定を超える残業が普遍的な現象であることを裏付ける。2005年に台陽東莞工場で労働者のシフト組みを担当する部署の課長は、こう語った。

> （うちの工場は）週休1日で、毎日8時ごろまで残業していますし、たまに日曜日に残業することもあります、それも夜10時までですよ。労働法の規定を超えた時間数はすべて残業手当の算定対象になります。労働法に従うなら、残業の規定を忠実に守るなんてどこの工場もできないでしょう、管理職だけは別ですが。[22]

台陽の別な労働者は、息子が東莞にある他社の工場で働いており、2007年に次のような話をしてくれた。

> 息子の給料は1,000元ほどです。息子の工場は規模が小さく、1,000人余りですね、香港からこちらに来て開いた工場です。給料が台陽より安いし、社会保険にも入ってくれません。給料日も決まっていなくて、資金の調達がうまくいかない時は給料の遅配もしょっちゅうあります。残業の回数も多く、夜通し残業というときもありますよ。[23]

ここで、1,000元の月収には残業手当が含まれる。2007年の東莞の最低賃金は690元であった。これら2件の聞き取りからわかるように、規定を超える残

21　聞き取り：ZJC200701；ZJQ200707。
22　聞き取り：TY_Zhu200504。
23　聞き取り：TY_Cheng200701。

業が当時において当たり前に見られる現象であったことは疑いない。しかも、労働者自身も、残業時間数が労働法の規定を上回っていることを知っていたのである。

5.3.3. フォックスコン事件と残業の神話

フォックスコンは、超大手の台商企業である。コンピュータと携帯電話の組み立てに従事するICT産業にあたり、かつては深圳だけで労働者100万人を雇用していた。ICT産業は一般的には「ハイテク産業」に分類されるが、その実、フォックスコンの労働形態は労働集約型に相当し、その労働の強度は一部の伝統産業よりも大きい。

まずは、我々が広東の調査地で観察し得た実態を見ておこう。毎月90-100時間の残業はごく普通のことで、100時間を超えることもある。このような残業時間数は明らかに違法だが、しかし企業と労働者の間のいわゆる「暗黙の了解」のなせるわざである。深圳のF工場における2010年上半期を例に取ると、一般労働者（作業員）が毎月得る基本給（最低賃金）の額は人民元950元に過ぎず、仮に98時間の残業（平日66時間、週末32時間）をすると、手取りはおよそ1,840元となる。労働者にしてみれば、本来の勤務時間に得る賃金と残業手当の額がほぼ1対1ということなのだ。道理で、現地調査で聞き取りを行うと、企業のマネージャーたちから以下のような発言がしばしば出てきたわけだ。「大陸の労働者は残業が大好きですよ、残業をさせないと機嫌が悪いんですよ！」。そこには、何ともいたし方ないという気分が感じられたが、しかしこれらの謂いは、もっともらしいが実は正確でない。労働者たちは、基本給が低いがゆえにしかたなく残業に血道を上げ、残業を求めるのだ。仮に基本給が生活を支えるのに十分な水準であれば（いわゆる「生活給」）、自分から残業を求めるような状況は大きく減るに違いない。

別な現地調査では、フォックスコンの労働者の発言の記録が残る。「度を越す残業は、フォックスコンで働きたいと思わせる最大のインセンティブですよ」。だが、別な労働者はこう述べる。「もし、そこそこの給料をもらっているなら、残業をカットされても、自分はかまいませんよ」（曾瑋琳 2012:67）。2010年に従業員の相次ぐ自殺事件が発生した台商の工場――フォックスコン――の状況は、このとおりであった。『南方週末』の「記者潜入調査」によれば、「中国の労働者たちは自分から残業を要求する。あまつさえ、ライン長やグループ長に取り入ってでも残業を実現しようとする」(『南方週末』2010)という。基本時間数が少なく定められているがゆえ、企業は生産効率を保つため労働者に残業をさせる。そしてまた、最低賃金が低く抑えられているがゆえ、労働者は必死で残業せざるを得ない。こうして、規定を超える残業の現象が自ずと生まれたわけだ。このような制度設計が、「労働者は残業を志願する」との神話を生み出したのである。

しかし、深圳の民工が毎月100時間の残業をしても、彼の所得は同じ深圳の職工(正規労働者)に比べ、なお大きな格差がある。前掲の表5.5-Aおよび表5.5-Bは、6省・市の最低賃金と都市部就業者平均賃金との差異を示し、この単純な計算を実証している。

フォックスコン従業員の連続自殺事件が発生すると、労働者の残業好きという神話も明るみに出された。事件から間もなく、深圳の労働主管部門は、フォックスコンは残業を強制していなかったとの声明を発表した。だが実際には、納期の厳しい時期の残業時間数は労働者の「志願」をしばしば上回るものとなり、労働者たちの心身の負荷も限度を超えていた。ある元従業員は、ネットにこんな書き込みをしている。

> 深圳市総工会も報告書の中で、フォックスコンによる残業の強制や規定時間数を超えた残業などの労働法違反行為は見当たらなかったとしている……自分はここで、あれこれ言う気はない、給与明細をここにアップするから、みんな見て……ひと月の残業は100時間超え、休みはたった2日……毎月末になると残業希望確認書にサインさせられたが、あんなものは形式だけのことよ。サインしなかったらどうなると思う。上のライン長や組長連中がノルマ未達を心配すれば、代わりに勝手にサインされちまうんだよ。おまけに、サインしないと罵倒されるし。上を怒らせるわけにはいかない、でないと仕事の上で損をして馬鹿を見るのは自

分なのよ、自分に返ってくるわけ。だから、みんなだいたい書類を読みもせずサインしたよ、慣れっこになっていた。もう本当にくたびれ果てて休みたくても、休暇をもらうなんて不可能だよ、そういう時はどうする？　コミュニティ健康センターに駆け込んで、医者に診断書を書いてもらって病休を請求するんだ、1年で15日だけの特権さ、だから自分らはこの15日の病休を、節約しながら少しずつ使ってたんだよ！[24]

この元従業員が公表した給与明細によると、彼らの残業が100時間を超えることはしばしばあった。2008年4月を例に取ると、給与明細には次の記載がある。基本給月額950元（最低賃金に相当）、平日残業65.50時間・残業手当636元、土日残業62時間・残業手当877元（図5.1を参照）。この明細では、残業手当の額が基本給を上回っている。残業に当たり、労働者は「残業希望確認書」に署名せねばならず、それは使用者側が政府の労働条件関連の検査に対応するためのものだ。労働者が署名しない場合、管理職が代わりに署名し、それにより「署名させられ残業を志願させられた」こととなる。しかも、病気休暇の請求さえ非常に難しいのである。

そもそも、中国の『労働法』（1995年施行）の残業に関する規定はきわめて厳しいものである。1日当たりの残業は1時間を超えてはならず、特殊な状況下にあっても3時間を超えることは禁じられ、かつ1か月で36時間を超えてはならない。ならば、使用者側はいったいどのようにして、労働者が規定を超える残業を求めるように持っていくのだろうか。広東には、もう1つの別なゲームのルールがあった。

『労働法』の労働時間制度には、「標準労働時間制」のほかに「総合労働時間制」と「不定時労働時間制」がある。多くのメーカーが総合労働時間制を採用して、残業時間の制限を回避している。総合労働時間制は、通常の1日当たり労働時間（8時間）・1週間の労働時間（40時間）・1週間あたり最低1日の休日という要素に基づいて、弾力的な労働時間の算出を認めるものである。だが広

24　「富士康有沒有違規加班 網友工資單證事實」『阿波羅新聞網』2010年5月26日（https://goo.gl/P2baHJ, 2010年6月1日検索）。

図 5.1　フォックスコンの給与明細（2008 年 4 月）

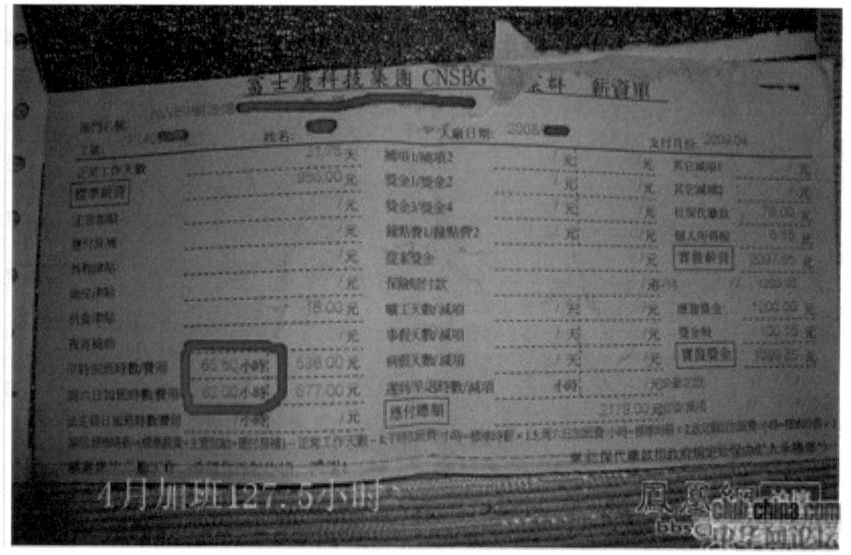

出所：『阿波羅新聞網』2010 年 5 月 26 日（https://goo.gl/P2baHJ, 2010 年 6 月 1 日検索）

東のメーカーは、この規定を残業にも適用していたのである。

> 7月から8月にかけての閑散期には、注文は7割5分ほどしかありません。で、繁忙期には業務を詰め込まざるを得ません。そこで私たちは「総合労働時間制」、別名「通年弾力的労働時間制」を用いています。規定によれば、1か月あたりの残業時間数は最大36時間ですから、12か月で432時間になりますね、これを繁忙期の数か月に集中させます。そうすると、この時期には本来の規定の上限である36時間を超えることになります……しかし、1週間の労働時間が60時間を超えてはいけませんから、つまり40時間が通常の勤務時間で20時間が残業時間ということです。1日の労働時間が11時間を超えてはならず、通常勤務時間8時間に加えて残業3時間となります。これは「明文化されていない規定」で、ブランド（バイヤー）も承認しており、CSR（企業の社会的責任）の

規範にも合致しているのです。[25]

政府の法令によれば、使用者側がこの「通年弾力的労働時間制」を実施する際は、事前に労働行政部門の批准を得たのち公告を行うよう定められている。だが、メーカーが通常この手順に従って公告を行っているかどうかは、判然としない。そしてこの方式によるならば、労働者の残業時間数は最大で80時間あまりとなるはずだが、前述したフォックスコンの元従業員が公表した給与明細が示すのは、残業がしばしば100時間を超えたという事実であり、実情は明らかにこの「弾力的労働時間制」の範囲をも超えていたのである。

全体的に、労働法規の実施状況は、外資メーカーでは国内民営資本より良好であった。香港・台湾資本は外資の一部分として、欧米日資本と国内資本の中間に位置していた。国内民営資本メーカー、中でも中小零細企業では、民工が労働行政部門の保護を得られることはほとんどなかった。

5.4. 公民としての身分における差序、二重の搾取

ここまで、国家がいかにして民工という階級とそのありようを作り出し、さらには二元労働市場のもとでいかにして低賃金ならびに規定を超える残業などを作り出してきたかについて、実際に見聞した現象と証拠を記述してきた。本節では、公民としての身分における差序という理論を提示し、あわせて二重の搾取が形成されたメカニズムを説明する。

5.4.1. 概念の起源および定義

伝統的民主国家の理想型にあっては、公民としての身分すなわちシティズンシップは、公民間の平等な権利を前提としている。1949年、社会学者のマ

25 聞き取り：L201504。

ーシャル（T. H. Marshall）は古典となる論文を発表し、現代のシティズンシップの発展を論じた。彼は奥深い意味を持つ問いを提示している。現代史の進行過程において、シティズンシップの権利の普及と進化は、果たして社会的階級の不平等を持続的に緩和・縮小しうるか否かという問いである（Marshall 1994[1949]）。彼はこう論ずる。現代の公民権が発展した初期には、単一かつ万人に同等なシティズンシップは「確かに資本主義と自由市場経済の助けとなった――脅威ではなく――、というのも当時の公民権は主に市民としての自由権（civil rights）を指したからである、そして自由権は人々に財貨の掌握を追求する法律的能力を与えた、人々が必ずそれらを掌握できると保証はしなかったが」（Marshall 1994[1949]:20）。彼は、自由権と初期の資本主義との間に「親和性」があったことを見て取っていたのである。第二次世界大戦後、社会権（social rights）と社会福祉が西欧で広く推進された。マーシャルは、社会権の賦与により自由権の行使がさらに進む、中でも資源に乏しい下層労働者についてはそう言えると主張した。だが、社会権は階級的不平等という問題を解決し得るのだろうか。マーシャルは、慎重だが否定的な答えを出している。歴史的経験から見て、社会権は不平等の問題を根本的には解決し得ないにせよ、理論上は社会権により不平等を緩和することは可能であろう、社会権の賦与が引き続き「単一かつ万人に同等なシティズンシップ」という原則のもとに行われる限り、少なくとも社会権が不平等をさらに悪化させることはないはずだ、と。

仮にマーシャルの理論的命題を分析の基準とするなら、現代中国における公民なる身分の形成過程、およびこの理想型の特異な点を、明らかにすることができよう。第一に、西欧社会のシティズンシップは個人を権利・義務の主体とするが、中国の公民という身分は戸籍制度にがんじがらめに縛り付けられている。戸籍は、「世帯」（household）を権利・義務の単位とする。法律上、戸籍制度は人民の自由権、例えば移動の自由や職業選択の自由などを制約する。『中華人民共和国憲法』によると、すべての公民は等しく平等権を享有するが、しかし現行憲法は人民の移動の自由を明文で保障してはいない。戸籍はまた、社会的・経済的権利ともひとまとめにくくられている。こうして、戸籍制度は民工の自由権と社会的・経済的権利の両者を同時に剥奪している。

第二に、戸籍制度は都市・農村二元体制と一体となって構築されている。戸籍制度は国民を「農村住民」と「都市住民」の二種類の身分に区分し、人口と戸籍は「属地管理」を採用している。農村住民の身分の人が居所の所在地（ことに大都市）の戸籍を取得することは難しい。この、毛沢東時代に形成された都市・農村二元（戸籍）体制は、1980年代以来ずいぶん緩み、農民が都市に出て来て商工業に従事できるようになりはしたものの、二元体制が作り出した制度的な経路依存効果が今もなお農民工の自由を制約している。

第三に、中国政府が人民に公民としての身分を賦与する際、単一かつ万人に同等なシティズンシップという原則に即してはいなかった。反対に、中華人民共和国の建国以来、国家は各種の政治的な理由（政治的身分、例えば「黒五類」「反革命分子」「右派」などのレッテル）や社会的身分（例えば、都市・農村二元体制下での「農民」という身分）、あるいは行政管轄（例えば「戸籍」の所在地に基づく属地管理）や民族の区分（少数民族に対する統治）を通じて、多くの個人および社会集団の公民としての権利を剥奪してきた。つまり中国の実情は、マーシャル式のシティズンシップの概念とは、程度においてもまた類型としても、異なるものである。中国では、公民身分体制とは階層化した等級制度なのであり、その運用において偏見や差別的な扱いが蔓延している。

本書が提示する「公民としての身分における差序」という概念は、中国の社会学者・費孝通の「差序的な構造配置」[26]理論ならびに西洋の社会科学の伝統であるシティズンシップ理論を参考にしており、定義は次の通りである。

> 国家（中央国家・地方国家を含む）が正式もしくは非公式な規則により編み出した制度の構造の一式。公民全体はこの体制の中で区分され、階層性・序列性を帯び、その身分と権利に格差のある諸集団に線引き・分類され、これら異なる公民集団間に経済的地位・社会福祉・政治的権利

26 ［訳註］原文は「差序格局」。この語は日本の中国研究者の間では専門術語として定着しているが、他方で複数の研究者がこれまでにさまざまな異なる訳語を考案している（西澤 2019:229-231）。本書では、西澤の訳（費孝通著・西澤治彦訳 2019『郷土中国』風響社）に依拠して「差序的な構造配置」を用いる。

の各方面における不平等な現象をもたらす。

筆者はこの概念を構想する際、中国語の「公民身分差序」[27]と英語の「differential citizenship」という二つの語彙を代わるがわる参照したのち、「universal citizenship」を「普同的公民身分（万人に同等なシティズンシップ）」という中国語に訳出し、さらに「differential citizenship」を、語彙の並立性と簡潔さを念頭に置き「公民身分差序」という中国語に訳出した。筆者はもともと、マーシャルの文章を読んで「differential status」の概念に出会い（Marshall 1994[1949]）、これを「身分差序」と中訳し、この概念を用いて珠江デルタ地域の「蛇尾村」（多くの民工を擁する行政村）の村内における階層化について分析を行った（呉介民 2000）。この論文では、費孝通の唱えた「差序的な構造配置」概念との対話を展開している。「身分の差序」からさらに一歩進んで「公民としての身分における差序」および英語の「differential citizenship」の概念へと発展させ、併せて中国の都市・農村二元体制がソ連の制度に影響を受けていることを、さかのぼって確認した（Wu 2010）。

公民としての身分における差序という概念の核心は、「差序」の部分である。この語は、費孝通が伝統的な中国農民社会について提示した「差序的な構造配置」と理論的に接続する。費孝通がこの「差序的な構造配置」という語を用いたのは、その概念枠組みにおいて西洋社会の「団体組織の構造配置」と対照させてのことであった（費孝通 1991[1947]）。中国の伝統社会は人間関係において差異を伴う序列をとりわけ重んじるが、それは現代中国社会においてもなおきわめて顕著であり、例えば行政における等級や人間関係、あるいは国営企業・政府機関など各所に見られる。しかし、本書が論じる公民としての身分における差序は、中国伝統社会の特徴を持つにとどまらず、1949年の共産主義革命を経て、国家が強大な専制的権力（despotic power）と基盤的権力（infrastructural power）を用いて社会構造の改造を行い[28]、伝統社会の上に都

27 ［訳註］本書ではこの語「公民身分差序」を「公民としての身分における差序」と訳出する。

28 これら一連の国家権力の概念については、Mann（1986）を参照。

市・農村二元体制をはめ込んだ点をも射程に入れている。従って、公民としての身分における差序とは、伝統的な文化構造の影響を受けたと同時に国家の政策によって作り出されたものでもあり、しかもそれは中国共産党の特殊な「近代化」戦略およびその統治形式の特徴とも関連する。近代国家としての中国共産党の党国体制が、この不平等な公民権の創出過程で決定的な役割を果たした。ゆえに、公民としての身分における差序というこの概念は、社会より生じる内発的な強制力、ならびに国家から発せられる外発的なそれの、二重の強制力を帯びているのである。

こうした一連の体系のもとで、民工はシステムと化した権利剥奪の憂き目に遭っている。公民としての身分における差序は、中国の政治体制を構成する一つの要素となって政治・経済・社会・文化の各領域に浸透している。前述した民主国家における公民身分の理想型と同様に、この定義もまたひとつの理想型であり、実体験の世界にあっては、地域性（locality）や時間性（temporality）により異なる様相を呈する。

5.4.2. 公民としての身分における差序の制度的特徴

「公民としての身分における差序」の最も重要な作用は、制度化した形で民工を排除したことである。典型的な民主国家においても公民の身分の不平等は存在するが、中国の場合は都市・農村二元体制を進展させることでこれを構築した点が際立っており、その特徴は以下に挙げるとおり互いに強い関連を持つ。

1. **身分の二本立て制度**。毛沢東時代に行われた「都市／農村」「工場労働者／農民」といった身分の二分法は、改革開放以降も存続してきた。この種の制度の名残は、市場の構造転換の過程における都市の公民権の体制に見られる。つまり、公民としての身分に一種の二本立て制（あるいは多重制）が存在する。その運用の論理は、市場改革初期の「二重価格制度」に似ている。都市住民とは特権を持つ存在であり、「価格」の高い身分である。いきおい、外来人口は都市に移住してきた「非市民・非公民」、つまり「二等市民」に位置付けられることになる。多くの大都市、ことに一線都市（北京・上海・広州・深圳など）・二線都市（省都を主とする）では、市民の利益を保障することを優先し、戸籍制度という道具を用いて、外来人口を自市の福祉システムから排除している。

2. **属地管理主義**。これは毛沢東時代より、財政・行政統治など関連する制度の運用論理として現在まで活用され、公民としての身分に関して重要な役割を持つ（周弘 2003）。属地管理主義とは、人口管理において、流動人口の原戸籍地の地方政府が流出した人口の管理責任を負うことを指す[29]。しかしながら、属地管理に加えて戸籍制度があるため、民工の管理および関連する公共的福祉をめぐり誰も手を打たない空白地帯が生じているのが現実である。属地管理の原則に基づくなら、原居住地の政府が民工の主管部門となる。だが、遠く他省に出ていった民工は、原居住地政府にとって手の届かない、何らの施策も実施できない存在であり、例えば民工の子女の教育や計画出産管理など、万事についてそうである（張貴閔 2007）。そして、移住先の地方政府は、属地管理を口実に、外来人口への福祉の提供を拒むことができるのである。中央政府は属地管理から派生した問題に対し、若干の改革を試みた。例として「居住証」の制度や、外来人口が中小都市に戸籍を移せる制度（前述）などがある。だが、大都市への戸籍移動の問題は、いまだ根本的な解決にはほど遠い。

3. **労働力の再生産**。民工は移住先の都市では「非市民身分」であるため、現地政府は民工とその家族に公共財を供給する義務がなく、自らの財政負担を軽減できる。また企業は民工を雇用することで労働コストを大幅に節減しており、例えば社会保険を拠出しない、あるいはごく低額・低保障の社会保険しか拠出しない、などを挙げられる。こうして、企業と移住先地方政府は「労働力再生産」のコストを民工の原居住地と彼らの実家世帯に転嫁しているわけで、その結果として「留守児童」「留守老人」などの現象が生じている。こうした状況は、南アフリカのアパルトヘイト時代に見られた搾取の装置（Burawoy

29　呉敬璉の議論によれば、属地管理の最も早い起源は1956年に毛沢東が著した「十大関係を論ず」であり、これに続くのが大躍進の後の「体制下放」政策であるという。1958年の中共中央・国務院「計画管理体制の改善に関する規定」は、国家計画委員会が統一的にバランスを取り、下級機関に順次下達する従来の計画管理体制を「地区の総合的なバランスを基礎とし、専門部門と地区が互いに結合した計画管理制度」に改めるとしている（呉敬璉 2005:82-86）。

1976）や、南アジア（例えばバングラデシュ）の独立以前の労働関係に見られたカースト制度（Chakrabarty 1989）に類似しているが、中国の特徴を持つ戸籍制度ならびに都市・農村の隔絶によって達成されている。

4. **こうして、戸籍制度は都市政府の手で、民工を排除する道具として再編成されている。**戸籍制度は人民の移動の自由および職業選択の自由を制約し、外来人口の公民としての自由権を剥奪してきた。民工はまた社会経済権の埒外に隔てられ、移動人口とその家族は居住地における市民の身分を持たず、従って十全な社会経済権および福祉の提供を受けることができない。戸籍制度もまた、地方政府によるレントシーキングの道具と化しているのである。1980-1990年代には、一部の沿海地区工業化都市は農民工から「暫住証」の発行費用を徴収しており、それはかなりの金額の「レント」と化して、民工にとってはさらなる負担となっていた。この他、都市公民の身分、中でも沿海地区大都市のそれは「金の含有量」が高いとされて稀少財と化し、レントシーキングの道具ならびにレントを競い合う道具となった。大都市の戸籍の身分を持つということは、「福祉受給保証書」を手にしたも同然だったのである。従って、この保証書にも値が付き、それに相応して「身分のマーケット」が誕生した（呉介民 2011）。この身分マーケットはさらに発展し、政府が運営しこれを独占して、人民の社会的流動を管理統制し、人民は政府に費用を支払って等級的身分や権利・資格を購入するように制度化されたシステムとなっている（陳映芳 2014）。

5.4.3. 二重の搾取の論理

公民としての身分に差序のある体制は、民工に対する二重の搾取（double exploitation）を構築する。典型的な資本主義的搾取は、資本家が労働者を搾取するのを国家が放任することで生じた。例えば、イギリスの産業革命初期の低賃金・長時間労働・劣悪な労働条件などがこれにあたる。その後、国家が行政を通じて介入し、あるいは労働法制を立法するなどにより、労働者の待遇は次第に改善された。中国では、国家は労使関係について放任政策を採ったわけではなく、むしろ当初より民工の部門に積極的に介入したのだが、しかし国家の介入は、逆に資本側による高度な搾取を保障する方向に作用したのである。そうなった主な原因は、国家が公民としての身分における差序を制度化し、二元労働市場（正規職である職工vs. 非正規雇用である民工）および等級格差をつけた社会保険プランを形成することで、企業の労働コストを大幅に削減せしめたことに他ならない。

つまり、民工が直面している二重の搾取とは、ひとつには資本側が労働者階級を搾取する典型的なあり方（労働の過程で「余剰価値」を吸い上げること）に由来し、これは既存の政治経済学の意味における階級的搾取に他ならない。そしてもうひとつ、国家が民工という身分を定義したことに由来する搾取がある。これにより、企業は「合法的に」二等公民の待遇で民工を雇用し得るのであり、そしてこの待遇は賃金・労働時間・社会保険・労働条件など各方面に及ぶ。これは、国家による制度的主導のもと、身分を根拠として行われる搾取である。広東モデルの宿舎労働体制（第6節に詳述）は、資本側が生産「効率」を向上して余剰価値を搾り取る行為を助ける。宿舎体制が形成された主な原因は、これまた二元労働市場と戸籍制度にある。二重の搾取により、資本側と国家ともども、経済的余剰の搾取をなおいっそう容易になし得るのである。

国家が民工階級というものを作り出し、資本家が余剰を絞り上げるとともに労働コストを圧縮する上で有利な体制を提供したわけだが、では国家はこれにより何を得たのだろうか。まず、中国の現在の党国資本主義体制においては、国家は資本家の役割をも兼ねており、大量の民工を雇用することで、自ら直接の搾取者となっている。さらに重要なのは、国家が低廉な民工の労働市場を提供し、グローバル価値連鎖の内部で価値収奪を行うことをもって、政府も地方成長同盟に参加し、経済的余剰の吸い上げと分配に国家が加われる状況を確立したことであり、これにより国家は間接的な搾取者となった。つまり、国家がグローバリゼーションの過程に積極的に関与することで、在地体制と地方産業クラスターは緊密な埋め込み関係を形成したのである（第1章、図1.2・図1.3を参照）。これは、国家がグローバル価値連鎖に切り込む接岸点であった。

その結果、国家も地方成長同盟に加わり、この搾取装置から潤沢な経済的余剰を吸い上げ、レントシーキング開発国家の形成を促した。中国のレントシーキング開発国家としての特徴は、経済発展の過程でレントシーキング活動があまねく蔓延する点にある。この体制は、政府による組織的レントシーキング、官僚による集団的レントシーキング、官僚個人による個別のレントシーキングなど、多種多様なレントシーキングの機会を作り出す。レントシーキングのターゲットには、資本側企業も民工も含まれる。本書の文脈において、組織的レントシーキングとは、企業から「レント」を徴収する形式を通じて経済的余剰を吸い上げることを指し、加工費・管理費・地代・社会保険料などを含む（第7章に詳述）。民工はまた、地方政府と官僚によるレントシーキングの対象でもあり、例えば前述した暫住証の発行費用や、民工を収容し出身地に送り返す過程での費用徴収行為がある（いずれもすでに廃止された）。またさらに大規模なものとしては、民工が納付する老齢年金保険料もまたレントシーキングの標的となる。中国には社会保険基金の全国的な統一管理が今なお実施されていないため、各級地方政府の運用する当該の資金は、しばしば中央政府による法令の制約の埒外に置かれる。これらの案件の背後には、何本もの複雑なレントシーキングの連鎖が存在する（李有容2012）[30]。

中国のこうした搾取の装置は、共生し結合する体制のセグメントを構成している。公民としての身分における差序に始まり、二元労働市場、格差のついた社会保険プラン、地方成長同盟、グローバル価値連鎖のガバナンス、地方のガバナンス、そしてレントシーキング開発国家、これらすべてが、密接につながり合って隙がない。それゆえ、国家には公民としての身分における差序を引き続き維持運用する強い動機があり、従って、戸籍制度の根幹を揺るがすような根本的な改革は極めて困難であろう。この20年来、中国政府が戸籍制度の抜本的な改革に着手するとのうわさが時たま伝わってきたが、大山鳴動して鼠一匹というのが毎度のことだった。さらに深掘りするなら、都市・農村二元体制ならびに戸籍制度は「市場化」以前に形成された制度であるものの、「改革開

30 「廣州社保基金被挪用相關責任人已被查處」『新浪財經』2007年4月5日（http://finance.sina. com.cn/money/fund/20070405/11383476079.shtml）;「深圳社保基金17億遭挪用」『中華工商時報』2013年5月3日（http://finance.people.com.cn/fund/n/2013/0503/c201329-21350757.html）。

放」以降の時期にあっては、公民としての身分における差序の誕生に歴史的役割を果たしたと言ってよい。目下、都市・農村二元体制は消失したわけではなく、新たな都市身分システムという包装紙をまとい、それが何重にも折り重なる排除のメカニズムを覆い隠している。この、公民としての身分に差序のある体制とは、精巧で複雑で暴力的な搾取装置であり、数十年にわたる実装と運用を通じて絶えず修正や補足が施された「体制マトリックス」(いくつもの制度が縦横に組み合わさり盤上の碁石のごとく配列された、複合体としての体制)である。この体制マトリックスは、自己保存・自己複製を繰り返し実行しうるシステムへと自ら変容を遂げており、そうする動力源にあたる論理をあたかも自ら具えているかのようである。そしていかなる既得権益保持者も、これを打破する動機を持ち合わせない。

というわけで、中国の資本主義の発展過程においては、平等でかつ万人に同等なシティズンシップは、今なお出現していない。国家の強力な介入により、グローバル資本主義と民工という身分システムが一つに織り成され、両者が力を合わせて事を行う状況が作られている。中国のグローバリゼーションの道程が、新たな形の二元主義を確固たるものにし、中国の特色ある資本主義的搾取装置を構成しているのだ。

歴史を振り返れば、毛沢東時代の中国が「自力更生」の経済政策を実施した時期には、国が農産物と工業製品の不等価交換を通じて農村から大量の余剰を吸い上げ、それを都市の工業部門に供給して、いわゆる「鋏状価格差」を形成して「資本の本源的蓄積」を促した(Ka and Selden 1986)。1978年以降、中国が再びグローバル資本主義に参加すると、農民は都市に出稼ぎに来て民工となり、賃金を得つつも「農民の身分」を保持した。農民という身分は、民工の「労働者」としての実態を覆い隠す。ゆえに、毛沢東時代の「都市・農村二元体制」という不平等な構造は消滅することなく、姿を変えて、都市の産業体制内に形成されているのである。現在の文脈においては、鋏状価格差は農産物と工業製品との不等価交換のみを指すにとどまらず、「職工対民工の二元労働市場」をも含む。従って、歴史的に考えると、農民工からの搾取とは実のところ**鋏状価格差の歴史的空間的移転**に他ならない。ここには、毛沢東時代から鄧小平時代に至る「ポスト社会主義転換期」にあって、階級的搾取という軸における驚くべき連続性が見られる。民工から絞り上げた莫大な余剰が、国家と資本とで山分けされる。この余剰分配と資本蓄積のモデルはまた、国民所得の分配を悪化せしめ、社会の深刻な不平等を生み出した。

5.5. 差別的待遇：教育と社会保険

中国政府による民工排除のメカニズムのうち、最も突出しているのは社会保険制度と子女の教育である。まず、民工の子女の教育分野における差別と不利益について見ていこう。

5.5.1. 民工の子女の教育における差別的待遇

民工の子女（いわゆる「流動児童」）が教育を受ける機会が不均等である問題は、長らく抜本的な改善を見ていない。2000年代半ばの時点でも、経済の発展した地域の公立小中学校では、民工子女の受け入れを阻む障害となる仕組みがしばしば設けられていた。たとえ民工子女向けの定員数を拡充した場合でも、各種の名目（例えば「一時在籍費」「賛助費」など）で費用の別途徴収が行われた。2003年に、中央政府が地方政府に対して民工子女を公平に扱うよう求める文書を発出している。しかし、報道ならびに現地調査によると、巧妙な名目で民工子女を差別的に扱う実態は改善していなかった。大量の民工を抱える多くの大都市は、中央政府の圧力をうけ、民工子女の現地小中学校への就学について包摂的な政策を採るようになった。筆者が2006年から2007年にかけて上海・蘇州（昆山）・北京などで実施した聞き取り調査も示すように、これらの地方政府の公立小学校は、確かに外来の子女を比較的多く受け入れていた。しかし、この新たな政策は、諸刃の剣よろしく矛盾を抱えていた。つまり、民工子女は設備も教員の水準も見劣りする民工向け学校でなく、現地の学校に入学する機会を多く得られはしたものの、他方で地方政府は民工向け学校を「取り締まり・整備」するとの名目でこれらに厳しい措置を採り、これらの学校をその行政管轄範囲から駆逐した。上海市政府や、北京市の複数の区政府がその例である。この他、これら地方政府は経営が順調な一部の民工向け学校に財政補助を行い、これらを現地教育部門の管轄範囲に「組み入れ」もした。いわゆる「民工向け学校の正規への転換」である。ところが、その財政補助の規模たるや、公立の学校のそれに遠く及ばない額であった（李尚林 2008）。要するに、民工子女が教育資源の面で得た財政支出は当地の戸籍を持つ学生と比べてはるかに低いのが実態である。身分における差序は、小中学校の教育制度においても明らかであった。近年、上海で民工子女の公立学校入学を許可する政策を実施しているものの、依然として一般の児童生徒とは区分する形での受け入れが行われている（Lan 2014）。

近年になっても、珠江デルタ地域、例えば東莞について言うなら、民工子女に対する教育面の待遇の向上度は蘇州南部の昆山に及ばない。ある台商はこう証言した。「東莞というところは、外来人口を大切にする気がゼロなんだな。ここの政府ときたら、B社のような大きな外国企業が相手でも、そこの大陸籍幹部の子女を1年でたったの4人しか高校に受け入れないのさ」[31]。高学歴・高収入の大陸籍幹部に対してこのような扱いであれば、作業員やグループ長といった一般の民工については、言うまでもないだろう。

外来の民工に対する差別的な扱いは、移動、居住（戸籍取得）、就職・就労、賃金、社会保険、子女が教育を受ける権利など広い範囲に及ぶ。過去の十数年来、中央政府の新たな政策に伴って地方政府は対策を講じなければならなくなったが、その結果は新たな都市保護主義（new urban protectionism）の出現であった。都市の利害を中心に考えるなら、大量の外来民工の存在は、社会資源の分配や財政支出、インフラ建設、文化的差異、人口管理などを直撃する要素となりうる。加えて、中国の伝統的要因としても、都市住民には「農民が都市に出て来る」ことに対する排斥や蔑視の心理があり、これらがあいまって都市保護主義の背景となっている。この新たな都市公民権体制において、現地政府の財政資源は戸籍を有する市民のために優先的に用いられ、外来人口は都市

31　聞き取り：Xu201504。

の体制に部分的に受け入れられてはいるものの、種々の「内なる制度的ハードル」を通じて二等市民と位置付けられ、例えば給付の少ない社会保険プランや、ポイント制による現地戸籍取得という敷居や、子女の就学時の「一時在籍費」などは、いずれもその表れである。北京や上海などの大都市では、自身の人口圧力や財政面の圧力により、近年になって外来人口に対する管理が厳しさを増しており、民工の子女が公立学校に入学するのはますます難しくなっている。北京市では近年、外来人口の子女の入学に際して「証明書類5点セット」[32]の提出を必須条件としている。この5点セットを取りそろえることは、流動人口にとっては過酷極まりない要求であり、とうてい満たせるものではない。その結果、この条件は「子どもを追い払うことで、親をも追い払う」方法と化し、もって外来人口を締め出す手段となっている（周華蕾 2016）。

この数年、深圳・上海・北京各市の戸籍と社会福祉改革は、一種の新たな形の都市保護主義を指向している。旧来型の保護主義は、外来民工の権益を直接排除する、あるいは民工の存在を無視する様態であった。新たな形態の保護主義は、元からあった都市・農村二元体制の空間的構造がはらむ差別的待遇をさらに一歩進めて都市空間内部の制度構造内に「内製する」ことで、一種の新たな二元的体制に転化させ、旧来型の保護主義に取って代わって（Wu 2017）、外来人口への差別を続けている。都市が民工に対して行う差別は、これをどんなに糊塗しようとも、その根本に巣食う排除の本質を覆い隠すことはできないのである。最新のケースとしては、北京市政府が2017年11月の寒風の中、北京市の戸籍を持たない「底辺人口」——すなわち「外来人口」たる民工——を強制排除した件があった。強大な政治権力が基層社会に向かって振るう専制的な強制力が、ここにはむき出しになっている。

---

32 ［訳註］北京市が親（または法定監護人）に提出を求める「証明書類5点セット」とは、「北京で就労していることの証明」「北京の実際の住所に居住していることの証明」「家族全員の戸籍簿」「北京の暫住証」「戸籍所在地の街道弁事処または郷鎮人民政府が発行する、同地に子女を監護する条件を持ち合わせないことの証明」である。「北京市教育委員会・2015年義務教育段階の入学業務に関する意見」（https://www.beijing.gov.cn/zhengce/gfxwj/201905/t20190522_58240.html, 2023年12月13日検索）。

中国が資本主義化する過程で、国家は社会福祉の領域から大きく撤退し、都市は限りある社会資源と財源を、その管轄する異なる人口群に対し、等級の格差をつけて分配している。国が福祉の領域から撤退した際には、すべての公民が衝撃を受けたが、しかしその衝撃は均質・平等ではなかった。都市戸籍を持つ住民は、民工と比較するとより多くの政策的保障や保護的措置を享受するが、民工は二等公民として扱われるゆえのシステム化した収奪に遭っている[33]。以下では格差をつけた社会保険制度について詳述するが、それを通じて、民工への差別および収奪の制度化がより鮮やかに浮き彫りになる。

5.5.2. 社会保険における差別的待遇

民工と職工は、等級格差のついた異なる社会保険の福祉給付プランに属している。そのため、公民としての身分に差序のある体制は、社会保険の不平等な待遇に赤裸々に表れる。中国が現在実施している労働社会保険制度は、1990年代後期に開始され、2000年代初期は外資に対しても比較的厳格に適用されるようになったが、国内資本の私営企業については、地方官僚の弾力的な運用のもと、加入を極力逃れうることが一般的であった。従って、民工全体の社会保険加入率は低かった。政府のある資料によると、2006年の民工向け社会保険の主要4項目（老齢・医療・失業・労災）の加入率は、それぞれわずか26.6%、26.2%、15.3%、32.5%であった[34]。また、この4項目について全国の都市部労働人口の2004年における加入率は、それぞれ36.7%、27.8%、23.7%、15.3%であった（『中国統計年鑑』2007年・2009年、『中国労働統計年鑑』2007年）。一見すると、民工と一般の都市部住民の社会保険加入率には大差がないように思われ、特に労災については民工の加入率の方が高い。しかし、詳細に分析を加

---

33 もちろん、都市において「市場改革」により出現した、都市戸籍を持つ貧困階級（Solinger 2006、林宗弘 2007）を座視することはできない。ただ、この点は本書の議論の範囲を超える。

34 数値は以下より算出した。中華人民共和國國家統計局（2006）「農民工生活質量調查之一：勞動就業和社會保障」『中國統計訊息網』2006年10月9日（http://www.stats.gov.cn/ztjc/ztfx/fxbg/200610/t20061011_16082.html）。

えると、そうではないことがわかる。まず、民工の多くはそもそも雇用契約を結んでいない。統計はこれら雇用契約未締結の者を分母に含まないため、統計上の加入率は実態より高く算出される。次に、数値が示すのはあくまで平均値である。政府の管理が比較的行き届いている外資企業では一般的に加入率が比較的高いが、国内資本の私営企業の社会保険加入率はおしなべて低い。第三に、多くの大都市では、民工は民工専用に設計された低給付の社会保険に加入している（例えば、上海の「外来従業者総合保険」）。この種の低給付社会保険は企業の負担を大きく軽減する一方、民工が享受する給付の権益は、同じ都市の戸籍を持つ人が加入する都市部職工保険に遠く及ばない。第四に、民工の大部分は建築業と製造業に従事するが、両業種は労災の発生率がいずれも高く、雇用主には保険加入の強い動機が生じる。しかも労災保険の保険料率は低いので、なおさらであった。「労働契約法」と「社会保険法」の施行は、地方政府にとって大きな圧力となり、社会保険の加入率を上昇させねばならなくなった。2011年以降、地方政府は住宅積立金の徴収も厳しく実施するようになった。その料率は、老齢年金保険に次いで高い水準であった。

格差をつけた社会福祉の供給は、地域や都市ごとの条件の違いにより、さまざまに異なる様態を示し、また格差の程度も異なる。地域間比較を行うことで、広東モデルの特徴を明らかにすることができる。

5.5.3. 上海

上海市は2000年代初頭に階層を分けて格差をつけた社会保険制度を設計し、都市の新保護主義の典型的な姿を形にした。上海市は、社会保険の対象となる身分を、都市部職工・小城鎮[35]住民・外来従業員（民工）・在地農民の四種に分類している。この四種の人々は、給付水準の異なる別々の保険プランに加入している。それぞれ、城鎮社会保険（「城保」）・小城鎮社会保険（「鎮保」）・外来従業人員総合保険（「総合保険」）・農村社会保険（「農保」）である。表5.6は、城保・鎮保・総合保険の三者の待遇を比較したもので、保険料率と料率算定基

35 ［訳註］「小城鎮」は、農村部に形成された小都市。

表5.6　上海市における保険プラン3種の料率等の差異（2008年）　（単位：%）

	城保		鎮保		総合保険	
	企業	個人	企業	個人	企業	個人
老齢年金保険	22	8	17	任意	7	任意
医療・出産・失業・労災等保険*	15-17.5	3	7.5-10		5.5	
5種計	37-39.5	11	24.5-27	任意	12.5	任意
料率算定基礎	前年度の全市職工平均標準報酬月額の60%-300%の範囲。およそ1,735-8,676元。		定額：前年度の全市職工平均標準報酬月額の60%。およそ1,735元。		定額：前年度の全市職工平均標準報酬月額の60%。およそ1,735元。	

*分析の簡略化のため、4種の保険項目を同一の欄に組み入れた。
出所：上海市の関連法令および現地調査のデータを筆者整理

礎の面の比較を行っている。老齢年金保険を例に取ると、城保に加入する職工については、所属する事業所が保険料の22%を納付する義務を負い、個人負担は8%である。鎮保では事業所の負担は17%、総合保険になると事業所負担はさらに低く、わずか7%である。しかも、鎮保と総合保険の料率算定基礎はいずれも最低水準の数値に固定されている。なお、城保の算定基礎は「前年度の全市職工平均給与月額の60%から300%の間」を移動する。

城保の加入者については、個人負担額は強制納付である。しかし、鎮保と総合保険の2種については、加入者個人が老齢年金保険を納付するかどうかは「任意」である。いわゆる「任意納付」とは、労働者個人が「自己負担額」を納付するかどうか自分で決められることを指す。労働者が個人負担部分を納付してもしなくても、雇用主は必ず保険に加入し保険料を納付しなければならない。こうした状況下では、労働者には「個人口座」がないことになる。なぜこのような仕組みを採用しているのだろうか。地方政府官僚の説明はこうである。民工に老齢年金保険の納付を強制しないことで、企業が「民工は保険加入を望んでいない」ことを口実に保険加入を怠ることができなくなるのだと[36]。外来の民工が上海に戸籍を移し定住することは決してできず、その上、当時は社会保険の個人口座部分について省を跨いでの移転手続きなどはおよそ気の遠くなる

36　聞き取り：SHPD_LB_200701。

ような難題だったので、ほとんどの民工は個人部分を納付しない選択をしていた。上海のこの設計は、非常によく考えられたものと言えよう。確かに、他地域では使用者側が「労働者は保険加入を望まない」という口実のもと社会保険料の納付を怠る事例が頻繁に見られた。そこへ行くと上海では、労働者の意向を問わず、雇用者はこの保険料を地方政府に支払わなければならない。料率ならびに料率算定基礎に差異があるため、異なる身分の保険加入者につき、保険給付において待遇が異なる状況が生じている。

表5.6をもとに、企業が異なる身分の労働者を雇用する場合に納付する社会保険料の差異を算出できる。例えば、2008年に労働者1名が月額1,800元の賃金を得ていた場合、同人が上海市の戸籍を有していれば、企業は社会保険料として711元を納付しなければならない（1,800 × 39.5%=711）。小城鎮の戸籍の持ち主ならば、企業の納付額は468元である（1,735 × 27%=468.45）。だが、上海市の戸籍を持たない「外来人員」（民工）であったならば、企業の納付は217元のみである（1,735 × 12.5%=216.875）。同じ労働者1名が、身分を異にすれば、企業の負担する社会保険料の額はこれだけ大きく変わるのである。道理で、中国の加工輸出地域の生産ラインで働く作業員の大多数が現地戸籍を持たない外来の民工なのは無理もない。同様に、戸籍の違いに基づく論理で、上海市政府が外来の民工のために負担する社会福祉の支出も、当地の戸籍を持つ人口向けのそれに比べてはるかに低い水準にとどまる。

料率の算定基礎については、鎮保と外来人員総合保険の2種が定額1,735元を採用しているので、労働者1名の実際の手取り賃金額がこれに達しない場合でも、この定額に基づいて保険料を算出することになる。言い換えると、労働者の賃金額の多寡を問わず、企業は217元の社会保険料を負担せねばならないのである。

表5.7は、筆者が2007年に上海のメーカー6社を対象に調査した社会保険加入状況を示す。6社の内訳は、台湾資本2社、日・米・ドイツ資本各1社、中国資本1社である。これらのメーカーは、内資・外資を問わず、複数の種別の社会保険に加入していた。うち、SH-Y-ks社を例に取ると、同社は上海近郊に立地する労働集約型の加工メーカーで、ヴァージン諸島に登記しているが実際

表5.7　上海のメーカー6社の社会保険実態調査（2007年）

企業コード	国籍	製品	輸出比率	従業員数	城保	鎮保	総合保険
SH-Y-ks	台湾（ヴァージン諸島*）	レジャー器材	100%	3,224	2%	10%	88%
SH-WN	台湾	半導体封止・検査	90%	1,800	22%	22%	56%
SH-FJ	日本	プリンタ	50%	48	10%	11%	79%
SH-Y-6	米国	インクジェットプリンタ、インク	0%	6	0%	83%	17%
SH-Y-7	ドイツ	自動車組み立てライン	0%	150	70%	10%	20%
SH-B	中国	エアコンプレッサー	10%	350	11%	69%	20%

*カッコ内は登記国

出所：筆者の現地調査

には台湾資本の企業である。同社は2007年7月の時点で従業員3,224名を雇用しており、うち2%が現地の都市戸籍を、10%が小城鎮戸籍を持ち、これら二種の従業員は大多数が事務職である。残り88%の従業員は外来人口で、大部分が生産ラインの作業員であった[37]。同社では、戸籍上の身分が異なる労働者ごとに三種類の保険に加入する「一社三制度」の状況が生じていた。これら三種の保険を運営する保険者は、政府の異なる部門であった。マクロな次元での公民としての身分における差序が、一企業の工場内部でミクロな次元の具体的運用として形を現していたのである。

このように多層的な社会保険制度の設計からは、上海市による「念入りに考え抜かれた計画策定」を見て取れる。外来の民工を保険制度に組み入れると同時に、彼らの社会経済的地位を低位に置くことで、上海戸籍を持つ住民の権益が侵犯されない設計がなされているのである。注意すべきは、上海の制度設計は外来の民工を差別しているだけではなく、上海市の小城鎮戸籍を持つ住民に対しても異なる扱いをしている点である。上海郊外に住むこれら小城鎮戸籍の住民は、その多くがもとは農民であり、土地収用に遭ったなどの理由で「都市戸籍」に転じた人たちである。それゆえ、彼らは「失地農民」とも呼ばれている。

37　聞き取り：SH-Y-ks200707。

表5.8　上海市社会保険の移行期間（2011-2016年）における保険料率の差異：2011年設計のプラン

（単位：%）

	城保（五保険）		もと「鎮保」加入の小城鎮戸籍者（五保険・移行期間3年）		非都市戸籍の外来従業員（民工）（三保険・移行期間5年）	
	企業	個人	企業	個人	企業	個人
老齢年金	22	8	17, 19, 22[#]	5, 8, 8	22	8
医療	12	2	7, 9, 12	1, 2, 2	6	1
労災	0.5	0	0.5	0	0.5	0
出産	0.5	0	0.8	0	適用なし	適用なし
失業	2	1	1.7	1	適用なし	適用なし
5種計	37	11	27, 31, 37	7, 11, 11	28.5	9
算定基礎	前年度の全市職工平均標準報酬月額の60%-300%の範囲。2011年はおよそ2,338-11,688元。		定額：前年度の全市職工平均標準報酬月額の60%。2011年はおよそ2,338元。		4年目までは、前年度の全市職工平均標準報酬月額のそれぞれ40%, 45%, 50%, 55%。5年目は、労働者本人の前年度の平均標準報酬月額を基準に確定。2011年は1,558元。	

[#]1年目17%、2年目19%、3年目22%、以下同様

出所：上海市の関連法令および現地調査のデータを筆者整理

2011年に中央政府が「社会保険法」を実施すると、上海市政府はこれに沿って漸進的な社会保険体制の改革を行った。新しい制度は、従来の基礎の上に「移行期間」を定め、最終的には「軌道を一本化する」方向で設計されている。新たなプラン（表5.8参照）には、制度の変化と継続とが見て取れる。一つには「任意納付」が廃止され、第二に、「移行期間」として「外来従業員のうち農村戸籍の者」（いわゆる農民工）について5年間の経過措置を定め、移行期間中は老齢年金保険・医療保険・労災保険の「三保険」のみを納付するとされるが、これは従来の「総合保険」と変わるところがない。つまり、出産と失業の二種には、新制度でも従来と同様に加入しないことになっている。第三に、外来従業員のうち都市戸籍の者（農民工でない者）については、城保に強制加入となり、保険料納付の規則は都市戸籍を持つ職工と全く同等となった。そして第四に、この改革は依然として経路依存の性質を帯びている。すなわち、移行期間中は従来の身分に基づく区分（都市戸籍・小城鎮戸籍・外来人口）を援用し、従って保険料率ならびに給付の格差を温存しているのである。

注意すべきは、表5.8に列記した保険料率は、2011年に新プランが出された際の規定だという点である。2015年に上海市政府は企業負担分の料率を引き下げた。老齢年金保険については22%から21%に、医療保険は12%から11%に、失業保険は2%から1.5%になり、雇用主の負担が軽減された。

新プランでは、10年間実施された外来人口向けの「総合保険」が廃止された。名目上は「城鎮社会保険」（城保）が外来民工を吸収して一体化した社会保険制度となったが、移行期間の規定には扱いの格差がなおも存在した。新たな算定方式によると、2012年に企業が外来民工の雇用に際して拠出すべき社会保険料（三保険）は、城保（五保険）の最低納付額の半分程度の額にすぎない。上海市政府は、3年間の移行期間の適用対象である鎮保加入者については2015年に城保と一体化させると宣言していた。だが、実際には一体化の実施は2017年のことで、それも実質的な実現には至らず、鎮保加入者である失地農民の抗議行動を招いた。

政府系のある定期刊行物によれば、上海におけるこの制度の改革は、「雇用事業所」（企業）20万社と従業員360万人に影響を及ぼすという。ある担当者は、2012年に次のように述べている。「総合保険と鎮保の加入者の特徴は、城保の加入者とは明らかに異なり、流動の度合いが城保加入者よりはるかに大きいのです。保険一本化によって、報告・加入・継続・移転などなど各種手続きの労力が次々に増え、負担となるでしょう。一本化する前は、総合保険と鎮保には個人口座がありませんでしたが、今は全員に口座を開設しなければなりません。個人口座を開設すると、受給権の記録・受給資格の移動・外地への移動などといった業務も徐々に負担が増えるはずです」（郭健2012）。この談話は、社会保険の転換がいかに大事業であるか、取り扱い担当部局の業務負担がいかに大きいかを示す。また、一本化以前には総合保険と鎮保には個人口座が設けられていなかったことも明かされている。従来の個人口座は「任意納付」であり、制度上の形だけはあったというにすぎない。

この他、上海のような一線都市には、おびただしい数の外来人口が家政婦として働いていた。この集団は従来は保険未加入であり、2011年の新たな規定でも加入の対象外とされた。上海市政府は2013年に「弾力的就業弁法」を別途制定し、この人たちの保険加入を義務付けた[38]。

上海の社会保険制度設計とその変遷の過程は、公民としての身分に差序のある制度の「理想的なあり方」を体現している。2011年に「社会保険法」が施行される前には、多層的で格差をつけた社会保険制度を実施していた都市として、上海の他にも北京・成都・重慶・杭州・広州・深圳などの一線都市・二線都市があった。

5.5.4. 沿海4都市の比較

上海の格差ある社会保険は、正規の制度設計である。他の南東部沿海地区の主な工業都市を見ると、例えば珠江デルタ地域や長江デルタ地域の新興工業都市では、表向きは格差を設けない、または格差が目立たないが、実際には多くの隠れた排除のメカニズムが存在する。例えば、東莞の現地政府は、メーカーが従業員総数の一定割合分のみ保険加入すればよいという目こぼしをしてきた。筆者の現地調査によると、2006-2007年における東莞の外資製造業5社の老齢保険加入率は10-30%にとどまり、上海や蘇州に遠く及ばない数字であった。ただし蘇州では、メーカーは「人材派遣」をあまねく活用して、正規の労働契約の締結や、ひいては社会保険費の負担を免れていたのだった[39]。長江デルタ地域に長期駐在するある台湾資本の幹部は、こう語った。

> ここの現地政府は、企業誘致のため、企業設立時に、社会保険については少なく加入して多く報告してかまわないと、承諾するか黙認するかが常でしたよ。企業はコスト削減を考えれば、この支出項目も投資に対する評価の重点になります。特に労働集約型の企業では、人件費コストの影響は非常に大きいですから。というわけで、大陸の多くの地域、例えば昆山や蘇北では、こうした現象は当たり前になり、企業と政府の間には暗黙の了解がありました。別に、企業が社会保険料を嫌ったという

38 「「病院外地ケアワーカー」など上海に来て働く四類従業者を対象とする弾力的就業登録の試行的実施に関する通知」、滬人社就発（2013）13号。

39 邱銘哲（2007）による昆山（蘇州市に属する）の老齢年金保険の分析を参照。

ことではなく、政府が黙認するから、企業はそれに沿って事を行ったわけですね……これも、多くの企業が外来の従業員を好んで雇用する主な理由ですよ、社会保険料のコストが低いんですから。[40]

というわけで、長江デルタ地域では、待遇格差のある社会保険はなおも存在し、ただ隠された方式もしくは迂回した方式での運用が行われているのだった。

表5.9は、2008年における東南部沿海地区主要工業都市4市の社会保険制度を比較したものである。前述の通り、上海市が実施したのは多層的で格差をつけた社会保険の体制であり、外来民工専用の「総合保険」を設計している。東莞と深圳の両市も、民工専用の社会保険プランを設けている。蘇州は、格差をつけた制度を採用していない。これら4都市の社会保険料率などを比較すると、以下のことがわかる。

まず、東莞と深圳は民工に対する社会保険の保障が最も低い。これは保険料率についても料率算定基礎についても当てはまる。東莞を例に取ると、企業の保険料負担率は15-16%で、数字だけ見ると上海の12.5%より大きい。だが、上海の算定基礎は1,735元の定額であるのに対し、東莞は770-7,362元の幅があるのだが、ほとんどの企業は従業員の賃金額のいかんを問わず最低額の770元を適用している。しかも、東莞の地方政府は老齢年金保険とその他の保険を分けて納付することを認めているため、大部分の企業は従業員の老齢年金保険を納付する意欲が低い。老齢年金保険は保険のうちで納付額が最も高いからである。そして従業員の側は、離職後に老齢年金保険を持って移動することができないため、保険料の納付意欲はこれまた低い。結果として、老齢年金保険の加入率は極めて低いのが常態となっている。第4章で分析したように、台陽公司が2005年4月に従業員2,000名（大部分が外来民工）を雇用した際、老齢年金保険の加入率はわずか16%、その他三種の保険の加入率は33%にとどまった。その後、中央政府の圧力のもと、東莞市は企業に対し社会保険加入率の向上を求め、台陽は2007年1月の時点で（従業員2,300名）、老齢年金保険の加入率

40　聞き取り：SH-Yeh200707。

表5.9　東南部沿海地区4都市の民工向け社会保険料率（2008年）　（単位：%）

	上海（外来人口総合保険）		蘇州（城鎮保険と同等）		深圳（外来人口社会保険）		東莞（外来人口社会保険）	
	企業	個人	企業	個人	企業	個人	企業	個人
老齢年金	7	任意	20	8	10	8	10	8
医療	5.5	任意	10	2	1	0	2	0
その他[a]			4	1	0.5-1.5	0	3-4	0
5種計	12.5	任意	34	11	11.5-12.5	8	15-16	8
算定基礎	固定：1,735元		変動：1,369-6,844元		変動：900-9,699元[b]		変動：770-7,362元	

[a]分析の簡略化のため、労災・失業・出産の3種の保険を合算した。
[b]深圳特区内の納付基準最低額は1,000元、特区外の納付基準最低額は900元。
出所：各市の社会保険規定・関連文書、および現地調査のデータを整理

は23%に、その他三種の保険の加入率は46%に、それぞれ上昇した。2008年には、老齢年金保険の加入率は30%になり、その他三種の保険はついに100%の加入を実現した。台陽公司の保険加入率は、東莞地区では中から上の水準に相当する。現地の一般的な社会保険加入水準がいかに低いか、ここから明らかであろう。深圳では、企業の社会保険料納付率は11.5-12.5%で、東莞にも及ばないが、算定基礎の額は東莞より若干高い。全体として、深圳の社会保険加入率は東莞より高い。だが、両市の民工向け医療保険の保障内容は、微々たるものである。

第二に、蘇州地区は社会保険制度が相対的に完備している。表5.9によると、企業の料率は34%であり、算定基礎も東莞・深圳を上回る。この料率は、現地戸籍を持つ従業員と外来民工の両者ともに適用される。この他、蘇州は中央政府がモデルとして宣伝に努める都市のひとつであり、なかでも配下の昆山市は、社保加入率100%を誇る。だが、我々の現地調査によれば、現地の外資メーカーは官僚の黙認と擁護を受けつつ、あまねく「派遣労働者」のゲームに興じていた。派遣労働者の方式で雇用された労働者に対しては、企業は派遣会社の協力のもと、その社会保険料を「農保」の形で納付しており、これにより労働者1名あたり数百元を浮かせられたのである。筆者が調査した同地の台湾資本メーカーのうち1社は、2007年1月の時点で従業員280名を雇用していたが、そのうち正規の社会保険プランに加入している従業員の割合は26.8%にと

どまり、残り73.2%は派遣労働者の方式で処理されていた。しかし政府の統計上は、このメーカーの社保加入率は100%なのである[41]。別な台湾資本メーカーは、2007年7月の時点で従業員数1,750名、うち86%が社保加入、14%が派遣労働者であった。このメーカーは、当地の状況に照らせば、最も真っ当にやっていた企業にあたる[42]。また別な中国資本のメーカーは、名義上はカナダ資本として登記された、俗に言う「ニセ毛唐企業」である。ここは従業員300名のうち30%が派遣であった。派遣労働者は料率の低い「農保」加入であり、保険料は派遣会社が納付して対応している。これら3社は、昆山地区の外資メーカーの社会保険加入率の下限から上限までをおおむね映し出している。蘇州では、加入率において「弾力的な措置」が出現したものの、全体としては、蘇州の民工が受ける保障の水準は東莞の民工のそれを上回る。最大の違いは、当時の蘇州は企業に10%の医療保険料の納付を義務付けていたことで、これは深圳（1%）や東莞（2%）よりはるかに手厚い水準であった。このため、蘇州の民工は、会社が社会保険に加入しさえすれば、現地戸籍を持つ労働者と同じ水準の医療を受けられたのである。

5.5.5. 珠江デルタ地域内部の異同

前述の分析が示すように、珠江デルタ地域の民工の待遇は、長江デルタ地域に比べるとおしなべて見劣りする。続いて、珠江デルタ地域内部における格差を精査しよう。都市間比較、ならびに同一都市内の身分格差の比較を行いたい。表5.10は、2008年の広州・深圳・東莞の3都市における社会保険の条件である。広州と深圳には、外来人口専用の社会保険プランがある。広州の企業は、地元戸籍を持つ労働者については社会保険料の31.7%を納付する義務があるが、外来の労働者についてはは22.5%のみの納付義務である。また深圳では、企業の納付義務は現地戸籍を持つ労働者については18.5-19.5%、外来労働者については11.5-12.5%である。この落差は、老齢年金保険ではなく医療保険の料率にある。広州市政府は民工に医療保険を提供していない。また、深圳市政府の

41　聞き取り：KS-KY200701。

42　聞き取り：KS-HG200707。

表5.10　珠江デルタ地域主要3都市の社会保険料率（2008年）　（単位：%）

	広州				深圳				東莞			
	地元戸籍		外来人口		地元戸籍		外来人口		市所属企業		鎮・区所属企業	
	企業	個人	企業	個人	企業	個人	企業	個人	企業	個人	企業	個人
老齢	20	8	20	8	10	8	10	8	10	8	10	8
医療	8.5	2	なし	なし	6.5	2	1	0	7.5	2	2	0
労災	0.5	0	0.5	0	0.5-1.5	0	0.5-1.5	0	0.5-1.5	0	0.5-1.5	0
出産	0.7	0	なし	なし	0.5	0	なし	なし	0.5	0	0.5	0
失業	2	1	2	1	1	0	なし	なし	2	1	（2）	（1）
計	31.7	11	22.5	9	18.5-19.5	10	11.5-12.5	8	20.5-21.5	11	13-14（15-16）	8（9）
算定基礎	変動：1,472-7,361元		変動：900-9,699元		変動：1,940-9,699元		変動：900-9,699元		変動：770-7,362元			

説明：カッコ内の数値は、東莞市戸籍の者について納付義務があることを示す。

出所：各市の社会保険規定・関連文書、および現地調査のデータを整理

民工向け医療保険は雀の涙ほどで、企業の拠出する料率はわずか1%に過ぎず、保障というにはまったく足りない。さらに、広州・深圳ともに出産保険は設けられず、深圳に至っては失業保険も用意されていない。

東莞の制度設計は特殊である。企業を「市所属」と「鎮・区所属」の二種類に分け、市所属の企業は20.5-21.5%の料率を、鎮・区所属企業は15-16%の料率を、それぞれ拠出する規定である。一見すると外来人口に対する差別的扱いがないのだが、実際には、東莞で民工を雇用する企業の大多数に当たる外資と民営の企業はいずれも「鎮・区所属」であり、従って企業は低い料率を享受できるというわけだ。広州・深圳と同様に、東莞の民工も医療保険はないに等しい。というのも、医療保険の企業拠出料率はわずか2%に過ぎないからだ。

保険料率の格差に加えて算定基礎においても格差があるため、民工に対する差別的な扱いはいっそう突出する。三都市を比較すると、広州の外来人口は老齢年金保険については比較的手厚い保障を受けられるが、深圳と東莞の両者は似たり寄ったりである。

広州市は、2009年に外来民工のための「基本医療保険」を「カスタムメイド」し、強制加入に踏み切った。企業には毎月1.2%の保険料を拠出する義務が生じたが、同じ年に地元戸籍の都市部職工の医療保険についても企業拠出分

が10%に上昇した。「保障の方は、農民工の入院・外来診療の特定項目で支払われる保険金の最低額は都市部職工の医療保険に比べて50%低く、保険料拠出者の負担を相当程度軽減している」[43]。保険料率が低ければ、保障もおのずと低い。つまり、広州の民工向け医療保険の新たな措置なるものは、「拠出者」の負担軽減が眼目である。そして、ここで言う拠出者とは、もっぱら雇用者側である。というのも、労働者側は保険料の負担を求められていないのだ。つまり、広州が民工に提供した医療保険の待遇とは、深圳・東莞と大差ない水準にとどまっており、上海には及ばず、いわんや蘇州とは比べようもない。

要するに、各地の社会保険プランには、中国の公民としての身分における差序の実情が、具体的に、微に入り細を穿って現れていると言える。だが、新たな都市保護主義の姿は、依然として都市ごとに違い、それぞれ異なる制度的変遷の過程を抱えていて、全国どこも同じように単一的な発展を経ているわけではない。地域ごとに独自の運営が行われてきた結果、社会保険口座の「地域外移転」や「省レベルでの統一管理」は、何年たっても実現しない。いきおい、民工は老齢年金の保険料を納付する意欲をなくしている。この問題は、近年になってようやく少しずつ改善し始めた。

5.6. 労働体制の再検討

以上、歴史的視角とマクロな構造的制度の観点から、国家がいかにして民工という階級を創出したかを観察し、民工階級の実態および二元労働市場について叙述し、公民としての身分における差序の理論ならびに搾取メカニズムを提示し、民工に対する差別的な待遇がいかに制度化してきたかについて分析を行った。ここで再び労働の現場に焦点を当て、民工が日々を送る工場と寮の生活をさらに深く見つめよう。そこは、統治と抵抗が真に生じる場所だからだ。

---

43 「廣州為農民工『量身訂製』社會醫療保險」『新華社』2009年3月18日（http://www.gov.cn/fwxx/jk/2009-03/18/content_1261734.htm）。

5.6.1. 寮の労働体制

現代中国の工業化の研究者はすぐに気づくように、労働集約的な外資の工場ならびにそこで働く民工が寝泊まりする場所は、高度に密集し重なり合う空間である。民工の居住空間には複数の種類がある。一つ目は、雇用者である企業が自前で寮を建設する方式で、寮は工場敷地内または工場に隣接した地区に位置し、有償もしくは無償で労働者に提供する。二つ目は、住居提供業者（その所有形態は国営、集団、個体・私営などさまざまありうる）が資本側と提携して宿舎の提供を請け負い、有償で労働者に提供する方式である。三つ目は、資本側は宿舎を供給せず、労働者が自分で工場所在地の村落の賃貸物件を借りるか、工場付近の「インナーシティ」「民工村」といった地域で部屋を借りる方式である。

広東でよく目にするのは一つ目の方式で、従業員の大多数は工場に併設される敷地内または付近の寮で生活している。例えば、台陽公司は工場敷地内に寮3棟を建設し、雇用する労働者の9割をここに収容しており、一つ目のタイプの典型例と言えよう。任焰と潘毅は、このタイプの空間的構造を「宿舎労働体制」と称する（任焰・潘毅 2006）。この空間内では、労働・生活・消費・休息などの空間が高度に重なり合っている。別な研究者も、この種の空間について詳細な記述を行っている（彭昉 2007a, 葉蔭聰 2007）。

だが、広東の中でも地域により差異が見られる。例えば、珠江西岸の中山では寮を提供するメーカーは少なく、こうした状況は長江デルタや厦門（アモイ）と似ている。珠江東岸の東莞・深圳には外資メーカー（台湾・香港資本）が高度に集中し、典型的な宿舎労働体制の様相を呈している。「1990年代には、（深圳・東莞一帯の）台商は寮を提供しなければ、労働者を確保できませんでしたよ。農民工は寮というものについて、『単位制度』[44]と同じようなイメージを持っていた

---

44 ［訳註］「単位制度」とは、中華人民共和国の建国以降、社会主義体制の構築過程で形成された以下の状況を指す。単位とは、都市に住む人が所属する各種職場の総称である。社会主義体制の形成・維持において、単位は単なる職場以上の重要な機能を持った。あらゆる単位に共産党の支部や委員会が置かれて指導にあたる「政治的機能」、賃金の支給や生活物資の配給を行う「経済的機能」、

んですね。つまり、工場は労働者の生老病死から出産子育て・娯楽に至るまで、およそ生きる上での一切合切を面倒見てくれるものだ、というような」[45]。ここ数年、状況は徐々に変わってきており、外資メーカーの中には寮を持たないか、あるいは供給を減らしたところもある。民工が出稼ぎ先の都市で働き生活する期間の長期化に伴い、工場の外の賃貸に住む方を好む労働者が増えているのも事実である。

二つ目と三つ目のタイプについては、広東以外の地域で聞き取り調査を行う中で明らかになることが多かった。江蘇省昆山市に駐在する台湾籍のマネージャーは、こう語る。「ここの地方政府は、メーカーが寮を建設することを認めません。従って、労働者は自力で外の住まいを借りなければなりません。わが社は以前、工場の隣に寮を『こっそり建てよう』かと考えたこともありますよ」[46]。別な台湾籍幹部も、同じようなことを述べた。「外資誘致担当の役人に言われましたよ。従業員数2,000名以下の企業には敷地内の寮建設を認めないと。理由は、空き家率があまりに高いからなんです」[47]。福建省厦門市郊外のある村委員会書記はこう語る。「うちの村は、外国企業が外来労働者の寮を建てて住まわせることを禁止しています。外来労働者は工場の外で各自部屋を借りてもらいます。それでこそ、村民に家賃収入が入りますから。村民にとっては、こ

住宅・公費医療・教育などを供給する「社会保障機能」、所属単位が個人の社会的身分・職業・地位を象徴し個人の信用を決定づける「社会的機能」である。個人の生計の維持や社会生活に必要な一切が国家から単位経由でのみ供給され、都市住民が単位を離れて生活するすべは事実上なかった。国家と個人の間には「統治・管理－依存」の関係が生じ、単位が両者を媒介する構造が作られた。これが単位制度である（田中仁・菊池一隆・加藤弘之・日野みどり・岡本隆司・梶谷懐 2020『新・図説中国近現代史――日中新時代の見取り図［改訂版］』法律文化社、p.172）。ここで農民工が抱いていたという「単位制度」のイメージとは、住居をはじめ生老病死に関わるすべてを職場が保障してくれる（はずだ、べきだ）という、社会主義時代の典型的な図式であったと思われる。

45　聞き取り：KL201507。

46　聞き取り：HG200707。

47　聞き取り：KS_RT200810。

れもひとつの福利厚生です」[48]。以上の聞き取り結果が示すように、多くの地方政府は外資企業が従業員向けの寮を建設することを禁じるか、または推奨しない。それは地元住民の経済に配慮し、住まいを貸して家賃収入を獲得し、それにより地場の不動産業が活性化することを目論んでのことなのだ。

他の地域と異なり、広東では政府が外資企業の社員寮建設を容認している。よって、「宿舎労働体制」は深圳・東莞一帯で主要な類型となっている。だが、この地域ではなぜこうした状況が形成されたのだろうか。それには、主に二つの要素がある。まず、深圳と東莞は中国の輸出志向経済がどこよりも早く開放された最前線であるが、当時、外資が進出し工場を開設した地域には、飛び地経済（enclave economy）という特徴があった。そして、外来の民工は開放初期にこれらの場所に来ると、在地社会のネットワークとつながるすべがないことも手伝い、工場が寮を提供することが欠かせなかった。次に、初期の段階においては、工場が寮を提供することがひとたび常態となると、外来民工の側にはそれを当然と考える依存の心理が生じる。前述した聞き取り対象者の言葉のとおり、「寮を用意しないと、人を雇えない」のであり、明らかに制度への経路依存の結果だと言えよう。

主な工場が深圳に位置するフォックスコンは、広東の宿舎労働体制の中でも極めて突出した例である。フォックスコンはアップル社の携帯電話などハイエンドのデジタルデバイスを専門に製造するOEMで、深圳での経営の最盛期には100万人もの従業員を抱えたこともあった。同社は、2010年に従業員の連続自殺事件が発生する前は、基本的に「無料」で寮を提供していた。いわゆる「寮付き食事付き」である。自殺事件の発生後、同社は「昇給」を行い、その後は「一部の事業群について、寮、ならびに食費のほとんどの提供を廃止する。従来提供していたこれら『福利厚生』は現金給付に改めるので、今後は寮に住む場合は寮費の支払いが必要となり、また食堂の価格も引き上げる」[49]。言い換えると、昇給以降は寮と食事は無料ではなくなり、「有料」での提供に変わったことになる。フォックスコンの内陸地区（例えば、2010年に操業を始めた重

48　聞き取り：XM200406。

49　聞き取り：TW201504。

慶工場）の宿舎制度は、広東とは異なった。現地の労働者によれば、フォックスコンの寮の少なくとも大部分は「政府が供給した公営住宅」であった[50]。このほか、重慶市沙坪壩西永マイコン工業区の求人サイトには、このような求人募集の記載がある。「重慶フォックスコン寮は4人部屋と8人部屋に分かれ、一般従業員は8人部屋で月90元。ベッドは上下2段……エンジニア級は4人部屋。……寮に住まない場合は、工業地区周辺地区、例えば西永老街・陳家橋・沙坪壩などで賃貸も選択可」[51]。

以上の情報から、地域により工場の体制の実情には違いがあったことが証明される。広東モデルの基盤を成す宿舎労働体制の最大の特徴は、労働と生活空間とが重なり合い一体化していることで、支配と搾取に有利な条件が創出されている点にある。任焔・潘毅は、こう指摘する。「宿舎労働体制とは、工場を中心とする労働が日々再生産され、管理側の権力が労働者の生活に浸透し、さらには勤務日と労働時間が思いのままに引き延ばされ自在にコントロールされることを意味する」（任焔・潘毅 2006:23）。労務管理のひとつの理想形として、この体制は幅広く以下の特徴を呈する。

第一に、労働と生活の空間が重なり合っていることで、この種の体制は雇用者側が残業、弾力的勤務時間制、「二交代制」などを設計する上で有利に働く。人員の移動・やりくり・通知・修正などを、より「効率的」「弾力的」「制御自在」に行うことができるのである。

第二に、この体制は労働者の身体的自由をより強く制約し、ならびにその身体をより強く飼いならし適応させる。戸籍制度のもと、外来工は移動の自由と労働の権利をすでに奪われており、さらに、流動する女性の出産に対する制約がこれに加わる。これら外的な制度の条件により、外来民工が宿舎体制に「縛り付け」られる確率はいっそう高くなる。ひとたび宿舎労働体制に身を置いたなら、資本側が労働者の衣食住から行動までに対して行う日常的な監視は、さらに微に入り細を穿つようになる。それはしばしば、部外者の目にはとうてい入らないような細々とした場面、例えば食堂・寮・門限の時間・私物の使用

50　聞き取り：TW201504。

51　http://www.cqpgzpw.com/newslr.asp?/56.html（2015年5月2日検索）。

と管理などの場面で展開される。これらの社会的領域では、工場内における資本側の「物と空間を配置する権限」が、労働者を支配する力として立ち現れる。これは一種の「物でもって人を痛めつける」支配の形である（彭昉 2007a:146）。

第三に、宿舎体制は外来人口と現地社会との隔離状態（segregation）を強め、民工の根無し草の状態をよりいっそう突出させる。広東では、工業化した村落はしばしば飛び地と見なされ、この生産の領域に押し込められた外来民工は、さらに狭い空間内で労働し生活する状態に押し込められている。民工は現地村落の公民の身分を持たないので、村落内部の社会福祉を享受できない。子女は村の集団立の幼稚園・小学校に入れず、まれに就学許可が下りる場合は高額の授業料を徴収される（台陽が立地する納福村はその典型例）。社会的隔離のもう一つの側面は、民工の労働力再生産のコストが民工の出身地（故郷の実家および政府）に転化されることである。宿舎労働体制とは、「飛び地の中の飛び地」だと言える。

しかしながら、こうした労働体制の空間を、風通しの悪い一種の「全制的施設」（Goffman 1961）とアプリオリに仮定してはならない。以下に詳述するように、この種の労働体制は、ある状況のもとにおいては抵抗を媒介する社会空間的装置となり、労働者間の団結を促すかもしれないのだ。

資本側の中には、「出身地別に分類」する方式での労働者の管理を好む者がいる。同郷の労働者を同一の職場や寮にまとめるなどである。また、これと正反対の方針を採る経営者もいる（Lee 1998を参照）。出身地を考慮した方針は、労働者間の気心が知れ、彼らの連帯や信頼関係を促進するだろう。生活空間の稠密さも、意思疎通のネットワークをいっそう発達させ、労働者たちが集団的行動を起こすのに有利に働く。例えばストライキを想起したい。

これらとの対照群として、広東に立地する大陸資本のメーカーは興味深い存在である。広東における加工輸出部門の地場供給連鎖が成熟するにつれ、大陸資本のメーカーも次第にひとつのエコシステムを形成しつつある。ある研究者の観察によれば、深圳・東莞一帯の大陸資本メーカーは、資本の性質は私営・民営企業を中心とし、「社長」の多くはかつて台湾資本メーカーに勤務し、幹部を務めた経験を持つ。それゆえ、これらの大陸資本メーカーは管理や企業文化や生産の面で「台湾資本らしさ」を帯び、また台湾資本メーカーと同様、従業員に寮を提供する。だが、マネジメントにおいては、「台湾資本のような『軍隊式』ではなく、わりと緩やかであり、全体として台商よりずいぶん人間的である」[52]。

5.6.2. 支配と抵抗

宿舎労働体制の社会空間的連帯は、外来民工が非正規部門（informal sector）の労働に従事する機会を増やすことにもなった。つまり、零細な社長や自営業主になり、民工層向けのサービスを提供するのである。筆者は、台陽の工場敷地に向かい合う通りの商店主に聞き取りを行ったことがある。これらの商店主の親戚が台陽で働いていた。葉蔭聰の観察によれば、広東では少なからぬ民工が工場労働の体制（正規部門）から逃げ出し、工場をやめて小さな店を開くという（葉蔭聰 2007:108-111）。珠江デルタ地域では労働集約的な加工メーカーの離職率が非常に高く、長期休暇で帰郷した後に工場に戻ってこない、遅れて戻る、他の工場に転職するなどは日常茶飯事である。沿海地区と故郷とを繰り返し行き来することは、あるいは形を変えた一種の「自由」となっていたのかもしれない。筆者は1994年の春、東莞で働く民工カップルの董さんと琴さんが河南省の故郷に帰省する際、ふたりに同行したことがある。琴さんの実家に泊めてもらうと、琴さんの妹も前に同じ工場で働いていたといい、今は実家に帰ってきて一休みしており、田舎でゆったり暮らしているという。次はいつ働きに出るかと尋ねると、こういう答えだった。「じゅうぶん休んだら、また行くつもり」。この妹は「働きに行くかどうか」という件をあまり何とも思っていない様子で、いずれにしても「行きたくなったら、また行く」と言う[53]。

大っぴらな対抗手段として集団行動を採るのは現実的に難しいので、民工の抵抗はしばしば個人的行動の形をとって現れる。些細な、ごく小さな事柄に見えるが、実は奥深い意味がこもっていたりする。例えば彭昉は、東莞に立地す

52 聞き取り：CCP201507。
53 聞き取り：SP199405。

る「恒発」という工場の労働者たちが経営側の「節水措置」にどのように抵抗したかを観察している。経営側は、一定の時間しか水が出ない節水蛇口を設置し、従業員がシャワーに使う水の量を節減した。自らの定めた期限どおりに水道料金の削減を達成するためである。このような装置は、従業員が日常的にシャワーを使う上で不便をもたらす。従業員たちが採った抵抗の方式は、個別にまたは集団で経営側に不満を伝えるのではなく、この節水蛇口をひっきりなしに取り外してしまうというものだった。これで、経営側はひっきりなしに蛇口を付け替えなければならなくなった。その結果、節水効果も上がらなかったばかりか、管理コストがいたずらに跳ね上がり、経営側は最終的に妥協せざるを得なくなったという（彭昉 2007a）。従業員らがこの種の行動を採ったのは、申し合わせて協調したというものではなく、自発的に、阿吽の呼吸で、スピーディーに伝わり真似されたというものだった。

似たような抵抗の様子を、筆者もこの目で見たことがある。1994年に東莞の台陽工場で、注目に値する光景にたまたま出くわした。

> 朝7時半ごろ、私は寮の区域から職場へと通じる細長い通路にいた。通路の脇には幅30センチほどの排水溝があり、何百人という従業員が整然と列を作って私の眼前を足早に横切っていく。大多数は年若い女性の工員だ。私が彼女らの年齢や出身地を推察していたさなかに、ひとりが素早い動作で何か白いものを排水溝に投げ込んだ。私がその白いものの正体を見極めようとしたとき、またいくつもの白いものが次々と排水溝へと投げ込まれたのである。……数分後、仕事に向かう長い列がすべて職場に入ったあとで、私は排水溝のそばに近寄って詳細を確かめた。投げ込まれたのは、朝食のマントウ[54]だった。何十個ものマントウが思い思いに投げ捨てられており、一口かじったものもあれば、手付かずのものもあった。

---

54 ［訳註］「マントウ」は、こねた小麦粉を発酵させて作る蒸しパン状の主食。

現場の雰囲気から、筆者はただちにJames Scottの言う「弱者の武器」を連想した。労働者たちの行為は、一種のオルタナティブな、無言の抗議だと言える（Scott 1985）。この一幕は、協調行動に至らない個人的行動が同時多発的に起こったものかもしれないが、象徴的な集団争議の様相を呈していた。彼女たちは、粗末な朝食に不満だったのだ。経営側がこの「行為」に気づいたかどうか、筆者にはわからない。だが、これはこの1回限りの出来事ではなかったに違いないと思う。

寮はまた、労働者が国家に抵抗する場所ともなった。中国政府は民工の出産を厳しく制限しており、その監視統制のシステムは民工の実家から出稼ぎ先の沿海地区の郷鎮にまで及んでいた。女性労働者は「妊娠検査」にしばしば煩わされるのだった。張貴閔の観察によれば、広東では外資系工場という空間の閉鎖性ゆえ、女性労働者はこれを利用して国家による妊娠出産関連の管理を逃れたという。妊娠中は工場にこもって外出せず、国家権力に踏み込まれる領域から身を遠ざけた（張貴閔 2007）。抵抗のほかにも、寮は労働者たちが経験や夢を消費したり、心のうちをやりとりし合ったりする場所でもあった（潘毅 2006）。

2000年代末期からは、ますます多くの民工、特に二代目の民工は、より多くの選択肢を享受するようになり、工場敷地外に自分で部屋を借りるなどして、宿舎労働体制の管理を避けることができるようになっていた。Siu（2015）は2010年に深圳のある工業地区で行った現地調査をもとに、自分で部屋を借りて生活する二世代目の民工には、初代の民工と比べて生活形態に大きな変化が生じていることを発見した。二代目の民工は、住まい・食事・時間の使い方・生活における想像・社会的関係の維持などの各方面で、より自由な空間を満喫している。Siuが行った新旧2世代の民工の生活ぶりの比較対照は、宿舎労働体制が初代の民工に対していかに強い管理統制を行っていたかを改めて実証した。

5.6.3. カオスと安心感の弁証法

新興工業都市、例えば東莞などでは、治安の問題が時に際立つ。治安の悪さへの嫌悪感は、通常、経営者側（外資側）に典型的な視点である。筆者にとって最も印象深かったのは、1995年の東莞で、台湾籍アシスタントマネージャーの陳氏が語った「銃を手に給料を配る」話である。陳氏のピストルには弾丸は装てんされず、威嚇用のみであった[55]。東莞・深圳一帯の治安の良し悪しについて、計測・比較が可能な数量的エビデンスがあるわけではない。筆者の現地調査での観察によれば、当時の東莞は、銃を携行して自衛せねばならないほどに治安が悪いわけではなかっただろう。ただ、当時の珠江デルタ地域は、外国企業が集中し、外来人口の流入が著しく、土木工事がそこらじゅうで進み、オートバイや大小の車があらゆる道路を走り回ってはクラクションの音が引きも切らず、車を襲う強盗やみだりに通行料をゆすり取る輩のうわさを絶えず耳にする状況であり、「カオス」と呼ぶのが感覚的に最もぴったりくるのであった。「中国人はカオスが苦手」というが、あのころの珠江デルタはまさに「カオス」そのものであった。だが、この珠江デルタの現場で調査を行った結果、我々はこのようなことも見出した。つまり、工業地帯においては「カオスの中に秩序があった」のである。

彭昉は、恒発工場の実地調査を通じて、民工が工場敷地の内部と外部をそれぞれ「なか」「そと」と呼ぶことを発見した。「そと」は「ごろつき」だらけの危ない世界で、「なか」はそれに比べて安全だというのだ（彭昉 2007a:62-66）。「なか」を安全と感じる感覚は、経営者側と労働者側が「そと」の「カオス」ぶりに相対して社会的に構築したものと言える。この知見は、前述した張貴閔の指摘、つまり妊娠検査を免れる場、国家から妊娠出産の権利を奪還する隠れた空間としての寮という知見と、すぐれて一致する。忘れてはならないのは、地方の法執行官が外来人口を任意に逮捕したり罰金を科したりできる根拠であった「都市部流浪・物乞い者の収容と送り返しに関する弁法」は、2003年の孫志剛事件の後にようやく廃止されたという点である。当時は、孫志剛事件の恐怖はなお生々しかったし、加えて計画出産管轄部門による罰金などの権限は、民工からすれば何としても免れたいものであった。庶民にとっては、政府がほ

55 聞き取り：Chen199506。第4章でも引用した。

しいままにする公権力もまた、「カオス」の元凶にほかならなかった。

「そと」の「カオス」と「危険」は、さまざまな出来事や伝聞を通じて絶えず再構築され、その結果、民工の工場敷地内にじっととどまりたいという気持ちが醸成されていった。まるで工場が従業員を安全に守ってくれるかのような、外の「カオス」の侵入を押し返す力がそこにはあった。これと逆に、従業員たちを工場内に引きつける力もあった。それは、経営者側が提供する「福利厚生」と「施設」である。例えばフォックスコン社の工場の施設は、従業員にとって「一日中フォックスコンの中にいて外に出かけなくても、何不自由なく生活できる」と感じられるものだった（曾瑋琳・林宗弘 2012:27）。こういった小型の家父長制的な「福利厚生の飛び地」のような絵柄は、フォックスコンは規模が特に大きいため、極端な事例であろう。だが、似たような状況は珠江デルタでは珍しいものではなかった。恒発工場も、フォックスコンより小規模なミニチュア版の家父長制的「福利厚生の飛び地」であり、食堂・寮・医務室・低価格の医薬品・幼稚園などが揃っていた。同社のマネージャーによれば、公司は従業員にとって「彼らの家であり、彼らのシェルター」であった（彭昉 2007a:108）。

しかし、ここに言う「福利厚生」を誇大に解釈してはいけない。この工場体制の中における「福利厚生の供給」とは、「生産効率」を搾り上げるとともに「安全管理」の水準を高める狙いと結びついているからだ。この種の「家父長制的な福利厚生の飛び地」は、西洋的な福祉国家（welfare state）における福祉の概念と同一視することはできない。なぜなら、民工を取り巻く全体的な大状況が管理は苛烈でありながら社会福祉はお粗末で、加えて国家はそれを故意に放置しているので、その結果として工場の寮の「福祉」が際立つというわけだ。従って、仮に民工が工場の空間から国家の制御を振り切って逃げたり、または制御の周縁を漂ったりしたとしても、究極のところ、外部にあるより大きな権威の管理統制システムから逃れることは難しい。この、権威をもってする管理統制が網の目のようにめぐらされた制度の基盤とは、ありとあらゆる場所に存在する公民としての身分における差序に他ならない。この点から見ると、宿舎労働体制とは、公民としての身分における差序が労働の領域で社会空間秩序として具体的な形をとったものだと言うことができる。

5.6.4. 専制か、覇権か

珠江デルタ地域のそこかしこに林立する「ミニチュア版の家父長制的な福利厚生の飛び地」は、労働者には「保護してもらえるところ」と感じられるのだが、それを全面的な管理統制の機構と見なさないにせよ、その基本的な性格は労働力を管理統制する空間的メカニズムであることに変わりない。この点は、もう一つの理論的検討を導く。ブラウォイの権威ある研究（Buravoy 1979）が挙げた、珠江デルタ地域の外資メーカーにおける労働体制は「専制主義」なのか「覇権主義」なのか、という問いである。

李静君（Lee 1998）は、1990年代の香港と深圳のアパレルメーカー2社の比較研究を行った。ともに中小企業で、同一の経営者が経営し、生産ラインに就く作業員は主として女性労働者であったが、2社の間には異なる労働体制が生じていた。李は香港の工場を「家族的覇権」(familial hegemony)、深圳の工場を「地方主義的専制」（localistic despotism）と称した。深圳の地方主義的専制とは、ブラウォイによる専制主義労働体制のサブカテゴリのひとつである。李静君は、中国の専制主義体制は単に国家の不在と自主労組の抑圧だけによるものではなく、資本側が労働者に対しほしいままに管理統制を行い、規則を強制するような体制を招来することを見出した。李によれば、地方のネットワークと性別役割主義が、生産をめぐるポリティクスにおいてより大きな役割を果たしている。地方主義と性別役割主義は労働市場を組織しただけでなく、労働力を中国各地から深圳に送り込んだ。この両者は、さらに工場の体制内に組み入れられ、マネージャー階級による労働者の管理統制の合理化に活用された。この深圳の工場では、男性主体である管理職階層が生産ラインの女性労働者を管理統制している。事実上、ジェンダーに規定された地方主義的権威でもって階級的支配を隠蔽しているのであり、支配の作用はより有効かつわかりにくくなっている（Lee 1998:135）。この新規性ある中国労働研究の認識論的特徴は、地方主義と性別役割を前面に押し出して、階級・ジェンダー・地方主義の三種の階層関係が一つに織り成される労働の空間の構造を提示したことである。経験論・現象論の面では、陳佩華（Chan 2001）の研究の知見も、李静君の理路と共通する。

彭昉（2007a, 2007b）が2000年代半ばに研究を行った東莞の恒発工場は、中規模の企業であり、生産ラインは時間賃金制を採っていた。この工場は、家父長制的な権威に依拠する管理を行っており、しかも出来高賃金制でなく時間賃金制の方式であったにもかかわらず、工員たちは納期死守のゲームに進んで身を投じていた。なぜこのようなことが起きていたのだろう。彭昉は、同社の制度について多元的な解釈を行っている。つまり、恒発の時間賃金制の方式とは、実のところ時間制に擬態した出来高制であるという。彭は、労働の現場における生産ラインの配置と管理の実態から、経営側による「出来高制を時間制に見せかける」制度的お膳立てを通じ、さらに退勤時間や門限などの各種規定とも相まって、現場にはある種の「共通認識」を持ち自発的に組織された納期死守のゲームが出現し、ひいては「覇権体制」が形成されたという知見を得た。この研究は、李静君の10年前の知見と異なり、またブラウォイの命題に理論的修正を加える潜在力を秘めている。李静君は、ジェンダーの要素を地方主義に取り込んで階級分析を行った。他方、彭昉は労働体制の分析において生活空間（寮・食堂など）をも生産をめぐるポリティクスの中に組み入れ、同様に視野を拡大して、観察の対象を工場現場の内部の階級支配関係のみに限定せず、宿舎労働体制の内部に抵抗の空間が存在することをも指摘している。

2010年、フォックスコンの連続自殺事件が世界を震撼させると、中国の労働体制への関心も再燃した。フォックスコンはアップル社製品シリーズの主要OEMとして巨大な規模を擁し、工場区域には超大規模工場群が形成され、中国各地の生産拠点はややもすれば数十万人の工員を雇用していた。曾瑋琳（2012）や曾瑋琳・林宗弘（2012）などの研究によれば、フォックスコンはアップルの価値連鎖の主要な節（ノード）であり、製造工程や人事など諸方面でアップルの指揮と関与・干渉を受けていた。フォックスコンの各生産事業部門は独立採算で、受注競争に明け暮れる関係にあった。労務管理の面では、権威を盾に恣意的な管理が行われ、「管理の専制化」が生じていた。林宗弘らは、フォックスコンの労働体制を「グローバル断片化専制体制」（global fragmented despotism）と称し、この概念を用いて工員の連続自殺の原因を説明している。つまり、工員たちはこの巨大な工場体制のもと、原子と化したかのような生活を送り、規定を超える残業や社会からの疎外や孤立などの圧力を受け入れていたのだとする（曾瑋琳・林宗弘 2012、Lin et al. 2016。ほかにChan et al. 2013も参照）。

以上三つの事例研究は、時間的には20年もの長期に及ぶ。個別の事例という性質上、また事例の数も少ないことから、珠江デルタ地域の労働体制は専制体制なのか覇権体制なのかという問いに全面的に答える解を得ることはできない。しかし、これら三つの事例研究はいずれも「事例拡張法」（Burawoy 2009）に相当し、データの飽和度は高く、手堅い現地調査に基づいて理論的命題の検討やそれとの対話を行っており、ゆえにそれぞれすぐれて典型的な研究である。よって、これら三つの典型的な事例に、本書の現地調査より得られたデータの分析を付け加えて、前述したブラウォイの命題より派生する理論的視角からさらに踏み込んで、広東モデルにおける労働体制の理論的性格の解釈を行いたい。

まず、李静君や陳佩華らの研究は、現地の労働体制や空間・条件の専制的性格を分析したものだと見なしうる。これに対し、彭昉は自身の研究対象の質的性格を覇権体制と位置付けて李や陳らの論点に挑戦した。この挑戦は、特殊なものだろうか、それとも普遍的なものだろうか。この疑問に答える前に、まず注意すべきは、彭昉と李静君らの調査時期の違いである。彭昉が調査した2000年代半ばの恒発工場は、珠江デルタ地域の労働条件としては、1990年代と比べると一定程度の改善を遂げていた。国際的バイヤーのCSR関連で厳しい要求を課したことにも、経営側の管理の方式にも、それは表れている。労働条件の改善の背後には、ひとつには中国の労働力の相対的な価格上昇があり、もうひとつとしては中国政府による労働者保護が一定程度強化されたことがある。筆者が1990年代から2010年代にかけて行った現地調査でも、こうした改善はおしなべて可視化されていた。もちろん、今に至るまで、珠江デルタ地域の労働の現場には今もなお経営側の専制的な行為モデルが見られるのだが、それでも全体としては、経営側の行為の恣意性や抑圧ぶりは、確実に一定程度抑制されている。2000年代後期に徐々に増加したストライキ行動や、国家の介入ならびに経営側の譲歩からも、この趨勢を見出すことができる。さらに、彭昉は労働者の生活空間を生産のポリティクスに組み入れて分析し、職場内の階級的支配にとどまらず、研究の範囲を拡大した。彼の研究から気づかされるのは、労働の現場のみから一つの体制の属性を判断することはできないという点である。というのも、労働の現場ではなく生活空間における社会的関係にも、労働の現場における社会的関係が浸透してくるからなのだ。この拡大された視野のもとで、彭昉は恒発工場についてやはり覇権体制であるという分析を行っている。労働者の生活空間の分析を導入したことは、ブラウォイの古典的な命題に重要な補充を行ったものであり、また中国の労働体制に対する我々の理解を深める上で有益である。

第二に、さらに思索を深めると、納期死守のゲームはブラウォイの命題を説明する核心的なメカニズムである。ブラウォイの当初の文脈では、労働者が納期を死守したいのは、それが一種のゲームないし試合となっているからで、これは覇権体制の意義のもとでの「ボランティア納期死守」に他ならない。このブラウォイの命題からは、議論の前提として、中国の民工の工場体制の大部分がすっぽり抜け落ちている。中国では、納期死守は基本的に経営側の圧力と強制の結果であり、自発的に服従するということではない。出来高払い制では納期死守の傾向があるものの、それでも納期死守の現象があるからといって「ブラウォイのゲーム」(Burawoyian game)であるとは必ずしも言えないだろう。ゆえに、分析の重点は、さきに強調した規定を超える残業の問題に立ち返る必要がある。民工が残業「好き」なのは、基本給(最低賃金)があまりに低いため、残業せざるを得ないからだ。出来高払い制のもとでは、残業は必然的に「納期死守の現象」の様相を呈する。それのみが賃金の額を押し上げる方法だからだ。社長も、出荷が立て込む時期には、納期死守に協力するよう労働者に求める。それゆえ、こうした低賃金体制のもとで労働者が規定を超える残業で納期を死守する行為を、安易に「ブラウォイのゲーム」と同一視することはできない。つまり、労働者が行為において「納期死守」を行う現象をもって、当事者たちが規定を超える残業に同意している証左とすることはできないのだ。

ブラウォイの「専制／覇権」という二分法は、国家が資本側の権力をいかに抑えこむかという視角をもとに定義されている。労使関係に対する国家の管理と干渉は、例えば労働法規や社会保険を通じて労働者に市場の外の資源を提供することは、労働者が賃金だけに依拠せずに済む状況をもたらす。労働者は制度的に賦与された交渉権を得ると、経営側と対峙することもできるようになり、それゆえ経営側は労働者の「同意」を取り付けざるを得なくなる。このように考えると、国家の役割という論点に立ち返って労働体制の性質を議論しなければならない。ブラウォイの理論によれば、国家による労働体制への介入は労働条件の改善に寄与するものだとあらかじめ想定される（だからこそ、「専制体制」から「覇権体制」への転換が生じうる）。だが、中国の国家の役割として我々が目にしたのは、これとは相反する状況である。つまり、国家が労使関係に介入すると、労働者を搾取する競争に参加し、その結果として民工の労働条件の劣悪さが恒常化し、同時に労働者の公民としての身分における差序も膠着化したのである。

また、サマーズ（Somers 2008）はこう指摘する。新自由主義的なグローバリゼーションの圧力のもとで、国家はしばしば保護者の役割（権利を保障する役割）を演じるべきところ、その役割を利潤追求本位の市場経済に譲り渡しがちであり、その結果として権利の契約化や公民としての身分の市場化といった状況を招来すると。しかし、中国の状況はこれとは異なる。中国の国家資本主義の大きな特徴は単位制度と官僚資本の結合であり、従って、たとえ国家が社会福祉領域から大幅に撤退したとしても、政府および国営企業に雇用される「職工」は、政府ないし事業単位・企業単位から手厚い待遇を受けられる。だが、ブルーカラーの民工を雇用する民営企業や外資企業は、このような手厚い福利厚生の待遇を決して提供できない。それゆえ、国家が労働市場に介入したところで、それは新たな形の二元労働市場を作り出すだけであり、民工階級にとっては、国家の制度的な福祉の支援は受けられず、おまけに公民の身分が享受するはずの権利は市場の商品にされてしまうという、踏んだり蹴ったりの状況なのである。

5.6.5. 国家の役割と偽りの契約関係

中国の国家機構が資本主義の発展過程で労使関係に与えた影響を精査するとき、「国家の性質」という変数に特に注意を払わねばならない。前述したブラウォイやサマーズの理論では、それぞれの命題は「市場資本主義国家」という条件設定を起点としている。しかしながら中国では、起点は「党国資本主義国家」であり、国家は一貫して労使関係に強い介入を行ってきたが、その介入は財政収入の獲得を最も重要な目的としている。そのため、国家は「地位について」いるのだが、にもかかわらず労働者保護の問題に関してはしばしば「欠席」しているのが実情である。中国では、国家が公民としての身分に差序のある制度を植え付けたがために、労働者に対する資本側の搾取がより一層苛烈なものとなっている。これは、中国というレントシーキング開発国家の一大特徴に他ならない。

公民としての身分に差序のある体制にあっては、民工が「残業を志願する」とか「残業を勝ち取ろうとがんばる」、あるいは経営側に「社会保険不加入を希望」の一筆を入れるなどのふるまいが、しばしば見受けられる。これらの行為は、いずれも労使間の権力が非対称である構造のもとで生じている。欧米の階級関係においては、労働者は労働組合組織を通じて経営側と交渉を行い、(例えば賃上げについて) 妥結すれば闘争を一時的に停止する。だが、中国の状況は、労働者側の資源は極めて乏しく、自主労組の組織などはとうていおぼつかない。そのため、経営側と「契約関係」あるいは「暗黙の了解」を交わすというとき、それはもっぱら経営側が一方的に主導しているのである[56]。こういった契約行為は、本質的に一種の偽りの契約関係 (pseudo-contractual relations) であり、労使間に平等に交渉しうる関係は存在しない。この関係には以下の特徴がある。

(1) 国家の法律という観点から見れば、こうしたあり方は違法ないし脱法行為であり、厳密に言えば無効な行為である。だが、これらは地方政府から暗黙の目こぼしを受けたり奨励されたりしており、「暗黙のルール」ないし「地方の非公式ルール」と化している。すなわち、いわゆる弾力的政策が具体的に

56 ここでは、新制度派経済学の観点から「契約関係」を論じている。

形となったものである。

（2）個々の民工はこうした「契約のお膳立て」を黙認し、こうした心理のもとで残業に勤しみ、手取りを稼ごうと必死になり、こうして「服従」の態度を取っている。民工がこれらの管理統制をとりあえず受け入れるのは、彼らの「偽りの意識」によるものではなく、既存の体制下では彼らには他に選択の余地（alternative）がないからである。この種の階級支配モデルは、経営側にとっては労働者による集団争議を排除する上で有利に働く。その結果、労働者の抗議行動は協調的でない個人レベルの抵抗にしかならず、それは「外部の均衡」が破られるまで、または抗議行動が政府の暗黙の了解を得るまで続く。

（3）地方政府により許されたこの弾力的なルールは、外部の環境条件がもたらす影響のいかんによってその安定の程度が決まる。外部の環境条件には、国の政策の連続性、生産要素の相対価格の安定性、産業構造の安定性などが含まれる。国の政策にひとたび変化が生じたり（例えば新たな労働法規や社会保険法の施行）、要素価格が変動したり（例えば実質賃金の上昇）、産業アップグレードの圧力に見舞われたり（例えば広東における「かごを空け、鳥を入れ替える」政策の実施）といった状況が生じれば、地方のルールの均衡は破れ、もとあった制御モデルは失効する。従って、2008年以降、広東で徐々に増加した労働者の団体争議行動――昇給、未払い賃金の督促、社会保険料納付などを要求するもの――は、もとあった均衡が破綻したために起きたのであり、この種の階級的制御モデルもそれとともに弱体化した。

まとめると、中国沿海地区の加工輸出製造業における残業・納期死守という現象の背後には、強制力を伴う日常のディスコースがある。表面上は進歩的な勤務時間の政策や、低位抑制された最低賃金や、地方の弾力的な制度運用といったものが相まって、労・使・政の三者による「暗黙の了解」を構築している。この暗黙の了解のもと、「残業手当」は労働意欲を刺激するとともに労働生産性を搾り上げる主たるインセンティブとなり、また日常のルーティンなふるまいともなる。ここで我々は、中国の民工が残業や納期死守を志願する現象と、謝国雄（1997）が研究した1970-80年代の台湾の労働者と請負親方の「純労働」なる心理との間に、比較可能な箇所があることに気づく。両者の構造や社会的要素には差異があるものの、さらなる探求を行う価値があろう。

江蘇省蘇州市の管轄下にある昆山市は、長江デルタ地域で台商の立地が集中した主な場所であり、筆者と研究チームの現地調査の対象地でもあった。

写真5.1、5.2：昆山の人的資源市場（求人・求職の場）（張貴閔氏撮影。2005年）。

写真5.2

写真 5.3：昆山のある電子部品メーカーの民工と記念撮影をする研究チーム（右から 1 人目は劉燮楓氏、2 人目は李尚林氏、左から 1 人目は欧子綺氏。3 名は当時、清華大学社会学研究所の修士課程に在籍し、筆者の指導する学生）。

写真 5.4：昆山のある電子部品メーカーの民工と記念撮影をする研究チーム。

写真5.5：民工の白さん一家。

写真5.6：昆山のニットメーカーで台湾籍幹部に聞き取り調査を行う筆者（左）（張貴閔氏撮影。2005年）。

写真5.7：台湾籍幹部と台商の分布について議論する筆者（中）（張貴閔氏撮影。2005年）。

写真5.8：２名の台湾籍幹部への聞き取り調査後、夕食を共にする筆者（中）（張貴閔氏撮影。2005年）。

写真5.9：昆山のある民工村の入り口。景観は広々としてすっきり整い、広東や北京の民工村とは印象を異にする。広東の民工村は人でごった返して狭苦しく、北京の民工村はいつ取り壊しに遭うかも知れないためか粗末で乱雑であった（張貴閔氏撮影。2005年）。

写真5.10：民工村内の公共浴場の表示（張貴閔氏撮影。2005年）。

写真5.11：民工村内の、間仕切りを施した賃貸用住居（右側の平屋建て）。奥に見える2階建ては、家主（現地戸籍を持つ村民）の住まい（張貴閔氏撮影。2005年）。

写真5.12：昆山の民工村にて。女性2名とその住まい（張貴閔氏撮影。2005年）。

写真5.13：筆者（左）と台湾資本メーカーの運転手2名。民工村にて（張貴閔氏撮影。2005年）。

「証明書」は「流動人口」たる民工にとって、生存する上で必需品である。異郷で働く民工は、各種の証明書を必ず所持しなければならない。当時の民工は、外出時に「暫住証」の携帯義務があり、これを守らないと直ちに勾留や罰金などを食らう恐れがあった。当時、「孫志剛事件」を耳にした多くの民工は、他人事ではないと肝を冷やしたという。子女が出稼ぎ地で就学する場合にも、各種の証明書類を揃えなければならなかった。

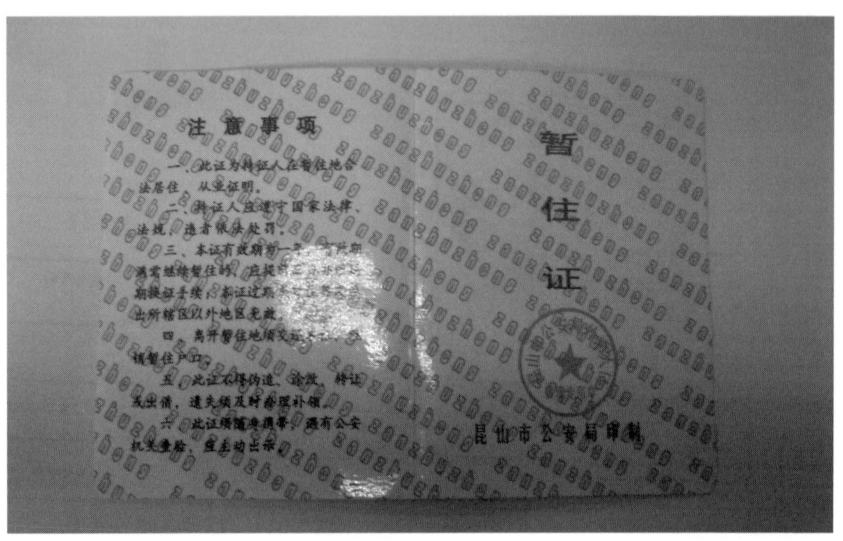

注意事项

一、此证为持证人在暂住地合法居住、从业证明。

二、持证人应遵守国家法律、法规，违者依法处罚。

三、本证有效期为一[illegible]满需继续暂住的，应提前[illegible]期换证手续。本证过期[illegible]出所辖区以外地区无效。

四、离开暂住地须交[illegible]销暂住户口。

五、此证不得伪造、涂改、转让或出借，遗失须及时办理补领。

六、此证须随身携带，遇有公安机关查验，应主动出示。

暂住证

昆山市公安局印制

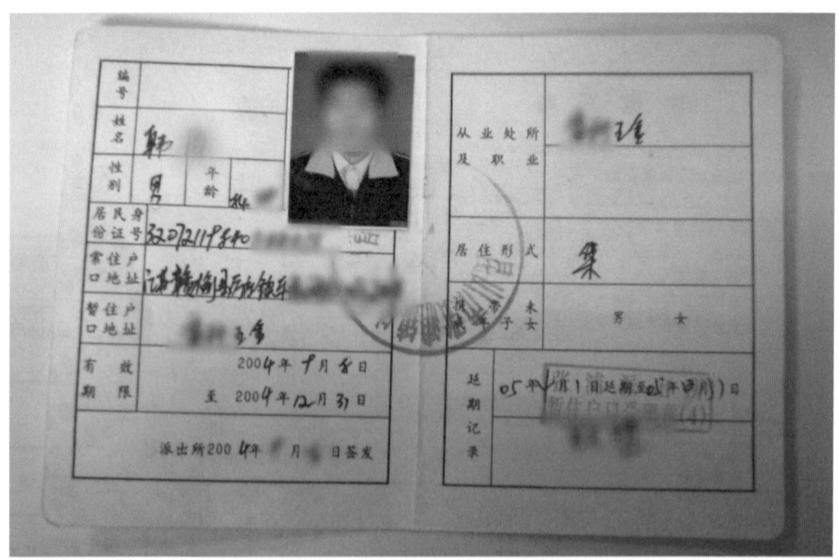

编号	
姓名	[illegible]
性别	男
年龄	[illegible]
居民身份证号	[illegible]
常住户口地址	[illegible]
暂住户口地址	[illegible]
有效期限	2004年7月8日 至 2004年12月31日
	派出所200 4年 月 日签发

从业处所及职业	[illegible]
居住形式	[illegible]
携带未成年子女	男 女
延期记录	05年1月1日延期至05年6月30日

写真5.14（上）、5.15（下）：暫住証。

写真5.16：昆山市就業登記証。

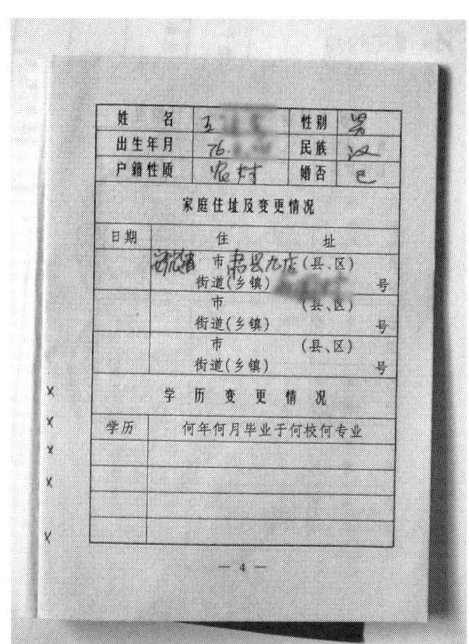

姓　名		性别	
出生年月		民族	
户籍性质		婚否	

家庭住址及变更情况

日期	住　址
	市　(县、区) 街道(乡镇)　号
	市　(县、区) 街道(乡镇)　号
	市　(县、区) 街道(乡镇)　号

学历变更情况

学历	何年何月毕业于何校何专业

— 4 —

写真5.17：昆山市就業登記証。

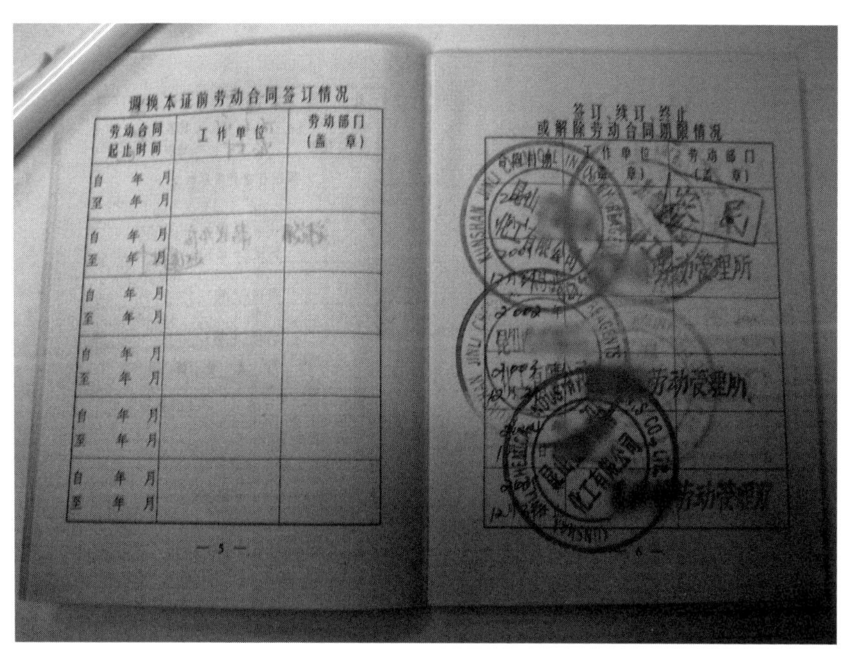

调换本证前劳动合同签订情况

劳动合同起止时间	工作单位	劳动部门（盖章）
自　年　月 至　年　月		
自　年　月 至　年　月		
自　年　月 至　年　月		
自　年　月 至　年　月		
自　年　月 至　年　月		
自　年　月 至　年　月		

— 5 —

签订 续订 终止
或解除劳动合同期限情况

	工作单位（盖章）	劳动部门（盖章）

— 6 —

写真5.18：昆山市就業登記証。

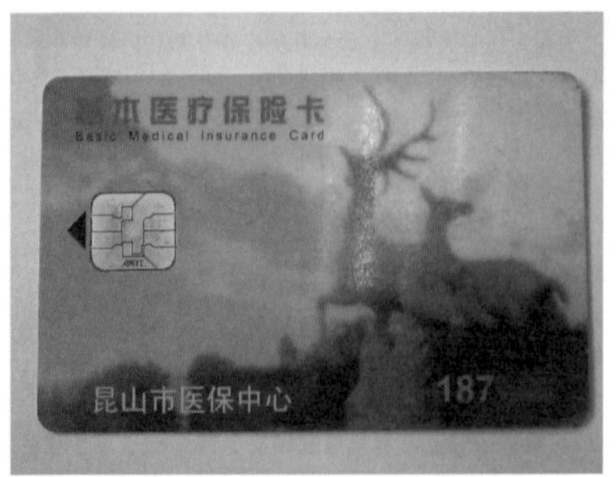

写真 5.19：基本医療保険カード。

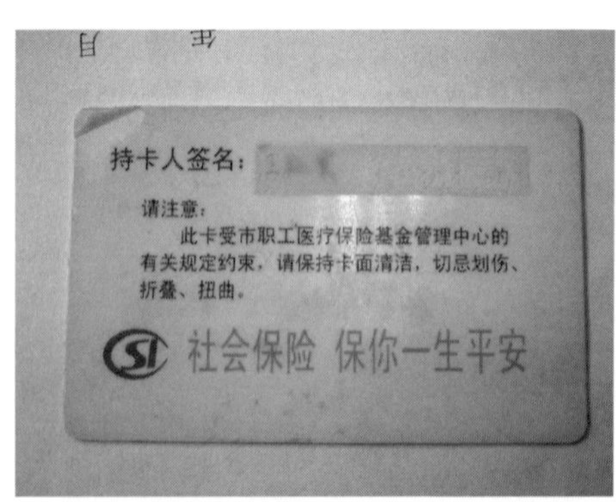

写真 5.20：基本医療保険カード。

写真 5.21：職工基本医療保険証。

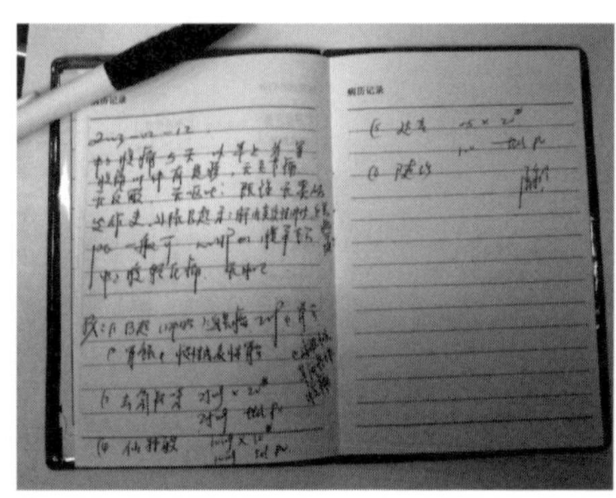

写真 5.22：職工基本医療保険証。

写真 5.23：職工老齢年金手帳。

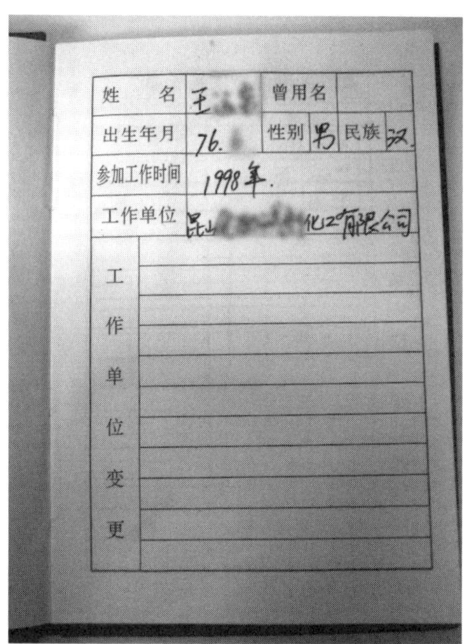

写真 5.24：職工老齢年金手帳。

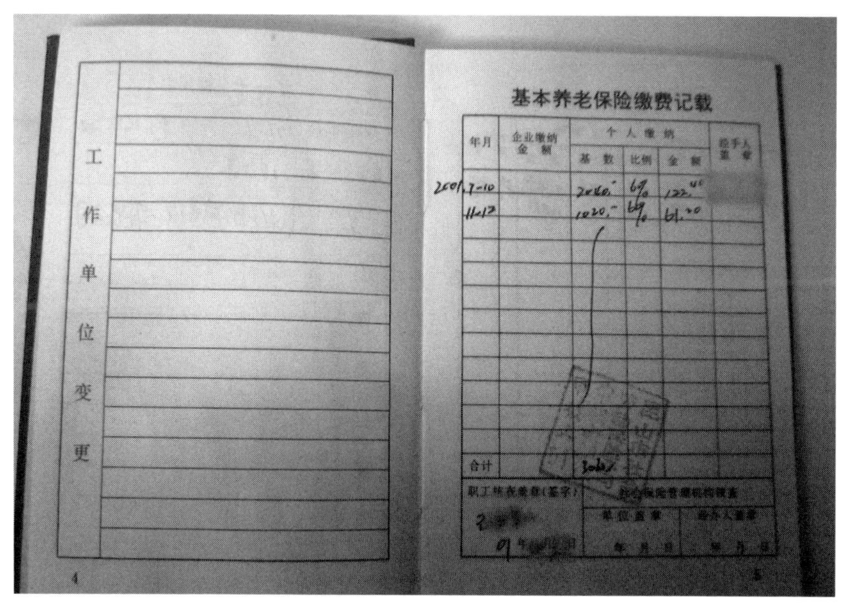

写真 5.25：職工老齢年金手帳。

筆者は北京の「浙江村」で複数回の聞き取り調査を行った。浙江村は、北京市豊台区南苑郷一帯の、浙江省温州から来た人々が集住する地区を指す。一般的に言われる民工村とは異なり、温州出身者が主導的地位を占める商工業従事者クラスターのコミュニティである。

写真5.26：浙江村のまちの賑わい（張貴閔氏撮影。2005年）。

写真5.27：浙江村内。屋根に荷物を満載したミニバス（張貴閔氏撮影。2005年）。

写真5.28：浙江村内の大通りにはオート三輪を改造したタクシーが群がり、客引きをしている（張貴閔氏撮影。2005年）。

写真5.29：浙江村付近の新聞・雑誌スタンド（張貴閔氏撮影。2005年）。

写真5.30：補習授業の先生（左）に案内してもらい、筆者と研究チームは北京の四季青郷にある民工村に足を踏み入れる（張貴閔氏撮影。2005年）。

1972年にニクソン大統領が訪中した際、ニクソン夫人の四季青人民公社視察が組まれた。改革開放以降、このモデル村の機能は変化し、民工が集住する空間となったが、2000年代半ばに不動産業が勃興すると、ここに形成した民工村は取り壊され、姿を消した。

写真5.31：村は取り壊しの憂き目に遭った（張貴閔氏撮影。2005年）。

写真5.32：民工村の子どもたち。

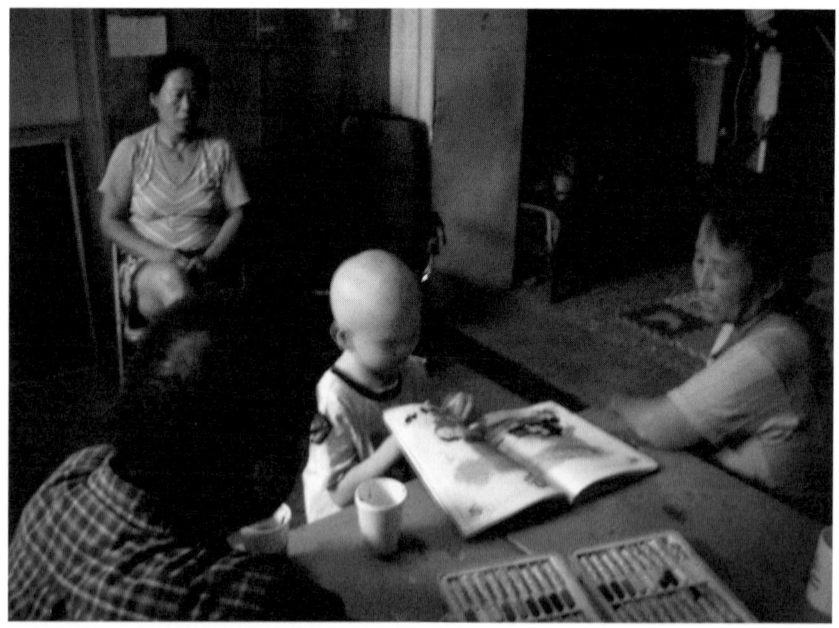

写真5.33：村内の女性と語らう筆者（張貴閔氏撮影。2005年）。

写真5.34：民工村の子どもたちと。子犬を抱くのが張貴閔氏。

写真5.35：北京オリンピック会場となる「ウォーターキューブ」（北京国家水泳センター）の建設労働者（廖卿樺氏撮影。2007年）。

写真5.36：建設中の北京オリンピック会場「鳥の巣」（北京国家体育館）を遠く望む。（廖卿樺氏撮影。2007年）

写真5.37：オリンピック会場の建設労働者と語らう筆者。（廖卿樺氏撮影。2007年）

第 6 章

広東モデル転換期の台湾企業と中国企業

2008年、世界的な金融危機に見舞われた広東省東莞では、「台商の大逃亡」が雪崩を打って起こった。経営困難に陥った台商の多くが、通告なく工場を閉鎖したり、はては夜逃げしたりした（鄭志鵬 2014）。台商はなぜ、こうも慌てふためいて逃げ出したのだろう。珠江デルタに長年駐在したある台湾籍幹部は、逃亡した台商の境遇を鋭く描いてみせてくれた。「ともかく、真っ当なやり方で事を収めるのがあまりにも難しかったんですよ。それよりは、何もかも投げ出して黙って逃げ出すほうが、たとえ無一文になるにせよ、まだ簡単で楽だったんです。長年積み上がった『債務』を馬鹿正直に処理しようとすれば、時間は際限なくかかるし、その上、終着点はいったいどこなのか、それさえわからないのです」[1]。この衝撃に見舞われたのは台商だけではなく、他の外資も同様であり、香港資本の企業の多くも同じく「逃亡」する形で退場していった。

この危機が浮上すると、外資と地方政府は巨大な圧力に直面した。しかし、世界金融危機という外部からの衝撃（external shock）は触媒に過ぎず、さらに深層に潜む原因は中国経済が長らく抱えていた転換への圧力であった。それは、要素価格（労働コスト・土地コスト・環境保護コスト）の上昇、中国の政策の制度的環境ならびに政・商関係の変化、産業アップグレードの政策的圧力など、諸要因を含む。これら内外の要素が合わさって巨大な力となり、さらに周辺各国のより低廉な労働力という要素も加わって、地域の分業構造には再び変化が生じた。また、グローバル価値連鎖／商品連鎖にも再度の移動を促す力が働いたが、今回の移動においては、国外移転と国内内陸部への移転という二つの方向への動きが同時に進行している。そして、外資がこうした危機に対応する方式には経路依存の傾向が顕著に表れ、最終的には広東の成長モデルの解体・再構築に至った。これは長期的な構造調整の過程であり、金融危機の前からすでに始まっていて、現在もなお調整期間にあたる。

しかし、外資企業の撤退や移転というものは、単に「埋め込み関係を取っぱらう」といった単純な話ではない。中国に進出した外資企業が地元社会との間に構築した埋め込み関係は、長い時間をかけて行ったすり合わせの過程の必然

1　聞き取り：Jerry200902。

的な産物であり、従ってそこから撤退するのにも、複雑な転換の過程を要した。言い換えると、外資企業の撤退には複数の異なるモデルがあり、そしてどのモデルを選択するかは、各企業がそれまで地元社会との相互作用の中で採っていた経路依存のありようを、よく反映していた。

6.1. 国家政策と政・商関係の変化

広東の輸出志向経済は、2000年代中後期以降、新たな転換圧力にさらされ始めた。最初の課題は、労働コストの上昇である。安価な労働コストに長らく慣れていた労働集約型のメーカーにとって、労働コストの低さこそが高い利潤率を保障していたのであり、これがひとたび上昇すれば、このタイプのメーカーの収益力には必然的に脅威となり、果てはそれらメーカーの死活問題ともなりえた。この問題は全国的なものであったが、低資本投下で労働集約型の産業が密集する珠江デルタにとって、その衝撃は最も深刻であった。当時の台商が中国に進出した主な動機は低廉な労働コストの追求であったから、労働コストの上昇は、広東のEOI成長モデルにとって、その解体を迫られる臨界点だったのである。

6.1.1. 国家の新政策、労働者の抵抗、労働コストの上昇

賃金上昇の原因は、農村労働力の沿海部都市工業部門への流入が相対的に減少したこと、またこの趨勢に応えるように、中央政府も賃金の上昇や労働者保護に力を入れるようになったことであった。2000年代半ば以降、沿海地区の最低賃金はどこでも目立って上昇してきた。珠江デルタ地域の深圳では、2006年に810元だった最低賃金は2017年には2,130元にまで引き上げられ、同時期の東莞では690元から1,510元に上昇した。この時期、2010年には広州で日系のホンダ自動車の工場でストライキが発生し、同じ年にフォックスコン従業員の連続自殺事件も起きている。こうした危機に対処する方法の一つが、大幅な賃上げの了承であった。広東省政府は、この流れに合わせて最低賃

金を大きく引き上げたのである。

同じ時期、中国中央政府も外国企業からの社会保険料の徴収を強化するとともに、住宅積立金の徴収も開始した。中国政府が企業から社会保険料を徴収する政策は1997年に始まり、正式な法の成立は2011年であった。長い間、広東省の地方政府は社会保険料に関して、一貫して弾力的措置を採ってきた。つまり、企業が納付すべき社会保険料をめぐり大幅な「値引き」を許しており、具体的には「人頭税」の頭数に応じて割引をするというロジックで、社会保険加入者の数を間引き、「加入率」を下げ、特に保険料の高額な老齢年金保険についてこの方法を適用してきた。しかし、「労働契約法」および「社会保険法」によれば、社会保険料の割引措置は違法もしくは脱法的な行為である。ところがこうした類の措置は、広東成長モデルの主な柱であり、中国各地にもあまねく存在する。もとはと言えば地方の官僚と企業間との暗黙の了解の産物であったものが、中央の政策ならびに大きな環境全体の変化とともに、双方の争いの種へと変質し、さらには労働争議を引き起こした。広東の問題は特に厄介で、というのもかつて高度成長を遂げた時代に採用した弾力的な政策が、労働者の不満と「社会保険の債務」を蓄積したからである。労働者は今、債務の弁済と補償を要求している。

「社会保険法」は、社会保険口座の「地域外移転」は可能だと定めており（第十九条：個人が統一管理地区をまたいで就業する場合、その基礎老齢年金保険関係は本人とともに移転し、保険料納付年限は累積年数を合算する）、この新たな保障措置により、民工が老齢年金保険への加入を望む強いインセンティブが発生した。珠江デルタ地域では、労働者が企業に対して未払い分の社会保険料を納付するよう要求し、2012年以来頻発する集団争議の焦点となっている。外資企業の民工は労働組合組織を持たないのが普通であり、たとえ組合を組織したとしてもたいていは形だけで、団体交渉の機能など持ち合わせていなかった。そして、政府は民工による争議を歓迎しない態度を貫いた。特に、広東の成長同盟が安定的に機能した時期にはそうであった。

国家の新たな政策や法令は、労働者による争議のエネルギーとなり、地方政府と外資にとっては圧力となった。だが、集団での行動には、きっかけならびに「外部の支援」が必要である。いわゆる外部の支援者とは、労働組合運動に携わるNGOや労働問題を扱う人権派の弁護士である。中国政府は民間の公民組織を高度に警戒しているが、とはいえ、これら人権派の組織や個人が活動する余地は多少なりともあり、こうした人々と連携することは可能であった。労働者の争議行動のきっかけは、社会保険料と住宅積立金の未払い分を払えという要求であった。現行の法令には一定の「あいまいな部分」があり、労働者には2年間の督促期間が許されているので、労働者はストライキなどの行動によって経営者側に譲歩を迫っていた。行動の過程では、労働運動のNGOが介入して協力する姿がしばしば見られた。2014年に東莞最大の台湾資本工場・裕元で起きたストライキも例外ではない。この争議以降、労働コストは上昇し、その過程では、政府・外資・労働者の行動・外部支援者の各者の間での相互作用が複雑に入り組んでいた（羅兆匡2014を参照）。

近年の労働争議に関与した数名のNGO関係者による回顧は、事柄をよりよく理解する一助になる。「大東」氏は珠江デルタ地域の労働運動NGOの責任者で、労働者の権益擁護活動に長年携わる経験豊富な人物であり、資金の出どころについては慎重な態度を崩さない。彼は労働者の訴えやストライキの案件を数多く成功させてきたので、国外のNGOからも資金提供の申し出があったが、彼はそれを受けると関係が複雑化する上に「国保」[2]の警戒を招くと考え、その申し出を辞退したという。だが、2012年以降、中央政府は人権運動に関わる人物への締め付けを強めている。こうした状況下で、この種の組織が労働者の実力行使に今も関与できるのは、いったいなぜだろう。筆者は大東氏に尋ねてみた。「最近、北京は締め付けが非常に厳しいですよね。あなた方の仕事に影響はありませんか」。彼の答えはこうであった。

> まあ何とかなってますね、政府との関係はうまく保てていると思いますよ。国保もそれほど怖くはありません。広東では、何よりうっとうしいのは労監です（筆者注：労監は、労働監察部門の係官。人力資源・労働局

2　「国保」とは「国内安全保衛支隊（または大隊）」のことで、公安部門のうち国内の政治的安全を担当する特殊警察。

の所属）。あれは重箱の隅をつつくようなあら探しをしたり、賄賂をせびったりしますよ。[3]

大東氏は、日ごろから地方政府や国保と連絡を保っている。政府の監視はあらゆるところに張り巡らされ、労働者支援の活動を隠すことなど不可能なので、それならば意思疎通できる関係を保つほうがよいという判断だ。このストライキ・ブームの中、労働運動NGOと国保警察とが連絡を保っている状況は、両者間の相互作用を観察するまたとない機会であった。

6.1.2. 裕元ストライキ事件

2014年4月、東莞市高埗鎮にある裕元製靴工場で大規模なストライキが勃発した。労働者4万人余りが経営者側に対して老齢年金保険料と住宅積立金の未払い分の支払いを要求し、これに協力して参加するNGO組織は10団体にのぼり、争議の規模は近年最大であった。なぜ2014年だったのか。中国政府が外資企業に従業員の社会保険料納付を義務づけたのは1997年から1998年にかけてであり、規定によれば、勤務年数が満15年に達した労働者は退職老齢年金の給付請求資格を得る。従って、2013年は、最初に社会保険に加入した労働者が退職・年金給付請求を行う初めての年だったのである。住宅積立金については、政府の規定では1999年から納付することになっているが（経営者側と労働者側がそれぞれ5%を拠出）、珠江デルタ地域では、外資企業と民営企業でこれを納付したところはごく少数であった。外資企業のベテラン労働者が退職するときになって、未払いの住宅積立金の補償を求める声が議論のテーブルに上ったのである。制度の内部にこのタイムテーブルが組み込まれており、ここには経路依存という制度的論理が存在する。というわけで、裕元のストライキは単一の案件ではなかったのだが、いかんせん工場の規模がきわめて大きく、その影響は広範囲に及んだため、マスメディアの注目を浴びることとなった。

裕元のストライキ事件から、地方政府と公安の反応を見ることができるが、

3　聞き取り：DD2015。

それは、中国の政府は資本側に肩入れするのだろうという従来の一般的な認識とはすでに異なっていた。このストライキに深く関与した人権活動家の張治儒氏は、事件の過程を通じて、国保と地方政府の「あいまいな態度」が印象に残っているという。争議期間中の劇的な転換点は、4月5日に労働者が市街地の要衝の橋を占拠・封鎖した時であったが、国保はこの行動計画を事前に察知していなかった。橋の封鎖事件から4月14日にストライキが始まるまで、「恐るべき能力を誇る公安の情報治安システムは、従来ならば大規模ストライキの蔓延を抑止すべく直接的な介入を行ったのに、今回はそういう動きがなかった。張治儒氏はQQ[4]およびインターネット上で、労働者側は新たな要求を打ち出すべし、自分たちの代表者を選挙で選出すべしと強力に指導・奨励し、また経営者側には誠意が見られないと厳しく批判して、経営側にだまされないようにと労働者側に注意を促していた。張治儒氏自身、公安の国保が彼の行動をこれほど長い時間辛抱していたばかりか、ネット上でのやり取りに何らの干渉をも行ってこなかったことを、いぶかしく感じていた」(陳志柔 2015:42-43)。経営者側も、同様にいぶかしんでいた。「QQやミニブログ[5]やウィーチャットは、ストライキ期間中の連絡・情報共有に絶大な威力を発揮していた。だが、24日までは、裕元の経営者側が公安の国保に対し、以前と同様にこれらのQQグループの封鎖を再三要請したにもかかわらず、公安の国保は法的根拠がないことを盾に、事前の行動を起こそうとしなかった」(陳志柔 2015:43)。

ストライキの発生直後、会社側の古株の高級管理職は、中国共産党の信任を得ている台湾のベテラン政治家に対し、「北京に話を通す」よう依頼し、助力を求めていた。だが、その時に得た回答は「力になりたいが、力になれない」というものだった。一つには、中央の政策がこの段階には労働者の権益を保護する方向に転換しており、もう一つには、習近平政権の発足以降、裕元の第一

4 [訳註]「QQ」は、テンセント社が中国国内で提供・運営するインスタントメッセンジャーソフト。1999年のサービス開始以来よく普及し、特に比較的低年齢層のユーザーが多いとされる。

5 [訳註]「ミニブログ(ウェイボー、微博)」は、中国の新浪公司(SINA Corporation)が提供する短文ソーシャルメディア。2009年サービス開始。

世代が築いたトップレベルの政・商関係（江沢民政権から胡錦涛・温家宝政権との間の関係）は、すでに役に立たなくなっていた[6]。ストライキの危機管理という事態に直面した裕元の管理職クラスは、政・商関係を活用するお馴染みの手法がもはや機能しない事実に気づき、ショックを受けた。

ストライキの後半になると、労働者側の行動に対する地方政府の態度は強硬になり、協調路線に転じ職場に戻るよう直接的な介入を図った。柔軟から強硬へというこの態度の変化は、なぜ生じたのだろうか。次のような理解が可能であろう。地方政府は、当初は争議に関与しない姿勢もしくは限定的にしか関与しない姿勢を採り、労働者の行動が大規模になった時点で、その勢いに乗じて経営者側に大幅な譲歩を求める挙に出たのではなかろうか。ここで注意したいのは、東莞の地方政府の反応を単独・個別のものと見なすべきではなく、東莞市政府の反応は政治・経済の大きな環境全体のもとで生じた産物であったという点である。中国経済が産業構造転換の段階にあったこの時、民工の賃金や労働条件の限定的な改善は既定の政策路線であったし、加えて習近平政権は汚職の根絶を通じて権威を高め、権力構造の再編成を進めつつあった。地方政府はこうした大きな趨勢に順応した結果として外資に対し強硬手段に出たのであり、その意味で裕元のストライキへの対応は、この変わりつつある状況を象徴するものとなったのである。最終的に、裕元のトップは保険料の支払いを「一括で」行い、勤続年数に基づく累積額部分と賃金の差額部分をいずれも補償することに同意した。会社としては、これできっぱり片が付くのである。裕元が負担した社会保険料未払い分の精算額は、およそ4億人民元にのぼった。試算の末、今後はブランド品の靴1足の製造コストが1.5米ドルほど上昇し、そのうち0.7米ドルを発注者つまりブランド企業側が支払い、残りは裕元自身が吸収することになった。

ストライキ事件の後、地方政府は広東省総工会から裕元に人員を派遣してもらい、同社の労働組合の再組織化を進めさせた。「事件以前は、会議を開いても組合側の人間が出席したためしがなかったけどね。広東省の総工会が下り

6　聞き取り：YYPL2015。

てきて、高埗の裕元をパイロットケースとして強く介入し、労働組合を活動させたのよ」[7]。2015年4月には、2万7,000人の労働者が組合に加入した（ストライキ前は、従業員4万人のうち組合加入者数は2,500人にすぎず、組織率はわずか6.3%）。この段階になると、労働運動NGOの果たす役割はもはやなくなっていた。

中国政府が人民による抗議行動をいかに処理してきたかについては、先行研究がある（Lee and Zhang 2013, 陳志柔 2015）。裕元のストライキ事件からは、地方政府（国保を含む）と労働運動NGOとの相互作用を数多く見出せる。労働運動NGOや人権活動家に対する政府の態度は、「監督」と「育成」の二者にまとめられるだろう。政府部門は運動関係者と日ごろから連絡を保つが、ひとたび衝突が起きると、必要とあらば、監禁・移動（旅行）の強制・連絡の途絶・失踪などの手法で彼らを制圧しにかかる。同時に、政府側は彼ら運動関係者を基本的に生存可能・活動可能な状態に置き、彼らと労働者との間に一定の連絡を保たせる。そして肝心な時には、政府は一定期間は手を下さず、運動関係者が労働者を動員し権益奪取の行動を取らせるに任せ、最後の場面で政府が仲裁者として表に出てきて局面を収拾し、併せて新たな労使関係の規則を定めるのだ。もちろん、以上のような政府の行為モデルは「理想形」に外ならず、実際の具体的な行為にはこれとの乖離が常にあるのだが、それでも、政府の行為の動機を解釈することは、中国政府の統治術（statecraft）を理解する助けになるだろう。しかし、同時に注意すべきなのは、この種の統治技術は当初から全体を見通した「理性的な設計」だったというわけでは決してなく、政府が政・商関係や労使関係の変遷に対応する過程を通じて模索や相互作用や進化を経た末にできあがったものだという点である。裕元のストライキ事件において、国保が張治儒氏の介入行動を一定期間は放任したのも、また前述の大東氏が彼自身と国保の関係について語ったことも、ともにこの枠組みの中で分析しうる。この統治術の枠組みを、ひとまず「監督・育成モデル」と呼ぼう。

裕元のストライキ事件はまた、労働運動NGOが労働者の行動に介入する際

7　聞き取り：YYPL2015。

の典型的な一つのモデルを示した。張治儒氏は、これを「事例のフォローアップ」と称する。

> どこかの工場で労使間の争議が起きると、介入を行い、経営側との交渉のテクニックを労働者側に伝授します。裕元のストライキは典型的なケースです。労働者側が当初掲げた条件は、社会保険料と住宅積立金の補填の2点だけでした。私が介入してから、QQでもう1つ、30%の昇給という条件を加えました。これは交渉の駒になり、最終的に経営側は毎月230元の「生活保障金」の支給に応じたのです。[8]

裕元の中国大陸籍のベテラン従業員（特に幹部クラスの者）にとって、社会保険料と住宅積立金の補填は切実なインセンティブであった。彼らは勤続年数が長く、賃金水準は相対的に高く、退職・離職が間近であるため、会社にこれらを補填させる運動には積極的に参加する傾向にあった（老齢年金保険料と住宅積立金は、会社側が拠出するだけでなく、労働者側も自己負担分を納付する必要がある）。それに比べ、若手の労働者にはこれら要求の訴求力はずいぶんと弱かった。彼らの将来の先行きはまだはっきりせず、そのため、社会保険料や住宅積立金の自己負担分のために身銭を切る意欲は乏しい。となると、張治儒氏が追加した生活保障金（すなわち昇給）の要求は、若年層の労働者にとっては極めて大きな魅力たり得た。この賢明な戦略は、フォローアップにとどまらず、勝ち取るべき戦利の追加を行っており、これにより、異なる属性の労働者グループがストライキを支持したくなる心理的な動機をしっかりと掌握している。

裕元の台湾側の管理職層は、ストライキの動機の背後にあった導火線は、やはり勤続年数の長い従業員が退職・離職後に本来あるべき額の年金を受け取れないという不安にあったと受け止めていた。ベテランの大陸籍幹部は、自身の利益のために団体争議行動を動員していた。「彼らは、直近1年の賃金をもとに計算して、退職・離職の時には十数万元多く受け取れると判断していた

8　聞き取り：ZZR2015。

よ」。「大陸籍幹部の危機感は高まっていた。裕元が中国から撤退しそうだという趨勢を見て取って、自分の退職が現実味を帯びると考え、ストライキを喜んでいたよ。少しでも多く実入りを得たいと」[9]。また、違う観点からは、このような見方もある。「みんなが、歴史の彼方に忘れ去られた事柄に直面したということでしょうね。1998年に社会保険が始まった時点では、政府にも皆保険の概念はなく、たとえ労働者全員の保険加入を実現せよと言ったところで、当の政府がそのような要求もしなければ制度的な確約もしていなかったんですから」[10]。その結果、外国企業がかつて政・商関係を利用して享受した減免分、つまり当時の「融通の利く、弾力的な政策」が積み残した難題を、今になって清算しなければならなくなっているという。「真っ当なやり方で事を収めるのは、わが社にはあまりにも難しい」と考える中小零細の外資は、悪質な形で工場を閉鎖し、黙って逃げて終わりにしてしまう。だが、ある程度の規模を持つ外国企業は、資産を現地に押さえられ、利害関係が複雑に入り組んでいるため、こうした歴史的債務から逃げ延びることはどうしてもできないのである。

しかしながら、中国政府は安定を強調しており、このため労働者の団体交渉や争議への支持は限定的で、しかも状況規定的であった。2015年3月、裕元で二度目のストライキ事件が起きたとき、交渉の議題は工場の合併と、住宅積立金を離職時に受け取れるのかどうかという点であった。東莞市政府が当時打ち出した新たな政策では、受け取ってはならないとされていた。政府の財政を圧迫するからという理由であった。この政策は、主として大陸籍のベテラン幹部の利益に関わってくるので、「今回のストライキは、当社従業員の5%に満たない中国籍従業員に関わることであり、会社の経営に実質的な影響を及ぼさない」[11]として、受け取ってはならないとの政策を維持した。だが、労働者側は抗議を続け、その結果、東莞市政府は最終的に部分的な譲歩に応じ、裕元を

9 聞き取り：YYPL2015、XX2015。

10 聞き取り：HTS201212。

11 「外媒：東莞裕元鞋廠3000人再次罷工要求提取公積金」『鳳凰財經』2015年3月19日（http://finance.ifeng.com/a/20150319/13564845_0.shtml, 2015年4月15日検索）。

含む外資4社を例外と定めたので、ストライキは速やかに収束した。張治儒氏の見解では、労働者が離職する際に住宅積立金を受け取れないのは、政策の後退であり、経営者側に有利に働く。だが、新たな政策は東莞のすべての労働者をカバーするものであり、従って裕元のストライキは、理論上は他の外資メーカーにも広がる可能性があった。しかし、張氏が今回の「住宅積立金獲得事件」に果たした役割は限定的なものであった。この件より前に、とある経験豊富な労働運動関係者が張氏に警告していた。「今年は状況が思わしくないから、あまり深入りしない方がいい」と。2014年には、ある国保関係者から注意喚起を受けてもいた。深圳・東莞などで、裕元の件に関与したNGOへの手入れ・処分が行われるはずだと[12]。中央は市民社会への抑圧・攻撃を強めてゆき、2015年12月には広東省で労働運動NGO関係者を対象とする一連の尋問と拘留が行われた。ある報道はこう伝える。「この事件は、広東における団体での権益擁護行動の高まりを抑圧するためのものだった。近年頻発する労働運動に震え上がった政府は、叩いて見せしめにするのにちょうど手ごろな『いけにえ』を求めていたのだ」[13]。手入れに遭ったこれらのNGOは、いずれも近年珠江デルタ地域で活発に活動していた労働運動組織であり、このうち数名の責任者は裕元のストライキに介入していた。後付けの解釈を行うなら、労働運動NGOは外資企業に「歴史的債務」の清算を行わせるべく、政府に利用されたと言える。ここには、「鳥がいなくなれば、弓はしまい込め。うさぎが死ねば、猟犬は煮て食おう」[14]つまり「用済みになれば、見捨てられ悲惨な末路を歩む」という含意が強く感じられる。労働運動NGOに対する政府の監督・育成モデルの冷酷さが遺憾なく発揮され、避けるすべもない。

本書はグローバル資本—地方産業クラスター—在地体制（G-D-L）の相互作

---

12 聞き取り：ZZR2015。

13 「中國鎮壓廣東勞團 香港串連全球聲援」『焦點事件』2015年12月17日（http://www.eventsinfocus.org/news/338, 2015年12月28日検索）。

14 ［訳註］原文は「飛鳥盡、良弓藏，狡兎死、走狗烹」。『史記・越王勾践世家』からの引用（『古詩文網』ウェブサイト https://so.gushiwen.cn/mingju/juv_5bd0ab803bc3.aspx（2022.10.2検索））。

用という分析視点を採っているが、ここでは地方政府がグローバル価値連鎖内で重要な役割を果たす。地方政府（公安機構を含む）が裕元のストライキの過程で採った作為（および不作為）は、価値連鎖内の利益分配に政府が介入したことの作用として、我々の観察し得るところとなった。すなわち、2010年代初頭以来台湾資本企業に起きたストライキの潮流は、グローバル価値連鎖の移動と密接に関連する現象なのである。

6.1.3. かごを空け、鳥を入れ替える：産業アップグレード政策

広東省政府が産業アップグレード政策を推進したのは、複数の面の動機によっていた。輸出加工に依拠する成長モデルが頭打ちになっていたこと、労働集約型産業のグローバル価値連鎖に再度の移動が生じていたこと、この地域の産業の分業に再配置の動きがあったこと、そして中央政府の圧力を挙げることができる。中国政府は「第11次五か年計画」（2006-2010年）において、内需の発展と産業アップグレードの推進を強調し始めた。「第12次五か年計画」（2011-2015年）では、産業アップグレードにいっそう力が入れられた。この段階になると加工貿易の重要性は低くなり、外貨収入創出における貢献度も下り坂になっていた。こうした背景のもと、広東省政府は「かごを空け、鳥を入れ替える」戦略を打ち出した。それは、労働集約的な加工貿易に依存する当初の成長モデルから、ハイテク産業が発展を牽引するモデルへの転換を遂げる試みである。広東省政府は、2005年にはこの「かごを空け、鳥を入れ替える」構想を打ち出し[15]、次いで2007年末には「ダブル移転」という戦略を提唱している。後者は、産業と労働力の両者について空間的な移転を行い、珠江デルタ地域から広東省の内陸地帯への移転を進めるというものであった[16]。

15　2005年3月、広東省政府は「我が省山間部・東西両翼と珠江デルタが手を取り合って産業移転を推進することに関する意見（試行）」を下達した（http://www.gdipa.org/artice/10016_2890.html, 2012年2月2日検索）。

16　広東省政府は2008年、中国共産党広東省委員会・広東省人民政府の連名文書「産業移転と労働力移転の推進に関する決定」を公式に提出した。

だが、この政策を推し進めようとしたちょうどその時、2008年に中央政府が「労働契約法」を施行し、それに加えて世界金融危機が青天の霹靂のように襲うと、輸出向けの発注はぴたりと止まり、外国企業の閉鎖や国外移転が相次いで、「かごを空け、鳥を入れ替える」戦略は頓挫の憂き目に遭った。当時の中国共産党広東省委員会書記だった汪洋はこう語った。「金融危機は、広東にとって生きた授業を受ける機会であった」(汪洋2008)。中央の公文書も、問題を正確に把握していた。「経済のグローバル化と地域経済の一体化が発展深化を遂げ、中でも国際金融危機が目下絶えず拡散・蔓延して実体経済への影響が日に日に大きくなる中、珠江デルタ地域の発展は深刻な衝撃に見舞われている。国際金融危機の影響と解決の糸口を見出せない構造的矛盾とがあいまって、また外需の急減と一部業種の生産能力過剰とがあいまって、さらには原材料価格の大幅な変動と国際市場への依存度の高さとがあいまって、経済運営の困難が増大し、深層における矛盾と問題がいっそう顕在化している」[17]。

この金融危機は、輸出経済にとって手痛い打撃となった。台陽東莞工場が立地する西水鎮(仮名)では、2009年上半期だけで付加価値税が7割もの減収の見込みとなった。地方政府への影響の大きさが窺い知れる。広東に拠点を置くある香港企業は、当時次のように断言している。広東に立地する香港企業7万社のうち2万社が倒産するだろうと[18]。同じ時期、台商の倒産のニュースは、中国・台湾の両方で頻繁に報じられた。企業の組織と生産・販売には経路依存性があるため、多くの企業が移転を拒み、産業アップグレードも拒んだ。例えば、次の報道にはメーカーの苦悩が具体的に表れている。

> 「移転すると言えばさっさと移転できるとでも思うかね?」……取引先もサテライト工場もこの近隣にあるとか、そういうことはひとまず脇に置くにせよ、引っ越しの費用ひとつ取っても、実に重大な考えどころだ。この地を事業の場と定め工場を開設して十数年、企業のブランドも

---

17 「珠江デルタ地区改革発展計画要綱(2008-2020年)」『人民網』2009年1月8日(http://politics.people.com.cn/GB/1026/8644751.html, 2012年2月2日検索)。

18 「廣東兩萬家港資企業 今年恐關廠」『自由時報』2008年6月27日。

この土地と一体になって確立したのであり、「会社の看板というのはね、どこにでも背負って引っ越せるものだと思うかい？　とんでもない！」……取引先はここに足を運んでくれるのが習いになっている。工場が姿を消せば、直感的な反応として、あの会社はつぶれてしまったのだな、と思われるものなのだ。[19]

筆者は2009年に、珠江デルタ地域に長年駐在する台湾資本メーカーのマネージャーを訪ねて聞き取りを行った。彼はその際、広東省委員会書記・汪洋の「かごを空け、鳥を入れ替える」政策について、産業アップグレードのたくらみであり、環境汚染やエネルギー消費が劣悪だと見なした産業を追い出そうとする狙いだと述べている。同氏によると、その実施時期は2008年の6月から9月の間であり、やり方は「年次検査」や環境保護検査など各種検査で攻め立てるものである。年次検査に合格しないと「税関手帳」の書類手続きができず、これができないと、工場は操業不能になる。多くの金属工場や電気メッキ工場が狙われている。これらの工場の活路は二つだ。内陸部や辺鄙な地域に移転するか、地下に潜って無許可で製造を続けるかだ。内陸への移転は、輸送コストの増大を招く上、このようなやり方は産業連鎖をぶち壊すに等しい。従って、彼の結論はこうだった。「この産業アップグレードとやらは、立ち行かずに自然消滅するでしょうね」[20]。

「産業連鎖をぶち壊す」との謂いは、広東モデルの特徴とそこに内在する欠陥をよく言い当てている。この種のモデルは、労働集約的で環境汚染度の高い輸出加工業を営む外資に高度に依存しているが、実際のところ現地にはすでに産業連鎖が確立していて、たとえて言うと髪の毛1本だけを引っ張っても全身に響いてしまうようなものであり、産業構造を短期間で調整することは極めて難しい。広東は1978年という早い時期から対外開放を始め、いわゆる「先に一歩進む」優位性を享受し、いち早く外資を引き付けた。だが、これら外資の多くは「ローテク産業」であったため、2000年以降になると広東では「先発

19 「中國經濟轉型，台商升級還是撤離？」『天下雜誌』第388期、2008年1月2日。
20 聞き取り：Jerry200902。

の劣勢」が顕在化し、既存の構造に縛られて修正もままならなかった。加えて、既に確立した産業連鎖には特定の政・商関係が組み込まれ、そこには利益分配のモデルも含まれている。そのため、台商にとって「産業連鎖をぶち壊す」とは、既存の信頼関係や暗黙の関係性を揺るがすことに等しかったのである。

別な台商は、労働集約的な伝統産業とハイテク産業の収益を比較した上で、かごを空けて鳥を入れ替える政策について、目標の設定はすばらしいが実現は難しいとの考えを示した。第一に、伝統産業は現実として、現地経済にとってより優位性があるという。同じ額の納税を行うメーカーを考えてみると、伝統産業である某集団企業は10万人の雇用を要するが、仮にこれがハイテク産業に置き換われば、雇用する人数は1万5,000人にすぎない。10万人が都市や小都市で生活すれば、その活動が商業活動と消費を回す度合いはハイテク産業の場合をはるかに上回る。第二に、産業が内陸部に移転すると、メーカーの多くは損失をこうむる。内陸部には広東のような弾力的な政策がなく杓子定規で、賃金こそ多少低いが、社会保険料は全額を納付せねばならず、労働コストの節減はさして望めない。しかも、内陸部の労働者は残業を好まないが、伝統産業業種はまさしく残業に依存しており、残業がなければ利潤も上がらない構造になっている。加えて、輸送コストも上昇してしまう。つまるところ、魅力的な点といえば地代が免除されることだけだ、というのだ[21]。このように考えてくると、「かごを空け、鳥を入れ替える」政策は、「地方の消費連鎖」を破壊し、地場の市場を冷え込ませるものだと言えよう。

内外の圧力に次々とさらされた末、2009年2月、当初は「かごを空け、鳥を入れ替える」政策を大々的に推進した広東省委員会書記・汪洋は、次のように後退せざるを得なくなった。

> 「かごを空け、鳥を入れ替える」という言葉のイメージは、政策の方向性を示すものであって、政策の内容というわけではない。かごを空けて鳥を入れ替えるとは、かごの中の鳥を本当に残らず叩き出して追い払

21　聞き取り：HTS201212。

うという意味ではない。愚か者でもそんなことはしないだろう。……たとえ労働集約的な業種やローテクな製造業であれ、強制的にかごからたたき出して追い払うようなことはできないわけで、そのように無理やり追い出した企業など1社もありはしないし、水や電気を止めて兵糧攻めにしたようなこともない。我々のやり方は、インセンティブを活用することである……かごを空けて鳥を入れ替えるのは、珠江デルタ地域に貢献してくれた企業に長期的に発展してもらうためであり、はしごを外すためではない。この場所で事業を続けていくのは難しいということなら、我々は別な場所を勧めたり助言をしたりする。移転したい意向なら移転すればよいし、移転を望まないなら、強制はしない。[22]

こうして、経済情勢が悪化し企業が続々と不満を表明する状況のもと、広東省委員会トップは譲歩し、省内の各地方政府も、社会保険料の割引や納付猶予、各種減免の拡大などの妥協的措置を打ち出した。ある香港企業の試算によると、東莞の各企業はこれにより年間約4%のコスト削減を得たという[23]。

しかし、「未解決の構造的矛盾」は依然として広東経済の未来に暗い影を落としており、マクロな条件が広東にとってますます不利になる中、広東省政府はやはり産業構造転換を進めないわけにはいかないのだった。こうして、広東省政府は「珠江デルタ地域の改革発展計画要綱（2008-2020年）」の推進を続けた[24]。報道によると、2011年3月に広東省は産業誘致団を北京に派遣し、中央級の国営企業との間で大量のプロジェクトに調印した。契約ベースの投資総額は2兆5,000億元に達したという。こうした動きは、「第12次五か年計画」（2011-2015年）が内需経済の刺激を図る方針であることを活用したものであり

---

22 「汪洋：騰籠換鳥只是導向，不強制企業轉移」『中國評論新聞網』2009年2月12日（https://goo.gl/WQx1cX, 2012年1月15日検索）。

23 「金融海嘯一年港企真相：騰籠換鳥曾被誤讀」『中國網』2009年8月17日（https://goo.gl/No5Fi7, 2012年1月15日検索）。

24 当局は専用ウェブサイトを開設して宣伝を行った（http://www.gd.gov.cn/ghgy/, 2012年1月15日検索）。

(陳和午 2011)、広東の30年来の成長モデルとは明らかに様相を異にしている。国営企業による地方経済への投資に依拠することは、外資や私営企業の生存空間を押しつぶすことになりかねず、広東を「国進民退」の局面へと向かわせるものであった。

労働集約型の外資産業の側からすれば、政府がかごを空けて鳥を入れ替える政策を提唱することは、それが失策であれ、あるいは限定的な効果であれ、珠江デルタ地域の産業構造は従来のままではありえないと思われた。大量の労働力を要する一部の産業、例えばフォックスコンに代表される情報通信デバイスの組立などの業種では、内陸部への移転や国外移転は早くから行われていた。伝統業種では、外資の撤退と同時に地場のOEM製造業者が勃興し、新たな供給連鎖を形成していた。情報通信（ICT）産業の領域では、珠江デルタ地域にも中国資本が主導する産業クラスターが徐々に形成され、外資とは異なるエコシステムを構築しつつあった。

6.1.4. 地方のレントシーキング空間をつぶしにかかる中央政府

中国中央政府は産業構造転換の推進を続け、同時に地方政府が企業の投資に優遇措置を与える行為についてルールの整備を行った。この両者とも、台商に従来おなじみだった利潤獲得モデルと政・商関係に影響を及ぼすこととなった。2014年11月、中央政府は国務院名義で「税収等優遇政策の清算・規範化に関する通知」を公布した。略称「62号文」と呼ばれるこの文書は、地方政府に対して税収優遇などの政策の規範化を求めるもので、税収に関する政策の制定権限の統一化、税収以外の収入の管理の規範化、財政支出管理の厳格化などを含み、また税収など既存の各種優遇政策の全面的な整理をも行うものである。外国企業にとっては、この「62号文」とは要するに、地方が税収などの優遇や補助により企業誘致の競争を行うことを中央政府はもはや許さないという意思の表れであった。

中央がこの政策を打ち出した眼目は、地方による課税措置の乱れた現状を整頓することにあり、その対象はすべての内資・外資を含んだが、台商はその衝撃を最も深刻に受け止めた。台商は長年にわたり、税収の優遇や減免に依拠して利潤を得ていたからである。一般的に、香港・台湾の企業が享受していた租税の優遇は、法に基づく正規の減免のほか、さらに大きな部分として地方政府が独自に設けた非公式なルールに基づく優遇措置があり、なかでも「財政還付」は巧妙な方法であった。土地の賃貸を例に取ると、地方政府はその収益にかかる税収を外国企業に還付することができた。また、地方税収を例に取ると、地方政府は管轄区域内の企業が納付する所得税と付加価値税の地方部分について、その一定比率を企業に還付することができた。つまり、財を地方政府自身の金庫から企業に移転する行為に等しい。こうした優遇条件は、通常、「補足協議書」として姿を現し、投資協議書の本体には明記されなかった[25]。

つまるところ、租税の優遇や財政還付の詳細とは、地方政府と企業の間で行われた権力と金銭の取引行為に他ならないのであった。62号文の冒頭は次のように述べる。「税収等の優遇政策を全面的に規範化することは……国家のマクロ経済政策を着実に実施し、地方保護や業種独占を打破し、経済の転換とアップグレードを推進する上で有益である。また、財政規律を厳格にし、腐敗の予防と処罰を行い、収入の分配における正常な秩序を維持する上で有益である……」。こうして、62号文の財政的目標は「政治腐敗の根絶」という政治的側面と結びつき、地方官僚の財政的権力の縮小、ならびに地方レベルでの組織的レントシーキング行為の制限が図られたのである。この文書が出ると、台商はこぞって慌てふためき、懸念や憂慮がさまざまな形で続々と表明された。台商たちが特に心配したのは、優遇措置の取り消しが過去に遡及して適用されるか否かであった。2015年5月、国務院の通知が発出された。調印済みの優遇政策はひきつづき有効、すでに執行済みの部分については遡及しないという内容であった[26]。これにより、今後の新たな投資協議では、特恵待遇は享受できなくなった。

それに先立つ2015年3月に、中央は「『中華人民共和国立法法』改正に関す

---

25 劉芳榮「財政返還影響台商稅務規劃」『経済日報』2009年12月16日；「《62號文》衝擊大，國民待遇惠台商」『旺報』2015年4月5日を参照。

26「陸國務院：62號文不溯及既往」『工商時報』2015年5月12日。

る決定」を公布・施行している。この新たな政策は、地方政府の立法権の境界を明確化し、地方政府による租税優遇の権力を規制する趣旨であった。地級市の政府に若干の立法権を付与してはいるが、事実上、収税権を中央政府の手に取り戻し、地級市より下級の政府について外国企業への優遇に関する審査・許可・裁量権を縮小する内容である。楼継偉財政部長の弁によれば、「立法法」の改正は「政策上の任務」であり、その施行後は「適当に好き放題に値切り合い、税収から土地までもを対象に優遇を与えるような真似」は二度と許されない、というものであった[27]。「62号文」と「立法法」の修正は、同一の系列になる政策の変遷であり、ともに財政上の権力を中央政府の手に集約するとともに地方による政・商間取引の余地を縮小し、地方のレントシーキングの機会を減らして、レントシーキングのコストを大幅に押し上げるものであった。台商がかつて享受したいわゆる「国民を上回る優遇」は、徐々に消えゆきつつあった。ある台湾人幹部はこう論評した。「同文同種なんぞ、今や、たわごと（bullshit, ブルシット）ですよね。中央は権力を残らず回収して、地方のカネの流れを断ち切る魂胆ですよ」[28]。「地方のカネの流れを断ち切る」との発言と、62号文の文言「腐敗の予防と処罰を行い、収入の分配における正常な秩序を維持する」とを交互に参照すると、その意味するところは奥が深い。中央政府が地方官僚のレントシーキングの空間をつぶしにかかることは、とりもなおさず、台商の利益獲得とレントシーキングの空間をつぶすことに他ならないのである。

以上をまとめると、国家の政策・制度の変遷は、政・商関係にも労使関係にも変化をもたらしたと言える。広東の成長モデルを当初支えてきた要素に、賃金の上昇や、社会保険加入率の上昇、また税率優遇や財政還付の縮小といった変化が生じた。習近平政権による「法治による行政」の政策的原則のもと、政・商関係はガラガラポンで一からの出直しを迫られている。加工輸出型の台商が政・商関係を操ることで享受してきた弾力的な税の減免措置は、もはや存

27 「中國大陸修正『立法法』，台商70％租税受衝擊」『天下雜誌』2015年3月12日（http://www.cw.com.tw/article/article.action?id=5065490, 2016年5月30日検索）。

28 聞き取り：TX3-2015。

続の余地がない（Yu et al. 2016）。総合的なデータも示すとおり、近年は台商の中国における平均純利益率は大幅に低下している（鄭志鵬・林宗弘 2017）。

こうして、広東の一般的な伝統業種の台商は、新たな局面をはっきりと認識するに至った。全体的状況が台商に不利であり、中国はすでに製造技術の一部をわが物とし、国内資本が国際市場の二線級ブランドから受注し始めて、台湾資本との競争になっている。労働コスト節減のため、台商は管理職の現地化を進める結果、台湾籍幹部の中には転職・失業の憂き目に遭う者も出るだろう。その上、これまで拠りどころとしていた地元とのコネクションは効力を失い、「カネを持って出かけていって、呑みながら談判ってなやり方は、もう通用しないのよ」[29]という状況なのであった。

6.2. 台湾企業の移転なき業態転換：スマイル製靴の事例

広東の労働集約的な成長モデルが衰退に向かうと、台商はこれに対応して利潤獲得モデルを改革しなければならなかった。珠江デルタ地域の台商は転換圧力に対してどういう選択肢を採ったかというと、工場閉鎖（例えば台陽）のほかに、国内移転、国外移転、移転せず現地でアップグレードを図る業態転換の三種を挙げられる。これら三種の選択肢は相互排他的なわけではなく併存しうるもので、主として企業の規模、国際的バイヤーの意向、それに転換をめぐる企業の戦略に規定された。一般的には、台商のうち中小企業は資源に限りがあるため、選択肢も制約を受けがちであった。大企業の場合は、これら三種を同時に実施することもできる。本章6.3.では「台鑫製靴集団」の事例に着目し、この種の大企業が採った転換のモデルについて説明を試みるが[30]、それに先立ち、中小の台湾資本が移転せず現地にとどまり転換を遂げるモデルを取り上げたい。グローバル価値連鎖の変化の観点からは、このモデルを分析する価値は

29　聞き取り：YYPL2015。
30　「台鑫製靴集団」は仮名。

とりわけ大きい。というのは、業態転換の過程で現地のOEM（協力工場）との生産面の連携が生じ、社会的ネットワークに埋め込まれる複雑かつ興味深い関係が構築されるからである。本節では、現地での聞き取り調査をもとに「スマイル製靴」の事例を取り上げ[31]、関連する事例や文献を補足的に用いて説明を行う。

6.2.1. スマイル製靴貿易公司

スマイル製靴公司は、もともと台湾の台中市を拠点とする貿易商社で、1980年代に創業し、台湾のOEM工場が製造する婦人靴の輸出を手掛けていた。台湾の製靴メーカーが徐々に外部へ移転したことを受け、スマイル社は1990年代半ばに広東立地のOEMに製造委託先を転換したが、当時ヨーロッパで中国製の靴製品に対し反ダンピング税が課税されたため、ベトナムの台湾資本OEMに発注先を移した。2000年代初めになると東莞に投資し、現地のメーカーとの合資企業を立ち上げた。扱う製品は、中価格帯の輸出向け婦人靴が中心である。だが2000年代末には直接生産のコストが大幅に上昇したため、スマイルは合資メーカー業務を終了し、OEMへの委託形式へと経営形態を転換した。つまり、貿易商社の役割に専念することとなり、創業当初の祖業に立ち返ったわけである。だが、この「貿易商社」の経営形態は、台湾にいた時期とは大きく異なっていた。その違いそのものが、グローバル価値連鎖の移動過程にあって台商の立ち位置がいかに転換したかを存分に映し出している。

スマイルは現在、台中と東莞にそれぞれ本部を置き、設計・R&D（研究開発）センターを東莞に設けている。同社の製品の売り先は台湾・中国が約10%、90%は世界各地で、うちイギリスおよびEUが半数以上を占め、そのほかは米国・カナダ・オーストラリアなどである。客先にはMango, Nine West, Zaraなどの有名ブランドを含み、2012年の販売総数は1,000万足、売上高は約1億米ドル、粗利は10%であった。スマイルの東莞本部の雇用者数は約300名で、台湾籍マネージャーおよびデザイナーはその5%を占めた。うち、中級マネー

---

31 「スマイル製靴」は仮名。

ジャーまたはそれ以上の職階の者は7名いて、いずれも台湾籍であり、研究開発・販売・管理を取り仕切っていた。中国大陸籍の幹部の職階は、アシスタントマネージャーと工場長が最高であった。スマイルは経営形態から言うと、自らを「グローバル価値連鎖に整合する存在」と定置しており、利潤獲得モデルは「コミッションを取る」形（commission taker）であった。

6.2.2. コア工場戦略

2010年以前には、スマイル社は合資メーカー4社に投資し、生産量は1,000万足余りに達した。その後、経営形態を委託製造に転換し、受託するOEMの数は30社にのぼった。グローバル価値連鎖の移動に伴い、国際的バイヤーはスマイルに温州でOEM業者を見つけるよう圧力をかけたことがあり、同社はそれを模索したものの、最終的には物別れに終わった。温州のOEMは価格が高いうえに品質管理にも問題があり、さらに輸送コストもかさんだからだ。スマイルが最終的に発展させた経営形態は「準国際的バイヤー」という役回りであった[32]。地元・東莞に中国大陸資本のOEMのネットワークを作り上げ、これらOEM業者がスマイルの「製造部門」となった。スマイルはこれらと別に、多機能を兼ね備える自社直営工場を設立し、これを東莞本部の直轄とした。スマイルはこの直営工場を「コア工場」と称した。

スマイルはなぜ、このような経営形態を採ったのだろうか。主な理由は、人件費の高騰、競争圧力の増大、それに発注形態の変化であった。スマイルのOEM業者の工場は中国とベトナムに分布し、うちベトナムには2社あったが、このうち1社が最終的にZaraから直接発注を受けるようになった。つまり、スマイルのビジネスを横取りする形になったのだが、スマイルの副総経理によれば「それは避けられない結果でした」。加えて、ベトナムのOEM工場の品質管理コストも馬鹿にならなかった。コア工場方式を採った現在は、直営工場の名義で受注し、それを製造委託の形でOEM業者に再発注している。スマイルの東莞本部から車で30分以内の距離にOEM業者10社が集中し、うち台湾資本は

32　この「準国際的バイヤー」という語は、鄭志鵬（2016）からの引用。

1社のみで、他はすべて大陸資本である。また、他の地域にも少数の大陸資本のOEM業者がある。大陸資本を好むのはどういう理由だろうか。主としてコストの観点からである。「労働契約法」の施行以来、労働コストが増大したが、中国資本の工場に製造委託すれば一部のコストを回避できるのである。中国資本のメーカーは社会保険や住宅積立金の回避が容易であり、というのは地方政府が「法の傾斜執行」を行い、地場の民営資本に対しては特に融通を利かせてくれるからである。その背後にある政・商関係は、外資企業には及びでない夢物語である（鄭志鵬2014を参照）。

大陸資本メーカーの技術力が急速に向上し、各種コストも比較的低廉で、台湾資本メーカーと受注競争を繰り広げ、外国の客先から直接受注するまでになったことは、貿易商社であるスマイルにとっては当然ながら由々しき事態であった。仮にスマイルが貿易商社（準国際的バイヤー）の役回りで中国を足場とする輸出事業に携わることをやめれば、同社の業務はたちまち他社に取って代わられてしまう。従って、このようなコア工場戦略を編み出したことは、絶えず変化する環境にあって利潤追求に努めた結果なのである。直営工場を持ったことで、スマイルは一定程度のイノベーションおよび他をリードする能力を保持し、グローバル価値連鎖構造の「グローバル（G）―在地（L）」連結において有利な位置を占めて、容易に淘汰されにくい立場を獲得した。

直営工場はいくつもの機能を具えていた。まず、スマイルのR&Dセンターとして、月あたりサンプル500点の製造が可能である。スマイルのサンプルセンターはもともと台湾にあったが、サンプルの製造委託に年間4,000万台湾元ものコストがかかっていた。同社はこの額を高すぎると問題視し、加えて、当時すでに同社の生産ラインはすべて東莞に移転していたので、連絡・意思疎通のコストも馬鹿にならなかった。そこで、2000年にサンプルセンターを東莞に移転したのである。前述した台陽公司も、東莞に工場を開設した数年後に、サンプル部門を次々と中国に移転している。サンプルセンターと製造拠点が一体化することの利点は、顧客との関係にも関わっていた。

わが社は自社に木型工場を持っています。木型は靴の製造において最も重要な原型ですね。自社直営工場は、製品テストの拠点でもあります。わが社は2010年に製品検査センターの認証を獲得しましたので、それ以降は自社の実験室で製品の物性試験を実施しています。この検査センターがあることでどんな利点があるかというと、顧客へのレスポンスをより速められ、納期を短縮でき、しかもコストも圧縮できました。つまり、この2010年には大きな進歩が実現したのです。[33]

また、顧客からの要望もある。

何と言っても、供給連鎖全体の統合が不可欠です。スマイルは現在、なぜ自社工場保有の路線を選んだと思いますか。一にも二にも、顧客の要望です。客先は、自前の製造能力を持つ企業に発注したいんです。受注してはよそのメーカーに再発注するだけの企業にではなく。[34]

だが実際には、直営工場には生産ラインが2本しかなく、月当たりの生産量は6万足に過ぎず、多品種少量生産の方式を採っていた。この程度の生産量は、スマイルの販売総数の1割にもならない。従って、直営工場が発揮したのは主にショーウインドウの機能であり、顧客に製品を展示して見せる「ブティック工場」といった役割であった。スマイルの胡総経理は、受注形態の変遷に言及してこう語る。

いま、わが社のフランス向け生産ラインだと、製造ロットは3,000足ほどですね。米国向けラインになると、3万足とか5万とか10万とか、万の単位になることもありますが。ですが、いまは顧客も資金（在庫）を抱えるのを基本的に嫌います。流行の変化も速いですしね。昔は、発注書1件のロットが30万足とか、50万やら100万なんていうこともありましたが、今はそんなことはなくなりました。ですから、工場をご覧

33　聞き取り：TR201212。

34　聞き取り：TR201212。

になっておわかりの通り、生産ラインを3本も5本も持つような工場は、もう多くありません。[35]

近年は、製品のロット（発注書1件あたりの数量）は少なくなり、製品の品種は多くなった。ロットの比較的大きな米国向けラインであっても、多くてせいぜい10万足だという。インターネットの時代にあって、流行のスピードは速まるばかりであり、かつては1年が2シーズンだった流行のサイクルは、今や1年あたり6シーズンになっている。そこで、スマイルは単価が最も高く品質面で最も厳しい少量生産の高級品の受注を、自社直営工場に割り当てるようにしている。受注形態の変化は、スマイルの考え方を変えることになった。

多品種少量生産というものに直面すると、自社のR&Dセンターのスピード面の能力がきわめて重要になってきます。でないと、あれこれ異なる地区の異なる顧客の案件を同時並行でこなすことなど、とてもではないができません。供給連鎖を統合する能力を発揮して、わが社の価値を示してみせなければならないのです。顧客が来てくれたら、わが社はワンストップ・ショップ（one-stop shop）となって買い付けていただきます。そうできてこそ、国際的バイヤーから直接OEM業者に発注を出されるような事態を防げるのですから。商社とOEM業者の協力関係は、煎じ詰めると、現在のエコシステムはすでに互いに依存しつつ競争する関係へと様変わりしています。いま見てもおわかりのように、工場と商社の役割はひとつながりになっているので、「工貿一体」という言い方が出てきていますよね……我々は材料を揃えますが、それもメーカーを呼んできて共同で行いますし、客先も探してきます。……客先にすれば、商社を通せば余分なコストがかさむわけですよね。工場は工場で、自前でできることを、なぜ商社を通してやってもらわねばならんのか、と思うわけです。工場によっては、顧客をじかに奪っていきますからね、こ

35　聞き取り：TR201212。

れはどうにも防ぎようがない。というわけで、こちらとしては永遠にイノベーションを続けるしかないのです。どこかの工場がOEMとして商売することができても、視野やものの見かたや、感触をつかむ感覚などにおいて、商社の幅広さにはかないません。仮に顧客がその工場を訪ねて商談をしたら、せいぜい、自社の既存の商品を製造させてコストダウンを図るのがいいところですね。しかし、それでは他の選択肢があまりなく、さらなる展望は見込めません。顧客がわが社で買い付けるのを好む理由はね、我々は南半球・北半球いずれのビジネスも手掛けていて、それが主要なマーケットのトレンドをカバーしているからですよ。わが社に来て一通り見て行けば、南半球と北半球、ヨーロッパと米国のマーケットに今どんなものが出ているか、一目瞭然ですからね。[36]

これこそ、スマイルの強調する「供給連鎖の統合」が提供する価値に他ならない。商社は中間業者としてコミッションを得るが、中間業者の役割とは、もはや昔ながらの単なる貿易商社のそれではなく、商品開発と製造能力を併せ持つ商社というあり方になっているのである。直営工場で「技術を磨く」ことで、同社はこのグローバル供給連鎖における地場のハブとなっている。2000年代半ばの時点でスマイルは、供給連鎖に食い込むことが利潤確保に必須であるとの感触をすでに得ていた。創業者の陳董事長はかつてこう述べている。純然たる貿易商社の役回りにとどまっていてはいけない、なぜなら「貿易商社とは実体のない空疎な売買に明け暮れる業種だ」からだと[37]。

筆者はスマイル社の東莞本部を見学し、じっくり観察した。同社の直営工場はきちんと整理整頓され、文書類もよくファイリングされており、「サンプルショーケース」であるとともに「サンプル工場」でもあり、顧客が「企業の社会的責任（CSR）」を果たすべく検査を実施できるようにしてあった。直営工場の従業員は、社会保険および労働条件において比較的法令を順守し、顧客の要望をも満たしていたが、それでも少なからぬ従業員が老齢年金保険に未加入

36　聞き取り：TR201212。
37　聞き取り：SMR200710。

だった。老齢年金未加入の従業員については、スマイルは「誓約書」の締結を求めていた。「老齢年金保険に加入しないのは自身の意思である」ことを確認し、「ゆえに、会社に対して要求を行わない」ことを誓約する書類である。

スマイルの経営モデルは特別なものではない。筆者が珠江デルタ地域および長江デルタ地域で長期のフォローアップ研究を行ってきた中で、同様の例を見かけることがあった。浙江省北部のある台湾資本のアパレルメーカーは、高級・中級ラインのアウトドアウエアを専門にしている。このメーカーも、2000年代末期以降は直営工場を経営し、受注すると、安徽省など内陸部の大陸資本の工場に再発注していた。この直営工場も、顧客が足を運ぶサンプルセンターの機能を備え、また国際的バイヤーがCSRの一環として製造現場の検査を行う場ともなっていた。

6.2.3. 大陸資本メーカー、競争力を上昇

この段階になると、珠江デルタ地域にとどまった台商の製靴業者が大陸資本メーカーの協力を求める趨勢は本格化していた。大陸資本メーカーは、製造技術が日増しに進化していた上、低コストの恩恵を享受できる立場でもあったからだ。大陸資本企業が外資企業には得られない利点を享受できたのは、なぜだろうか。大陸資本企業は資本金・用地取得・補助金など各方面で優遇を受けられたが、台商は今やそうした待遇を得にくくなっていたのである。スマイルの胡総経理が自らの見聞を語ってくれた。

> 大陸資本メーカーは、自前の技術を徐々に獲得してきました。例えば「華堅」とか、ああいった大陸資本企業は、今は多くが自社ブランドを持っています。しかし、華堅といえば、前は裕元の後について一緒にやっていた会社ですよ。裕元が一から育て上げたようなものです。ですがね、大陸の連中のすごいところは、思い切りの良さですよ。手元に1元あったら、10元の商売をして攻めていく度胸がある。その点、われわれ台湾人は、10元持っていても1元か2元の商売しかしないんですよ。どちらかというと保守的で、勝ち目を確信できない戦(いくさ)はしないんで

す。でも大陸ではね、一か八かでやらせたら、のし上がってくるんですよ、連中ならではの経営手法がありましてね。いま我が社は、貴州省に工場（筆者註：スマイルのOEM）があって、少数民族が経営しているんですけど。この社長が工場を始めるとき、山をいくつか買い取りたいと地元の政府に相談を持ちかけました。1ムー[38]あたり1万元か2万か、その程度の額でね。で、ちょっと開発計画をこしらえてきますとか言ってね、計画を作って提出したんです。最初は何かちょっと簡易な工場の上屋を建てて、ここは将来開発すると5万とか6万とかに値上がりします、とか何とか言って。もうこれね、この土地を担保にして政府から借款を引き出す話なわけですよ。で、政府は奴に4万を出してやったんですよ、そいつが言う開発コストは1万で、けれど最終的に見積もればそれだけの価値に上がると言うもんだから。で、政府はそれから、土地の40%は商業用地にしていいという許可も与えました。その結果、5万の土地は瞬く間に40万になりましたよ。で、その（1ムーあたり）40万の土地を、そいつはもっと高値で人に貸すわけです。大陸の商売は、こういうやり方がものすごく多いんですね。それから、そいつは「陽（ひ）だまり企業」[39]を立ち上げましてね。「陽だまり企業」というのは、障碍者雇用促進企業のことですね。障碍者を一人採用するごとに政府から補助金が出る、そういう制度があるんです。そして製品の出荷時には、雇用促進企業への優遇措置ということで、免税になります。こういった特権のおかげで、競争の厳しい中、資金に余裕が生じるし、だから他社よりもっと攻めた経営ができるわけです。そうでしょう。それに、奴にはコネクションもたくさんあるから、経営コストは何やかやでかなり低く抑えてますよ。[40]

38 ［訳註］「ムー（畝）」は、中国で用いられる土地面積の単位。1ムーは6.667アール。
39 ［訳註］原文は「陽光企業」。2009年に中国障碍者連合会と中国政府財政部が障碍者の居宅介護支援プログラム「陽光家園計画」を開始しており、「陽だまり（陽光）」の語はそれに倣っていると思われる。
40 聞き取り：TR201212。

胡総経理の話は、「メーカーによる資本の原初的蓄積」の物語を彷彿とさせる。「無から有を生む」魔術を操っているかのようだ。その舞台の幕の裏にあるのは、一連の「そして」「それから」が数珠つなぎになった、政・商間の利益のやり取りである。大陸資本メーカーに「度胸がある」理由は、背後にある社会的基礎、つまりこうしたレベルの政・商関係が、分厚い「信頼関係」として関わってくるからであろう。近年の大部分の台商には、このようなオペレーションを展開することはもはや難しいが、しかしまったく不可能というわけでもない（後述する台鑫集団の事例を参照）。

大陸資本メーカーが優位性を享受する状況は、製靴などの伝統業種にとどまらず、電子分野（多くの場合、資本投下の規模が相対的に大きいが、同時に労働集約的でもある情報通信関連のデバイス組立業）についても現地調査を通じて実証済みである。大陸資本は管理や販売などのコストを台湾資本よりも低位に抑制できるし、大陸籍幹部の給与は台湾籍幹部より低い。また、大陸資本メーカーは法律の穴をためらわずに突き、労働法規や社会保険などにおいて「ラインぎりぎりの球を打ってくる」。納税の面（輸出時の還付金がより高額、付加価値税の徴収額がより低額など）でも台商より優遇されている上、国の補助金の申請資格まである（王柏期 2014）。さらに、大陸資本メーカーは地場の人脈・コネクションが豊富なので、制度外の文脈でも守ってもらえることが多い。しかも、中小企業は数が多く、地方政府が法規を厳格に執行すればそのやり取りのコストがかさむため、「法の傾斜執行」が盛んになり、つまり目こぼししてもらえる機会がますます増えている。

当然ながら、前述の語りは、台商が大陸資本メーカーの競争力に直面して脅威を感じていることの現れである。だが、それと裏腹に、台商は大陸資本メーカーと協力することで商機と利益を得ていることもまた事実である。別な一面の真実としては、台商は企業の生存をかけた転換の過程で、労働者を搾取する部分を大陸資本メーカーに転嫁して引き受けさせている実態もあるのだ。グローバル価値連鎖の構造転換が、そうした変化を底層から突き動かす動力となっている。

スマイルの発展の過程は、台商の在地における転換を観察する絶好の窓口である。グローバル価値連鎖の観点から言うと、注文を他社に回すこれらの台商はメーカーと商社の機能を兼ね備え、国際的バイヤー（グローバル価値連鎖の主導企業、つまり第一線のブランドを有する企業）と大陸資本メーカーの間に位置する。このことは、大陸資本メーカーの大部分はグローバル価値連鎖の主導企業と直接関係を結ぶことはできず、台商の仲介があってはじめて受注できることを意味する。こうした構造的関係は、将来的にも存続が可能だろうか。それは、台商と中国資本の競争において、どちらがグローバル価値連鎖の権力の階段をより速くのぼり、主導企業の位置により近づくことができるかによって決まる。製靴業について言うと、仮に中国資本が台商に追いつけば、台商はこの仲介の役割を手放すか、もしくはこの業種から撤退するしかなくなるだろう。

6.3. 台湾企業の多元的な転換：台鑫製靴集団の事例

台鑫製靴集団は、世界的な製靴の王国と呼びうる企業である。同社の珠江デルタ地域での経営の最盛期には、従業員は10万人を超え、とある工業地区に置いた生産拠点は、城鎮全体のかなりの区域を占める規模であった。同社が納める税金は現地の政府にとって潤沢な収入源であり、この鎮の消費を促し、地元に繁栄を呼び込んだと同時に、中国政府にも少なからぬ外貨収入をもたらしていた。台鑫はもともと台湾の一メーカーで、中国進出後に生産量が増大して、拡張を続けた。筆者が1994年に東莞の同社工場を見学に訪れた時には、従業員数が3万人に達し、なお急成長のさなかにあった。当時、公司は拡張工事のため、工場上屋と寮の建設に当たる専属の建設チームを擁していた。筆者を案内してくれたマネージャーは、こう述べている。「工場は食事と住居を提供しますが、従業員がこれだけ多いと、1日で豚30頭を平らげてしまいます。地元の中規模な養豚場の出荷分をそっくり買い付けるほどの量です。つまり、わが社の需要だけで養豚場1社を維持できるわけです」[41]。

台鑫は、1960年代に台湾中部で創業した。家族経営の小規模な製靴メーカーであったが、製靴業界のグローバル価値連鎖が移動する歴史的なチャンスを巧みに捉えて、急成長を遂げた。1980年代に同社はスニーカー製造専門メーカーに転換し、ブランド品のOEMに従事することで快進撃し、数年たたずに、単純委託生産（OEM）から設計込みの委託生産（ODM）へと転換を果たした。1980年代末期には、国際的バイヤーであるナイキの要請をうけて、広東省に工場を開設する。1990年代初めには台湾で株式を上場し、インドネシアとベトナムにも工場を開いていった。会社規模および経営範囲の拡大に伴い、2000年代半ばになると、本社は持ち株会社に転換し、投資対象である傘下の企業は製靴とマーケティングの2部門となった。2012年の生産量は計4億足で、2013年には全世界の従業員数は50万人近くにのぼった。2014年の売上高は80億米ドルに達し、うち小売り収入が約20億米ドルを占めた。こうして、台鑫は「製靴業のフォックスコン」と呼ばれるようになり、その規模たるや「化け物」級であった。この10年来、構造転換を迫られた台鑫は組織の再編に取り組むとともに、製造拠点の分散を進めてきた。同社は、筆者の研究対象のうち「国外移転・内陸での工場開設・在地での転換」を兼ね備える典型的事例である。

6.3.1. 材料供給加工のオペレーション方式

台鑫は、珠江デルタ地域に一番乗りした台商のひとつである。投資時期が早く、規模が大きく、地元に潤沢な収入をもたらしていたので、地元政府に対する価格交渉力もかなり強かった。当時、珠江デルタ地域の官僚たちは企業誘致に力を入れ、外国企業にかなり有利な条件を提供しており、土地・労働力調達・社会保険などのいずれについても弾力的な執行を認めていた。それゆえ、台鑫は多くの優遇措置を得たが、その一つが「材料供給加工」の形で加工の契約を結ぶことであった。

41　聞き取り：TH199405。

材料供給加工が外国企業にとって有利な点は、納税が免除されることであったが、中央政府の側からすれば、外資に利益を譲っていることに他ならない。1990年半ばより、中央政府は広東省に対して「材料輸入加工」の推進を迫るようになった。つまり、加工貿易に従事する外資を法人（外資独資企業）として登記させ、付加価値税および所得税の納付を義務付けるものである（第2章を参照）。これにより、政府の統計資料からもわかるように、材料供給加工の比率が下がり、材料輸入加工の比率は急増した。ところが、台鑫はこの圧力に耐え、近年もなお材料供給加工メーカーとして登記しているのである。台鑫のある高位マネージャーの回想によると、当時、東莞の対外経済貿易の責任者であったある幹部が北京に呼ばれると、中央の経済貿易担当官僚に対して「材料供給加工」は中国に利点もあり、決して不利なことばかりではない旨を説明し、この官僚は朱鎔基に報告を上げたという。朱鎔基は広東にやってきて会議を開くと、材料供給加工についてようやく明確に理解し、この制度の継続を決めたという。当時、この地方官僚は、台鑫にこう説明した。

> 材料供給加工には法的根拠があるのだから、台鑫は独資（材料輸入加工）に変わる必要はない。材料供給加工は自社で「価格を出す」ものであり、納税は不要だ。初期のころは帳簿を作らなくてもよかったし、税務調査も受けず、加工費さえ納めればよかった。独資になれば、「国家」に相対することになり、国税（付加価値税、所得税など）の納付義務を負う。仮にお宅が独資になって、何か問題が起きたら、われわれ地方幹部が助けてやるわけにはいかないよ（筆者註：材料供給加工は地方政府との取引であり、台鑫は東莞市管轄下の某鎮政府と合作していたので、問題が生じた場合の解決は容易であった）。法律の文書がある限り、お宅は独資にならなくていい。[42]

当時、台鑫は製品のほぼすべてを外国向けに販売していたので、独資に転換

42　聞き取り：HTS201310。

する（それにより国内販売権を得る）動機はなおさら見当たらず、立地する鎮の集団企業としての登記を維持すればよいだけだった。だが、所有制としては、台鑫は事実上外資の独資企業であり、鎮政府に身柄を預け、当地の集団企業として登記した上で材料供給加工に従事してきた。これは中国の特色と言うべき身柄預かり制度であり、一種の架空所有制のお膳立てでもあった。

台鑫は材料供給加工という経営方式で大幅な節税を実現してきたが、しかし、地元の地方政府に費用を払わずに済んだわけではない。この費用とは、台商が「人頭税」と称する加工費であり、雇用する労働者の人数に基づいて算出されるため、この名がある。台鑫が東莞に工場を開いた当初は2-3万人の労働者を雇用しており、2000年前後に雇用数がピークに達した時には、約10万人になっていた。では、台鑫は毎年いかほどの加工費を納めていたのだろうか。答えは、2,000万人民元である。計算根拠は、単価が労働者1人当たり毎月600香港ドル、協議を経た労働者数は2万5,000人、中国側は管理費の名目で約13%の兌換レート差益分を徴収（第3章・台陽公司の「人頭税」納付における為替レート差益の操作方式を参照）、というものである。ここに、中国側が頭数の計算において大幅な値引きをしていることが見て取れる。これは、公にされることのない秘密であった。

> 当時はですね、頭数が10万人になった時でさえ、政府の偉いさんがね、市の人から鎮の人まで、同じことを言ってきましたよ。誰かに人数を聞かれたら、とにかく2万5,000人と答えろと、たとえ殴り殺されようとも2万5,000人と答えておけ、と。共産党もね、公安を寮に踏み込ませて頭数を逐一数えたりするはずがないし。そういうことですよ、おわかりになったでしょ。[43]

台鑫と地方政府の間の、加工費をめぐるこの非公式な協議は、十数年にわたり維持されてきた。しかし、中央政府の圧力が日増しに強まると、台鑫も構造

43　聞き取り：YYPL2015。

転換の圧力にさらされ、それと同時に国内販売権を獲得する動機も手伝い、台鑫は登記の内容を材料供給加工企業から独資企業へと改めた。2013年になると、地方政府は「赤字レターヘッドの公文書」を下達し、材料供給加工のメーカーはすべて独資企業に改めるよう求めたが、台鑫はすでにほぼすべての工場について修正登記を完了していた。だが、材料供給加工メーカーの経営モデルが東莞一帯で終わりを迎えつつある中、地方政府は収益減の苦境に直面していた。この局面に、地方政府はどのように対応したのだろうか。上に政策あらば、下に対策あり。ここ数年、地方政府は二つのルートで制度外の税収を得ていた。一つ目は土地の収益である。環境汚染の深刻な企業に対する取り締まりを通じて、該当する企業の土地使用権を地方政府に返還するよう迫る方法があった。あるいは、企業が工場閉鎖に際して土地の処理を要する際、不動産証明書の手続きなどの過程で制度外収入を獲得する方法もあった。二つ目は、協力サービス費の徴収の強化であった。これらの費用は鎮政府に納付したのち、鎮から村（管理区）に分配された。地方政府がこういうふうにできるのは、許認可権を握っているからである[44]。なぜ、いわゆる「徴収の強化」というようなことがあるのだろう。「協力サービス費」とは何なのだろうか。台湾籍幹部の説明はこうである。

> 以前、三来一補の工場が安価な土地を確保したとき、東莞の地方政府は各地の村委員会にそれを受け入れさせ、同時に地方の税収が入るようにと、「加工費」「協力サービス費」「土地補償費」といった類の規定を設けました。協力サービス費というものの意味は、工場の通関手続きや、行政関連のさまざまな事務処理を助けてくれるということです。この収入は、地方政府と村委員会のへそくりになっていますよ。……前は、税収が潤沢に入ってきていましたから、地方政府も（協力サービス費・土地補償費をめぐり）あまり細かいことを言いませんでした。しかし、近年は輸出が減って税収が落ち込み、GDPにも直接の影響が出ています。

44　聞き取り：TX3-201703。

それで、協力サービス費や土地補償費の徴収を強化しているのです。[45]

言い換えると、「協力サービス費」という名目は早くからあり、ただ、以前は地方の税収が潤沢であったため、真剣に徴収していなかったというわけだ。ところが、現在は中央政府が材料供給加工メーカーを独資企業に登記替えするよう求め、外資企業は国への納税が必須となった上、地方政府も、根拠なく材料供給加工のモデルに基づいて外資企業から「加工費」を徴収することを封じられてしまった。そのため、この財政的損失を埋めるべく、外資企業からの「協力サービス費」の徴収を強化しているというわけだ。ならば、その金額はどのように計算しているのだろう。台鑫と地方政府との協議内容によると、工場が使用する土地の面積を基準に算出されている。例えば、1ムーの土地を使用する労働者の人数に応じて、労働者1人あたり毎月いくらを納付する、という具合である。台鑫のある工場区を例に取ると、1ムーあたり労働者8名を雇用している。これをもとに算出すると、労働者1人あたり毎月の納付額は78元となり、従って1ムーあたりの年間納付総額は7,488元である。この額は、当初得ていた加工費の損失分をほぼ補填し得ている。注目すべきは、協力サービス費という費用徴収の「名目」はずっと前からあったのだが、加工費の収入が潤沢であった時期にはその徴収は「ほんの気持ち」とされ、厳格に徴収されていなかった点である。加工費収入が減少すると、地方官僚はあわてて協力サービス費の徴収に乗り出した。加工費から協力サービス費へと、名目こそ変わったが、「人頭税」としての性格には変わりがない。「人頭税」の名称の流動性については、第3章の図3.5を参照されたい。

社会保険の面では、地方政府は台鑫に対し、加入率の漸進的拡大を求めた。中国政府は1997年から98年にかけて、外国企業の社会保険料納付に関する規定を定めた。当初、台鑫は5,000人分のみ加入し、主管から班長といった幹部クラスから5,000人を選んで加入対象としていた。従業員が老齢年金保険に加入する際には自己納付分の負担義務があったので、当初は一般工員（生産ライ

45　聞き取り：TX3-201609。

ンの作業員）に加入希望者はほとんどいなかった。2年目になると政府は7,000人の加入を要求し、この数はその後年々増えて行った。2007年には、加入率は約45%になった[46]。2011年ごろまでに、加入率は9割に近づいた。従業員の保険加入の意向は、地方の政策からも影響を受けていた。2005年に市政府は、退職する従業員は老齢年金保険から脱退し、自己負担部分の4%と会社側納付分の1%を受け取ることができるという規定を設けた。その場合、会社側納付分の7%は制度外財政収入として地方政府の取り分となる[47]。この新たな政策により、従業員は保険加入を希望するようになった。だが、2008年にこの政策が廃止されると、多くの従業員は再び加入に及び腰となった。

社会保険加入率の目こぼしは、のちのちの争議の種をまくことになった。「当初は、社会保険加入の頭数を間引くのは違法でした。しかし、時が経ち情勢がすっかり様変わりした今、いったい誰が責任を取れるんですか。社会保険なんて、どうやって過去に遡及できますか。こうして、こんにちの問題が出てきたわけです。当初、弾力的な政策は、外国企業にはありがたいものでしたよ。でもその弾力的な政策が、今になって外国企業を痛撃している。この件の処理のために、法外な額を負担しています。いつ爆発するかわからない爆弾が、まだ山ほどありますよ」[48]。弾力的な政策のつけが、当時の社会保険料を今になり納付する形で回ってきている。新たな政策・制度の変化のなか、一方では賃金水準や労働者への保障水準が向上し、他方でメーカーは閉鎖や移転に走り、その結果として労使間の衝突が頻発した。2012年末、仏山市南海区に立地する外国企業――翔合製靴――で労働争議が勃発した。労働者らは、会社が資産をこっそり移転し、それを目くらましとして従業員の賃金を引き下げたことを疑い、「工場建屋死守」の行動に出て、会社側に次の要求を突きつけた。会社が今後経営をやめる場合は、まず労働者の社会保険料を全額支払い、次に労働法に基

46 聞き取り：HTS200704。

47 当時の老齢年金保険の規定によると、会社側の保険料率は料率算出基準の8%（社会的プール分。年金基金にて管理）、従業員側の料率は4%（個人口座にて積み立て）であった。

48 聞き取り：HTS201212。

づき賠償金を支払うこと。経営を継続する場合は、まず従業員全員の「勤続年数」を買い取ったのち、改めて雇用を行うこと、と[49]。翔合のこの事件が起きると、台商たちは焦りにとらわれた。「いまの中国政府は、もはや20年前の政府ではない。やりたいように（筆者註：経営側の肩を持って）なんでもやれるということではなく、さまざまな要素を考慮しなければならなくなった。労働者の権利も、労働者の争議行動もだ。だが、全体としては、中国政府はそれでもまだ行動に移してくれるし、ベトナム政府と比べれば、経営側に立ってくれる方だ。ベトナムだと、ストライキが起きても政府は介入せず、労使双方の当事者間で解決させられるよ」[50]。翔合事件は、その後数年間の労働争議の急増を暗示しており、それらはいずれも社会保険料や住宅積立金の未払いをめぐる争いであった。台鑫も、この労働争議ブームの時期にストライキに見舞われ、未払い分の精算を余儀なくされた。幹部・一般ワーカーを問わず従業員全員の老齢年金保険に加入し、納付額の算定基礎は本来支給すべき賃金に基づいて計算された。2015年より東莞市は新たな政策を実施し、老齢年金保険の個人口座の凍結または他省への移転を認めた。

東莞におけるこの労働争議ブームののち、台鑫のCSR（企業の社会的責任）部門もまた、国際的バイヤーの主導で改組を行った。新たな戦略では、CSRとHR（人的資源）の部門を統合して「持続的発展部」という新たな部門を創設し、会社の上層部のマネージャー陣に対して直接責任を負うことになった。第一線のブランド企業である顧客が残業行為に対して採っていた原則は、「ゼロ・トレランス」（つまり、残業時間数は書類レベルで法令を順守していること）であった。「本当にCSRの検査を重要視していたのは、実は一流ブランドのナイキとアディダスだけだった。というのは、大手であればあるほど風当りは強く、頻繁に抗議に遭うからだ」と、ある人的資源部門の台湾籍幹部は語った。

---

49 「佛山鞋廠數百人停工守廠，疑工廠暗地轉移資產」『鳳凰網』2012年12月12日（http://dailynews.sina.com/bg/chn/chnpolitics/phoenixtv/20121212/13344050435.html, 2013年2月27日検索）。

50 聞き取り：YYPL2015。

いま、上層部の新しいスローガンは「法令順守」だが、これは非常に高い目標で、社会保険や住宅積立金などもすべて法令を順守しなければならない……現在、会社の法務スタッフの半数はHRを担当し、朝から晩まで仲裁に駆けずり回っている。労使紛争が起きると、以前は地方政府が関わって動いてくれるのが暗黙の了解事項だったが、今の新しいモデルでは仕事が合理化され、SOP（standard operating procedure標準運用手順）を重視するようになって、カネを包むような手はもう通用しない。以前はさんざんやったけど、もうカネを渡しても何の役にも立たない。ひとたび争議が起きると、鎮政府はすぐに電話してきて強い関心を示し、事態が拡大しては困るとか……CSR行為の準則はどうだとか、会社のイメージを守るパッケージのようなことばかり気にするんだよ……我々の仕事は、ぶっちゃければ、ガラス磨き（筆者註：HRの業務）をしながら床を掃く（筆者註：労働争議の後始末をする）ようなものなんだ。[51]

6.3.2. 国外への移転：海外生産拠点の再配置

珠江デルタ地域の労働コストが年々上昇する状況に対処すべく、台鑫のプランには国外移転と国内移転とが想定されていた。台鑫が東南アジアに初めて工場を開設したのは、2000年代初めのことである。「それもこれも、顧客の意向に沿って動いたんです」、つまりグローバル価値連鎖の覇権のもと、ブランド企業の発注が労働コストの低廉な地域に流れることに対応して、当該地域に工場を開設したわけだ。ここ数年、社会保険料や住宅積立金の取り立てなどのストライキラッシュで、台湾資本メーカーの中国におけるコストは高騰した。そのため、台鑫はブランド企業に対し、受注価格の引き上げの相談を申し出た。

そうしたら、客先（ブランド企業）はどうしたかって？　すまないねえ、と言って残らず逃げて行ってしまったよ。だって、同じアディダスの製品を作るのに、台鑫だけが値上げしたいという話だもの、少なくとも1

51　聞き取り：XX2016。

ドル半か2ドル上げたいと、さもなければ引き合いません、あるいはやっていけません、という話。あのね、我々のこの商売で価格交渉というのはね、2-3セントの値上げが通ればもう御の字、という世界なんだよ。1米ドルとはどういうことかというとね、発注数が年間1,000万足だったら、支払額が1,000万米ドル増えるということだよ。OEMメーカーがこれだけたくさんある中で、わが社だけが値上げしますと騒いだ日には、いわゆる有名ブランドのナイキとかアディダスとかは、正直言って、こちらの言う値段なんか払ってくれないよ。1.5ドル上げたい？　70セント払ってやらあ！　ってね。他のいろんなブランドは、値上げと聞くと、「高すぎるよね、よそに行くわ」という反応だ。「おたく、ベトナムにも生産ラインがあるんでしょ。うちの注文をそちらに回してくれればいいじゃないの」なんて言うんだよ。これは悪循環でね、発注先がよそに流れ始めた。おたくは値上げしたくても、うち（ブランド企業）は値上げしないから、と。「値上げしないとやっていけないなら、やめればよろしかろう」と、こうだよ。こちらは直ちに見直しをするしかないさ、だって注文が減ればラインも減るわけで、だからサイズダウンする理由の一端は、ここにもあるわけだよ。（わが社が住宅積立金の未納付分を払う件について）ブランド企業は拍手も喝采もしないよ、ほめ言葉ひとつない。うちが政府の規定を順守するからすばらしい、応援するよ、おたくに発注するよ、なんてことはないのよ。まったくないの！　ブランド企業、バイヤーの立場はね、安いところから買う、それだけ。ぶっちゃけ、企業の社会的責任てなものを心底重視してやっているブランドなんて、まあほとんどないんだよ。第二線クラスのブランドで、福建に流れていった会社を、山ほど見てきたよ。[52]

「安いところから買う」。この聞き取りは、ブランド企業が製靴業界のグローバル価値連鎖の覇権的地位に君臨する様子を、そしてOEM業者がその力に押

52　聞き取り：YYPL2015。

されて要素価格の引き下げを余儀なくされる様子を、赤裸々に語っている。ブランド企業がコスト増に否定的な反応を示したことで、台鑫は珠江デルタ地域での減産および生産ラインの国外移転を加速せざるを得なくなった。グローバル価値連鎖の再配置の結果、台鑫の中国における生産量が集団全体の生産量に占める割合は、2012年の38%から2015年には24%へ、2018年には14%へと落ち込んでおり、今後も下降が続くと見込まれる。台鑫のベトナム工場の生産量はすでに中国のそれを上回り、カンボジアにも拡張しつつある上、ミャンマーに進出する計画もある。上層部マネージャーの予測では、「中国の沿海地区からは、10年以内に輸出向け加工工場は消えてなくなるだろう」という。ただし、これはあくまで台商の立場の見解であり、実際はどうかというと、大陸資本メーカーがグローバル価値連鎖において台商に追いつけ追い越せの勢いでその地位を脅かしつつあり、最終的に消えていくのはつまり台湾資本のOEMであるという話に過ぎない。しかし何であれ、台鑫にとっては、製造サイドとして極めて大きな圧力にさらされていることは確かであった。「将来像を展望すると、台鑫ほどの大企業だから、最高難度のアディダスやナイキといったブランドの、最高難度の製品をここ珠江デルタ地域で扱い、開発センターも幹部の研修拠点も引き続きここに残す。その他はインドシナ半島のベトナムやインドネシア、あるいはカンボジアやミャンマーに配置するね」[53]。

台商がベトナムに開設した工場は、ホーチミン市付近に集中し、供給連鎖のクラスター効果を具えていた。台鑫も、ホーチミン市に工場を開いた。ベトナムの賃金は中国より低く、法定労働時間も中国より長く、週6日勤務が許されていた。台鑫のマネージャーによると、「ベトナムには官僚の腐敗も少なくないし、インフラはお粗末だが、治安は中国より良いね」。台鑫では2015年の時点で、ベトナムでの生産量がすでに全世界の生産量の4割以上を占めていた。だが、ベトナムの工場もいくつかの問題に遭遇した。一つには品質面の技術が中国より見劣りしたこと、二つ目はストライキが頻発したこと、三つ目は中国籍幹部への依存である。ベトナムでの経験を持つ台湾籍幹部は、2012年に次

53　聞き取り：YYPL2015。

のような分析を述べた。曰く、ベトナムの台湾資本の工場は、ほとんどがストライキに遭っている。当初は、台鑫のCSRはとてもうまくやっていて、ストなど起きないと思っていたが、それでもやはり起きた。検討したところ、問題はCSR（企業の社会的責任を担当する部署）にではなくHR（人的資源管理の部署）にあり、中でも「大陸籍幹部」に関する問題であることが判明した。大陸籍の幹部は中国からベトナムに配置転換されてきて、米ドル建てで給料を受け取るが、ドル安で人民元との交換レートが1対8から1対6少々に下がってしまったため、給料が目減りしたと感じていた。しかも、彼らはベトナムでは社会保険がなく、かつ中国の社会保険もない。台湾籍の幹部には台湾の健康保険や労働保険があるので、どうしても我が身と比べてしまう。彼ら大陸籍幹部は台鑫で勤続15年とかで、青春をこの会社に捧げてきたが、にもかかわらず何の保障もないと感じてしまい、それに加えて大勢の台商が逃げ出すのを見て、信頼も消え失せていた。彼らは技術を身に付けているが、上層部の台湾籍幹部らは生産現場を離れて久しく、技術面には疎くなっている。つまり、大陸籍幹部は技術を拠りどころとして、怖いものがなかった。だから、ベトナムでストライキが勃発すると、大陸籍幹部らは「現地の労働者のストライキを扇動したんですよ」。「後でこれらの大陸籍幹部に、なぜあんな扇動をしたのかと尋ねると、こういう答えでした。ああしなかったら、いったいどうすれば我々の権益を勝ち取れるんだ？　と」。「HRの仕事が機能していませんでした。中国籍幹部の気持ちをうまく収めようとする人間がいなかったんです」[54]。

台鑫では当初、ベトナムに配属した大陸籍幹部の数は台湾籍幹部の倍にのぼっていた。ストライキのブームが過ぎると、会社は大陸籍幹部の数を極力減らして台湾籍幹部に入れ替え、また大陸籍幹部の給与を引き上げて、台湾籍幹部の水準に近づけた[55]。実際のところ、台鑫の海外拠点は、大陸籍幹部の存在なくしては、これほど急速に拡大することは決してなかった。そして、ベトナム工場のストライキ中は、受注した仕事は短期的に中国に戻して生産に当たった。

54　聞き取り：HTS201212。
55　聞き取り：HTS201212。

2018年の台鑫の世界各地における生産量は、中国14%、ベトナム46%、インドネシア37%、その他3%である。別な台商で大手製靴メーカーの豊泰はインドに工場を開設したが、台鑫はインド展開を行わず、世間の関心を呼んだ。その関心は、「ブランド企業は発注を盾に各地域に仕事を振り分けるから、進出しなければ他社にみすみす取られるだけだろうに」[56]という論理による。しかし、ブランド企業によるインド進出の圧力が豊泰にはかかって、台鑫にはかからなかったのは、いったいなぜだろう。言い換えると、台鑫はなぜ圧力に耐えられたのだろう。実は、豊泰の製品のうち約7割がナイキからの受注であり[57]、これに対して台鑫の製品のうちナイキは2割にも満たない。このため、台鑫にとってナイキはさほど大きな影響力を持たなかったのだ。台鑫の最大の顧客はアディダスであり、「アディダスは当初はインドネシアに目をつけ、次にベトナムになって、ここ3年はミャンマーを狙っているよ」[58]。というわけで、台鑫もまた「ブランド企業の推薦」のもと、ミャンマーに工場を開設した。ここから、次のことが明らかである。製靴メーカーの台商は、生産拠点再編成の戦略において、基本的にやはりグローバル価値連鎖の覇権支配の論理に沿ってオペレーションを行う。そこでは、主導企業が価値連鎖の頂点に立って鞭をふるい、台湾のOEM業者という巨大な獣を移動させるべく指揮・管理しているのだ。

6.3.3. 中国内陸部での工場開設：生産拠点の再配置、土地が生む利益

台鑫の生産空間再配置のもう一つの部分は、生産ラインを中国内陸部の省に移転させることであった。およそ2005年から2006年のころ、中国の地元の加工業者が台商の供給連鎖に次第に取って代わり始めたので、台鑫はその時期に内陸部での工場開設に乗り出した。対象となったのは、湖北・江西・河南・江

56 聞き取り：XX2016-b。

57 他に、豊泰公司ウェブサイト「NIKE占了豐泰八成的營收」（https://goo.gl/qZ8LzW, 2017年8月9日検索）にもよった。

58 聞き取り：XX2016-b。

蘇などの各省であった。当時の台鑫は、第一世代が主導する「群雄割拠の時代」（後述を参照）で、社内のいくつかの「事業グループ」がそれぞれ内陸部に工場を設立して管轄下に置き、最盛期にはそうした工場が10社を超えたが、その規模は大小さまざまであった。2011年から12年にかけて会社はこれらの整理に着手し、2013年には50本にのぼる生産ラインを閉鎖し、2016年の時点では、工場は10社に満たない状況であった。

台鑫が生産拠点を内陸部の省に移転したのは、主として土地のコストと労働コストの低廉さに着目してのことであった。一見すると、これら内陸部の新工場には大きな可能性が感じられる。しかし、内陸部への移転には、四つの制約要因があった。まず、内陸部の地方政府は一般論として、広東省のような弾力的な政策を外資企業に与える度胸を持ち合わせなかった。次に、内陸部の供給連鎖ならびに輸出向け物流輸送の利便性が相対的に劣り、コストの増大を招いた。第三に、内陸部の工場で働く労働力の大部分は地元または近隣農村地区の住民で、こうした地場の労働者は沿海地区への出稼ぎの民工と異なり、残業を好まなかった。彼らは、農繁期には多くが工場を休んで自宅の畑仕事をするし、地元コミュニティの紐帯があるため、家庭生活や社会集団のニーズを満たすための時間を多く必要とした（鄧建邦 2017を参照）。これらの要素により、外資企業の内陸部工場における工場の体制や社会的関係は、沿海地区とは大いに異なる様相を呈し、中でも現地の労働者をめぐる状況についてそれが著しい。彼ら内陸部の労働者は、沿海地区の民工のような「根無し草の状態」（第5章を参照）にはなく、より強固な地元コミュニティの紐帯を持つ。そして第四に、内陸部に工場を新設するには、技術面の研修・訓練を必要とするため、珠江デルタ地域の大陸籍幹部の一部を内陸に異動させるが、これらのベテラン幹部や経験豊富な生産ラインの幹部は勤続年数が10年以上の者が多い。内陸部の工場がひとたび整理や人員削減などの事態を迎えれば、勤続年数の長いこれら幹部との間に補償など一連の争議が勃発するおそれがあった[59]。この他に、内陸部の工場もまた、現地の家族経営式のOEM業者との競争に直面した（本章6.4.に詳

59 聞き取り：ALN201304。

述）。以上の諸要因が相まって、台鑫は内陸部の生産ラインを削減していった。

しかし、台鑫の幹部の言によれば、内陸部の工場はどれも「失敗」したため削減・合併したというのだが、ここでの失敗とは「金銭的損失」の意味ではなく、「あまり儲からない」という意味なのである――つまり、珠江デルタや東南アジアの工場に比べ、内陸部の工場の利潤は当初予想ほど大きくなかったのだ。しかも、内陸部の工場を整理することは「損切り」を意味しない。というのは、全体を通算すると、内陸部への投資は依然として十分な利益を生んでいたからだ。では、利益はどのようにして得られたのだろう。答えはこうだ。不動産および事業外収入が、工場を閉鎖するか否かの背後に潜む実際の利益だったのである。

> 台鑫がいま、大陸でいちばん稼いでいる部分は、だいたい3,000億台湾ドルくらいになってるけどね、工場の建屋と土地なんだよ、というのはね、悪賢いことに気づいてしまったわけ。こういうことなの。私、江蘇省に行って、製靴工場にする土地2,500ムーの入手を求めたんだけど、その際、その他にもう500ムーを「入札・競売・上場」[60]の形に転換して、当方の名義で上場するよう要求したの。入札と競売というのは、形式的な手続きにすぎないんだけど。こういうふうに交換したらね、まだ土地の開発もしないうちから、もう死ぬほど儲かったよ……（台鑫が土地の使用計画を策定した時）いずれにしても、計画の過程で、台湾の幹部はここにちょっと手を突っ込んで、50ムーとか30ムーとか買ってから、転がしたわけよ。誰かがそこに何か建てるわね、屋台村やら何やら。昔ながらの製造業だから、工場を一つ作って靴の製造をすれば、ここに人口10万とか20万の村ができ、そうなると、ものすごい商機だろ。20万人だもの、スーパーを開くにせよ何をするにせよ、とにかく必ず儲かるのよ。だからね、こんなの聞いたことがないでしょうが、台鑫が内陸部の工場をたたんだのは手痛かったと言ってもね、痛かったのは従業員で

---

60 ［訳註］原文は「招拍掛」。「招（招標）」が入札を、「拍（拍売）」が競売を、「掛（掛牌）」が上場を、それぞれ意味する。著者の教示による。

あって、社長や上層部の台湾幹部はちっとも痛くなかったのよ。儲かって儲かってしかたがない。工場が撤退して、建屋が空になると、地元の政府の人が相談に来たよ。この建物を解体したあと、この土地で何ができますかね、って。[61]

この語りは、三つの「重要なディテール」を浮き彫りにしている。まず、台鑫の内陸部工場は、製靴業の利益こそ予想を下回ったが、土地の賃貸で巨額の利潤を得ており、現地の政府と投資について交渉した際には、工業用地の賃借にとどまらず、商業用地の賃借をも交換条件として求めていた。次に、土地で儲けたのは会社だけではなく、上層部の幹部も土地購入と上物建設で利益を得ていた。第三に、工場閉鎖後、残った土地はさらに用途を変更でき、それで次のビジネスをすることができた。しかも、現地政府の官僚もこの土地ビジネスのゲームに参加した。ビジネスのうち「商用兼住宅用地」は、次のように運用された。

いわゆる商用兼住宅用地っていうのは、簡単に言うと、わが社の幹部の社宅にしてもいいけど、それ以外（の用途に用いる）でもいいということだね……大陸では、この手の用地は「入札・競売・上場」の形にしないといけなくて、必ず公開で入札しなければならず、個別に許認可することはできないの。そうするとね、地元の政府はサクラの競争相手を1つか2つ仕立てて、形だけ入札の体にするわけ。でも、もちろんうちが勝つよね、理論上も法律上も、そうなのよ。いやもう、簡単なことでね、オレはこの土地が欲しい、何が何でも欲しい。そしたら、君がこのいわゆる商用兼住宅用地を手に入れたらね、そりゃもう、分譲住宅として売ってもいいし、スターバックスに貸してもいいわけよ！[62]

こうしたオペレーションは、「大物」で政治的コネクションの太い台商だけ

61　聞き取り：YYPL2015。
62　聞き取り：YYPL2015。

が成し得るのだが、台鑫は決して特別な例ではない。台鑫以外でも、「海峡を跨ぐ政商集団」のメンバーである台商（吳介民 2017）には、たいがいはこうした特権を得る機会があった。

> 交渉のキーポイントは、うちは1,500（工業用地1,500ムー分）を買いますよ、ついてはそちらはどれくらい（何ムーの商用兼住宅用地）を出してくれるんですか、ということだよ。あのね、台商の郭なにがしという御仁らが、中国の東北でこれをやったのよ。これだけの工業団地に投資してやるから、引き換えにどれだけの商用兼住宅用地をよこせ、ってね。いいかい、ツボはここなの。[63]

ここには、もう一つの意味深長な問いがある。土地が生む利益は、会社の帳簿に計上されるのか、それとも個人の懐に入るのだろうか。仮にこれらの土地の収益が「公に帰す」のなら、この数字は会社の利益になる。だが、これがもし個人の懐に入るのなら、それはつまり会社に投資した投資家に損失を与え、他方で社長と上層幹部が暴利を貪っていることに他ならない。

6.3.4. 二代目への事業承継：改革・危機・転換

台鑫は株式上場済みの大企業であるものの、家族経営の性格を色濃く保っていた。二代目は2000年代に入社し、長年の雑巾がけののち、2013年前後に正式に事業を承継した。この世代交代で、長く続いた会社の組織構造に変化が生じた。二代目のうち、CEOのサンディは米国の有名大学のMBAを出ており、古株の幹部の目には「アメリカ式」と映るやり方を採って、会社に長年根付いた経営モデルとは出だしから「肌が合わない」のだった。

サンディは就任すると、新たな組織と人事の配置を導入した。もともと、会社は社内に三つの事業グループを従えていた。「グループ」の概念とはすなわち「地方自治」であり、それぞれ独自の集団としての縄張り意識を強く抱き、

63　聞き取り：YYPL2015。

それぞれに「頭領」が一国一城の主よろしく君臨して、それらは草創期の会社の文化によく適合するものだった。これらの頭領たちは、創業時のオーナー社長に何十年も付き従ってこの世界を渡り歩いてきた、それぞれ相当な身分来歴の面々である。社長は彼らにかなり大きな権限を授け、自由に裁量をふるえるようにしてきたし、また彼らへの処し方も柔軟で、つまり社長は彼らと「成長をともにした」のである。この時期には、各事業グループは大きな決裁権を持ち、各自が多国籍企業である顧客からの受注を獲得して、ある種の「体制内競争」の構図が作られ、均衡が保たれた。このように、各事業グループは一つの事業所に相当し、受注と製造の機能を備えていた。事業グループは「プロフィットセンター」のようなものであり、社長は「本部」を直接支配して、各事業グループから毎年の売上額の一定率（通常は8-10%）を「上納」させ、残りの利潤は事業グループの管理職にボーナスとして配分させた。こうして、各事業グループが運営の「中核」となり、副総経理・業務アソシエイト・生産アソシエイトなどを含む5-6名が権限を握り、この中核を担うようになっていった。多くの利益を上げればボーナスが増え、工場長以下のマネージャー陣も、職階に応じて分け前に預かった。このオペレーションの方式は、中国のいわゆる「請負」に似ているが、新制度派経済学の「残余権（residual rights）」の概念にも近い。事業グループの中核的幹部は残余権を掌握し、ゆえに業績向上に「突き進む」インセンティブが生じたのである。

事業グループは、業績の一部について残余権を享有してはいるが、本部が全社の「カネの流れ」を掌握しており、つまり財務を一手に握っている。また、本部は会社全体に投資戦略・通関業務・広報・土地賃貸・建築などの「公共財」を提供する「サービスユニット」でもあり、会計監査と監督の業務をも担っていた。

> まず、建築（設計）、外部への請負、工場（建屋の施工）は、事業グループが関わることではない。次に、財務にも関わらない。そしてもう一つ、風水を見て地相を占うこと、これも本部の仕事だ。社長の名代として地元の政府と（投資条件を）談判するのは事業グループだけど、社長

が一切の権限を掌握しているんだよ。[64]

以上をまとめると、創業初代が率いた台鑫のチームは、分権の度合いがかなり高かったといえる。こうした体制のもとでは、「たたき上げ」が台頭する機運が生じやすい。例えば小学校卒の見習いでも、能力が高ければ副総経理クラスにまで昇進し、事業グループを率いることができるのだ。往時の台湾の、歯を食いしばり命がけで闘う中小企業の精神が、ここにはなお備わっている。しかしながら、頭領制度の短所の一部は、体制内の競争に原因があった。複数の事業グループが、同一の顧客（例えばナイキ）の受注を獲得しようと互いに争うからである。顧客企業は台鑫について、部門間の調整が機能していない、基準がばらばらで統一性がない、価格がなかなか合意に至らない、社内で発注を奪い合っている、受注処理を行う全社単一の窓口がない、などの不満を抱いていた。

「単一の窓口」を求める顧客の声に応えるべく、サンディが採った方法は、「事業グループ」を「事業部」に改組したことである。事業部はブランドごとに分かれ、各事業部がそれぞれナイキ・アディダス・プーマなど個別のブランドを扱い、一部の事業部は販売量の少ないブランドを複数担当した。組織論の観点から言えば、サンディは組織のフラット化と権限集中を行い、本部が各事業部のオペレーションを直接統括できるようにしたのであり、改革は急速に進展した。この改組の過程で、一部のベテラン幹部が退職金付きで解雇され、「古参の家臣たち」の恨みを買った。

新しいトップは若造で、地に足がつかず物事の根拠もわからず、靴を造ったこともない……内地の工場を次々と閉鎖してしまったよ。[65]

鴻海（フォックスコン）は、ベテラン幹部が組織の文化や知識の継承を手ほどきする訓練コースを開設しましたが、台鑫ではそれもしていま

64　聞き取り：YYPL2015。

65　聞き取り：YYPL2015。

せん。台鑫の古手のボスたちは、従業員を懐柔し、取り入るようなやり方をしてきたんです。サンディは新しい手法を持ち込み、何千億台湾ドルという資産を握っているわけですよ……古参の家臣のシンプソンは、私にこう言っていました。「サンディがこういうやり方でいくなら、成功するか失敗するか、3年か5年ほどで結果が出る。もしうまくいけば、歴史はサンディが書き換えることになるね」。[66]

二代目が古参幹部を切り捨てた目的は、創業初代のやり方を改革するとともに、内部の「病弊」、例えば事業グループの頭領らがサプライヤーとの間で行っていた「取引」にメスを入れることであった。初代の社長は財務および大まかな方向性を取り仕切るのみで、各事業グループの専門マネージャーは絶大な権限を持ち、裏金を個人的に懐に入れる機会もあった。社長は、会社の儲けが出てさえいれば、こうした行為に片目をつぶって見逃していたが、儲けが出ない場合は、その責任を追及し、「お引き取り願う」のだった。古参幹部が裏金を懐にする手法として、台鑫のサプライヤーとの間で行う「手形の交換」がある。サプライヤー（例えば靴素材の供給業者）が素材を買い付ける際には支払いを必ず現金で行わせ、それを台鑫に卸すときには、台鑫は3か月有効の手形で支払う。だが、サプライヤーは通常、資金繰りのため、現金が直ちに必要である。そこで、事業グループのマネージャーは、会社がサプライヤーに支払った手形を現金と交換してやる。これは手形割引に当たり、つまり短期の貸金に等しく、これで「月利三分」（年利36%）を得るというわけだ。

手形割引は、台湾の民間において発展してきた貸金の方式である。昔、台湾の中小企業は運転資金が直ちに必要でも、公営の銀行から融資を受けることが難しかった。サプライヤーは顧客企業から手形を受け取ると、民間の金融業者に持ち込んでこれを現金化した。手形割引は、頼母子講（無尽講）と同じく民間で自然発生的に生じた信用貸しの仕組みであり、台湾の中小企業の弾力的な生産ネットワークにおける金融インフラの一環を成していた。台商の西進つま

66　聞き取り：HTS201212。

り中国大陸への進出に伴い、それが中国にも持ち込まれたのである。

だが、二代目の眼には、事業グループの古参幹部の権力はあまりに大きすぎると映った。勝手にサプライヤーと取引きし、会社が損失を被ってもボーナスをもらい、しかも「声も態度も露骨に大きい」のである。従って、二代目は組織の再編を加速し、新たな制度のもとで人事の統制と病弊の調査究明を進めようとした。分権から集権へと、台鑫が急速に組織再編を進めたことは、台陽公司の二代目が事業承継した際の過程と重なって見える。台鑫と台陽では会社の規模が大きく異なるが、にもかかわらず、組織再編の過程で見えてきた課題は良く似ていたし、二代目の教育のバックグラウンドやものの考え方も、非常に似通っていた。そして、両者ともに、古参幹部の恨みを買い、抵抗に遭ったのである。

サンディが就任後に遭遇した最初の難題は、珠江デルタ地域のストライキの頻発であった。現地の台商の多くと同様に、ストライキが起きた際に政治的コネクションに頼ることは、実のところあまり効果がなかった。というのは、中国は産業構造調整期にあり、政府の立場が変わりつつある時期であったし、しかもちょうど中国共産党トップの権力構造が転換する過渡期にもあたり、官僚システムは上から下まで「行政裁量権」の行使に極めて慎重になっていた。この他、ある幹部によると、二代目は米国式の教育を受けたため、人間関係に頼る政・商関係を好まない傾向があった。実際、「江（沢民）閥」から「習（近平）閥」へと政権交代が生じる過程で、台鑫の政治的コネクションにも問題が生じていた。というわけで、政・商関係のみを頼みに難局を乗り切ろうとするのは、いずれにしても独り相撲であったろう。権力構造の変化の結果、多くの台商が「門前払い」の憂き目に遭い、この点は台商のコミュニティでは誰もが嘆く恨み言であった。台鑫の労働者はストライキを通じて住宅積立金の満額支給を要求し、その勢いは大変なものであった。台鑫ほどの規模のOEM企業が、ストライキの危機に手間取って適切に解決できないとなれば、会社は重大な損失を被る。従って、現地政府と労働者側の要求を呑むよりほかに、抜本的な問題解決の道はなかった。当時の情勢を振り返ると、労働争議がひとたび起きれば、政府もこの機に乗じて賃金や労働条件の改善を狙ってくる。代表的な看板企業と見なされる（台鑫のような）会社は、脱法行為を働くわけにもいかない。明文法の規定がすでにあり、ただ、以前は弾力的に運用してもらっていただけであって、今になり急に厳格に施行すると言われ、「歴史的債務」の返済を迫られているのだった。

台鑫のトップのストライキへの対処法は、三つの結果をもたらし、それらはサンディの進める方向性をさらに加速することとなった。第一に、「台鑫は違法行為の代償を痛感」し、労使関係や労働条件をより重視するようになった。前述したとおり、ブランド企業の求める戦略はCSRとHRを一体化して処理することであった。台鑫は従業員との関係の修復に努め、「安定性の維持」を進めた。また、「法令順守」の徹底を厳しく求めた。第二に、生産拠点を中国から移転させる方向へ、中でも沿海地区から離れる方向への変化が加速した。とはいえ、台鑫のような大手企業になると、移転すると言えばすぐに移転できるわけではなく、また「夜逃げ」することなども不可能である。まして、中国における利益はなお相当なものであったため、同社の移転にはその後長い過程を要した。第三に、中国国内の販路の拠点開拓に力を入れ、それは世界の工場から世界のマーケットに移行しようとする中国の戦略を確実に実施するものであった。

6.3.5. グローバル価値連鎖の階段をのぼって

台鑫は1980年代の台湾でOEMからODM（設計込みの委託生産）へと進化してきたが、ブランド商品製造の一翼となるには、つまりその製造能力が世界のトップクラスとなり、かつ十分な資金力を持つまでには、長い道のりを要した。これと別なもう一つの路線は、中国国内の市場を開拓することだった。1990年代の時点で、台鑫は独自ブランドを開発し、中国に販路を創出していた。台鑫はかつて、あるグローバル規模の二級ブランドの買収を計画したことがある。高値で買い取る意向を示して、案件はほぼ成立しかけたが、最終段階でナイキに買われてしまった。ナイキにはこう言い放たれた。「おたくが本当にブランドを手がけるなら、おたくとの関係は切りますよ」。台鑫は、失意のうちに引き下がるほかなかった。台鑫の独自ブランド創出は、顧客の反対に遭った。そのようなことをすれば、価値連鎖の頂点に立つ主導企業（ナイキやアディダス）の覇権を脅かすことになりかねないからだ。ブランド企業からすれば、台鑫に独自ブランドで成功を収めさせたりすれば、同社は早晩、主導企業が世界のスニーカー市場で享受する寡占的地位に戦いを挑んでくるだろう。ブランド企業は、発注という最強のカードを握っており、これら主導企業に高品質の製品を提供できるOEM業者は、何も台鑫だけではない（例えば、同じく台商の豊泰もある）。しかも、中国国内の製靴業界の水準も急速に向上しつつあり、ブランド企業は大陸資本の製造業者を育てることもできるのだった。つまり、台鑫は製造能力の面では独占的な権限を持っているわけではなく――たとえ、台鑫の製造能力と品質が、ブランド企業を一定程度惹きつけて相互依存的状況が生まれていたにせよ――、逆に、ブランド企業こそが寡占権を持ち、全世界のスニーカーのハイエンド市場は、依然としてブランド企業が主導する市場なのであった。

台鑫が最終的に採った戦略は、ブランド企業とのパートナー関係を引き続き保ちつつ、ブランド企業の中国国内における販売代理権を獲得する方向に転換すること、つまり「先方に代わって靴を売ってあげる」路線であった。つまり、台鑫が自社製造する靴に有名ブランドのロゴを打ち、それを台鑫自身が中国で販売するのである。

台鑫は2000年代半ば、まだ事業グループが主導していた時期に、中国のマーケティング専門企業の台暢に投資し、同社は2008年に香港で株式上場した。台暢は、ナイキやアディダスなど一流ブランドの代理権を得ており、またコンバースやハッシュパピーなどといったブランドの独占フランチャイズ権も獲得していた。台鑫との関係が効いて、これらのブランド企業は台暢に対し、商品デザイン・価格設定・供給連鎖のマネジメント・マーケティング・発展など各方面で大きな裁量権を与えた[67]。台暢は、合資・合併・直営ショールームといった方式を活用して財務マネジメントと管理システムをコントロールし、10年で3,000店以上の店舗を展開し、それらの経営形態は複合店（靴販売・研修・飲

67 聞き取り：ALN201304。

食の複合形態)・ショッピングモール出店・専門店・フランチャイズ加盟店などさまざまであった。しかし、展開の過程で財務や研修などの問題が生じ、「統合した財務諸表が混乱を極め、経営手法も拙劣」であったため、小売の最前線の在庫過剰という難題を解決できず、損失を垂れ流す状況が続いた。その後、二代目が承継すると、財務は近年になりようやくバランスを保つようになった[68]。2016年の時点で、台暢はブランドの代理権の拡張をなお続けており、国内販路拡大の方向に進んでいる。2015年の小売部門の売上げは、台鑫全体の2割以上にのぼった。

「中国でOEMをするのは『儲からない』が、さりとて台鑫という看板はあまりに大きく、撤退しようと決めたらすぐ撤退できるというものではない。そこには『政治的な考慮』もあるし。撤退できないなら、方向を転換するしかないわなあ」[69]。ましてや、ブランド企業は中国というハイエンド製品の生産拠点をなおも必要としており、台鑫には依然として、珠江デルタ地域におけるスニーカーの供給連鎖の統合者という役割があった。従って、国内市場を開拓する路線は、同じ場所にとどまって業態を転換する際の主要な選択肢となった。

台鑫が企業として発展する上で、後ろからは新顔(中国やベトナムのOEM業者)の猛追を受け、前方には障害物(ブランド企業)が立ちふさがる状況に直面した。このため、グローバル価値連鎖におけるニッチな利潤獲得の拠点を模索せざるを得なくなった。台鑫は近年、一連の動きに出ている。それらは、台湾を拠点とするスポーツ関連広報活動のチケット販売システムの買収、ブランド企業と組んでの新技術の開発、台湾中部での「イノベーション・リサーチ・センター」の立ち上げといった事柄であり、同時に別な国際的スポーツ用品ブランドとコラボレートしてイノベーションとリサーチを手がけもした。イノベーション・リサーチ・センターという概念は、日本のミズノ(Mizuno)の大阪の実験室にヒントを得ている。アスリートのフォームについて精密な計測を行い、商品イノベーションの根拠とすることができる施設である。この発展は、価値連鎖の頂点を目指しての移動である。台鑫の従来の利益獲得モデルは「垂

---

68 聞き取り:HTS201310。

69 聞き取り:XX2016。

図 6.1　台鑫のグローバル価値連鎖内における位置、および内部の組織関係

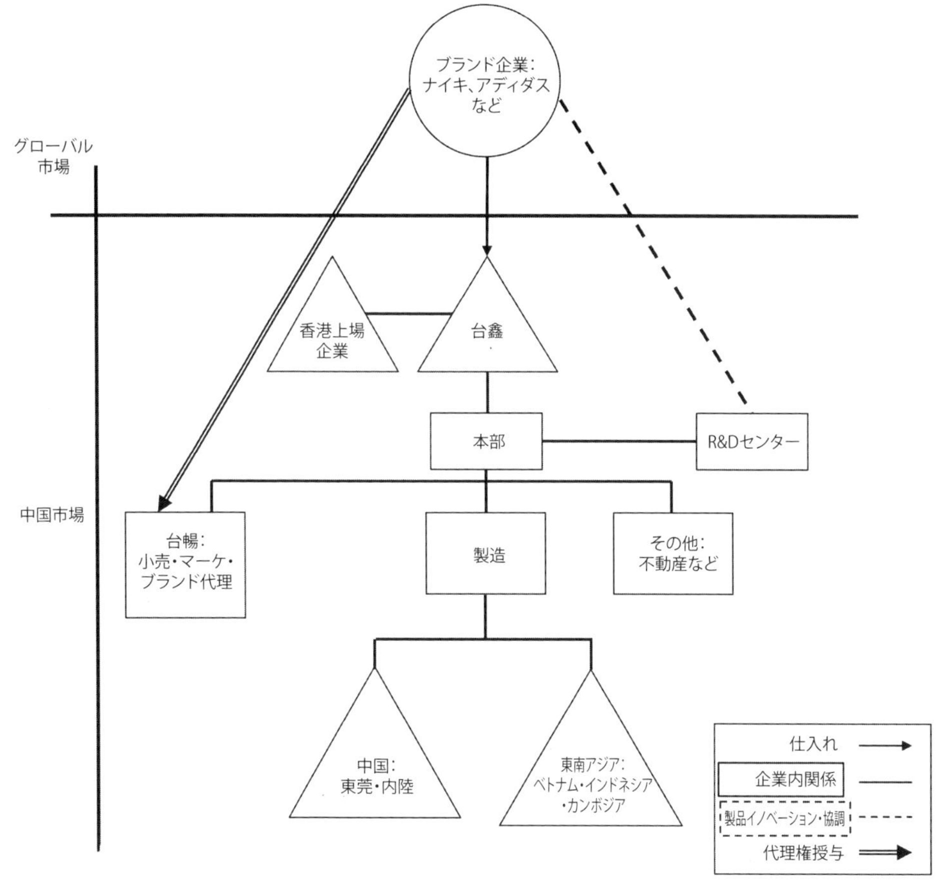

出所：筆者作成

直統合の生産連鎖」であり、生産連鎖の各部分（ノード）で価値を取得し利益を得ていたが、このモデルはすでに飽和していた。これに対し、新たなトレンドは、「スポーツのコンセプト」を入り口として水平統合を強調した。これは要するに、台鑫の戦略はグローバル市場でのブランド志向へと移動するが、自社ブランドを持つことはしないというものであった。

台鑫の半世紀近くに及ぶ成長の軌跡を見ると、同社はグローバル価値連鎖の

移動と拡張に順応し続けるとともに、価値連鎖の階段をのぼってきた。家族経営の合成樹脂製靴類の工場から国際的ブランドのOEMメーカーへ、さらにはデザインも手掛けるODMメーカーへと、生産連鎖を一歩ずつ統合してきた。中国に製造拠点を設立してからは、生産量が増大し、また中国の制度の特色と優遇政策を活用して、低廉な賃金のもとで巨額の利益を得てきた。その後、中国の要素コストの上昇および産業アップグレード政策の圧力を受け、この10年ほどは国内移転・国外移転・移転なき業態転換などの過程を経て、垂直統合モデルに依拠する利益の獲得は限界に達しつつある。台鑫が目下のグローバル価値連鎖に占める位置ならびに内部の組織関係については、図6.1を参照されたい。台鑫は製造業専門の多国籍企業として、グローバル価値連鎖の頂点を目指してたゆまず歩んできたが、ゴール前のラストワンマイルにかかる限界費用は膨大であった。同社は倦まずたゆまず猛追を続け、価値連鎖の中核的ポジションに近づこうと試みたが、それでも、グローバル価値連鎖の覇権支配のロジックを脱却することはやはりできなかったし、克服困難な「猛追の限界」にぶち当たりもした（王振寰 2010を参照）。

6.4. 台湾企業と中国企業のエコシステムの変遷

広東モデルが転換を遂げる過程で、台商と対照的な様相を呈したのは、中国資本企業のエコシステムの変化である。中国資本企業のありようについては、2つのグループに分けての分析が可能である。一つは伝統産業としての製造業であり、製靴業の在地供給連鎖の台頭が一例となる。もう一つは、中国資本企業が主導する情報通信（ICT）産業連鎖の出現である。

6.4.1. 伝統産業の中国資本供給連鎖に潜む、台商の遺伝子コード

珠江デルタ地域の伝統製造業の転換において最も大きな変化の一つは、台商

がグローバル価値連鎖の頂点に一歩近づいたことであり、例えば「準国際的バイヤー」に変貌して、中国大陸資本の工場にOEMの仕事を回す（スマイル製靴はその典型）、あるいは業務範囲を小売にまで拡大する（台鑫が典型）などの状況がある。どのタイプの典型であれ、大陸資本メーカーの役割は日ごとに重要度を増している。スニーカー類の大陸資本メーカーは、2000年代中後期からすでに国際市場の二線級ブランド（中・低価格帯）のOEMを手がけていた。一線級ブランド（高価格帯）についても、台湾資本メーカーの協力OEM業者となりつつあったが、製造に欠かせない機械設備や材料は依然として台湾資本メーカーの手中に握られていた。高価格帯と低価格帯の間に二つの路線の分岐（bifurcation）が生じたことは、珠江デルタ地域の製靴業において空間内移動と再編成が起きていたことを示す。

新興の大陸資本メーカーには、いくつかの顕著な特徴があった。まず、工場の規模が平均して小さく、生産ラインは2-3本のみ、ワーカーの数も数百人ほどというところが多かった。だが工場間の相互の連絡・連携は緊密で、弾力的な生産ネットワークが迅速に反応する特質を具えていた。第二に、要素コストの低廉さがある。大陸資本メーカーは、賃金・社会保険・住宅積立金など各方面のコストがいずれも低く、加えて原料の一部についても低廉な価格での入手が可能であった。地方政府は大陸資本メーカーに対し「法の傾斜執行」を行い、法の網の目をくぐり抜けさせることもしばしばであったし、加えて、地方政府は私営企業にも補助金を給付していた（鄭志鵬 2016）。第三に、台湾資本企業との関係が作られたことで、台湾企業の技術の拡散が進むとともに、その企業文化が新興大陸資本の企業組織の中に深く取り入れられることとなった。従って、大陸資本メーカーの技術面のフォローアップ能力について、そしてその過程で台湾資本企業の技術が拡散したことについて、理解を深めなければならない。

鄭志鵬は、「台湾資本系大陸資本メーカー」が誕生する過程を観察・調査したが、さしずめ「たたき上げがボスになる」の中国版と言えよう（この概念については、Shieh 1992、謝國雄 1997を参照）。珠江デルタ地域では、輸出志向の伝統産業分野の民営企業が台湾資本企業のカラーやスタイルを強く帯びており、それら企業の創業社長の多くは、かつて台湾資本メーカーで働いた外地出身の民工である。彼らは創業の過程で、台商の技術の中国における拡散の媒介者として機能した。その技術拡散の過程でさらに興味深いのは、台商の文化の導入・模倣・最適化が起きたことである（鄭志鵬 2016)。かつて台湾資本メーカーで働いた大陸資本メーカー創業者たちが当時の職場で獲得した技術、および台商間の社会的信頼関係が、彼らのその後の起業の軌跡に大きな影響を及ぼした。彼らは創業すると、台商からの再発注を受け、台商の方も技術面の訓練を施して、彼らメーカーの製造能力の向上を手助けしている。ここには、意図せざる一つの結果がある。それは、台商が当初の中国進出の過程で、台湾の既存のネットワーク型組織とアウトソーシング制度を中国に移植したが、その後グローバル価値連鎖の伸張・転換・供給連鎖現地化に伴い、当初は台商の集団が形成した「飛び地型社会経済空間構造」が大陸資本メーカーの参入を許すようになり、供給連鎖の構造転換が生じた、というものである（Cheng 2014を参照)。

Martin Hessによる社会的埋め込み（societal embeddedness）の概念は、我々が台湾企業を経済的文化的アクターと見なし、それが中国の在地にもたらした影響について分析し解釈する際に、理論面の手助けとなる。Hessは「遺伝子コード」（genetic code）という生物学のメタファーを用いて、アクターの出身にかかわる背景の重要性をにおわせる。アクターはグローバル生産ネットワークに参加する際、その遺伝子コードを国外に持ち出す。同時に、彼らは国外のネットワークのパートナーが身を置く異文化にさらされもする（Hess 2004:176, 180)。この論理に基づいて、次のように論じられよう。在地のパートナーもまた彼らの社会に埋め込まれた遺伝子コードを持ち、外来者との間で相互作用を行う。台商ならびに台湾籍幹部は、まさにグローバル価値連鎖が中国の現地へ伸張・拡張する過程を通じて、大陸資本メーカーならびに大陸籍幹部との間で遺伝子コードの交換を行う。それゆえ、この種の社会性が交互に埋め込まれる過程において、異質かつハイブリッドなネットワークの形が発展し、グローバル生産ネットワークの構造を変容させるのである（Hess 2004:180)。筆者の考えでは、このような相互埋め込みの過程においてのみ、「台湾資本系大陸資本メーカー」ならびに中国版の「たたき上げがボスになる」現象が出現するのであろう。

こうした歴史の過程において、供給連鎖の現地化は、台商コミュニティのクラスター構造を突き抜けるに至った。鄭志鵬はこの結果を「飛び地経済の瓦解」と表現するが（Cheng 2014）、筆者の見方は少し異なる。筆者と鄭の違いは、台商の飛び地経済の性格についての解釈の違いに由来する。従来の研究は、台商が中国沿海地区に流入して形成された飛び地経済について「内向性・閉鎖性を持つ弾力的生産ネットワーク」（鄭陸霖 1999、Chen 2012）を備えると見なしがちである。だが、ここには一つの矛盾する現象があると思われる。台商のネットワークが内向性・閉鎖性を強く帯びるというなら、後発の大陸資本メーカーが台商からアウトソーシング業務を獲得できたのは、いったいなぜなのか。鄭志鵬の説明は「段階的差異」を強調している。すなわち、内向・閉鎖とは早い段階（2000年代半ばより前）の状況であり、開放・アウトソーシングはその後、世界経済の構造調整が起きた後の段階を指すと言う。しかし、この説明はなおも十分ではない。台湾資本系大陸資本メーカーが2008年以降、台商からの再発注を急速に受注するようになった本当の理由は、いわゆる「飛び地経済の内向性・閉鎖性」なるものが、従来の研究が考えるほど強固ではなかったことにある。台商のコミュニティは、生産、政・商関係、消費のいずれの部分においても在地社会との間にかなりの程度の埋め込み関係を持ち、この社会的埋め込みが、技術の拡散および行為文化モデルの伝達を行う主たるノリモノなのであった。つまり、台湾資本系のこれら「準台商」は、台湾資本メーカーでの勤務経験を通じて、台湾資本メーカーの製造とマネジメントの技術を確かに習得したのである（鄭志鵬 2016）。台商の社長や台湾籍幹部がいかなる動機のもとにそうしたかを問わず、大陸籍の従業員には工員から生産やマネジメントの幹部に昇進する機会があったわけで、その過程は、台商コミュニティの閉鎖性を相当程度突き破ったのだ。というわけで、いわゆる台商の飛び地経済的性格なる観点には、修正を加える必要があるだろう。同様の論拠に基づいて従来の研究が示した、台商の中国沿海部における生産ネットワークが「埋め込みを脱する」ようである、あるいは「空中の要塞」のようであるとの論点（鄭陸霖 1999、Chen 2012を参照）についても、いま振り返ると、理論的な疑義が生じる。

いわゆる「脱埋め込み」を想像し視覚化してみると、ホスト国の政治構造と在地社会には主体性ならびにレジリエンスが欠落しており、その結果、外資企業の提示する条件をすべて丸呑みする。例えば、東西ドイツの統一に際して西独の資本が東独に進出した方式が、東独のインフォーマルな経済ネットワークを瓦解に至らしめ、「資本主義は発展したが、在地の資本家を育てられなかった」という悪しき結果を招いた（Grabher 1994）。しかし、中国と外資の関係は、これとは異なる。本書のエビデンスと議論が示すように、中国の地方政府は価値連鎖の管理構造において支配力をまったく持たないわけではない。むしろ逆に、地方政府は価値の収奪と分配に積極的に介入している。また同時に、中国の民工が労働に関与する過程で、一部の者は幹部に昇進する機会を獲得し、生産技術や組織関連の技巧を習得して、自ら起業するチャンスをものにしている。こうした角度から見ると、この技術拡散の過程は、「脱埋め込み」や「飛び地経済」の仮説に修正を迫るものである。

珠江デルタ地域の台商の製造業が内陸に移転すると、それに伴い生産連鎖も伸張して、内陸部の経済社会との相互作用が生じる。台鑫の湖南省での経験は、注目に値する。台鑫は現地に、ある二線級ブランドの製品を専門に製造する工場を投資・建設した。ところが、しばらくすると、このブランドの企業は台鑫からの発注の一部を抜き取り、別の国内資本メーカーに回すようになった。そのメーカーは台鑫と同等の品質のものを作れるが、価格は台鑫より2割も低くできた。なぜだろう。その国内資本業者は、従業員に宿舎も三度の食事も提供せず、社会保険料も住宅積立金も拠出せず、また幼稚園などの福利も設けなかった。このメーカーは、こうして浮かせた資金の一部を現金で従業員に給付し、現地の従業員にはこの支給方式がたいへん好評であった。台鑫とこの国内メーカーとの賃金を比べてみよう。同じ課長級の大陸籍幹部の場合、台鑫では手取り月額約4,500人民元だが、この国内メーカーでは、賃金・手当・家庭請負分（家庭内工房）を合わせて約6,500元になる[70]。大陸資本企業が台湾企業を凌駕する競争力をいかにして実現したか、その一端が窺える。同時に、グローバル価

70　聞き取り：XX2015。

値連鎖の搾取メカニズムが内陸へと浸透してゆく過程とメカニズムも、明らかに見て取れる。ここで我々は中国版の「たたき上げがボスになる」物語をいま一度目撃しているのであり、そこには労働者の「純労働」という意識がおぼろげに見てとれる（謝國雄 1997）。

珠江デルタ地域の在地に勃興した伝統産業の輸出向け供給連鎖は、そのすべてが台湾資本の影響で発祥したわけではなく、業種により違いがある。だが、製靴、アパレル、バッグ・鞄類、玩具、自転車などの業種では、台湾資本の残した目印が確実にはっきりと見られる。大陸籍幹部が台湾資本メーカーで働いた経験がその後の起業に及ぼす影響は、長江デルタ地域の自転車製造業にも見出される（邱雋弘 2005）。広東では、この現象はいわゆる伝統産業にとどまらず、珠江デルタ地域のコンピュータ関連産業においても見られる。王柏期の論文中の聞き取りには、こういう発言がある。「もし、1998年から2003年の間、台湾籍幹部と大陸籍幹部の関係が良かったと言うなら、それは常に台湾籍幹部が大陸籍幹部を引っ張って、業務を一からリードしてくれたからですよ。ああいう雰囲気の中では、台湾籍幹部と一緒に仕事するのは、とてもやりやすかったです。近づきやすく、話しやすかったですしね」（王柏期 2014:46）。台湾資本メーカーの生産現場での経験以外にも、大陸籍幹部が台湾籍幹部の後をついて業務執行に奔走したその過程は、技術・規格・発注受注の拡散とも関係がある。2006年ごろには、大陸資本の部品供給メーカーの一部は、その品質が台湾系や日系のメーカーの要求水準に達していた（王柏期 2014:44-46）。王柏期の現地調査によると、訪問した台湾資本メーカーの東日公司が取引するサプライヤー 10社のうち、3社が台湾資本で、大陸資本は6社にのぼった。10社中1社のみが1997年創業で、他はすべて2000年代の創立だという（王柏期 2014:10-11）。この研究が示すように、珠江デルタ地域に大陸資本のコンピュータ関連産業が出現した時期は、製靴業が転換を遂げた時期とも符合する。

本書の理論の趣旨に沿って言うと、台湾資本系大陸資本メーカーがグローバル価値連鎖の「グローバル（G）—在地（L）」連結に接合したその位置は、グローバル価値連鎖が伸張を遂げたダイナミクスを、またそれに伴って生じた現地化や技術の習得・拡散の過程を、明白に示している。そして、大陸資本メーカーの方も、グローバル価値連鎖の権力の階段をのぼり、台商に追いつこうと尽力している。さきに、伝統産業の分野で台商が「準国際的バイヤー」ないし「グローバル価値連鎖の統合者」の役割を演じることに触れたが、それは大陸資本メーカーの技術的水準が台商より劣っていたからである。ならば、台商は将来にわたってこのアドバンテージを守り続けられるのだろうか。上記の分析に基づくなら、産業構造転換の圧力に耐えられないメーカーは、閉鎖や夜逃げ、あるいは内陸地域への移転（大陸資本メーカーの生産条件に近づけるため）などの形で、すでに退場している。珠江デルタ地域にとどまる力を持つ台商は、国家の政策転換やストライキの流行などといった試練をひとわたり経験し、かつ、一定程度の産業アップグレードも達成して、価値連鎖の頂点に君臨する主導企業の側に、自らの位置をより近づけてきた。台鑫とスマイル製靴の2社が業種転換を遂げた過程は、これらのグループの台商の適応力や生存能力を遺憾なく示す好例だと言えよう。しかしながら、製造業の台商は既存のグローバル価値連鎖における覇権の論理の枠組内で生存を図る限り、大陸資本メーカーに追われる圧力から永遠に逃れられないわけで、この点には注意を要する。実際のところ、台湾資本メーカーは東南アジアでも地場による追随の圧力に直面しており、中でもベトナムではそれが著しい。この、価値連鎖の覇権の階段をのぼっていくゲームのルールは、核心国家の主導企業が定めたものであり、台商としては、先を行く存在を追いかけ、追いつき、あるいは自分を追う者より一歩先んじるよう尽力して、二番手としての地位を安泰にすることが唯一の選択肢なのであった。

6.4.2. ICTの新たなエコシステム[71]

中国資本が珠江デルタ地域のICT産業連鎖において勃興した過程は、前述した伝統製造業の道筋とは様相を異にする。台商はその中で若干の重要な役割を果たしもしたが、しかし全体としては、一つの新たなエコシステムが出現したと言うべきであろう。このエコシステムは、中国の広大な国内市場に依拠して、

71　この節の分析については、駱明凌氏に再三にわたり教えを請うた。ここに感謝する。謝斐宇（Michelle Hsieh）氏との議論も大いに有益であった。

国家政策の支持と保護を重点的に獲得した。R&Dの面では「人海戦術」ならびにヘッドハンティングの戦略を採用し、まずは若干の重点的分野でブレイクスルーを起こしたことで「ジャンプスタート」(jump-start) が可能になり、相対的に短期間で産業の地位を高め、同時に世界市場シェアをも拡大した。

(A) ネットワーク通信業界

最初に、ネットワーク通信業界について分析を行う。中国の「トップクラスのネットワーキング企業」(TP-Link、デジタル・チャイナなど[72]) を観察すると、これらは台湾の主要なネットワーク通信企業(智邦、合勤、明泰、正文など[73]) と同等クラスであり、これら企業の過去15年来における台頭の軌跡は、おおむね三つの段階に分類できる。

第一段階では、当時の中国市場は巨大であるが品質をさほど重視しない状況だったので、まずは会社の規模拡張に力を入れ、経済的スケールと極端なコスト圧縮能力を構築した。この段階で、台湾の人材の引き抜きが始まった。対象は主としてハードウェアの部分の人材であり、そのパターンは以下の通りであった。中国側が台湾側企業のアシスタントマネージャー級の人材(工場長)を引き抜いたのち、副総経理に昇任させ、会社の中核の政策決定グループに加える。政策決定グループはおよそ7名からなり、うち6名は中国人である。給与は台湾の前職のおよそ2倍から3倍であった。この台湾籍の工場長はまた、供給連鎖を構成するメーカーを探してきて中国側につなぐことも行った。プリント基板や、プラスチックおよび金属の筐体などの製造業者がそれにあたる。「こういうふうに、工場長を1人引き抜いてくれば、産業連鎖を1本引き抜くのと同じことなんです。でもね、中国側が台湾籍の工場長を中核の政策決定に加え

72 [訳註]「TP-Link(普聯技術)」(1996年創立) と「デジタル・チャイナ (Digital China, 神州数碼)」(2000年創立) は、ともに中国のネットワーキング企業。

73 [訳註]「智邦、合勤、明泰、正文」は、それぞれ智邦科技 (Accton Technology Corporation, 1998年創立)、合勤科技 (ZyXEL Communications Corporation, 1989年創立)、明泰科技 (Alpha Networks Inc., 2003年創立)、正文科技 (Gemtek Technology, 1988年創立)。

るかどうかも、すべて社長の顔色ひとつですよ。いつかある日、こいつから搾れるものはぜんぶ搾りきったと社長が判断すれば、会議に呼ばれなくなり、政策決定グループからはじき出されます」[74]。中国側が主に目をつけていたのは台湾の人材のハードウェア製造の能力であり、ソフトウェアについては、もともと台湾の不得手な分野であったため、引き抜きは生じなかった。中国資本は、長い時間をかけて自前でソフトウェア人材を養成する元手を持ち合わせていた。人材の一部は、海外から中国に帰国した「海亀」と呼ばれる留学生や専門家が占めた[75]。この段階は、中国国内市場を活用して生産能力と技術が養成された。

第二段階になると、中国資本は国際市場に進出する能力を持ち始めたが、品質面でなお不十分であり、低価格戦略でもって市場に切り込むしかなかった。年とともに品質が向上すると、対象となるマーケットは当初のインドとアフリカから、次第にヨーロッパやその他の先進国へと移っていった。この段階の前期には、台湾の人材は引き続き重要であったが、後期になると大陸の生産関連人材が次第に成熟してきた。その結果、初期に貢献を成した台湾の人材の中には、台湾資本へと戻る者も出始めた。

第三段階では中国資本メーカーが成熟段階に入り、これらトップクラスの企業の品質は第一線級の水準に達して、ミッドエンドからハイエンドにかけての国際市場で競争力を持つようになっていた。台湾の少数のネットワーキングのブランドは、競争において中国資本メーカーの多大な圧力にさらされ、ないし一部の市場で敗北を喫することすらあった。この段階には、中国側はもはや台湾の人材を必要としなくなっていた。

ファーウェイおよびZTEという中国のネットワーク通信業界の二大企業は、国家の重点的支援を受ける特殊な存在であり、大型電信設備の製造で優位にあった。近年、両社は世界レベルの技術と生産能力を徐々に手に入れ、世界でのライバルといえば、ノキア、シスコシステムズ、エリクソン、富士通など核心国家の主導的ブランドになっていた。両社は国と密接な関係を持ち、中でも軍、

74　聞き取り：LM201508。

75　［訳註］「海外からの帰国」を意味する中国語「海帰（ハイクイ）」が「海亀（ハイクイ）」と同音であることから、この呼び名が生まれたとされる。

ネットワーク制御、融資、国内市場の独占などの面では、国家による支援の役割はことに明らかであった。大型電信設備の価値連鎖を例に取ると、中国がすでに若干の戦略的位置を占拠していることが確認できる。そこには、中国の価値連鎖の最上流を占めるサービスプロバイダ（service provider。チャイナ・モバイル［中国移動］社が一例であり、巨大な国内市場の独占に依拠する）、設備メーカーのブランド（equipment brand。ファーウェイ、ZTEなど）、アプリケーションソフトデザイン（applications software design。ファーウェイ、ZTEなど）などが含まれる。ファーウェイとZTEはIMS（IP Multimedia Subsystem、IPマルチメディアサブシステム）の技術を掌握しており、IMSとは高度に革新的な次世代ソフトウェアである[76]。中国はソフトウェア人材が豊富で、国内で訓練を受けた大卒・院卒者もいれば海外帰国組のエンジニアも擁し、資金は潤沢である上に国の助成や優遇政策もあるので、7-8年という長期間を見据えた人材への投資が可能である。ある台湾のネットワーク通信業界の上層部マネージャーによれば、中国の電信設備産業の勃興が「台湾企業の技術力に頼ったということは、特にありませんでしたよ。初期の台湾メーカーは、ファーウェイとZTEの2社をどう扱うべきかわからず、果ては見下す雰囲気もありました。今や、この2社のライバルはシスコやエリクソンや富士通など超重量級の企業ですが、台湾にはこれらと競争できるネットワーク通信企業などひとつもありません」[77]。

「台湾メーカーはファーウェイやZTEのような企業をどう扱うべきかわから

76 「IMSアーキテクチャは、あらゆるIPネットワーク上に設置される『統一サービス層』（unified service layer）である。IMSでは、あらゆるサービスプロバイダが同一のIPプラットフォームを持ち、同一のオープンスタンダードとSIP（通信基準協定、Session Initiation Protocol）上で、既存ネットワークの制約を受けない自由な運用が可能であり、シームレスかつ中断のないネットワークアクセスを実現しうる。IMSは各ネットワークと統合され、個々のネットワークユーザーがどの位置にいて、どのデバイスやネットワークを最も頻繁に用いてネットワークリソースにアクセスしているかを判定できるので、ネットワークユーザーにリーチするうえで最も有効な技術である。」https://goo.gl/V3iWvq（2015年10月5日検索）を参照。

77 聞き取り：LM201509。

なかった」との謂いの大きな理由は、中台の政治制度ならびに戦略面の違いであっただろう。中国が持つこれらの資源について、台湾企業は明るくなかった。ファーウェイやZTEは、その発展の初期から中国の国内市場に根を張ったが、中国市場とは国が高度に関与する独占市場ないし寡占市場である。国は市場に関与するのみならず、これら企業の製品の設計を掌握し、インターネットの監視・管理を行う必要があった。例えば、通信設備はインターネットを制御しうるものであるため、これら両社と中国政府の関係は必然的に密接なものになっていった。台商は蚊帳の外にいて、当然ながらこうしたことを知り得なかった。中国は1990年代にグレート・ファイアウォール（Great Firewall of China）の構築に着手した際、欧米のコンピュータ関連企業に接触し、ネットワーク制御技術を掌握しようと試みた。ファーウェイ・ZTEの両社は中国の国防・国家安全保障部門と関係を持っていたため、両社が低価格を武器に西洋諸国の市場に攻勢をかけた時には、安全保障の問題をめぐる論争を招き、中でも米国・カナダ・オーストラリアでは問題となったほか、台湾でも高度な関心を招く事態となった（Rogers and Ruppersberger 2012, The American Interest 2012, Shan 2014）。これらの企業は、創業当初からブランドの確立を視野に入れ、かつ、グローバル価値連鎖において鍵となるポジションを築くことに注力してきた。創業以来の経営過程を通じ、中国政府は巨大な内需市場ならびに各種の優遇・補助を通じて、この「後発優位」の戦略を推し進めることができた。ある研究者によれば、ファーウェイのような企業が、国の資金を獲得しつつ、にもかかわらず産業アップグレードと技術イノベーションをも成し遂げたことは、中国において例外的であるという（Fuller 2016）。この論点は、今後注目に値する。

いずれにしても、我々は国家というレベルから中国の本土型ネットワーク通信業の勃興について評価を行わねばならない。ファーウェイとZTEが世界の版図を切り開いてきた努力は、「新重商主義」（neo-mercantilism）の国家政策に該当し（Wein et al. 2014）、その背後にある推進力は経済ナショナリズムである。同様の論理に基づき、中国政府は国内市場においてグーグル、フェイスブック、ホワッツアップ（Whatsapp）、ライン、アマゾンに相当する機能を持つ新興産業を育成している。バイドゥ、トゥードウ、ヨウクー、テンセントQQ、ウィーチャット、アリババなどの企業がそれである。この「戦略的マトリックス」は、国家による監視社会、国内市場の保護、西洋技術による独占の排除という、互いに関連し不可欠な三要素を含む。これら関連し合う要素の全体を視野に入れて検討しないと、ファーウェイなどの企業が台頭してきた文脈を十分に理解し説明することはできない。理論面から言うなら、中国の通信ネットワーク業界の発展戦略とは、新たな道を切り拓くものであり、それは西洋の核心メーカーが牛耳る価値連鎖の覇権に対抗しようとする、あるいはその覇権を迂回しようとするものである。ここに、グローバルな資本力に対する在地体制のレジリエンスとエージェンシーを見出しうる（第1章、図1.2「グローバル資本（G）と在地体制（L）の相互作用」の「覇権の支配と競争の領域」を参照）。

（B）携帯電話製造業：ゲリラ[78]・システムからグローバル市場進出へ

前項ではネットワーク通信業界のエコシステムのプロトタイプを分析した。次は深圳地区に目を向け、産業空間クラスターとしてのICT製造業が転換を遂げたパターンを検討したい。これは、二つの類型に分けて分析できる。一つ目は、伝統産業の供給連鎖の現地化と関係する。空間的位置は主として深圳経済特区の周辺地域であり、もとは台商の供給連鎖の内部で働いていた民工ないし大陸籍幹部の多くが独立して起業し、台商あるいは外国のバイヤーから仕事を受注している。主な産業の類型は、前述したとおり既存の伝統的製造業が中心であったが、当初よりローエンドのICT製造も含んでいた。だが、その製造能力は向上が目覚ましく、結果として地場の供給連鎖が育つに至り、また「ゲリラ製造業」の出現とも歩みを共にすることとなった。2000年代半ばのことである（杜欣霏 2011, 許容榕 2011）。

ゲリラ携帯電話製造業がにわかに出現した契機は、中国における低価格帯スマートフォンの購買力が上昇したことである。新興市場としての中国は、購買力の格差が著しく、ビジネスモデルは特殊な様相を呈した。ゲリラ携帯メーカ

78 ［訳註］原文は「山寨」。中国の携帯電話製造業についてこの語が用いられる場合、「コピー製品」「偽物」の意味を帯びることも多いが（序章註17）、ここでは丸川（2013）および加藤（2013, 2016）に倣い、「ゲリラ」の訳語を用いた。

ーのビジネスモデルはプラットフォームが主導し、外国企業と地元の地方政府がリソースを提供した。具体的には、台湾資本の半導体メーカー・メディアテック（MTK）がチップセットと技術サービスのプラットフォームを提供し、地元の政府が工場用地などの資源を提供した。こうした参入障壁の低さにより、地元は雨後の筍のごときゲリラ携帯メーカーの創業ブームに沸き、2,000社もの規模へと成長したが、その多くは中小零細企業のスタートアップであり、それらはメディアテック社が提供するプラットフォーム上で補充や修正を行った。このモデルでは、これら企業が得る利益は薄いが、チップセットを供給するメディアテックの粗利率は48.8%（2008年から2015年までの平均値）もの高さに達した[79]。「中国の企業は『内装抜きの部屋』しか作れないけど、メディアテックは『内装込みの部屋』を提供できるのが強味だ。つまり『今すぐ住める保証付き』だから、粗利も高くなる理屈だよ」[80]。

中国メーカーのスマートフォン市場への参入は、ゲリラ携帯を嚆矢とする。その後、ファーウェイも参入すると、わずか数年のうちに中国ブランド（ファーウェイ・シャオミ・レノボ）が世界市場シェアの上位5社に躍り出た。IDC[81]の「スマートフォン世界小売市場シェア」報告書によると、2015年第2四半期の世界シェアのうち、サムスンが21.4%、アップルが13.9%を占め、ファーウェイ・シャオミ・レノボの3社の合計が19.0%に達している[82]。中国ブランドの主なマーケットはアジア・太平洋地域（特に中国の国内市場）および中東・アフリカ・インドなど第三世界諸国で、中でもシャオミは中国国内市場への依存度が高い。シャオミの携帯電話の販売モデルは独特であった。同社の製品は低価

---

79 「聯發科（2454）」『CMoney』（http://www.cmoney.tw/finance/f00043.aspx?s=2454&o=3, 2016年11月15日検索）。

80 聞き取り：T201402。

81 ［訳註］「IDC」は、米国の情報通信マーケティング企業インターナショナル・データ・コーポレーション（International Data Corporation）の略称。1964年創立。

82 “IDC: Smartphone Vendor Market Share,” International Data Corporation (IDC)（http://www.idc.com/prodserv/smartphone-market-share.jsp, 2016 年11月15日検索）.

格の割に性能が高く、当初はメディアテック社のプラットフォームを活用して台頭したが、携帯電話の機器本体で儲けなくてもよい、果てはハードウェア製造業者としての利潤は取らなくてかまわないという方向性だった。同社はその代わりにインターネット上のセールスに専念して、膨大な数のファンを育て、携帯電話製品の周囲に広がる消費・広告マーケットを主戦場として利益を創出した[83]。2017年第4四半期の世界市場シェアは、サムスン18.9%、アップル19.7%、ファーウェイ・シャオミ・OPPOの合計24.8%であった。中国ブランド携帯電話の市場シェアが増加を続けている主な理由は、シャオミが低価格を武器にインド・ロシアなどの市場に攻め入っていること、そして新たに台頭してきたOPPOがインド・インドネシア・ベトナムなどアジアの新興市場に足場を築いたことである[84]。

(C) 海外からの帰国人材が主導するICTベンチャーキャピタル

二つ目の類型は、最先端ICT産業の起業である。空間的な位置は主に深圳特区内で、創業者は大卒者および海外から帰国した専門家・留学生が中心である。中小企業がほとんどであり、2000年以前にはすでに少なからぬ事例があった。この部門の台頭は、当初の珠江デルタにあった台湾資本のネットワークとはあまり関係がなく、中国人自身のベンチャーキャピタルとR&D（研究開発）により勃興したものだ。その代表的な業種はドローン（drone）である。中国製ドローンは高品質・低価格で、国際市場に打って出るのに十分な競争力を備えていた。ドローンの技術は、無線（wireless）・ソフトウェア・製造（電子部分と機械部分の両者を含む）・エンジンと制御という四つの方面に関わるが、この四分野すべてについて中国のメーカーは自前のR&Dの能力を持っていた。

---

83 聞き取り：T201402。

84 増訂版註：2022年第2四半期には、世界のスマートフォン市場シェアの21.8%をサムスンが、15.6%をアップルが占めた。中国ブランドは、シャオミ13.8%、VIVO8.7%、OPPO8.6%で、これらの合計が31.1%を占める。ファーウェイは、米国の制裁ゆえランキング対象外とされた。市場シェアの数字に関しては、IDC, 2022年8月4日（https://www.idc.com/promo/smartphone-market-share/, 2022年11月15日検索）を参照。

ここまで述べてきた二つの類型（ゲリラ携帯の製造システム、および海外帰国者による起業システム）の間の相互作用および埋め込み関係は、さらに深く観察する価値がある。第二類型のうち、深圳特区内のICTベンチャーキャピタル企業の一部は第一類型のゲリラ携帯製造業者に製品を発注し、つまり「委託製造」を行っている。言い換えると、第一類型の製造技術が成熟すれば、それは第二類型の製造の基盤として、第二類型を支援することになるのだ。製造業におけるこうしたゲリラ式エコシステムの内部には、いくつかの特徴を見出せる。(1) これらゲリラ携帯メーカーの創業社長のうち、少なからぬ数の者が、もともとミドルエンドからローエンドの製品を手がける台湾資本の電子メーカーで生産ライン幹部を務め、のちに独立して工場を興している（つまり、台湾資本系大陸資本メーカーの性質を若干なりとも持つ）。(2) メディアテック社は、このエコシステム内部でチップセットを供給した。(3) 平均的な台商は、このシステムに参入できなかった。

平均的な台商が参入できなかったのは、なぜだろうか。それは主に、このゲリラ・システムが高度に弾力的であったことによる。台商は、このシステムから安価な部品を仕入れることができなかった。それは、台商の仕入れシステムの「硬直性」に起因する。米国の企業文化の影響を長らく受け、つまり米国の主導企業もしくは国際的バイヤーが主導するODMシステムのもと、仕入れや試験など各工程で一定の手順が確立していたため、ゲリラ・システムに特有の大きなリスク（例えば、不良品率の高さなど）を管理・制御する術がなかったのだ。「台湾資本の買い付け担当者は、頭の中身が公務員みたいでしたよね。ミスをするくらいなら何もしない方がいいとか、リスクを取るのは回避したいとか。会社の社長も、新たなリスク管理を要するような買い付け行為には慎重でしたね。そういうわけで、このゲリラ・システムを活用して利益を出すことは、台湾資本にはとうてい無理な相談でした」[85]。ゲリラ・システムの不良品率の高さが台商にとって問題だったことは確かである。というのも、大部分の台商にとって最終市場は欧米各国であり、仮に品質面で問題が起きれば訴訟や賠償と

85　聞き取り：LM201509。

いう事態に直面するからである。台商の慎重さは、米国主導のグローバル価値連鎖に長らく追随してきた結果身についたふるまいだと見なしうる。メディアテックを別として、台商はこの新興エコシステムに参入することがきわめて困難であったし、ICT業界の中国市場を掌握することもできなかった（台鑫が中国の製靴業に活路を切り開いたのとは、経路を異にする）。だが、2000年代中盤以降、メディアテックは背後から追われる状態となっている。中国本土の「ユニソック」社（紫光集団[86]傘下の「スプレッドトラム・コミュニケーションズ」と「RDAマイクロエレクトロニクス」が合併[87]）が急成長し、同社のライバルとなりつつあるのだ。メディアテックの2016年第2四半期の粗利率は35%に落ち込んだ[88]。だが、同社はその後速やかに巻き返しに出た。2019年、第5世代スマートフォン用5Gシステムオンチップを発売したことで、同社はユニソックに対するアドバンテージを奪回した。この年の第4四半期に同社の粗利率は42.5%に達し、さらに2021年第4四半期には粗利率49.6%をたたき出して、11年来の最高を記録した[89]。米中ハイテク覇権競争が激しさを増す中、中国の携帯電話メーカーはメディアテック社のチップにいっそう依存せざるを得なくなり、これらのハイエンドなチップは主にTSMCが製造していた。メディアテック社の事例は、ハイテク技術を擁する台商が中国の供給連鎖においていかに大きな価値を具えているかを改めて立証するものであり、また、台商が米中ハイテク覇権競争の鍵を握っていることをも示すものである。逆に紫光集団はと

86 ［訳註］「紫光集団（清華紫光集团、Tsinghua Unigroup）」は、中国・清華大学系の半導体関連国有企業グループ（1988年創立）。

87 ［訳註］「ユニソック（紫光展鋭、Unisoc）」は、中国の半導体チップ設計企業。「スプレッドトラム・コミュニケーションズ（展訊通信、Spreadtrum Communications）」は、中国のチップセットのファブレス企業（2001年創立）。「RDAマイクロエレクトロニクス（鋭迪科微電子、RDA Microelectronics）」は、中国の半導体チップ開発・販売ファブレス企業（2004年創立）。

88 「聯發科毛利率，恐持續破底」『聯合財經網』2016年10月6日（https://money.udn.com/money/story/5612/2005751, 2017年2月25日検索）。

89 「聯發科5G單晶片帶頭衝，Q4毛利率42.5%創三年來新高」『ETtoday財經新聞』2020年2月7日（https://www.ettoday.net/news/20200207/1640323.htm#ixzz6dCkQ5Uml, 2020年3月25日検索）。

言うと、2021年には債務危機により破産宣告の憂き目に遭っていた。

珠江デルタでは、新興の中国資本エコシステム（巨大なゲリラ・システムから派生した生産ネットワークを含む）のほかに、鴻海（フォックスコン）がアップル社最大の組立メーカーとして、台湾資本と大陸資本の両者が複雑に交錯する巨大な供給連鎖システムを形成していた。鴻海の発展の基盤は、台湾が金型や金属部品などの面で優れた製造技術を持っていた点にある。同社はこれを基礎とし、中国で規模にものを言わせたファウンドリ（受託製造）王国を発展させた。仮に、台湾が一つ前の段階で蓄積したメーカーとしての基礎や、ネットワーク式生産を通じて育った幾多のエンジニア人材がなかったなら、鴻海王国の誕生はおぼつかなかっただろう。それでも、鴻海は依然として、アップル社が覇権を握るグローバル価値連鎖のもとで「生き残り、追いかけ追いつき追い越す」ゲームを繰り広げる立場なのである。

Fullerは、中国の異なる企業類型について産業アップグレードの潜在能力を比較する中で、「ハイブリッド外資企業」（hybrid FIEs）という類型を提示した。この類型の企業は、一般的な多国籍企業とも、国家の保護を受ける典型的国内資本企業とも異なり、中国を経営戦略の基地としつつグローバル市場に接続し、競争力を具備し、メイド・イン・チャイナの科学技術水準を向上させる能力を持つ（Fuller 2016）。前述した海外からの帰国組が主導するICTベンチャーキャピタルが持つイノベーションの能力は、Fullerが定義したハイブリッド外資企業とすぐれて近似する。

以上の分析から見て取れるように、中国のICT産業が自らのブランドを持ち、かつ産業連鎖が急成長を遂げたことについては、中国の市場の大きさと、国による重点政策としての支援ならびに「ジャンプスタート」戦略が、いずれも重要な役割を果たした。ImaiとShiu（2011）がグローバル価値連鎖の観点から中国の携帯電話製造業について行った評価も、我々の観察と符合する。彼らの発見は、中国の地場企業が国内の価値連鎖を創出し、外国企業が中国に導入した技術を活用して変革を進め、ひいては巨大かつ多様な地元の市場を用いて商機を確立したというものであった。彼らの研究が示すとおり、中国という国は極めて大きなその規模により、例えば持続的に成長する小売市場や、大量の技術者を供給しうる人材のストックや、いつでも自社ブランドを立ち上げられる状態にある多くの企業家など、他の国々には通常見られない特徴を具えている。これらの特徴のおかげで、中国はグローバル価値連鎖を迂回して前進することが可能なのであり、グローバル価値連鎖の覇権の頂点を占める多国籍企業が主導する権力構造に服従しなくてもよい選択肢を持ちうる。つまり、自前の価値連鎖システムを樹立して産業アップグレードの路線を歩みうるのだ。中国の地場のサプライヤーが提供するモジュール化技術は、在地の産業を活性化する重要な基礎となった。携帯電話製造業について言うなら、中国の本土型価値連鎖の特色は、地場のブランド企業と独立系デザインハウス（independent design houses, IDHs）、それに技術プラットフォームのサプライヤーの間でモジュールを交換することで形成されてきた。中国の地場企業は、西洋国家の既存の価値連鎖システムと比べるとイノベーション能力に遜色があるものの、巨大で多様で絶えず変化する中国国内市場のニーズにすばやく対応する力を持っている。

全体として、広東の産業アップグレード政策は、中国の全体的な産業発展の大きな戦略からも影響を受けていた。2014年、中央政府は「国家集積回路産業投資基金」（略称「大基金」）を設立し、巨額の資金を投じて半導体産業を支援する準備を行った。2015年に中央政府は『中国製造2025』を発表したが、その最初の項目は半導体（集積回路）産業である。中央政府のこうした推進姿勢のもと、各省・市はウエハーメーカーの設立を続々と申請したが、工場設立のコストは高額であるため、すべての計画が国の補助金を獲得できたわけではなかった。2017年に広州市は12インチのウエハーファウンドリ（半導体受託製造工場）の設立準備を宣言したが、それは困難に直面した模様である。広東が半導体産業の発展を図ったことは、中国が半導体供給連鎖を構築しようとする試みの一環であり、「中国製造2025」の産業アップグレード政策と関係している。この点については、第7章7.4.ならびに結論を参照されたい。

6.5. 産業アップグレードと社会的アップグレード

本章では、広東の過去十数年来における転換の過程を分析してきた。具体的には、産業アップグレードへの圧力、国家の政策調整、労働コストの上昇、台商の対処、在地の産業構造の変遷などに言及した。労働集約型の加工貿易を軸とする1980年代以来の成長モデルは、すでにエネルギーが枯渇し、徐々に衰退しつつある。伝統産業の領域では、中国の地場の製造業が力をつけ勃興しつつある。ハイテク産業分野では、中国の新たなICT産業のエコシステムが誕生している。そうした中で台商は、工場閉鎖、国外移転、国内移転、移転なき業態転換・アップグレードなど、さまざまな路線を歩んできた。

1980年代終盤以降、伝統産業の労働集約型台商はグローバル価値連鎖の伸張と移動を推進力として、広東への進出を開始し、新たな発展の機会を得ようと試みた。当時は、核心国家の主導企業が牛耳る新たな世界的規模の配置において、台商はそれら主導企業が力を盾に行う支配を甘受せざるを得ず、「半周辺部のエージェント（代理人）」として利潤を追求するしかなかった。2000年代後半以来、グローバル価値連鎖が再び移動する歴史的段階に至っても、台商の大部分は、グローバル価値連鎖の論理になおも順応することで、次の段階のニッチな利益を追求した。それはつまり空間的配置の移動に沿って移動することであり、例えば広東から内陸部の省への移転や、東南アジアなど国外への移転などがそうであった。こうした調整戦略は、既存の価値連鎖内部にある権力関係の構造の延長に過ぎず、引き続き低廉な労働力やその他コストの要素を追い求めて移動を行っている。しかし、本書に挙げた事例が示すように、一部の台商は既存の価値連鎖にがんじがらめになりつつも、現在の位置を脱して階段を上がろうと試みてきた。例えば一貫生産体制の導入、ブランドの開発、マーケティングへの注力などがそれにあたる。また、例えばメーカーから貿易業への業種転換により、価値連鎖内における自社の位置を移動した企業もある。

製造業とは対照的に、ICT産業における若干のプロジェクトは「グローバル価値連鎖の既存の覇権を迂回する」戦略を採り、中国の広大な内需市場を主戦場として低価格製品の大量生産による攻勢をかけ、基礎的技術と製造能力を確立すると、そのブランドイメージを向上させて、再び低価格を武器に国際市場でのシェアを獲得し、ジャンプスタート式の発展を遂げて、グローバルな競争における地位を高めた。このように、中国資本エコシステムの躍進と比較すれば、数多くの伝統産業の台湾資本は、転換を迫る圧力のもと、当初の利益創出基盤が急激に縮小する中、閉鎖や移転などを選択したことを確認できる。元の場所での存続が可能な一部のメーカーは、従来のあり方を何とかして打ち破り、業態転換・アップグレードの戦略を採ることが必須となった。

広東の産業アップグレードの効果について全面的な評価を行うことは、現時点では時期尚早かもしれない。だが、一部の研究者は、中国のICT産業におけるアップグレードの総体的な成果は依然としてかなり限られたものであると考えている（Fuller 2016）。中国沿海地区の2か所について初歩的な比較を行うと、その一端を窺い知れる。加工輸出製造業を営む台商による中国への投資は、早い時期には長江デルタ地域と珠江デルタ地域に集中した。長江デルタ地域への進出は珠江デルタ地域より少し後の1990年代初期に始まり、90年代後期には、蘇州・昆山・上海などに台商の産業クラスターが形成された。Chen（2014）は長江デルタ地域と珠江デルタ地域におけるICT産業アップグレードの結果を比較し、次のことを発見した。つまり、長江デルタ地域の地方政府が採った戦略は、多国籍大企業と価値連鎖の頂点で連携し、生産構造の階層化を強化して、これにより地場メーカーが上方移動（アップグレード）する余地を圧縮して、それらメーカーを価値連鎖の底層に押しとどめることであった。これと逆に、珠江デルタ地域の地方政府は価値連鎖の底層に投資を行う小規模な外資と連携することで、階層化し階層ごとに隔絶した構造を打破するとともに、メーカーが在地で学習したりイノベーションを起こしたりする能力をいっそう開発する方向に力が働き、その結果、産業アップグレードの効果は長江デルタ地域より著しいという。

筆者の研究を通じて明らかになったのは、以下の諸点である。珠江デルタ地域の台商は地場メーカーとのネットワーク関係において長江デルタ地域のそれよりもさらに深度があり、長江デルタ地域の台商クラスターの持つ「飛び地経済的特質」は珠江デルタ地域よりも顕著である。そして、外国企業と地場経済のネットワークが深度を持つということは、技術伝播の深さと広さにおいて間違いなく有益なので、この点において珠江デルタ地域の産業アップグレードの効果は確かに高いと言えよう。この他、地域の構造的性格に着目すると、長江デルタ地域におけるもともとの所有制の構成比は、改革開放初期の時点では公営企業（国営企業・集団企業）が大きな比重を占めていた。これに対し、珠江デルタ地域では国営工業の基盤は脆弱で、集団企業の実力も長江デルタ地域のそれに遠く及ばなかった。そのため、台商のネットワークに参画する中小の民営大陸資本企業もここより機会を得て、グローバル－ローカルの連結の中に自らの利益創出基盤を見出し、グローバル供給連鎖に切り込むことができたのである。

我々の聞き取り調査に応じてくれたICT産業の上層部マネージャーは、話題が広東の印象に及んだ際、珠江デルタ地域の産業クラスターには「村の定期市っぽさ」がある、と語った[90]。つまり、現地の社会経済空間には、雑然としながら賑わいに満ち、活発な商いが絶えないという印象があるというのだ。これと比べると、蘇州や昆山など長江デルタ地域では、台商の集結する工業地区があるのは同じでも、整然として静まり返り、孤立したような感覚を抱く。例えば、筆者は両方の土地で長期の現地調査を行ったが、珠江デルタ地域では民工たちが群れを成して工場地区の通りをぶらぶらしたり、あるいは工場地区からほど近い鎮の商業地域で散策や買い物を楽しんだりする様子をしばしば目にした。ところが長江デルタ地域では、鎮は夜になると静かなもので、民工がたむろする様子はめったに見かけなかった。台商の台湾籍幹部と地元の官僚との付き合いについても同じことが言える。鎮にレストランやKTV（カラオケを歌える店）があるのは同じだが、珠江デルタ地域では台湾側と中国側とが「飲酒を楽しむ」「杯を傾け談笑する」行為が、長江デルタ地域よりも明らかに頻繁に見られた。試みに、「村の定期市っぽさ」というコメントを経済社会学の用語に置き換えてみるなら、社会的ネットワークの「密度」と「性質」の話に近いと思

90　聞き取り：LM201509。

われる。珠江デルタ地域では台湾側と中国側の人間関係が濃密で、結びつきが強い。このことは情報交換や技術の拡散に有益であるし、「飛び地構造」というものを粉砕する助けにもなる。伝統産業における「台湾資本系大陸資本」とは、この過程で発展してきたものに他ならない。伝統産業については、我々はすでに、生産や政・商関係や消費の各部分において、台商の集団と現地社会との間に生じた埋め込み関係が技術拡散や行為文化モデル伝播のノリモノとなってきたことを確認している。ならばICT産業についても、社会構造が形成した経路依存や、前述したICTマネージャー謂うところの村の定期市っぽさというものをもとに、このようなネットワークの相互作用的関係がこの産業領域にも出現していると推論できるのではなかろうか。前述の、中国のゲリラ携帯製造業が勃興した過程で見てきたように、創業社長の多くが元台湾資本メーカーの幹部で、台湾資本系大陸メーカーの特徴を具えていた。要するに、産業アップグレード政策という変数のほかにも、村の定期市っぽさというものが、産業アップグレードの過程を観察する上での一つの興味深い文化的指標なのである。

Butollo（2015）によれば、広東は産業アップグレードを経験したが「社会的アップグレード」（social upgrading）は起きていないという。ICTのような新興産業であっても、依然として労働集約的な生産モデルに依存し、民工が製造現場の主戦力であって、大幅な昇給はあったにせよ、一般的な労働条件や技術面などでのアップグレードは実現していない。本書の実証的研究に基づくなら、この説は二つの留保を伴う。第一に、2013年から14年にかけて連続して起こったストライキののち、外国企業セクターでは民工の社会保障面の待遇は向上したが、民営の大陸資本メーカーでは目立った変化はなかった。というのは、これら地場メーカーはグローバル価値連鎖の最下層にあり、搾取の実態もまた最も深刻だったからである。第二に、仮に社会的アップグレードという概念が起業を通じて「たたき上げがボスになる」式の上方移動のチャンスをつかむことをも含むなら、広東では一部の民工がこの経路を歩むことで社会的アップグレードを達成している。もちろん、大多数の民工がこうした機会を得ているわけではないが。かつて台湾が急速な工業化を経験したときにも、この「たたき上げがボスになる」道筋を経て、技術の社会的分配および所得分配に変化が生じたのである。現在、珠江デルタ地域の産業の一部は、台湾がかつて歩んだのと同じ道のりを経験しつつあると言えよう。

広東成長モデルの転換の過程には、際立った現象がある。加工貿易が、グローバル市場の飽和および後進国の追随にさらされているにもかかわらず、かなり強靭な連続性を持つという点である。その理由は、珠江デルタ地域が長期にわたって構造的に加工輸出工業に依存してきた上、グローバル価値連鎖が深く浸透しているからである。国際的ブランドのバイヤーは、ハイエンド製品の生産拠点としての珠江デルタ地域を今もなお必要とし、また供給連鎖の統合者としての台商の役割をも必要としている。さらに、大陸資本メーカーが供給連鎖に良いタイミングで加わったことで、珠江デルタ地域の加工輸出システムは一定程度完備した状態を保ち続けている。この他、地方政府が長期にわたって加工輸出セクターから財政収入を得ている点にも、経路依存が見られる。

珠江デルタ地域の転換におけるもう一つの際立った現象は、加工費が姿を消したことである。当初の成長同盟にはきわめて安定した「制度的均衡」が存在し、地方政府と外国企業の間で行われる利益の交換が均衡を維持する媒介となり、加工費がそのシステム運用上の軸受け（ベアリング）となっていた。加工費は材料供給加工メーカーの組織のありようの内部に織り込まれ、そのことは本質的に財の分配のロジックに他ならなかった。外国企業が仮に独資企業として登記したなら、国税の納付義務が生じ、税金は国庫に入る（各地方政府は、そこから、法の定める比率に基づき税収の配分を受ける）。そうではなく材料供給加工メーカーとして登記すれば、国税納付の義務はないが、納める加工費のほとんどは地方のものとなる。この財政分配のゲームを通じて、地方政府は政・商関係において鍵となる位置を占め、その他の税や費用について協議や減額や譲歩の権限を掌握し（例えば、社会保険料の外国企業負担分の減額を認めるなど）、これによりさらにその他の利益の交換を実現してきた。実のところ、中央政府はこうした制度の抜け穴に気づいていなかったわけではなく、故意に地方政府へと「権限移譲」していた状態で、地方政府はさらに外国企業へと「利益譲渡」を行っていた。つまり、地方官僚は組織的レントシーキング行為の空間を享有したし、そのことは彼らが外資の誘致に励む強いインセンティブとなったのである。これは、広東の成長モデルの内部に構築された政治・経済的論理である。この種の成長モデルの制度的均衡は、加工費をめぐって構築された正規・非正規のルール一式に外ならず、また地方成長同盟を構成する制度的基盤でもある。ただ、中央政府が新たな産業政策と制度改革の推進を決定すると、加工費の財政分配モデルは必然的に打破され、当初の制度的均衡が破壊されて、改革の動きが成長モデルの変遷ならびに政・商関係モデルの改変へと波及する。これが、広東が2000年代半ば以降に直面した新たな情勢であった。

従って、以下の推論が可能であろう。1980年代から2000年代半ばまで続いた地方成長同盟は、多年にわたり、異なる段階において再編の過程を経てきた。地方政府が同盟を結んだ相手のうち、一部の高度に搾取的な労働集約型外資は同盟を離脱し、他方、移転せず地場でアップグレードを行った台湾・香港企業およびその他の外国企業は残留した。また、大陸資本メーカーがグローバル供給連鎖のメンバーに加わり、さらに新興の地場ICT産業が重要な新メンバーとなった。近年の民工による集団的行動は、彼らの賃金や社会保障や労働条件の向上につながったが、しかし民工は依然としてこの成長同盟から排除され、蚊帳の外にいる。

最後に、伝統産業の供給連鎖では大陸資本メーカーが台湾資本のOEMに徐々に取って代わりつつあるが、大陸資本メーカーはコストを低位抑制する傾向があるので、その比率が増すに従い、地方政府が輸出セクターから吸い上げる財政収入の比率が下がる事態が予想される。そうなると、地方政府は必要な財源をどこから獲得するのだろう。浮上しつつある「新・成長同盟」は新たな「制度的均衡」を模索中だが、そこで地方政府はどのような役割を演じることになるだろうか。これらの疑問は、今後の研究の重要な課題である。近年、多くの地方政府が「不動産税」の徴収に力を入れ始めているが、ここにも、産業構造転換の圧力のもとで地方が新たな財源を探し求める現象の一端が現れている。

第 7 章

グローバル価値連鎖とレントシーキング開発国家

本章では、広東の経験を起点としつつ、カメラを後方に引いて、より広角に中国の発展の軌跡と「中国の発展モデル」を分析し、あわせて理論面の命題を提示したい。中国が改革開放政策を発動した際の戦略は、広東を通じてグローバル資本主義と結びつこうというものであった。中国の発展のプロトタイプとしての広東モデルは、外資を活用して製造業の資本・技術・国際市場を導入するものであり、そこでは台商が重要な役割を果たした。広東の急速な経済成長により、中国が台頭する基盤もまた築かれた。本書は以下四種類の文献の理論を批判的に援用して中国の事例を説明したい。それらは（1）発展理論、（2）政治経済学における政・商関係とレントシーキング行為に関する理論、（3）経済社会学における価値連鎖／商品連鎖の理論、（4）新制度派経済学の財産権理論である。本章では、広東モデル／中国モデルに関する以下三組の理論的含意を提示し、上記した文献との対話を行う。第一に、価値連鎖の変遷下における成長同盟の再編。第二に、組織的レントシーキングとレントシーキング開発国家。第三に、中国／広東モデルと東アジアの発展の経験との比較である。

7.1.　価値連鎖の変遷と成長同盟の再編

40年におよぶ広東の発展の経験とは、グローバル価値連鎖に沿って世界の工場を造り出す物語であった。筆者は、グローバル価値連鎖／商品連鎖理論に手を加えて在地に埋め込まれたガバナンスという概念を提示し、国家を価値の収奪者と位置付けている。この理論的枠組みのもと、本書は、中国の地方政府が価値連鎖の移動という歴史的な契機をどのように利用して中国の地方政体と外資メーカーとの間で仲介者の役割を演じ、労働集約型の加工輸出の工業化を推し進めたかを分析してきた。この時期、中国は巨額の外貨の余剰を蓄積し、財政収益を吸い上げ、生産技術および産業組織の能力を獲得し、そして世界市場の軌道に乗り入れた。製造において一定の実力を蓄えた中国は、強大な国家の能力を頼みとして価値連鎖のガバナンス構造内に潜む権力支配関係を打破しようと試み、中国のメーカーが牛耳る本土型価値連鎖システム（いわゆる赤いサプライチェーン）を打ち建てるべく、その力をふるってきた。明らかに、現在の中国は、グローバル価値連鎖に依存するゲームにはもはや満足せず、新しい道を切り開くことを熱望しており、ゆえに「中国製造2025」というビジョンを打ち出して、自らが手綱を握る工業のシステムを構築しようとしている。これを要するに、「中国製造2025」という産業アップグレード戦略の全体的目標とは、経済全体を労働集約型の成長モデルから技術集約型の成長モデルへと転換しようとする試みであり、同時に技術面で西洋の核心国家への依存から脱却することを期待するものであると言えよう。

本書が在地埋め込みガバナンスの議論を用いる趣旨は、中国の地方政府がグローバル価値連鎖内の利益分配の節（ノード）に介入する現象を説明することにある。この概念を用いることで、グローバル価値連鎖理論におけるガバナンスの概念に補充・修正を加え、分析の視野を「連鎖活動」（chain activities）および「連鎖のガバナンス」（chain governance）それ自体から、価値連鎖と在地体制との間に生じる埋め込みの相互作用にまで拡張しうる。また、さらに一歩進んで、地方成長同盟の概念を構築し、それを活用して、中国の地方政府の官僚・幹部が価値連鎖活動に介入し、またそこからどのように利益分配（税収を含む）の恩恵にあずかり、価値連鎖内の経済的余剰を手にしているかを分析することができる。財政収入を吸い上げる具体的な方法には、加工費・管理費・地代・社会保険料などのメカニズムがある。

台陽公司と台鑫製靴集団の事例から、中央政府・地方政府・幹部が価値収奪において果たす役割を観察できる。中国は民工の賃金を低く抑えることで、加工貿易を通じての利益創出メカニズムを動かし、これにより中央政府は巨額の外貨を獲得し、地方政府は加工費およびその他の簿外収入を手にして、国家資本主義の高度蓄積モデルを促進し、中国経済のテイクオフの基盤を確立した。筆者が提示した「グローバル資本―産業クラスター―在地体制の連結（G-D-L）」の枠組みを用いて、地方政府が価値連鎖のガバナンス構造に参入し、架空所有制に基づく契約のお膳立てを通じてレント収入を吸い上げ、経済的余剰を獲得する行為の財政的動機を見ることができる。この枠組みは同時に、グローバル資本・地方産業クラスター・在地体制の埋め込みモデルを分析する助けともなり、さらに一歩進んで、国家がグローバル価値連鎖に参入するとき、価値連鎖のガバナンス構造に、とりわけ利益分配の方式に、いかなる影響を及ぼすかを分析することをも可能にする。

台陽公司は20年余りの中国での経営において、身柄を預けた政府機関に「人頭税」、「管理費」、その他あれこれの経費を払い続け、それと引き換えに「保護」を受けて、相対的に安定した経営環境を得てきた。人頭税の納付の方式は、複雑な一連の「分割払い計算式」を通じて、「加工費」と「外貨分配」により中国側機関の価値収奪を実現していた。そして人頭税や管理費の納付率には、政府の固定した公式がありはしたものの、外資企業は中国側の合作相手機関との「コネクション」によってさまざまな度合いの割引を享受していた。同様に、企業が雇用する労働者（大多数は外来人口である民工）の社会保険料についても、協議のうえ割引が適用された。これらの割引は、何らかの別な方式を経て、地方政府および官僚の懐に入っていった。こうした政・商間の相互作用に潜むクライアンテリズム的関係、および権限と金銭の取引という性質は、本書がつぶさに見てきたところである（第3章・第4章を参照）。

台鑫製靴集団は、1980年代末という早い時期に、国際的バイヤーであるナイキの要請に基づいて広東に工場を開設し、「材料供給加工」のモデルにより現地政府と加工契約を締結して、加工費を支払った。材料供給加工のオペレーションを通じて、台鑫は弾力的な運営を行うことができ、多くの税制面の優遇も得られた。だが、優遇享受の別な一面は、企業が上げた利益の一部を地方政府に払い戻すことであった。台鑫と地方政府との間で行われた土地の賃貸借の事例を通じて明らかになったとおり、その過程では政治権力と資本家が得る利益との間で取引が行われ、台鑫と官僚（官僚集団）はともに巨額の利益を手にすることができた。台鑫が企業として上げる利益、台鑫トップの私的な利益、官僚個人の利益、そして官僚集団の利益、いずれもこれに含まれる。ただ、台鑫と地方政府の協力関係は、永遠に順風満帆というわけでもなかった。中央政府の政策の転換に伴い、例えば産業アップグレードや労働条件向上などの新たな政策のもと、台鑫ではストライキ事件が起こったが、地方政府は経営側の全面的な味方となることを明らかに避け、ある種の「バランサー」の立場を採った。その結果、台鑫は未払い金（社会保険料、住宅積立金）の全額支払いを余儀なくされたのである。この時期、労働争議頻発の危機にあって、台鑫の管理職たちは状況の変化を自覚して震え上がった。それまでおなじみだった政・商関係のオペレーションモデルが揺らぎ、中国の役所は労働者の権益を積極的に保護する政策を採るようになったのである。未払いだった社会保険料や住宅積立金の完済を求める労働争議の嵐は、台湾資本の加工メーカーのコストを押し上げた。政府（公安部門を含む）が価値連鎖における利益分配に介入したことの影響として、すでに見てきたとおりである（第6章を参照）。

この、外資メーカーと地方政府とが結びついた成長同盟においては、グローバル価値連鎖の支配者たる主導企業（国際的バイヤー）と中央政府が、陰に隠れて手を結ぶ同盟メンバーの役割を演じ、これらメンバーが生産活動の結果としての余剰の分け前を吸い上げてきた。最大の受益者は主導企業であり、外資メーカーがそれに次いだが、中国の中央および地方政府も主たる受益者であった。だが、この成長同盟は決して固定かつ不変なものではなく、一連の条件のうえに成り立つ「制度的均衡」である。条件に変動が生じれば、この均衡は破壊されるのであり、条件の変動には、たとえば国際市場の飽和または低迷、国際的バイヤーの利益創出空間の減少、中国の産業アップグレードへの圧力、中国の労働コストの相対的上昇、他国の新興で低廉な労働力市場の勃興など種々の状況が含まれる。広東の事例に見られたとおり、2000年代半ばよりこの均衡関係に変化が生じた。2007年から2008年にかけての世界金融危機の衝撃を経て、2010年代に雪崩を打ったような「外資の夜逃げブーム」ならびに集団争議が起きると、外資企業と中国政府の関係も、「同床異夢」の状態から「各自が悪事を企む」という矛盾と緊張に満ちた関係へと悪化していった。こうして、この成長同盟は解体の危機に直面したのである。当初あった成長同盟の動揺・再編に伴い、新たな合作のモデルが浮上するのを、我々は発見した。新たなモデルの一つ目は、中国資本を基礎とするエコシステムの誕生である。例えば電信産業では、中国は国家の力と資本を頼みに、一部民営資本をも糾合して、中国が牛耳る価値連鎖のシステムを作り上げようとしてきた。第二のモデルは、台商の生産ネットワークのスピルオーバー効果により派生した大陸資本メーカーの供給連鎖がグローバル価値連鎖へと軌道を接合したものである。ここで台商は準国際的バイヤーとグローバル価値連鎖の統合者として仲介的役割を担い、核心国家の「半周辺の肘」としての役割をより深く果たして、価値収奪のゲームに引き続き参加している。この供給連鎖再編成の過程で、大陸資本メーカーは一定程度の産業アップグレードをも達成している。

第二のモデルの出現は、本書の主な論点と深く関係する。また、前述した「飛び地経済」の命題に立ち返る必要もある。既存の研究は、加工輸出地区を飛び地経済と見なしがちであった（Warr 1989）。多国籍企業が主導する発展途上国の産業クラスターは、空間的にもまた社会的関係においても、往々にして飛び地での設定が前提とされがちで、つまり飛び地経済と在地社会・経済との間の相互作用はわずかしか存在しない。それゆえ、この種の産業クラスターの社会空間モデルは、発展途上国の産業アップグレードには不利である（Narula and Dunning 2000, Whittaker et al. 2010）。中国の加工輸出部門がグローバル資本に軌道を乗り入れた現象は、かつては「浅い統合」であって地場の経済発展には不利だと見なされた（Steinfeld 2004）。台湾の研究者も、加工輸出業の台商コミュニティと中国の現地との関係を「飛び地経済」（Cheng 2014）や「脱埋め込み」（鄭陸霖 1999）と見なす傾向にある。あるいは、台湾資本の組織モデルを「空中要塞」と描写し、台商コミュニティ内では緊密なネットワークを維持するが、反面で現地社会とは弱い連携を保ち、それは競争優位の流出を回避するためだとする（Chen 2012）。これらの文献は、早い時期の外資が中国で採用した経営モデルを理解する助けとなるが、しかしながら歴史的な発展過程を振り返ると、この命題には分析上の弱点がいくつか見られる。第一に、飛び地経済と現地社会との関係の弱さを理論上の前提とするなら、研究者はグローバル資本とグローバルな生産の間の、あるいはグローバル資本と在地体制の間の相互作用関係を、軽視しがちになるだろう。本書の現地調査が示すように、外資は在地体制との間に必ず高密度の相互作用を持たねばならないのであり、さもなければ経営環境の安定は得られない。第二に、台湾資本ネットワークの内部には高度な信頼関係と凝集力があり、それが技術や市場（取引関係）を外部流失から守っており、それゆえ台湾資本と現地の生産ネットワークとの連結は希薄である、という予断的な前提について考えたい。この前提の背景となるのは、地場の大陸資本システムがグローバル価値連鎖に参入し産業アップグレードを達成することは難しい、という推論である。しかし、台湾資本のメーカーが多年にわたり中国にもたらした技術の拡散が、台湾資本系大陸資本メーカーの台頭を促したことは確かであるし（鄭志鵬 2016）、それは同時に輸出志向の労働集約的な産業連鎖を中国の地場に生み出すことにも寄与したのである。それゆえ、当初は外資が駆動し主導した地方産業クラスターには、構造においてすでに著しい変化が生じたと言わねばならない。

1980年代に中国沿海部に進出した台湾資本企業は、最初の進出パターンこそ「落下傘式の産業植民」に近く、外資の飛び地に類似した空間的構造を呈したが、しかし、落下傘式の植民だからといって現地の政治や社会と関係を持たずに済むわけではない。まったく逆に、現地の社会や政府を「よく知らない」関係であったからこそ、また中国の政治・経済体制がレントシーキングや賄賂要求といった行為にまみれていたからこそ、現地の官僚の協力や保護がなおさら不可欠であり、それゆえ、複雑に入り組んだ政・商関係が生じたのである。というわけで、本書が論じたように、初期の台商は地元官僚のレントシーキング行為に反感を覚え、嫌っていたが、にもかかわらず、彼らは皮肉にもこうした官僚と関係を取り結び、クライエンテリズム的関係を求めないわけにはいかなかったのである（第3章を参照）。台商たちがしばしば口にした「関係があれば、関係ない。関係がないと、関係ある（コネクションを作れば、面倒ごととは無縁。コネクションがないと、面倒ごとが降りかかる）」という文句は、この怪しく胡散臭いありようを余すところなく表現している。外資企業と在地体制との埋め込み関係について言うと、重点は、それが「あるか、ないか」にも「多いか、少ないか」にもない。**埋め込みのモデル**がどのようなものなのか、これこそが重要である。本書の理論面での貢献は、**在地埋め込みガバナンス**という概念を提示するとともに、事例の聞き取り調査データを多数示して、グローバル価値連鎖と在地体制との連結が有する理論的意義を実証したことである。

次に、中国の本土型産業連鎖の勃興について論じるなら、製靴業の例では、2008年以降に大陸資本メーカーがグローバル価値連鎖の重要な節（ノード）において台湾資本メーカーに徐々に取って代わり、また一部の台湾資本は準国際的バイヤーへと転換した。この変化は突然生じたものではなく、当初は台湾資本が掌握していた供給連鎖が大陸資本メーカーを少しずつ糾合した結果としての現象である。技術が大陸資本メーカーに拡散してゆく過程は、発生以来すでにある程度の期間を経ていたが、世界金融危機により引き起こされた一連の危機的状況のもとで、大陸資本メーカーの役割が初めて顕在化した。言い換えると、初期の台商は大陸籍幹部を信用しなかったから予防策を講じたという主観を以て、それゆえ技術の拡散は生じなかったという推論を行うことは、筋が通らないのである。大陸資本メーカーの技術が進歩を遂げて国際的な受注を獲得していることは客観的事実であり、それはすなわち、初期の落下傘式進出のモデルがすでに構造的変動を遂げたことを意味する。新たに起きている現象は、台商と大陸資本メーカーとの協力による新たな供給連鎖の関係が出現したことであり、その背景としては、構造的条件の変動が動力となった。2008年前後に突然生じたかのような変化は、実のところ、それを促す触媒として作用したに過ぎない。従って、台商に育てられて勃興した中国の本土型供給連鎖システムは、依存理論の主張する「多国籍企業の在地埋め込み化は起こり得ない」（鄭志鵬 2016:182）との論点に挑戦していることになる。既存の研究が提示した、台商（製造業の外資）の中国沿海地区における生産ネットワークを「地場から遊離した組織」あるいは「脱埋め込み」であるとする論点は、理論的根拠が薄弱だと言わざるを得ない。

本書が提示した修正版のグローバル—ローカルの連結枠組みは、多重的な埋め込み関係を参照しており、そこにはグローバル資本と地方産業クラスター（G-D）、地方産業クラスターと在地体制（D-L）、グローバル資本と在地体制（G-L）の三者間のそれぞれの相互作用を含む（第1章、図1.1・図1.2・図1.3を参照）。この分析枠組みは、グローバル価値連鎖が在地に埋め込まれる複雑な関係を明らかにするとともに、これまで見落とされてきた重要な位置に分析の視点を投げかけるものである。例えば、外資と地方政府の間に生じた政・商関係は、グローバル価値連鎖が在地埋め込みガバナンスに埋め込まれた結果に他ならない。政・商関係において、外資を受け入れる当事国の政府は一連の制度的お膳立てを通じて、価値連鎖内で行われる経済的余剰の分配に参入する。つまり、本研究が得たこの知見は、HopkinsとWallerstein（1977）が商品連鎖の概念を最初に提示した際に示した、商品連鎖の持つ数多くのセグメントのうち一つのブラックボックスを開ける一助となる。

中国政府は、外資と在地の政治経済体制との埋め込み関係を利用して莫大な財政的利益を吸い上げ、さらにその一部を投じて産業アップグレードを推進し、本土型の供給連鎖を構築して、グローバル資本の覇権に競争を挑もうとしている。こうして、広東にICT産業の新たなエコシステムが生まれ、電信設備・携帯電話・ICチップ設計などの分野における中国の急速な追い上げが実現した。広東モデルの過去30年にわたる発展を、一言で世界の工場の創出とまとめ得るなら、ここ10年の広東モデルの転換ならびに中国モデルの転換について言えるのは、中国はグローバル価値連鎖の覇権から身をかわすことに注力しつつ、中国資本自身が牛耳る価値連鎖システムの構築を試みているのだということであろう。

7.2. レントシーキング開発国家の解析

中国の地方政府は、組織化したレントシーキングのモデルを用いてグローバル価値連鎖内部のガバナンス部分に参入し、価値の獲得を達成してきた。そこで、我々は分析の視点を中国の特徴を持つレントシーキングのモデルに向け、またこの種のレントシーキング・モデルが開発国家とどのように結びつき、経済成長を動員する道具となったかに向けよう。本研究の知見に基づき、筆者はレントシーキング開発国家（rent-seeking developmental state）という概念を提示する。中国は、東アジアおよび世界の経済と比較すると、共通点と特殊性を併せ持つ。中国の経済規模と特殊性は他に類を見ないものではあるが、しかし、その規模の大きさおよび影響力の大きさゆえにこそ、この特殊性には、一般的な国家のそれを超えた理論面での重要性がある。

まず、従来のレントシーキング理論から話を始めよう。レントシーキング行為は各種の経済実体に普遍的に存在するが、一般的には、レントシーキング活動は政府の管理・規制と密接に関連すると考えられている。レントシーキングと腐敗・汚職の親和性も、この両者をしばしば同一の分析カテゴリーに定置する。先行研究に見られる主流的な見解は、「レントシーキング社会」（rent-seeking society）が社会の総体的な福祉の流失と社会資源の浪費を招き、経済成長の妨げとなるというものである（Krueger 1974, Tullock 1990, 1993, Murphy et al. 1993, Frye and Shleifer 1997）。しかし、一部の国家においてはレントシーキングと腐敗が経済の停滞を引き起こしてはいないので、少なからぬ疑問が提起されている。例えば、ロドリックは次のように問うた。「韓国やタイやマレーシアなどの国で腐敗・汚職がそれほどまでに蔓延していたなら、これらの国はなぜ奇跡のごとき経済成長率を示したのだろうか？」（Rodrik 2011:93）。この問いは、急激な経済成長を遂げた時期の台湾にも当てはまるし、中国にはなおのこと当てはまる。周知の通り、中国は深刻なレントシーキングと急成長が同時に進行した国であり、この点についての戸惑いは、1990年代にはすでに提示されていた。「（中国の地方官僚の手には）減税の裁量権などのメカニズムがあるため、汚職や結託やレントシーキングなどの問題を引き起こしやすいと思われる……が、これらの問題は成長の妨げとなるほどには深刻化していない模様であり、むしろラテンアメリカ国家の多くでそのような状況が生じている」（Qian and Stiglitz 1996:192）。

中国は改革開放政策実施後、30年にわたり高度成長を続けているが、蔓延する汚職やレントシーキング行為がその妨げとなってはいない（Wedeman 2003, 2012）。広東の経験においては、地方政府のレントシーキング活動と経済成長が併存する現象はさらに顕著であった。組織的レントシーキング行為は、加工費や外貨分配（兌換レート差益）などの制度設計を通じて行われ、各級地方政府に少なからぬ収益をもたらしてきた。加えて、種々の名目の予算外収入により、基層幹部はあたかも座ったまま賃料を懐に入れる「レント収受階級」のようになった。普遍的に存在するこうしたレント収受階級と、30年続いた経済成長の物語とは、いったいどのようにして両立し得たのだろうか。中国の物語は、明らかに、伝統的なレントシーキング理論に挑戦状を突きつけている。

同時に、台商などの外資は官僚の腐敗とレントシーキング行為に困惑はしたが、それが中国への投資意欲に決定的に水を差したわけではない。外資企業の中国への投資は中国の長期的な高度成長を促し、中国の外貨準備の急速な蓄積にも貢献した。筆者は1990年代の研究において初歩的な説明を行ったが（呉介民1998）、ここでより万全な解釈を試みたい。中国の地方官僚による組織的レントシーキング行為は、ある特定の歴史的段階において、地方政府による経済的資源の動員を進め、自らを労働集約的な加工輸出工業へと向かわせて、経済の急成長を促すとともに、グローバル価値連鎖のガバナンス部分から価値の収奪を行った。この解釈の枠組みにおいては、レントシーキング行為や、レントの創出と分配や、地方官僚にとってのインセンティブ構造などについての、新たな理解が求められる。

7.2.1. レントシーキング行為をめぐる従来の定義

レントシーキングは、一般的に「非生産的な」あるいは「反生産的な行為」と見なされる。Jagdish Bhagwati（1982）はこの行為の範囲をめぐる線引きを拡げ、「直接に非生産的な利益追求活動」（directly unproductive profit-seeking activities, 略称DUP）という概念を提示するとともに、DUP活動の各種の類型を定義した。Bhagwatiの枠組みに基づき、Anne Krueger（1974）はその古典となった論文の中で論じたレントシーキング行為（主として貿易の規制と輸入割り当てに起因するもの）を、あまたあるDUP活動のうち一つの類型にすぎないとした。同様に、Gordon Tullock（1990, 1993）は、政府が市場に関与して人為的な独占が生じることで、企業と官僚がその独占状態からのレントを追い求めるようになると考えた。だが、Tullockが定義したレントシーキング行為は、個人と企業をレントシーキングの主体としており、これもまたDUPの一類型にすぎないとするものであった。Bhagwatiが定義するDUP経済行為は、既存の定義のレントシーキング行為を含むが、範囲がより広く、彼の考えでは、あるタイプのDUPは必ずしも反生産的であったり社会資源の浪費につながったりするとは限らず、社会に前向きな結果をもたらすこともある（例えば、関税の撤廃を求めるロビイング活動など）。従って、非生産的行為と経済の成長または停滞との関係は、単純な単線的関係では決してないという。Bhagwatiによるこの再定義は、レントシーキング・腐敗・賄賂の要求・贈賄などの行為が招く経済的結果についてより理解を深めるうえで助けとなる。KhanとJomoによる東南アジアの発展途上国の研究も、レントシーキング行為と経済成長ないし停滞との間の関係は決して単線的とはいえず、レントの類型やレントシーキングの過程および結果によると指摘している（Khan and Jomo 2000）。

レントシーキング行為に関する概念の発展の初期段階においてTullockとKruegerが行ったレントシーキング行為の捉え方は、「レントシーキング社会」を、仮説としての原初的市場経済（original state of market economy）と対比するものであった。Kruegerの古典的な命題では、レントシーキング社会において人々は社会資源を生産性なきレント獲得競争へと振り向け、その結果レントの価値の損耗と社会的な浪費を招いて、経済成長を損なうという。レントシーキング活動に制限を設けることの政治的意義を論じる際、Kruegerはこう述べている。「レントシーキング行為の存在は、経済システムに対する人々の見方に必ず影響を及ぼす。仮に、所得の分配が宝くじのような運の良し悪しの産物だと思われているとしよう。こうした状況下では、金持ちとは運良く成功したレントシーキング・ゲームのプレイヤーであると見なされ、逆に貧乏人はレントシーキング・ゲームから排除された者、もしくはゲームに参加しても失敗したレントシーカーと見なされる。これでは、市場メカニズムへの疑いが生じるのは当然だ」（1974:302）。ここでの「市場メカニズム」は、ある種の原初的かつ理想的な状態として想定されている。つまり、政府による管理・規制がないならば、レントシーキングもレントの奪い合いも生じないというものだ。この仮説の状態は、自由主義的な市場資本主義の理想型に基づくが（Khan 2000:21）、この理想型は、ポスト国家社会主義段階の移行経済（transition economy）には当てはまらない。中国を例に取ると、この種のポスト社会主義経済システムにおいて国家はそもそももとから経済活動を主導しており、同時に莫大な公有財産権を掌握してきた。従って、ありとあらゆる場面・局面に管理と関与があまねく行き渡っているのが常態であって、この常態こそを分析の起点とせねばならない。我々の問題意識は「猖獗を極めたレントシーキング活動がなぜ経済の停滞を招かなかったのか」ではなく、「移行経済において、猖獗を極めたレントシーキング活動が経済成長と併存し得たのは、または経済成長を妨げなかったのは、どういう要素によったのか。官僚のレントシーキング活動がメーカーからの純然たる財政的収奪へと悪化せずに済んだのは、どのような条件によったのか」である。さらに一歩進み、私企業たるメーカー（外資企業）の立場からは、問いはこうなるだろう。「台商（外資）がレントシーキング行為を欣然と受け入れ、中国での投資・経営を続けたのは、どういう要素によっていたのか」。

7.2.2. 組織的レントシーキングの定義

前述した新たな分析の起点に基づき、本書では次のような道筋を示す。つまり、レントシーキングと経済成長の関係は、かならずマクロな政治・経済と歴史的制度の文脈のなかで分析されなければならない。中国式レントシーキング社会の特徴は、広範な個人によるレントシーキング行為以外に、地方政府による集団的で組織化し制度化したレントシーキング活動にさらに注意を要するという点である。官僚による集団的なレントシーキング行為は——すなわち、本書が提示する組織的なレントシーキング行為モデルは——、産業政策と高度な相関関係を持ち、また中央政府が官僚に与えるインセンティブのメカニズムとも密接に結びついている。中国の移行経済において、組織的レントシーキングは、ひとつの主要な制度的基礎のもとに誕生した。それは、各級地方政府にかなり広範かつ弾力的な管理と許認可の権限を付与したことである。地方政府はこれらの権力を行使する過程で予算外収益を獲得し、それを地方財政に補填することができた。また、こうした管理権や許認可権を手にしたことで、地方政府はグローバル価値連鎖のガバナンス構造に切り込み、そこから経済的余剰を獲得することもできたのである。

従来の伝統的な理論に基づくレントシーキング行為ないしDUP活動の線引きは、行為それ自体と経済活動の結果との関係に基づいて行われるが、この分析方式には重大な制約が伴う。この方式は、レントシーキングを行う者を社会学的意味でのアクター（rent seeker as a sociological actor）と見なすことの理論

表7.1　組織的観点に基づくレントシーキング行為の類型

	集団／会社	個人
国家アクター	(A) 組織的レントシーキング：加工費・管理費・土地賃貸・社会保険料など	(C) 官僚の腐敗：賄賂の要求・収賄・バックマージン・不正手段による売官など
非国家アクター	(B) 企業のレントシーキング行為：輸入割当て・独占経営権・低利子ローン・輸出税還付など	(D) 個人のレントシーキング行為：贈賄・不正手段による買官など

出所：筆者作成

的意義を軽視しているからである。ゆえに、組織という観点から、レントシーキング行為についての新たな分類を行いたい。筆者はここで二つの次元での分析を提案する。つまり、一つはアクターの組織化の程度、そして二つ目にアクターと公権力との関係である（表7.1を参照）。組織の観点に基づいて、我々はレントシーキングのアクターを二種に分類する。一つは集団と会社、もう一つは個人である。そして、アクターと公権力との関係については、国家アクターと非国家アクターの二種に分ける。両者の主な違いは、公権力を持つか否かである。こうして、表7.1の2×2のマトリックスに、レントシーキング行為の四種類の純粋型が得られる。そのうち（A）類が、我々の着目する組織的レントシーキングである。組織的レントシーキングには、いくつかの特質がある。(1) 政府と官僚が経済領域において、ゲームのルールの「制定者」としてだけでなく、ゲームの「参加者」ともなってレントシーキング活動に関与する。(2) この種のレントシーキング行為は国家の認可を受け、もしくは国家より権限を授与されて、一定の「正当性」を有する。だが、同時にグレーゾーンも存在する。例えば、加工費の値引きを行って企業の投資誘致を図ることが地方政府および官僚の裁量権となっているが、これは権力と資本家の間における利益の交換でもあり、値引きが賄賂となって返ってくるのかもしれない。あるいはまた、納福村の事例における土地取引と特別管理費との間にも、権力・金銭間取引のあいまいさが認められる。というわけで、こうしたレントシーキング行為の正当性とは、特定の制度的条件に制約される条件付き正当性（contingent legitimacy）であり、普遍的な正当性を有するとは言えないのである[1]。

中国の官僚が移行経済体制期に手にした裁量権の範囲は、相当に大きなものだった。本書が焦点を当てる加工費を例に挙げるなら、加工費の収益は組織的レントシーキング活動のターゲットとして、権力としてのあるいは制度としての特徴を次の通り具えていた。中央政府が加工貿易に従事する権力を各級地方政府と国営企業に授けた。それにより、地方政府と国営企業は加工貿易従事権、およびこの権利を他のアクター（政府機構・個人・外資）に授ける権限を獲得したのである。地方官僚が手にしたこの一連の権力を、「加工貿易許認可権」と称してよいだろう。加工貿易の許認可権にからんで派生する地方政府の簿外収入に限っても、加工費以外のさまざまな収益として、例えば外貨の使用権、工場建屋・土地の外資への賃貸、労働管理費、民工の暫住証の手続き費用（廃止済み）、社会保険料と住宅積立金など地方のものに姿を変えた収益類がある。この他、地方政府と輸出業務に従事する製造業外資との間で取引が進行する過程でも、その他の集団ないし個人に属する収益が派生した。例えば、外

1　増訂版註：本書の初版を2019年に刊行後、筆者は洪源遠（Ang 2020）の議論を目にした。すなわち、官僚に費用を払うことと引き換えに政策・待遇面の優遇を享受すること、いわゆる「通行料」（access money）や「効率賃金」（efficiency wages）と呼ばれるものは、中国における腐敗の一種の主流たる形であり、経済的損失をもたらさないかもしれないという主張である。洪の論点は、筆者が得た知見と似ている。筆者の分析と彼女のそれとは重なる部分があるが、異なる点もある。筆者は集団的な腐敗ないしレントシーキング活動を強調し、それに加えて一種の制度主義の論理を用いてこれら行為の説明を行っている。この他、洪は次のように指摘する。通行料の運用とは、まるで「資本主義のステロイドのようなものだ。……その危害は、危機的な事件が起きる時に初めて爆発する」と（Ang 2020:12-13）。筆者の理論は、洪のそれとは根本的に逆である。腐敗あるいはレントシーキングは、企業を襲う脅威にいつでもなりうるし、財政を食い物にする収奪行為へと深刻化することもありうる。だが、その他の制度的条件が制御されている状況下で財政を狙い撃つ収奪が起こらなかったのは、なぜだろうか。筆者の論点は、グローバルな連結という構造的要因は組織的レントシーキングに有利となる論理をもたらしもするが、政府や官僚による財政収奪行為を抑制する作用をももたらす、というものである。本章に後述する議論を参照されたい。

資の社会保険料納付に割引を行い、それと同時に官僚が相対的なバックマージンを得ることである。同様に、外資企業に対し官僚が輸出税の還付を行う際にも、簿外のバックマージンが懐に入ることがありえた。吳德榮（2010）の言によれば、レントの創出・分配・渉猟が、「レント生産連鎖」を構成しているという。本書はさらに一歩踏み込み、次のように論じたい。つまり、地方官僚はこのレント生産連鎖において、レントの創出（rent creation）・分配（rent distribution）・渉猟（rent seeking）の三重の役割を兼ね、しかもこの三重の役割の任務を履行する際には、組織化・集団化された方式で実施するのである。

7.2.3. 組織的レントシーキングの運用メカニズム

本書は、組織的レントシーキングを一種の価値収奪行為とみなし、同時に、レントシーキング行為と経済成長との間にはおそらく正の相関があるだろうということを論証するものである。だが、このような正の相関には必ずしも普遍性があるわけではなく、ある特定の歴史的時空に置かれたときにのみ生じうる。以下のことを常に念頭に置かねばならない。つまり、官僚のレントシーキングと汚職腐敗との間には高度な親和性があるため、両者入り混じって見分けがつきにくい。統治者（中央政府・地方政府を含む）の収益追求行為は、容易に略奪行為（predatory behavior）に転化しうる（Levi 1988）。だが中国においては、どのような制度や構造要素が、どのような時間空間的条件のもとで、組織的レントシーキングを一定の範囲に抑制し、純然たる略奪に転化しないような状況を可能ならしめるのだろうか。この問いは、「レントシーキング無害論」への回答となる。問いをさらに一歩進めよう。組織的レントシーキングは中国の移行経済化の過程において、なぜ、経済の動員を促進し、経済発展・成長に寄与し得たのだろうか。この問いは、「レントシーキング成長論」への回答となる。以下、ある一連の歴史的条件（historicity）のもとで、中国がレントシーキング無害論とレントシーキング成長論を可能ならしめたことについて論じたい。

まず、社会主義国家が市場経済へと転換する過程で巨大な官僚システムの経済的役割に変化が生じたことを考慮に入れる。この役割の変化は、当然視されるべきものではなく、厄介な政治的問題であった。中国は、1970年代末期に始まった「改革開放」以来、典型的な市場資本主義の経済体になったわけではなく、いわゆる移行経済の状態にあった。従って、Kruegerなどが想像の産物としての「市場の自然状態」という仮設（市場資本主義の理念型）を移行期の中国社会――政治動員と官僚組織が高度に浸透した社会――に当てはめたのは、分析の出発点としてミスリーディングであった。当時の中国社会は毛沢東主義的な社会主義の枠組みのもとにあり、多大な社会的浪費（資源を遊ばせておく状態）や経済活動を阻害する現象が存在した。官僚階級が「政治主導」の旗を振りかざしたことは、そもそも個人による私営の商工業活動には不利に働いた。旧ソ連や東欧国家とは異なり、中国が1978年から着手した歴史的な変化は「改革」であり、「革命」ではない。東欧国家は1990年代に政治革命を経たが、この革命の「使命」は社会主義体制を徹底的に取り除き、市場資本主義を導入することであった。従って、「市場」と「資本」は、これらの国々の当時の状況にあっては高度な正当性を有していた。ところが、中国の変化の方向性は、東欧とは逆であった。まず漸進的な市場改革が生じ、政治改革は脇に置かれた（または、先延ばしにされた）。官製イデオロギーは「社会主義」の正当性をなおも堅持していた（改革初期における「四つの基本原則」[2]の政治的意義）。これは、中国共産党が依然として統治政党であり、膨大な規模の国家官僚が依然として政治的統治階級であることを意味した。いったいどのようにして、この統治階級を「反商・反資本主義」的姿勢から「商業誘致・資本導入」に熱を上げる姿勢へと変化させたのだろうか。これは1970年代末期、中国の経済改革が発動した段階における最大の課題であった。

本書の第2章は、広東が対外開放の初期に政治的危機に直面し、大規模な「汚職」粛清が行われた事例について、さかのぼって検証を行った。その結果、中国共産党内の保守派が資本主義への数々の疑念を主導したことを明らかにした。それゆえ、党内の改革派は、改革開放は社会主義の枠組み内で進めるものであり、決して「走資」ではないのだということをくれぐれも念押しし

2　［訳註］「四つの基本原則」とは、「社会主義の道、プロレタリア独裁、共産党の指導、マルクス・レーニン主義と毛沢東思想」の四項目。鄧小平が1979年に提唱し、1982年憲法の前文に明記された。

なければならなかった。そうしなければ、新たな政策が正当性を獲得することは及びもつかず、従ってそれは対外開放政策に付きまとう政治的障壁を取り除く努力であった。それとは別に、党中央もまた、官僚階級にインセンティブを提供しなければならなかった。鄧小平が実権を握った時期には、中国の官僚システムを政治主導から経済主導へと切り替える過程で、官僚が経済成長を促進する「積極性」を首尾よく動員することに成功したが、その鍵となった方法とは、官僚階級に政治・経済面で多大なインセンティブを与えることであった。一般論として、地方の経済成長は、幹部の勤務評定や昇進評価の対象に組み込まれる。そして、地域によりさまざまに異なる制度的構造ならびにインセンティブのメカニズムがあった。広東モデルにおいては、加工貿易および外貨収入創出・収益創出が、輸出志向型工業化を推進する動力となった。それまで遊んでいた莫大な資源（人的資源、土地、工場上屋・設備など）が、動員され始めた。それまで経済活動の妨げであった官僚が、情報と権力を手に入れたことで、投資誘致の専門家に変貌した。許認可権を手中にした官僚は、政・商間取引のカードとなったのである。こうした全面的な経済的動員は、「全党総出でビジネス、国を挙げて全員ビジネス」という局面に限りなく近づき、官僚の組織的レントシーキング行為はこうした体制の一つの構成要素となったのである。それゆえ、ポスト毛時代の歴史的段階にあって、組織的レントシーキングは経済的動員を促進し、市場を拡大し、ひいてはレントシーキング行為と急速な経済成長とが互いに絡み合いつつ共存する状況をもたらしたと言えよう。この移行経済において、投資の誘致は地方官僚にとって二重のインセンティブであった。一つは地方財政収入（簿外収入）で、加工費や管理費などの収益がこれに当たる。もう一つは官僚・幹部の個人的な利益であり、これに含まれるのは例えば経済的収益が上がる際に得られる「分配金」や「費用徴収」で、いわゆる「取引型汚職」（transactive corruption）にあたる（Wedeman 2012）。

次に、中国では、実に多種多様な形のレントシーキング活動があるが、組織的レントシーキングが最も突出した特徴であり、かつ、経済発展モデルと密接に結びついている。本書の事例が示すように、企業が直面した政府のレントシーカーは、組織的で、かつ集中型（ワンストップ型）のアクター（centralized actor）であり、分散型アクター（decentralized actor）ではない[3]。この点は、企業が官僚のレントシーキングに対処する際に支出する取引コストの多寡にかかわるものであった。Shleifer と Vishny（1993）は、次のような理論的仮説を提示している。つまり、経済活動によって異なる政府部門が「政府財」（governmental goods）を獲得する恩恵を受けた結果、仮に異なる官僚（機構）間の組織化が行われず、各官僚個人がそれぞれ政治的権力を振るう状況となるなら、個々の官僚は自分の収賄利益の極大化を追求することになり、自らの行為が他の官僚に及ぼす影響を考慮することもない。反対に、もし官僚たちが組織化して「合同での独占」状態が生じるならば、彼らは全体としての収賄利益の極大化を追求するようになり、あらゆる外部要素を内部化することだろう。こうして、一種の集中型レントシーキングのネットワークが、レントの金額を下げ、より良い政府財を供給し、資源配分の歪曲を比較的小さく抑えられるのだという（Blackburn and Forgues-Puccio 2009）。

この理論的仮説は、かつて実証研究において一定の支持を得ているが（Rock and Bonnet 2004）、本書の実証的知見を通じて、さらに一歩踏み込んでこの仮説を検証することができる。広東が加工貿易を推進した過程における外貨分配や加工費や管理費などの「制度設計」は、機能面において前述の「集中型（ワンストップ型）のレントシーキングのネットワーク」に類似している。このため、企業側はこれに対処すべく政府と向き合うに際し、無用に疲弊せずに済み、また非生産的な活動のために多大な資源を浪費せずに済む。言い換えれば、組織的レントシーキングは、レントを払う側がレントシーキング行為に対処する際の取引コストを低減するのだ。個別事例について述べると、本書が分析した台陽公司の合作相手である「莞強輸出入公司」（前期）と「納福管理区」（後期）の両者はともに「政府のサービス提供者」であり、その行為の機能とは、ある特定の行政管轄の範囲内で「合同での独占者」となり、彼らの手で、関係

3　［訳註］ここに言う「集中型」とは、レントに関する窓口が一本化され、外資企業側にワンストップ・サービスが提供されている状態を指す。「分散型」とはその逆の状態を指し、外資企業はレントに関して複数の政府部門・事業所と個別に折衝し対処しなければならない。著者の教示による。

政府機関（数多くのレントシーカー）間の協調ならびにレントの分配を行うことである。企業にすれば、こうした言わば「しゅうとめ」のような存在が「一本化された窓口」として「ワンストップ・サービス」を提供してくれ、様々なトラブルの際には直ちに助け舟を出し難問を解決してくれるのだから、これは効率的な良い合作相手に恵まれたというのが実感であったろう。そしていきおい、その相手による「費用徴収行為」も、より受け入れやすかったのであろう。

従って、本書の知見と議論は、ShleiferとVishnyによる「官僚汚職の組織化仮説」に近いものである。中国の発展の経験に即して、さらに一歩進んで以下の命題を提示しよう。つまり、中国は法治国家ではなく、財産権の保障は有限であるという既定条件のもと、組織的レントシーキングのアクターはあたかも一つのカルテル組織のごとく、政府財を有償で企業に提供し、企業側が政府の政策・行為を予測し得る度合いを高めるよう手助けするとともに、企業側の取引コストを低減している。財産権理論に基づくなら、こうした「マフィア型政府」は、企業にある程度の「信用に足る約束」（credible commitment）を提供している[4]。しかし、再度強調すべきは、この命題は規範命題ではなく分析命題であるという点である。つまり、時空を超えて普遍的に適用されるものではなく、必ず以下の諸点の制約を受ける。(1）組織的レントシーキング行為の正当性は条件付き正当性であり、特定の時空の条件のもとに置かれた際に初めて成立しうる。(2）組織的レントシーキング行為の正当性は、「制度的均衡」に依存する。(3）組織的レントシーキング行為は、それが国際市場とどのような結びつきを持つかに制約される。

三点目として、前述の（3）についてさらに論ずると、我々はグローバル価値連鎖の支配の構造に視点を置き、それが地方政府のレントシーキング行為をどのように制約しているかを観察する必要がある。輸出市場志向の産業では、その製品価格は、数多くのメーカーがグローバル市場での競争に同時に直面す

4　例えば、私有財産権を保障する法律「物権法」は、中国では2007年になってようやく公布・施行された。政府が信用に値する財産権保障を提供できないことは、通常、長期的な成長を阻害する要因と見なされる。「信用に足る約束」の概念については、North（1993）を参照。

る状況のもと、天井効果の制約を受けて低く抑えられる。国際市場は、国内市場とはわけが違う。中国の国内市場には独占と保護が蔓延しているが、輸出製品は国際市場で高度な競争にさらされるので、レントシーキング行為に対して一定の抑制作用が生じる。つまり、経済的レントの額にはある程度の限度（額の頭打ち、キャップ制）があり、かつ「一般的に許容される額」でなければならず、さもなければメーカーは生存もおぼつかない。換言すると、輸出志向型の地方成長同盟は必ず世界市場に軌道を乗り入れて参画しなければならず、その最終製品はグローバルな競争に参加すると同時に、その価格は価値連鎖を牛耳る主導企業が定める価格の制約を受ける。従って、構造上の道理として、地方政府のレントシーキングには境界線が引かれることとなり、そのレントシーキング行為がメーカーの命脈さえ断つほど貪欲なものとなる確率を低減する。一般的に、メーカーが払うレントに対して期待する利益の大きさは、レントそのものの値を必ず上回る。そして、輸出市場では、商品価格は国際市場の制約を受けるため、メーカーはレントのコストを好きなだけ商品価格に転嫁することは決してできない。これは、グローバル価値連鎖が政府の財政的収奪を制約する、重要な作用である。

第四点として、制度的均衡の有無がレントシーキング行為の正当性に影響を及ぼす。広東の加工貿易の制度的お膳立てから観察できたのは、組織的レントシーキングには一定の予測可能性があるという点である。そこには、明文規定ならびに隠れた規定、レントの範囲および規模の大小、レントの取引対象が誰であるか、などが含まれる。それゆえ、制度経済学の視点から見れば、中国の地方政府のレントシーキング行為には一定の信用に足る約束が伴うと言える。この他に、財政的収奪を抑制するもう一つの要素として、一つの地方に互いに競争しあう複数のパトロン（competitive patrons）が存在する点を挙げたい。例えば、台陽の事例に見られたように、制度的均衡に変化が生じたとき、複数の潜在的パトロンが先を争って「身柄預かり」関係の提供を申し出てきた結果、レントの額を大幅に引き下げることができたという状況があった。信用に足る約束、パトロン関係をめぐる競争というこれら二つの要素により、企業と地方政府との交換関係には、準制度化した安定性が具わっている。レントシーキング行為の正当性の有無をめぐる企業側の認識は、この制度的均衡に依拠するのである。しかしながら、国家の政策に変化が生じると、制度の均衡に動揺が生じ、ひいてはレントを支払う側の認識や感じ方に影響を及ぼすことがありうる。例えば、中国政府が1994年に外貨の二本立て制度を廃止すると、外貨を振り込む形で加工費を納付するというレント創出スキームの正当性にメーカー側が疑義を抱くようになった（Wu 2001）。そのため、1994年以降には、加工費という形でのレントは歴史の舞台から徐々に姿を消し、「管理費」・「協力費」などの名目がこれに取って代わった。また、これに続いて「社会保険料」や「住宅積立金」など新たな政策がテーブルに上り、さらに「土地活用ファイナンス」も地方政府による収益創出の新たな手法と化した。これを要するに、1994年に中央政府が推進した税制改革と外貨改革は、地方政府が持っていたレントシーキングの余地を縮減し、そのため地方政府は新たなレントシーキングの道筋を模索することとなった。それはまた、中央政府がグローバル価値連鎖からさらに多くの経済的余剰を収奪できるようになったことをも意味する。

一言で言えば、レントシーキングと成長とが併存する現象には、一定の歴史的段階性がある。歴史的時点における機会という窓が閉じている時には、レントシーキングは、企業も人々もこれを受け入れがたく、それは「有害な」行為となり、そこでは経済行為をめぐる社会的心理の変化の過程が関わってくる。2000年代末期以来、広東は転換期の困難に直面し、これと同時に、政府のレントシーキング行為を企業が受忍する度合いは急激に低下した。中でも、賃金や土地やその他生産要素のコストが急上昇し、地方政府や官僚のレントシーキング活動には正当性がないということがいっそう顕在化した。経済的レントの創出と分配は、改革開放初期には、地方官僚の利益をめぐる動機を刺激する上で有効に機能した。だが、レントの分配を地方官僚の投資誘致のインセンティブとする構造は、徐々に機能低下を起こしている。仮に中国の産業アップグレードの効果が次第に発揮されていくなら、長期的に見れば、組織的レントシーキングは下火になっていくはずである。そうではあっても、地方財政と官僚の収益創出は依然として経路依存性を持つので、数十年にわたる組織的レントシーキングのモデルが習い性となっている広東では、このモデルを脱却することはやはり容易ではない。2013年に至っても、東莞では『東莞市人民政府による、企業の負担のさらなる軽減と経営環境の最適化を実施するための意見』という文書が発出されている。メーカーの簿外費用徴収を引き下げる試みではあるが、実際のところ、多くの郷・鎮政府が今もなお各種の名目を借りては簿外の費用徴収を続けているということに他ならない。メーカー側の率直な感想としては、こうした費用徴収行為は、純然たる集金行為ないし略奪行為と化しているのだ。

以上に述べたレントシーキングと経済成長をめぐる説明は、単線的な因果関係を説明したものではない。本書の方法論的立場は、多重の因果関係が並走・併存する説明（conjunctural explanation）により近い。つまり、ある国際的条件（世界における生産の分業構造の再編成）と国内的条件（ポスト毛沢東時代の改革開放）とが互いに組み合わさった歴史的時空にあって、中国の社会主義経済体制が資本主義市場経済に転換し、政府は潤沢な労働力（民工の搾取）やその他の生産要素（低廉な土地や環境資本）を活用して外資を導入し、同時に官僚階級の経済的インセンティブを発動せしめた。こうして、高度に権威主義的な政治体制および搾取的な労働体制のもとに、経済成長という結果が生じたのである。この説明における各要素の関係は、互いに絡み合い（entwined）、交じりあって（combined）いる。この説明もまた、歴史的制度論の説明である。レントシーキング行為は中国の経済発展における一つのダイナミックな要素だが、その作用は変動するものであり、必ず正の方向に働くとも、または負の方向に働くとも、言うことはできない。そこには歴史の要因が伴うのである。従って、レントシーキングを経済政策に欠かせない構成要素と見なし、レントシーキングと成長は常に正の関係にあると考えるなら（巫永平・呉徳榮 2010）、それは理論面と実証面のいずれにおいても、なお議論の余地があると言わねばならない。

まとめると、ある特定の歴史的段階において、中国の特色ある組織的レントシーキングは発展至上主義という要素と結合し、グローバリゼーションに突き動かされて世界市場と連結したことで、この種の形態の国家機構を略奪的国家に変えてしまうことを避け得たのであった。組織的レントシーキングは中国（広東）の「全盛期」であった1980年代から2000年代半ばまで存在したが、それはレントシーキング開発国家がその活力を存分に発揮した歴史的段階でもあった。以上の議論を総合して、このレントシーキング開発国家の輪郭を、次のように明示することができる。

> 国が地方政府と官僚に組織的レントシーキングの空間を与え、これを用いて地方政府の投資誘致・経済発展のインセンティブを刺激促進する。この種の権力授与の方式は、明文の法規ならびに暗黙のルールを含む。地方政府はこの権力の空間を利用して、経済のグローバリゼーションのプロセスへの関与やグローバル価値連鎖のガバナンスのプロセスへの介入が可能になり、これにより経済発展・成長を促し、また価値の収奪を達成する。

7.3. 中国と東アジア：発展経験の比較

研究者の間では、改革開放以後の中国は開発国家であるとの認識が共有されているが（Evans 2010）、開発国家というこの大きな範疇の中において中国はどのような特徴を持つのだろうか。これを考えるにあたっては、まず、中国を東アジアという地域的文脈内に定置することが欠かせない。それは、その発展する空間の理論的意義を理解し、また東アジア地域を歴史的空間の範疇として捉えるためである。第二次世界大戦以後の東アジアの貿易の拡張には時期による傾斜があり、日本からアジア四小龍へ、そして中国へと拡張していったが、この拡張のプロセスは、グローバル商品連鎖・価値連鎖が主導する加工輸出工業化への動力として現われている。HamiltonとGereffiがかつて提唱したのは、グローバル商品連鎖の観点から、グローバリゼーションのもとで貿易拡張を進めた歴史的原動力を観察することであり、さらにはグローバル商品連鎖の説明枠組みを拡張して個別の国家の経済発展に関する説明にも応用することであった。彼らはまた、国家を中心とする説明を行ってきた過去の経済社会学の傾向を批判し、経済発展と制度の変遷を説明する際に「内発的変数」を重視し過ぎるあまりグローバリゼーションの運動エネルギーを軽視してきたと指摘している（Hamilton and Gereffi 2009:143）。本書は中国の発展の過程を語る枠組みについて、彼らの視点に近い立場を採る。つまり、グローバル商品連鎖・価値連鎖の移動と拡張という視点から、中国がグローバル経済に軌道を乗り入れた運動エネルギー（動力）について説明を行う。しかし同時に、中国の規模の大きさならびに主体的能動性を踏まえれば、中国国内の制度的構造という変数が重要な役割を担ってきたことも、軽視してはならない。

東アジア地域が戦後に急速かつ持続的な成長を遂げたことは、もともと工業化の度合いが低かったアジア四小龍（台湾・韓国・香港・シンガポール）の発展ぶりを通じて広く知られているところである。東アジアの各国の経験にはそれぞれ違いはあれ、全体としてみればいくつかの共通の特質が現れている。特に、台湾と韓国についてはそうである。そうした特質として挙げられるのは、米国の地政学面での役割、権威主義的な政治構造、強固な発展至上主義、輸出志向の産業政策、そして労働者への抑圧である。これらの国々に見られる共通性については、東アジア全体で貿易が拡大を遂げたプロセスを視野に入れて検証すべきであろう。中国は1980年代初頭にEOI（輸出志向型工業化）の政策を発動したが、これは本質的に、東アジア地域の貿易を拡大する運動エネルギーをアジア四小龍から引き継いだに等しい。中国が東アジアの開発国家の隊列に加わってからは、前述した特質のどれもが中国にも見られるようになった。だが、中国という国の規模の大きさ、そしてその制度的構造の特徴ゆえに、独自の発展の経験が形成されていった。BolthoとWeberは、中国とこれに先行した東北アジア三か国（日本・台湾・韓国）との比較を行い、次の点を指摘した。中国は基本的に東北アジアの歩みと歩調が合っており、若干の重要な経済指標に表れたパフォーマンスは東北アジアと同一のパターンを示し、ラテンアメリカやインドとは様相が異なる。だが、中国はいくつかの面で突出したパフォーマンスを示し、それは例えば製造業の輸出の世界シェアや貯蓄率の高さなどである。ところが、経済成長の果実の分配については、中国は東アジア三か国と比べて不均等が甚だしく、逆に外国の直接投資への依存度は東北アジア三か国よりはるかに大きい（Boltho and Weber 2015）。実のところ、中国は東アジアの

表7.2　中国／広東と東アジア開発国家の比較

	中国 1980-2000年代	台湾 1960-1980年代	韓国 1960-1980年代
発展の前提			
地政学的政治構造	米中が連合してソ連に対抗、東アジア冷戦の防衛線が移動	冷戦のピーク期・朝鮮戦争・ベトナム戦争	冷戦のピーク期・朝鮮戦争・ベトナム戦争
発展の条件とプロセス			
国家－市場関係	EOI、市場を管理、指令的コントロール、国営企業の掌握、インフラへの投資	EOI、市場を管理、国営企業の総体的縮小、インフラへの投資	EOI、市場を管理、大企業集団を育成、インフラへの投資
所有制の構造	土地公有制、私有資本の保護の不足、架空所有制	私有制、党国資本	私有制、財閥
外国による直接投資の重要性	高い比重	比較的低い比重	比較的低い比重
労働者に対する搾取と支配	二元労働市場、公民としての身分における差序	国家コーポラティズム的なコントロール、自主労組への抑圧	国家と大型私営資本の結合、労働争議行動の鎮圧
官僚のレントシーキング活動	深刻；組織的レントシーキング	中程度	中程度
発展の結果			
産業構造の結末	国家資本主義、大型国営企業への支援、私営部門に対する抑圧	私営中小企業ネットワーク	私営大企業財閥
権威主義的政治構造の転換	限定的に開放されたレーニン主義的党国体制から党国体制の再強化へ	準レーニン主義的な党国体制から選挙民主へ	官僚権威主義体制から選挙民主へ
経済体制の転換	国家社会主義から国家資本主義へ	党国資本主義から市場資本主義へ	官僚権威資本主義から市場資本主義へ
グローバル価値連鎖内の現在地	グローバル価値連鎖の権力のはしごを急上昇し、自前の価値連鎖システムの創出を図る（2010年代半ばより）	少数のメーカーがグローバル価値連鎖の主導企業の地位を占める（2010年代より）	少数のブランド及びメーカーがグローバル価値連鎖の主導企業の地位を占める（2010年代より）

出所：筆者作成

開発国家の仲間に入ったとは言え、その発展の特徴ならびに発展の原動力は他の国々とは異なり、独自の様相を呈していたのである。

表7.2は、中国と台湾・韓国との比較を一覧化したものである。カバーする時期は、台湾・韓国については1960年代から1980年代、中国については1980年代から2000年代であり、ともにEOI政策の発動から急成長を遂げた30年間に相当する。1980年代から2000年代までは広東のEOIモデルの全盛期であり、それは中国モデルのプロトタイプでもある。以下、発展の前提、発展の条件とプロセス、それに発展の結果に分けて述べ、中国モデルの特徴を際立たせてみたい。

7.3.1. 地政学的関係と工業化の原動力

グローバル価値連鎖の伸張は、しばしば地政学的構造の変動と互いに影響し合う。第二次世界大戦後、台湾と韓国の経済発展は、かなりの程度において両国の地政学的構造内の位置に規定されてきた。冷戦期には、米国の東アジア戦略の調整により台湾と韓国は対共産圏封じ込めの前線基地と位置付けられ、日本に続いて急速な経済成長を遂げる機会を得た。これに対して米国は自国の国内市場を開放し、関税の特恵待遇をも与えた。米国の圧力、および国際経済顧問（アドバイザー）の説得（主に台湾の場合)、あるいは経済危機の圧力（主に韓国の場合）により、輸出志向型工業化（EOI）が推進され、グローバル価値連鎖（商品連鎖）がこれらの国へと迅速に伸張して、30年にわたり持続する高度成長が促された。中国が1980年代にEOIを発動した契機も、冷戦構造の変動と米国の戦略の転換とが関係していた。米国は1970年代より中国封じ込め戦略を見直し、中国と同盟してソ連に対抗する方針へと転換したため、東アジアの冷戦の防衛線は台湾海峡から中ソ国境へと移動した。1980年代には、資本主義世界の経済活動の分業構造に新たな変化が生じる。1985年のプラザ合意以降、日本円の価値が急激に上昇すると、台湾と韓国の通貨もそれに伴って値上がりし、生産要素のコストは急激に変動した。この結果、グローバル価値連鎖が中国へと伸張し、台湾・香港・韓国の伝統製造業はより低廉な製造コストを求めて中国の沿海地区に続々と進出した。この段階になると、米国は国内市場を中国に開放した。四小龍による「経済の奇跡」から「中国の台頭」に至るまで、この地政学的変動がもたらした作用を明瞭に確認しうるのである。中国は、この変動により開かれたチャンスをしっかりとつかみ、毛沢東時代の自力更生政策（autarky）を見直して、国際市場に軌道を乗り入れ、世界の工場となった。しかし、中国は台湾や韓国とは異なり、巨大な規模と強い自主性を持つ国家であるため、経済的な台頭が政治面の台頭ならびに軍事力の増強をもたらすこととなり、ゆえに中国はむしろ地政学的関係に影響を及ぼすに至ったのである。日本は戦後に経済復興を遂げ、世界経済において強力な存在になったが、台頭後の中国と同等な地政学的地位を享受するようなことは考えられなかった。いずれにせよ、地政学的変化は、東アジアの発展において決して無視できない前提である。地政学的変化は、地域における経済変動をもたらし、同時に世界の覇権を握る米国の対アジア経済貿易政策にも影響を及ぼして、商品連鎖の移動・拡張・延伸を招く。米国は第二次世界大戦以降、日本経済の急速な復興と台湾・韓国の工業化を、さらには中国の工業化と資本主義世界システムへの参入を、順次支援・促進した。グローバル価値連鎖が東アジアから中国へと伸張し発展する過程で、地理的な近さならびに言語・文化面の近似性が効力を発揮した。これら二要素は、第一波の資本移動において香港資本と台湾資本が広東で決定的な位置を占めた理由を説明しうる。

7.3.2. 国家一市場関係

東アジアの発展の系譜のうち、台湾・韓国および中国ともに、EOI政策を発動した出発点は権威主義的政権であった。三者とも国家機構は強権国家（strong state）に相当し、さらに国家が市場を統制して（Wade 1990）EOI政策を推進し、インフラ建設への投資も行った。しかしながら、細部の構造には差異があった。台湾・韓国は、経済成長の黎明期にあっては、その国家機構はともに軍事的権威主義の性質を帯びていた。中国はというと、社会主義革命により建国した国家社会主義体制であった。これと別に、台湾と中国には相似点があり、それは党国体制（party state）という点である。中国は典型的なレーニン主義の政体（Leninist regime）で、毛沢東時代の大きな遺産の一つは、国家が社会に対し強大な動員能力を持つことであった。台湾は、準レーニン主義的政体（quasi-Leninist regime）であった（Cheng 1989）[5]。いずれにせよ、このタイプの政権は、経済領域における管理・統制能力がきわめて強い。中国は、国家が財産権と土地所有権を掌握して、漸進的な経済改革政策を採り、かつ政治権力は中国共産党ががっちりと手中にしていた。その結果、改革開放以降も、国家による経済統制に根本的な動揺が生じることはなく、ただ、私営企業に生き残るチャンスを与えたとともに、外資に市場を開放したのみであった。台湾は、これも党国体制下にあり、政府が巨大規模の国営企業と党営企業を統制していたが、しかし米国の影響のもとで私営企業に対する管理を徐々に緩和していった。また、当時のイデオロギー闘争において党国体制が反対運動に遭ったことも手伝い、1970年代以降には規制緩和が進んだ。というわけで、国家と市場（および企業）の関係においては、台湾・韓国・中国の三か国の国家機構はいずれも強い統制能力を持つが、その運用の方式ならびに統制の強度には、やはり顕著な違いが見られた。中国の政府は、マクロコントロールの道具ならびに指令的性格の強い統制を隅々まで運用して、国営企業を持続的に育成した。1980年代から90年代にかけて郷鎮企業と私営部門の活動を緩和したものの、金融部門は極端に国営部門寄りで、私営セクターの資金調達は困難であった。それでも私営企業が徐々に成長すると、国は再び私営セクターの規制を強め、2000年代以降にはいわゆる「国進民退」の現象が生じて、私営企業の発展は制約された（Huang 2008）。

台湾の国営部門はどうであったかというと、工業化の過程で国の支援を受けはしたが、工業生産額に占める比率は徐々に縮小して、経済システム全体が典型的な市場資本主義に近づき、しかも中小企業が主力となっていった。韓

5　民主化以前の台湾は「準レーニン主義型権威主義国家」であり、政治体制の類型としてはメキシコの「革命制度党」（Partido Revolucionario Institucional）に近い権威主義的政体であったが、顕著な違いもみられた。最も大きな差異は、台湾は家族による世襲の統治を行っていた点である（蔣介石から蔣経国に至る「家族王朝の継承」）。これに対し、メキシコの権威主義的政体は、党内における限定的な競争の存在を容認しており、それゆえに71年間にもおよぶ統治期間（1929-2000）を通じ、権威主義的統治は一定程度の安定性を具えていた。

国では、台湾とも異なり、EOIの始動の時点で私営経済が基盤であったが、国家の産業政策のもと、大企業のコングロマリットがGDPの非常に大きなシェアを占めるようになり、私有寡占資本の地位が突出して高くなった（Amsden 1989)。全体的な経済発展について言うなら、中国の特徴は、経済が社会主義から資本主義へと転換したにもかかわらず、依然として国家が経済戦略の決定権ならびに国有企業に対する強大な管理統制権を握っていたことであろう（Tsai and Naughton 2015）。これを基礎として、国家機構は経済的動員と政治的動員を行い得た。中国は経済的余剰の一部をインフラ建設資本に転用して都市建設や道路・高速鉄道の建設など大規模なインフラ建設を進め、その速度たるや歴史的にも稀に見るものであった。このように、中国の国家資本主義を東アジアの開発国家の系譜の中に定置してみると、その独自性は明らかであり、注目に値する。中国の経済システムは規模がきわめて大きい上に積極的な対外発展の野心を持つため、こうした独自性は東アジアの資本主義に新たな要素を注入し、また東アジア開発国家というものの内実を再定義することともなった。ここに言う新たな要素には、東北アジア国家よりもさらに全面的な市場のコントロール、指令的統制の普遍的使用、国営企業に対する厳しい管理掌握、特定のインフラ建設プロジェクトへのいっそう集中的な投資を含む。

7.3.3. 所有制の構造

所有制の構造についても、中国と台湾・韓国の違いは際立っている。台・韓の両国では、EOIの発展過程で、私有企業が大きな割合を占めた。台湾における党国資本の比重は、急速な工業化のもとで次第に下降していった。他方、韓国では私有制の基礎の上に強大な財閥が発展した。この両国のいずれとも異なり、中国の資本主義の過程は、企業の所有権に対する国家の持続的な管理統制に依るものであった。土地が公有制であることに加えて、中国政府は資源の分配においても、その一挙一動が全局面を左右する重要性を持ったため、私営企業の発展を抑圧し、その財産権をも不安定なものとした。私有資本に対する政府の保護は不足し、財政当局による収奪や官僚によるレントシーキングが日常茶飯事という中で、種々の形態をまとった架空所有制（fictive ownership）が時運に乗って出現し、私有資本は政治的な保護を得るべく、身柄を預ける政府機関（いわゆる「しゅうとめ」）を積極的に探しにかかった。そうなると、官僚にとってはさらに多くのレントシーキングの機会が創出されるわけで、架空所有制はさらに度を越して増長する。本書のひとつの大きな発見は、架空所有制と官僚の組織的レントシーキングはきわめて相性が良く、両者は密接な関係にあるという点である。広東では、地方政府が財政面の動機で価値連鎖のガバナンス構造に介入することを通じて、二元為替レートという国家政策のもと、架空所有制が主体となる契約行為によってレント収入を手にし、価値の収奪を成し遂げていた。官僚によるこの種の活動は、本質的には生産過程における経済的余剰（価値）の収奪であるが、架空所有制という包装を施すことで、地方政府の事業所は疑似的企業（fictive firm）に擬態し、それにより「合法的な利潤」を得ると同時に、この過程で行った財政収入の収奪という役回りの本質を隠蔽したのである。

中国の発展における特徴を台湾・韓国の経験と比較すると、いろいろと味わい深い。台湾・韓国はともにかつて日本の植民地であり、それゆえ、第二次世界大戦後には膨大な数の公営企業の資産を接収して引き継いだ。韓国の李承晩政権による1948年憲法は経済計画を強調するとともに、国家による重工業・公共事業・外国貿易の統制を謳った。だが、冷戦構造のもとで北朝鮮の共産政権に対抗すべく、また米国の影響もあり、1954年から国営企業と国有銀行の私有化を徐々に進め、土着資本家階級の育成に力を入れた（Cheng 1990）。台湾の所有制構造の変動の軌跡は、韓国のそれと異なる。国民党政府は1949年に台湾に移転して以降、自らを速やかに準レーニン主義の党国体制へと改造し、同時に日本から接収した膨大な資産をもとに党国資本（国家資本主義の一類型）を形成した。国民党は、1949年から1980年代末期までの間は「外来政権」であり、米国の手で作られた韓国の「選挙民主政体」（とは言え、瞬く間に権威主義的政体へと変質したが）とは性質を異にし、また中国共産党の社会主義革命を経て誕生した全体主義政権とも異なっていた。台湾・韓国と中国は、EOI戦略の発動前の段階でいずれも輸入代替工業化（ISI）の時期を経験しており、その後異なる時期にEOIを発動するが、急速な経済成長を長期間享受した点は共通する。だが、台湾には中国と異なる二つの条件があった。まず、台湾は1960年代にEOIを開始し、中小企業の発展を抑制することがなかったし、また国家イデオロギーにおいて私有企業への敵意が存在しなかった点は、中国と相違する（蔣経国がかつて地場の大企業の発展を抑圧した事実はあるものの）。二点目として、台湾では経済のテイクオフ後まもない1970年代に民主化運動が始まり（繰り返し鎮圧の憂き目に遭いはしたが）、当時この運動の主流となった認識とは、国営・公営資本による独占を打破することが台湾の民主化の重要な前提だというものであった（陳師孟ほか 1992）。以上二点の要素が合わさって、台湾では1990年代初頭から国営企業が民営化する過程が進行した。これはつまり、台湾の経済システムはもとの国家資本主義体制から市場資本主義へと移行したことを意味する。

7.3.4. 製造業外資と輸出経済

発展理論の文献においては、外資の役割をめぐり、かつて激しい議論が繰り広げられた。依存理論派は、外資は後進国を発展のかなわない悪循環に陥れると論じ、対する近代化主義者は、外資は経済発展を促進する媒介たりうると主張した（Stallings 1990）。前者はラテンアメリカを例に挙げ、後者は東アジアの新興工業国を引き合いに出した。台湾・韓国では、1950年代に外資および外国からの援助（主として米国の援助）が重要な役割を果たした。だが、1960年代に入ると、外資が国内投資に占める割合は急速に落ち込んだ。言い換えると、EOIの発展段階において、外資の直接投資（FDI）は特段目立った存在ではなかった。香港も同様であったが、シンガポールは外資の占める割合が非常に高かった（Haggard and Cheng 1987）。これらに対して中国の特徴は、EOIの初期段階で製造業外資による大量の投資に依拠していた。外資がもたらす資金はもちろん、技術や、製品の輸出市場も含まれる。FDIは広東の経済成長にとって、長きにわたり主導的な役割を果たした。時系列に沿って分析すると、中国の資本全体（固定資産）の形成において外資が占めた割合は、1990年代半ばに最大となった。広東では1994年にこの数値が21.6%に達し、対外開放の第二陣にあたる江蘇省では、1997年に17.7%を記録した。全国では、1996年の11.8%が最大値であった。アジア金融危機を経た後は年ごとに割合が下がり、2000年には広東10.5%、江蘇9.4%、全国5.1%であった。世界金融危機の後にも引き続き下降し、2013年には広東2.5%、江蘇2.6%、全国0.9%にまで落ち込んだ（第2章を参照）。つまり、珠江デルタ地域の広東から長江デルタ地域の江蘇に至るまで、外資はEOI発展の最初の段階においてきわめて重要な存在であったと言える。中国は、外資に依拠して輸出経済を推進し、膨大な額の外貨を得て、経済的余剰を吸い上げた。そのため、中国の輸出がGDPに占めるパーセンテージは、東アジアの他の経済実体の平均値を上回る（Hung 2016:77）。中国政府にとっては、こうした「依存モデル」には好循環をもたらす面があったようで、このモデルゆえに中国政府は輸出経済セクターから財政資源を吸い上げることができた。この、外資と地方政府が手を結んで形成した成長同盟において、グローバル価値連鎖の支配者たる主導企業と中央政府の二者は、隠れて手を結ぶ同盟メンバーの役割を演じた。EOI経済の国家発展への貢献度について言うなら、中国は明らかに東アジア発展モデルの一員であった。ただ、そのEOI発動初期における外資への依存度が台湾・韓国に比べてより顕著であり、また、グローバリゼーションによって全世界が結び付く流れに乗じて、中国は国内制度の変革を行い、経済の近代化を推進したのである（Gallagher 2005）。

7.3.5. 労働者の搾取・分配の不平等・高い資本蓄積

中国の発展の特徴は、分配の不平等・高い留保・低い消費である。農民工はその労働力を提供して中国の輸出志向型経済の発展に尽くしたが、それは急速な資本蓄積（留保）の主たる方法でもあった。台湾・韓国では、EOIの実施初期には郷村地域が高水準かつ低廉な大量の移民労働力を提供した。しかも権威主義的政治体制のもとで賃金は意図的に低位抑制され、労働組合活動も政権に抑圧されて、大衆部門（農民・労働者・中産階級のうち下層）は政治から排除され、社会の安全や福祉への政府支出も低く抑えられた。台湾では、政府が国家コーポラティズムを用いて労働者を抑え込み、自主労組を抑圧した。韓国では、国が大手私営資本と結託して労働者の抗議行動を鎮圧した（Deyo 1987, 1990, Koo 2001）。台湾・韓国のこうした特徴は、大部分が中国でも見られたものであるが、ただ中国における労働者の抑圧の手法には独自性があった。その最たるものは二元労働市場であり、その背後の制度的基礎は公民としての身分における差序である。民工は、戸籍上の身分は「農民」だが、職業は「労働者」である。この身分のあいまいさゆえ、彼らは身分と階級のそれぞれにおいて二重の搾取を被ってきた。中国の民工の賃金ならびに社会保障水準は、都市に身分を持つ「職工（正規労働者）」のそれに比べはるかに低く、ゆえに企業は民工労働力を「最低賃金」で安価に雇用でき、かつ社会保険料の負担も少額で済むのであった。最低賃金は、本来は民工の賃金水準の最下限を保証する床板にあたるもののはずであったが、実務において時給額の「天井」にすり替わってしまっていた。政府はこの二元労働市場を活用して、低廉な労働力の供給を安定的に維持し、かつそこからレントシーキングの機会をも獲得していた。

こうした労働体制のもとで、賃金がGDPに占める比率は長らく低迷した。労働者への報酬の対GDP比率を見てみると、1994年から2003年までの平均が51.8%であったのに対し、2005年から2007年までの平均は40.6%に落ち込んでいる。2009年から2012年までの平均は45.5%に戻したものの、依然として低い比率である。また最低賃金について見ると、中国の実質最低賃金（物価指数調整後の指数）は長期にわたって停滞に近い状態（1990年代）もしくは低成長の状態（2000年代）にあり、GDP成長率を下回る。2000年代になると沿海地区で労働力不足の現象が生じ、賃金上昇の圧力に直面したが、賃金水準の急上昇を見たのは世界金融危機の後のことであった。長期におよぶ賃金水準の低位抑制は、中国の大衆階級の購買力不足を引き起こし、消費部門の内需産業の発展をも抑制したのである。

台湾・韓国の両国は、高度経済成長期には公平な分配を伴う成長（growth with equity）で名を馳せた。だが中国の高度経済成長は、それとは逆に深刻な都市・農村格差ならびに分配の不平等をもたらした。中国のジニ係数は、1978年には「均等」に相当する0.293という値であったが（Kanbur and Zhang 2005）、2008年には0.428にまで悪化している[6]。比較対照のために台湾

6 GINI index (World Bank estimate) (https://goo.gl/ubnk7k, 2017年12月29日検索).

の数値を挙げると、EOI発動初期の1961年のジニ係数は0.469と大きかったが、1980年には0.277に縮小し、1989年には0.303であった。また韓国については、1961年が0.320、1980年が0.386、1992年が0.349という値であった[7]。中国が高度の資本蓄積を行っていたことの表れのひとつが高い貯蓄率であり、中でも企業部門の貯蓄率は特に高かった（Selden and Wu 2011）。孔誥烽の研究によれば、中国の固定資産の形成がGDPに占める比率は、1990年代中盤以降、他の東アジア経済体の平均よりはるかに高かった。1990年代中期に40%前後だった数値は、2010年代初期には45%前後に上昇している。他の東アジア経済体はというと、最高を記録した1973年の値も36%前後に過ぎない。また、中国の個人消費の対GDP比は、1970年代後期以降、他の東アジア経済体の平均を下回っている。1980年代には約50%だったが、2010年代初頭には35%にまで落ち込んだ（Hung 2016:78）。これらのデータを総合すると、中国の急速な資本蓄積と高い蓄積率の基盤となったのは、輸出の急成長によって得た利潤と資金であり、さらには個人ならびに世帯の消費を抑え込むことで国家の資本蓄積を達成したと言える。2008年の世界金融危機の後も、中国の輸出は低迷を続けた。政府が採った刺激策は固定資産投資の増加であったが、過度の蓄積がもたらしたのは生産能力の過剰および固定資産回転率の急落であり、国家は福祉を削減し、国内消費は引き続き抑制された（Hung 2016:157-163）。

中国が民工に対して行う制度化した搾取は、台湾・韓国などの開発国家との差異を際立たせる。この身分における差序を伴う労働体制には「制度的粘着性」があり、中国政府は民工の待遇の改善を図るべく新たな政策を公布したものの（例えば2008年の「労働契約法」、2011年の「社会保険法」）、民工とその家族を搾取し差別する労働体制はなおも継続した。しかも、大都市は自らの利益本位の立場で、外来人口（主として民工）に対する差別を強行した。北京市政府が2017年の厳冬のさなかに「底辺人口」を一掃する行動を大規模に実施したことは、公民としての身分に差序のある体制がなお機能していることを、ひいては国家機構が独裁的権力の支持のもとでいっそう強固になっていることを、

7　The complete Gini coefficients 1960-2012. Areppim AG（http://stats.areppim.com/listes/list_gini_1960x2012.htm, 2017年12月29日検索）.

裏付けている。

Arrighi（2007）は、東アジアを一貫性ある歴史的空間と位置づけた上で、東アジアの1880年代以来における発展の原動力は労働集約型の工業化であり、国家が質の高い労働力を活用して戦略的に市場を牛耳ったと論じる。この説明は、東アジア開発国家についての従来の解釈と基本的に一致しており、ただしArrighiは資本主義世界システムの再分業の歴史的契機をさらに強調している。しかしながら、彼の分析は国家と資本が民工階級に対しておこなう搾取の問題を無視している上、彼の分析枠組みは過度に構造化されていて、中国が急速な資本蓄積を達成した制度的メカニズムを説明し得ない。EOIモデルを推進し、労働コストを抑制して輸出競争力を増強するとともに大衆階級の購買力を抑え込んだ発展パターンが払った重大な対価は、農村の破産であった（Hung 2009）。結果として、Arrighiは権威主義的な公民身分体制が労働者に対する搾取に寄与した役割を軽視し、中国の発展モデルを過度に称賛するあまり、苛烈な搾取と高蓄積が経済構造のバランスを狂わせた点や、社会的矛盾が積もり積もって深刻化していった点は、眼中にないのである。

7.3.6. EOI・組織的レントシーキング・搾取

発展途上国では、レントシーキングの現象は普遍的であり、かつ深刻である。だが、レントシーキングを行う社会には経済成長が望めないとは必ずしも言えない。つまり、両者の関係は必ずしも相互排他的ではない。そして、実態の現れ方は国により様相を異にする。台湾・韓国でも、EOIを発動する前の輸入代替工業化（ISI）の段階には、ともにレントシーキング活動が目立って生じた。だが、その主な原因はISIの段階の外貨をめぐる規制や、為替レートの二元化、輸入規制などの政策であり、これらがレントシーキングの機会を創出した。とは言え、レントシーキングのはびこる程度は、政治体制とも関係した。韓国の李承晩政権では、選挙資金の必要性ゆえに私企業集団との間に権力と利益の交換関係が形成され、その結果レントシーキング現象が猖獗を極めた。台湾はというと、蒋介石の独裁政権は党政組織が強い上に財政面の自主性も高かったため、資本家集団に依存する政・商関係の発展は見られなかった（Cheng 1990）。

台湾・韓国両国がEOIの発展に舵を切ってからは、レントシーキング活動もグローバルなリンケージに大きく制約され、緩和へと向かった。

中国では、急速な経済成長の過程でレントシーキング活動に追随する動きが起きたが、それは主にポスト社会主義の移行経済の構造がしからしめたものであった。すでに分析したように、中国の広範なレントシーキング活動には、組織的レントシーキングという一種の特殊な類型が存在する。この類型のレントシーキングと経済の拡張との間には、一定の関係がある。中国と過去の東アジア開発国家を比較すると、中国の組織的レントシーキングの特徴を以下の通り見いだせる。(1) 地方政府が国家の許可もしくは黙認のもと、レントおよびレントシーキングの空間を創出する、(2) レントシーキングはISI部門においてのみ発生するのではなく、地方政府はEOI部門に対してもレントシーキングを行う、(3) 地方官僚は在地に埋め込まれたガバナンスの領域を通じて、価値連鎖内における経済的余剰の吸い上げに積極的に介入する。

一般に、EOI発展の過程では、経済的余剰は主として労働集約型産業を通じて創出されるので、低廉な労働力の充足が必要条件となる。労働力の要素価格が相対的に上昇し、労働集約型産業が凋落に向かい、産業アップグレードの効果が次第に生じると、他の条件に変化がないと仮定すれば、労働力からの搾取により得た経済的余剰の比率は小さくなる。よって、輸出部門に対し組織的レントシーキングを行う余地も、必然的に縮小する。中国では、これは2000年代末から浮上した状況である。従って、中国のレントシーキング発展モデルが今後も持続するかどうかは、目下の大きな難問である。一方では、産業構造が急速な調整局面にあり、国家が地方政府に与えた「合法的なレントシーキング空間」は縮小の一途をたどっている。しかし他方で、地方政府は組織的レントシーキングへの依存性を持つため、手を変え品を変えて別な形のレントシーキング手段を講じ、財政収入の収奪行為をより悪質化している。現時点では、この二つの力が綱引きを演じ、両者が拮抗している。

より長い歴史的視野のもと、組織的レントシーキングを長期にわたる国家と農民の関係の中に定置して考察すると、以下のことに気づく。つまり、組織的レントシーキングは農民工労働力に対する搾取の隠れ蓑であり、その背後にあるのは工業部門が農業部門に対して行う搾取が形を変えたものに外ならず、それはまた、国家が農村に対して行う搾取でもある。こうした新たな搾取の形を、「新型鋏状価格差」と呼びうるだろう。実のところ、歴史の視点から見るなら、農民工に対する搾取とは、鋏状価格差の歴史空間内における移動に他ならない[8]。中国がこの30年以上にわたって農民工から搾り取った鋏状価格差(低位抑制された労働コストの余剰)は、一部が資本家(外資と地元資本)の手に渡り、一部は国家が吸い上げて、急速に蓄積される資金となった。中国というレントシーキング開発国家の発見と分析を通じて、我々は開発国家に対する理解を深めることができ、また開発主義と開発政策の比較研究において理論面の修正を加える可能性もここに示されている。

7.3.7. 発展の結果：比較と相互作用

台湾は、1960年代から80年代にかけての高度成長の過程で、中小の製造業を中心とする分散化生産の企業ネットワークを育成した(柯志明 1993, 陳介玄 1994, Hsieh 2011)。これらのネットワークが構成する供給連鎖は、グローバル価値連鎖と緊密に結びつき、台湾をして核心国家の市場のニーズに直ちに応える経済体とならしめたが(Hamilton and Kao 2018)、こうした特徴を持つ発展は「たたき上げがボスになる」世代を生み出しもした(謝國雄 1997)。この歴史的過程により、台湾は資本主義世界システムの中で半周辺国家へと躍り出ることになり、一部の「ボス」はグローバルな競争力と高利潤獲得能力を持つ「隠れたチャンピオン」に昇格した(謝斐宇 2017)。この基礎のもとに発展を続け、今世紀に入ると台湾の少数のメーカーがグローバル価値連鎖内で主導企業の地位を占めるに至る。例えば半導体業界でウエハーの設計製造に特化するTSMCは、世界のウエハーOEM市場で大きなシェアを占めている。この過程で、台湾の経済システムは党国資本主義から市場資本主義へと転換を遂げた。経済と社会の発展も台湾全体の転換を手助けし、台湾は準レーニン主義的な党国体制から選挙民主体制へと転化して、1986年には政治の自由化が、1992年には

8　鋏状価格差の概念については、第5章5.4.を参照されたい。

民主化が、それぞれ始動した。1990年代に入るまでに、開発国家・台湾は強大な経済的主導権を握り、同時にパトロン―クライアント関係（patron-client relationship）と国家コーポラティズム（state corporatism）を利用して私営企業に対する管理統治を行った。この種の政・商関係には、政治の民主化後に変化が生じた。経済の自由化、管制の解除、民営化に伴って、国家の役割はさらに緻密かつ複雑になり（王振寰 2010）、企業の規模は拡大し、民営の大企業集団が徐々に誕生した（林宗弘・胡伯維 2017）。しかし、企業集団の家族的な色彩はなおも相当に強く残り（李宗榮 2011）、その結果、開発国家は次第に新自由主義型国家へと転換していった（夏傳位 2015）。

韓国では、朴正煕が1961年にクーデターを起こして軍事政権が権力を掌握すると、数年の混乱と模索の時期を経て官僚権威主義的な政体が構築され、経済危機に刺激される形でEOI政策が推進された。韓国のEOI政策の方向性は、台湾とは異なった。台湾が分権式・分散式の政策を採ったのに対し、韓国は選択と集中の方針を採り、選ばれた一部を重点的に育成した。韓国の国家銀行は特定の産業への貸し付けを行い、企業が外国に貸し付けることを奨励した（台湾が外国への直接投資を好んだのとは路線が異なる）。工業の立地はソウルとプサンに集中し（台湾が工業地区を分散して設置したのとは路線が異なる）、その結果、私営の大企業財閥（chaebols）が韓国経済の屋台骨となり、輸出も上位企業10社に集中して、政・商関係、すなわち政権と大企業の結託が形を取って現れた（Cheng 1990, Amsden 1989）。1980年代末期に始まった政治体制の転換により、官僚権威主義体制は選挙民主体制へと様変わりした。また経済体制全体が権威資本主義から市場資本主義へと転換した。韓国もこの段階で、世界システムの半周辺の位置に進入したが、経済の分配におけるパフォーマンスは台湾に比べてやや遜色があった。1998年にアジア金融危機が韓国を直撃すると、外国の債権者と国際通貨基金（IMF）の強い要求のもと、新自由主義的な経済構造改革を進めることとなった。今世紀初めには、韓国経済は発展を続けて核心国家の位置に近づき、大企業集団が展開してきたブランド戦略が奏功して、少数のブランドはグローバル価値連鎖において主導企業の地位を占めた。自動車、消耗電子製品、携帯電話、ディスプレイ、半導体産業では、世界に名高いブランドを生んでおり、たとえばサムスン電子（Samsung）はアップル社（Apple Inc.）との間でハイエンド携帯電話機の世界市場を争うまでになっている。

中国の発展の結果は、台湾・韓国とは大いに異なる。中国がEOIを発展させた結果、国営部門を抑圧する事態は生じなかった。むしろ国は莫大な外貨と資本を獲得したことで、余剰を支援につぎ込んで国営大企業の命脈を永らえさせると、同時に私営部門を抑圧し、こうして経済システムは国家社会主義から国家資本主義への転換を遂げたのである。国は急成長を通じて資金を得ると、海外を舞台に企業の合併・買収・投資を行えるようになり、地域経済を梃子として、国際政治における地位の向上を果たした。他方、国内ではインフラ建設を進め、これにより国家が社会に浸透する基盤的権力（infrastructural power）を大幅に増強し、社会統制を強めた。中国のEOI開始初期の1980年代には、レーニン主義的な党国体制が一度は開放の兆しを限定的に示した。しかし、1989年の天安門事件の鎮圧とそれに続く政治の引き締めにより、政治改革は長期にわたって停滞する。2012年に習近平が政権を継承すると、全体主義への回帰およびハイテク活用による社会の監視を実施し、党国体制が再び強化されて、レーニン主義的な国家資本主義（一種の党国資本主義でもある）となった。

党国体制の転換という視角から台湾と中国を比較することには、大いに意味がある。台湾研究において広範に用いられる「党国資本主義」という概念は、本書に言う中国の「レーニン主義的な国家資本主義」とは異なるものである。主な違いを以下に示す。(1) 政権の性質の出発点が異なる。台湾の国民党による権威主義政権は、準レーニン主義的な政治的統制と伝統的な王朝統治が結合したものである。これに対し、中国はレーニン主義的な中央集権的政権の典型である。(2) 国民党は政権与党の地位に依拠し、「国庫が党の金庫に直結」する仕組みを通じて、巨額の「党資産」を手中にしてきた。中国の国家資本主義体制では、共産党自体は国民党の党資産にあたる要素は持ち合わせず、代わりに「太子党」[9]を通じて莫大な国家の経済資源を掌握してきた。(3) 中国経済

9　［訳註］「太子党」とは、中国共産党の高級幹部の子女で特権的地位を占める者の総称。出自や人脈などの資源に依拠して党や国家の要職に就くなど、大きな

は、40年に及ぶ「改革開放」を経ながら、依然として「集権的管理」の性格がきわめて強く（Lin 2011）、経済に対する国家の管理統制が非常に強固である。その点、台湾の党国資本主義は1980年代の段階で「経済の自由化」と「私有化」の過程を経験している。

40年間の発展を経て、中国は世界システム内において半周辺としての地位をすでにゆるぎないものにしており、製造業の一部においてはグローバル価値連鎖の階段を猛スピードで駆け上がってきた。また、国家による強力な介入を通じて、核心国家が主導する価値連鎖の覇権を迂回し、自らの牛耳る価値連鎖システムを創設しようと試みてきた。グローバル価値連鎖の覇権の背後にあるのは、米国が主導するグローバルな新自由主義の支配構造である。中国は、グローバルなレベルにおいては米国と全面的に対抗することはまったくおぼつかないが（Hung 2016）、地政学上は、ならびに総合的経済力においては、すでに近隣地域の一大パワーである。自らの交渉カードを強化した中国は、ゲームのルールの改変を試みている。技術面の基準を制定し、本土型供給連鎖を育成し、アジア投資銀行を創設し、「一帯一路」戦略を実施して過剰な資本の輸出を行うといった行為がそれにあたる。

広東の発展の経験において我々が見てきたのは、中国の国家（中央政府・地方政府）が在地埋め込みガバナンスを通じてグローバル価値連鎖のガバナンスに介入し、税収やレントシーキングの手段で経済的余剰を収奪し、また産業政策を通じて強権的な産業アップグレード主導や環境汚染産業に対する強力な取り締まりなどを行ってきたことである。これらは国家権力のさらなる増強につながった。そして在地体制は行為主体性を持ち、その国家資本と急成長する製造能力を頼みに、グローバル資本（核心国家）との間に競争関係を展開してきた。この点について言うと、中国は半周辺から核心へと勇ましく歩みを進めており、そこでは韓国の手法の強化版というべき路線を採っている。いわゆる「大推進」（big push）戦略であるが、中国政府は韓国政府よりもさらに積極的かつ強権的な司令塔の役割を演じている。

影響力を持つ。

中国の発展に対する歴史的視点からの考察という本書の主題に戻ると、中国の急成長の過程においては広東モデルがそのプロトタイプであり、核心となる構成部分でもあった。そして、台湾資本は広東の外資のうちでも鍵となる構成要素であった。ここで、歴史的事実に反する仮説に基づいて思考実験を行ってみよう。仮に台湾資本がなかったならば、広東モデルは想像しがたい。そして広東モデルがなかったならば、その後の中国の台頭もなかったであろう。つまり、台湾資本と広東モデルが中国の発展の過程にとっていかに重要であったかを推論することができるのである。

本書が用いる「グローバル資本—産業クラスター—在地体制（G-D-L）」の三者の相互作用という分析枠組みによれば、グローバル資本と在地体制が相互作用を行う領域において、台湾資本は二重の役割を帯びていた。一つには、台湾資本はグローバル資本の代理人（いわゆる「半周辺の肘」であり、大部分は海外展開する台湾の中小企業）として中国の製造現場における価値連鎖のガバナンスを実施する。これは、支配の役割である。それと別に、技術やマネジメント知識の拡散者として、在地大陸資本メーカーの人材育成、産業アップグレード、本土型供給連鎖システムの促進を行う役回りがある。こちらは、協同の役割である。この二重の役割は、伝統産業からICT産業までの各業種であまねく見られた。後者については、台湾で起業したIC設計メーカーのメディアテックを例に取ると、同社は中国の最初期におけるゲリラ携帯電話製造のエコシステム形成を促す上で顕著な役割を果たした（第6章を参照）。

中国は近年、半導体工業を強力に推進し、多くのウエハーメーカーを新設し、それに伴い台湾から大勢の高度マネジメント人材およびエンジニアを招き入れている。台湾の人材の協力により、中国の半導体工業には、台湾（および核心国家）との間に複雑な競合関係が生じている。以前に起きたTSMCとSMICとの訴訟や、現在も係争中の、マイクロン・テクノロジ社が晋華集成電路（JHICC）とUMCを知財権侵害のかどで訴えた訴訟がその例である[10]。ここには、台湾資

10　増訂版註：2017年、マイクロン・テクノロジ社は、UMCが技術を盗用し、かつ機密情報を中国福建省の晋華集成電路（JHICC）に提供したとして、告発を行った。2018年、米国の大陪審はUMCと晋華集成電路を経済スパイほかの罪名で起

本と中国資本の間の相互作用・競争・協力の諸相を見ることができる。

7.4. 「中国製造2025」半導体産業アップグレードの青写真への初歩的評価[11][12]

経済成長の下り坂に直面して、産業アップグレードはどのように推進されるべきだろうか。中国の政策決定者の思考モデルは、明らかに、強大な国家能力を通じて産業躍進プランを推進することを企てていた。2011年に施行された「第12次五か年計画」は、内需市場の発展、およびそれを基礎に外国への販売市場を開拓することを強調している。いわゆる「赤いサプライチェーン」との謂いは、この時期に誕生した。2014年、国務院は国産の半導体（集積回路）産業を育成する「大基金」を設立し、第一期として1,300億人民元を募集するとしたが、2018年には、この額を上回る3,000億元の投資を獲得したと発表した[13]。2015年になると、国務院はさらに「中国製造2025」の文書を公布し、同

訴した。2020年10月、UMCは罪状を認め、罰金6,000万米ドルの支払いと和解に同意した。同社はまた、米国政府と協力して晋華集成電路に対する調査と追訴を行うことにも同意した。Yu Nakamura, "Taiwan's UMC Nears Settlement on Leaking Micron Secrets to China," Nikkei Asia, October 23, 2020（https://asia.nikkei.com/Business/Technology/Taiwan-s-UMC-nears-settlement-on-leaking-Micron-secrets-to-China）; Cheng Ting-Fang and Lauly Li, "Taiwan's UMC to Pay $60M Fine to Settle US Trade Secrets Case," Nikkei Asia, October 29, 2020（https://asia.nikkei.com/Economy/Trade-war/Taiwan-s-UMC-to-pay-60m-fine-to-settle-UStrade-secrets-case, 2022年2月12日検索）.

11 この節の分析は、黄維哲氏との複数回の議論に負うところが多い。記して感謝する。

12 ［訳註］日本語訳にあたり、以下を参照した。雷海涛2022「第12章　半導体産業の動向——米中対立化における国産化の試み」丸川知雄・徐一睿・穆尭芊編『高所得時代の中国経済を読み解く』東京大学出版会、pp.201-217。

13 「中國培植半導體業，擬加碼投資1.4兆元（台幣）」『中央社』2018年5月6日（http://www.cna.com.tw/news/acn/201805060005-1.aspx, 2018年6月30日検索）。

年には「国家製造強国建設戦略諮問委員会」が「院士48名・専門家400余名」を動員して制定した「『中国製造2025』重点領域技術ロードマップ」を公布した。それは基幹産業分野10項目として、次世代情報通信技術、先端デジタル制御工作機械とロボット、航空・宇宙設備、海洋建設機械・ハイテク船舶、先進軌道交通設備、省エネ・新エネルギー自動車、電力設備、農業用機械設備、新材料、バイオ医薬・高性能医療器械を網羅している。このロードマップは、西洋の核心国家のそれに追いつき追い越すべき製造技術の「カタログ」であり、「イノベーション主導のトランスフォーメーション、そしてアップグレード」実現への中国の意欲を示すものである。中国はこの青写真に基づき、「中国製造2025」を広く宣伝して、国外からの技術の獲得に力を入れ、このプランは注目を集めた。だが、このように壮大な戦略を実施する可能性とは、果たしてどれほどのものだろう。それはどのような障害にまみえることになるだろうか。

「中国製造2025」は広い範囲の産業分野に言及しているので、ここでは青写真のうち次世代情報通信技術に関わる半導体産業に絞って評価を行いたい。「大基金」の設立後、報道によると、中国は2018年から2020年までにウエハーメーカー26か所を新設し[14]、うち一部は「大基金」による支援の対象であった。だが、大基金の支援の範囲は半導体供給連鎖の全体を対象としており、つまりウエハー製造、IC（サーキット）設計、封止と検査、装置および部品、特殊素材などの各領域を含む。

目下、中国で操業ならびに新設されたウエハーメーカーの所有制のあり方は、大別して以下の三種に分かれる。

（1）100%外資。例えば、TSMCは以前から上海に8インチ・ウエハーの工場を持つが、近年、30億米ドルを投じて南京に12インチ・ウエハーの工場を建設し、16nm（ナノメートル）ノードを採用して、2018年5月より出荷を開始している。

（2）合資または合作。例えば、「グローバル・ファウンドリーズ」社（Global

---

14 「中國晶圓廠大躍進！ 未來四年將現26座新廠，成半導體設備支出第三大國」『科技新報』2016年12月14日（http://technews.tw/2016/12/14/semiconductor-fab-and-equipment-forecast/, 2018年6月15日検索）。

Foundries）は成都市政府と合作して工場を開設している。また、「ネクスチップ」社は台湾企業パワーチップ社（PSMC）と合肥市政府の合作で、初期投資は合肥市が行い、PSMCは株式保有の形で技術協力を行っている[15]。あるいは、「南京タコマ」社はイスラエルのタワージャズ（Tower Jazz）社との合作で、タワー社が技術者およびオペレーション・インテグレーションのコンサルティングを提供する代わりに、新設した8インチ・ウエハーメーカーの製造能力の50%を取り分として、中国国内市場の拡張を図っている[16]。

（3）中国資本が主であるもの。例としてSMICの上海工場は、同社が2008年に大唐電信[17]を戦略的投資家として迎え入れて実現したもので、国営資本が筆頭株主となっている。「大基金」はSMICを国産チップの牽引車と位置付け、支援を行った。2017年6月には、「大基金」は持ち株比率15.91%で、2番目の大株主となっていた[18]。2015年、SMIC・ファーウェイ・IMEC（ベルギーのマイク

---

15 ［訳註］「ネクスチップ社（Nexchip Semiconductor Corporation）」は2015年創立。「パワーチップ社（Powerchip Semiconductor Manufacturing Corporation, PSMC）」は台湾の半導体メーカー（1994年創立）。

16 増訂版註：タコマ社は地元政府の財政援助を受け、鳴り物入りで資金調達を行ったが、2020年7月に破産している。Juo Guoping and Denise Jia, "Chinese $2.8bn Memory Chip Project Goes Bust," Nikkei Asia, July 14, 2020（https://asia.nikkei.com/Spotlight/Caixin/Chinese-2.8bn-memory-chip-project-goes-bust, 2021年3月1日検索）. 地方政府の財政支援を受けたもう一社の企業――武漢弘芯半導体製造有限公司（HSMC）――は、もとTSMCの共同COO（最高執行責任者）だった蔣尚義をCEO（最高経営責任者）として招き入れ、その高度な製造能力を大いに鼓吹したが、同社もまた2020年10月の財務スキャンダルの中で破綻の憂き目を見た。蔣尚義はインタビューでこう語っている。「不幸なことに、私の武漢弘芯での経験は悪夢というよりほかありません。一言で言い表せるものではないですね」。Sidney Leng,"China's Semiconductor Dream Takes a Hit as Local Authority Takes Over 'Nightmare' Wuhan Factory," South China Morning Post, November 18, 2020（https://www.scmp.com/economy/china-economy/article/3110368/chinas-semiconductor-dream-takes-hit-local-authority-takes, 2021年3月3日検索）.

17 ［訳註］「大唐電信（Datang Telecom, DTT）」は、中国の中央直属企業（国有企業）（1998年創立）。

18 「那個三次創業『中國芯』的美籍台灣人回來了」『文學城新聞頻道』2018年4月

ロエレクトロニクス研究センター）・クアルコムによる合同企業体が、14nmの製造工程の開発に成功した[19]。2017年、SMICはTSMCの元R&D主任であった梁孟松を共同CEOとして招き、R&D部門の責任者に据えた[20]。2016年、「紫光集団」と「武漢新芯」[21]が合併して「長江存儲」[22]を設立したが、報道によれば、こちらももと台湾のDRAMメーカー理事長であった人物を引き抜いて、最高執行責任者（COO, chief operating officer）に任命しているという[23]。

以上に挙げた運営の方式には、いくつかの特徴がみられる。第一に、半導体産業は資本と技術が高度に集中する業種で、巨額の資金を要するため、半導体製造の基盤を持たない中国では、政府および国営企業が推進の主役を担った[24]。「大基金」が目下チップ製造に対して行っている投資先は、SMICなど有名6社を含む[25]。第二に、「市場と技術を交換する」というのが、中国が外資に合弁を

24日（https://zh.wenxuecity.com/news/2018/04/24/7192051.html, 2018年6月12日検索）。

19 「中國砸重本、猛併購，為何拚不出第二個台積電？」『天下雜誌』2018年5月22日（https://www.cw.com.tw/article/article.action?id=5090025, 2018 年 6 月12日検索）。

20 梁孟松は、かつて韓国のサムスングループが資金援助する成均館大学で教鞭を執ったのち、2011年7月にサムスン電子に入社してR&D副総経理を務め、この期間中に同社のハイエンドな製造工程の推進に貢献があったとされる。TSMCは、梁孟松を知財権侵害で告訴したことがある。

21 ［訳註］「武漢新芯（武漢新芯集成電路製造有限公司、Wuhan Xinxin Semiconductor, XMC）」は武漢で2006年に創立。

22 ［訳註］「長江存儲」は、英語名称Yangtze Memory Technologies（YMTC）。

23 「高啟全出手，台灣DRAM 產業恐現逾百人才出走潮」『科技新報』2016年8月26日（https://technews.tw/2016/08/26/charles-kau-dram/, 2018年6月12日検索）。

24 中芯（SMIC）や宏力半導体（Grace Semiconductor）が上海に設立される（それぞれ2000年、2003年に設立）前から、中国には先進的ではない製造能力のチップメーカーがすでにあった。例えば、上海先進半導体（http://www.csmc.com.cn/ch/csmc-8.aspx）や華潤上華科技（http://www.asmcs.com/about.asp）がそれである（それぞれ1988年、1997年に設立）。

25 「2018年中國晶圓製造產業競爭升級，12吋月產能逼近70萬片」『財經新報』2018 年 1 月 17 日（https://finance.technews.tw/2018/01/17/2018-cn-wafer-

求める際の主たる戦略である。中国は半導体産業の内製率を規定し、外資に対する要求は政策文書による規定を有する。従って中国側はこれを根拠に、外資企業に対し、中国に進出して工場を新設するように、あるいは合資または合作の方式で技術移転を実施するように、などと要求するのである。ある関係者曰く、「これのおかげで、外資企業は中国の顧客への説明がしやすくなり、中国で受注を取るのが少しは楽なんですよ」[26]。第三に、人材の引き抜きは中国では常套手段であり、主に米国・韓国・シンガポール・台湾の人材が対象とされる（熊瑞梅ほか 2017を参照）。前述した事例では、台湾資本と台湾の技術者が目立って頻繁に登場していた。第四に、中国は成熟度の高い工程を有するウエハーメーカーを大量に建設しているので、将来的にその製品の品質はともかく、生産能力は爆発的に増大し、市場の構造に影響をもたらす可能性がある。

実のところ、中国が半導体産業の育成を手がけてすでに何年も経つが、その技術水準は世界の最先端からは相当な距離があり、その状態がずっと続いている。SMICを例に取ると、2000年に設立した同社は、8nmの製造能力を誇り、中国のメディアへの露出がどこよりも多い存在であった。現在、中国国内で7社のウエハーメーカーに投資し、イタリアでも1社に出資しているが、製品の良品率は、業界内部では一貫して疑いを持たれていた。同社はもともと、台湾から「出奔した」張汝京のチームが設立したが、設立後まもなく、TSMCから知財権侵害のかどで告訴されている。2009年に双方の和解が成立し、SMICはTSMCに2億米ドルの賠償金を支払うとともに、同社の株式の8%をTSMCに譲渡することとなった[27]。現在、SMICの製造技術面の進展状況は、同社の財務報告によると、2018年第1四半期には28nmノードの占める売上げは総額の3.2%にとどまり、40-45nmノード21.7%、55-65nmノード20.9%、150-

---

factory-12-inches-700-thousand-per-month/#more-322806, 2018年6月12日検索）。

26 聞き取り：NG201807。

27 “Press Releases: SMIC Settles All Pending Lawsuits with TSMC: Anticipates No Disruption to Customers,” Shanghai, November 10, 2009（http://www.smics.com/eng/press/press_releases_details.php?id=51107, 2018年5月25日検索）.

180nmノード38.9%をそれぞれ占める[28]。これと対照的に、ファウンドリ関連技術の世界的主導企業であるTSMCは、2011年の時点ですでに28nmの量産体制を達成し、さらに2018年6月には7nmノードの製造を始めていた。従って、「SMICとTSMCの技術には三世代分、7-10年の差がある」と言われる[29]。営業実績の面では、TSMCの2017年の売上は320億米ドルで、世界のピュアプレイ・ファウンドリ市場の55.9%を占めた。他方、SMICの売上は31億米ドルで、世界市場でのシェアは5.4%であった。TSMCの2018年第1四半期の粗利率は50%[30]、SMICのそれは26.5%であり[31]、両者の開きはかなり大きい。

中国は、2015年に世界のピュアプレイ・ファウンドリ市場の11%を、2016年には12%を占めた。徐々に勃興している中国のファブレス半導体企業は、2017年には市場シェア13%、70億米ドル規模に達する見込みである。うち、TSMCが中国市場の46%を占め、中国資本の主導企業たるSMICの市場シェアは21%にすぎない[32]。2018年7月、米国のCPU（中央処理装置）大手・AMD社（アドバンスト・マイクロ・デバイセズ）が、TSMCと合作して初の7nmのRomeサーバプロセッサを試作し、さらに今後TSMCに量産を委託することを明らかにした[33]。これは、TSMCが7nmノードの製造で世界のトップに立っていることを示し、同社の協力を得たAMDが技術面でインテル社を抜き去ることを意味

---

28 「新聞稿：中芯國際二零一八年第一季度業績公布」7ページ（http://www.smics.com/attachment/20180509180535927415568_tc.pdf, 2018年7月2日検索）。

29 聞き取り：NG201806。

30 「台灣積體電路製造股份有限公司及子公司合併財務報告暨會計師核閲報告民國107及106年第1季」5ページ（http://www.tsmc.com.tw/download/ir/financialReports/2018Q1-C-consolidated.pdf, 2018年7月2日検索）。

31 「新聞稿：中芯國際二零一八年第一季度業績公布」1ページ（http://www.smics.com/attachment/20180509180535927415568_tc.pdf, 2018年7月2日検索）。

32 "Pure-Play Foundries Boosting Their Presence in China," IC Insights, October 05, 2017（http://www.icinsights.com/news/bulletins/PurePlay-Foundries-Boosting-Their-Presence-In-China/, 2018年7月3日検索）.

33 「台積勇奪超微7奈米大單」『工商時報』2018年7月31日（http://www.chinatimes.com/newspapers/20180731000229-260202, 2018年8月1日検索）。

する[34]。

SMICは創立20年近くになるが、TSMCとの技術面の隔たりを今もなお縮められない。これについて業界は、製造の経験、技術の蓄積、知財権、それに「文化」の問題に起因すると見ている。SMIC・TSMC両社の技術力の比較からは、核心国家に追いつこうとする中国の焦りが窺い知れる。中国は、電気通信や高速鉄道の分野で成した成功体験を、果たして半導体産業でも再現できるだろうか。かつて、中国は日本・ドイツとの合作によって高速鉄道の技術を獲得すると、自国の広大な市場を活用して鉄道網を急ピッチで建設し、産業連鎖の構築を実現したとともに、鉄道産業の対外輸出事業を展開してきた。しかし、中国の半導体産業は基盤が脆弱である。高速鉄道と同様の「大推進」に頼るキャッチアップ戦略が、果たして奏功するものだろうか。どうやら、楽観は許されそうにない。生産量を増強すべく、多くの大寸法ウエハーのメーカーに投資を行い、最新鋭の設備を導入したところで、製造工程の先進性や品質の面で十分な信用を勝ち得る保証はないのである。たとえ先進国から人材を引き抜いてこようとも、である。ある業界関係者はこう論評した。「半導体産業は技術面の深度を求めますが、それは『文化』と関係します。中国の現時点の産業文化は、寿命の短い製品に力を入れていますが、IC産業というものは製品のサイクルが長いので、長期にわたって腰を据え、安定した環境で取り組むことが欠かせません。ジョブホッピングや引き抜きは、IC産業の特性になじまないのです」[35]。

文化の話になると、時に、製造業における行為の習慣をめぐる差異が浮き彫りになる。半導体メーカーの現場は、清潔についての要求がきわめて厳しい。ウエハーメーカーでマネージャーとして勤務した経験を持つある人は、こう述べる。「わが社の社長が、一度、北京のウエハーメーカーの現場を見学に行きました。作業員たちが設備や部品を手押し車で工場内に運びこむ際、クリーンルームに入っても室内専用の車に積み替えず、外の車をそのまま室内に押して

---

34 「AMD 的7 奈米製程處理器2018 年將量產，正式超車英特爾」『財經新報』2018年6月27日（http://finance.technews.tw/2018/06/27/amd-7nmchip/, 2018年7月5日検索）。

35 聞き取り：LM201805。

行ったのを、この目で見たというのです。手押し車の車輪についた埃から何から、全部クリーンルームに持ち込まれていったと。台湾では、運搬は必ず室内専用の手押し車で行わなければならず、つまり室内専用車への積み替えが必須です。ところが、中国の作業員は、うっかりミスなのか杜撰なやり方に慣れっこなのかわかりませんが、こういうSOP（standard operating procedure, 標準的操作手順）も順守せず、ただ動いているだけだというんです」[36]。

台湾の業界は、人材の引き抜きにより技術を手に入れる中国のやり方に、ずっと疑問を呈していた。「中国製造2025」の青写真では、半導体産業の内製率を毎年上げていく高い目標が定められている。例えば2020年にはIC内需市場の内製率40%を、2025年には70%を目指すという具合だが、関連技術の獲得に困難をきたす現状のもと、これらを達成できるかどうかははなはだ疑問である[37]。しかも、台湾やその他先進諸国の人材の引き抜きを通じて技術移転の実現を図る中国の目論見は、実現の可能性が決して高くはない。技術移転にはさまざまな知財権や特許の問題がつきものであり、中国側がこれらの権利侵害を回避することは難しいからである。SMICがTSMCの知財権を侵害して訴えられ、賠償金支払いを伴う和解に終わったことは、まさに一つの教訓である。梁孟松がサムスン電子に手を貸した件も、TSMCに訴えられた。現在、梁孟松はSMICに入社してトップ層の座にあるが、そのことがどれほどの作用をもたらすかは、引き続き見守らねばならない。

2017年、広州市黄埔区政府と広州開発区委員会は張汝京と手を組み、粤芯半導体公司（Guangzhou CanSemi Technology Inc.）の設立準備に着手した。同社は12インチ・ウエハーメーカーである。張汝京はいわゆるCIDM（Commune Integrated Device Manufacturer, コミューン統合デバイスメーカー）というモデルを打ち出した。これは、チップ設計・エンドユーザー企業（顧客）・ウエハーメーカーすなわちファウンドリの三者を統合したもので、三者が共同出資して

36　聞き取り：NG201806。

37　“Without Technology, China’s ‘MIC 2025’ Results for ICs Likely to Fall Woefully Short of its Goals,” IC Insights, January 31, 2017（https://goo.gl/2bYsU6, 2018年3月15日検索）.

資金調達の問題をクリアし、リスクも共同で引き受けるというモデルである[38]。この種の合作モデルはシンガポールの「TECH半導体公司」を起源とし、中国では新しい試みであった。粤芯は現時点で創業準備段階にあるが（2017年末にプロジェクトの起工式を実施済み）、共同出資にはオペレーションの複雑さがあり、CIDMモデルが中国になじむか否かは今のところ不透明である。中国のメディアの報道によれば、粤芯は「広州側と調印して以降、音沙汰がなく、あるいはすでに流産したのかもしれない」という[39]。

さて、ZTE事件に刺激されて、中国では「チップを持たざる痛み」をめぐる世論が巻き起こった。この事件が起きて間もなく、習近平が武漢の烽火集団[40]を視察した際、次のように強調している。「核となる技術、鍵となる技術、国の基盤たる産業は、必ずや自足せねばならない。……過去において、我が国は外国に封じ込められた状況のもとで自力更生に励み、身を引き締め、歯を食いしばって、『爆弾2つ・人工衛星1つ』を生み出した。これは、我々が社会主義制度の優位性を発揮したがこその快挙であり、優位性とはすなわち、力を集めて大事業を成し遂げることである」。習は武漢のメーカー「新芯集積回路」を視察し、「二つの百年」という努力目標を実現するよう指示した。核となるいくつかの重大な技術について、必ず自力で困難を乗り越え、自主研究開発に依拠して、チップ技術のブレイクスルーを加速せよという内容である[41]。台湾の業界では、こんな噂が流れた。つまり、大陸の政府は国内のディスプレイパネル

---

38 「『中國芯片教父』，張汝京或將破解廣州『缺芯之痛』」『金羊網』2017年11月4日（http://news.ycwb.com/2017-11/04/content_25650696.htm, 2018年5月20日検索）。

39 「投資150億張汝京芯恩簽約青島，廣州項目或已流產」『集微網』2018年3月31日（http://laoyaoba.com/ss6/html/16/n-667716.html, 2018年5月22日検索）。

40 ［訳註］「烽火科技集団（FiberHome Technologies Group）」は、武漢郵電学院を基盤とする武漢郵電科学研究院有限公司のこと。もと郵電部直属の二大研究機関のひとつで、国務院直属の国家大型科学技術機関。

41 「習近平考察武漢：科技攻關要摒棄幻想靠自己」『新華網』2018年4月26日（http://www.xinhuanet.com/2018-04/26/c_1122749077.htm, 2018年4月27日検索）。

大手・京東方[42]に対して、同社製品に用いるドライバICのうち大陸の国産品の採用が5割を超えるようにしろと圧力をかけており、しかも「良品率が低くとも気にするな、まずは採用だ、採用してから手を打て」との指令まで出しているというのである[43]。

ZTE事件は、中国がもとより全力で推進していた半導体工業の育成を、いっそう加速することとなった。かつて中国の地方官僚が歓喜した「衛星打ち上げ」の歴史的経験からして[44]、現今のウエハーメーカー建設を推し進めるやり方は、リスクに満ちていると言わざるを得ない。競ってウエハーメーカーへの投資・建設が進められている状況は、どうしても各社の技術水準や、建設・生産開始のスピードを争うものになる。ウエハーメーカーは設備費が極端に高額で、投資額は莫大な数字にのぼり、機器は恐るべき「金食い虫」で、最先端のリソグラフィー技術（極端紫外線EUVを用いた技術）によるパターン転写機は1台の価格が1.2億ユーロ前後にものぼる。中国の官僚と企業がレントシーキング行為に慣れ親しんできたことに基づけば、これほど高価な機械設備の購入に際しては、投機や空売買が行われる余地はかなり大きかろうと予測せざるを得ない。加えて、「衛星打ち上げ」なる集団心理に突き動かされ、仮に「指導者の号令がかかったのだから、それに従うまでのこと、コストも品質も二の次でよい」なる論理が本当に半導体産業の文脈内に持ち込まれるなら、それはきわめて理性を欠く態度である。先進国に追いつき追い越せと尻を叩かれ、西洋とのハイテク覇権競争を戦う刺激にさらされようとも、半導体製造に必要な文化を猛ス

---

42 ［訳註］「京東方科技集団（BOE Technology Group）」は、北京で1993年に創立。

43 「陸加速半導體自製，衝擊台廠」『經濟日報』2018年6月19日（https://money.udn.com/money/story/5612/3205665, 2018年6月20日検索）。

44 大躍進期（1958-1960）の中国では、各地方が食料生産量を競うあまり、上級政府に報告する収穫量の数値の水増しが横行した。例えば、河南省の地方幹部が1ムー当たりの収量を1万斤とする水増し報告を行い、「衛星の打ち上げ」と呼ばれたが、この行為は深刻な飢饉を招く結果となった。1957年、ソ連が初の人工衛星「スプートニクス1号」の打ち上げを成功させた。この科学技術上の快挙は世界を震撼させ、中国が「英を追い越し、米に追いつく」という目標を掲げる契機ともなった。これが「衛星打ち上げ」の語の起こりである。

ピードで蓄積できるかと言うと、そんなことはないのだ。

「中国製造2025」に率いられ、中国は世界の先進的な製造技術に追いつき、グローバル価値連鎖の頂点めがけて跳躍し、このモデルで経済の持続的な発展を推し進めようとしている。この産業アップグレードの大戦略は、実現可能だろうか？　現時点では、なお大きな疑問符が浮かび上がる。

増訂版・付記

米中ハイテク覇権競争が激しさを増す中、2019年になると、鳴り物入りで始まった「中国製造2025」は人々の視野からきれいさっぱり消え失せたかのようである。「中国製造2025」のもとで動員された多くのプロジェクト、あるいは実際に資金を投じて建設されたウエハーメーカーが、失敗や、レントシーキングのスキャンダルや、詐欺事件といった末路をたどっている。前述した南京タコマや武漢弘芯などがそれに当たる[45]。

中国は多年にわたって半導体製造分野の推進に注力し、一部では実質的な進展を遂げている。例えば、中国最大のチップメーカーSMICは、現在では世界ランキング第5位に入り、2021年の総収入は推計50.8億米ドル、世界のピュアプレイ・ファウンドリ市場のシェア4.9%を占めると見込まれる。だが、全体としては、中国の技術も生産量も、インテル（世界の半導体における垂直統合製造のリーダー）、TSMC（世界のピュアプレイ・ファウンドリ市場のシェア54.5%、さらに世界の先進的チップ［10nmノード以下］生産量の92%を独占）、サムスン（世界ファブレス市場のシェア17.3%）といったメーカーには遠く及ばないのが現状である。2020年、中国の国産半導体製品は、1,434億米ドル規模の同国半導体市場の15.9%を占めた。2012年時点の国産率すなわち自給率は10.2%に過ぎなかったが、2025年には19.4%に成長すると予測されている。だがこの数字は、「中国製造2025」が掲げる自給率70%という目標にはとうてい届かない（IC Insights 2021:1）。

SMICとTSMCをざっと比較すると、中国が半導体製造の発展において抱えるいくつかの根本的な問題を説明できる。技術面では、TSMCは2021年の純収入の50%を7nmおよび5nmのノードで稼いでおり、他方SMICは28nm以上の枯れた工程に全面的に依存している。また、TSMCの3nmのファウンドリが2022年後半には量産体制に入る計画で、アップル社がすでに率先してこれを採用するほか、インテル・AMD・エヌビディア・クアルコム・メディアテック・ブロードコムなどの各社も、続々とこの先端技術の顧客となる見込みであ

45 ［訳註］本章註16を参照。

る。TSMCの2021年第4四半期の純収入は157.4億米ドル、粗利率52.7%であった（TSMC 2022:2）。同じ時期のSMICの純収入は15.8億米ドル、粗利率35%であった（SMIC 2022:5）。TSMCは中国の半導体供給連鎖において主導的役割を発揮し、中国資本のSMICよりも決定的な地位にあった。TSMCのピュアプレイ・ファウンドリが中国においてあげた売上高は、2015年の21.2億米ドル（中国ファウンドリ市場の44%）から2020年には90.5億米ドル（同前の61%）に増加した。これに比べ、SMICの中国での売上高の増加は、10.8億米ドル（同前の22%）から24.5億米ドル（同前の16%）へという数字であった。2020年には、TSMCの全世界での売上高のうち中国で得たものが21%となり、米国に次ぐ市場となった（IC Insights 2017:1; 2021:2）。TSMCの2nmチップが2025年には量産体制に入る予定で、その技術は全世界の最先端を走り、中国のはるか先を行く。中国のSMICは米国の禁輸措置に遭い、オランダ・ASML社製の極端紫外線（EUV）技術搭載の半導体製造機を入手することができない。米国によるこうした規制の影響もあり、SMICのチップ製造能力は最高でも7nmにとどまる（しかも、商用向けの量産水準に達していない）。

TSMCは、ファーウェイ社の携帯電話機の分野で極めて重要である。米国の経済制裁のあおりを受けて、ファーウェイの半導体設計部門であるハイシリコン社は、先端を行くチップの発注をTSMCに出して生産にこぎつけることができなかった。このため、TSMCの全世界の売上げに中国市場が占める割合は約15%にまで落ち込んだ。だが、このことはTSMC全体の力強い成長に影を落とすものではなかった。同社の元財務責任者が語ったように、「我々は、everybody's foundry（皆さんの受託メーカー）なんです。つくづくすばらしいことです」（陳良榕 2019）ということらしい。TSMCは、その独自の経営モデル——ファウンドリすなわち半導体の受託製造を専業とし、自社ブランドを持たず、顧客と競争関係にならない——により、地政学的状況やグローバル供給連鎖の変動に弾力的に対応することが一貫してできているのである。

米国の熱心なラブコールを受け、TSMCは2020年、アリゾナ州に先進的な5nmのウエハーメーカーを建設すると発表した。その1年前に、創設者の張忠謀はこう述べている。「TSMCは、平和な時代にはひっそりと供給連鎖の一環を担うのみだが、世界が落ち着かなくなると、つまり今のような時には、地政学的策略を弄する者たちの争いの舞台になってしまう」(林薏茹 2019)。張忠謀は、TSMCの直面する問題を正確に言い当てている。だが、このように定義される戦場は、TSMCにのみ当てはまるのではない。台商・台湾・中国に、そして世界全体に、同じことが言えるのである。

2020年12月、SMICおよびその関連企業は米国のエンティティー・リスト(輸出規制リスト)に加えられた。その理由は「中国の軍民融合の策略ゆえ、およびSMICと中国の産軍複合体の恐れのある実体とによる活動を示唆する証拠ゆえ」であるという(Department of Commerce Bureau of Industry and Security 2020:83416)。2022年10月には、米国のバイデン政権は中国のハイテク部門に対する制裁の拡大を宣言した。それには半導体・AI製造・スパコンが含まれる。この制裁措置において、米国は「外国直接製品ルール」(foreign direct product rule)を引用し、およそ国家の安全に関係するものについては中国への輸出を禁ずるとし、規制の対象範囲についても米国人(米国国籍者ならびに米国永住権を持つ者)と明示している。米国による一連の制裁措置は、中国の半導体アップグレード計画にとってさらに重大な挑戦となっている。

第 8 章

結論——罠と挑戦

中国が資本主義に復帰して40年が経ち、世界がその結果に注目している。グローバリゼーションは中国経済のありようを一新させたが、逆に、中国が世界の政治・経済に新たな因子をもたらしてもいる。中国が世界のゲームのルールを変えつつあることに期待を寄せる、あるいは憂慮する人は多いが、中国にその能力および意向があるか否かを疑う人も少なくない。本書の結論に当たるこの章では、以下の三点についてまとめ、応答する。中国は発展の罠に落ちるか否か、米国はなぜ「中国製造2025」が目指す産業アップグレード計画に制裁を行うのか、そして、中国の資本主義への復帰が世界にもたらす理論面の挑戦についてである。

8.1. 中国の発展の罠

第二次世界大戦以降、東アジア諸国は40年に及ぶ発展を経て、日本や東アジア四小龍では産業構造のアップグレードが順調に進展し、社会福祉が大幅に向上し、中産階級が顕著に増加して、社会的格差は縮小した。その後、中国も東アジアの開発国家のグループに加わり、高度成長期を経験した。その結果、この40年来で国民総所得は急成長を遂げ、経済力は世界第2位にまでなったのである。しかし、労働集約的工業化モデルのもと、民工を搾取して得た莫大な余剰価値は国家と資本が山分けするところとなり、こうした余剰分配と資本蓄積のあり方は、国民総所得の分配において深刻な不平等を生み出し、また重篤な環境破壊、レバレッジを利かせた金融オペレーションや深刻な資産バブル化を招くに至った。長期にわたり醸成してきた社会的経済的矛盾は、政権が抑圧し覆い隠してきたが、それでも社会の不満はたびたび爆発している。中国は発展のエネルギーを持続し、成長に急ブレーキをかける罠を回避することができるだろうか。あるいは、より根本的な挑戦として、中国は体制改革を進め、既存の発展モデルの限界を突破することができるだろうか、という問いが浮上する。

まず、本書の最も重要な知見を振り返りたい。広東モデルは中国が資本主義の世界に再び参加する起点となり、その労働集約型輸出工業化モデルが賃金・労働コストを低位抑制し、中国が巨額の外貨ならびに経済的余剰を獲得することに手を貸し、国家と資本（外資・国営資本・民間企業を含む）が最大の受益者となった。中国の統治エリートは「ローカル」と「グローバル」を結びつけることに長け、グローバル価値連鎖の節（ノード）において潤沢な収益を収奪してきた。国家部門が吸い上げた莫大な経済的余剰の一部は官僚・幹部の懐に入り（分配金・賄賂・レントなどの形で）、別な一部分は国家建設の基金となった。こうした発展モデルが、中国経済のテイクオフの基盤を築いたと言える。従って、1980年代から2008年にかけての時期に労働集約型産業が成した多大な貢献を、過小に評価してはならないのである。とりわけ1990年代に至るまでの時期には、中国の発展にあたっての資金の大半を、いわゆる「海外華僑資本」に依拠していた。そして、台湾資本ならびに台商は、その主な要素のひとつであった。広東モデルにおいて（中国モデルも同じなのだが）、国家が労働コストの低位抑制に用いた道具は、公民としての身分における差序ならびに二元労働市場であった。民工の労働コストの低位抑制と、大衆（世帯）の消費の圧迫とが、中国の搾取と蓄積のモデルの特徴であり、これが中国の発展モデルを定義づけてもいる。こんにちに至るまで、広東モデルの要素と影響力は、中国全体の発展の軌跡に今もなおくっきりとした印を残しているのである。

奇妙な逆説であるが、ひとつ前の段階で達成した中国の「発展の成果」が、その次の段階の発展を待ち受ける罠となっている。過去40年来にわたる中国の発展モデルは、国家が民工という階級を創出し、民工から多大な余剰を搾り取って高蓄積を達成するモデルであり、それによってレントシーキング開発国家の形成を促進することになった。このような体制の構造は、ひとつ前の段階においては、中国の急成長を手助けするとともに大規模なインフラ建設の推進にもつながった。しかし、この同じ体制の構造が、国民の所得分配を捻じ曲げたのであり、それはすなわち社会的・経済的不平等が続いたことの根本的原因であった。

2016年の中国の１人当たりGDPは8,123米ドル、PPP（購買力平価）に換算すると15,529米ドルであった[1]。世界銀行のデータによると、1978年から2016年までの間における中国の1人当たりGDPの実質成長率は平均8.6%であったという。中国経済は2008年の世界金融危機を経て下降に見舞われ、その後速やかに立て直しはしたものの、成長率は2012年以降減衰し始め、2012年から2016年までの1人当たりGDPの平均成長率は6.8%となった[2]。中国の中長期的な持続的成長には、行く手にさまざまな不確定要素が待ち受ける。例えば、生産能力とイノベーション能力を向上しうるか否か、開放的な市場競争・教育環境・法治社会・財産権の保障などを確立しうるか否か、などである。これらの難題に加え、前述した各種の社会的経済的矛盾も、高いハードルである。第一段階の高度成長を経験した中国にとって、労働集約型の加工貿易による急成長のモデルはもはや過去のものだが、さりとて、自前の技術や国内市場を発展させる試みはボトルネックに直面している。その結果、成長の勢いは弱まっており、仮に成長率が引き続き下降するなら、中国は発展の減速もしくは停滞に陥る公算が大きい（いわゆる中所得国の罠）。

多くの研究者や政策顧問らが、中国経済の構造調整の必要性を指摘している。中でも最も重要なのが、蓄積モデルを修正して賃金と社会福祉水準を大幅に引き上げ、庶民階級に購買力を付与して、国内市場を発展させることである。この、分配の再均衡化を図る政策は、必然的に地方成長同盟の根本的な再編につながり、既得権益集団に衝撃をもたらす。このほか、中国は政治改革を進めて、よりいっそう民意に基づき説明責任を果たすモデルを導入するとともに人民の政治参加の権利を拡大する必要がある。しかし、2012年に政権の座に就いた習近平が行ったのは、「汚職・腐敗の根絶」キャンペーンであり、同時に統治権力の集中を強め、より強大な党国の規律に依拠して官僚の行為を取り締まることであった。つまり、体制の問題に手を付けることはしなかった。明らかに、中国政府にはこの党国装置の規制管理ならびに資源の分配方式について改革を行う気はなく、その政治方針は前述した各種の社会的経済的矛盾を緩和するも

1　世界銀行データベース（https://data.worldbank.org/indicator/NY.GDP.PCAP.KD.ZG?locations=CN, 2018年6月28日検索）。

2　世界銀行のデータ（註1）より算出。

のではなかった。政治面の緩和・自由化は行われなかったばかりか、抵抗する民間勢力に厳しい弾圧を加え、「七つの禁句」[3]政策を下達し、ハイテク活用による監視を実施して、ドイツの研究者が「デジタル・レーニン主義」（digital Leninism）と称するところとなっている[4]。このことは、中国共産党政権の正当性が後退しつつあり、ゆえにより精密な手法をもって社会を監視・監督する方向に転換していることの現れである。こうした息の詰まるような政治体制のもと、思想の自由やイノベーションの欠落した空間は、市場経済の発展の足を引っ張る要因である。目下の国家資本主義の枠組みを持続し、国家によるインフラ建設への投資を引き続き重視するならば、将来的に国営資本による圧倒的独占の局面が揺らぐことは考えにくい。同時に、民営資本は国家資本あるいは共産党要人の二代目（「紅二代」）の資本と手を結んでその保護を仰がねばならなくなり、そうして国内市場のレントシーキングのゲームに加わらざるを得なくなるだろう。このような構造のもとでは、真の私営資本は生存も成長も難しい。こうした趨勢は、持続的な成長にとって不利に働き、所得分配の改善に至ってはいっそう困難になるだろう。

過去の高度成長の段階にあっては、レントシーキング開発国家というあり方を実現可能にした重要な要素は、その輸出志向であった。それは、加工輸出部門が世界市場と緊密に連携したこと、国際的競争がレントシーキング行為に対

3　［訳註］「七つの禁句（七不講）」とは、2013年に中国共産党中央弁公庁から出された通達の内容。大学・知識人に対し、1）人類の普遍的価値、2）報道の自由、3）市民社会、4）公民の権利、5）党の歴史的誤り、6）特権階級の権益独占・腐敗、7）司法の独立の七点について議論や授業での言及を禁じるというもの。これに先立って2013年5月に中国共産党中央弁公庁が関係部門に送達した非公開文書「目下のイデオロギー領域の状況に関する通達」（9号文件）とともに、習近平政権の思想・言論統制強化の姿勢を象徴する（松本はる香・木村公一朗2014「2013年の中国　習近平政権の本格始動」『アジア動向年報』2014巻、pp.133-168.）。

4　“Event Recap-Leninism Upgraded: Restoration and Innovation Under Xi Jinping,” Harvard University Asia Center, April 13, 2017（https://asiacenter.harvard.edu/news/event-recap-%E2%80%93-leninism-upgraded-restoration-and-innovation-under-xi-jinping, 2018年1月25日検索）.

し一定の抑制作用をもたらしたことを含む。この段階では、グローバル資本主義の在地体制への埋め込みが制度化し拡散する現象が生じた。だが、習近平政権が「輸出代替工業化の深化」(deepening ISI)の推進に力を入れたことで、党国資本集団が拡張を続け、いわゆる「国進民退」現象が際立つようになった。そして、社会統制は絶えず強まり、閉鎖的な政治・経済システムが構築される傾向が強まっている。こうした方向性は、過去の発展モデルとは相反するものである。この趨勢が今後も続くとすれば、我々の予測では、レントシーキング開発国家は過去の10年間よりもさらに克服困難な障害に直面し、衰亡への道をたどるのではないか。当初は発展と歩みを共にした組織的レントシーキングも、瞬く間に財政からの略奪行為へとなり下がるであろう。

2018年3月、全国人民代表大会は憲法を改正し、国家指導者の任期制を廃止して、習近平が「終身指導者」の最高権力を獲得した。国家指導者が終身制になったことで、政権継承の問題が先延ばしになり、短期的には継承をめぐる党内エリート間の競争が緩和されて、習近平政権が喫緊と考える課題に集中して取り組みやすくなったように思われる。だが長期的に見れば、このことは過去20年来の、2期で交代するという継承のルールを破壊したことに外ならない。そしてより根本的な問題は、終身指導制は政治的決断の時間的圧力を凍結したものの、同時に中国が経済構造の再均衡に取り組むべきタイミングを逃し、問題を先送りにした点である。仮に中国の経済成長がこの先も緩慢なままであり、国家が吸い上げる歳入が減少するなら、レントシーキングを行う力量をめぐる統治集団内部の闘争が激化するであろうし、それは国家財政を支え安定を保つ能力を押しつぶす方向に働くであろう。これらの問題が今後もくすぶり続け、解決が望めないならば、ポスト習近平の座をめぐる闘争の中でそれらが爆発し、中国にとってさらに越えがたい「政治的ハードル」と化すことは間違いない。だが、「ポスト習近平の時」がいつ来るかを、いったい誰が正確に予測しうるだろうか。

8.2. 「中国製造2025」に挑戦する米国

中国経済の急速な台頭が、米国の主導する世界秩序にもたらしたかもしれない衝撃については、二種類の相反する解釈がなされてきた。一つは、中国は新自由主義的なグローバリゼーションの既得権益者であって、米国とは共生する利害関係にあるので、米国のグローバルな覇権に挑戦する動機もないし、事実としてその能力もない、という見方である（Johnston 2003, Hung 2016）。もう一つは、中国は総合的国力において米国との距離を急速に縮めており、従って米国主導の世界秩序に挑戦する強い動機がある、とする見解である。この見解によれば、中国はすでに修正主義の強権国家になっているので、西側陣営は覇権の移動を全力で阻止せねばならず、中米関係はいわゆる「トゥキディデスの罠」[5]に陥りつつあって、ひとたび処理を誤れば、覇権をめぐる争いの勃発は不可避であるという（Friedberg 2011, Subramanian 2011, Mearsheimer 2014, Allison 2017, Shambaugh 2018）。

この二種の見解は、米国の学術界にとどまらず、一般世論においても論争となり、広く関心を呼んでいる。というのも、米国の覇権が将来も存続しうるか否か、また中国の国際的地位がどうなるかといった問題に関わるからである。中国が世界のゲームのルールを変えつつあるのか否かという議論については、中国の能力ならびに意向が焦点となる。中国の国力に関しては、米国の覇権に挑戦するにはなお足りないとの見方が一般的である。しかしながら、中国の台頭のスピードは非常に速く、米国の相対的な衰退も手伝って、中国は今まさに覇権を争う実力を獲得しつつあると言える。また、意向および動機に関しては、アリソン（Graham Allison）の議論によると、根本的な問題は、台頭しつつある権力と既存の覇権という二つのパワーが敵対し合う状況、すなわち一種の構造的な緊張関係にあるという。恐怖と利益が権力主体の行為を主導し、「なかんずく、既存の権力主体が恐怖を抱くとき、それはしばしば認知の錯誤

5 ［訳註］米国の政治学者アリソンの造語。古代アテナイの歴史家トゥキディデスにちなむ言葉で、既存の覇権国家と台頭する新興国家とが、戦争が不可避な状態にまで衝突する現象を指す。

(misperception)を引き起こすとともに危険を過大視しがちであり、他方、台頭しつつある権力は、その自信ゆえ、自ら変革を遂げる可能性に期待する心理を誘発され、リスクを取る行為を選びがちになる」(Allison 2017:39)。アリソンのこの記述は、敵対する双方が緊張関係に突き動かされて繰り広げる心理的な相互作用を見事に描き出している。中国政府はこの理屈を理解しており、習近平さえもが、2015年にシアトルで講演した際に自ら導火線に火をつけて曰く、「この世界には『トゥキディデスの罠』というようなものはもともと存在しない。それなのに、大国間で一再ならず戦略判断の誤りがあると、自分で『トゥキディデスの罠』を造り出しているのだ」と[6]。習近平は、中国は米国と協力したいし、衝突しない態度を保ちたいのだと、米国を説得しようと試みていたのである。

国際関係理論のうちの一派は、「パーセプション(perception)」の重要性を強調する。パーセプションという英語は、「**認知・感知・所感**」といった意味合いを持つ。外交史において、認知の誤りはしばしば発生しており、それが戦略ミスや意図せざる結果を招いてきた(Jervis 1976)。ゆえに、中国が米国の覇権に挑戦するのか否か、あるいはすでに挑戦しているのか否かは、中国の能力と意向・動機についての客観的評価のみならず、主観的な認知の方向性とも関係する。米中双方の目下の戦略面における相互作用は、互いの戦略的意図に対する精査判定および所感と密接に関連している。目下の情勢はと言うと、米国の政治経済エリートの大多数が、中国は既存のグローバルな権力構造を変えたがっているとの認識を持っている。それゆえ、中国に対する米国の戦略的精査判定は、中国の産業アップグレードというグランドプランに狙いを定めて攻勢をかけたのである。

過去10年余り、中国は中央政府から地方政府に至るまで、産業アップグレードの推進にこぞって努めてきた。産業アップグレードをどのように推進するかについては、中国の政策決定者の思考モデルは明らかに、政治的核心による

---

6 "Full text of Xi Jinping's speech on China-U.S. relations in Seattle," Xinhuanet, September 24, 2015 (http://www.xinhuanet.com/english/2015-09/24/c_134653326.htm, 2017年2月15日検索).

指導を強化し、既存経済の基礎を超越して、強国としての能力を通じて産業の躍進を促すというものであった。いわゆる「赤いサプライチェーン」「半導体大基金」「中国製造2025」などは、「イノベーションを起こし、転換・アップグレードを実現する」という壮大な計画を示して見せており、いずれもこの思考モデルの産物である。

中国のこの産業アップグレード計画は、必ずしも西側核心国家の科学技術の覇権に脅威をもたらすものではない。だが、中国の国内情勢の発展、およびより重要な鍵を握る中国の対外行為モデルについては、米国ならびに西側国家のますます多くの政治経済エリートが、中国はグローバルなゲームのルールに挑戦する意図を持ち、西側の科学技術の覇権に脅威をもたらしつつあると信じている。こうした認知は、同時並行的に起きている複数の情勢を背景に生じている。その一つ目は、中国による地政学上の拡張的行為であり、東シナ海・台湾海峡から南シナ海に至るまで、いずれも既存の秩序に変更を加えるものと認識されている。また、地域経済の面では、過去十数年間にわたり中国はアフリカ・ラテンアメリカにおいてかなり大きな影響力を得ており、植民主義的な企てを持つとの指摘もされている。近年の「一帯一路」の推進により過剰なインフラ輸出を行い、東南アジア・南アジアにおける戦略的優位を次々と勝ち取っている。最近では、スリランカが中国からの債務を返済できず、ハンバントタ（Hambantota）港の99年間の租借権を中国に譲渡した事例がある。

二つ目として、中国が全世界で実施している「シャープパワー」に対し、厳しい監視の目が注がれている（Cardenal et al. 2017）。例えば、孔子学院は、以前は中国のソフトパワーを体現するものと見なされていたが、現在の新たな概念に基づく枠組みでは、シャープパワーを実施する重要な事例と認識されている。孔子学院は善良な文化・学術交流から、悪意をはらんだ文化浸透行為へと変容したというのである[7]。この1-2年、オーストラリアでは、北京の意を受

7　孔子学院（および孔子講堂）は、当初は中国のイデオロギー装置を外国に展開する重要な道具であり、その「任務」の定義は実のところ明確なものであった。ただ、西側諸国は当初、その位置付けについて中国語教育や中国文化の紹介・伝播を行う機関と見なし、その他の疑いを抱かなかった。そして、孔子学院が

けた現地在住華人が中国政府の「現地協力者」[8]となり、政治献金を集めて内政への関与やメディアコントロールを行っていたことが明らかになった。同様の状況は、ニュージーランドでも起きている。この10年ほど、中国が世界に権威主義を輸出しているとの学術研究が、ますます多く出てきている（Diamond et al. 2016）。オーストラリアの事件は、西側世界に警鐘を鳴らしている。中国による権威主義の輸出という悪夢が事実になるとの警戒感である（Garnaut 2018）。西側民主国家が何よりも憂慮するのは、シャープパワーがその民主主義を侵食することである。中国のシャープパワーに対する批判は、西側国家の中国に対する認知枠組みが転換したことを示す。この認知の転換をより大きな視野の中に定置すると、中国が台頭を遂げ全世界への影響力が激増したことに対する西側国家の驚きと、「中国が覇権を争う行為」への警戒心がわき起こり、新たな「防護」あるいは「封じ込め」の政策を採用すべしとの主張が登場していることが浮きぼりになる。

三点目として、中国内部の中央集権的体制、市民社会の抑圧、人民に対するデジタル監視、チベットや新疆ウイグル自治区に対する高圧的統治の継続、香港の民主要求運動への弾圧、そして台湾の選挙に対する干渉・攪乱などは、いずれも西側国家の高い関心を集めている。習近平が国家主席の任期制を廃止したことで、中国共産党政権が極度の全体主義的統治に戻るのではないかとの疑念がいっそう強まっている。

第四に、こうした政治的文脈の中にあって、中国が「中国製造2025」を強力に推進し、世界中で企業の合併・買収を大々的に進め、加えて西側国家のメディアが中国企業の「権利侵害行為」（技術の盗用）に関する報道を絶えず行う状況は、西側国家の疑念と憂慮をなおいっそう誘発している[9]。例えば、中国の

情報操作やイデオロギー宣伝を行っていることに気づいた時点でようやく、この種の機関が世界中に広まっており、大学や地域コミュニティに深く入り込み、西側の多くの有名大学もこれとの間に合作協議書を交わしている事実を知って、愕然としたのである。

8 「現地協力者」の概念については、Wu（2016）、呉介民（2017）を参照されたい。

9 米国のトランプ大統領は「米国国家安全戦略」報告書を発表し、この中で中国が米国企業の知財権を大量に盗用したと指弾している。“National Security

メーカー「美的集団」[10]が2016年にドイツの工業用ロボット大手「クーカ・ロボティックス（KUKA Robotics）」を買収している。その後まもなく、中国・福建の投資会社「宏芯投資基金」がドイツの半導体製造装置メーカー「アイクストロン社」（Aixtron）の買収を図り、ドイツ当局に通行証を没収された事件が起きている[11]。2017年には、「米中経済・安全審査委員会（U.S.-China Economic and Security Review Commission）」が委託した報告書も警告を発しており、米国連邦政府が購入したICT製品のうち中国の供給連鎖に依存した部分には深刻な脆弱性があるという[12]。中国は一貫して「市場と技術の引き換え」の形で、外資に対して合弁モデルを採用し技術移転を行うよう求めてきた。2018年3月に出された米国通商代表部の報告書は、外資の技術移転や中国への投資における所有制のあり方に対して特に疑義を示し[13]、中国の科学技術移転制度のうち外資の出資比率の規制や、行政審査許認可制度、「非公式な行政指導の手法」などを名指しで批判している[14]。同じ月に、米国のトランプ政権は国家

Strategy of the United States of America,"December 2017, the White House, p. 21（https://www.whitehouse.gov/wp-content/uploads/2017/12/NSS-Final-12-18-2017-0905.pdf, 2018年2月15日検索）.

10 ［訳註］「美的集団（美的集団有限公司、Midea Group）」は、中国の電機メーカーグループ（1968年創立）。

11 「德國政府撤回許可，中資收購愛思強受阻」『紐約時報中文網』2016年10月25日（https://cn.nytimes.com/business/20161025/germanychina-technology-takeover/, 2018年5月25日検索）。

12 "Supply Chain Vulnerabilities from China in U.S. Federal Information and Communications Technology," April 2018, principal author Tara Beeny, Interos Solutions, Inc., prepared for the U.S.-China Economic and Security Review Commission.

13 Office of the United States Trade Representative, Executive Office of the President, "Findings of the Investigation into China's Acts, Policies, and Practices Related to Technology Transfer, Intellectual Property, and Innovation under Section 301 of the Trade Act of 1974," March 22, 2018.

14 中国の規定によれば、若干の特定産業（例えば、自動車製造・付加価値を伴う情報通信サービス業）においては、外資による投資には合弁方式が義務付けられ、かつ、その持ち株比率が50%を超えてはならない。銀行業については、外資の

安全上の懸念を理由に、「ブロードコム（Broadcom）」社による「クアルコム（Qualcomm）」社の買収を否決した。主として「ファーウェイ」社の潜在的な影響力を懸念してのことであった[15]。

2018年春、米中両国は「貿易戦」に足を踏み入れた。米国は、中国からの輸入品に関税を課すと脅しをかけて、中国による貿易上の不公平な行為および米国の知財権への侵害行為を改めさせようとした。4月になると米国商務省が、ZTE社が米国の禁止事項に違反したことへのペナルティとして、米国企業に対し同社への基幹部品・コンポーネントの販売を禁ずると宣言した。この措置により、ZTE社はクアルコム社製のチップを入手できなくなった。ZTE社に対するこの禁輸措置は、米国が中国に対し「ハイテク覇権競争」を展開する前哨戦だと一般に受け止められており、中国の5G通信技術の発展も危ぶまれる一手であった。この事件は米中ハイテク覇権競争の氷山の一角にすぎないが、この競争は、中国のハイテク発展戦略にとってより重要性の大きいファーウェイ社にまで波及するだろうか。そしてまた、中国の供給連鎖全体にまで影響を及ぼすものであろうか[16]。業界に明るいある専門家は、こう考える。「ZTEが子ぎつねだとすれば、ファーウェイは巨体の悪辣な狼です。米国が十分な準備を怠

持ち株比率が20%または25%を超えてはならない。上述した註13の資料による。

15 2012年の時点で、米国下院情報委員会の調査報告がファーウェイ社とZTE社について、中国政府と密接な関係を有するこの両社は米国の国家安全保障に対して潜在的脅威をはらむと指弾していた。"Investigative Report on the U.S. National Security Issues Posed by Chinese Telecommunications Companies Huawei and ZTE: A Report by Chairman Mike Rogers and Ranking Member C. A. Dutch Ruppersberger of the Permanent Select Committee on Intelligence," U.S. House of Representatives, 112th Congress, October 8, 2012.

16 ZTE事件の勃発当時、米国商務部もファーウェイ社に対して調査を行った。2018年6月、ZTE社と商務部は多額の罰金を支払うことで合意に達し、商務部は7月初めにZTE社に対する制裁を部分的に解除したが、米国国会はなおも追及の手を緩めなかった。ZTE社は巨費を投じて国会議員へのロビー活動を行い、8月初めにZTE社への厳罰を回避せしめる法案が上院を通過した。"Faced With Crippling Sanctions, ZTE Loaded Up on Lobbyists," New York Times, Aug. 1, 2018（https://goo.gl/8vKn8d, 2018年8月3日検索）.

れば、ファーウェイへの対処は骨が折れるかもしれません。技術面の禁輸措置は中国の通信産業に打撃を与えるでしょうが、とはいえ中国がこの分野で長年たゆまず積み上げてきた実力は、一部のメディアが思うより上を行く可能性があります。マイナスの影響を与えることは間違いないにせよ、にもかかわらず、致命傷には至らないかもしれませんよ」[17]。また、ファーウェイの製品は長らく米国市場に進出できずにいた。ロビー活動に巨額の資金を投じたにもかかわらず、同社と中国政府（および軍）の関係をめぐる米国政府の疑念を減じることができなかったのである。2018年4月、米国のZTE社に対する制裁から間もない時期に、ファーウェイはワシントンでロビー活動に従事していた米国籍従業員5名の解雇を発表した。それは、同社が米国市場への進出を当面あきらめる意向のあらわれであった[18]。

2018年6月、米国政府は、中国に関税を課すと発表した。その対象範囲は、貿易額にして数千億米ドルの規模にのぼった。中国側はこれを受け入れると発表した。米国が中国に対して経済行為を改めるよう圧力をかけることは、貿易戦の形をとりつつ、ハイテク覇権競争および財産権保護戦を展開することに他ならなかった。米国側が重視したのは、中国側が米国企業の知財権を侵犯していること、外資企業の出資比率に制限を課していること、そして内製率に関する規定を設けていることであった。6月末に、中国は新たな「外資進出許可一覧（ネガティブリスト）」を公表したが、ここに示された譲歩はごく限られたものに過ぎなかった[19]。7月6日、米中貿易戦が正式に開戦した。第一ラウンド

---

17 聞き取り：LM201804。

18 “Huawei, Failing to Crack U.S. Market, Signals a Change in Tactics,” New York Times, April 17, 2018（https://www.nytimes.com/2018/04/17/technology/chinahuawei-washington.html, 2018年5月2日検索）.

19 双方の交渉の過程で、中国政府は金融市場の開放を承諾し、2018年5月に金融業の開放に関する新たな法規の最終決定を行う予定とした。それは、外国の金融グループ企業が中国の銀行の株式の過半数を保有することの解禁、米国製自動車の関税引き下げなどを含む内容であった。6月末に中国の国家発展改革委員会（発改委）は「外資企業の投資進出への許可に関する特別管理措置（ネガティブリスト）（2018年版）」を公布し、その中で外資商用車メーカーの持ち株比

の時点では、双方が発表した課税リストおよびその対象範囲の貿易額はなお小規模であったが、9月には米国が追加を行い、中国側も負けじとこれに倣って、エスカレートする一方の貿易戦が世界全体の供給連鎖に深刻な影響を及ぼしはせぬかと、注目を集める事態となった。

米国が「中国製造2025」をやり玉にあげ、中国は技術を盗用していると糾弾することには、同国が一足飛びにハイテク近代化戦略を実施するのを阻止する狙いがあった。だが中国は、産業アップグレード政策において譲歩はあり得ないと言明している。過去の広東発展モデルの軌跡は、グローバル価値連鎖の観点から分析すると、「身の丈に応じてこつこつと」価値連鎖の階段を昇っていくものであった。地方政府と外資が成長同盟を結び、中央政府は同盟の隠れたメンバーであった（第1章、図1.4を参照）。そして今、「中国製造2025」の指導綱領によれば、中央政府は政・商関係に強く介入し、国営企業も重要な役割を与えられて、当初の同盟関係には大幅な改変が加わり、党国資本の働きが突出する状態となっている。そして、先進的な製造技術を迅速に取得し、ひいてはグローバル価値連鎖の頂点に躍り出ようという試みが進められつつあるのだ。

本書が採用するグローバル—ドメスティック—ローカル（G-D-L）連結の分析枠組みに基づいて考えると、「中国製造2025」とは、中国の発展の焦点を「在地埋め込みガバナンスの領域」（在地体制と地方産業クラスターとの相互作用を強調するありよう）から「覇権の支配と競争の領域」（在地体制とグローバル資本との競争関係を強調するありよう）に切り替えるものだと言えよう。「中国製造2025」は、産業アップグレードや本土型供給連鎖育成などの議題において、グローバル資本の覇権との間に矛盾を生ぜしめる（第1章、図1.2を参照）。というのも、中国政府によるこの新たな発展戦略は、前段階の「グローバル価値連鎖に沿って世界の工場を作り上げる」という論理から性急に脱却しようとするものであり、身の丈に応じて価値連鎖の階段を一歩ずつ上るようなことはも

率規制を2020年に撤廃することを承諾した。また、2022年には、外資乗用車メーカーの持ち株比率規制の撤廃、および同一の外資企業が中国国内で同種の自動車完成品製造を行う合資企業の設立を2社またはそれ以下（つまり、最大2社まで）としていた規制を撤廃することを、それぞれ約束した。

はやせず、自らが牛耳る供給連鎖のエコシステムを構築することで西側国家の主導する価値連鎖を迂回し（いわゆる「カーブでの追い越し」）、そしてこの新たなシステムにおいて国家が強制力を伴う余剰の分配を行い、さらに多くの価値を吸い上げるからなのである（中国政府は、毎年のICチップの輸入額が石油の輸入額を上回ると、一再ならず強調している）。中国は、世界システムの半周辺の位置から核心の地位へとすぐにでも躍り出たくてたまらず、この点が、「中国モデル」に対して西側核心国家が真に「恐れ」を抱くところなのである。国家の希求や意志は、必ずしもその能力や発展の結果とイコールではないが、とはいえ西側国家は、中国の壮大な発展プランをすでにそうした眼で見ており、西側国家による中国の封じ込めは「自分で言い出して自分で実現する予言」の色合いを帯びているのである[20]。

中国側が自前の産業連鎖を構築する努力は、その一部がグローバル価値連鎖における主導企業との競争という事態にさっそくなっていく可能性があり、例えば5G通信の分野がそうである。人工知能（AI）の領域でも、中国が投じた膨大な研究費と人的資源が徐々に成果を上げており、その軍事領域への応用が関心を集めている（Kania 2017）。しかし、これらを除く多くの分野では、中国はグローバル価値連鎖においてなおも従属的地位にあり、半導体産業はこれにあたる。「中国製造2025」が設定した目標を検証すると、その中には明らかに達成困難と思われるものがあり、また、仮に達成できたとしても西側の科学技術水準にはとても追いつけそうにないものもある。だが、目下、米国や他の西側国家が警戒して繰り出す制約ゆえ、中国の壮大な計画の実現がいっそう難しくなっているのも事実である。半導体産業について言うと、「大基金」の刺激のもと、各地でウエハーメーカーが競うように設立されたが、技術および良品率においてブレイクスルーがないならば、「衛星打ち上げ」競争へと変質す

20　興味深いことに、米中貿易戦の圧力を受けて、中国側は自ら静まり返ることにしたようで、政府がメディアに対し「中国製造2025」への言及を禁じたという噂が流れた。「意外的審査對象：中國媒體禁提『中國製造2025』」『紐約時報中文網』2018年6月27日（https://cn.nytimes.com/china/20180627/china-trade-censorship/, 2018年6月28日検索）。

るおそれが非常に大きい。つまり、かつて生産能力過剰に陥った製鉄や太陽光発電パネルや液晶パネルの二の舞を踏むことになりかねないのである。

40年来におよぶ中国の発展の経験からは、レントシーキング開発国家の形成・転換・苦境の過程を見て取れる。中国が国家の能力を向上させ、政策目標を実現しようとする意志は、明らかである。レントシーキング開発国家としての中国は、この過程でグローバル資本のパワーと相対し、協力もすれば、拮抗もしてきた。「中国製造2025」の目指す志は高いが、とはいえ中国国内における独自のイノベーションはなお未熟であり、片や対外的には性急に過ぎる動きを行った結果、西側国家のボイコットや封じ込めの憂き目に遭っている。中国の壮大な計画がその願いどおりに実現するかどうか、核心国家の技術的な覇権を打破できるかどうか、目下のところは楽観を許さない。

2018年12月1日、ファーウェイ社の副董事長兼CFO（財務責任者）・孟晩舟（同社創業者兼総裁である任正非の娘）がバンクーバーで飛行機を乗り換える際、カナダの司法当局に逮捕された。米国政府からの司法相互協力の要求に応じたものであり、逮捕の理由は米国の輸出規制に違反してイランに機密ハイテク技術を輸出し、かつ虚偽の帳簿によりこれを隠蔽したという容疑である。この事件が起きると、中国は国を挙げて騒然とした。中国政府はカナダ人2名を逮捕して報復したし、中国各地で「ファーウェイがんばれ」とのキャンペーンが始まり、米国ならびにその盟友国家を非難する声が高まった。中国のネットメディア「環球網（グローバル・タイムズ）」は「勢いに乗じて中国の利益を侵す国家に代償を払わせよ」という社説を発表し、このように主張している。「米国にしっぽを振るあまり中国の利益にみじんも注意を払わず、常軌を逸した行為が目に余る一部の相手に対しては、中国は断固として反撃に出て、その代償を払わせ、ひいては巨額の損失を被らせるべきである」[21]。中国の政府ならびに世論の反応には、「中華帝国復活の野望」が躓いた際の悲憤慷慨が入り混じる集団的な感情がまたもにじみ出ていた。米国は引き続き、同盟諸国に対し、ファーウェイ社の5Gネットワーク設備をボイコットするよう訴えた。米国司法省

21「讓仗勢侵害中國利益的國家付出代價」『環球網』2018年12月16日（https://goo.gl/WTNbZQ）。

は2019年1月28日、孟晩舟を起訴すると発表した。本書の観点から言うなら、孟晩舟事件はファーウェイが全世界に5Gネットワークを構築する上で極めて大きな課題となり、同時に米国が主導して中国に反撃を加えたハイテク覇権競争の最前線でもある。いずれにしても、今後の展開に注目する必要がある[22]。最後に、レントシーキング開発国家の概念を通じて中国の現今の産業アップグレード行為を観察した結果、本書は次の知見を得た。レントシーキング開発国家としての中国は外資との相互作用において、その価値連鎖のガバナンス構造に切り込み、そこから価値（経済的余剰）を吸い上げることに長けていた。つまり、価値収奪者としての国家の役割が極端に突出していた。だが、このようなタイプの国家は、外資と競合する過程で目覚ましい産業アップグレードを遂げるだけの能力を十分に備えているのだろうか。これは難題であり、中国の国家としての能力が今まさに試されつつある。

8.3.　中国とグローバリゼーション理論

1989年、ベルリンの壁崩壊という歴史的な時に際し、フランシス・フクヤマ（Francis Fukuyama）は次のとおり記している。「我々がいま目撃しているのは、冷戦の終結あるいは戦後史のある特殊な時期の終焉にとどまらず、次のような歴史の終わりなのではないだろうか。つまり、人類のイデオロギーが変転

22　増訂版註：2019年、ファーウェイ社ならびにその子会社多数が、米国政府の輸出規制対象リストに追加された。米国によるこの制裁を受け、ファーウェイ社は西側諸国の5G市場を次々と失っていった。2021年9月、孟晩舟は米国の検察当局との間で合意に達し、カナダ政府により釈放された。これと同時に、中国の刑務所に収監されていたカナダ人2名も即時釈放され帰国した。Karen Freifeld, Kenneth Li, Moira Warburton, and David Ljunggren, "Huawei CFO Leaves Canada after U.S. Agreement on Fraud Charges, Detained Canadians Head Home," Reuters, February 24, 2021（https://www.reuters.com/technology/huawei-cfo-mengappear-court-expected-reach-agreement-with-us-source-2021-09-24/, 2022年8月16日検索）.

した末の最終地点、および西側の自由で民主的な政治が人類の政府の最終形態として普遍化したことなのではなかろうか。これは何も、この先『フォーリン・アフェアーズ』誌の国際関係年次記一覧に載せるべき出来事がなくなるという意味ではない。というのは、自由主義の勝利は主として理念ないし意識の領域において生じており、現実世界あるいは物質的世界においてはなお未完成だからである。だが、我々には、自由主義が物質的世界を今後は長期的に統治する理想となるであろうと信じるだけの強い理由がある」(Fukuyama 1989:4)。当時の中国ならびに世界の情勢において、毛沢東主義は、革命へと惹きつける力をもはや持ち合わせなかった。「世界史的視点から見ると、中国の重要性は、改革が行われている現在の状態や、あるいは未来への展望にあるのではない。核心となるアジェンダは、次の事実である。中華人民共和国は、もはや全世界の非自由主義勢力の行先を照らす灯りではなく、アジアの雑木林に潜むゲリラ隊であろうが、あるいはパリの中産階級の学生であろうが、このことがあてはまる。毛沢東主義は、もはやアジアの未来のモデルではありえず、過去の遺物になり果てたのである。中国大陸の人民は、事実上、彼らの同胞である海外華人の繁栄と活力に決定的に影響される立場であった——意外にも、台湾が最終的な勝利を手にするのだ」(Fukuyama 1989:12)。フクヤマが描くこの世界史像では、台湾が自由民主陣営の新たな領地の代表格として中国の進む道筋を先導している。1991年にソ連邦が解体して、冷戦の終結が確定したとき、多くの人々は、自由主義が共産主義に徹底的な攻撃を加えてこれを瓦解せしめ、自由民主政治と市場資本主義が最終的な勝利を手中にし、右か左かというイデオロギー闘争に終止符が打たれ、「歴史」はすでに終わった、と考えた。つまり、自由民主主義の競争相手としてのマルクス・レーニン主義は、イデオロギー上の魅力をすでに失ったというのである(Fukuyama 1992)。

だが、それから二十数年が経ち、ロシアの選挙による権威主義体制は盤石となり、中国の党国資本主義は「中国の特色ある社会主義」との名のもと発展をほしいままにしており、ゆえに西側の理論家は「人類社会は歴史上、普遍的に自由民主の発展を目指して進化してきた」という命題を再検討せざるを得なくなっている。同時に、民主主義の後退と権威主義の拡張という現象が世界的規模で生じ、西側国家の民主的ガバナンスは疲弊しあるいは危機に瀕して、新自由主義に対してさまざまな陣営が繰り広げる批判は激しさを増す一方である。中国の権威主義的発展の「スピード」と「効率」を考えると、西側陣営の少なからぬ人が「中国モデル」に羨望あるいは戸惑いを覚えるのだった。それとは別に、ここ数年の中国が示す対外拡張主義的行為に対して、ますます多くの西側国家が「中国脅威論」への警戒を抱いている。称賛するにせよ、警戒するにせよ、中国モデル（北京コンセンサス）が市場資本主義（ワシントン・コンセンサス）に取って代わる選択肢もしくは挑戦者と見なされているそのこと自体が、「歴史の終わり論」の賞味期限が政治思想市場においてすでに切れていることを示す。しかしながら1990年代には、自由民主と市場資本主義の全面勝利はかなり楽観的に信じられており、この種の楽観的な空気は中国の先行きをめぐる判断にも影響を及ぼしていたのである。いま回顧すると、中国は間違いなく資本主義世界に戻ってきたが、独自の方法により中国式資本主義を創出したのだった。また、中国はグローバリゼーションを受け入れはしたが、西側の理論に基づく台本のとおりにふるまったわけではない。そして今回、中国が世界に示してみせた魅力もしくは脅威は、マルクス・レーニン主義の復活ではなく、自由民主主義の競争相手としての「権威主義的発展」だったのである。

1970年代初めに、新自由主義的グローバリゼーションという道筋が世界の舞台に姿を現した。新自由主義（neoliberalism）は、経済的自由主義の一つのバージョンである。この他、1980年代から90年代にかけて流行したネオリベラル制度論（neoliberal institutionalism）は、自由民主理論を国際関係の領域に応用したものである。政治思想史においては、ネオリベラル制度論の一つの起源としての説明は、次のようなものであった。つまり、貿易に従事する双方が、商業面の交流を通じて、互いの関係を調和のとれた平和的な状態へ導こうとする力が働くという考え方であり、これは政治哲学の源流においては一種の「商業的平和論」（the doux commerce thesis）である。モンテスキューやカントなど現代民主理論の先達が提示したものであり、ハーシュマンがこれをさらに整理して、次のように述べている（Hirschman 1977）。つまり、貿易活動に従事する双方は、自らの利益を動機として（有害な）「激情」を抑え、これにより「平和」で「誠実」で「非暴力的」な往来を発展させうるという。この理論によれば、現代国家は相手国との相互作用関係において、双方がともに先進的な経済と民主的な政治を擁するならば、平和的な価値の理念を強化し、平和的かつ民主的に共存しうるであろう。あるいは、経済が発達し政治は民主的な一方の国が、経済は発展途上で政治は権威主義的である相手国に向けて自由民主主義的な価値を輸出し、相手国の権威主義的な傾向を漸進的に改めていけば、つまりいわゆる「平和的転換」であるが、そうできるならば、武力や脅迫によらない方式（いわゆる「ソフトパワー」）でその国の民主化を達成しうる。

1989年に天安門事件が鎮圧されて以降、西側と中国の関係は緊張を極めた。1992年から中国は新たな対外開放を開始し、この時期に外資（台湾資本を含む）が大量に中国に進出して、輸出志向の経済成長が加速した。この段階では、米国は毎年国会が審査を行う方式で中国に「最恵国待遇」を付与し、中国の安価な工業製品の米国市場における販売を促進した。1990年代末期には、米国はクリントン大統領の任期中に中国のWTO加盟（すなわち、最恵国待遇の永久付与）を支持するか否かの議論を開始した。経済面の実質的利益をめぐるそろばん勘定はひとまず脇に置くとして、最も重要な理論面の台本は、とりもなおさず「商業的平和論」をもとにした「関与政策」（engagement policy）である。中国との間に「建設的な関与」（constructive engagement）を展開し、中国を孤立させないことで、同国の政権の抑圧性が徐々に「軟化」することを期待し、自由化へと導こうというものであった。だが、中国経済が急成長して以降、同国がグローバリゼーションを実現した結果は、西側のネオリベラル制度論が予期していた筋書きとは大いに異なっていた。中国は、自由化への道を歩まなかったばかりか、新しい形の権威主義をいっそう強固にしたのである。

米国が中国に寄せた戦略的な信任は、オバマ政権時代（2009-2017）の後期には深刻な後退を呈していた。2017年末、トランプ米大統領は『国家安全保障戦略』報告書を発表し、「関与政策が米国の相手国を善導し、善良で信頼に値するパートナーたらしめうる」との仮定は誤っていることがすでに証明済みだとした[23]。2018年4月、元国務省国務次官補（東アジア・太平洋担当）のキャンベルが過去半世紀の米国の対中交流政策を回顧する文章を執筆したが、その中に次の一節がある。「中国との間の商業面における相互作用のさらなる進展により、中国経済を徐々にであれ安定的に自由化へと導きうると考えられた。……（この信念ゆえ）米国は1990年代には中国に最恵国待遇を付与し、2001年には中国のWTO加盟を支持し、2006年には経済に関するハイレベルの対話を確立し、オバマ政権期には中国との相互投資条約をめぐる交渉も行った」（Campbell and Ratner 2018）。それから20年の後、米国ならびに西側国家は、関与政策の根本的な計算違いに忽然と気づいたようである。中国はWTO加盟によって、いっそう本格的にグローバル経済に参加し、莫大な外貨準備を獲得し、国家資本を蓄積するとともに、西側の技術を手中にした。中国という国家機構は莫大な経済的資源を掌握し、党国資本主義の一種の新たな形態をしっかりと確立した。中国は、西側と密接に貿易の往来をするからといって、より自由で民主的な国へと変貌してなどいない。それどころか、経済発展に伴い権威主義的な政治をいっそう強化し、先進的な技術を活用して社会の監視を行い、「監視型国家」になっているではないか。中国は西側ネオリベラル制度論のゲームのルールを活用したが、今やこのルールに不満をあらわにしている。西側国家が当初想定していた中国の民主化ははるかかなたに遠ざかり、逆に中国が西側民主社会を分裂させたり支配しようとしたりしないかと心配せねばならなくなった。こうして、封じ込めや抵抗を行うことが米国の対中政策の主たる思考回路となったかに見える。

「中国製造2025」という急速な躍進を目論む産業アップグレード計画が、西側諸国の抵抗に遭って思惑通りの実現がかなわなくなるとしても、中国経済が必ず一敗地に塗れるというわけでもない。事実はどうかというと、中国が米国の世界的覇権に挑む意図も持たなければその能力も持ち合わせないと仮定しても、中国の政権が崩壊せずその社会統制も瓦解しさえしなければ、北京は地域において増大しつつある実力を頼みに、周辺地域で地政学的パワーを引き続き

23 "National Security Strategy of the United States of America," p. 3.

拡張する能力を十分に持ち合わせている。中国と周辺地域が工業・貿易構造上の統合を果たした結果として、中国は周辺国家に対して政治的影響力を及ぼす能力を持ち、また地政学面での強大なパワーを示せるようになった（Blackwill and Harris 2016, Norris 2016, Wu 2016, 呉介民 2018b）。このことは、数多くの周辺国家が中国を高度に警戒する原因であるのみならず、ミアシャイマー謂うところのいわゆる「台湾の悪夢」論の根拠でもある。

本書は台商を出発点に、広東モデルと中国の経済成長の物語を語ってきた。本書の中心的論点であるグローバル―ローカルの連結から話を始め、グローバリゼーションと現代中国の資本主義の発展との間の歴史的な相互作用を分析し、世界の資本主義の発展と開発国家についての理解を深めた。最後に、今後につながる若干の理論的課題をまとめる。そうすることで、中国の発展の経験と同国の発展モデルが理論のイノベーションに与える挑戦を際立たせたい。

まず、グローバリゼーションと主権国家をめぐる問題である。中国の事例は、民族国家主権衰退論に挑戦状を突きつけた。グローバリゼーションは、中国を資本主義世界の一員として再び迎え入れ、全世界の貿易をめぐるゲームのルールを同国にある程度順守させるとともに、その国内制度・体制において拡散効果を生んだ。だが、中国の側もまたゲームのルールを改変する意志と能力をある程度まで示していたことを、無視するわけにはいかない。たとえ、このような改変が周縁的なものにとどまり、また米国が握る既存の覇権の周辺をうろついているに過ぎなくとも、である。過去に論じられてきた、多国籍企業が民族国家の主権を衰退せしめるという命題（Vernon 1971, Strange 1996, Holton 1998, Sklair 2001）は、中国の台頭以降を視野に入れて再検証されねばならない。そのうち、国家のエージェンシー――国家の規模・国家の意志・国家の能力を含む――は重要な変数であるにもかかわらず、過小評価されてきた。本書が得た知見は以下の通りである。中国の在地体制には高度の主体性が具わり、「覇権の支配と競争の領域」において、グローバル資本との競争を繰り広げる力を持つ。中国はグローバリゼーションによっていっそう潤沢な資本を獲得し、周辺地域での経済的手段を駆使して国家主権を拡張し、政治的影響力を全世界へと伸張した。そして、この国家能力は、中国の党国資本と不可分の関係にある。

しかし、この党国体制の生命力、ならびに政権の存続を絶対的命令とする定言命法[24]（categorical imperative）は、時間と空間の制約を受けてもいる。従って、我々は中国の国家としての性質についてさらに研究を進め、その強みの所在と構造的弱点とを詳細に追究する必要がある。本書が提示した道具的概念――在地体制とグローバル価値連鎖の埋め込みモデル、ならびにレントシーキング開発国家――は、その秘密を解く鍵となるだろう。

次に、グローバリゼーションと公民権の問題がある。古典的な公民権の理論では、資本主義の進展に伴って公民権が拡大し普遍化するとされる（Marshall 1994[1949]）。本書の実証的エビデンスは、次のような知見を導いた。つまり、資本主義のグローバリゼーションは、中国の公民権体制の自由化を促進しなかったし、むしろ逆に、国民国家内部における公民としての身分に差序のある体制を強化する方向に働いたのである。マンは、近代的公民身分・権利の歴史的変遷を分析する中で、例えば第二次世界大戦後に連合軍がドイツと日本に対し占領と政体改造を行った例のような外部からの干渉と戦争の結果でない限り、現代的形態の権威主義的公民身分体制（authoritarian citizenship）は長期にわたり存続可能だとする（Mann 1987）。中国の階層化や公民としての身分における差序の不平等性が制度化し強化されている状況は、ナチスドイツおよび軍国主義日本以来の、最も重要な事例である。中国の公民身分体制は、戸籍制度ならびに社会福祉制度と密接に絡み合う。中国の戸籍制度の起源は、ソ連の制度、中国の伝統、それに近代的ガバナンス技術といった多重的要素の影響下にあり、中でも毛沢東時代の社会主義建設段階に確立された都市・農村二元体制が決定的な歴史的役割を果たした。「制度的粘着性」と「経路依存」が「ポスト国家社会主義」の時期において強い影響力を発揮することを見て取れる。中国ではなぜ、資本主義の発展と公民としての身分に差序のある体制との間にかくも強い「親和性」が生まれたのだろうか。本書がすでに説明を行ったところである

24 ［訳註］「定言命法」とは、意志を無条件的に規定する道徳法則。行為そのものを価値ある目的として絶対的・無条件的に命令すること（「定言的」とは、ある主張・判断を無条件的に主張するありさま、またはそのように主張できる論理的必然性のあること。カントによる。）（『広辞苑』第五版より訳者改変）。

が、比較歴史分析を進めることで、我々の視野はさらに拡がることであろう。

第三点として、グローバリゼーションと国家資本主義の問題を指摘したい。中国がグローバル化した生産システムに組み込まれて以降、非国営部門が一時期著しく成長したが、21世紀に入ると国有企業が再び強くなり、結果として、輸出志向の資本主義の発展が中国においてはむしろ国有資本の更新・強化を促すこととなった。グローバリゼーションの過程では、国家の役割が何よりも重要であった。中国は国家社会主義から国家資本主義へと移行したが、この間、レーニン主義的な党国体制による経済の管理統制はいささかも緩むことがなかった。国家はまた、輸出志向型発展において巨額の税収と外貨を吸い上げ、インフラ建設を推進するとともに、国営部門に資金をつぎ込んで、資本の蓄積を加速し、国営部門に「経済的安全」と「イノベーション」の任務を付与した(Naughton and Tsai 2015)。しかしながら、本書の観点からすると、中国における資本主義の発展は、中国の「民族の存亡」および「政治的安定」をめぐるナラティヴといっそう分かちがたく結びついている。広東が対外開放初期に直面した政治問題からは、経済開放・改革と統治エリート内部の政権存続・安定についての認識との間に不可分の関連があったことがわかる。40年間の経済発展において、束の間の政治面での開放と経済自由化への展望があった後、一連の政治的抑圧・粛清を経て国家資本育成の基調へと回帰したが、それは中国の百年余りに及ぶ民族存亡の壮大なナラティヴに呼応している。清末に魏源[25]らの世代が掲げた「富国強兵」から、毛沢東の「中国人民よ立ち上がれ」、そして習近平の「中華民族の偉大な復興」に至るまで、いずれも国民経済の発展ならびに国家の隆盛・繁栄と切り離すことができない。中国共産党政権は、自身の存続を国家資本に大きく依存している。中国の伝統的な帝国は、西洋の帝国

25　［訳註］魏源（1794-1857）は清末の思想家・官僚。林則徐ら地方高官の幕友（政策ブレーンに相当する）として、開明的思想に基づき政治・経済の抜本的改革を進言し、その後自らも地方官僚となって改革を推進した。西洋先進国の技術の導入、国家財政の充実、辺境・海域防衛などを重視するその姿勢は、国の富強を目指すものであった。なお、魏が林則徐の委嘱を受けて著した『海国図志』は、日本の幕末・維新の志士たちにも影響を与えた（大谷敏夫2015『魏源と林則徐――清末開明官僚の行政と思想』山川出版社）。

による侵略の過程で瓦解したが、こんにち中華帝国を再建しようとするエートス（ethos）は、無数の統治エリートと知識分子の心情的構造の中にくっきりと刻印されている（葛兆光 2017の議論を参照）。澎湃とわき起こるこうした帝国的思考は、米国に興隆しつつある、既存の帝国すなわち自国の覇権を防衛しようとする意志との間に、ちょうど裏腹な一対となる共生関係を構成する。中国の国家資本主義の台頭は、中華帝国の復活という熱い渇望を突き動かし、今まさにグローバリゼーションの脚本を書き換えようと試みているところだと言えよう。

聞き取り調査対象者コード対照表

（引用順）

コード	対象者の属性・背景	調査時期
ZJC200701	台湾籍幹部、深圳の台湾資本自転車メーカー総経理	2007年1月
ZJC201211		2012年11月
Leegm199401	李総経理、台商、台陽公司	1994年1月
Leegm199404		1994年4月
Leegm199508		1995年8月
Leegm201510		2015年10月
Leegm201511		2015年11月
BL201506	ヨーロッパの研究者、広東で現地調査に従事	2015年6月
LTM201510	林マネージャー、南亜プラスチック公司	2015年10月
Su199405	蘇アシスタントマネージャー、台湾籍幹部、台陽東莞工場	1994年5月
Su199508		1995年8月
ZJY200603	台陽東莞工場の民工、課長	2006年3月
GQ_Cheng199405	鄭アシスタントマネージャー、莞強輸出入公司	1994年5月
Chang199405	張マネージャー、台湾籍幹部、台陽東莞工場	1994年5月
Yen199405	顔マネージャー、台湾籍幹部、東莞の台湾資本製靴メーカー	1994年5月
Chen199506	陳アシスタントマネージャー、台湾籍幹部、東莞の台湾資本かばん類メーカー	1995年6月
CY199506	台湾籍幹部、東莞の台湾資本かばん類メーカーアシスタントマネージャー特別補佐	1995年6月
Chiu200404	邱総経理、台商、東莞と昆山に工場開設	2004年4月
Jerry200902	ジェリー（Jerry）、台湾籍幹部、台陽東莞工場財務マネージャー	2009年2月
Jerry200909		2009年9月
Ben200406	ベン（Ben）、台商、台陽公司二代目経営者	2004年6月
Ben200504		2005年4月
Ben200701		2007年1月

Ah-Xiu200701	秀ちゃん、東莞納福村村民、台陽東莞工場常駐「工場長」	2007年1月
XFL200410	台湾籍幹部、東莞の台湾資本木製品メーカー副社長	2004年10月
XZS200410	許マネージャー、台湾籍幹部、東莞の台湾資本家具メーカー	2004年10月
ZJQ200707	台湾籍幹部、上海の台湾資本半導体封止・検査プラント所長	2007年7月
TY_Zhu200504	民工、台陽東莞工場	2005年4月
TY_Cheng200701	民工、台陽東莞工場	2007年1月
L201504	台湾籍幹部、東莞の台湾資本製靴メーカーマネージャー	2015年4月
SHPD_LB_200701	地方政府官僚、上海市労働局	2007年1月
SH-Y-ks200707	台湾籍幹部、上海の台湾資本レジャー器材メーカー	2007年7月
SH-Yeh200707	台湾籍幹部、上海・蘇北などの台湾資本メーカー。自営の企業マネジメントコンサルタント	2007年7月
KS-KY200701	台商、昆山の台湾資本包装材メーカー総経理	2007年1月
KS-HG200707	台商、昆山の台湾資本電子機器メーカー総経理	2007年7月
Xu201504	台商、東莞で職業学校を開設	2015年4月
KL201507	台商、東莞で電子部品メーカーを開設	2015年7月
HG200707	台湾籍幹部、昆山の台湾資本印刷所総経理	2007年7月
KS_RT200810	台湾籍幹部、昆山の機械メーカーマネージャー	2008年10月
XM200406	中国の村委員会書記、厦門郊外	2004年6月
TW201504	台湾の大学院生、深圳で現地調査に従事	2015年4月
CCP201507	台湾の研究者、広東で現地調査に従事	2015年7月
SP199405	民工・琴さんの妹、河南省駐馬店市の農村生まれ、東莞で出稼ぎの経験あり	1994年5月
DD2015	大東氏、珠江デルタ地域の労働運動NGO責任者	2015年8月
YYPL2015	台湾籍幹部、台鑫製靴集団マネージャー	2015年4月
ZZR2015	張氏、珠江デルタ地域の労働運動NGO責任者	2015年5月
HTS200704	台湾籍幹部、台鑫製靴集団ベテランマネージャー	2007年4月
HTS201212		2012年12月
HTS201310		2013年10月

<table>
<tr><td>TX3-2015</td><td rowspan="6">台湾籍幹部、台鑫製靴集団アシスタントマネージャー</td><td>2015年5月</td></tr>
<tr><td>TX3-201609</td><td>2016年9月</td></tr>
<tr><td>TX3-201703</td><td>2017年3月</td></tr>
<tr><td>XX2015</td><td>2015年9月</td></tr>
<tr><td>XX2016</td><td>2016年3月</td></tr>
<tr><td>XX2016-b</td><td>2016年9月</td></tr>
<tr><td>TR201212</td><td>台湾籍幹部、スマイル製靴東莞公司副総経理</td><td>2012年12月</td></tr>
<tr><td>SMR200710</td><td>陳董事長、スマイル製靴</td><td>2007年10月</td></tr>
<tr><td>TH199405</td><td>台湾籍幹部、台鑫製靴集団マネージャー</td><td>1994年5月</td></tr>
<tr><td>ALN201304</td><td>台湾籍幹部、東莞の台湾資本製靴メーカー副総経理</td><td>2013年4月</td></tr>
<tr><td>LM201508</td><td rowspan="4">台湾籍幹部、台湾資本ネットワーク通信企業総経理</td><td>2015年8月</td></tr>
<tr><td>LM201509</td><td>2015年9月</td></tr>
<tr><td>LM201804</td><td>2018年4月</td></tr>
<tr><td>LM201805</td><td>2018年5月</td></tr>
<tr><td>T201402</td><td>中国の研究者、広東で現地調査に従事</td><td>2014年2月</td></tr>
<tr><td>NG201806</td><td rowspan="2">台湾籍幹部、上海の台湾資本半導体企業マネージャー</td><td>2018年6月</td></tr>
<tr><td>NG201807</td><td>2018年7月</td></tr>
</table>

引用文献

[中国語]

柏蘭芝、潘毅, 2003,〈跨界治理：台資參與昆山制度創新的個案研究〉。《城市與設計學報》15&16: 59-91。

陳和午, 2011,〈傍央企之風阻礙中國經濟轉型〉。《證券時報網》, 2011年4月07日。http://opinion.hexun.com/2011-04-07/128524892.html, 検索日期：2012年5月10日。

陳慧榮, 2006,〈「民工荒」的政治經濟分析〉。《香港社會科學學報》31: 27-56。

陳介玄, 1994,《協力網絡與生活結構—臺灣中小企業的社會經濟分析》。台北：聯經。

陳金永, 2010,〈中國要走正常城鎮化道路〉。《財新網》, 2010年12月8日。http://m.china.caixin.com/m/2010-12-08/100205422.html, 検索日期：2014年3月7日。

陳金永, 2014,〈漸進的、破冰的全面戶籍改革〉。保爾森基金會政策備忘錄, 2014年12月16日。https://www.paulsoninstitute.org/wp-content/uploads/2015/04/PPM_Hukou_Chan_Chinese.pdf, 検索日期：2015年1月15日。

陳良榕, 2019,〈中美互戰, 為什麼台積電一點都不擔心？外資報告這麼說〉,《天下雜誌》, 2019年5月27日。https://www.cw.com.tw/article/5095371, 検索日期：2019年6月1日。

陳師孟等, 1992,《解構黨國資本主義：論台灣官營事業之民營化》。台北：瞿海源發行, 自立晚報文化出版部總經銷。

陳映芳, 2005,〈「農民工」：制度安排與身份認同〉。《社會學研究》3: 119-132。

陳映芳, 2014,〈權利功利主義邏輯下的身份制度之弊〉。《人民論壇. 學術前沿》2: 62-72。

陳永發, 2001,《中國共產革命七十年（修訂版）上冊》。台北：聯經。

陳志柔, 2015,〈中國威權政體下的集體抗議：台資廠大罷工的案例分析〉。《台灣社會學》30: 1-53。

鄧建邦, 2017,〈受地方限定的工廠：中國大陸內遷台資製造業勞動體制之變遷〉。《台灣社會學》33: 63-112。

丁學良, 2014,《中國模式：贊成與反對》。香港：牛津大學出版社。

東莞市統計局編, 1990,《東莞統計年鑑 1978-1990》。北京：中國統計出版社。

東莞市統計局編, 1993,《東莞統計年鑑 1993》。北京：中國統計出版社。

東莞市統計局編，1995，《東莞統計年鑑 1995》。北京：中國統計出版社。
東莞市統計局編，1997，《東莞統計年鑑 1997》。北京：中國統計出版社。
東莞市統計局編，1998，《東莞統計年鑑 1998》。北京：中國統計出版社。
東莞市統計局編，2000-2014，《東莞統計年鑑 2000》至《東莞統計年鑑 2014》。北京：中國統計出版社。
杜欣霏，2011，《山寨機的技術與政治》。新竹：國立清華大學社會學研究所碩士論文。
費孝通，1957，《重訪江村》。香港：鳳凰出版社。
費孝通，1991，《鄉土中國》。香港：三聯。
葛兆光，2017，《歷史中國的內與外：有關「中國」與「周邊」概念的再澄清》。香港：香港中文大學出版社。
龔明鑫等，2014，《臺商在大陸投資現況調查及大陸臺商對兩岸經濟貢獻之研究》。台灣經濟研究院研究分析報告。
廣東省地方史志編纂委員會，1999，《廣東省志：金融志》。廣州：廣東人民出版社。
廣東省地方史志編纂委員會，2006，《廣東省志：鄉鎮企業志》。廣州：廣東人民出版社。
廣東省統計局編，1993，《廣東統計年鑑 1993》。北京：中國統計出版社。
廣東省統計局編，1995，《廣東統計年鑑 1995》。北京：中國統計出版社。
廣東省統計局編，1997，《廣東統計年鑑 1997》。北京：中國統計出版社。
廣東省統計局編，1999，《廣東統計年鑑 1999》。北京：中國統計出版社。
廣東省統計局編，2001-2002，《廣東統計年鑑 2001》至《廣東統計年鑑 2002》。北京：中國統計出版社。
廣東省統計局編，2004，《廣東統計年鑑 2004》。北京：中國統計出版社。
廣東省統計局編，2006，《廣東統計年鑑 2008》。北京：中國統計出版社。
廣東省統計局編，2008，《廣東統計年鑑 2008》。北京：中國統計出版社。
廣東省統計局編，2010，《廣東統計年鑑 2010》。北京：中國統計出版社。
廣東省統計局編，2012-2014，《廣東統計年鑑 2012》至《廣東統計年鑑 2014》。北京：中國統計出版社。
廣東省統計局編，2015，《廣東統計年鑑 2015》。北京：中國統計出版社。
郭健，2012，〈併軌「衝擊波」〉。《中國社會保障》網路版，第 1 期。http://www.zgshbz.com.cn/Article7963.html，檢索日期：2014 年 4 月 25 日。
國家統計局工業交通統計司編，2007，《中國工業經濟統計年鑑2007 年》。北京：中國統計出版社。
國家統計局工業交通統計司編，2012，《中國工業經濟統計年鑑2012 年》。北京：中國統計出版社。
國家統計局人口和就業統計司、勞動和社會保障部規劃財務司編，2007，《中國勞動統計年鑑 2007 年》。北京：中國統計出版社。
國家統計局人口和就業統計司編，2013，《中國人口和就業統計年鑑 2013 年》。北京：

中國統計出版社。
黃德北，2006，〈資本原始積累與中國大陸的農民工〉。《台灣社會研究季刊》61: 109-147。
黃耀南，1994，〈深圳市台灣工作回顧與展望〉，頁 210-216，收錄於梁靈光編，《輝煌十五年：珠江三角洲卷》。北京：光明日報出版社。
胡務，2006，《外來工（農民工）綜合社會保險透析》。成都：四川大學出版社。
江蘇省統計局編，2014，《江蘇統計年鑑 2014》。北京：中國統計出版社。
柯志明，1993，《台灣都市小型製造業的創業、經營與生產組織—以五分埔成衣製造業為案例的分析》。台北：中央研究院民族學研究所。
李波平、田艷平，2011，〈兩輪「民工荒」的比較分析與啟示〉。《農業經濟問題》1: 88-94。
李國鼎，1999，《臺灣的對外經濟合作與加工出口區》。台北：李國鼎科技發展基金會。
李國鼎、陳木在，1987，《我國經濟發展策略總論》。台北：聯經。
李國鼎口述，劉素芬編著，2005，《李國鼎：我的台灣經驗—李國鼎談台灣財經決策的制定與思考》。台北：遠流。
李尚林，2008，《從自力救濟到商業經營：北京打工子弟學校的誕生和發展》。新竹：國立清華大學社會學研究所碩士論文。
李有容，2012，〈養貪不養命：資本經濟轉型過程中的政商關係與上海社保基金〉。《展望與探索》10(6): 66-80。
李宗榮，2011，〈臺灣企業集團間親屬網絡的影響因素〉。《臺灣社會學刊》46: 115-166。
李祖成，尹冀鯤，宋文輝，2011，「首家三來一補，大進制衣廠 PK 太平手袋廠」。《南方網》，2011年4月7日。http://news.sina.com.cn/o/2011-04-07/081222249149.shtml，檢索日期：2011 年 4 月 7 日。
林薏茹，2019，〈張忠謀：世界紛亂，台積電成地緣策略者的必爭之地〉。《鉅亨網》，2019 年 11 月 2 日。https://news.cnyes.com/news/id/4404293，檢索日期：2020 年 2 月 10 日。
林宗弘，2007，〈城市中國的無產化：中國城鎮居民階級結構的轉型與社會不平等，1979-2003〉。《台灣社會學》14: 101-153。
林宗弘、胡伯維，2017，〈進擊的巨人：台灣企業規模迅速成長的原因與後果〉，頁 230-266，收錄於李宗榮、林宗弘編，《未竟的奇蹟：轉型中的台灣經濟與社會》。台北：中央研究院社會學研究所。
劉開明，2004，《身體的價格：中國工傷索賠研究》。深圳：人民日報出版社。
劉雅靈，2003，〈經濟轉型的外在動力：蘇南吳江從本土進口替代到外資出口導向〉。《臺灣社會學刊》30: 89-133。
劉雅靈，2009，〈中國都市化過程中新興的「農民收租階級」：溫州與無錫「城中村」的轉型路徑、集體抗爭與福利政策〉。《台灣社會學》18: 1-41。

劉婺楓，2008，《中國藍印戶籍制度的起源與變遷：移工、國家與市場》。新竹：國立清華大學社會學研究所碩士論文。

羅兆匡，2014，《中國工人集體抗爭的機會與侷限：基層政府與草根組織的影響》。新竹：國立清華大學社會學研究所碩士論文。

南方周末，2010，〈南方周末記者臥底 28 天，揭富士康跳樓真相〉。《中國評論新聞網》，2010年5月17日。https://goo.gl/BJ9k98，檢索日期：2010年5月21日。

潘毅，2006，《中國女工—新興打工階級的呼喚》。香港：明報出版社。

彭昉，2007a，《宿舍、食堂、工作現場：珠三角工人的日常生活與生產政治》。新竹：國立清華大學社會學研究所碩士論文。

彭昉，2007b，〈計時趕工的霸權體制：對華南一家加工出口台資廠的勞動體制研究〉。《台灣社會學》14: 51-100。

秦暉，2007，〈中國經濟發展的低人權優勢〉。《愛思想》，2007年11月2日。http://www.aisixiang.com/data/16401.html，檢索日期：2010年6月10日。

邱雋弘，2005，《信任的邊界：自行車台商跨界協力網絡研究》。台北：國立臺北大學社會學研究所碩士論文。

邱銘哲，2007，《國家政策執行的地方政治經濟學：昆山和溫州執行養老保險政策的比較》。新竹：國立清華大學社會學研究所碩士論文。

任焰、潘毅，2006，〈跨國勞動過程的空間政治：全球化時代的宿舍勞動體制〉。《社會學研究》4: 21-33。

上海金融志編纂委員會編，2003，《上海金融志》。上海：上海社會科學院出版社。

上海市統計局編，2014，《上海統計年鑑 2014》。北京：中國統計出版社。

邵明均，1992，《特區稅收概論》。北京：中國經濟出版社。

深圳市統計局編，2009，《深圳統計年鑑 2009》。北京：中國統計出版社。

深圳市統計局編，2013，《深圳統計年鑑 2013》。北京：中國統計出版社。

深圳市統計局編，2014，《深圳統計年鑑 2014》。北京：中國統計出版社。

譚深，2004，〈外來工的主要問題〉，《中國社會學網》。http:// paper.usc.cuhk.edu.hk/Details.aspx?id=3506，檢索日期：2005年6月6日。

汪洋，2008，「金融危機給廣東上了生動一課」。《人民網》（《人民日報》海外版），2008年12月10日。https://news.ifeng.com/opinion/200812/1210_23_915697.shtml，檢索日期：2009年3月25日。

王柏期，2014，《重訪台商生產協力網絡：以珠三角一家台資電子廠為例》。新竹：國立清華大學社會學研究所碩士論文。

王泰允，2001，〈在大陸設立來料加工廠與設立三資企業各有何利弊？〉。行政院大陸委員會。http://www.kang-shi.com/html/851637254.html，檢索日期：2011年6月1日。

王振寰，2010，《追趕的極限：台灣的經濟轉型與創新》。高雄：巨流。

王作榮, 2014,《看見那些年我們創造的臺灣經濟奇蹟》。台北：時報文化出版社。

魏城, 2007,《中國農民工調查》。北京：法律出版社。

文現深, 1984,〈經建會的過去、現在與未來〉。《天下雜誌》42: 12-25。

巫永平、吳德榮編, 2010,《尋租與中國產業發展》。北京：商務印書館。

吳德榮, 2010,〈租金的生產與中國的產業發展〉, 頁 7-36, 收錄於巫永平、吳德榮編,《尋租與中國產業發展》。北京：商務印書館。

吳國光、鄭永年, 1995,《論中央—地方關係：中國制度轉型中的一個軸心問題》。香港：牛津大學出版社。

吳介民, 1998,〈中國鄉村快速工業化的制度動力：地方產權體制與非正式私有化〉。《台灣政治學刊》3: 3-63。

吳介民, 2000,〈壓榨人性空間：身分差序與中國式多重剝削〉。《台灣社會研究季刊》39: 1-44。

吳介民, 2011,〈永遠的異鄉客？公民身分差序與中國農民工階級〉。《台灣社會學》21: 51-99。

吳介民, 2017,〈以商業模式做統戰：跨海峽政商關係中的在地協力者機制〉, 頁 676-719, 收錄於李宗榮、林宗弘編,《未竟的奇蹟：轉型中的台灣經濟與社會》。台北：中央研究院社會學研究所。

吳介民（廖美譯）, 2018a,〈全球化生產下民工公民身分差序體制：比較中國沿海三個區域〉。《中國鄉村研究》14: 121-143。（Wu, Jieh-min. 2017. "Migrant Citizenship Regimes in Globalized China: A Historical-Institutional Comparison." Rural China 14(1): 128-154.）

吳介民, 2018b,「中國銳實力、兩岸關係、全球效應：一個比較分析架構」, 早稻田大學台灣研究所與日本台灣研究學會合辦研討會。東京：早稻田大學, 2018 年 6 月 8 日。

吳介民、陳志柔、劉清耿等, 2007,《中國研究—中國社會政治研究社群整合與議題深化》。國科會研究報告。

吳敬璉, 2005,《當代中國經濟改革》。台北：麥格羅．希爾。

吳哲, 2008,〈中國首家合資企業太平手袋廠落成〉。《南方網》, 2008 年 11 月 19 日, http://news.163.com/08/1119/10/4R3V9FNH0001124J.html, 檢索日期：2010 年 08 月 20 日。

夏傳位, 2015,《台灣的新自由主義轉向：發展型國家的變異與挑戰》。新竹：國立清華大學社會學研究所博士論文。

謝斐宇, 2017,〈從頭家島到隱形冠軍：台灣中小企業的轉型, 1996-2011〉, 頁 346-382, 收錄於李宗榮、林宗弘編,《未竟的奇蹟：轉型中的台灣經濟與社會》。台北：中央研究院社會學研究所。

謝國雄, 1989,〈外包制度：比較歷史的回顧〉。《台灣社會研究季刊》2-1: 29-69。

謝國雄，1997，《純勞動：台灣勞動體制諸論》。台北：中央研究院社會學研究所籌備處。
熊瑞梅、陳冠榮、官逸人，2017，〈紅色跨界創新網絡的機制：以中國大陸半導體公司專利發明人網絡為例〉，頁 495- 539，收錄於李宗榮、林宗弘編，《未竟的奇蹟：轉型中的台灣經濟與社會》。台北：中央研究院社會學研究所。
許容榕，2011，《假 OBM、真 OEM ？中國山寨機的品牌之路》。新竹：國立清華大學社會學研究所碩士論文。
楊奎松，2006，〈毛澤東與「鎮壓反革命」運動〉，頁 31-76，收錄於陳永發編，《兩岸分途：冷戰初期的政經發展》。台北：中央研究院近代史研究所。
楊明，1994，〈珠江模式〉，頁 68-93，收錄於周爾鎏、張雨林編，《中國城鄉協調發展研究》。香港：牛津大學出版社。
葉蔭聰，2007，《被壓抑的回歸—珠江三角洲農民與城市空間》。台北：國立臺灣大學建築與城鄉研究所博士論文。
尹豔林，1993，《匯率：多軌合併與適度管制》。北京：中國財政經濟出版社。
曾瑋琳，2012，《治理世界工廠—以富士康為例》。台北：國立臺北大學社會學研究所碩士論文。
曾瑋琳、林宗弘，2012，〈解構世界工廠：台商富士康集團的全球碎裂化專制生產體制〉。論文發表於「2012 台灣社會學年會」，台中：東海大學社會科學院，2012 年 11 月 24 日至 11 月 25 日。
張聰德，2004，〈來料加工廠轉為獨資企業知多少〉，兩岸經華諮詢顧問公司大陸投資整體規劃專欄。https://goo.gl/L7Pfo9，檢索日期：2006 年 5 月 6 日。
張貴閔，2007，《國家、移民、身體：中國城市外來人口生育政治》。新竹：國立清華大學社會學研究所碩士論文。
張潔平，2016，《烏坎事件》。未出版書稿。
張旭光，2001，〈淺談加入 WTO 對我區來料加工企業的影響〉。《特區經濟》1: 47-48。
鄭陸霖，1999，〈一個半邊陲的浮現與隱藏：國際鞋類市場網絡重組下的生產外移〉。《台灣社會研究季刊》35: 1-46。
鄭志鵬，2014，〈差序壓制型勞動體制：中國兩次勞動法在台資企業治理結果的政治經濟學分析〉。《臺灣社會學刊》54: 75-129。
鄭志鵬，2015，〈從台灣中小企業到台商：一個經濟社會學式的考察〉。論文發表於「新世紀的台灣經濟社會學研討會」，台北：中央研究院社會學研究所，2015 年 4 月 18 日。
鄭志鵬，2016，〈外生的中國資本主義形成：以珠江三角洲私營企業主創業過程為例〉。《台灣社會學》31: 141- 191。
鄭志鵬、林宗弘，2017，〈鑲嵌的極限：中國台商的「跨國資本積累場域」分析〉，頁 612-644，收錄於李宗榮、林宗弘編，《未竟的奇蹟：轉型中的台灣經濟與社會》。台北：中央研究院社會學研究所。

中共廣東省委黨史研究室編，2008，《廣東改革開放決策者訪談錄》。廣州：廣東人民出版社。

中國農民工問題研究總報告起草組，2006，〈中國農民工問題研究總報告〉。《改革》5期。https://clb.org.hk/zh-hans/content/中国农民工问题研究总报告，檢索日期：2017年6月1日。

中華人民共和國國家統計局編，1990，《中國人口統計年鑑1990》。北京：中國統計出版社。

中華人民共和國國家統計局編，1991-1993，《中國統計年鑑1991》至《中國統計年鑑1993》。北京：中國統計出版社。

中華人民共和國國家統計局編，1995-2014，《中國統計年鑑1995》至《中國統計年鑑2014》。北京：中國統計出版社。

周弘，2003，〈從「屬地管理」到「普及性體制」〉。《中國社會保障》8: 22。

周華蕾，2016，〈北京式『本土優先』：用趕走孩子，來趕走家長〉。《端傳媒》，2016年8月29日。https://theinitium.com/article/20160829-mainland-beijingimmigrants/，檢索日期：2016年9月5日。

朱衛平，2008，〈珠江三角洲產業轉型問題研究〉。《學術研究》10: 38-44。

朱胤慈，2011，《失語的傷痛：中國東莞農民工的健康與醫療》。新竹：國立清華大學社會學研究所碩士論文。

［日本語］

呉介民，2016「政治ゲームとしてのビジネス――台湾企業の政治的役割をめぐって」園田茂人・蕭新煌編『チャイナ・リスクといかに向きあうか：日韓台の企業の挑戦』東京：東京大学出版会，35-74頁。

［英語］

Allison, Graham, 2017, *Destined for War: Can America and China Es- cape Thucydides' s Trap?* Boston: Houghton Mifflin Harcourt.

Amsden, Alice H, 1989, *Asia's Next Giant: South Korea and Late Industrialization*. New York: Oxford University Press.

Amsden, Alice H. and Wan-wen Chu, 2003, *Beyond Late Development: Taiwan's Upgrading Policies*. Cambridge, MA: MIT Press.

Ang, Yuen Yuen, 2020, *China's Gilded Age: The Paradox of Economic Boom and Vast Corruption*. New York: Cambridge University Press.

Appelbaum, Richard P., David Smith, and Brad Christerson, 1994, "Commodity Chains and Industrial Restructuring in the Pacific Rim: Garment Trade and Manufacturing." Pp. 187-204 in *Commodity Chains and Global Capitalism*, edited by Gary Gereffi and Miguel Korzeniewicz. Westport, Connecticut: Greenwood Press.

Arrighi, Giovanni, 2007, *Adam Smith in Beijing: Lineages of the Twenty- first Century*. London: Verso.

Baek, Seung-Wook, 2005, "Does China Follow 'the East Asian Development Model?' " *Journal of Contemporary Asia* 35(4): 485-498.

Bair, Jennifer and Gary Gereffi, 2001, "Local Clusters in Global Chains: The Causes and Consequences of Export Dynamism in Torreon's Blue Jeans Industry." *World Development* 29(11): 1885-1903.

Bair, Jennifer, ed., 2009, *Frontiers of Commodity Chain Research*. Stanford, CA: Stanford University Press.

Bhagwati, Jagdish, 1982, "Directly Unproductive, Profit-seeking (DUP) Activities." *Journal of Political Economy* 90(5): 988-1002.

Blackburn, Keith and Gonzalo F. Forgues-Puccio, 2009, "Why Is Corruption Less Harmful in Some Countries Than in Others?" *Journal of Economic Behavior and Organization* 72(3): 797-810.

Blackwill, Robert D. and Jennifer M. Harris, 2016, *War by Other Means: Geoeconomics and Statecraft*. Cambridge, MA: The Belknap Press of Harvard University Press.

Blecher, Marc, 1991, "Developmental State, Entrepreneurial State: The Political Economy of Socialist Reform in Xinju Municipality and Guanghan County." Pp. 265-291 in *The Chinese State in the Era of Economic Reform: The Road to Crisis*, edited by G. White. Armonk, NY: M. E. Sharpe.

Block, Fred and Peter Evans, 2005, "The State and the Economy." Pp. 505-526 in *The Handbook of Economic Sociology (second edition)*, edited by Neil Smelser and Richard Swedberg. Princeton, NJ: Princeton University Press.

Boltho, Andrea and Maria Weber, 2015, "Did China Follow the East Asian Development Model?" Pp. 240-264 in *State Capitalism, Institutional Adaptation, and the Chinese Miracle*, edited by Barry M. Naughton and Kellee S. Tsai. New York, NY: Cambridge University Press.

Borrus, Michael, Dieter Ernst, and Stephan Haggard, eds., 2000, *International Production Networks in Asia*. London and New York: Routledge.

Burawoy, Michael, 1976, "The Functions and Reproduction of Migrant Labor: Comparative Material from Southern Africa and the United States." *American Journal of Sociology* 81(5): 1050-1087.

Burawoy, Michael, 1979, *Manufacturing Consent: Changes in the Labor Process under Monopoly Capitalism*. Chicago: University of Chicago Press.

Burawoy, Michael, 2009, *The Extended Case Method: Four Countries, Four Decades,*

Four Great Transformations, and One Theoretical Tradition. Berkeley, CA: University of California Press.

Butollo, Florian, 2014, *The End of Cheap Labour?: Industrial Transformation and "Social Upgrading" in China*. Frankfurt; New York: Campus Verlag.

Butollo, Florian, 2015, "Industrial Upgrading and Work: The Impact of Industrial Transformation on Labor in Guangdong's Garment and IT Industries." Pp. 85-104 in *Chinese Workers in Comparative Perspective*, edited by Anita Chan. Ithaca and London: ILR Press, An Imprint of Cornell University Press.

Campbell, Kurt M. and Ely Ratner, 2018, "The China Reckoning: How Beijing Defied American Expectations." In *Foreign Affairs*, https://www.foreignaffairs.com/articles/china/2018-02-13/china-reckoning (Date visited: May 1, 2018).

Cardenal, Juan Pablo, Jacek Kucharczyk, Grigorij Mesežnikov, and Gabri- ela Pleschová, 2017, "Sharp Power: Rising Authoritarian Influence." In *National Endowment for Democracy*, https://www.ned. org/wp-content/uploads/2017/12/Sharp-Power-Rising-Authoritarian-Influence-Full-Report.pdf (Date visited: Dec. 10, 2017).

Chakrabarty, Dipesh, 1989, *Rethinking Working-Class History: Bengal 1890-1940*. Princeton, NJ: Princeton University Press.

Chan, Anita, ed., 2015, *Chinese Workers in Comparative Perspective*. Ithaca, NY; London: ILR Press.

Chan, Anita, 2001, *China's Workers under Assault: the Exploitation of Labor in a Globalizing Economy*. Armonk, NY: M.E. Sharpe.

Chan, Anita, 2011, "Strikes in China's Export Industries in Comparative Perspective." *The China Journal* 65: 27-51.

Chan, Jenny, Ngai Pun, and Mark Selden, 2013, "The Politics of Global Production: Apple, Foxconn and China's New Working Class." *New Technology, Work and Employment* 28(2): 100-115.

Chan, Kam Wing, 2010, "A China Paradox: Migrant Labor Shortage amidst Rural Labor Supply Abundance." *Eurasian Geography and Economics* 51(4): 513-530.

Chen, Ling, 2014, "Varieties of Global Capital and the Paradox of Local Upgrading in China." *Politics & Society* 42(2): 223-252.

Chen, Ming-chi, 2012, "Fortress in the Air: The Organization Model of Taiwanese Export-manufacturing Transplants in China." *Issues & Studies* 48(4): 73-112.

Chen, Xiangming, 1994, "The New Spatial Division of Labor and Commodity

Chains in the Greater South China Economic Region." Pp. 165-186 in *Commodity Chains and Global Capitalism*, edited by Gary Gereffi and Miguel Korzeniewicz. Westport, Connecticut: Greenwood Press.

Cheng, Chih-peng, 2014, "Embedded Trust and Beyond: The Organizational Network Transformation of Taishang's Shoe Industry in China." Pp. 40-60 in B*order Crossing in Greater China: Pro- duction, Community and Identity*, edited by Jenn-Hwan Wang. New York: Routledge.

Cheng, Tun-Jen, 1989, "Democratizing the Quasi-Leninist Regime in Tai- wan." *World Politics* 41(4): 471-499.

Cheng, Tun-jen, 1990, "Political Regimes and Development Strategies: South Korea and Taiwan." Pp.139-178 in *Manufacturing Miracles: Paths of Industrialization in Latin America and East Asia*, edited by Gary Gereffi and Donald L. Wyman. Princeton, NJ: Princeton University Press.

Chiu, Stephen and Tai-lok Lui, 2009, *Hong Kong: Becoming a Chinese Global City*. London and New York: Routledge.

Coase, R. H, 1988, *The Firm, the Market, and the Law*. Chicago: University of Chicago Press.

Coe, Neil M. and Henry Wai-chung Yeung, 2015, *Global Production Net- works: Theorizing Economic Development in an Interconnected World*. Oxford, UK: Oxford University Press.

Coe, Neil M., Peter Dicken and Martin Hess, 2008, "Global Production Networks: Realizing the Potential." *Journal of Economic Geography* 8(3): 271-295.

Cumings, Bruce, 1999a, "The Asian Crisis, Democracy, and the End of 'Late' Development." Pp. 17-44 in *The Politics of the Asian Economic Crisis*, edited by T. J. Pempel. Ithaca: Cornell University Press.

Cumings, Bruce, 1999b, "Webs with No Spiders, Spiders with No Webs." Pp. 61-92 in *The Developmental State*, edited by Meredith Woo-Cumings. Ithaca: Cornell University Press.

Department of Commerce, Bureau of Industry and Security, 2022, "Implementation of Additional Export Controls: Certain Advanced Computing and Semiconductor Manufacturing Items; Supercomputer and Semiconductor End Use; Entity List Modification." In *Federal Register*, https://www.federalregister.gov/d/2022-21658. (Date Visited: Oct. 15, 2022).

De Propris, Lisa, Stefano Menghinello and Roger Sugden, 2008, "The Internationalisation of Production Systems: Embeddedness, Openness and Governance." *Entrepreneurship & Regional Development* 20(6): 493-515.

Deyo, Frederic C., ed., 1987, *The Political Economy of the New Asian Industrialism.* Ithaca: Cornell University Press.

Deyo, Frederic C., 1990, "Economic Policy and the Popular Sector." Pp.179-204 in *Manufacturing Miracles: Paths of Industrialization in Latin America and East Asia*, edited by Gary Gereffi and Donald L. Wyman. Princeton, NJ: Princeton University Press.

Diamond, Larry, Marc F. Plattner, and Christopher Walker, eds., 2016, *Authoritarianism Goes Global: The Challenge to Democracy.* Baltimore: Johns Hopkins University Press.

Dicken, Peter, Mats Forsgren and Anders Malmberg, 1994, "The Local Embeddedness of Transnational Corporations." Pp. 23-45 in *Globalization, Institutions, and Regional Development in Europe*, edited by Ash Amin and Nigel Thrift. Oxford, UK: Oxford University Press.

Dickson, Bruce J, 2003, *Red Capitalists in China: The Party, Private Entrepreneurs, and Prospects for Political Change.* New York, NY: Cambridge University Press.

Dikötter, Frank, 2013, *The Tragedy of Liberation: A History of the Chinese Revolution 1945-1957.* New York: Bloomsbury Press.

Duckett, Jane, 2001, "Bureaucrats in Business, Chinese-style: The Lessons of Market Reform and State Entrepreneurialism in the People's Republic of China." *World Development* 29(1): 23-37.

Ernst, Dieter and Paolo Guerrieri, 1998, "International Production Networks and Changing Trade Patterns in East Asia: The Case of the Electronics Industry." *Oxford Development Studies* 26(2): 191-212.

Evans, Peter B., Dietrich Rueschemeyer, and Theda Skocpol, eds., 1985, B*ringing the State Back In.* New York, NY: Cambridge University Press.

Evans, Peter, 1995, *Embedded Autonomy: States and Industrial Transformation.* Princeton, NJ: Princeton University Press.

Evans, Peter, 2010, "Constructing the 21st Century Developmental State: Potentialities and Pitfalls." Pp. 37-58 in *Constructing a Democratic Developmental State in South Africa*, edited by Omano Edigheji. Cape Town, South Africa: HSRC Press.

Fan, C. Cindy, 2005, "Interprovincial Migration, Population Redistribution, and Regional Development in China: 1990 and 2000 Census Comparisons." *The Professional Geographer* 57(2): 295-311.

Fang, Zhicao and Ho-fung Hung, 2019, "Historicizing Embedded Autonomy: The

Rise and Fall of a Local Developmental State in Dongguan, China, 1978-2015." *Sociology of Development* 5(2): 147-173.

Feenstra, Robert C. and Gary G. Hamilton, 2006, *Emergent Economies, Divergent Paths: Economic Organization and International Trade in South Korea and Taiwan*. New York, NY: Cambridge University Press.

Friedberg, Aaron L., 2011, *A Contest for Supremacy: China, America, and the Struggle for Mastery in Asia*. New York, NY: W.W. Norton & Company.

Frye, Timothy and Andrei Shleifer, 1997, "The Invisible Hand and the Grabbing Hand." *American Economic Review* 87(2): 354-358.

Fukuyama, Francis, 1989, "The End of History?" *The National Interest* 16: 3-18.

Fukuyama, Francis, 1992, *The End of History and the Last Man*. New York: Free Press; Toronto: Maxwell Macmillan Canada.

Fuller, Douglas B., 2016, *Paper Tigers, Hidden Dragons: Firms and the Political Economy of China's Technological Development*. Oxford, UK: Oxford University Press.

Gallagher, Mary Elizabeth, 2005, *Contagious Capitalism: Globalization and the Politics of Labor in China*. Princeton, NJ: Princeton University Press.

Garnaut, John., 2018, "How China Interferes in Australia and How Democracies Can Push Back." In *Foreign Affairs*, https://www. foreignaffairs.com/ articles/china/2018-03-09/how-china-inter- feres-australia (Date visited: May 31, 2018).

Gereffi, Gary and Joonkoo Lee, 2012, "Why the World Suddenly Cares about Global Supply Chains." *Journal of Supply Chain Management* 48(3): 24-32.

Gereffi, Gary and Mei-Ling Pan, 1994, "The Globalization of Taiwan's Garment Industry." Pp. 126-146 in *Global Production: The Apparel Industry in the Pacific Rim*, edited by Edna Bonacich, Lucie Cheng, Norma Chinchilla, Nora Hamilton, and Paul Ong. Philadelphia: Temple University Press.

Gereffi, Gary and Miguel Korzeniewicz, eds., 1994, *Commodity Chains and Global Capitalism*. Westport, Connecticut: Greenwood Press.

Gereffi, Gary and Miguel Korzeniewicz, 1990, "Commodity Chains and Footwear Exports in the Semiperiphery." Pp. 45-68 in *Semi-peripheral States in the World-Economy*, edited by William G. Martin. New York: Greenwood Press.

Gereffi, Gary, John Humphrey, and Timothy Sturgeon, 2005, "The Governance of Global Value Chains." *Review of International Political Economy* 12(1): 78-104.

Gereffi, Gary, Miguel Korzeniewicz, and Roberto Korzeniewicz, 1994, "Introduction: Global Commodity Chains." Pp. 1-14 in *Commodity Chains and Global Capitalism*, edited by Gary Gereffi and Miguel Korzeniewicz. Westport, Connecticut: Greenwood Press.

Gereffi, Gary, 1994, "The Organization of Buyer-Driven Global Commodity Chains: How U.S. Retailers Shape Overseas Production Networks." Pp. 95-122 in *Commodity Chains and Global Capitalism*, edited by Gary Gereffi and Miguel Korzeniewicz. Westport, Connecticut: Greenwood Press.

Gereffi, Gary, 1995, "Global Production Systems and Third World Development." Pp. 100-142 in *Global Change, Regional Response: The New International Context of Development*, edited by Bar- bara Stallings. New York, NY: Cambridge University Press.

Goffman, Erving, 1961, *Asylums: Essays on the Social Situation of Mental Patients and Other Inmates*. Garden City, NY: Anchor Books.

Gold, Thomas B., 1986, *State and Society in the Taiwan Miracle*. New York: M.E. Sharpe.

Grabher, Gernot, 1994, "The Disembedded Regional Economy: The Transformation of East German Industrial Complexes into Western Enclaves." Pp. 177-195 in *Globalization, Institutions, and Regional Development in Europe*, edited by Ash Amin and Nigel Thrift. New York: Oxford University Press.

Haggard, Stephan and Tun-jen Cheng, 1987, "State and Foreign Capital in the East Asian NICs." Pp. 84-135 in *The Political Economy of the New Asian Industrialism*, edited by Frederic C. Deyo. Ithaca: Cornell University Press.

Halper, Stefan, 2010, *The Beijing Consensus: How China's Authoritarian Model Will Dominate the Twenty-First Century*. New York: Basic Books.

Hamilton, Gary G. and Cheng-shu Kao, 2018, *Making Money: How Tai- wanese Industrialists Embraced the Global Economy*. Stanford, CA: Stanford University Press.

Hamilton, Gary G. and Gary Gereffi, 2009, "Global Commodity Chains, Market Makers, and the Rise of Demand-Responsive Economies." Pp. 136-161 in *Frontiers of Commodity Chain Research*, edited by Jennifer Bair. Stanford, CA: Stanford University Press.

Hamilton, Gary G., Misha Petrovic, and Benjamin Senauer eds., 2011, *The Market Makers: How Retailers Are Reshaping the Global Economy*. New York: Oxford University Press.

Hamlin, Kevin, 2010, "China Reaches Lewis Turning Point as Labor Costs Rise." In *Bloomberg News*, https://www.bloomberg.com/news/articles/2010-06-10/

china-reaching-a-lewis-turning-point-as-inflation-overtakes-low-cost-labor (Date visited: Apr. 5, 2015).

Hammar, Tomas, 1989, "State, Nation, and Dual Citizenship." Pp. 81-96 in *Immigration and the Politics of Citizenship in Europe and North America*, edited by William Rogers Brubaker. Lanham, MD: University Press of America.

Havice, Elizabeth, and John Pickles, 2019, "On value in Value Chains." Pp. 169-182 in *Handbook on Global Value Chains*, edited by Stefano Ponte, Gary Gereffi and Gale Raj-Reichert. Cheltenham, UK: Edward Elgar.

Hess, Martin, 2004, " 'Spatial' Relationships? Towards a Reconceptualization of Embeddedness." *Progress in Human Geography* 28(2): 165- 186.

Hirschman, Albert O., 1977, *The Passions and the Interests: Political Arguments for Capitalism before Its Triumph*. Princeton, NJ: Princeton University Press.

Holton, Robert, 1998, *Globalization and the Nation-State*. Hampshire: Macmillan Press.

Hopkins, Terrence and Immanuel Wallerstein, 1977, "Patterns of Development of the Modern World-System." *Review* 1(2): 111-145.

Horner, Rory, and Mathew Alford, 2019, "The Roles of the State in Global Value Chains." Pp. 555-569 in *Handbook on Global Value Chains*, edited by Stefano Ponte, Gary Gereffi and Gale Raj-Reichert. Cheltenham, UK: Edward Elgar.

Hsiao, H. H. Michael, 2003, "Social Transformation, Civil Society, and Taiwanese Business in Fujian." Pp. 136-160 in *China's Developmental Miracle: Origins, Transformations, and Challenges*, edited by Alvin Y. So. Armonk, NY: M.E. Sharpe.

Hsieh, Michelle F., 2011, "Similar Opportunities, Different Responses: Explaining Divergent Patterns of Development between Taiwan and South Korea." *International Sociology* 26(3): 364-391.

Hsieh, Michelle F., 2015, "The Creative Role of the State and Entrepreneurship: A Case from Taiwan." Pp. 60-81 in *Government- Linked Companies and Sustainable, Equitable Development*, edited by Edmund Terence Gomez, François Bafoil and Kee-Cheok Cheong. New York: Routledge.

Hsing, You-tien, 1998, *Making Capitalism in China: The Taiwan Connection*. New York: Oxford University Press.

Huang, Philip C. C., 2017, "China's Informal Economy, Reconsidered: An Introduction in Light of Social-Economic and Legal History." *Rural China* 14(1): 1-17.

Huang, Ya-sheng, 2003, *Selling China: Foreign Direct Investment during the Reform Era*. New York, NY: Cambridge University Press.

Huang, Ya-sheng, 2008, *Capitalism with Chinese Characteristics: Entrepreneurship and the State*. Cambridge, UK: Cambridge University Press.

Hung, Ho-fung, 2009, "America's Head Servant?" *New Left Review* 60: 2-25.

Hung, Ho-fung, 2016, *The China Boom: Why China Will Not Rule the World*. New York: Columbia University Press.

IC Insights, 2017, "Pure-Play Foundries Boosting Their Presence in China." In *IC Insights*, https://www.icinsights.com/data/articles/documents/1013.pdf (Date visited: February 5, 2018).

IC Insights, 2021, "China Forecast to Fall Far Short of its 'Made in China 2025' Goals for ICs." In *IC Insights*, https://www.icinsights.com/data/articles/documents/1330.pdf (Date visited: February 1, 2021).

Imai, Ken and Jing Ming Shiu, 2011, "Value Chain Creation and Reorga- nization: The Growth: Path of China's Mobile Phone Handset Industry." Pp. 43-67 in *The Dynamics of Local Learning in Global Value Chains: Experiences from East Asia*, edited by Momoko Kawakami and Timothy J. Sturgeon. New York: Palgrave Macmillan.

Jervis, Robert, 1976, *Perception and Misperception in International Politics*. Princeton, NJ: Princeton University Press.

Johnson, Chalmers, 1982, *MITI and the Japanese Miracle: the Growth of Industrial Policy: 1925-1975*. Stanford, CA: Stanford University Press.

Johnson, Chalmers, 1987, "Political Institutions and Economic Performance: The Government-Business Relationship in Japan, South Korea, and Taiwan." Pp. 136-164 in *The Political Economy of the New Asian Industrialism*, edited by Frederic C. Deyo. Ithaca: Cornell University Press.

Johnson, Chalmers, 1999, "The Developmental State: Odyssey of a Concept." Pp. 32-60 in *The Developmental State*, edited by Meredith Woo-Cumings. Ithaca, NY: Cornell University Press.

Johnston, Alastair Iain. 2003. "Is China a Status Quo Power?" *International Security* 27(4): 5-56.

Ka, Chih-Ming, and Mark Selden, 1986, "Original Accumulation, Equity and Late Industrialization: the Cases of Socialist China and Capitalist Taiwan." *World Development* 14(10–11): 1293-1310.

Kanbur, Ravi and Xiaobo Zhang, 2005, "Fifty Years of Regional Inequality in China: A Journey through Central Planning, Reform and Openness." *Review of Development Economics* 9(1): 87-106.

Kania, Elsa B., 2017,"Artificial Intelligence and Chinese Power: Beijing's Push for a

Smart Military—and How to Respond,"In *Foreign Affairs*, December 5, 2017, https://www.foreignaffairs.com/articles/china/2017-12-05/artificial-intelligence-and-chinese-power (Date visited: March 28, 2018).

Kaplinsky, Raphael, 2019, "Rents and Inequality in Global Value Chains." Pp. 158-168 in *Handbook on Global Value Chains*, edited by Stefano Ponte, Gary Gereffi and Gale Raj-Reichert. Cheltenham, UK: Edward Elgar.

Kawakami, Momoko and Timothy J. Sturgeon, eds., 2011, *The Dynamics of Local Learning in Global Value Chains: Experiences from East Asia*. New York: Palgrave Macmillan.

Khan, Mushtaq H., 2000, "Rents, Efficiency and Growth". Pp. 21-69 in *Rents, Rent-seeking and Economic Development: Theory and Evidence in Asia*, edited by Mushtaq H. Khan and Jomo Kwame Sundaram. New York: Cambridge University Press.

Khan, Mushtaq H. and Jomo Kwame Sundaram, eds., 2000, *Rents, Rent- seeking and Economic Development: Theory and Evidence in Asia*. New York: Cambridge University Press.

Koo, Hagen, 2001, *Korean Workers: The Culture and Politics of Class Formation*. Ithaca, NY: Cornell University Press.

Kornai, Janos, 1986, "The Soft Budget Constraint." *Kyklos* 39(1): 3-30.

Kornai, Janos, 1992, *The Socialist System: The Political Economy of Communism*. Oxford, UK: Oxford University Press.

Korzeniewicz, Miguel, 1994, "Commodity Chains and Marketing Strategies: Nike and the Global Athletic Footwear Industry." Pp. 247- 265 in *Commodity Chains and Global Capitalism*, edited by Gary Gereffi and Miguel Korzeniewicz. Westport, Connecticut: Greenwood Press.

Krueger, Anne O., 1974, "The Political Economy of the Rent-Seeking Society." *American Economic Review* 64(3): 291-303.

Lan, Pei-chia, 2014, "Segmented Incorporation: The Second Generation of Rural Migrants in Shanghai." *China Quarterly* 217: 243-265.

Lardy, Nicholas R., 1992, "China's Foreign Trade." *China Quarterly*. 131: 691-720.

Lee, Ching Kwan, 1998, *Gender and the South China Miracle: Two Worlds of Factory Women*. Berkeley, CA: University of California Press.

Lee, Ching Kwan, 2007, *Against the Law: Labor Protests in China's Rust-belt and Sunbelt*. Berkeley, CA: University of California Press.

Lee, Ching Kwan and Yonghong Zhang, 2013, "The Power of Instability: Unraveling the Microfoundations of Bargained Authoritarianism in China." *American*

Journal of Sociology 118(6): 1475-1508.
Lee, Joonkoo, 2010, "Global Commodity Chains and Global Value Chains." Pp. 2987-3006 in *The International Studies Encyclopedia*, edited by Robert A. Denemark. Malden, MA : Wiley-Blackwell.
Levi, Margaret, 1988, *Of Rule and Revenue*. Berkeley, CA: University of California Press.
Lim, Kean Fan and Niv Horesh, 2017, "The Chongqing vs. Guangdong Developmental 'Models' in Post-Mao China: Regional and Historical Perspectives on the Dynamics of Socioeconomic Change." *Journal of the Asia Pacific Economy* 22(3): 372-395.
Lin, Nan, 1995, "Local Market Socialism: Local Corporatism in Action in Rural China." *Theory and Society* 24(3): 301-354.
Lin, Nan, 2011, "Capitalism in China A Centrally Managed Capitalism (CMC) and Its Future." *Management and Organization Review* 7(1): 63-96.
Lin, Thung-hong, Yi-ling Lin, and Wei-ling Tseng, 2016, "Manufacturing Suicide: The Politics of a World Factory." *Chinese Sociological Review* 48(1): 1-32.
Liu, Yia-Ling, 1992, "Reform from Below: The Private Economy and Local Politics in the Rural Industrialization of Wenzhou." *China Quarterly* 130: 293-316.
Mann, Michael, 1986, *The Sources of Social Power*. New York, NY: Cambridge University Press.
Mann, Michael, 1987, "Ruling Class Strategies and Citizenship." *Sociology* 21(3): 339-354.
Marshall, T. H., 1994, "Citizenship and Social Class." Pp. 5-44 in *Citizenship: Critical Concepts*, edited by Bryan S. Turner and Peter Hamilton. London: Routledge.
Mearsheimer, John J., 2014, "Say Goodbye to Taiwan." In *The National Interest*, http://nationalinterest.org/article/say-goodbye-taiwan-9931 (Date visited: Feb. 26, 2014).
Mulvad, Andreas, 2015, "Competing Hegemonic Projects within China's Variegated Capitalism: 'Liberal' Guangdong vs. 'Statist' Chongqing." *New Political Economy* 20(2): 199-227.
Murphy, Kevin M., Andrei Shleifer, and Robert W. Vishny, 1993, "Why is Rent-seeking So Costly to Growth?" *The American Economic Review* 83(2): 409-414.
Narula, Rajneesh and John Dunning, 2000, "Industrial Development, Globalization and Multinational Enterprises: New Realities for Developing Countries." *Oxford Development Studies* 28(2): 141-167.

Naughton, Barry, 1995, *Growing Out of the Plan: Chinese Economic Reform, 1978-1993*. Cambridge, UK: Cambridge University Press.

Naughton, Barry M. and Kellee S. Tsai, eds., 2015, *State Capitalism, Institutional Adaptation, and the Chinese Miracle*. New York, NY: Cambridge University Press.

Nee, Victor, 1989, "A Theory of Market Transition: From Redistribution to Markets in State Socialism." *American Sociological Review* 54(5): 663-681.

Nee, Victor, 1992, "Organizational Dynamics of Market Transition: Hybrid Forms, Property Rights, and Mixed Economy in China." *Administrative Science Quarterly* 37(1): 1-27.

Nee, Victor and Sonja Opper, 2012, *Capitalism from Below: Markets and Institutional Change in China*. Cambridge, MA: Harvard University Press.

Norris, William, 2016, *Chinese Economic Statecraft: Commercial Actors, Grand Strategy, and State Control*. Ithaca: Cornell University Press.

North, Douglass, 1993, "Institutions and Credible Commitment." *Journal of Institutional and Theoretical Economics* 149(1): 11-23.

Oi, Jean C., 1992, "Fiscal Reform and the Economic Foundations of Local State Corporatism in China." *World Politics* 45(1): 99-126.

Oi, Jean C., 1996, "The Role of the Local State in China's Transitional Economy." Pp. 170-187 in *China's Transitional Economy*, edited by Andrew Walder. Oxford, UK: Oxford University Press.

Oi, Jean C., 1999, *Rural China Takes Off: Institutional Foundations of Economic Reform*. Berkeley, CA: University of California Press.

Öniş, Ziya, 1991, "The Logic of the Developmental State." *Comparative Politics* 24(1): 109-126.

Parris, Kristen, 1993, "Local Initiative and National Reform: the Wenzhou Model of Development." *China Quarterly* 134: 242-263.

Ponte, Stefano, Gray Gereffi, and Gale Raj-Reichert, eds., 2019, *Handbook on Global Value Chains*. Cheltenham, UK: Edward Elgar.

Pun, Ngai and Lu Huilin, 2010, "Unfinished Proletarianization: Self, Anger, and Class Action among the Second Generation of Peasant-Workers in Present-Day China." *Modern China* 36(5): 493-519.

Qian, Yingyi and Joseph Stiglitz, 1996, "Institutional Innovations and the Role of Local Government in Transition Economies: The Case of Guangdong Province of China." Pp. 175-193 in *Reforming Asian Socialism: The Growth of Market Institutions*, edited by J. McMillan and B. Naughton. Ann Arbor: The

University of Michigan Press.

Ramo, Joshua Cooper, 2004, *The Beijing Consensus*. London: The Foreign Policy Centre.

Rock, Michael and Heidi Bonnet, 2004, "The Comparative Politics of Corruption: Accounting for the East Asian Paradox in Empirical Studies of Corruption, Growth and Investment." *World Development* 32(6): 999-1017.

Rodrik, Dani, 2011, *The Globalization Paradox: Democracy and the Future of the World Economy*. New York: W. W. Norton & Co.

Rodrik, Dani, 2013, "The New Mercantilist Challenge." In *Project Syndicate*, http://www.project-syndicate.org/commentary/the-return-of-mercantilism-by-dani-rodrik (Date visited: January 1, 2016).

Rogers, Mike and C. A. Dutch Ruppersberger, 2012, "Investigative Report on the US National Security Issues Posed by Chinese Telecommunications Companies Huawei and ZTE." In *A Report: U.S. House of Representatives*, https://stacks.stanford.edu/file/druid:rm226yb7473/Huawei-ZTE%20Investigative%20Report%20%28FINAL%29.pdf (Date visited: Otc. 10, 2012).

Sabel, Charles F., 1994, "Learning by Monitoring: The Institutions of Economic Development." Pp. 137-165 in *Handbook of Economic Sociology*, edited by N. Smelser and R. Swedberg. Princeton, NJ: Princeton University Press and New York: Russell Sage Foundation.

Sachs, Jeffrey and Wing Thye Woo, 1994, "Structural Factors in the Economic Reforms of China, Eastern Europe, and the Former Soviet Union." *Economic Policy* 9(18): 101-145.

Shleifer, Andrei and Robert W. Vishny, 1993, "Corruption." *Quarterly Journal of Economics* 108(3): 599-617.

Schubert, Gunter and Thomas Heberer, 2015, "Continuity and Change in China's Local State Developmentalism'." *Issues & Studies* 51(2): 1-38.

Scott, James, 1985, *Weapons of the Weak Everyday Forms of Peasant Resistance*. New Haven: Yale University Press.

Scott, W. Richard and Gerald F. Davis, 2007, *Organizations and Organizing: Rational, Natural and Open Systems Perspectives*. Upper Saddle River, NJ: Pearson Prentice Hall.

Selden, Mark and Wu Jieh-min, 2011, "The Chinese State, Incomplete Proletarianization and Structures of Inequality in Two Epochs." *The Asia-Pacific Journal* 9(5): 1-35.

Shambaugh, David, 2018, "U.S.-China Rivalry in Southeast Asia: Power Shift or

Competitive Coexistence?" *International Security* 42(4): 85-127.

Shan, Shelley, 2014, "Ambit Corp Must Submit 4G Wiretap Report: NCC." In *Taipei Times*, http://www.taipeitimes.com/News/taiwan/archives/2014/06/12/2003592576 (Date visited: Jun 12, 2014).

Shieh, Gwo-shyong, 1992, *"Boss" Island: The Subcontracting Network and Micro-entrepreneurship in Taiwan's Development*. New York: Peter Lang.

Shirk, Susan, 1993, *The Political Logic of Economic Reform in China*. Berkeley, CA: University of California Press.

Siu, Kaxton, 2015, "Continuity and Change in the Everyday Lives of Chinese Migrant Factory Workers." *The China Journal* 74: 43-65.

Sklair, Leslie, 2001, *The Transnational Capitalist Class*. Oxford, UK: Blackwell.

So, Alvin Y., 2003, "Introduction: Rethinking the Chinese Developmental Miracle." Pp. 3-26 in *China's Developmental Miracle: Origins, Transformations, and Challenges*, edited by Alvin Y. So. Armonk, NY: M. E. Sharpe.

So, Alvin Y. and Stephen W.K. Chiu, 1995, *East Asia and the World Economy*. Thousand Oaks, CA: Sage.

Solinger, Dorothy J., 1999, *Contesting Citizenship in Urban China: Peas- ant Migrants, the State, and the Logic of the Market*. Berkeley, CA: University of California Press.

Solinger, Dorothy J., 2006, "The Creation of a New Underclass in China and Its Implications." *Environment and Urbanization* 18(1): 177-193.

Somers, Margaret, 2008, *Genealogies of Citizenship: Markets, Statelessness, and the Right to Have Rights*. New York, NY: Cambridge University Press.

Stallings, Babara, 1990, "The Role of Foreign Capital in Economic Development." Pp. 55-89 in *Manufacturing Miracles: Paths of Industrialization in Latin America and East Asia*, edited by Gary Gereffi and Donald L. Wyman. Princeton, NJ: Princeton University Press.

Steinfeld, Edward, 2004, "China's Shallow Integration: Networked Production and the New Challenges for Late Industrialization." *World Development* 32(11): 1971-1987.

Sturgeon, Timothy J. and Richard K. Lester, 2004, "The New Global Supply-base: New Challenges for Local Suppliers in East Asia." Pp. 35-87 in *Global Production Networking and Technological Change in East Asia*, edited by Shahid Yusuf, Anjum Altaf, and Kaoru Nabeshima. Washington, DC: The World Bank.

Sturgeon, Timothy, 2009, "From Commodity Chains to Value Chains: Interdisciplinary Theory Building in an Age of Globalization." Pp. 100-135 in *Frontiers of Commodity Chain Research*, edited by Jennifer Bair. Stanford, CA: Stanford University Press.

Subramanian, Arvind, 2011, "The Inevitable Superpower: Why China's Dominance Is a Sure Thing." *Foreign Affairs* 90(5): 66-78.

Strange, Susan, 1996, *The Retreat of the State: The Diffusion of Power in the World Economy*. New York, NY: Cambridge University Press.

Taplin, Ian M., 1994, "Strategic Reorientations of U.S. Apparel Films." Pp. 205-222 in *Commodity Chains and Global Capitalism*, edited by Gary Gereffi and Miguel Korzeniewicz. Westport, CT: Greenwood Press.

The American Interest, 2012, "Australia, US, Canada Agree: Huawei is a Security Threat." In *the American Interest,* http://goo.gl/xp64wn (Date visited: Nov. 11, 2012).

Thun, Eric, 2006, *Changing Lanes in China: Foreign Direct Investment, Local Governments, and Auto Sector Development*. New York, NY: Cambridge University Press.

Tilly, Charles, 1998, *Durable Inequality*. Berkeley, CA: University of California Press.

Tsai, Kellee S., 2007, *Capitalism without Democracy: The Private Sector in Contemporary China*. Ithaca: Cornell University Press.

Tsai, Kellee S. and Barry Naughton, 2015, "Introduction: State Capitalism and the Chinese Economic Miracle." Pp. 1-24 in *State Capitalism, Institutional Adaptation, and the Chinese Miracle*, edited by Naughton, Barry M. and Kellee S. Tsai. New York, NY: Cambridge University Press.

Tullock, Gordon, 1990, "The Costs of Special Privilege." Pp. 195-211 in *Perspectives on Positive Political Economy*, edited by James E. Alt and Kenneth A. Shepsle. New York, NY: Cambridge University Press.

Tullock, Gordon, 1993, *Rent Seeking*. Brookfield, VT: Edward Elgar.

Unger, Jonathan and Anita Chan, 1995, "China, Corporatism, and the East Asian Model." *The Australian Journal of Chinese Affairs* 33: 29-53.

Vernon, Raymond, 1971, *Sovereignty at Bay*. New York: Basic Books.

Vogel, Ezra F., 1989, *One Step Ahead in China: Guangdong under Reform*. Cambridge, MA: Harvard University Press.

Wade, Robert, 1990, *Governing the Market: Economic Theory and the Role of Government in East Asian Industrialization*. Princeton, NJ: Princeton University Press.

Walder, Andrew G., 1995, "Local Governments as Industrial Firms: An Organizational Analysis of China's Transitional Economy." *American Journal of Sociology* 101(2): 263-301.

Wang, Chunyu, Jingzhong Ye, and Jennifer C. Franco, 2014, "Local State Corporatism or Neo-guanxilism? Observations from the County Level of Government in China." *Journal of Contemporary China* 23(87): 498-515.

Wang, Fei-ling, 2005, *Organizing through Division and Exclusion: China's Hukou System*. Stanford, CA: Stanford University Press.

Wank, David, 1996, "The Institutional Process of Market Clientelism: Guanxi and Private Business in a South China City." *The China Quarterly* 147: 820-838.

Warr, Peter G., 1989, "Export Processing Zones: The Economics of Enclave Manufacturing." *World Bank Research Observer* 4(1): 65-88.

Wedeman, Andrew H., 2003, *From Mao to Market: Rent Seeking, Local Protectionism, and Marketization in China*. Cambridge, UK: Cambridge University Press.

Wedeman, Andrew H., 2012, *Double Paradox: Rapid Growth and Rising Corruption in China*. Ithaca: Cornell University Press.

Wein, Michelle, Stephen Ezell, and Robert D. Atkinson, 2014, "The Global Mercantilist Index: A New Approach to Ranking Nations' Trade Policies." In *Information Technology and Innovation Foundation*, https://www2.itif.org/2014-general-mercantilist-index.pdf (Date visited: Oct. 10, 2014).

Weiss, Linda, ed., 2003, *States in the Global Economy: Bringing Domestic Institutions Back In*. Cambridge, UK: Cambridge University Press.

Whittaker, D. Hugh, Tianbiao Zhu, Timothy Sturgeon, Mon Han Tsai, and Toshie Okita, 2010, "Compressed Development." *Studies in Comparative International Development* 45(4): 439-467.

Woo-Cumings, Meredith, ed., 1999, *The Developmental State*. Ithaca: Cornell University Press.

Wu, Jieh-min, 1997, "Strange Bedfellows: Dynamics of Government-Business Relations between Chinese Local Authorities and Taiwanese Investors." *Journal of Contemporary China* 6(15): 319-346.

Wu, Jieh-min, 2001, "State Policy and Guanxi Network Adaptation in China: Local Bureaucratic Rent-Seeking." *Issues and Studies* 37(1): 20-48.

Wu, Jieh-min, 2010, "Rural Migrant Workers and China's Differential Citizenship: A Comparative-Institutional Analysis." Pp. 55-81 in *One Country, Two Societies: Rural-Urban Inequality in Contemporary China*, edited by Martin King Whyte. Cambridge, MA: Harvard University Press.

Wu, Jieh-min, 2016, "The China Factor in Taiwan: Impact and Response." Pp. 425-445 in *Routledge Handbook of Contemporary Taiwan*, edited by Gunter Schubert. London and New York: Routledge.

Wu, Jieh-min, 2017, "Migrant Citizenship Regimes in Globalized China: A Historical-Institutional Comparison." *Rural China: An International Journal of History and Social Science* 14(1): 128-154.

Yeung, Henry Wai-chung, Weidong Liu, and Peter Dicken, 2006, "Transnational Corporations and Network Effects of a Local Manufacturing Cluster in Mobile Telecommunications Equipment in China." *World Development* 34(3): 520-540.

Yu, Yi-Wen, Ko-Chia Yu, and Tse-Chun Lin, 2016, "Political Economy of Cross-Strait Relations: is Beijing's patronage policy on Taiwanese business sustainable?" *Journal of Contemporary China* 25(99): 372-388.

Yusuf, Shahid, 1994, "China's Macroeconomic Performance and Management during Transition." *Journal of Economic Perspectives* 8(2): 71-92.

Zhang, Xiaobo, Jin Yang, and Shenglin Wang. 2010. "China Has Reached the Lewis Turning Point." *IFPRI Discussion Paper 000977.* Washington, DC: International Food and Policy Research Institute.

訳者あとがき

本書の原著は『尋租中國』(「レントシーキングする中国」の意)という書名で、初版は2019年3月に国立台湾大学出版センターより刊行され、2023年3月に増訂版が出ている。また、2022年12月には本書の英語版が*Rival Partners*の書名で米国・ハーバード大学出版局より刊行された(Wu Jieh-min, translated by Stacy Mosher, *Rival Partners: How Taiwanese Entrepreneurs and Guangdong Officials Forged the China Development Model*. 2022, Harvard University Press)。

原著は、台湾で「孫運璿学術賞最優秀書籍」(2019年)、科技部[1]が授与する「最も影響力ある研究書籍賞(人文・社会科学領域)」(2020年)、「第九回中央研究院人文・社会科学学術書籍賞」(2020年)の各賞を獲得した。英語版*Rival Partners*も、2023年に米国社会学会より「国際研究者によるグローバルおよびトランスナショナル社会学最優秀書籍賞」(2023 Global and Transnational Sociology Best Publication (Book) by an International Scholar Award, the American Sociological Association (ASA))を受賞している。

日本語への翻訳にあたっては、著者・呉介民氏より原著初版、増訂版のための改訂稿、増訂版確定稿の順に全文稿の提供を受け、これと並行して英語版刊行の前と後に各時点の全文稿の提供をも受けた。そこで、訳者はそれぞれの時点での中国語最新稿に基づき、必要に応じて英語版も参照しながら翻訳を進め、最終的には増訂版の日訳稿を完成させた(著者の指示のもと、既刊の誤記などの訂正をも行った)。訳者は呉氏に疑問点をたびたびお尋ねしては懇切な教示をいただいたが、誤りや不足は当然ながら訳者の責に帰する。

足かけ4年に及んだ本書の翻訳は、およそ訳者の能力を超えるもので、力不足を嘆きながらの長距離走であった。このような大著の日本語訳を、なぜ自分のような者がお引き受けしてしまったかと、我が身を省みたことも一度ではな

1 科技部は、台湾の最高行政機関である行政院に所属する省庁。2022年に名称を国家科学及技術委員会に変更した。日本の旧・科学技術庁(現・文部科学省)に相当する。

い。だが振り返ると、能力の問題とは別ないきさつがあった。

かねて訳者にさまざまな機会を下さる黄英哲先生（愛知大学）より本書の翻訳のお話をいただいた時には、これほど大部の、かつ本格的な内容の学術書に取り組む自信はどこにもなく、だいぶ躊躇した。ところが、送っていただいた原著初版の最初のページ「序」（日本語版では「刊行によせて（2019年初版）」）の最初の3行を目にしたとたん、30年近く前の遠い記憶が突如押し寄せ、目がくらんだ。『台湾の同胞』という映画のことが記されていたからである。著者・呉介民氏が仲間とともにこれを制作し、それが本書誕生のきっかけとなったという。

何とした偶然か、訳者は香港留学中に、たまたまこの映画を見ていた。1993年の終わりごろまたは94年の初めごろ、当時住んでいた香港中文大学の大学院生寮の部屋で、台湾からの留学生がノートパソコンの画面に再生してくれたドキュメンタリー映画を、二段ベッドの下の段に腰かけて鑑賞したのだった。作者が誰であるかには、注意が及ばなかった。この留学生がなぜこの映像を持っていたかもわからないし、どういう成り行きでこれを見せてもらうことになったかも、もはや記憶にない。ともあれ、こういう映像作品がどこで上映され、どのような討論活動が行われるか、この人は訳者に説明してくれた。台湾の大学の教室で上映会が開かれるというその説明は、呉介民氏が「刊行によせて（2019年初版）」に記す状況と寸分たがわない（ただし、呉氏のご両親が会場で作品をご覧になり、激しい議論を目の当たりにしたお母様が心配なさったことは、もちろん初めて知った）。こうして、原著の最初のページの最初の段落を読んだだけで、訳者は手前勝手にも、本書との不思議な縁を感じた。ご縁があるなら、自分が翻訳を担当してもよいのかもしれない……という都合のいい考えが頭に浮かび、そのままお引き受けしてしまった次第である。

その後、呉介民氏とやり取りするうち、私たちは1994年から95年にかけての同じ時期に香港中文大学に身を置き（訳者は大学院に在籍し、呉氏は資料調査のため滞在し）、中国関連資料の充実した学内の研究拠点「大学サービスセンター」（University Service Centre for China Studies Collection, USC）に日参し（訳者は修士論文執筆のため、呉氏は本書につながる調査のため）、大学院生寮に暮らす

（訳者は正規に、呉氏は「屈蛇（ワッセー）［モグリ滞在を意味する広東語］」の形で）日々を送っていたことがわかった。呉氏と訳者は互いにそうとは知らぬまま、広いキャンパスのどこかですれ違っていたかもしれず、USCの同じ空間内でそれぞれの資料収集に没頭していたかもしれず、学内の同じ食堂で食事していたかもしれない。これがご縁でなくて何であろうか。

このような成り行きで日本語訳を引き受けた訳者には、本書の学術的な意義や価値を論評する資格はない。ただ、翻訳を終えての感想をひとこと述べるなら、自作の映画を契機に学術研究の旅を続け、本書を生み出すに至った呉氏の道程に脱帽するほかない。映画『台湾の同胞』が扱った台商をめぐる種々の疑問の解を導こうとする呉氏の動機が、グローバル価値連鎖という理論枠組みを得て、かつ多年にわたる現地調査により、改革開放期中国の経済成長を支えた製造業の現場の実態の数々を明らかにした。彼のたゆまぬ調査と考察の積み重ねが、グローバル価値連鎖への接続を果たした中国に起きたことの諸相――「レント山分け」をめぐり台商と珠江デルタ地域の在地体制・官僚との間に生じた共犯的蜜月関係およびその瓦解、資本階級と国家権力による農民工への二重搾取、伝統産業からハイテク産業へのアップグレード政策とその影響など――を解き明かし、さらに近年の半導体産業をめぐる中米関係の緊張をも視野に収めた、スケールの大きな専門書として結実した。

翻訳作業中、呉氏は親切にも映画『台湾の同胞』のディスクを送って下さり、訳者は約30年ぶりに改めてこの作品を鑑賞した。ここに描かれる台商は、矛盾を抱えた存在に見える。中国政府からは投資を歓迎され持ち上げられているものの、「台湾の同胞」なる呼称で北京の統一戦線の論理に取り込まれ、経済進出という功利的動機を一皮めくれば、彼らはどこかすっきりしない思いを持て余しているようだ。生産の現場では、彼らは労働者たちや地元住民に慕われているとは言いがたく、威張った金持ちとして地域社会の異物のように、あるいは敢えて言うなら悪者のように見える。反面、夜な夜な集って酒を飲み憂さを晴らす彼らの一人称の姿は、ビジネスや対政府関係の苦労、家族と離れて慣れない環境に暮らす寂しさ、その他種々の感情が入り混じるやるせなさを漂わせて、悪者には見えないばかりか、どこか犠牲者のようでさえある。台商とはいったい、どういう存在なのか。統一戦線の駒か、時流に乗って荒稼ぎする成金か、粗暴なよそ者か、孤独な企業戦士か、あるいは犠牲者か。犠牲者だとするなら、何の犠牲者なのか。台商とは結局のところ何であるのか、その問いの答えを導くには、どのような思考枠組みを導入し、どのようにして彼らをそこに位置付けるべきだろうか。……確かに、映画の描写を出発点とすれば、これらの問いがおのずと浮かぶ。初回の上映会で観衆の疑問が噴出したのも、無理はない。それらの解を導くために25年を投じた、あるいは、上映会場での激論にお母様が受けたショックを和らげる努力が本書となって結実した、そのことに、著者・呉介民氏の誠実さと信念を感じずにはおかない。

原著の増訂版には、現地調査の際に撮影された写真が多数追加され、1990年代・2000年代の現場の臨場感が視覚に訴える形で伝わってくる。当時の状況を記録した貴重な資料と言えよう。私事だが、訳者は1989年から91年にかけて広東省珠江デルタ地域のある都市に滞在した経験を持つ。その後、香港留学中の95年には珠江デルタ地域の都市部で修士論文のための現地調査を行い、その後の2000年代にも調査のためこの地域を何度か訪れた。偶然にも、呉介民氏が珠江デルタ地域で現地調査を行った時期と訳者が同地域に滞在または訪問した時期は、かなりの程度重なっている。「一歩先を行く」広東モデルの経済成長を享受し始めた時期の珠江デルタ地域に身を置いた者にとって、これらの写真資料は、細部を眺めるほどに、さまざまな記憶を呼び覚ますものである。

訳者が珠江デルタ地域に住んだ時期には、複数の国の外資企業から来た駐在員と接触することがあったが、台湾企業の人たち（台商）と関わる機会はなかった。ただ、地元の友人から、台湾企業で働く厳しさについての噂を又聞きしたことがある。それによると、台湾から来ている幹部は態度が粗暴で、現地従業員に対する扱いが乱暴である（詳細はうろ覚えだが、言葉の暴力や身体的暴力をも否定しない内容であったように思う）、ゆえに台湾企業勤務は他の外資企業よりもつらい、ということであった。本書第4章に記される、たたき上げの旧世代台湾籍幹部による「男性的でマッチョな」「軍隊式」の労務管理手法が、ある種の定説として地元に流布していたと思われ、訳者の頼りない記憶はそうした状況を頼りないながらも傍証する。

なお本書によれば、この軍隊式管理の源流は、1960-70年代に日本企業が台湾に持ち込んだ「規則が厳しく、指揮に服従し、秩序を重んじ、身体の鍛錬に熱心」などの管理手法であり、それに台湾特有の兵隊文化が融合して台商のマッチョな労務管理になったという（221頁）。日本の一部の企業は、「地獄の訓練」などと呼ばれる極端な社員研修を今も実施し、それらは論議を招きつつも廃れる気配がない。価値連鎖ならぬ、おそらく生産連鎖の一部としての「ブラック労務管理連鎖」（？）が台湾を経由して中国に延伸した事実をどう考えればよいのか、困惑するばかりである。

珠江デルタ地域へ出稼ぎに来た農民工にまつわる本書の記述も、訳者の記憶と重なる。呉介民氏は1994年の初夏、帰省する農民工のカップルに同行して広州から河南省まで列車の旅をした際、到着駅で下車するおびただしい数の乗客の奔流に衝撃を受けたと記す。「一面の青色をした人々の（中略）波は車両から留まるところを知らず湧き上がり（中略）、十数分が経ってもなお収まる気配を示さなかった。あたり一面の青色の蠕動が私の視界を埋め尽くし、にわかに、開発経済学者のルイス（Arthur Lewis）が言う「無限の労働力供給」が抽象概念から具体的存在に姿を変えて恐るべき勢いで迫り来たことを実感し、私は息が詰まった」（xiv頁）。呉介民氏のこの経験にはほど遠いが、出稼ぎの人の波に圧倒され呆然とした記憶は、訳者にもある。最も早い記憶は、1989年初夏の広州駅前広場を埋め尽くす人の群れであった。広州に出て来たものの、行く当てがない様子で荷物を抱え、強い日差しの下に座り込む農民たちである。当時、この現象は「盲流」の語で形容され、受け入れ地の側は戸惑うばかりであったという印象が残る。訳者も、何かの用事で駅に行ったものの、これらの人々で埋め尽くされた駅のどこに何があり、どこをどう歩けばどこにたどり着くのか、皆目見通せず、戸惑うほかなかった。棒立ちになっていると、物乞いをする子どもたちに囲まれ、相手にせず歩き出すと、小さな手で身体をたたかれた。

その後、訳者が住む街でも、工場や建設現場などに職を得た農民工を多く見かけた。建設工事現場の片隅で火をおこし炊事当番をする男性たちの姿もあったし、仕事が退けたあと、夜の街をそぞろ歩く若い女性たちや男性たちとしばしば一緒になった。現地在住外国人の行動パターンどおりにホテルで夕食を取り、KTVやピアノ演奏のあるラウンジの類へ二次会に繰り出すような場合は、農民工と出くわす機会はまずない（台商の幹部と出くわしていた可能性は大きい）。だが、そうではなく地元の商店が開いている夜の時間帯に街を歩けば、現地の市民も農民工たちも、そして外国人である訳者も、同じようにデパートのショーウインドウや書店の書棚を眺め、道端の露店にしゃがみこんで売り物の品定めをして、同じ街の空間を共有した。そういう時、訳者はしばしば、自分はこの街の「他者」ないし「異物」なのだという感覚を抱いたが、思えば農民工たちと訳者は、地元にとっての「他者」「異物」という点で同類だったのかもしれない。

街角の書店や新聞雑誌スタンドでは、彼ら農民工（外来工）向けに出版された雑誌が売られていた[2]。訳者は何の酔狂か、こうした雑誌が好きで、見かけるとよく購入した。これらの雑誌は、少なくとも1990年代を通じて、おそらく2000年代のどこかの時期まで存在していたと思われる。これらの雑誌は、形容しがたいエネルギーを帯びていた。記事から、そして広告から、読者たちの生活と思想、苦労と喜び、娯楽と嗜好、絶望そして希望、そういったものが伝わってくる。形容しがたいエネルギーの出どころのひとつは、記事の欄外（ページの下側や左右の余白）に載る読者の投稿であり、内容は「尋ね人」であった。同郷の出稼ぎ仲間や、以前働いた工場の同僚などに向けて「△△君、その後どうしているかい？　これを見たら、○○○（工場名と簡単な住所）の□□（氏名）に連絡をおくれ！」と呼びかける文面である。インターネットも携帯電話もなかったこの時代、印刷メディアが彼らのコミュニケーションのプラットフォームであり、連絡方法は勤務先宛の郵便であった。仲間の消息を知りたい、自分の近況を伝えたい、という切々たる呼びかけ。それらを載せたこの欄外欄は、呉介民氏が記す「東莞で働く民工カップルの董さんと琴さん」（第3章写真、

2　雑誌の誌名・誌面ともに「農民工」の語はあまり使われず、代わりに「外来工」「打工仔（ダーコンザイ）（賃労働する若者を指す広東語）」などの言及語が多く用いられる印象があった。

第5章）のような、いわゆる第一世代農民工が生きた世界につながる小窓のように思われた。

それからもう少し時代を下り、90年代半ばから2000年前後の頃だったろうか、この地域を再び訪れた際、深夜に聞いた地元のラジオ番組が思い出される。それは広州の病院がスポンサーの電話医療相談で、リスナーが電話して身体の不調を相談し、医師が回答する番組であった。相談者の大多数が他省の出身者と思われ、なぜなら地元の言葉である広東語を話す人がいない。回答者の医師までが、広東語訛りの標準中国語を話した。泌尿器科・産婦人科の領域を含む生々しい相談内容も多々あった、というより、それらが大半だった印象がある。こうした番組は、一つではなく複数あった（複数の局から大同小異の番組が流れていた）ようにも思うが、定かではない。ともあれ、第5章の議論を念頭にいま振り返れば、医療保険を持たない、あるいは保険加入の制度的環境が未整備だった時期の農民工の切実な需要が、このような深夜のラジオ番組となって姿を現していたのだろう。とは言え、ラジオは音声メディアであるゆえ、その「姿」は放送されるそばから消えてゆき、放送局に番組の音声が保存されているとも考えにくい。寝床でラジオを聞いた訳者も、これらについて記録を取ったことはなく、眠りにつく前のおぼろな記憶が残るのみである。

昔話を縷々並べたが、以上のような訳者の個人的な体験や記憶が、本書の議論を通じて理論的裏付けを与えられ、珠江デルタ地域の農民工をめぐる諸現象の共時的・通時的な意味とともに整理された。そして、当時のさまざまな現実の断片とグローバルな資本主義経済との連関を、改めて認識するに至った。本書によりもたらされた、訳者の貴重な読書経験である。

個人的な感慨はさておき、この日本語版を通じて本書の神髄を読者各位がつかみ取り、著者と共有して下さるなら、訳者としてこれに勝る喜びはない。

著者の呉介民氏は、一面識もない訳者に全幅の信頼を寄せて下さり、要領を得ない数々の質問に忍耐強くお付き合い下さった。心からお礼申し上げたい。翻訳の機会を下さった「恩人」黄英哲先生には、今回もまた深甚の謝意を表する。三元社の石田俊二社長には、訳語の検討に始まり、一連の作業においてひとかたならぬお世話になった。ここに感謝申し上げたい。

恩師で夫の呉燕和（David Y. H. Wu）にも感謝する。困れば相談し、進捗を分かち合い、常に励まされた。

2024年6月
ホノルルにて

日野みどり

索　引

A

あ

か

な

は

ま

や

ら

わ

著者

吳介民（Wu Jieh-min）（ご・かいみん）

中央研究院社会学研究所研究員、国立清華大学社会学研究所併任教授。元ハーバード大学フェアバンク中国研究センター・ポストドクター。国立清華大学現代中国研究センターの設立に関与。

著書『尋租中國：台商、廣東模式與全球資本主義』（臺大出版中心、2019/2023）；*Rival Partners: How Taiwanese Entrepreneurs and Guangdong Officials Forged the China Development Model*（Harvard University Asia Center, 2022）、『第三種中國想像』（左岸、2012）。共編著 *China's Influence and the Center-periphery Tug of War in Hong Kong, Taiwan and Indo-Pacific*（Routledge, 2021. Brian Fong, Andrew Nathan と共編）、『銳實力製造機：中國在台灣、香港、印太地區的影響力操作與中心邊陲拉鋸戰』（左岸、2022。アンドリュー・ネイサンと共編）、『吊燈裡的巨蟒：中國因素作用力與反作用力』（左岸、2017。蔡宏政・鄭祖邦と共編）、『「中国ファクター」の政治社会学　台湾社会における中国の影響力の浸透』（白水社、2021。川上桃子と共編）など。『尋租中國』は台湾で複数の賞を受賞。*Rival Partners* は米国社会学会より 2023 年「国際研究者によるグローバルおよびトランスナショナル社会学最優秀書籍賞」を受賞。公式ウェブサイト：https://www.ios.sinica.edu.tw/fellow/wujiehmin

訳者

日野みどり（ひの・みどり）

博士（学術）（大阪外国語大学）。金城学院大学助教授・教授、同志社大学教授を経て愛知大学国際問題研究所客員研究員、愛知大学大学院非常勤講師。元アメリカ・東西センター訪問研究者。著書『香港・広州菜遊記——粤のくにの胃袋気質』（2003、凱風社）、『現代中国の「人材市場」』（2004、創土社）など。共著書『新・図説中国近現代史——日中新時代の見取り図［改訂版］』（田中仁・菊池一隆・加藤弘之・日野みどり・岡本隆司・梶谷懐、2020、法律文化社）など。翻訳書『香港回帰——ジャーナリストが見た’97.7.1』（ユエン・チャン・盧敬華共編、1998、凱風社）、『日本占領期香港の子どもたち——学びと暮らしのオーラルヒストリー』（張慧真・孔強生共著、2008、凱風社）、『ふるさと・フィールド・列車——台湾人類学者の半生記』（呉燕和著、2012、風響社）、『働き女子 @ 台湾——日本統治期の水脈』（蔡蕙頻著、2016、凱風社）。

台湾学研究叢書
同盟から決別へ
グローバル資本主義下の台湾企業と中国

発行日　2024 年 10 月 15 日　初版第 1 刷発行

著　者　呉介民
訳　者　日野みどり

装　幀　臼井新太郎

発行所　株式会社 三元社
〒 113-0033
東京都文京区本郷 1-28-36 鳳明ビル
電話／ 03-5803-4155
ファックス／ 03-5803-4156

印　刷　株式会社 モリモト印刷

製　本　株式会社 鶴亀製本

published by Sangensha Publishers Inc.
ISBN978-4-88303-596-0
printed in Japan
http://www.sangensha.co.jp